STATISTICS/STATISTIQUES

International Direct Investment Statistics Yearbook

Annuaire des statistiques d'investissement direct international

2000

ORGANISATION FOR ECONOMIC CO-OPERATION AND DEVELOPMENT

Pursuant to Article 1 of the Convention signed in Paris on 14th December 1960, and which came into force on 30th September 1961, the Organisation for Economic Co-operation and Development (OECD) shall promote policies designed:

- to achieve the highest sustainable economic growth and employment and a rising standard of living in Member countries, while maintaining financial stability, and thus to contribute to the development of the world economy;
- to contribute to sound economic expansion in Member as well as non-member countries in the process of economic development; and
- to contribute to the expansion of world trade on a multilateral, non-discriminatory basis in accordance with international obligations.

The original Member countries of the OECD are Austria, Belgium, Canada, Denmark, France, Germany, Greece, Iceland, Ireland, Italy, Luxembourg, the Netherlands, Norway, Portugal, Spain, Sweden, Switzerland, Turkey, the United Kingdom and the United States. The following countries became Members subsequently through accession at the dates indicated hereafter: Japan (28th April 1964), Finland (28th January 1969), Australia (7th June 1971), New Zealand (29th May 1973), Mexico (18th May 1994), the Czech Republic (21st December 1995), Hungary (7th May 1996), Poland (22nd November 1996), Korea (12th December 1996) and the Slovak Republic (14th December 2000). The Commission of the European Communities takes part in the work of the OECD (Article 13 of the OECD Convention).

© OECD 2001
Permission to reproduce a portion of this work for non-commercial purposes or classroom use should be obtained through the Centre français d'exploitation du droit de copie (CFC), 20, rue des Grands-Augustins, 75006 Paris, France, tel. (33-1) 44 07 47 70, fax (33-1) 46 34 67 19, for every country except the United States. In the United States permission should be obtained through the Copyright Clearance Center, Customer Service, (508)750-8400, 222 Rosewood Drive, Danvers, MA 01923 USA, or CCC Online: *www.copyright.com*. All other applications for permission to reproduce or translate all or part of this book should be made to OECD Publications, 2, rue André-Pascal, 75775 Paris Cedex 16, France.

ORGANISATION DE COOPÉRATION ET DE DÉVELOPPEMENT ÉCONOMIQUES

En vertu de l'article 1er de la Convention signée le 14 décembre 1960, à Paris, et entrée en vigueur le 30 septembre 1961, l'Organisation de Coopération et de Développement Économiques (OCDE) a pour objectif de promouvoir des politiques visant :

- à réaliser la plus forte expansion de l'économie et de l'emploi et une progression du niveau de vie dans les pays Membres, tout en maintenant la stabilité financière, et à contribuer ainsi au développement de l'économie mondiale ;
- à contribuer à une saine expansion économique dans les pays Membres, ainsi que les pays non membres, en voie de développement économique ;
- à contribuer à l'expansion du commerce mondial sur une base multilatérale et non discriminatoire conformément aux obligations internationales.

Les pays Membres originaires de l'OCDE sont : l'Allemagne, l'Autriche, la Belgique, le Canada, le Danemark, l'Espagne, les États-Unis, la France, la Grèce, l'Irlande, l'Islande, l'Italie, le Luxembourg, la Norvège, les Pays-Bas, le Portugal, le Royaume-Uni, la Suède, la Suisse et la Turquie. Les pays suivants sont ultérieurement devenus Membres par adhésion aux dates indiquées ci-après : le Japon (28 avril 1964), la Finlande (28 janvier 1969), l'Australie (7 juin 1971), la Nouvelle-Zélande (29 mai 1973), le Mexique (18 mai 1994), la République tchèque (21 décembre 1995), la Hongrie (7 mai 1996), la Pologne (22 novembre 1996), la Corée (12 décembre 1996) et la République slovaque (14 décembre 2000). La Commission des Communautés européennes participe aux travaux de l'OCDE (article 13 de la Convention de l'OCDE).

© OCDE 2001
Les permissions de reproduction partielle à usage non commercial ou destinée à une formation doivent être adressées au Centre français d'exploitation du droit de copie (CFC), 20, rue des Grands-Augustins, 75006 Paris, France, tél. (33-1) 44 07 47 70, fax (33-1) 46 34 67 19, pour tous les pays à l'exception des États-Unis. Aux États-Unis, l'autorisation doit être obtenue du Copyright Clearance Center, Service Client, (508)750-8400, 222 Rosewood Drive, Danvers, MA 01923 USA, ou CCC Online : *www.copyright.com*. Toute autre demande d'autorisation de reproduction ou de traduction totale ou partielle de cette publication doit être adressée aux Éditions de l'OCDE, 2, rue André-Pascal, 75775 Paris Cedex 16, France.

FOREWORD

This annual publication gathers detailed statistics on international direct investment to and from the OECD area. Comparative tables and charts complement the information included for individual countries by geographical and sectoral breakdowns for direct investment flows and stocks.

The aim is to provide a reliable and comprehensive source of information to OECD governments, potential investors and the public at large. The database developed by the Financial Statistics Unit is updated regularly based on the joint OECD-EUROSTAT questionnaire. It provides the basis for periodical analyses of direct investment trends and for regular examinations of policies towards international direct investment in OECD Member countries.

Country tables and methodological notes have been reviewed by national experts. The preparation of the Yearbook could not have been accomplished without the assistance of the OECD Group of Financial Statisticians and the national administrations which they represent. It is published on the responsibility of the Secretary-General of the OECD.

AVANT-PROPOS

Cette publication annuelle rassemble des statistiques détaillées sur l'investissement direct international en provenance ou à destination de la zone de l'OCDE. L'information présentée pour chaque pays est complétée par des tableaux et des graphiques comparatifs, ventilant par zone géographique et par secteur les flux et les encours d'investissements directs.

L'objectif de cette publication est de fournir une source d'information fiable et complète aux autorités des pays de l'OCDE, aux investisseurs potentiels et au grand public. La base de données mise au point par l'unité des statistiques financières repose sur le questionnaire conjoint OCDE-EUROSTAT et fait l'objet de mises à jour régulières. Elle constitue une référence pour l'analyse périodique de l'évolution des investissements directs et pour l'examen des politiques relatives à l'investissement direct international dans les pays Membres de l'OCDE.

Les tableaux par pays et les notes méthodologiques ont été révisés par des experts nationaux. La préparation de l'Annuaire n'aurait pu avoir lieu sans le concours du Groupe des Statisticiens financiers de l'OCDE et des administrations nationales qu'ils représentent. Ce rapport est publié sous la responsabilité du Secrétaire général de l'OCDE.

TABLES OF CONTENTS

INTRODUCTION 9

PART I: **SUMMARY TABLES** 11

PART II: **COUNTRY TABLES** 36

Australia 37
Austria 52
Belgium-Luxembourg 67
Canada 75
Czech Republic 90
Denmark 105
Finland 120
France 135
Germany 150
Greece 165
Hungary 177
Iceland 188
Ireland 203
Italy 208
Japan 223
Korea 238
Mexico 250
Netherlands 259
New Zealand 274
Norway 287
Poland 302
Portugal 317
Spain 332
Sweden 340
Switzerland 355
Turkey 370
United Kingdom 378
United States 393

PART III: **METHODOLOGICAL NOTES** 408

Annex I: Sectoral classification 478

Annex II: Country groups and economic zones 479

Annex III: Yearly average exchange rates 480

List of summary tables and charts

Table 1. Direct investment flows in OECD countries 12
Table 2. Direct investment from abroad in OECD countries: *inflows* 13
Table 3. Direct investment abroad from OECD countries: *outflows* 15
Table 4. International direct investment position in OECD countries 17
Table 5. Direct investment from abroad in OECD countries:
 inward position at year-end 18
Table 6. Direct investment abroad from OECD countries:
 outward position at year-end 19
Table 7. Direct investment from abroad in OECD countries: *inflows by zone*........................ 20
Table 8. Direct investment abroad from OECD countries: *outflows by zone*......................... 24
Table 9. Direct investment from abroad in OECD countries:
 inward position at year-end by zone 28
Table 10. Direct investment abroad from OECD countries:
 outward position at year-end by zone 32

Chart 1. Direct investment cumulative inflows in OECD countries: 1990-1999 14
Chart 2. Direct investment cumulative outflows from OECD countries: 1990-1999 16

CONVENTIONAL SIGNS

Totals may not add up due to rounding

.. *Not available or not applicable or data not provided for confidentiality purposes*

- *Nil or negligible*

. *Decimal point*

p *Data provisional*

TABLE DES MATIERES

INTRODUCTION 9

PARTIE I :

TABLEAUX GENERAUX 11

PARTIE II :

TABLES PAR PAYS 36

Australie	37
Autriche	52
Belgique-Luxembourg	67
Canada	75
République tchèque	90
Danemark	105
Finlande	120
France	135
Allemagne	150
Grèce	165
Hongrie	177
Islande	188
Irlande	203
Italie	208
Japon	223
Corée	238
Mexique	250
Pays-Bas	259
Nouvelle-Zélande	274
Norvège	287
Pologne	302
Portugal	317
Espagne	332
Suède	340
Suisse	355
Turquie	370
Royaume-Uni	378
Etats-Unis	393

PARTIE III :   **NOTES TECHNIQUES** 408

Annexe I :   Classification sectorielle 478

Annexe II :   Groupes de pays et zones économiques 479

Annexe III :   Taux de change moyens annuels 480

Liste des tableaux et graphiques généraux

Tableau 1. Flux d'investissements directs dans les pays de l'OCDE 12
Tableau 2. Investissements directs de l'étranger dans les pays de l'OCDE :
            entrées des flux 13
Tableau 3. Investissements directs à l'étranger des pays de l'OCDE :
            sorties des flux 15
Tableau 4. Encours des investissements directs internationaux
            dans les pays de l'OCDE 17
Tableau 5. Investissements directs de l'étranger dans les pays de l'OCDE :
            encours en fin d'année 18
Tableau 6. Investissements directs à l'étranger des pays de l'OCDE :
            encours en fin d'année 19
Tableau 7. Investissement direct étranger dans les pays de l'OCDE:
            entrées des flux par zone 20
Tableau 8. Investissement direct à l'étranger des pays de l'OCDE:
            sorties des flux par zone 24
Tableau 9. Investissement direct étranger dans les pays de l'OCDE:
            encours de fin d'année par zone 28
Tableau 10. Investissement direct à l'étranger des pays de l'OCDE:
            encours de fin d'année par zone 32

Graphique 1. Flux cumulés d'investissements directs de l'étranger
             dans les pays de l'OCDE : 1990-1999 14
Graphique 2. Flux cumulés d'investissements directs à l'étranger
             des pays de l'OCDE : 1990-1999 16

SIGNES CONVENTIONNELS

Les totaux peuvent ne pas correspondre à la somme des sous-totaux en raison des arrondis

..   *Non disponible ou non approprié ou données non fournies pour des raisons de confidentialité*

-    *Nul ou négligeable*

.   *Point décimal (sépare les unités des décimales)*

p   *Donnée provisoire*

INTRODUCTION

Driven by large-scale cross-border mergers and acquisitions, flows in direct investment to and from OECD countries set a new historical record in 1999 when greenfield investments have also recorded significant progress. The process of globalisation brought about in part through international direct investment shows little signs of relenting and has rather become an integral part of corporate strategies. While the bulk of investment flows are still accounted for by a handful of countries, a dominant feature of investment activity in recent years has been the diversification of investing firms and the industrial sectors they represent as well as the rising FDI flows from and to virtually all OECD countries. Recent developments in FDI are analysed in *Financial Market Trends* (OECD, July 2000).

The Yearbook relies on a database developed by the OECD Directorate for Financial, Fiscal and Enterprise Affairs for comprehensive statistics on international direct investment. Data collection is based on a joint OECD/EUROSTAT questionnaire.

Methodological notes, reviewed by national statistical experts, provide information on each country's definition of FDI and help to improve data comparability. Efforts to harmonise further international FDI data are based on the recommendations of the *IMF Balance of Payments Manual*, Fifth Edition and the *OECD Benchmark Definition of Foreign Direct Investment*, Third Edition.

The data are based for the most part on balance of payments statistics published by the Central Banks and Statistical Offices, but also on other sources such as notifications or approvals. Although FDI statistics are presented according to a

INTRODUCTION

Stimulés par des fusions et acquisitions transfrontières de grande échelle, les flux d'investissements directs en provenance et vers les pays de l'OCDE ont atteint des records historiques en 1999. Cette même année, les investissements entièrement nouveaux ont enregistrés un progrés significatif. Le processus de mondialisation, en partie dû à l'investissement direct international, montre peu de signes de ralentissement, il est désormais partie intégrante des stratégies d'entreprises . Alors que la majeure partie des flux d'investissements directs est encore détenue par une minorité de pays, une caractéristique dominante de l'activité d'investissement, au cours de ces dernières années, est la diversification des entreprises d'investissement et des secteurs industriels qu'elles représentent, ainsi que l'augmentation des flux d'IDE en provenance et vers presque tous les pays de l'OCDE. L'évolution récente de l'IDE fait l'objet d'analyses dans la publication intitulée *Tendances des marchés des capitaux* (OCDE, numéro de juillet 2000).

L'annuaire repose sur une base de données mise au point par la Direction des affaires financières, fiscales et des entreprises de l'OCDE, en vue de disposer de statistiques détaillées sur l'investissement direct international. La collecte des données s'effectue sur la base d'un questionnaire conjoint OCDE / EUROSTAT.

Les notes méthodologiques, révisées par des experts nationaux en statistiques, apportent des informations sur la définition de l'IDE utilisée par chaque pays et aident à améliorer la comparaison des données. Les efforts pour harmoniser les statistiques d'IDE à l'échelle internationale s'appuient sur les recommandations du *Manuel de la balance des paiements du FMI*, cinquième édition et sur la *Définition de référence de l'OCDE*, troisième édition.

Les données proviennent pour l'essentiel des statistiques de la balance des paiements publiées par les Banques centrales et les organismes de statistiques, mais aussi d'autres sources telles les notifications ou autorisations d'investissements

standardised format for all Member countries, there are limitations in data comparability due to differences in FDI definitions. Comparability of FDI data is particularly hampered by the fact that reinvested earnings are not included in data for several countries. Comparability is also affected by differences in industrial classifications and geographical breakdowns (see Annex I "Sectoral classifications").

The publication is organised in three parts. In Part I summary tables and charts, expressed in US dollars, provide an overview of inward and outward flows (1988-1999) and direct investment positions (1988-1999) in OECD countries. Part II focuses on country data. There are eight standardised tables in national currencies on outward and inward flows and stocks for the period 1988-1999 (1998, when 1999 data were not available at the time of the publication). The first four tables present the sectoral and geographical breakdowns on flows; the other four, the sectoral and geographical breakdowns on stocks. The number of tables varies depending on data availability in individual countries. Country chapters also include charts on flows as a percentage of GDP, flows by economic zone and stocks by industrial sector and economic zone. Part III includes a series of technical notes with detailed information on statistical sources, FDI definitions and data collection methods for each country.

directs. Bien que les statistiques d'IDE soient présentées sous un format normalisé pour l'ensemble des pays Membres de l'OCDE, les possibilités de comparaison des données sont limitées en raison des différences intervenant dans les définitions de l'IDE. La comparaison des données d'IDE est particulièrement entravée du fait des bénéfices réinvestis qui ne sont pas pris en compte dans les données de certains pays. La comparaison est en outre affectée par les différences intervenant dans les classifications industrielles et dans les répartitions géographiques (voir annexe I "Classifications sectorielles").

La publication comporte trois parties. La partie I présente deux graphiques de flux cumulés d'IDE dans les pays de l'OCDE ainsi que des tableaux de synthèse sur les données de flux pour la période 1988-1999 et sur les données de stocks pour la période 1988-1999, exprimées en dollars des EU. La partie II présente des données pour chacun des pays Membres. Chaque présentation comprend des graphiques sur les flux exprimés en pourcentage du PIB, les flux par zone économique et les stocks par secteur industriel et zone économique. Cette présentation comprend également huit tableaux normalisés sur les entrées et les sorties de flux et de stocks pour la période 1988-1999 (1998, si les données de 1999 n'étaient pas disponibles au moment de la publication). Les quatre premiers tableaux présentent la répartition sectorielle et géographique des flux, les quatre tableaux suivants, la répartition sectorielle et géographique des stocks. Le nombre de tableaux par pays varie en fonction de la disponibilité des données. La partie III comporte une série de notes techniques qui apportent des précisions quant aux sources statistiques, aux définitions de l'IDE et aux méthodes de collecte des données de chaque pays.

PART I - PARTIE I

SUMMARY TABLES - TABLEAUX GÉNÉRAUX

Note: Figures for the following tables are based, where possible, on balance of payments data (for tables on direct investment flows) and international investment position (for tables on direct investment positions) and hence may be different from disaggregated data provided in Part II.

Furthermore, not all OECD countries record FDI in the same way. Some countries, for example, do not include reinvested earnings. See also the methodological notes in Part III for further details.

Note : Les données des tableaux suivants proviennent, autant que possible, de la balance des paiements (pour les tableaux de flux d'investissement direct) et de la position extérieure (pour les tableaux d'encours d'investissement direct) ; par conséquent, elles peuvent être différentes des données détaillées qui figurent dans la Partie II.

De plus, tous les pays de l'OCDE n'enregistrent pas de la même façon les données d'IDE. Par exemple, certains pays n'incluent pas les bénéfices réinvestis. Pour plus d'information, voir les notes méthodologiques de la Partie III.

Table 1. **DIRECT INVESTMENT FLOWS IN OECD COUNTRIES**
Tableau 1. **FLUX D'INVESTISSEMENTS DIRECTS DANS LES PAYS DE L'OCDE**

Million US dollars / Millions de dollars des EU

	Inflows - Entrées							Outflows - Sorties							
	1993	1994	1995	1996	1997	1998	1999 p		1993	1994	1995	1996	1997	1998	1999 p	
Australia [1]	3007	3951	12737	5171	7510	6502	4441	1779	5291	3846	5927	6262	2466	-3192	Australie [1]
Austria	982	1314	1904	4429	2656	4902	2952	1467	1201	1131	1935	1948	2948	2703	Autriche
Belgium-Luxembourg	10751	8313	10812	14061	12093	22724	15868	4693	1205	11712	8065	7273	28453	24937	Belgique-Luxembourg
Canada	4748	8204	9255	9407	11470	16499	24268	5868	9293	11461	12879	22054	26575	17362	Canada
Czech Republic	654	869	2562	1428	1300	2540	4877	101	120	37	153	25	175	197	République Tchèque
Denmark	1681	4890	4176	776	2801	6722	7450	1373	4041	3069	2518	4210	3962	8207	Danemark
Finland	864	1578	1063	1109	2116	12141	3024	1409	4297	1498	3596	5292	18643	4194	Finlande
France [2]	16439	15580	23677	21942	23174	28955	37416	19732	24381	15757	30395	35586	41913	88324	France [2]
Germany [3]	368	7134	12019	6577	11092	21271	52403	17197	18858	39030	50841	40716	91183	98853	Allemagne [3]
Greece [4]	2583	3081	4272	5888	3586	3709	539	..	49	43	-3	..	..	573	Grèce [4]
Hungary	2339	1146	4453	2275	2173	2036	1944	11	..	24	62	431	481	249	Hongrie
Iceland	..	..	14	82	149	112	90	11	23	..	..	51	99	70	Islande
Ireland [5]	850	420	621	1888	1676	3904	5422	..	..	..	..	..	8569	18326	Irlande [5]
Italy	3746	2236	4817	3535	3698	2611	5019	7221	5109	5732	6465	10619	12078	3038	Italie
Japan [6]	210	888	41	228	3224	3193	12378	13916	18117	22629	23424	25991	24159	20730	Japon [6]
Korea	588	809	1176	2325	2844	5416	8798	1340	2461	3552	4670	4449	4799	4044	Corée
Mexico	4389	10973	9526	9185	12830	11311	11568	..	..	..	..	..	..	..	Mexique
Netherlands	8561	7333	12216	15055	14499	41977	33341	12343	17745	20159	31230	29247	51365	45540	Pays-Bas
New Zealand [7]	2212	2690	2697	3697	1832	2172	989	-1386	2015	1751	-1260	-1602	376	1020	Nouvelle-Zélande [7]
Norway	2244	2713	2230	3201	3786	3882	6579	791	2098	3139	5918	5047	2418	5483	Norvège
Poland	1715	1875	3659	4498	4908	6365	6471	18	29	42	53	45	316	123	Pologne
Portugal	1550	1265	695	1368	2278	2802	570	141	283	689	776	1668	2901	2679	Portugal
Spain	8073	9425	6285	6820	6387	11797	9357	2648	3900	4158	5590	12547	18935	35421	Espagne
Sweden	3843	6346	14448	5076	10968	19569	59102	1357	6698	11215	4664	12648	24376	18951	Suède
Switzerland [8]	-83	3368	2224	3078	6642	7499	3412	8765	10798	12214	16150	17747	16631	17910	Suisse [8]
Turkey	746	636	885	722	805	940	783	175	78	113	110	251	367	645	Turquie
United Kingdom	15468	10497	22738	26084	33245	64388	82176	25573	28251	44329	34125	61620	119463	199275	Royaume-Uni
United States	52552	47438	59644	88977	109264	193375	282507	354	663	778	910	109955	132829	152152	États-Unis
TOTAL OECD	151079	164971	230846	248882	299004	509313	683744	126897	167004	218107	249193	414079	636480	767814	**TOTAL OCDE**

Note: Data are converted using the yearly average exchange rates.
p. Provisional data.
1. Break in series. As from 1995, data are based on a new methodology.
2. Break in series, see the methodological notes for France in Part III.
3. Break in series, see the methodological notes for Germany in Part III.
4. Up to 1992, data are on an approval basis. As from 1993, change in the coverage: the amounts include entrepreneurial capital net and real estate investment inflows.
5. Break in series. The results shown are for net (inward and outward) direct investment capital flows; see methodology in Part III.
6. Break in series, see the methodological notes for Japan in Part III.
7. Data from 1993 to 1999 are based on fiscal years ending 31 March.
8. Data for 1996 are also provisional.

Source: OECD / Financial Statistics Unit - Based on national sources.

Note: Les données sont converties aux taux de change moyens annuels.
p. Données provisoires.
1. Rupture de série. Les données à partir de 1995 sont basées sur une nouvelle méthodologie.
2. Rupture de série, voir les notes méthodologiques de la France en Partie III.
3. Rupture de série, voir les notes méthodologiques de l'Allemagne en Partie III.
4. Jusqu'en 1992, les données se réfèrent à des autorisations. A partir de 1993, changement de couverture: il s'agit des entrées de flux de capitaux nets des entreprises et de l'investissement immobilier.
5. Rupture de série. Les données ci-dessus se rapportent aux flux de capitaux nets d'investissement direct (entrées et sorties) ; voir les notes méthodologiques en Partie III.
6. Rupture de série, voir les notes méthodologiques du Japon en Partie III.
7. Les données de 1993 à 1999 sont basées sur l'année fiscale, prenant fin au 31 mars.
8. Les données de 1996 sont aussi provisoires.

Source: OCDE/Unité des statistiques financières - Sur la base des sources nationales.

Table 2. DIRECT INVESTMENT FROM ABROAD IN OECD COUNTRIES: INFLOWS
Tableau 2. INVESTISSEMENTS DIRECTS DE L'ÉTRANGER DANS LES PAYS DE L'OCDE: ENTRÉES DES FLUX

Million US dollars / Millions de dollars des EU

	Cumulative flows / Flux cumulés		1988	1989	1990	1991	1992	1993	1994	1995	1996	1997	1998	1999 p	
	1971-1980	1981-1990													
Australia [1]	11295	39822	7936	7887	6513	4042	5036	3007	3951	12737	5171	7510	6502	4441	Australie [1]
Austria	1455	3274	437	578	647	359	940	982	1314	1904	4429	2656	4902	2952	Autriche
Belgium-Luxembourg	9215	27986	4990	6731	7966	9292	11326	10751	8313	10812	14061	12093	22724	15868	Belgique-Luxembourg
Canada	5534	33409	6456	5018	7562	2870	4717	4748	8204	9255	9407	11470	16499	24268	Canada
Czech Republic	..	..	..	..	..	..	1004	654	869	2562	1428	1300	2540	4877	République Tchèque
Denmark	1561	3467	504	1084	1212	1453	1015	1681	4890	4176	776	2801	6722	7450	Danemark
Finland	376	2838	530	489	787	-247	406	864	1578	1063	1109	2116	12141	3024	Finlande
France [2]	16908	54588	8519	13062	15609	15157	17855	16439	15580	23677	21942	23174	28955	37416	France [2]
Germany [3]	13816	19691	1163	6928	2962	4729	-2089	368	7134	12019	6577	11092	21271	52403	Allemagne [3]
Greece [4,8]	..	6145	907	752	1005	1135	1144	2583	3081	4272	5888	3586	3709	539	Grèce [4,8]
Hungary	..	512	14	187	311	1462	1479	2339	1146	4453	2275	2173	2036	1944	Hongrie
Iceland	..	74	-14	19	22	18	-11	..	..	14	82	149	112	90	Islande
Ireland [5]	1659	1371	91	85	258	1168	1244	850	420	621	1888	1676	3904	5422	Irlande [5]
Italy	5698	24888	6882	2181	6344	2481	3210	3746	2236	4817	3535	3698	2611	5019	Italie
Japan [6]	1424	3324	-484	-1060	1806	1286	2755	210	888	41	228	3224	3193	12378	Japon [6]
Korea	..	4025	847	737	789	1180	728	588	809	1176	2325	2844	5416	8798	Corée
Mexico	..	24421	2880	3176	2633	4762	4393	4389	10973	9526	9185	12830	11311	11568	Mexique
Netherlands	10822	37857	4830	8460	12165	6552	7824	8561	7333	12216	15055	14499	41977	33341	Pays-Bas
New Zealand [7]	2598	3940	156	434	1681	1695	1089	2212	2690	2697	3697	1832	2172	989	Nouvelle-Zélande [7]
Norway	3074	5634	285	1511	1807	655	-426	2244	2713	2230	3201	3786	3882	6579	Norvège
Poland	..	88	..	..	88	359	678	1715	1875	3659	4498	4908	6365	6471	Pologne
Portugal	535	6920	925	1740	2608	2451	1914	1550	1265	695	1368	2278	2802	570	Portugal
Spain	7060	46158	7016	8433	13839	12445	13352	8073	9425	6285	6820	6387	11797	9357	Espagne
Sweden	897	8619	1661	1810	1971	6351	-41	3843	6346	14448	5076	10968	19569	59102	Suède
Switzerland	..	14068	1925	1449	5485	2644	411	-83	3368	2224	3078	6642	7499	3412	Suisse
Turkey	228	2434	354	663	778	910	911	746	636	885	722	805	940	783	Turquie
United Kingdom	40503	130469	21356	30369	32889	16027	16214	15468	10497	22738	26084	33245	64388	82176	Royaume-Uni
United States	56276	363421	58161	68653	48951	23695	20975	52552	47438	59644	88977	109264	193375	282507	États-Unis
TOTAL OECD	190934	869442	138327	171376	178687	124931	118052	151079	164971	230846	248882	299004	509313	683744	**TOTAL OCDE**

Note: Data are converted using the yearly average exchange rates.
p. Provisional data.
1. Break in series. As from 1995, data are based on a new methodology.
2. Break in series. As from 1988, data are based on a new methodology; see Part III.
3. Break in series. As from 1971, data are based on a new methodology; see Part III.
4. Up to 1992, data are on an approval basis. As from 1993, change in the coverage: the amounts include entrepreneurial capital net and real estate investment inflows.
5. Break in series. As from 1990, the results shown are for net (inward and outward) direct investment capital flows; see methodology Part III.
6. Break in series, see the methodological notes for Japan in Part III.
7. Data from 1993 to 1999 are based on fiscal years ending 31 March.
8. Break in series. As from 1999, data are based on a new methodology; see Part III.

Source: OECD / Financial Statistics Unit - Based on national sources.

Note: Les données sont converties aux taux de change moyens annuels.
p. Données provisoires.
1. Rupture de série. Les données à partir de 1995 sont basées sur une nouvelle méthodologie.
2. Rupture de série. A partir de 1988, les données sont basées sur une nouvelle méthodologie ; voir Partie III.
3. Rupture de série. A partir de 1971, les données sont basées sur une nouvelle méthodologie ; voir Partie III.
4. Jusqu'en 1992, les données se réfèrent à des autorisations. A partir de 1993, changement de couverture: il s'agit des entrées de flux de capitaux nets des entreprises et de l'investissement immobilier.
5. Rupture de série. A partir de 1990, les données se rapportent aux flux de capitaux nets d'investissement direct (entrées et sorties) ; voir les notes méthodologiques en Partie III.
6. Rupture de série, voir les notes méthodologiques du Japon en Partie III.
7. Les données de 1993 à 1999 sont basées sur l'année fiscale, prenant fin au 31 mars.
8. Rupture de série. A partir de 1999, les données sont basées sur une nouvelle méthodologie ; voir Partie III.

Source : OCDE/Unité des statistiques financières - Sur la base des sources nationales.

Chart 1. **Direct investment cumulative inflows in OECD countries 1990-1999**[p]

Graphique 1. **Flux cumulés d'investissements directs de l'étranger dans les pays de l'OCDE 1990-1999**[p]

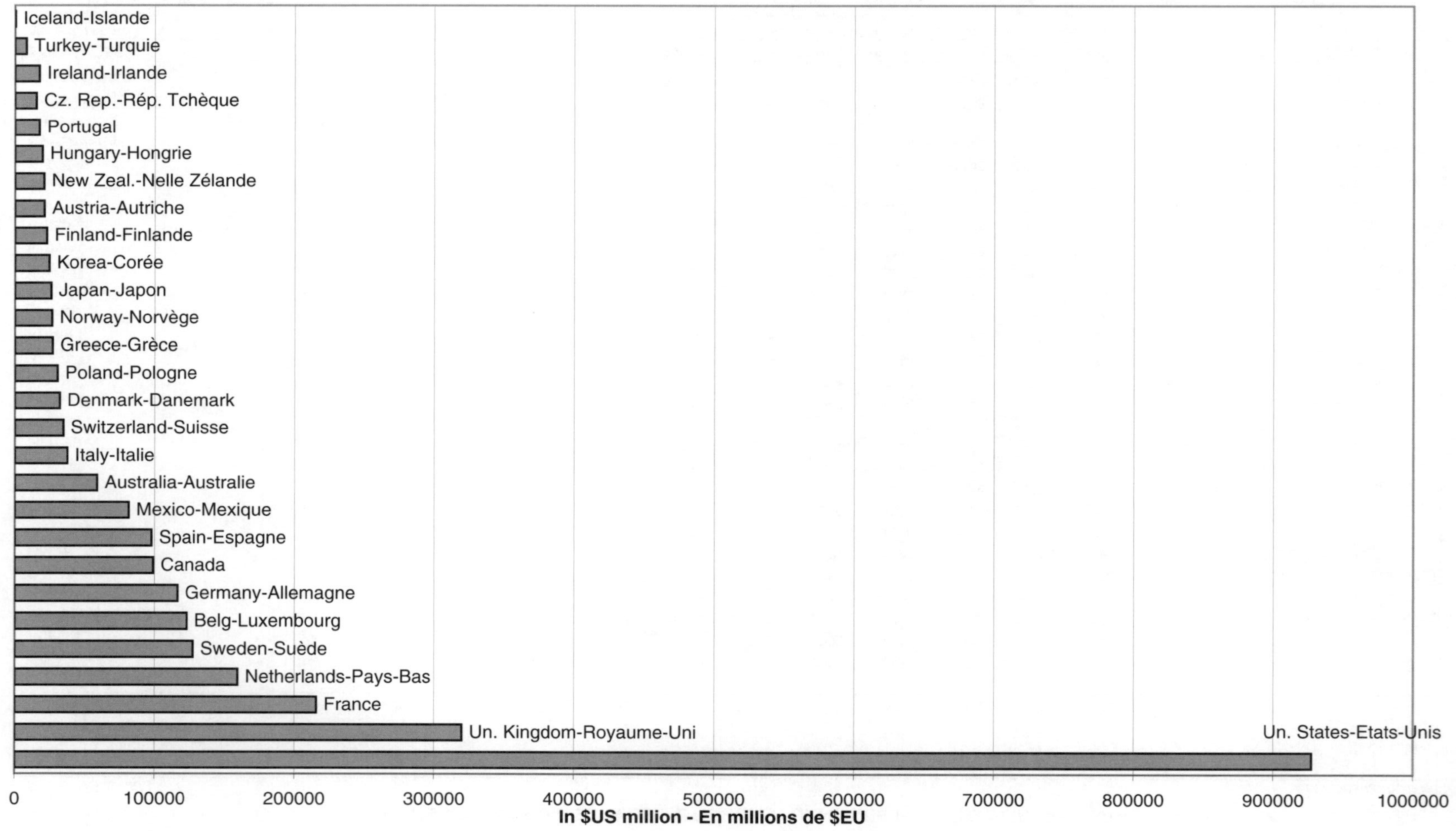

In $US million - En millions de $EU

p. Provisional data.
p. Données provisoires.

Table 3. **DIRECT INVESTMENT ABROAD FROM OECD COUNTRIES: *OUTFLOWS***
Tableau 3. **INVESTISSEMENTS DIRECTS À L'ÉTRANGER DES PAYS DE L'OCDE: *SORTIES DES FLUX***

Million US dollars / Millions de dollars des EU

	Cumulative flows / Flux cumulés		1988	1989	1990	1991	1992	1993	1994	1995	1996	1997	1998	1999 p	
	1971-1980	1981-1990													
Australia [1]	2510	22266	4985	3267	265	3001	951	1779	5291	3846	5927	6262	2466	-3192	Australie [1]
Austria	578	4132	309	855	1663	1288	1871	1467	1201	1131	1935	1948	2948	2703	Autriche
Belgium-Luxembourg	3213	20984	3609	6114	6130	6493	10389	4693	1205	11712	8065	7273	28453	24937	Belgique-Luxembourg
Canada	11335	42337	3848	4583	5222	5813	3586	5868	9293	11461	12879	22054	26575	17362	Canada
Czech Republic	..	..	..	..	..	..	..	101	120	37	153	25	175	197	République Tchèque
Denmark	1063	6292	719	2027	1509	1844	2225	1373	4041	3069	2518	4210	3962	8207	Danemark
Finland	605	11577	2608	3108	2708	-124	-753	1409	4297	1498	3596	5292	18643	4194	Finlande
France [2]	13940	101365	16636	20704	36220	25115	30416	19732	24381	15757	30395	35586	41913	88324	France [2]
Germany [3]	27830	94239	14546	15094	24233	22947	18596	17197	18858	39030	50841	40716	91183	98853	Allemagne [3]
Greece [4]	..	..	..	..	..	..	..	..	..	..	..	..	..	573	Grèce [4]
Hungary	..	..	..	..	..	..	..	11	49	43	-3	431	481	249	Hongrie
Iceland	..	26	1	6	10	27	3	11	23	24	62	51	99	70	Islande
Ireland	..	..	..	..	..	..	..	..	..	..	..	..	8569	18326	Irlande
Italy	3597	28707	5554	2135	7612	7326	5948	7221	5109	5732	6465	10619	12078	3038	Italie
Japan [5]	18052	192410	35433	46248	50774	31688	17301	13916	18117	22629	23424	25991	24159	20730	Japon [5]
Korea	1079	2406	164	392	1052	1489	1162	1340	2461	3552	4670	4449	4799	4044	Corée
Mexico	..	..	..	..	..	..	..	..	..	..	..	..	..	..	Mexique
Netherlands	27829	65771	7164	14808	15288	13577	14366	12343	17745	20159	31230	29247	51365	45540	Pays-Bas
New Zealand [6]	375	4556	615	135	2358	1472	391	-1386	2015	1751	-1260	-1602	376	1020	Nouvelle-Zélande [6]
Norway	1079	8995	968	1352	1478	1840	-80	791	2098	3139	5918	5047	2418	5483	Norvège
Poland	..	..	..	..	..	..	13	18	29	42	53	45	316	123	Pologne
Portugal	21	374	77	85	165	474	687	141	283	689	776	1668	2901	2679	Portugal
Spain	1274	8793	1227	1470	3442	4424	2171	2648	3900	4158	5590	12547	18935	35421	Espagne
Sweden	4597	48074	7468	10288	14743	7053	409	1357	6698	11215	4664	12648	24376	18951	Suède
Switzerland	..	33553	8711	7983	6709	6212	6050	8765	10798	12214	16150	17747	16631	17910	Suisse
Turkey	..	97	-	-	88	127	133	175	78	113	110	251	367	645	Turquie
United Kingdom	55112	185581	37110	35172	18636	15972	19156	25573	28251	44329	34125	61620	119463	199275	Royaume-Uni
United States	134354	225911	22815	43726	37519	38233	48733	84412	80697	99481	92694	109955	132829	152152	États-Unis
TOTAL OECD	307364	1108446	174567	219552	237824	196291	183745	210955	247038	316810	340977	414079	636480	767814	**TOTAL OCDE**

Note: Data are converted using the yearly average exchange rates.
p. Provisional data.
1. Break in series. As from 1995, data are based on a new methodology.
2. Break in series. As from 1988, data are based on a new methodology; see Part III.
3. Break in series. As from 1971, data are based on a new methodology; see Part III.
4. Break in series. As from 1999, data are based on a new methodology; see Part III.
5. Break in series, see the methodological notes for Japan in Part III.
6. Data from 1993 to 1999 are based on fiscal years ending 31 March.
Source: OECD / Financial Statistics Unit - Based on national sources.

Note : Les données sont converties aux taux de change moyens annuels.
p. Données provisoires.
1. Rupture de série. Les données à partir de 1995 sont basées sur une nouvelle méthodologie.
2. Rupture de série. A partir de 1988, les données sont basées sur une nouvelle méthodologie ; voir Partie III.
3. Rupture de série. A partir de 1971, les données sont basées sur une nouvelle méthodologie ; voir Partie III.
4. Rupture de série. A partir de 1999, les données sont basées sur une nouvelle méthodologie ; voir Partie III.
5. Rupture de série, voir les notes méthodologiques du Japon en Partie III.
6. Les données de 1993 à 1999 sont basées sur l'année fiscale, prenant fin au 31 mars.
Source : OCDE/Unité des statistiques financières - Sur la base des sources nationales.

Chart 2. **Direct investment cumulative outflows from OECD countries 1990-1999**[p]

Graphique 2. **Flux cumulés d'investissements directs à l'étranger des pays de l'OCDE 1990-1999**[p]

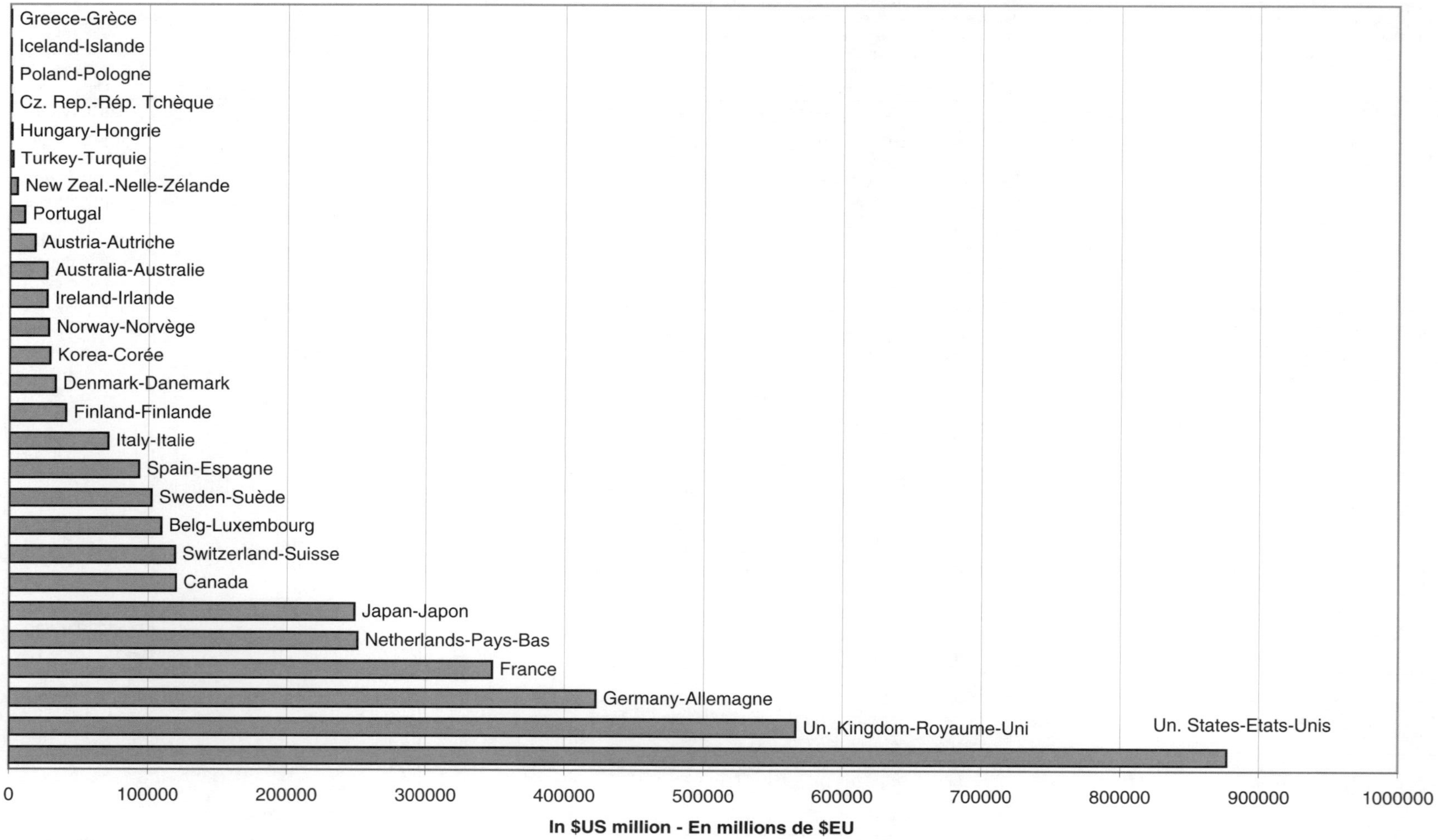

In $US million - En millions de $EU

p. Provisional data.
Mexican direct investment outflows are not available.

p. Données provisoires.
Les flux d'investissement direct à l'étranger mexicains ne sont pas disponibles.

Table 4. INTERNATIONAL DIRECT INVESTMENT POSITION IN OECD COUNTRIES
Tableau 4. ENCOURS DES INVESTISSEMENTS DIRECTS INTERNATIONAUX DANS LES PAYS DE L'OCDE
at year-end - en fin d'année

Million US dollars / Millions de dollars des EU

	Inward - Entrées							Outward - Sorties						
	1993	1994	1995	1996	1997	1998	1999 p	1993	1994	1995	1996	1997	1998	1999 p
Australia [1]	76808	86974	100369	116201	99388	102763	116715	35412	39857	47176	59190	56695	62025	54924
Austria [2]	11373	13092	17532	18258	17510	22800	24800	8111	9282	11702	12781	13310	16500	18500
Belgique-Luxembourg														
Canada	106868	110204	123290	131634	138332	142973	166266	92468	104302	118209	131779	146577	160642	178347
Czech Republic	2053	3077	7530	8572	9234	14375	16246			346	498	548	804	908
Denmark														
Finland	4217	6714	8464	8797	9530	16455	16539	9178	12534	14993	17666	20297	29407	31803
France	103197	123887	143673	143937	141136			141430	163075	184388	192973	189681		
Germany [3]	129781	160128	192898	188502	185980			178648	213654	258142	271241	280779		
Greece														
Hungary	5576	7087	12829	14958	16086	18517	19276	226	291	491	474	900	1286	1586
Iceland	117	128	129	197	332	457	499 (e)	112	146	179	241	249	361	413 (e)
Ireland														
Italy	52512	58846	63453	72482	81082	103107	106788	76422	81383	97038	107441	124977	159171	188487
Japan [4]	16884	19211	33532	32675	27086	26647		259795	275574	238452	282257	271967	267584	
Korea	13072	6234	5382	5975	6860			5588	7623	10500	13796	16546	20433	
Mexico														
Netherlands	82792	103359	124506	131936	128482			124820	149023	179557	201475	210247		
New Zealand [5]	15552	19849	26009	33584	37644	33323	32537	4400	5167	7624	8925	6746	5513	7039
Norway	14463	16305	19513	21591	22978	26083		13482	16909	22519	25440			
Poland [6]	2307	3789	7843	11463	14587	22479		198	461	539	735	678	1165	
Portugal			18170	18947	18312	22446	20513			4408	4488	5571	9221	9605
Spain	71071	86161	111481	109326	100359	118877	112889	22403	28331	36661	40094	47873	69153	97821
Sweden	13007	22247	31090	34784	41513	50985	70198	44559	59237	73143	72187	78202	93534	108322
Switzerland	38714	48667	57063	53919	59519	69687		91571	112586	142479	141591	165365	181541	
Turkey														
United Kingdom	196811	218211	203825	228642	252959	305325	394534	253213	286394	314340	330432	360796	491924	664059
United States [7]	467412	480667	535553	598021	693207	811756		564283	612893	699015	795195	865531	980565	
TOTAL OECD	1424587	1594838	1844134	1984400	2102114	1909055	1097799	1926319	2178722	2461902	2710899	2863536	2550828	1361812

Note: Data are converted using the end-of-year exchange rates.
p. Provisional data.
1. Break in series. As from 1994, data are based on a new methodology.
2. 1996 and 1997 data are provisional estimates.
3. Break in series, see the methodological notes for Germany in Part III.
4. Break in series as from 1995, see the methodological notes for Japan in Part III.
5. As from 1993, data are based on fiscal years ending 31 March.
6. As from 1994, outward include investment from the Polish banking system.
7. Inward: break in series as from 94 due to the reclassification from "direct investment" to "other investment" of intercompany debt flows and associated income payments between parent companies and affiliates that are nondepository financial intermediaries.
e. Country estimates for 1999.
Source: OECD/Financial Statistics Unit - Based on national sources.

Note : Les données sont converties en utilisant le taux de change en fin d'année.
p. Données provisoires.
1. Rupture de série. Les données sont basées sur une nouvelle méthodologie à partir de 1994.
2. Les encours de 1996 et 1997 sont des estimations provisoires.
3. Rupture de série, voir les notes méthodologiques de l'Allemagne en Partie III.
4. Rupture de série à partir de 1995, voir les notes méthodologiques du Japon en Partie III.
5. A partir de 1993, les données sont basées sur les années fiscales, prenant fin au 31 mars.
6. A partir de 1994, les sorties incluent l'investissement des banques polonaises.
7. Entrées: rupture de série à partir de 94, dûe à une reclassification des "investissements directs" vers "autres investissements", des flux d'endettement inter-entreprises et des paiements connexes de revenus entre les sociétés mères et filiales qui ne sont pas des intermédiaires financiers de dépôts.
e. Montant estimé par le pays pour 1999.
Source : OCDE/Unité des statistiques financières - Sur la base des sources nationales.

Table 5. **DIRECT INVESTMENT FROM ABROAD IN OECD COUNTRIES:** *INWARD POSITION*

Tableau 5. **INVESTISSEMENTS DIRECTS DE L'ÉTRANGER DANS LES PAYS DE L'OCDE:** *ENCOURS*

at year-end - en fin d'année

Million US dollars / Millions de dollars des EU

	1988	1989	1990	1991	1992	1993	1994	1995	1996	1997	1998	1999 p	
Australia [1]	52442	64583	75801	78018	78592	76808	86974	100369	116201	99388	102763	116715	Australie [1]
Austria [2]	7107	8261	9976	10368	11209	11373	13092	17532	18258	17510	22800	24800	Autriche [2]
Belgique-Luxembourg	16939	21896	..	..	..	..	..	..	..	..	..	..	Belgique-Luxembourg
Canada	96305	106542	112844	117025	108503	106868	110204	123290	131634	138332	142973	166266	Canada
Czech Republic	..	..	..	595	1606	2053	3077	7530	8572	9234	14375	16246	République Tchèque
Denmark	..	..	..	..	..	..	..	..	..	..	..	..	Danemark
Finland	3040	3965	5132	4220	3689	4217	6714	8464	8797	9530	16455	16539	Finlande
France	..	60517	86508	97799	100209	103197	123887	143673	143937	141136	..	..	France
Germany [3]	61526	91134	119618	131818	129970	129781	160128	192898	188502	185980	..	..	Allemagne [3]
Greece	..	..	..	..	..	..	..	..	..	..	..	..	Grèce
Hungary	..	..	569	2107	3424	5576	7087	12829	14958	16086	18517	19276	Hongrie
Iceland	..	108	147	165	124	117	128	129	197	332	457	499 (e)	Islande
Ireland	..	..	..	..	..	..	..	..	..	..	..	..	Irlande
Italy	36892	49385	57996	59686	48474	52512	58846	63453	72482	81082	103107	106788	Italie
Japan [4]	10416	9160	9850	12297	15511	16884	19211	33532	32675	27086	26647	..	Japon [4]
Korea	..	..	..	..	..	..	..	..	5975	6860	..	..	Corée
Mexico	6865	6371	7613	10026	11453	13072	6234	5382	..	..	..	..	Mexique
Netherlands	44751	55253	73824	78144	81191	82792	103359	124506	131936	128482	..	..	Pays-Bas
New Zealand [5]	8731	9314	17712	14620	15206	15552	19849	26009	33584	37644	33323	32537	Nouvelle-Zélande [5]
Norway	..	..	..	..	..	14463	16305	19513	21591	22978	26083	..	Norvège
Poland	..	..	109	425	1370	2307	3789	7843	11463	14587	22479	..	Pologne
Portugal	21427	28893	65917	79572	79203	71071	86161	18170	18947	18312	22446	20513	Portugal
Spain	9907	10920	12461	18085	13773	13007	22247	111481	109326	100359	118877	112889	Espagne
Sweden	25229	25670	34245	35749	32990	38714	48667	31090	34784	41513	50985	70198	Suède
Switzerland	..	..	..	..	..	..	..	57063	53919	59519	69687	..	Suisse
Turkey	..	..	..	..	..	..	..	..	..	..	..	..	Turquie
United Kingdom	139018	160280	218213	224680	185925	196811	218211	203825	228642	252959	305325	394534	Royaume-Uni
United States [6]	314754	368924	394911	419108	423130	467412	480667	535553	598021	693207	811756	..	États-Unis [6]
TOTAL OECD	855349	1081176	1303447	1394507	1345551	1424587	1594838	1844134	1984400	2102114	1909055	1097799	**TOTAL OCDE**

Note: Data are converted using the end-of-year exchange rates.
p. Provisional data.
1. Break in series. Data from 1994 are based on a new methodology.
2. 1996 and 1997 data are provisional estimates.
3. Break in series, see the methodological notes for Germany in Part III.
4. Break in series as from 1995, see the methodological notes for Japan in Part III.
5. As from 1993, data are based on fiscal years ending 31 March.
6. Break in series as from 94 due to the reclassification from "direct investment" to "other investment" accounts of intercompany debt flows and associated income payments between parent companies and affiliates that are nondepository financial intermediaries.
e. Country estimates for 1999.
Source: OECD/Financial Statistics Unit - Based on national sources.

Note: Les données sont converties en utilisant le taux de change en fin d'année.
p. Données provisoires.
1. Rupture de série. Les données sont basées sur une nouvelle méthodologie à partir de 1994.
2. Les encours de 1996 et 1997 sont des estimations provisoires.
3. Rupture de série, voir les notes méthodologiques de l'Allemagne en Partie III.
4. Rupture de série à partir de 95, voir les notes méthodologiques du Japon en Partie III.
5. A partir de 1993, les données sont basées sur les années fiscales, prenant fin au 31 mars.
6. Rupture de série à partir de 94, due à une reclassification des "investissements directs" vers "autres investissements", des flux d'endettement inter-entreprises et des paiements connexes de revenus entre les sociétés mères et filiales qui ne sont pas des intermédiaires financiers de dépôts.
e. Montant estimé par le pays pour 1999.
Source : OCDE/Unité des statistiques financières - Sur la base des sources nationales.

Table 6. DIRECT INVESTMENT ABROAD FROM OECD COUNTRIES: OUTWARD POSITION
Tableau 6. INVESTISSEMENTS DIRECTS À L'ÉTRANGER DES PAYS DE L'OCDE: ENCOURS

at year-end - en fin d'année

Million US dollars / Millions de dollars des EU

	1988	1989	1990	1991	1992	1993	1994	1995	1996	1997	1998	1999 p	
Australia [1]	24547	28152	31153	29436	34712	35412	39857	47176	59190	56695	62025	54924	Australie [1]
Austria [2]	1616	3267	4498	6030	6862	8111	9282	11702	12781	13310	16500	18500	Autriche [2]
Belgium-Luxembourg	11131	15789	..	..	..	..	..	..	..	..	..	..	Belgique-Luxembourg
Canada	63782	72850	84808	94382	87870	92468	104302	118209	131779	146577	160642	178347	Canada
Czech Republic	..	..	..	..	..	..	..	346	498	548	804	908	République Tchèque
Denmark	..	..	..	..	..	..	..	..	..	..	..	..	Danemark
Finland	5708	7938	11227	10845	8565	9178	12534	14993	17666	20297	29407	31803	Finlande
France	..	75415	110119	129903	140679	141430	163075	184388	192973	189681	..	..	France
Germany [3]	93920	114800	148456	167185	170867	178648	213654	258142	271241	280779	..	..	Allemagne [3]
Greece	..	..	..	..	..	..	..	..	..	..	..	..	Grèce
Hungary	..	..	..	..	..	226	291	491	474	900	1286	1586	Hongrie
Iceland	..	58	75	101	97	112	146	179	241	249	361	413 (e)	Islande
Ireland	..	..	..	..	..	..	..	..	..	..	..	..	Irlande
Italy	39905	45846	59039	65912	65816	76422	81383	97038	107441	124977	159171	188487	Italie
Japan [4]	110780	154367	201441	231791	248058	259795	275574	238452	282257	271967	267584	..	Japon [4]
Korea	1130	1522	2339	3376	4511	5588	7623	10500	13796	16546	20433	..	Corée
Mexico	..	..	..	..	..	..	..	..	..	..	..	..	Mexique
Netherlands	73421	88579	109094	119713	124746	124820	149023	179557	201475	210247	..	..	Pays-Bas
New Zealand [5]	4020	4882	10278	11196	13144	4400	5167	7624	8925	6746	5513	7039	Nouvelle-Zélande [5]
Norway	..	..	..	..	..	13482	16909	22519	25440	..	..	..	Norvège
Poland [6]	..	..	..	..	101	198	461	539	735	678	1165	..	Pologne [6]
Portugal	..	..	..	..	..	..	..	4408	4488	5571	9221	9605	Portugal
Spain	9434	11372	15654	20532	20911	22403	28331	36661	40094	47873	69153	97821	Espagne
Sweden	28423	38221	49491	53531	47707	44559	59237	73143	72187	78202	93534	108322	Suède
Switzerland	48907	54628	66086	75884	74413	91571	112586	142479	141591	165365	181541	..	Suisse
Turkey	..	..	..	..	..	..	..	..	..	..	..	..	Turquie
United Kingdom	187567	196568	230824	234055	223774	253213	286394	314340	330432	360796	491924	664059	Royaume-Uni
United States	335915	381781	430521	467844	502063	564283	612893	699015	795195	865531	980565	..	États-Unis
TOTAL OECD	1040205	1296035	1565103	1721716	1774896	1926319	2178722	2461902	2710899	2863536	2550828	1361812	**TOTAL OCDE**

Note: Data are converted using the end-of-year exchange rates.
p. Provisional data.
1. Break in series. Data from 1994 are based on a new methodology.
2. 1996 and 1997 data are provisional estimates.
3. Break in series, see the methodological notes for Germany in Part III.
4. Break in series as from 1995, see the methodological notes for Japan in Part III.
5. As from 1993, data are based on fiscal years ending 31 March.
6. Up to 1993, amounts exclude investment from the Polish banking system.
e. Country estimates for 1999.
Source: OECD/Financial Statistic Unit - Based on national sources.

Note: Les données sont converties en utilisant le taux de change en fin d'année.
p. Données provisoires.
1. Rupture de série. Les données sont basées sur une nouvelle méthodologie à partir de 1994.
2. Les encours de 1996 et 1997 sont des estimations provisoires.
3. Rupture de série, voir les notes méthodologiques pour l'Allemagne en Partie III.
4. Rupture de série à partir de 95, voir les notes méthodologiques du Japon en Partie III.
5. A partir de 1993, les données sont basées sur les années fiscales, prenant fin au 31 mars.
6. Jusqu' en 1993, les montants excluent l'investissement des banques polonaises.
e. Montant estimé par le pays pour 1999.
Source : OCDE/Unité des statistiques financières - Sur la base des sources nationales.

Table 7. DIRECT INVESTMENT FROM ABROAD IN OECD COUNTRIES: *INFLOWS BY ZONE*
Tableau 7. INVESTISSEMENTS DIRECTS DE L'ÉTRANGER DANS LES PAYS DE L'OCDE: *ENTREES DES FLUX PAR ZONE*

as a percentage of the total inflows - en pourcentage du total des entrées de flux

%	1988	1989	1990	1991	1992	1993	1994	1995	1996	1997	1998	1999	%
AUSTRALIA													**AUSTRALIE**
EUROPE	15	30	16	14	43	20	43	22	45	41	-21	60	EUROPE
NAFTA	25	22	33	18	11	49	34	13	37	31	93	15	NAFTA
ASIA	-7	4	-5	6	3	3	7	11	6	4	20	-2	ASIE
AFRICA, NEAR & MIDDLE EAST	..	..	..	..	1	-	-4	-	1	-	2	1	AFRIQUE, PROCHE & MOYEN ORIENT
OTHER	67	45	56	62	42	28	16	54	11	24	9	26	AUTRES
AUSTRIA													**AUTRICHE**
EUROPE	69	85	81	151	91	89	54	76	93	69	119	95	EUROPE
NAFTA	5	-1	4	-10	4	6	12	17	6	15	-2	4	NAFTA
ASIA	-	-	-	-	1	-	-	-	-	-	-	-	ASIE
AFRICA, NEAR & MIDDLE EAST	..	..	..	..	-	-	-	-	-	-	-15	1	AFRIQUE, PROCHE & MOYEN ORIENT
OTHER	25	17	15	-41	4	5	34	7	1	16	-1	-	AUTRES
BELGIUM/LUXEMBOURG													**BELGIQUE/LUXEMBOURG**
EUROPE	80	80	91	87	80	66	56	81	73	71	72	93	EUROPE
NAFTA	13	2	9	17	12	29	42	21	8	-6	21	7	NAFTA
ASIA	1	-	1	-6	2	-	-2	2	5	13	-2	3	ASIE
AFRICA, NEAR & MIDDLE EAST	1	-	-	-	-	-	-	-	-	-	-	1	AFRIQUE, PROCHE & MOYEN ORIENT
OTHER	5	17	-1	2	6	4	4	-4	14	21	9	-3	AUTRES
CANADA													**CANADA**
EUROPE	40	31	46	-4	20	9	-11	30	15	17	18	7	EUROPE
NAFTA	26	35	39	62	56	83	98	63	71	73	76	103	NAFTA
ASIA	-	-	-	-	-	-	-	-	-	-	-	-	ASIE
AFRICA, NEAR & MIDDLE EAST	..	..	..	..	..	..	..	..	..	..	..	..	AFRIQUE, PROCHE & MOYEN ORIENT
OTHER	35	34	15	42	23	8	13	7	15	9	6	-10	AUTRES
CZECH REPUBLIC													**REPUBLIQUE TCHEQUE**
EUROPE	..	..	..	..	67	40	76	94	74	83	72	82	EUROPE
NAFTA	..	..	..	..	29	39	5	4	18	8	10	12	NAFTA
ASIA	..	..	..	..	-	-	-	-	-	-	-	..	ASIE
AFRICA, NEAR & MIDDLE EAST	..	..	..	..	-	-	-	-	-	-	-	..	AFRIQUE, PROCHE & MOYEN ORIENT
OTHER	..	..	..	..	4	21	19	2	8	10	18	6	AUTRES
DENMARK													**DANEMARK**
EUROPE	77	91	93	95	81	87	92	88	37	82	34	77	EUROPE
NAFTA	38	3	5	4	20	5	7	6	40	11	63	20	NAFTA
ASIA	-3	-2	-	-1	-	-	1	-	-	1	-	-	ASIE
AFRICA, NEAR & MIDDLE EAST	-	-1	-	-	-	-	-	-	-	-	-	-	AFRIQUE, PROCHE & MOYEN ORIENT
OTHER	-12	9	2	2	-	8	-	7	23	6	3	4	AUTRES
FINLAND													**FINLANDE**
EUROPE	91	110	93	129	55	82	88	77	76	83	94	109 #	EUROPE
NAFTA	5	7	7	42	43	20	12	11	21	11	4	-12 #	NAFTA
ASIA	..	..	..	..	-	-	-	-	3	1	-	- #	ASIE
AFRICA, NEAR & MIDDLE EAST	..	..	..	..	-	-	-	1	-	-	-	- #	AFRIQUE, PROCHE & MOYEN ORIENT
OTHER	4	-17	1	-71	3	-3	-	10	-	5	2	3	AUTRES

Note: The amounts above are based on the detailed tables which appear in Part II of the publication.   ***Note***: Les montants ci-dessus sont calculés à partir des tableaux détaillés en Partie II de l'annuaire.

Table 7. DIRECT INVESTMENT FROM ABROAD IN OECD COUNTRIES: INFLOWS BY ZONE
Tableau 7. INVESTISSEMENTS DIRECTS DE L'ÉTRANGER DANS LES PAYS DE L'OCDE: ENTRÉES DES FLUX PAR ZONE

as a percentage of the total inflows - en pourcentage du total des entrées de flux

%	1988	1989	1990	1991	1992	1993	1994	1995	1996	1997	1998	1999	%
FRANCE													**FRANCE**
EUROPE	69	64	43	60	74	65	58	71	85	79	81	92	EUROPE
NAFTA	11	3	8	7	16	6	8	25	17	12	17	6	NAFTA
ASIA	-	-	-	-	-	-	1	1	-	-	-1	:	ASIE
AFRICA, NEAR & MIDDLE EAST	1	1	-1	-	1	1	1	2	1	2	1	:	AFRIQUE, PROCHE & MOYEN ORIENT
OTHER	19	32	50	32	9	29	32	2	-3	7	2	2	AUTRES
GERMANY													**ALLEMAGNE**
EUROPE	196	67	48	64	33	129	196	63	72	83	67	80	EUROPE
NAFTA	-197	20	-30	15	45	-41	-73	19	27	4	15	9	NAFTA
ASIA	1	1	-	1	-	4	-17	1	1	1	-	1	ASIE
AFRICA, NEAR & MIDDLE EAST	62	-	30	1	3	-6	-7	-	-	1	-	-	AFRIQUE, PROCHE & MOYEN ORIENT
OTHER	38	12	53	20	19	14	1	18	-1	11	18	10	AUTRES
GREECE *													**GRECE ***
EUROPE	79	76	91	91	85	:	:	:	:	:	:	:	EUROPE
NAFTA	5	12	2	2	4	:	:	:	:	:	:	:	NAFTA
ASIA	-	-	-1	-	-	:	:	:	:	:	:	:	ASIE
AFRICA, NEAR & MIDDLE EAST	1	2	-	1	-	:	:	:	:	:	:	:	AFRIQUE, PROCHE & MOYEN ORIENT
OTHER	16	10	8	5	11	:	:	:	:	:	:	:	AUTRES
HUNGARY													**HONGRIE**
EUROPE	:	:	:	:	:	:	:	:	:	:	:	78	EUROPE
NAFTA	:	:	:	:	:	:	:	:	:	:	:	20	NAFTA
ASIA	:	:	:	:	:	:	:	:	:	:	:	-1	ASIE
AFRICA, NEAR & MIDDLE EAST	:	:	:	:	:	:	:	:	:	:	:	-	AFRIQUE, PROCHE & MOYEN ORIENT
OTHER	:	:	:	:	:	:	:	:	:	:	:	3	AUTRES
ICELAND													**ISLANDE**
EUROPE	72	90	70	136	61	230	23950	116	96	54	6	71	EUROPE
NAFTA	-	5	33	-29	26	275	-25750	-14	3	46	41	30	NAFTA
ASIA	-	-	-	-	-	-	-	-	-	-	-	-	ASIE
AFRICA, NEAR & MIDDLE EAST	:	-	-	-	-	-	-	-	-	-	-	-	AFRIQUE, PROCHE & MOYEN ORIENT
OTHER	28	5	-3	-7	13	-405	1900	-1	1	-	52	-1	AUTRES
IRELAND													**IRLANDE**
EUROPE	41	29	36	30	32	23	22	12	13	13	:	:	EUROPE
NAFTA	53	62	52	50	61	74	74	78	84	86	:	:	NAFTA
ASIA	-	3	-	-	-	-	-	-	-	-	:	:	ASIE
AFRICA, NEAR & MIDDLE EAST	-	-	-	-	-	-	-	-	-	-	:	:	AFRIQUE, PROCHE & MOYEN ORIENT
OTHER	6	6	12	20	7	3	4	10	3	1	:	:	AUTRES
ITALY													**ITALIE**
EUROPE	47	74	93	50	78	88	92	77	79	81	105	41	EUROPE
NAFTA	18	24	1	2	21	6	9	8	18	3	-11	9	NAFTA
ASIA	-	-	-	-	-	-	-2	-	-	1	-	-	ASIE
AFRICA, NEAR & MIDDLE EAST	1	-	-	-3	-1	-	-	-	1	-	-	-	AFRIQUE, PROCHE & MOYEN ORIENT
OTHER	35	1	6	50	2	7	1	15	2	15	6	50	AUTRES

Note: The amounts above are based on the detailed tables which appear in Part II of the publication.
* As from 1993, data are not available due to the implementation of the new BoP system.

Note: Les montants ci-dessus sont calculés à partir des tableaux détaillés en Partie II de l'annuaire.
* A partir de 93, les données ne sont pas disponibles dû à la mise en place du nouveau systeme de la BdP.

Table 7. DIRECT INVESTMENT FROM ABROAD IN OECD COUNTRIES: *INFLOWS BY ZONE*
Tableau 7. INVESTISSEMENTS DIRECTS DE L'ÉTRANGER DANS LES PAYS DE L'OCDE: *ENTREES DES FLUX PAR ZONE*

as a percentage of the total Inflows - en pourcentage du total des entrées de flux

%	1988	1989	1990	1991	1992	1993	1994	1995	1996	1997	1998	1999	%
JAPAN													**JAPON**
EUROPE	25	22	49	31	35	33	36	34	29	45	23	59	EUROPE
NAFTA	55	59	29	48	35	35	46	48	32	22	60	17	NAFTA
ASIA	1	2	2	3	2	15	5	7	17	-3	1	5	ASIE
AFRICA, NEAR & MIDDLE EAST	..	..	..	-	1	-	-	-	-	-	-	-	AFRIQUE, PROCHE & MOYEN ORIENT
OTHER	18	17	20	18	27	17	13	11	23	35	16	19	AUTRES
KOREA													**COREE**
EUROPE	17	16	22	58	36	34	36	32	37	56	..	..	EUROPE
NAFTA	26	30	30	22	34	42	23	25	17	19	..	..	NAFTA
ASIA	2	2	4	1	2	1	4	17	31	16	..	..	ASIE
AFRICA, NEAR & MIDDLE EAST	-	-	-	-	-	-	1	-	-	-	..	..	AFRIQUE, PROCHE & MOYEN ORIENT
OTHER	54	51	44	19	28	22	36	26	14	9	..	..	AUTRES
MEXICO													**MEXIQUE**
EUROPE	26	23	27	24	19	15	15	23	13	24	17	21	EUROPE
NAFTA	66	62	58	57	72	73	66	60	62	58	45	60	NAFTA
ASIA	-	-	-	-	4	-	-	1	4	1	1	1	ASIE
AFRICA, NEAR & MIDDLE EAST	-	-	1	-	-	-	-	-	-	-	-	-	AFRIQUE, PROCHE & MOYEN ORIENT
OTHER	8	15	14	19	5	12	19	16	21	17	38	18	AUTRES
NETHERLANDS													**PAYS-BAS**
EUROPE	83	91	81	43	88	81	61	60	38	74	48	62	EUROPE
NAFTA	-14	2	13	28	17	11	24	26	47	20	46	34	NAFTA
ASIA	1	-	1	6	2	3	2	-1	1	2	1	-	ASIE
AFRICA, NEAR & MIDDLE EAST	3	-	-4	-	-	1	2	-	1	1	1	-	AFRIQUE, PROCHE & MOYEN ORIENT
OTHER	27	7	9	23	-6	3	11	15	12	5	5	4	AUTRES
NEW ZEALAND													**NOUVELLE ZELANDE**
EUROPE	84	53	27	-13	50	14	35	16	11	45	51	66	EUROPE
NAFTA	-29	11	10	127	-39	3	34	44	54	-16	-8	-134	NAFTA
ASIA	-36	-4	4	8	44	7	3	17	-4	-1	25	-41	ASIE
AFRICA, NEAR & MIDDLE EAST	..	..	..	-	-	-	..	..	-	-	-	-	AFRIQUE, PROCHE & MOYEN ORIENT
OTHER	81	40	60	-21	45	75	27	23	40	73	33	209	AUTRES
NORWAY													**NORVEGE**
EUROPE	143	95	118	68	-46	-13	41	82	30	98	97	81	EUROPE
NAFTA	-29	-3	-36	257	127	141	59	11	60	12	-3	6	NAFTA
ASIA	-	-	-	-	-	-	-2	-2	-	-2	-3	7	ASIE
AFRICA, NEAR & MIDDLE EAST	..	..	..	-	-	-	-	-	-	-	-	-	AFRIQUE, PROCHE & MOYEN ORIENT
OTHER	-14	7	18	-226	18	-28	3	9	10	-8	8	12	AUTRES
POLAND													**POLOGNE**
EUROPE	..	..	..	..	..	82	69	74	82	82	82	93	EUROPE
NAFTA	..	..	..	..	..	16	24	17	11	14	12	6	NAFTA
ASIA	..	..	..	..	..	1	-	1	1	-	-	-	ASIE
AFRICA, NEAR & MIDDLE EAST	..	..	..	..	..	-	-	-	-	-	-	-	AFRIQUE, PROCHE & MOYEN ORIENT
OTHER	..	..	..	..	..	1	6	7	6	4	6	1	AUTRES

Note: The amounts above are based on the detailed tables which appear in Part II of the publication. *Note:* Les montants ci-dessus sont calculés à partir des tableaux détaillés en Partie II de l'annuaire.

Table 7. DIRECT INVESTMENT FROM ABROAD IN OECD COUNTRIES: *INFLOWS BY ZONE*
Tableau 7. INVESTISSEMENTS DIRECTS DE L'ÉTRANGER DANS LES PAYS DE L'OCDE: *ENTRÉES DES FLUX PAR ZONE*

as a percentage of the total Inflows - en pourcentage du total des entrées de flux

%	1988	1989	1990	1991	1992	1993	1994	1995	1996	1997	1998	1999	%
PORTUGAL													**PORTUGAL**
EUROPE	85	84	83	86	86	91	77	90	109	78	38	74	EUROPE
NAFTA	9	5	3	1	6	3	4	-5	-2	13	31	33	NAFTA
ASIA	-1	-	-2	2	4	-	7	2	-	-	-	-1	ASIE
AFRICA, NEAR & MIDDLE EAST	1	1	2	3	2	1	-	1	1	-	-	-	AFRIQUE, PROCHE & MOYEN ORIENT
OTHER	7	10	14	8	3	5	12	11	-7	9	31	-6	AUTRES
SPAIN													**ESPAGNE**
EUROPE	63	63	82	79	73	92	78	88	73	86	92	80	EUROPE
NAFTA	4	4	6	5	9	4	17	8	21	10	6	17	NAFTA
ASIA	-	-	-	-	-	-	-	-	-	-	-	1	ASIE
AFRICA, NEAR & MIDDLE EAST	:	:	1	-	-	-	-	1	-	1	1	-	AFRIQUE, PROCHE & MOYEN ORIENT
OTHER	33	33	11	16	17	5	5	3	6	2	1	2	AUTRES
SWEDEN													**SUEDE**
EUROPE	47	51	81	101	-1366	50	57	23	79	59	84	85	EUROPE
NAFTA	3	7	5	-6	-388	27	5	59	8	21	5	11	NAFTA
ASIA	-	-	2	-	-1	-	1	-	-	-	-1	-	ASIE
AFRICA, NEAR & MIDDLE EAST	-	-	-	1	-8	-	-	1	-	-	-	-	AFRIQUE, PROCHE & MOYEN ORIENT
OTHER	49	42	12	4	1863	23	37	17	13	20	11	4	AUTRES
SWITZERLAND													**SUISSE**
EUROPE	88	83	27	61	-54	685	50	97	60	62	56	70	EUROPE
NAFTA	-1	4	51	35	125	-348	49	14	39	39	36	39	NAFTA
ASIA	11	10	21	2	44	68	-	1	:	-4	-	-	ASIE
AFRICA, NEAR & MIDDLE EAST	1	3	-	1	-16	-193	1	2	3	3	-	1	AFRIQUE, PROCHE & MOYEN ORIENT
OTHER	-	-	1	1	2	-112	-1	-13	3	-	8	-10	AUTRES
TURKEY													**TURQUIE**
EUROPE	:	:	:	:	50	57	67	78	61	66	60	47	EUROPE
NAFTA	:	:	:	:	44	36	25	19	15	25	36	:	NAFTA
ASIA	-	-	-	-	-	-	-	-	:	-	-	-	ASIE
AFRICA, NEAR & MIDDLE EAST	5	2	1	5	2	3	1	1	3	2	-	19	AFRIQUE, PROCHE & MOYEN ORIENT
OTHER	95	98	99	95	4	4	6	3	21	7	4	33	AUTRES
UNITED KINGDOM													**ROYAUME UNI**
EUROPE	63	46	47	58	46	22	51	37	44	41	38	70	EUROPE
NAFTA	13	40	28	25	42	52	31	70	-	-	:	:	NAFTA
ASIA	-	-	-	1	3	1	2	1	1	-	-	-17	ASIE
AFRICA, NEAR & MIDDLE EAST	-	1	-	1	4	2	2	1	1	1	2	-	AFRIQUE, PROCHE & MOYEN ORIENT
OTHER	24	13	25	14	4	23	14	-8	54	57	59	47	AUTRES
UNITED STATES													**ETATS UNIS**
EUROPE	54	62	44	52	42	78	65	68	66	69	88	86	EUROPE
NAFTA	3	3	4	1	11	7	13	8	10	11	9	5	NAFTA
ASIA	1	2	2	-	2	1	2	-	-	3	-	-	ASIE
AFRICA, NEAR & MIDDLE EAST	2	1	-1	4	-1	1	1	-1	-	-	-	-	AFRIQUE, PROCHE & MOYEN ORIENT
OTHER	40	31	50	43	46	13	20	24	24	16	3	9	AUTRES

Note: The amounts above are based on the detailed tables which appear in Part II of the publication.   *Note:* Les montants ci-dessus sont calculés à partir des tableaux détaillés en Partie II de l'annuaire.

Table 8. DIRECT INVESTMENT ABROAD FROM OECD COUNTRIES: OUTFLOWS BY ZONE
Tableau 8. INVESTISSEMENTS DIRECTS A L'ÉTRANGER DES PAYS DE L'OCDE: SORTIES DES FLUX PAR ZONE

as a percentage of the total outflows - en pourcentage du total des sorties de flux

%	1988	1989	1990	1991	1992	1993	1994	1995	1996	1997	1998	1999	%
AUSTRALIA													**AUSTRALIE**
EUROPE	48	14	72	-283	39	13	98	42	34	40	28	52	EUROPE
NAFTA	15	76	2	-19	24	24	38	2	48	1	56	222	NAFTA
ASIA	4	-6	36	3	11	10	-3	-3	14	24	5	-435	ASIE
AFRICA, NEAR & MIDDLE EAST	-1	1	:	:	:	:	-	4	2	3	-	25	AFRIQUE, PROCHE & MOYEN ORIENT
OTHER	34	16	-9	400	26	53	-33	55	2	31	10	236	AUTRES
AUSTRIA													**AUTRICHE**
EUROPE	77	69	59	54	88	85	89	79	76	92	77	70	EUROPE
NAFTA	11	13	12	7	3	11	3	13	3	3	2	8	NAFTA
ASIA	-	-	-	-	4	-	1	1	1	-4	1	1	ASIE
AFRICA, NEAR & MIDDLE EAST	:	:	:	:	1	1	-	-	3	1	3	4	AFRIQUE, PROCHE & MOYEN ORIENT
OTHER	12	18	28	39	4	4	7	6	17	8	17	16	AUTRES
BELGIUM/LUXEMBOURG													**BELGIQUE/LUXEMBOURG**
EUROPE	45	67	77	75	95	71	288	82	68	102	81	109	EUROPE
NAFTA	16	7	13	3	2	14	-111	16	13	-22	13	-9	NAFTA
ASIA	-2	-	-1	2	1	2	-1	1	2	5	-4	-3	ASIE
AFRICA, NEAR & MIDDLE EAST	1	2	-	2	-	-3	-9	-	4	17	4	5	AFRIQUE, PROCHE & MOYEN ORIENT
OTHER	41	24	11	18	2	17	-68	1	14	-2	6	-1	AUTRES
CANADA													**CANADA**
EUROPE	14	25	23	14	7	15	6	17	15	21	16	4	EUROPE
NAFTA	63	65	49	25	31	10	36	57	46	39	60	66	NAFTA
ASIA	:	:	:	:	:	:	:	:	5	:	-2	:	ASIE
AFRICA, NEAR & MIDDLE EAST	:	:	:	:	:	:	:	:	:	:	:	:	AFRIQUE, PROCHE & MOYEN ORIENT
OTHER	23	10	28	61	62	76	57	25	34	39	26	31	AUTRES
DENMARK													**DANEMARK**
EUROPE	66	88	84	72	87	51	78	59	98	82	108	86	EUROPE
NAFTA	25	5	9	18	7	36	20	30	-12	6	-18	6	NAFTA
ASIA	2	4	1	7	2	-2	-	-3	5	3	5	1	ASIE
AFRICA, NEAR & MIDDLE EAST	-	-	-	-	-	-	-	-	-1	1	-	3	AFRIQUE, PROCHE & MOYEN ORIENT
OTHER	7	2	5	3	4	14	2	14	10	9	5	4	AUTRES
FINLAND													**FINLANDE**
EUROPE	71	54	67	27	123	96	96	83	98	76	93	62	EUROPE
NAFTA	22	30	15	43	5	-	3	13	-6	20	6	29	NAFTA
ASIA	:	:	:	:	-2	3	-	3	2	3	1	7	ASIE
AFRICA, NEAR & MIDDLE EAST	:	:	:	:	-1	-	-	-	-	-	-	-	AFRIQUE, PROCHE & MOYEN ORIENT
OTHER	7	16	18	31	-25	1	1	1	6	1	0	2	AUTRES

Note: The amounts above are based on the detailed tables which appear in Part II of the publication.
Breakdowns are not available for the Czech Republic.

Note: Les montants ci-dessus sont calculés à partir des tableaux détaillés en Partie II de l'annuaire.
Les ventilations ne sont pas disponibles pour la République tchèque.

Table 8. DIRECT INVESTMENT ABROAD FROM OECD COUNTRIES: OUTFLOWS BY ZONE
Tableau 8. INVESTISSEMENTS DIRECTS A L'ÉTRANGER DES PAYS DE L'OCDE: SORTIES DES FLUX PAR ZONE

as a percentage of the total outflows - en pourcentage du total des sorties de flux

%	1988	1989	1990	1991	1992	1993	1994	1995	1996	1997	1998	1999	%
FRANCE													**FRANCE**
EUROPE	53	58	55	54	54	39	21	99	55	58	55	60	EUROPE
NAFTA	20	23	17	23	5	9	14	30	21	23	19	26	NAFTA
ASIA	1	1	1	1	1	2	1	3	4	2	4	:	ASIE
AFRICA, NEAR & MIDDLE EAST	1	3	-	-	1	6	2	4	4	2	1	:	AFRIQUE, PROCHE & MOYEN ORIENT
OTHER	25	15	27	22	39	44	61	-37	16	14	20	14	AUTRES
GERMANY													**ALLEMAGNE**
EUROPE	46	67	77	82	83	87	70	73	57	52	39	71	EUROPE
NAFTA	49	27	19	15	12	3	17	12	30	29	54	14	NAFTA
ASIA	2	1	1	2	-	3	6	5	5	8	1	:	ASIE
AFRICA, NEAR & MIDDLE EAST	1	-	-	-	2	3	-2	1	-	-	1	1	AFRIQUE, PROCHE & MOYEN ORIENT
OTHER	2	5	3	2	3	4	9	8	8	11	5	14	AUTRES
HUNGARY													**HONGRIE**
EUROPE	:	:	:	:	:	:	:	:	:	:	:	75	EUROPE
NAFTA	:	:	:	:	:	:	:	:	:	:	:	18	NAFTA
ASIA	:	:	:	:	:	:	:	:	:	:	:	-	ASIE
AFRICA, NEAR & MIDDLE EAST	:	:	:	:	:	:	:	:	:	:	:	-	AFRIQUE, PROCHE & MOYEN ORIENT
OTHER	:	:	:	:	:	:	:	:	:	:	:	7	AUTRES
ICELAND													**ISLANDE**
EUROPE	64	79	122	34	43	78	50	106	102	63	84	94	EUROPE
NAFTA	36	-3	-24	63	-110	16	36	31	-12	26	3	16	NAFTA
ASIA	:	:	:	-	-	-	3	1	1	1	-	:	ASIE
AFRICA, NEAR & MIDDLE EAST	:	:	:	-	:	-	5	-2	-	-	-	1	AFRIQUE, PROCHE & MOYEN ORIENT
OTHER	-	25	2	3	167	6	9	-35	8	9	12	-11	AUTRES
ITALY													**ITALIE**
EUROPE	47	119	84	14	56	92	78	85	71	64	49	37	EUROPE
NAFTA	6	-68	5	3	29	-4	9	8	13	13	1	4	NAFTA
ASIA	-	1	-	-	1	1	3	1	3	4	1	2	ASIE
AFRICA, NEAR & MIDDLE EAST	2	1	-1	-2	-	1	1	1	1	4	1	2	AFRIQUE, PROCHE & MOYEN ORIENT
OTHER	45	49	12	85	15	10	9	4	12	14	48	56	AUTRES
JAPAN													**JAPON**
EUROPE	19	22	25	22	20	21	15	16	15	21	34	38	EUROPE
NAFTA	48	50	48	46	43	43	45	46	48	40	27	39	NAFTA
ASIA	11	11	12	14	18	18	23	23	23	22	15	9	ASIE
AFRICA, NEAR & MIDDLE EAST	1	-	-	-	2	2	2	1	1	1	1	1	AFRIQUE, PROCHE & MOYEN ORIENT
OTHER	22	17	15	19	17	16	16	14	12	16	22	12	AUTRES

Note: The amounts above are based on the detailed tables which appear in Part II of the publication.
Breakdowns are not available for Greece and Ireland.

Note: Les montants ci-dessus sont calculés à partir des tableaux détaillés en Partie II de l'annuaire.
Les ventilations ne sont pas disponibles pour la Grèce et l'Irlande.

Table 8. DIRECT INVESTMENT ABROAD FROM OECD COUNTRIES: OUTFLOWS BY ZONE
Tableau 8. INVESTISSEMENTS DIRECTS A L'ÉTRANGER DES PAYS DE L'OCDE: SORTIES DES FLUX PAR ZONE

as a percentage of the total outflows - en pourcentage du total des sorties de flux

%	1988	1989	1990	1991	1992	1993	1994	1995	1996	1997	1998	1999	%
KOREA													**COREE**
EUROPE	9	3	45	8	12	15	19	21	16	14	26	10	EUROPE
NAFTA	44	50	46	42	32	31	25	19	38	24	25	42	NAFTA
ASIA	17	21	30	37	40	-	44	50	37	45	39	40	ASIE
AFRICA, NEAR & MIDDLE EAST	19	7	7	7	9	9	7	2	1	6	2	1	AFRIQUE, PROCHE & MOYEN ORIENT
OTHER	11	19	-28	6	7	44	5	7	9	12	8	8	AUTRES
NETHERLANDS													**PAYS-BAS**
EUROPE	17	53	67	74	57	60	72	52	55	45	63	68	EUROPE
NAFTA	38	30	23	11	30	37	5	31	27	33	20	23	NAFTA
ASIA	4	6	3	5	2	6	10	7	7	5	2	4	ASIE
AFRICA, NEAR & MIDDLE EAST	1	2	1	2	1	1	-	1	2	2	1	-3	AFRIQUE, PROCHE & MOYEN ORIENT
OTHER	41	9	7	9	9	-4	13	10	8	15	13	8	AUTRES
NEW ZEALAND													**NOUVELLE ZELANDE**
EUROPE	-23	-42	-11	132	91	-22	25	43	4	184	35	75	EUROPE
NAFTA	26	-74	11	-10	10	16	54	-35	32	-	-77	23	NAFTA
ASIA	16	7	17	4	-194	61	1	-	-298	19	-37	-33	ASIE
AFRICA, NEAR & MIDDLE EAST	-	..	..	..	..	..	..	..	..	..	..	..	AFRIQUE, PROCHE & MOYEN ORIENT
OTHER	81	209	83	-26	192	44	20	92	362	-103	179	35	AUTRES
NORWAY													**NORVEGE**
EUROPE	27	92	80	88	86	71	63	81	93	55	32	68	EUROPE
NAFTA	71	19	12	7	10	11	34	6	8	26	29	..	NAFTA
ASIA	-6	-6	-	-1	5	2	-3	6	3	3	4	8	ASIE
AFRICA, NEAR & MIDDLE EAST	8	-6	4	1	-4	4	3	2	1	-	2	1	AFRIQUE, PROCHE & MOYEN ORIENT
OTHER	-	1	4	5	3	12	3	5	-4	16	34	23	AUTRES
POLAND													**POLOGNE**
EUROPE	..	..	..	..	..	96	93	52	47	96	93	143	EUROPE
NAFTA	..	..	..	..	..	-	-	8	5	10	1	-40	NAFTA
ASIA	..	..	..	..	..	-	-	11	7	-	-	10	ASIE
AFRICA, NEAR & MIDDLE EAST	..	..	..	..	..	-	5	29	3	-11	7	-9	AFRIQUE, PROCHE & MOYEN ORIENT
OTHER	..	..	..	..	..	4	2	-	38	5	-1	-4	AUTRES
PORTUGAL													**PORTUGAL**
EUROPE	96	73	81	86	90	106	68	79	33	55	38	-62	EUROPE
NAFTA	-1	2	5	3	2	10	13	3	6	2	3	2	NAFTA
ASIA	2	8	1	1	6	-4	1	6	2	-1	-1	1	ASIE
AFRICA, NEAR & MIDDLE EAST	2	7	3	3	3	15	10	5	18	5	12	5	AFRIQUE, PROCHE & MOYEN ORIENT
OTHER	-	9	10	7	-	-27	7	6	40	36	48	154	AUTRES

Note: The amounts above are based on the detailed tables which appear in Part II of the publication.
Breakdowns are not available for Mexico.

Note: Les montants ci-dessus sont calculés à partir des tableaux détaillés en Partie II de l'annuaire.
Les ventilations ne sont pas disponibles pour le Mexique.

Table 8. DIRECT INVESTMENT ABROAD FROM OECD COUNTRIES: OUTFLOWS BY ZONE
Tableau 8. INVESTISSEMENTS DIRECTS A L'ÉTRANGER DES PAYS DE L'OCDE: SORTIES DES FLUX PAR ZONE

as a percentage of the total outflows - en pourcentage du total des sorties de flux

%	1988	1989	1990	1991	1992	1993	1994	1995	1996	1997	1998	1999	%
SPAIN													**ESPAGNE**
EUROPE	53	68	65	57	41	58	17	69	41	36	34	20	EUROPE
NAFTA	24	10	15	15	27	18	24	10	10	11	9	6	NAFTA
ASIA	-	-	1	1	1	-	-	1	1	1	-	-	ASIE
AFRICA, NEAR & MIDDLE EAST	..	..	1	1	2	1	3	-	1	1	2	-	AFRIQUE, PROCHE & MOYEN ORIENT
OTHER	23	23	19	27	29	22	57	19	47	52	56	74	AUTRES
SWEDEN													**SUEDE**
EUROPE	64	62	75	77	80	101	46	28	35	17	62	70	EUROPE
NAFTA	4	11	4	6	117	1	12	25	-36	36	13	18	NAFTA
ASIA	-	-	-	-	8	-	1	1	2	1	1	2	ASIE
AFRICA, NEAR & MIDDLE EAST	-	-	-	-	2	4	-	-	-	3	-	-	AFRIQUE, PROCHE & MOYEN ORIENT
OTHER	32	28	21	17	-106	-6	42	45	99	43	25	10	AUTRES
SWITZERLAND													**SUISSE**
EUROPE	71	35	47	56	55	27	57	50	65	52	45	48	EUROPE
NAFTA	..	..	..	..	..	45	42	41	19	32	21	30	NAFTA
ASIA	-	2	7	4	11	6	6	1	10	12	17	9	ASIE
AFRICA, NEAR & MIDDLE EAST	2	2	-	3	1	1	1	1	1	2	1	1	AFRIQUE, PROCHE & MOYEN ORIENT
OTHER	28	60	46	38	33	21	-6	6	5	3	16	13	AUTRES
UNITED KINGDOM													**ROYAUME UNI**
EUROPE	26	27	55	42	47	36	48	33	61	53	32	32	EUROPE
NAFTA	53	56	10	27	13	45	26	44	9	32	65	62	NAFTA
ASIA	3	2	4	4	9	11	8	5	11	4	-4	-	ASIE
AFRICA, NEAR & MIDDLE EAST	-	6	4	8	4	-	3	3	3	3	2	2	AFRIQUE, PROCHE & MOYEN ORIENT
OTHER	19	9	27	19	27	9	16	15	17	8	5	4	AUTRES
UNITED STATES													**ETATS UNIS**
EUROPE	44	62	32	60	43	56	47	57	48	50	70	52	EUROPE
NAFTA	19	8	19	11	8	8	14	13	11	14	10	14	NAFTA
ASIA	4	4	8	9	12	7	14	5	12	11	3	10	ASIE
AFRICA, NEAR & MIDDLE EAST	-5	-3	-	2	2	2	2	1	3	4	4	2	AFRIQUE, PROCHE & MOYEN ORIENT
OTHER	38	29	41	18	36	27	23	24	27	20	13	22	AUTRES

Note: The amounts above are based on the detailed tables which appear in Part II of the publication. Breakdowns are not available for Turkey.

Note: Les montants ci-dessus sont calculés à partir des tableaux détaillés en Partie II de l'annuaire. Les ventilations ne sont pas disponibles pour la Turquie.

Table 9. DIRECT INVESTMENT FROM ABROAD IN OECD COUNTRIES: *INWARD POSITION AT YEAR-END BY ZONE*
Tableau 9. INVESTISSEMENTS DIRECTS DE L'ÉTRANGER DANS LES PAYS DE L'OCDE: *ENCOURS DE FIN D'ANNEE PAR ZONE*

as a percentage of the total inward positions - en pourcentage du total des encours de l'étranger

%	1988	1989	1990	1991	1992	1993	1994	1995	1996	1997	1998	1999	%
AUSTRALIA													**AUSTRALIE**
EUROPE	42	39	41	36	37	36	38	38	41	41	38	40	EUROPE
NAFTA	34	31	29	30	29	31	32	31	31	31	35	34	NAFTA
ASIA	3	2	2	2	2	2	2	3	3	3	4	4	ASIE
AFRICA, NEAR & MIDDLE EAST	-	-	-	-	..	..	..	..	..	..	..	..	AFRIQUE, PROCHE & MOYEN ORIENT
OTHER	21	29	27	32	33	32	28	29	25	25	23	22	AUTRES
AUSTRIA													**AUTRICHE**
EUROPE	75	77	79	78	83	82	80	85	83	87	86	..	EUROPE
NAFTA	13	10	9	11	11	12	7	7	8	7	8	..	NAFTA
ASIA	-	-	-	-	-	-	-	-	-	-	-	..	ASIE
AFRICA, NEAR & MIDDLE EAST	..	..	..	..	2	3	5	5	4	2	2	..	AFRIQUE, PROCHE & MOYEN ORIENT
OTHER	13	13	12	12	4	4	8	4	4	3	3	..	AUTRES
CANADA													**CANADA**
EUROPE	26	26	28	27	27	26	24	24	24	24	23	21	EUROPE
NAFTA	67	66	64	64	64	64	67	67	67	67	69	72	NAFTA
ASIA	2	1	1	2	3	3	3	3	3	3	2	2	ASIE
AFRICA, NEAR & MIDDLE EAST	-	-	-	-	-	-	-	-	-	-	-	-	AFRIQUE, PROCHE & MOYEN ORIENT
OTHER	6	7	7	7	6	7	6	6	6	6	6	5	AUTRES
CZECH REPUBLIC													**REPUBLIQUE TCHEQUE**
EUROPE	..	..	..	90	75	67	70	82	81	93	90	..	EUROPE
NAFTA	..	..	..	9	21	28	21	14	15	6	9	..	NAFTA
ASIA	..	..	..	..	..	..	-	..	..	1	1	..	ASIE
AFRICA, NEAR & MIDDLE EAST	..	..	..	1	4	5	9	4	4	-	-	..	AFRIQUE, PROCHE & MOYEN ORIENT
OTHER	..	..	..	..	..	..	..	..	..	..	..	..	AUTRES
DENMARK													**DANEMARK**
EUROPE	..	..	..	86	..	..	83	..	..	..	66	..	EUROPE
NAFTA	..	..	..	12	..	..	12	..	..	..	32	..	NAFTA
ASIA	..	..	..	-	..	..	-	..	..	..	-	..	ASIE
AFRICA, NEAR & MIDDLE EAST	..	..	..	-	..	..	-	..	..	..	1	..	AFRIQUE, PROCHE & MOYEN ORIENT
OTHER	..	..	..	2	..	..	5	..	..	..	1	..	AUTRES
FINLAND													**FINLANDE**
EUROPE	..	77	79	77	81	83	89	87	87	86	84	..	EUROPE
NAFTA	..	..	..	..	13	13	10	11	12	13	14	..	NAFTA
ASIA	..	..	..	..	..	..	..	..	..	..	..	..	ASIE
AFRICA, NEAR & MIDDLE EAST	..	..	..	..	..	..	..	..	..	..	..	..	AFRIQUE, PROCHE & MOYEN ORIENT
OTHER	..	23	21	23	6	5	1	1	1	1	2	..	AUTRES

Note: The amounts above are based on the detailed tables which appear in Part II of the publication.
Breakdowns are not available for Belgium-Luxembourg.

Note: Les montants ci-dessus sont calculés à partir des tableaux détaillés en Partie II de l'annuaire.
Les ventilations ne sont pas disponibles pour la Belgique-Luxembourg.

Table 9. DIRECT INVESTMENT FROM ABROAD IN OECD COUNTRIES: INWARD POSITION AT YEAR-END BY ZONE
Tableau 9. INVESTISSEMENTS DIRECTS DE L'ÉTRANGER DANS LES PAYS DE L'OCDE: ENCOURS DE FIN D'ANNÉE PAR ZONE

as a percentage of the total inward positions - en pourcentage du total des encours de l'étranger

%	1988	1989	1990	1991	1992	1993	1994	1995	1996	1997	1998	1999	%
FRANCE													**FRANCE**
EUROPE	..	65	70	73	72	73	75	76	74	76	76	..	EUROPE
NAFTA	..	20	21	20	19	19	19	22	21	18	20	..	NAFTA
ASIA	..	..	..	..	..	..	..	..	..	..	..	..	ASIE
AFRICA, NEAR & MIDDLE EAST	..	1	1	2	2	1	1	1	1	1	1	..	AFRIQUE, PROCHE & MOYEN ORIENT
OTHER	..	14	7	5	7	7	5	-	5	5	4	..	AUTRES
GERMANY													**ALLEMAGNE**
EUROPE	55	58	59	59	60	62	64	64	67	67	67	..	EUROPE
NAFTA	33	33	32	32	30	28	27	27	25	26	27	..	NAFTA
ASIA	-	-	-	-	-	-	-	-	-	-	-	..	ASIE
AFRICA, NEAR & MIDDLE EAST	1	-	-	-	1	1	1	1	1	1	1	..	AFRIQUE, PROCHE & MOYEN ORIENT
OTHER	11	8	9	9	9	9	8	8	7	6	5	..	AUTRES
GREECE													**GRECE**
EUROPE	..	..	..	..	..	..	..	..	..	..	..	..	EUROPE
NAFTA	..	..	..	..	..	..	..	..	..	..	..	2	NAFTA
ASIA	..	..	..	..	..	..	..	..	..	..	..	-	ASIE
AFRICA, NEAR & MIDDLE EAST	..	..	..	..	..	..	..	..	..	..	..	-	AFRIQUE, PROCHE & MOYEN ORIENT
OTHER	..	..	..	..	..	..	..	..	..	..	..	98	AUTRES
HUNGARY													**HONGRIE**
EUROPE	..	..	..	..	75	70	78	76	67	77	80	..	EUROPE
NAFTA	..	..	..	..	13	22	15	17	18	16	12	..	NAFTA
ASIA	..	..	..	..	1	-	-	1	2	1	-	..	ASIE
AFRICA, NEAR & MIDDLE EAST	..	..	..	..	-	-	-	-	-	1	1	..	AFRIQUE, PROCHE & MOYEN ORIENT
OTHER	..	..	..	..	11	8	7	6	13	6	7	..	AUTRES
ICELAND													**ISLANDE**
EUROPE	53	63	74	80	84	84	91	91	91	75	68	26	EUROPE
NAFTA	31	22	20	15	15	14	7	5	6	23	30	39	NAFTA
ASIA	..	..	..	..	..	..	..	..	..	..	..	-	ASIE
AFRICA, NEAR & MIDDLE EAST	..	..	..	..	..	..	..	..	..	..	..	-	AFRIQUE, PROCHE & MOYEN ORIENT
OTHER	16	15	6	5	1	2	3	3	3	2	2	36	AUTRES
ITALY													**ITALIE**
EUROPE	77	78	79	79	79	76	77	76	76	74	75	76	EUROPE
NAFTA	15	15	15	14	14	16	16	15	15	15	14	14	NAFTA
ASIA	-	-	-	1	1	1	1	..	..	..	..	..	ASIE
AFRICA, NEAR & MIDDLE EAST	1	1	1	1	1	1	1	..	..	..	..	..	AFRIQUE, PROCHE & MOYEN ORIENT
OTHER	6	6	5	5	5	7	6	9	9	11	11	11	AUTRES
JAPAN													**JAPON**
EUROPE	24	23	27	28	29	29	30	..	28	33	29	..	EUROPE
NAFTA	50	52	48	48	46	45	45	..	53	53	59	..	NAFTA
ASIA	3	3	3	3	3	4	4	..	2	12	10	..	ASIE
AFRICA, NEAR & MIDDLE EAST	..	..	..	..	..	..	..	..	..	..	..	..	AFRIQUE, PROCHE & MOYEN ORIENT
OTHER	23	22	22	21	22	21	20	..	16	2	2	..	AUTRES

Note: The amounts above are based on the detailed tables which appear in Part II of the publication. Breakdowns are not available for Ireland.

Note: Les montants ci-dessus sont calculés à partir des tableaux détaillés en Partie II de l'annuaire. Les ventilations ne sont pas disponibles pour l'Irlande.

Table 9. DIRECT INVESTMENT FROM ABROAD IN OECD COUNTRIES: INWARD POSITION AT YEAR-END BY ZONE
Tableau 9. INVESTISSEMENTS DIRECTS DE L'ÉTRANGER DANS LES PAYS DE L'OCDE: ENCOURS DE FIN D'ANNEE PAR ZONE

as a percentage of the total inward positions - en pourcentage du total des encours de l'étranger

%	1988	1989	1990	1991	1992	1993	1994	1995	1996	1997	1998	1999	%
MEXICO													**MEXIQUE**
EUROPE	30	30	29	27	26	21	22	23	22	24	..	..	EUROPE
NAFTA	60	60	61	61	69	66	73	65	63	63	..	..	NAFTA
ASIA	-	-	-	-	1	3	5	4	5	1	..	..	ASIE
AFRICA, NEAR & MIDDLE EAST	-	-	-	-	-	-	-	-	-	-	..	..	AFRIQUE, PROCHE & MOYEN ORIENT
OTHER	10	10	10	13	4	10	1	8	10	12	..	..	AUTRES
NETHERLANDS													**PAYS-BAS**
EUROPE	55	57	59	58	60	62	64	65	61	62	57	..	EUROPE
NAFTA	27	26	25	24	23	22	21	21	24	23	31	..	NAFTA
ASIA	1	1	1	1	1	1	1	1	1	1	1	..	ASIE
AFRICA, NEAR & MIDDLE EAST	1	1	-	-	-	-	-	-	-	-	-	..	AFRIQUE, PROCHE & MOYEN ORIENT
OTHER	17	16	16	17	16	15	13	13	14	13	12	..	AUTRES
NEW ZEALAND													**NOUVELLE ZELANDE**
EUROPE	..	..	..	..	..	19	20	18	17	19	19	22	EUROPE
NAFTA	..	..	..	..	..	23	28	30	33	29	28	21	NAFTA
ASIA	..	..	..	..	..	10	10	11	10	7	5	3	ASIE
AFRICA, NEAR & MIDDLE EAST	..	..	..	..	..	-	-	-	-	-	-	-	AFRIQUE, PROCHE & MOYEN ORIENT
OTHER	..	..	..	..	..	47	42	41	41	45	48	53	AUTRES
NORWAY													**NORVEGE**
EUROPE	45	43	48	65	62	60	60	63	61	64	72	..	EUROPE
NAFTA	54	52	46	26	25	24	26	26	29	28	..	..	NAFTA
ASIA	-	-	-	-	-	-	-	-	-	-	-	..	ASIE
AFRICA, NEAR & MIDDLE EAST	-	-	-	-	-	-	-	-	-	-	-	..	AFRIQUE, PROCHE & MOYEN ORIENT
OTHER	1	5	6	9	13	17	14	11	10	8	28	..	AUTRES
POLAND													**POLOGNE**
EUROPE	..	..	..	..	..	..	71	70	78	81	81	..	EUROPE
NAFTA	..	..	..	..	..	..	24	25	14	14	13	..	NAFTA
ASIA	..	..	..	..	..	..	1	1	1	1	-	..	ASIE
AFRICA, NEAR & MIDDLE EAST	..	..	..	..	..	..	-	-	-	-	-	..	AFRIQUE, PROCHE & MOYEN ORIENT
OTHER	..	..	..	..	..	..	4	4	7	5	6	..	AUTRES
PORTUGAL													**PORTUGAL**
EUROPE	..	..	..	..	..	..	..	87	87	85	85	..	EUROPE
NAFTA	..	..	..	..	..	..	..	6	6	8	9	..	NAFTA
ASIA	..	..	..	..	..	..	..	-	-	-	-	..	ASIE
AFRICA, NEAR & MIDDLE EAST	..	..	..	..	..	..	..	1	1	1	1	..	AFRIQUE, PROCHE & MOYEN ORIENT
OTHER	..	..	..	..	..	..	..	6	6	6	5	..	AUTRES

Note: The amounts above are based on the detailed tables which appear in Part II of the publication. Breakdowns are not available for Korea.

Note: Les montants ci-dessus sont calculés à partir des tableaux détaillés en Partie II de l'annuaire. Les ventilations ne sont pas disponibles pour la Corée.

Table 9. DIRECT INVESTMENT FROM ABROAD IN OECD COUNTRIES: *INWARD POSITION AT YEAR-END BY ZONE*
Tableau 9. INVESTISSEMENTS DIRECTS DE L'ÉTRANGER DANS LES PAYS DE L'OCDE: *ENCOURS DE FIN D'ANNEE PAR ZONE*

as a percentage of the total inward positions - en pourcentage du total des encours de l'étranger

%	1988	1989	1990	1991	1992	1993	1994	1995	1996	1997	1998	1999	%
SWEDEN													**SUEDE**
EUROPE	79	84	83	87	87	85	89	73	74	78	86	..	EUROPE
NAFTA	15	15	10	11	11	12	10	18	19	15	8	..	NAFTA
ASIA	..	..	..	..	..	..	..	..	1	1	..	..	ASIE
AFRICA, NEAR & MIDDLE EAST	..	..	..	..	..	..	..	..	..	..	..	..	AFRIQUE, PROCHE & MOYEN ORIENT
OTHER	7	1	7	2	2	3	2	8	6	6	6	..	AUTRES
SWITZERLAND													**SUISSE**
EUROPE	64	69	67	68	67	67	68	69	69	70	68	..	EUROPE
NAFTA	..	..	..	..	..	24	25	25	24	24	27	..	NAFTA
ASIA	4	4	6	6	7	-	-	-	..	3	2	..	ASIE
AFRICA, NEAR & MIDDLE EAST	2	2	2	1	1	1	1	1	1	2	2	..	AFRIQUE, PROCHE & MOYEN ORIENT
OTHER	30	25	25	25	25	7	6	5	6	1	1	..	AUTRES
UNITED KINGDOM													**ROYAUME UNI**
EUROPE	40	40	38	41	41	39	39	40	41	38	37	44	EUROPE
NAFTA	45	45	45	44	44	44	45	45	..	..	51	48	NAFTA
ASIA	1	2	1	1	1	1	1	1	1	1	1	-3	ASIE
AFRICA, NEAR & MIDDLE EAST	-	..	-	1	1	2	2	2	2	2	2	1	AFRIQUE, PROCHE & MOYEN ORIENT
OTHER	14	14	15	14	13	14	13	12	56	60	10	9	AUTRES
UNITED STATES													**ETATS UNIS**
EUROPE	66	65	63	61	60	61	61	62	62	63	67	70	EUROPE
NAFTA	9	8	8	9	9	9	9	9	9	10	10	8	NAFTA
ASIA	1	1	1	1	1	1	1	1	1	1	1	1	ASIE
AFRICA, NEAR & MIDDLE EAST	2	2	1	1	1	2	2	1	1	1	1	1	AFRIQUE, PROCHE & MOYEN ORIENT
OTHER	22	24	27	28	28	27	27	27	26	25	22	21	AUTRES

Note: The amounts above are based on the detailed tables which appear in Part II of the publication. Breakdowns are not available for Spain and Turkey.

Note: Les montants ci-dessus sont calculés à partir des tableaux détaillés en Partie II de l'annuaire. Les ventilations ne sont pas disponibles pour l'Espagne et la Turquie.

Table 10. DIRECT INVESTMENT ABROAD FROM OECD COUNTRIES: OUTWARD POSITION AT YEAR-END BY ZONE
Tableau 10. INVESTISSEMENTS DIRECTS A L'ÉTRANGER DES PAYS DE L'OCDE: ENCOURS DE FIN D'ANNÉE PAR ZONE

as a percentage of the total outward positions - en pourcentage du total des encours à l'étranger

%	1988	1989	1990	1991	1992	1993	1994	1995	1996	1997	1998	1999	%
AUSTRALIA													**AUSTRALIE**
EUROPE	35	31	38	43	36	32	38	37	35	37	37	36	EUROPE
NAFTA	22	29	22	22	32	31	32	34	34	31	34	39	NAFTA
ASIA	7	4	6	11	12	12	12	10	12	14	13	9	ASIE
AFRICA, NEAR & MIDDLE EAST	..	..	-	..	..	..	..	..	..	..	..	..	AFRIQUE, PROCHE & MOYEN ORIENT
OTHER	36	36	34	25	20	25	18	19	18	19	17	16	AUTRES
AUSTRIA													**AUTRICHE**
EUROPE	63	71	68	69	90	89	89	87	85	83	84	..	EUROPE
NAFTA	18	13	11	8	6	7	7	7	6	10	8	..	NAFTA
ASIA	..	..	..	..	1	1	1	1	2	1	1	..	ASIE
AFRICA, NEAR & MIDDLE EAST	..	..	..	..	..	-	-	-	-	-	-	..	AFRIQUE, PROCHE & MOYEN ORIENT
OTHER	19	16	21	24	2	2	3	5	7	6	7	..	AUTRES
CANADA													**CANADA**
EUROPE	19	21	22	23	20	21	23	23	22	23	20	20	EUROPE
NAFTA	64	63	61	58	58	56	54	53	53	51	52	53	NAFTA
ASIA	5	4	4	4	4	5	5	5	5	5	4	4	ASIE
AFRICA, NEAR & MIDDLE EAST	-	-	-	-	1	1	1	1	1	1	1	1	AFRIQUE, PROCHE & MOYEN ORIENT
OTHER	12	12	12	15	16	17	17	18	19	20	23	22	AUTRES
CZECH REPUBLIC													**REPUBLIQUE TCHEQUE**
EUROPE	..	..	..	..	..	..	..	..	..	75	83	..	EUROPE
NAFTA	..	..	..	..	..	..	..	..	..	5	3	..	NAFTA
ASIA	..	..	..	..	..	..	..	..	..	1	1	..	ASIE
AFRICA, NEAR & MIDDLE EAST	..	..	..	..	..	..	..	..	..	10	6	..	AFRIQUE, PROCHE & MOYEN ORIENT
OTHER	..	..	..	..	..	..	..	..	..	9	7	..	AUTRES
DENMARK													**DANEMARK**
EUROPE	..	..	..	68	..	..	71	..	..	..	78	..	EUROPE
NAFTA	..	..	..	11	..	..	9	..	..	..	6	..	NAFTA
ASIA	..	..	..	4	..	..	6	..	..	..	3	..	ASIE
AFRICA, NEAR & MIDDLE EAST	..	..	..	-	..	..	-	..	..	..	1	..	AFRIQUE, PROCHE & MOYEN ORIENT
OTHER	..	..	..	17	..	..	14	..	..	..	11	..	AUTRES
FINLAND													**FINLANDE**
EUROPE	71	66	71	63	63	70	69	73	78	75	81	..	EUROPE
NAFTA	..	..	..	..	22	22	21	21	17	20	14	..	NAFTA
ASIA	..	..	..	..	..	..	1	2	2	2	1	..	ASIE
AFRICA, NEAR & MIDDLE EAST	..	..	..	..	..	..	-	-	-	-	-	..	AFRIQUE, PROCHE & MOYEN ORIENT
OTHER	29	34	29	37	14	8	9	4	4	3	3	..	AUTRES
FRANCE													**FRANCE**
EUROPE	62	62	67	70	65	62	64	62	54	54	56	..	EUROPE
NAFTA	26	29	24	22	19	21	21	21	21	26	24	..	NAFTA
ASIA	2	1	2	2	2	2	2	3	2	2	..	..	ASIE
AFRICA, NEAR & MIDDLE EAST	4	2	2	1	2	2	2	3	2	1	..	..	AFRIQUE, PROCHE & MOYEN ORIENT
OTHER	6	6	5	5	12	12	11	12	20	17	20	..	AUTRES

Note: The amounts above are based on the detailed tables which appear in Part II of the publication. Breakdowns are not available for Belgium-Luxembourg.

Note: Les montants ci-dessus sont calculés à partir des tableaux détaillés en Partie II de l'annuaire. Les ventilations ne sont pas disponibles pour la Belgique-Luxembourg.

Table 10. DIRECT INVESTMENT ABROAD FROM OECD COUNTRIES: *OUTWARD POSITION AT YEAR-END BY ZONE*
Tableau 10. INVESTISSEMENTS DIRECTS A L'ÉTRANGER DES PAYS DE L'OCDE: *ENCOURS DE FIN D'ANNEE PAR ZONE*

as a percentage of the total outward positions - en pourcentage du total des encours à l'étranger

%	1988	1989	1990	1991	1992	1993	1994	1995	1996	1997	1998	1999	%	
GERMANY														**ALLEMAGNE**
EUROPE	51	54	61	63	63	62	64	66	63	61	60	..	EUROPE	
NAFTA	34	33	29	26	25	26	24	22	24	26	28	..	NAFTA	
ASIA	2	2	2	2	2	2	2	3	3	3	3	..	ASIE	
AFRICA, NEAR & MIDDLE EAST	1	1	1	1	1	1	1	1	1	-	-	..	AFRIQUE, PROCHE & MOYEN ORIENT	
OTHER	11	10	8	8	8	8	9	8	9	9	9	..	AUTRES	
GREECE														**GRECE**
EUROPE	..	..	..	..	..	..	..	..	..	..	..	..	EUROPE	
NAFTA	..	..	..	..	..	..	..	..	..	..	..	5	NAFTA	
ASIA	..	..	..	..	..	..	..	..	..	..	..	2	ASIE	
AFRICA, NEAR & MIDDLE EAST	..	..	..	..	..	..	..	..	..	..	..	4	AFRIQUE, PROCHE & MOYEN ORIENT	
OTHER	..	..	..	..	..	..	..	..	..	..	..	89	AUTRES	
ICELAND														**ISLANDE**
EUROPE	29	26	40	38	36	43	46	56	67	60	48	67	EUROPE	
NAFTA	71	70	57	58	56	50	45	41	28	31	25	28	NAFTA	
ASIA	..	..	..	-	-	..	..	..	..	-	-	-	ASIE	
AFRICA, NEAR & MIDDLE EAST	..	..	..	..	..	..	1	1	-	-	-	-	AFRIQUE, PROCHE & MOYEN ORIENT	
OTHER	-	3	3	3	9	8	8	3	5	9	27	5	AUTRES	
ITALY														**ITALIE**
EUROPE	64	68	70	71	75	75	75	71	71	69	96	96	EUROPE	
NAFTA	14	11	11	10	10	10	9	10	10	10	1	1	NAFTA	
ASIA	1	2	1	1	1	1	1	..	..	..	..	..	ASIE	
AFRICA, NEAR & MIDDLE EAST	6	5	5	4	3	3	4	..	..	..	..	..	AFRIQUE, PROCHE & MOYEN ORIENT	
OTHER	16	14	13	13	11	11	12	19	19	21	3	3	AUTRES	
JAPAN														**JAPON**
EUROPE	16	18	19	19	19	19	19	..	18	21	19	..	EUROPE	
NAFTA	41	44	44	45	44	44	44	..	38	40	43	..	NAFTA	
ASIA	16	14	14	14	14	15	15	..	29	25	25	..	ASIE	
AFRICA, NEAR & MIDDLE EAST	2	1	1	1	1	1	1	..	-	1	1	..	AFRIQUE, PROCHE & MOYEN ORIENT	
OTHER	25	23	22	21	21	20	20	..	14	13	12	..	AUTRES	
KOREA														**COREE**
EUROPE	4	4	6	7	9	10	13	15	15	15	16	15	EUROPE	
NAFTA	43	45	47	46	43	40	36	31	32	30	29	31	NAFTA	
ASIA	23	25	28	32	33	36	39	42	44	45	..	43	ASIE	
AFRICA, NEAR & MIDDLE EAST	17	10	4	4	4	4	4	4	3	3	2	3	AFRIQUE, PROCHE & MOYEN ORIENT	
OTHER	13	16	13	11	12	10	9	9	6	6	53	9	AUTRES	
NETHERLANDS														**PAYS-BAS**
EUROPE	47	49	54	55	53	52	57	58	57	55	60	..	EUROPE	
NAFTA	35	33	29	28	30	33	28	27	27	29	26	..	NAFTA	
ASIA	3	3	3	3	4	4	5	5	5	5	4	..	ASIE	
AFRICA, NEAR & MIDDLE EAST	2	2	2	2	1	2	2	2	2	2	2	..	AFRIQUE, PROCHE & MOYEN ORIENT	
OTHER	13	12	11	12	12	9	9	9	9	9	8	..	AUTRES	

Note: The amounts above are based on the detailed tables which appear in Part II of the publication.
Breakdowns are not available for Hungary, Ireland and Mexico.

Note: Les montants ci-dessus sont calculés à partir des tableaux détaillés en Partie II de l'annuaire.
Les ventilations ne sont pas disponibles pour la Hongrie, l'Irlande et le Mexique.

33

Table 10. DIRECT INVESTMENT ABROAD FROM OECD COUNTRIES: **OUTWARD POSITION AT YEAR-END BY ZONE**
Tableau 10. INVESTISSEMENTS DIRECTS A L'ÉTRANGER DES PAYS DE L'OCDE: **ENCOURS DE FIN D'ANNÉE PAR ZONE**

as a percentage of the total outward positions - en pourcentage du total des encours à l'étranger

%	1988	1989	1990	1991	1992	1993	1994	1995	1996	1997	1998	1999	%
NEW ZEALAND													**NOUVELLE ZELANDE**
EUROPE	:	:	:	:	:	16	18	19	28	-8	-15	-19	EUROPE
NAFTA	:	:	:	:	:	22	32	20	22	28	22	25	NAFTA
ASIA	:	:	:	:	:	-9	-7	3	-	-4	-7	-9	ASIE
AFRICA, NEAR & MIDDLE EAST	:	:	:	:	:	:	-	-	-	-	-	-	AFRIQUE, PROCHE & MOYEN ORIENT
OTHER	:	:	:	:	:	72	56	58	49	84	99	103	AUTRES
NORWAY													**NORVEGE**
EUROPE	76	75	75	74	75	74	76	75	77	72	:	:	EUROPE
NAFTA	11	13	20	19	18	16	16	16	16	:	:	:	NAFTA
ASIA	3	2	1	1	2	3	2	2	2	2	:	:	ASIE
AFRICA, NEAR & MIDDLE EAST	1	1	1	1	1	1	2	2	1	2	:	:	AFRIQUE, PROCHE & MOYEN ORIENT
OTHER	9	9	3	5	4	6	4	5	4	25	:	:	AUTRES
POLAND													**POLOGNE**
EUROPE	:	:	:	:	:	:	84	80	62	42	60	:	EUROPE
NAFTA	:	:	:	:	:	:	9	7	8	8	9	:	NAFTA
ASIA	:	:	:	:	:	:	2	9	24	26	15	:	ASIE
AFRICA, NEAR & MIDDLE EAST	:	:	:	:	:	:	3	5	4	4	4	:	AFRIQUE, PROCHE & MOYEN ORIENT
OTHER	:	:	:	:	:	:	2	-	3	20	12	:	AUTRES
PORTUGAL													**PORTUGAL**
EUROPE	:	:	:	:	:	:	:	58	56	53	50	:	EUROPE
NAFTA	:	:	:	:	:	:	:	5	5	5	4	:	NAFTA
ASIA	:	:	:	:	:	:	:	4	4	3	2	:	ASIE
AFRICA, NEAR & MIDDLE EAST	:	:	:	:	:	:	:	19	18	14	11	:	AFRIQUE, PROCHE & MOYEN ORIENT
OTHER	:	:	:	:	:	:	:	14	17	26	33	:	AUTRES
SWEDEN													**SUEDE**
EUROPE	56	64	68	75	74	76	67	72	74	69	69	:	EUROPE
NAFTA	18	20	15	13	15	12	13	12	14	21	21	:	NAFTA
ASIA	:	:	:	:	:	:	:	:	2	3	3	:	ASIE
AFRICA, NEAR & MIDDLE EAST	:	:	:	:	:	:	:	:	:	:	:	:	AFRIQUE, PROCHE & MOYEN ORIENT
OTHER	26	16	17	13	11	12	20	16	10	7	8	:	AUTRES
SWITZERLAND													**SUISSE**
EUROPE	54	52	54	52	53	50	50	50	50	49	50	:	EUROPE
NAFTA	:	:	:	:	:	24	26	28	29	27	27	:	NAFTA
ASIA	5	5	5	6	6	3	4	3	4	6	7	:	ASIE
AFRICA, NEAR & MIDDLE EAST	2	2	2	2	2	2	2	2	2	2	1	:	AFRIQUE, PROCHE & MOYEN ORIENT
OTHER	39	41	39	40	38	21	18	16	16	16	15	:	AUTRES

Note: The amounts above are based on the detailed tables which appear in Part II of the publication. Breakdowns are not available for Spain.

Note: Les montants ci-dessus sont calculés à partir des tableaux détaillés en Partie II de l'annuaire. Les ventilations ne sont pas disponibles pour l'Espagne.

Table 10. DIRECT INVESTMENT ABROAD FROM OECD COUNTRIES: *OUTWARD POSITION AT YEAR-END BY ZONE*
Tableau 10. INVESTISSEMENTS DIRECTS A L'ÉTRANGER DES PAYS DE L'OCDE: *ENCOURS DE FIN D'ANNEE PAR ZONE*

as a percentage of the total outward positions - en pourcentage du total des encours à l'étranger

%	1988	1989	1990	1991	1992	1993	1994	1995	1996	1997	1998	1999	%
UNITED KINGDOM													**ROYAUME UNI**
EUROPE	25	25	29	30	30	35	38	39	45	45	40	38	EUROPE
NAFTA	48	48	44	42	42	39	34	35	28	31	43	49	NAFTA
ASIA	5	5	5	6	6	7	7	7	9	8	5	3	ASIE
AFRICA, NEAR & MIDDLE EAST	4	4	3	2	1	3	3	3	3	3	3	2	AFRIQUE, PROCHE & MOYEN ORIENT
OTHER	18	18	19	21	20	16	18	16	15	13	9	8	AUTRES
UNITED STATES													**ETATS UNIS**
EUROPE	47	49	50	50	49	50	48	49	49	49	52	51	EUROPE
NAFTA	20	19	19	18	16	15	15	14	14	14	13	13	NAFTA
ASIA	5	5	5	5	6	6	8	7	8	8	7	8	ASIE
AFRICA, NEAR & MIDDLE EAST	3	2	2	2	2	2	2	2	2	2	2	2	AFRIQUE, PROCHE & MOYEN ORIENT
OTHER	25	26	25	25	26	27	27	27	27	27	25	26	AUTRES

Note: The amounts above are based on the detailed tables which appear in Part II of the publication. Breakdowns are not available for Turkey.

Note: Les montants ci-dessus sont calculés à partir des tableaux détaillés en Partie II de l'annuaire. Les ventilations ne sont pas disponibles pour la Turquie.

PART II - PARTIE II

COUNTRY TABLES - TABLEAUX PAR PAYS

This part of the publication provides detailed statistical tables and charts on foreign direct investment flows and positions for twenty-nine OECD countries. Tables are broken down by industrial sector and by geographical allocation for inward and outward investment. They also include aggregate amounts by type of economic sector and by various geographic / economic zones respectively. When these amounts are not provided by the reporting country, they are computed by the OECD Secretariat from existing data.

Cette partie de la publication présente des graphiques et tableaux de données détaillés sur les flux et les encours d'investissement direct étranger pour les 29 pays de l'OCDE. Les tableaux sont ventilés par secteur industriel et par attribution géographique pour les entrées et les sorties d'investissement. Ils comprennent aussi des montants agrégés respectivement par type de secteur économique et par diverses zones géographiques / économiques. Lorsque ces montants ne sont pas transmis par le pays déclarant, ils sont calculés par le Secrétariat de l'OCDE à partir des données existantes.

AUSTRALIA - AUSTRALIE[1]

Chart 1. **Direct investment flows**
Graphique 1. **Flux d'investissement direct**

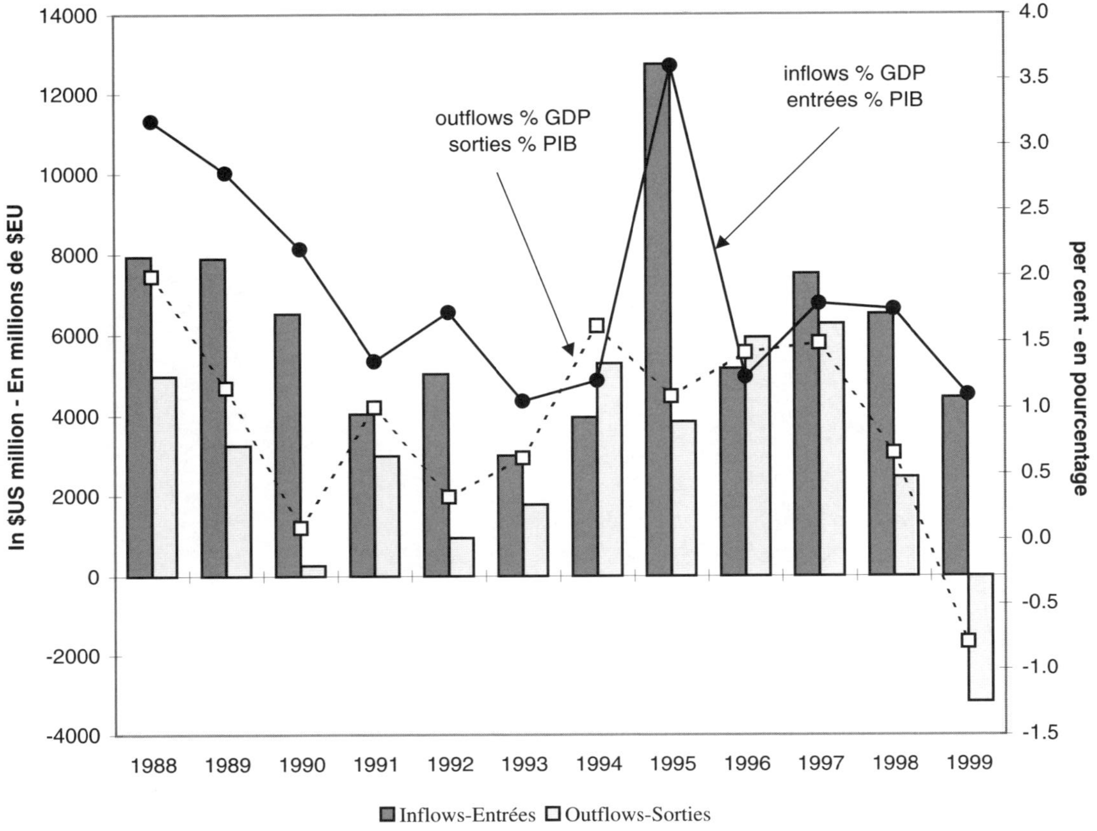

■ Inflows-Entrées □ Outflows-Sorties

1. As from 1995, data are based on a new methodology.   1. A partir de 1995, les données sont basées sur une nouvelle méthodologie.

AUSTRALIA - AUSTRALIE

Chart 2. **Direct investment from abroad:** *inflows by country*
Graphique 2. **Investissement direct de l'étranger:** *flux par pays*

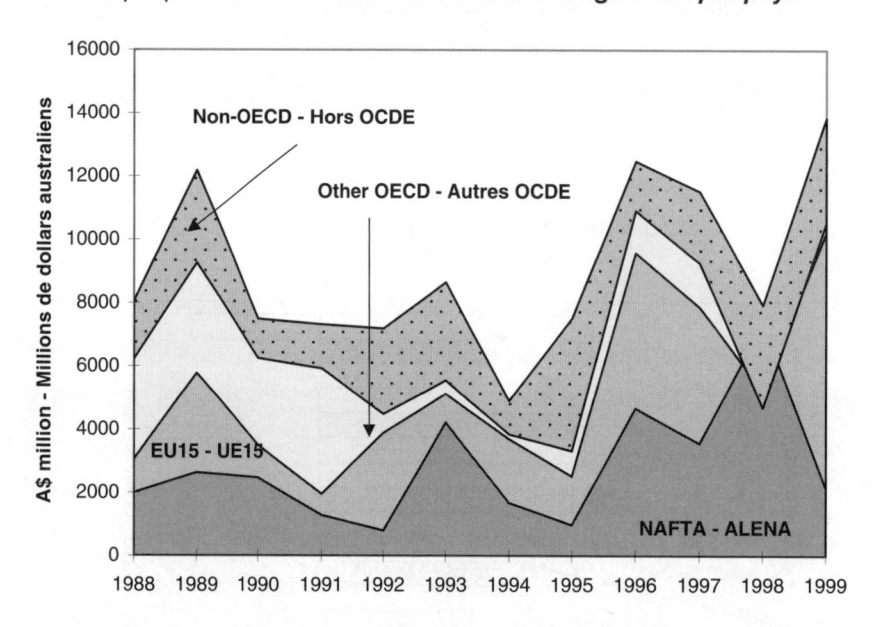

Chart 3. **Direct investment abroad:** *outflows by country*
Graphique 3. **Investissement direct à l'étranger:** *flux par pays*

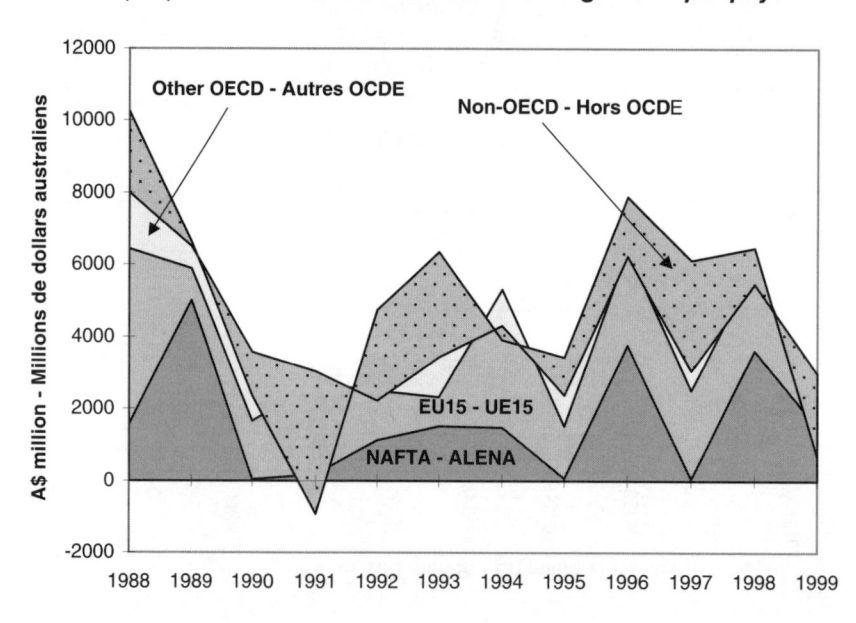

Note: Total OECD = EU15 + NAFTA + Other OECD. **Note**: Total OCDE = UE15 + ALENA + Autres OCDE.
1. Data refer to June of the year specified.   1. Les données se rapportent à juin de chaque année.

AUSTRALIA / AUSTRALIE

Table 1. DIRECT INVESTMENT FROM ABROAD: INFLOWS BY INDUSTRIAL SECTOR (1)
Tableau 1. INVESTISSEMENT DIRECT DE L'ÉTRANGER: FLUX PAR SECTEUR INDUSTRIEL (1)

A$ million / Millions de dollars australiens

	1988	1989	1990	1991	1992 [2]	1993	1994	1995	1996	1997	1998	1999 p	
Agriculture & fishing	-15	46	6	302	-511	20	-69	88	-10	-39	52	55	**Agriculture & pêche**
Mining & quarrying	2295	1681	1237	-261	498	-301	456	1396	586	883	3247	1261	**Mines & exploitation**
of which: Extraction of petroleum and gas	2493	776	787	-637	..	..	..	..	..	..	..	..	dont: Extraction de pétrole et gaz
Manufacturing	1704	2934	1671	2308	3027	2126	2168	2100	1975	560	1654	3344	**Manufacture**
of which:													dont:
Food products	51	928	206	2124	..	..	..	..	..	..	..	..	Produits alimentaires
Textile and wood activities	..	94	478	-138	..	..	..	..	..	..	..	..	Activités du textile et du bois
Petroleum, chemical, rubber and plastic products	415	719	949	536	..	..	..	..	..	..	..	..	Pétrole, produits chimiques, caoutchouc et mat. plastiques
Metal and mechanical products	476	121	31	-194	..	..	..	..	..	..	..	..	Produits métallurgiques et mécaniques
Office machinery, computers,	..	..	..	..	..	..	..	..	..	..	..	..	Machines de bureau, ordinateurs,
radio, TV and communication equipment	..	..	..	..	..	..	..	..	..	..	..	..	radio, téléviseurs et équipement de communication
Vehicles and other transport equipment	..	..	..	..	..	..	..	..	..	..	..	..	Véhicules et autres équipements de transport
Electricity, gas & water	105	-30	12	265	-1	-	-1	1	3391	932	1227	-274	**Electricité, gaz & eau**
Construction	57	1511	969	-216	82	72	-168	196	-98	714	-193	252	**Construction**
Trade & repairs	..	..	604	515	376	708	498	238	1441	761	348	1680	**Commerce & réparation**
Hotels & restaurants	..	..	..	..	155	-49	60	81	158	55	272	134	**Hôtels & restaurants**
Transport & communication	..	..	..	..	526	1005	221	289	213	3004	653	-200	**Transport & communication**
of which:													dont:
Land, sea and air transport	25	19	211	-144	..	..	..	..	..	..	..	..	Transport terrestre, maritime et aérien
Telecommunications	..	..	..	..	..	..	..	..	..	..	..	..	Télécommunications
Financial activities	3780	5089	763	3023	1534	1701	1038	1520	3111	2093	326	931	**Activités financières**
of which:													dont:
Monetary institutions	..	..	..	..	..	..	..	..	..	..	..	..	Institutions monétaires
Other financial institutions	..	..	..	..	..	..	..	..	..	..	..	..	Autres institutions financières
of which: Financial holding companies	..	..	..	..	..	..	..	..	..	..	..	..	dont: Sociétés holding financières
Insurance & activities auxiliary to insurance	..	..	..	..	..	..	..	..	..	..	..	..	Assurances & activités auxiliaires
Other financial institutions and insurance activities	..	..	..	..	..	..	..	..	..	..	..	..	Autres activités d'institutions financières et d'assurances
Real estate & business activities	..	..	2008	1482	460	263	533	-73	731	284	-281	-362	**Activités d'entreprise & immobilier**
of which: Real estate	..	333	-8	31	16	-86	-5	18	..	..	-50	..	dont: Immobilier
Other services	..	..	..	..	..	..	..	..	..	-370	..	..	**Autres services**
Unallocated	106	605	16	9	1021	3188	176	1655	992	2651	682	7041	Non attribués
TOTAL	8057	12188	7489	7314	7183	8647	4907	7509	12490	11528	7937	13862	**TOTAL**
of which:													dont:
PRIMARY	2280	1727	1243	41	-13	-281	387	1484	576	844	3299	1316	PRIMAIRE
MANUFACTURING	1704	2934	1671	2308	3027	2126	2168	2100	1975	560	1654	3344	MANUFACTURE
SERVICES	3967	6922	4559	4956	3148	3614	2176	2270	8947	7473	2302	2161	SERVICES

1. Data refer to periods ending in June of the year specified.
2. Break in series; from 91-92 onwards, data are in accordance with the 5th edition of the IMF's BPM5. Data for earlier years are not available on a comparable basis.

1. Les données se rapportent à des périodes prenant fin en juin de l'année indiquée.
2. Rupture de séries; à partir de 91-92, les données sont conformes aux recommandations de la 5ème édition du MBP5 du FMI. Les rétropolations historiques ne sont pas disponibles.

AUSTRALIA / AUSTRALIE

Table 2. DIRECT INVESTMENT ABROAD: OUTFLOWS BY INDUSTRIAL SECTOR (1)
Tableau 2. INVESTISSEMENT DIRECT À L'ÉTRANGER: FLUX PAR SECTEUR INDUSTRIEL (1)

A$ million / Millions de dollars australiens

	1988	1989	1990	1991	1992 [2]	1993	1994	1995	1996	1997	1998	1999 p	
Agriculture & fishing	..	..	241	..	-	..	-1	3	..	16	..	..	**Agriculture & pêche**
Mining & quarrying	5995	898	69	540	309	298	99	-413	1277	1346	-323	287	**Mines & exploitation**
of which: Extraction of petroleum and gas	66	-89	40	-141	..	..	..	..	..	..	..	..	*dont*: Extraction de pétrole et gaz
Manufacturing	1345	1263	362	-1076	1421	967	3500	1831	4011	1352	3679	2050	**Manufacture**
of which:													*dont:*
Food products	1585	353	..	-218	..	..	..	..	..	..	..	..	Produits alimentaires
Textile and wood activities	..	..	..	..	..	..	..	..	..	..	..	..	Activités du textile et du bois
Petroleum, chemical, rubber and plastic products	..	369	174	227	..	..	..	..	..	..	..	..	Pétrole, produits chimiques, caoutchouc et mat. plastiques
Metal and mechanical products	..	409	490	-141	..	..	..	..	..	..	..	..	Produits métallurgiques et mécaniques
Office machinery, computers, radio, TV and communication equipment	..	..	..	..	..	..	..	..	..	..	..	..	Machines de bureau, ordinateurs, radio, téléviseurs et équipement de communication
Vehicles and other transport equipment	..	..	..	..	..	..	..	..	..	..	..	..	Véhicules et autres équipements de transport
Electricity, gas & water	..	..	..	..	-	..	3	3	..	..	..	..	**Electricité, gaz & eau**
Construction	8	135	17	124	41	-78	23	-145	87	250	35	317	**Construction**
Trade & repairs	150	911	-700	709	-185	488	-336	492	336	-153	10	155	**Commerce & réparation**
Hotels & restaurants	..	..	..	-148	-7	2	-3	-5	63	-68	..	..	**Hôtels & restaurants**
Transport & communication	..	382	..	-148	189	46	349	456	220	-68	214	-571	**Transport & communication**
of which:													*dont:*
Land, sea and air transport	180	382	268	-148	..	..	..	..	..	..	..	..	Transport terrestre, maritime et aérien
Telecommunications	..	..	..	-	..	..	..	..	..	..	..	..	Télécommunications
Financial activities	6683	2602	2355	-669	1766	2416	685	477	859	2352	1797	-1150	**Activités financières**
of which:													*dont:*
Monetary institutions	..	..	..	..	..	..	..	..	..	..	..	..	Institutions monétaires
Other financial institutions	..	..	..	..	..	..	..	..	..	..	..	..	Autres institutions financières
of which: Financial holding companies	..	..	..	..	..	..	..	..	..	..	..	..	*dont*: Sociétés holding financières
Insurance & activities auxiliary to insurance	..	..	..	..	..	..	..	..	..	..	..	..	Assurances & activités auxiliaires
Other financial institutions and insurance activities	..	..	..	..	..	..	..	..	..	..	..	..	Autres activités d'institutions financières et d'assurances
Real estate & business activities	..	..	-157	-27	25	-83	414	-78	600	45	-98	28	**Activités d'entreprise & immobilier**
of which: Real estate	..	..	-106	-229	-10	20	14	10	-13	14	..	-111	*dont*: Immobilier
Other services	..	-161	..	-161	1190	2144	-837	797	452	967	1148	-333	**Autres services**
Unallocated	-4100	594	6	-937	4739	6345	3910	3428	7892	6121	6462	672	Non attribués
TOTAL	10261	6624	2355	-937	4739	6345	3910	3428	7892	6121	6462	672	**TOTAL**
of which:													*dont:*
PRIMARY	5995	898	310	540	309	298	98	-410	1277	1362	-323	287	PRIMAIRE
MANUFACTURING	1345	1263	362	-1076	1421	967	3500	1831	4011	1352	3679	2050	MANUFACTURE
SERVICES	7021	3869	1409	-240	1819	2811	1149	1210	2152	2440	1958	-1332	SERVICES

1. Data refer to periods ending in June of the year specified.
2. Break in series; from 91-92 onwards, data are in accordance with the 5th edition of the IMF's BPM5. Data for earlier years are not available on a comparable basis.

1. Les données se rapportent à des périodes prenant fin en juin de l'année indiquée.
2. Rupture de séries; à partir de 91-92, les données sont conformes aux recommandations de la 5ème édition du MBP5 du FMI. Les rétropolations historiques ne sont pas disponibles.

AUSTRALIA / AUSTRALIE

Table 3. **DIRECT INVESTMENT FROM ABROAD: INFLOWS BY COUNTRY**
Tableau 3. **INVESTISSEMENT DIRECT DE L'ÉTRANGER: FLUX PAR PAYS**

A$ million / Millions de dollars australiens

	1988	1989	1990	1991	1992	1993	1994	1995	1996	1997	1998	1999 p		ZONE DE L'OCDE
OECD AREA	*6216*	*9259*	*6249*	*5922*	*4483*	*5549*	*3844*	*3324*	*10926*	*9267*	*4689*	*10538*		
Austria	:	:	:	:	:	:	:	:	:	:	:	:	Autriche	
Belgium-Luxembourg	:	219	-81	118	75	44	-45	22	350	:	:	76	Belgique-Luxembourg	
Canada	353	598	45	-59	-448	631	166	-50	-538	582	-170	-238	Canada	
Czech Republic	-	:	:	-	:	:	:	:	:	:	:	:	République Tchèque	
Denmark	:	:	:	:	:	:	:	:	:	:	:	:	Danemark	
Finland	:	:	:	:	:	:	:	:	:	:	:	:	Finlande	
France	:	:	:	-14	157	-116	319	258	:	188	251	521	France	
Germany	-121	190	232	306	221	206	166	394	230	637	-9	1985	Allemagne	
Greece	:	:	:	:	13	:	:	1	:	:	1	-1	Grèce	
Hungary	:	:	:	:	:	:	:	:	:	:	:	:	Hongrie	
Iceland	:	2	20	-12	38	:	:	13	95	40	126	:	Islande	
Ireland	-3	:	9	-20	17	-9	-35	-16	-23	-34	-28	258	Irlande	
Italy	2090	3103	2196	2175	620	-147	178	642	241	-117	-285	-147	Italie	
Japan	1	11	62	23	-21	-4	31	31	-2	-8	67	115	Japon	
Korea	:	:	:	-3	1	11	-4	-4	-4	:	2	1	Corée	
Mexico	:	:	:	:	:	:	:	:	:	:	:	:	Mexique	
Netherlands	-94	840	185	-243	1529	776	1142	155	152	-175	-48	648	Pays-Bas	
New Zealand	916	-129	283	1444	-43	-46	-48	47	329	1130	-760	177	Nouvelle-Zélande	
Norway	:	:	:	:	:	:	:	:	:	:	:	:	Norvège	
Poland	:	:	:	:	:	:	:	:	:	:	:	:	Pologne	
Portugal	:	:	:	:	:	:	:	:	:	:	:	:	Portugal	
Spain	:	:	:	:	:	:	:	:	:	:	:	:	Espagne	
Sweden	42	108	20	16	33	35	77	81	205	6	-1	138	Suède	
Switzerland	155	326	200	300	7	586	-15	119	753	383	446	134	Suisse	
Turkey	1	:	:	:	:	:	:	:	:	:	:	:	Turquie	
United Kingdom	1224	1782	645	520	1000	126	537	598	2888	3751	-2654	3889	Royaume-Uni	
United States	1649	2033	2432	1354	1257	3581	1526	1046	5215	2982	7512	2384	Etats-Unis	
OECD UNALLOCATED	3	176	1	17	27	-125	-151	-13	1035	-98	239	598	OCDE NON ATTRIBUÉS	
NON-OECD AREA	*1841*	*2929*	*1240*	*1392*	*2700*	*3098*	*1063*	*4185*	*1564*	*2261*	*3248*	*3324*	**HORS ZONE-OCDE**	
EUROPEAN COUNTRIES (1)	-	-	-	-	3	52	38	12	:	:	:	:	**PAYS D'EUROPE (1)**	
of which:													*dont:*	
Baltic countries	:	:	:	:	:	:	:	:	:	:	:	:	Pays Baltes	
Bulgaria	:	:	:	:	:	:	:	:	:	:	:	:	Bulgarie	
Czechoslovakia	:	:	:	:	:	:	:	:	:	:	:	:	Tchécoslovaquie	
Romania	:	:	:	:	:	:	:	:	:	:	:	:	Roumanie	
Russia	:	:	:	:	-1	1	-7	-3	:	:	:	:	Russie	
Slovakia	:	:	:	:	:	:	:	:	:	:	:	:	Slovaquie	
Slovenia	:	:	:	:	:	:	:	:	:	:	:	:	Slovénie	
Ukraine	:	:	:	:	:	:	:	:	:	:	:	:	Ukraine	
USSR	:	:	:	:	:	:	:	:	:	:	:	:	URSS	

AUSTRALIA / AUSTRALIE

Table 3. **DIRECT INVESTMENT FROM ABROAD: *INFLOWS BY COUNTRY***
Tableau 3. **INVESTISSEMENT DIRECT DE L'ÉTRANGER: *FLUX PAR PAYS***

A$ million / Millions de dollars australiens

	1988	1989	1990	1991	1992	1993	1994	1995	1996	1997	1998	1999 p	
AFRICA	..	..	..	..	65	22	-209	7	87	4	150	76	**AFRIQUE**
of which:													*dont:*
Algeria	:	:	:	:	:	:	:	:	:	:	:	:	Algérie
Egypt	:	:	:	:	:	:	:	:	:	:	:	:	Egypte
Libya	:	:	:	:	:	:	:	:	:	:	:	:	Libye
Morocco	:	:	:	:	:	:	:	:	:	:	:	:	Maroc
South Africa	:	:	:	116	65	22	-209	7	87	4	150	76	Afrique du Sud
LATIN AMERICA-CARIBBEAN (1)	644	..	120	-401	144	-481	6	-25	40	197	-	27	**AMÉRIQUE LATINE-CARAIBES (1)**
of which:													*dont:*
Argentina	:	:	:	:	:	:	:	:	:	:	:	:	Argentine
Brazil	:	:	:	:	:	:	:	:	:	:	:	:	Brésil
Chile	:	:	:	:	:	:	:	:	:	:	:	:	Chili
Colombia	:	:	:	:	:	:	:	:	:	:	:	:	Colombie
Costa Rica	:	:	:	:	:	:	:	:	:	:	:	:	Costa Rica
Netherlands Antilles	:	:	:	:	:	:	:	:	:	:	:	:	Antilles néerlandaises
Panama	:	:	:	:	:	:	:	:	:	:	:	:	Panama
Venezuela	:	:	:	:	:	:	:	:	:	:	:	:	Vénézuela
NEAR & MIDDLE EAST	..	..	..	..	..	..	..	..	..	..	..	..	**PROCHE & MOYEN ORIENT**
of which:													*dont:*
Gulf States	:	:	:	:	:	:	:	:	:	:	:	:	Pays du Golfe
of which:													*dont:*
Kuwait	:	:	:	:	:	:	:	:	:	:	:	:	Koweit
Saudi Arabia	:	:	:	:	:	:	:	:	:	:	:	:	Arabie Saoudite
United Arab Emirates	:	:	:	:	:	:	:	:	:	:	:	:	Émirats Arabes Unis
Iran	:	:	:	:	:	:	:	:	:	:	:	:	Iran
Israel	:	:	:	:	:	:	:	:	:	:	:	:	Israël
ASIAN COUNTRIES (1)	-557	504	-404	461	230	267	328	831	740	503	1609	-223	**PAYS D'ASIE (1)**
of which:													*dont:*
China	-51	2	28	-31	11	14	-28	84	-33	4	44	31	Chine
Chinese Taipei	9	38	25	-11	-15	-16	10	-3	6	27	17	20	Taipei chinois
Hong Kong	98	143	-360	635	159	21	81	216	118	2	30	-155	Hong Kong
India	:	:	:	:	:	:	:	:	:	:	:	:	Inde
Indonesia	5	:	16	11	15	-13	-8	-	7	5	-4	-3	Indonésie
Malaysia	:	15	14	31	11	140	17	131	153	96	:	23	Malaisie
Philippines	1	-1	1	:	:	-	-	-	-	-	:	59	Philippines
Singapore	:	307	-129	-76	54	92	181	402	489	313	:	-163	Singapour
Thailand	2	:	1	-4	-8	5	9	9	3	1	3	-15	Thaïlande
UNALLOCATED	1753	2425	1524	1332	2258	3238	900	3360	697	1557	1489	3444	**NON ATTRIBUÉS**
WORLD (2)	*8057*	*12188*	*7489*	*7314*	*7183*	*8647*	*4907*	*7509*	*12490*	*11528*	*7937*	*13862*	***MONDE (2)***
of which:													*dont:*
EUROPE (3)	1206	3599	1235	992	3093	1729	2114	1637	5677	4697	-1695	8276	EUROPE (3)
EUROPEAN UNION	1048	3141	1030	671	3073	902	2010	1527	4916	4311	-2125	8087	UNION EUROPÉENNE
NAFTA	2002	2631	2477	1292	810	4223	1688	992	4673	3564	7344	2147	ALENA
ASEAN	8	321	-97	-38	71	224	190	543	653	420	1525	-99	Pays de l'ASEAN

1. Excluding countries recorded under the OECD area above.
2. Data refer to periods ending in June of the year specified.
3. EUROPE = EU + EFTA + Other European Countries.

1. Ce montant exclut les pays figurant dans la zone OCDE mentionnée ci-dessus.
2. Les données se rapportent à des périodes prenant fin en juin de l'année indiquée.
3. EUROPE = UE + AELE + Autres pays d'Europe.

AUSTRALIA / AUSTRALIE

Table 4. DIRECT INVESTMENT ABROAD: *OUTFLOWS BY COUNTRY*
Tableau 4. INVESTISSEMENT DIRECT À L'ÉTRANGER: *FLUX PAR PAYS*

A$ million / *Millions de dollars australiens*

	1988	1989	1990	1991	1992	1993	1994	1995	1996	1997	1998	1999 p	
OECD AREA	**8011**	**6500**	**3568**	**3032**	**2219**	**3429**	**4306**	**2374**	**6236**	**3061**	**5462**	**2986**	**ZONE DE L'OCDE**
Austria	..	..	..	..	..	..	..	..	..	..	..	..	Autriche
Belgium-Luxembourg	15	51	..	..	4	-8	62	-1	5	-3	-21	7	Belgique-Luxembourg
Canada	800	-100	-211	102	366	92	147	-3	-51	386	308	50	Canada
Czech Republic	-	-	-	-	..	..	..	..	..	..	..	..	République Tchèque
Denmark	-	-	-	-	..	..	..	..	..	..	..	..	Danemark
Finland	..	..	..	..	..	..	..	..	..	..	..	..	Finlande
France	10	-2	22	..	33	-20	-24	14	67	160	30	72	France
Germany	45	..	142	-22	107	35	-152	100	-17	-73	31	-173	Allemagne
Greece	..	..	..	..	..	..	..	..	..	..	..	..	Grèce
Hungary	..	..	..	..	..	..	..	..	..	..	..	..	Hongrie
Iceland	-2	..	..	..	..	..	..	..	..	..	..	..	Islande
Ireland	..	..	..	317	85	155	-25	-76	90	..	..	..	Irlande
Italy	60	26	202	185	126	30	-18	3	-4	22	-69	29	Italie
Japan	..	5	229	..	24	93	-166	99	20	37	-24	190	Japon
Korea	4	..	..	..	3	..	45	-63	..	..	..	-5	Corée
Mexico	-	-	-	-	..	..	..	..	..	..	..	..	Mexique
Netherlands	182	-56	-335	56	-319	67	51	22	156	270	-48	64	Pays-Bas
New Zealand	1588	555	1604	197	-348	1007	-846	757	-193	491	-425	759	Nouvelle-Zélande
Norway	..	..	..	..	..	..	..	..	..	..	..	..	Norvège
Poland	-	-	-	-	..	..	..	..	..	..	..	..	Pologne
Portugal	..	..	..	..	..	..	..	..	..	..	..	..	Portugal
Spain	..	..	..	..	..	..	..	..	..	..	..	..	Espagne
Sweden	..	..	..	..	..	..	..	..	..	..	..	..	Suède
Switzerland	1	..	..	..	..	..	..	..	..	..	..	..	Suisse
Turkey	..	..	..	..	..	..	..	..	..	..	..	..	Turquie
United Kingdom	4577	865	1580	1989	1371	548	3934	1338	2244	2171	3089	260	Royaume-Uni
United States	751	5106	252	75	759	1422	1327	73	3818	-341	3305	1442	Etats-Unis
OECD UNALLOCATED	-20	50	83	133	8	8	-29	111	101	-59	-714	291	OCDE NON ATTRIBUES
NON-OECD AREA	**2250**	**124**	**-1213**	**-3969**	**2520**	**2916**	**-396**	**1054**	**1656**	**3060**	**1000**	**-2314**	**HORS ZONE-OCDE**
EUROPEAN COUNTRIES (1)	..	..	..	..	**461**	**7**	**11**	**46**	..	**-42**	..	**44**	**PAYS D'EUROPE (1)**
of which:													*dont:*
Baltic countries	..	..	..	..	..	..	..	..	..	..	..	..	Pays Baltes
Bulgaria	..	..	..	..	..	..	..	..	..	..	..	..	Bulgarie
Czechoslovakia	..	..	..	..	..	..	..	..	..	..	..	..	Tchécoslovaquie
Romania	..	..	..	..	..	..	..	..	..	..	..	..	Roumanie
Russia	..	..	..	..	..	..	..	..	..	..	..	..	Russie
Slovakia	..	..	..	..	..	..	..	..	..	..	..	..	Slovaquie
Slovenia	..	..	..	..	..	..	..	..	..	..	..	..	Slovénie
Ukraine	..	..	..	..	..	..	..	..	..	..	..	..	Ukraine
USSR	..	..	..	..	..	..	..	..	..	..	..	..	URSS

AUSTRALIA AUSTRALIE

Table 4. DIRECT INVESTMENT ABROAD: *OUTFLOWS BY COUNTRY*
Tableau 4. INVESTISSEMENT DIRECT À L'ÉTRANGER: *FLUX PAR PAYS*

A$ million Millions de dollars australiens

	1988	1989	1990	1991	1992	1993	1994	1995	1996	1997	1998	1999 p	
AFRICA	-99	41	..	..	10	6	-8	135	150	213	..	167	**AFRIQUE**
of which:													*dont:*
Algeria	:	:	:	:	:	:	:	:	:	:	:	:	Algérie
Egypt	:	:	:	:	:	:	:	:	:	:	:	:	Egypte
Libya	:	:	:	:	:	:	:	:	:	:	:	:	Libye
Morocco	:	:	:	:	:	:	:	:	:	:	:	:	Maroc
South Africa	:	:	:	:	:	:	:	:	:	44	:	95	Afrique du Sud
LATIN AMERICA-CARIBBEAN (1)	1261	-39	-1688	-3529	79	81	51	-8	491	:	:	:	**AMÉRIQUE LATINE-CARAÏBES (1)**
of which:													*dont:*
Argentina													Argentine
Brazil													Brésil
Chile	:	:	:	:	:	4	1	-3	:	39	:	:	Chili
Colombia													Colombie
Costa Rica													Costa Rica
Netherlands Antilles													Antilles néerlandaises
Panama													Panama
Venezuela													Vénézuela
NEAR & MIDDLE EAST	:	:	:	:	:	:	:	:	:	:	:	:	**PROCHE & MOYEN ORIENT**
of which:													*dont:*
Gulf States	:	:	:	:	:	:	:	:	:	:	:	:	Pays du Golfe
of which:													*dont:*
Kuwait													Koweit
Saudi Arabia													Arabie Saoudite
United Arab Emirates													Émirats Arabes Unis
Iran													Iran
Israel													Israël
ASIAN COUNTRIES (1)	410	-429	838	-24	507	624	-126	-116	1125	1498	346	-2926	**PAYS D'ASIE (1)**
of which:													*dont:*
China	:	:	:	:	5	16	52	29	:	14	-108	-21	Chine
Chinese Taipei	:	:	:	:	-7	-	12	-41	:	39	-3	5	Taipei chinois
Hong Kong	480	-914	330	102	54	297	-518	-457	813	760	426	-2621	Hong Kong
India													Inde
Indonesia	-19	-5	:	-6	-34	30	-17	137	14	233	-3	100	Indonésie
Malaysia	13	41	:	-19	-100	220	54	62	109	-22	-72	222	Malaisie
Philippines	-97	:	7	:	7	-25	2	10	11	45	84	76	Philippines
Singapore	13	405	378	-101	486	71	259	-19	-27	-125	-115	-723	Singapour
Thailand	:	:	1	:	9	16	15	-34	67	138	166	11	Thaïlande
UNALLOCATED	680	551	-363	-416	1463	2198	-324	997	-110	1391	654	401	**NON ATTRIBUÉS**
WORLD (2)	*10261*	*6624*	*2355*	*-937*	*4739*	*6345*	*3910*	*3428*	*7892*	*6121*	*6462*	*672*	***MONDE (2)***
of which:													*dont:*
EUROPE (3)	4888	959	1685	2654	1868	814	3839	1446	2666	2477	1825	350	EUROPE (3)
EUROPEAN UNION	4887	884	1611	2525	1374	808	3835	1446	2666	2466	2362	463	UNION EUROPÉENNE
NAFTA	1551	5006	41	177	1125	1514	1474	70	3767	45	3613	1492	ALENA
ASEAN	-90	441	386	-126	368	313	313	155	172	272	66	-315	Pays de l'ASEAN

1. Excluding countries recorded under the OECD area above.
2. Data refer to periods ending in June of the year specified.
3. EUROPE = EU + EFTA + Other European Countries.

1. Ce montant exclut les pays figurant dans la zone OCDE mentionnée ci-dessus.
2. Les données se rapportent à des périodes prenant fin en juin de l'année indiquée.
3. EUROPE = UE + AELE + Autres pays d'Europe.

AUSTRALIA - AUSTRALIE [1]

Chart 4. **Inward direct investment position**
Graphique 4. **Encours d'investissement direct de l'étranger**

1988

- Unalloc. 1%
- Prim. 17%
- Manuf. 31%
- Services 51%

- Other OECD-Autres OCDE 17%
- Non OECD-Non OCDE 10%
- NAFTA-ALENA 34%
- EU15-UE15 39%

1999

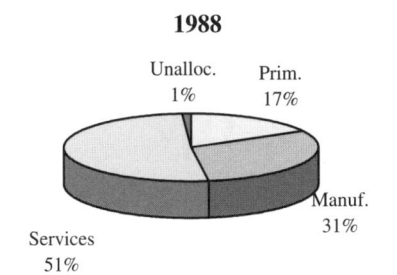

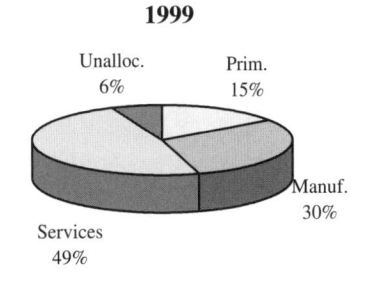

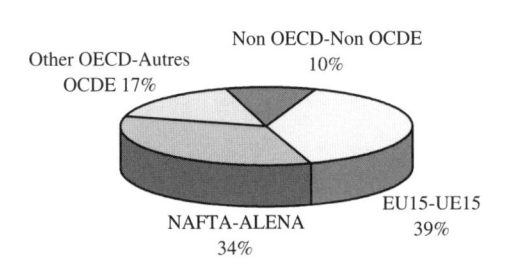

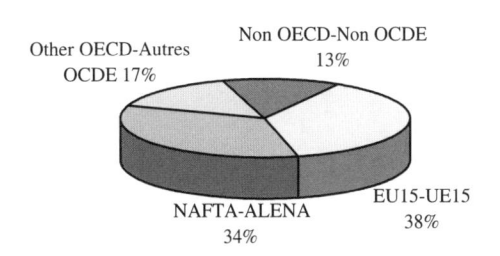

- Unalloc. 6%
- Prim. 15%
- Manuf. 30%
- Services 49%

- Other OECD-Autres OCDE 17%
- Non OECD-Non OCDE 13%
- NAFTA-ALENA 34%
- EU15-UE15 38%

Chart 5. **Outward direct investment position**
Graphique 5. **Encours d'investissement direct à l'étranger**

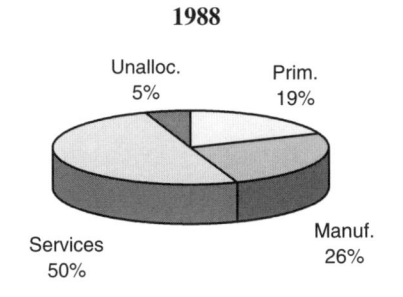

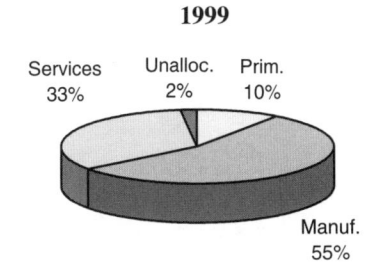

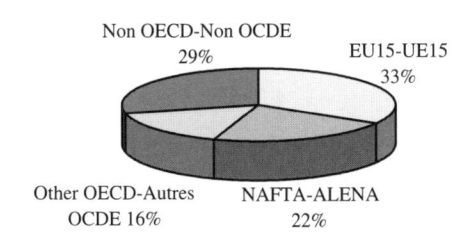

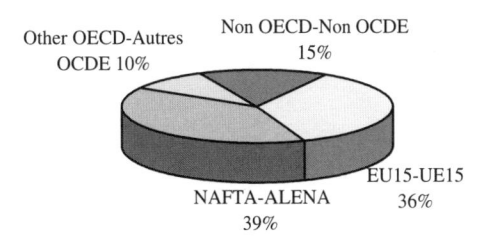

1988

- Unalloc. 5%
- Prim. 19%
- Manuf. 26%
- Services 50%

- Non OECD-Non OCDE 29%
- EU15-UE15 33%
- Other OECD-Autres OCDE 16%
- NAFTA-ALENA 22%

1999

- Services 33%
- Unalloc. 2%
- Prim. 10%
- Manuf. 55%

- Other OECD-Autres OCDE 10%
- Non OECD-Non OCDE 15%
- NAFTA-ALENA 39%
- EU15-UE15 36%

Note: Prim. = primary sector, **Manuf.** = manufacturing.
1. Data refer to years ending in June.

Note: Prim. = secteur primaire, **Manuf.** = manufacture.
1. Les données se rapportent à fin juin de l'année indiquée.

AUSTRALIA / AUSTRALIE

Table 5. DIRECT INVESTMENT FROM ABROAD: INWARD POSITION BY INDUSTRIAL SECTOR (1)
Tableau 5. ENCOURS D'INVESTISSEMENT DIRECT DE L'ÉTRANGER: PAR SECTEUR INDUSTRIEL (1)

year-end - fin d'année

A$ million / Millions de dollars australiens

	1988	1989	1990	1991	1992[2]	1993	1994	1995	1996	1997	1998	1999 p	
Agriculture & fishing	436	1013	546	1444	736	759	793	746	619	603	742	1071	**Agriculture & pêche**
Mining & quarrying	10589	14550	17762	16853	17641	18534	19673	20425	19849	20775	22231	25087	**Mines & exploitation**
of which: Extraction of petroleum and gas	5038	5898	7085	6520	..	..	..	..	..	..	..	..	*dont:* Extraction de pétrole et gaz
Manufacturing	20200	23848	26953	27907	31478	36490	40771	41498	44064	43964	47457	51925	**Manufacture**
of which:													*dont:*
Food products	..	4694	6041	7978	..	..	..	..	..	..	..	..	Produits alimentaires
Textile and wood activities	339	2266	2572	..	..	..	..	..	..	..	..	..	Activités du textile et du bois
Petroleum, chemical, rubber and plastic products	4399	5665	10490	9222	..	..	..	..	..	..	..	..	Pétrole, produits chimiques, caoutchouc et mat. plastiques
Metal and mechanical products (3)	5905	5846	7808	8491	..	..	..	..	..	..	..	..	Produits métallurgiques et mécaniques (3)
Office machinery, computers, radio, TV and communication equipment	..	..	..	..	..	..	..	..	..	..	..	..	Machines de bureau, ordinateurs, radio, téléviseurs et équipement de communication
Vehicles and other transport equipment	1881	2020	..	..	..	..	..	..	..	..	..	..	Véhicules et autres équipements de transport
Electricity, gas & water	..	..	..	..	..	..	..	..	4055	5947	8065	7986	**Electricité, gaz & eau**
Construction	808	..	579	787	608	804	627	813	1945	3072	2493	2423	**Construction**
Trade & repairs	12531	15273	15961	16088	16719	17099	17632	18982	20286	20166	19934	20627	**Commerce & réparation**
Hotels & restaurants	..	..	1644	1897	2153	2391	2951	3050	3185	2921	3373	2958	**Hôtels & restaurants**
Transport & communication	..	..	..	..	1002	1831	1834	2099	2433	5000	5533	6008	**Transport & communication**
of which:													*dont:*
Land, sea and air transport	..	..	1014	873	..	..	..	..	..	..	..	..	Transport terrestre, maritime et aérien
Telecommunications	..	..	..	..	..	..	..	..	..	..	..	..	Télécommunications
Financial activities	19543	27284	16611	18898	13682	12260	14688	15313	19500	24964	25218	24661	**Activités financières**
of which:													*dont:*
Monetary institutions	..	..	..	..	..	..	..	..	..	..	..	..	Institutions monétaires
Other financial institutions	..	..	..	..	..	..	..	..	..	..	..	..	Autres institutions financières
of which: Financial holding companies	..	..	..	..	..	..	..	..	..	..	..	..	*dont:* Sociétés holding financières
Insurance & activities auxiliary to insurance	..	..	..	..	..	..	..	..	..	..	..	..	Assurances & activités auxiliaires
Other financial institutions and insurance activities	..	..	..	..	..	..	..	..	..	..	..	..	Autres activités d'institutions financières et d'assurances
Real estate & business activities	..	..	14615	16555	16543	15532	15605	17870	19075	18295	17874	17957	**Activités d'entreprise & immobilier**
of which: Real estate	575	879	246	231	251	507	374	553	1089	780	827	..	*dont:* Immobilier
Other services	..	..	1227	1212	4116	8090	4358	2060	1136	2220	1206	10871	**Autres services**
Unallocated	794	2659	..	..	..	..	..	..	..	..	..	..	Non attribués
TOTAL	65476	85506	96144	101872	104929	114297	119306	123409	137236	148707	154953	171574	**TOTAL**
of which:													*dont:*
PRIMARY	11025	15563	18308	18297	18377	19293	20466	21171	20468	21378	22973	26158	PRIMAIRE
MANUFACTURING	20200	23848	26953	27907	31478	36490	40771	41498	44064	43964	47457	51925	MANUFACTURE
SERVICES	33457	43436	49656	54456	50958	50424	53711	58680	71568	81145	83317	82620	SERVICES

1. Data refer to periods ending in June of the year specified.
2. Break in series; from 91-92 onwards, data are in accordance with the 5th edition of the IMF's BPM5. Data for earlier years are not available on a comparable basis.
3. Including machinery & equipment, electrical & electronic equipment.

1. Les données se rapportent à des périodes prenant fin en juin de l'année indiquée.
2. Rupture de séries; à partir de 91-92, les données sont conformes aux recommandations de la 5ème édition du MBP5 du FMI. Les rétropolations historiques ne sont pas disponibles.
3. Y compris matériel mécanique, électrique et électronique.

AUSTRALIA / AUSTRALIE

Table 6. DIRECT INVESTMENT ABROAD: *OUTWARD POSITION BY INDUSTRIAL SECTOR (1)*
Tableau 6. ENCOURS D'INVESTISSEMENT DIRECT À L'ÉTRANGER: *PAR SECTEUR INDUSTRIEL (1)*

year-end - fin d'année

A$ million / *Millions de dollars australiens*

	1988	1989	1990	1991	1992[2]	1993	1994	1995	1996	1997	1998	1999 p	
Agriculture & fishing	60	..	..	..	..	15	27	11	..	38	70	..	**Agriculture & pêche**
Mining & quarrying	5801	6337	5210	5742	3722	4051	3666	4216	5091	9157	9554	8795	**Mines & exploitation**
of which: Extraction of petroleum and gas	218	123	189	-61									*dont*: Extraction de pétrole et gaz
Manufacturing	7905	..	12495	12534	25997	29329	31033	35749	37223	38621	45902	49644	**Manufacture**
of which:													*dont*:
Food products	2113	1209											Produits alimentaires
Textile and wood activities	..	..	..	..									Activités du textile et du bois
Petroleum, chemical, rubber and plastic products	172	1746	2699	3661									Pétrole, produits chimiques, caoutchouc et mat. plastiques
Metal and mechanical products (3)	1836	..	2394	2182									Produits métallurgiques et mécaniques (3)
Office machinery, computers,	..	..	..	..									Machines de bureau, ordinateurs,
radio, TV and communication equipment													radio, téléviseurs et équipement de communication
Vehicles and other transport equipment	..	..	..	..	..								Véhicules et autres équipements de transport
Electricity, gas & water	..	..	..	..	6	..	..	..	..	..	..	..	**Electricité, gaz & eau**
Construction	..	674	593	882	1127	1068	742	1082	871	1479	1523	1875	**Construction**
Trade & repairs	1062	2372	1329	2096	..	2497	2288	2307	2417	1550	1388	1762	**Commerce & réparation**
Hotels & restaurants	..	..	..	..	76	75	79	92	41				**Hôtels & restaurants**
Transport & communication	..	..	..	1327	1804	2059	2401	3112	2851	2041	3194	2401	**Transport & communication**
of which:													*dont*:
Land, sea and air transport	806	1170	1436	1327	1802	2051	2394	2709	2378				Transport terrestre, maritime et aérien
Telecommunications	..	..	..	-	2	8	7	403	473				Télécommunications
Financial activities	13915	15323	15412	14019	11309	12298	12904	13418	14594	19304	23789	21330	**Activités financières**
of which:													*dont*:
Monetary institutions	..	..	..	..									Institutions monétaires
Other financial institutions	..	..	..	..									Autres institutions financières
of which: Financial holding companies	..	..	..	..									*dont*: Sociétés holding financières
Insurance & activities auxiliary to insurance	..	..	..	..									Assurances & activités auxiliaires
Other financial institutions and insurance activities	..	..	..	..									Autres activités d'institutions financières et d'assurances
Real estate & business activities	..	..	1580	1479	1188	431	1068	1151	1890	2406	2796	2089	**Activités d'entreprise & immobilier**
of which: Real estate	610	..	304	-292	33	46	72	97	79	138	..	..	*dont*: Immobilier
Other services	..	..	..	..	..	..	..	..	..	..	..	743	**Autres services**
Unallocated	1638	12567	2565	578	1082	828	394	1121	1239	2634	2985	1634	Non attribués
TOTAL	30991	37273	39488	38365	46344	52697	54674	62356	66296	77368	91201	90273	**TOTAL**
of which:													*dont*:
PRIMARY	5861	6337	5210	5742	3722	4066	3693	4227	5091	9195	9624	8795	**PRIMAIRE**
MANUFACTURE	7905	..	12495	12534	25997	29329	31033	35749	37223	38621	45902	49644	**MANUFACTURE**
SERVICES	15587	18369	19218	19511	15543	18474	19554	21259	22743	26918	32690	30200	**SERVICES**

1. Data refer to periods ending in June of the year specified.
2. Break in series; from 91-92 onwards, data are in accordance with the 5th edition of the IMF's BPM5. Data for earlier years are not available on a comparable basis.
3. Including machinery & equipment, electrical & electronic equipment.

1. Les données se rapportent à des périodes prenant fin en juin de l'année indiquée.
2. Rupture de séries; à partir de 91-92, les données sont conformes aux recommandations de la 5ème édition du MBP5 du FMI. Les rétropolations historiques ne sont pas disponibles.
3. Y compris matériel mécanique, électrique et électronique.

AUSTRALIA / AUSTRALIE

Table 7. DIRECT INVESTMENT FROM ABROAD: *INWARD POSITION BY COUNTRY*
Tableau 7. ENCOURS D'INVESTISSEMENT DIRECT DE L'ÉTRANGER: *PAR PAYS*
year-end - fin d'année

A$ million / Millions de dollars australiens

	1988	1989	1990	1991	1992	1993	1994	1995	1996	1997	1998	1999 p	
OECD AREA	*58997*	*75724*	*84506*	*89020*	*88785*	*95053*	*102937*	*105388*	*120059*	*130112*	*133811*	*149050*	**ZONE DE L'OCDE**
Austria	..	..	..	..	..	..	..	..	..	..	..	..	Autriche
Belgium-Luxembourg	376	586	651	579	536	555	479	456	873	812	974	1043	Belgique-Luxembourg
Canada	2417	3437	3198	2972	2300	2823	2972	3052	2393	2392	1894	1372	Canada
Czech Republic	-	-	-	..	..	..	..	..	..	..	..	..	République Tchèque
Denmark	..	..	..	..	..	..	..	..	..	..	..	..	Danemark
Finland	..	..	..	..	..	..	..	..	..	..	..	..	Finlande
France	949	1202	1221	1006	1253	1168	1478	1748	3096	4189	4280	4582	France
Germany	1275	..	1642	1960	1846	2084	2400	2874	3478	4536	4363	5929	Allemagne
Greece	..	..	..	..	..	..	..	..	..	..	..	-	Grèce
Hungary	..	..	..	..	..	..	..	..	..	..	..	..	Hongrie
Iceland	..	..	..	..	..	..	..	..	..	..	..	..	Islande
Ireland	..	..	61	49	64	79	65	68	176	245	344	632	Irlande
Italy	154	..	132	..	239	258	244	217	206	174	137	580	Italie
Japan	7105	10976	14461	16158	15139	14660	15389	15917	16013	15652	15044	15012	Japon
Korea	..	55	123	240	78	76	98	118	122	83	194	286	Corée
Mexico	-	-	-	-	3	..	8	..	..	..	2	2	Mexique
Netherlands	2045	1802	3712	3280	4868	6014	7581	7951	7952	8065	8397	7907	Pays-Bas
New Zealand	2349	2450	..	4547	4648	4256	4285	4446	5238	6914	5402	6393	Nouvelle-Zélande
Norway	..	..	..	..	..	..	..	..	..	..	..	..	Norvège
Poland	..	..	..	..	..	..	..	..	..	..	..	..	Pologne
Portugal	..	..	..	..	..	..	..	..	..	..	..	..	Portugal
Spain	..	..	..	..	..	..	..	..	..	..	..	..	Espagne
Sweden	327	459	717	..	485	556	622	747	997	977	980	1078	Suède
Switzerland	1134	1622	1515	2071	1504	2268	2197	2377	2990	3538	3897	4002	Suisse
Turkey	..	..	..	..	..	..	..	..	..	..	..	..	Turquie
United Kingdom	20715	27266	29467	27767	27613	27575	30138	30245	35442	38629	35078	42668	Royaume-Uni
United States	19887	22681	25012	27427	28050	32462	34807	35000	40737	43512	52264	56764	Etats-Unis
OECD UNALLOCATED	264	3188	2594	964	159	219	174	172	346	394	561	800	OCDE NON ATTRIBUES
NON-OECD AREA	*6479*	*9782*	*11638*	*12852*	*16144*	*19244*	*16369*	*18021*	*17177*	*18595*	*21142*	*22524*	**HORS ZONE-OCDE**
EUROPEAN COUNTRIES (1)	..	..	..	179	..	..	..	..	..	..	..	1012	**PAYS D'EUROPE (1)**
of which:													*dont:*
Baltic countries	-	-	-	-	-	-	-	-	-	-	-	-	Pays Baltes
Bulgaria	-	-	-	-	-	-	-	-	-	-	-	-	Bulgarie
Czechoslovakia	..	..	..	..	..	..	..	..	..	..	..	..	Tchécoslovaquie
Romania	-	-	-	-	-	-	-	-	-	-	-	-	Roumanie
Russia	-	-	-	-	-	-	-	-	-	-	-	-	Russie
Slovakia	-	-	-	..	..	..	..	..	..	..	..	..	Slovaquie
Slovenia	-	-	-	..	..	..	..	..	..	..	..	..	Slovénie
Ukraine	-	-	-	-	-	-	-	-	-	-	-	-	Ukraine
USSR	..	..	53	..	-	-	-	-	-	-	-	-	URSS

AUSTRALIA

Table 7. DIRECT INVESTMENT FROM ABROAD: INWARD POSITION BY COUNTRY
Tableau 7. ENCOURS D'INVESTISSEMENT DIRECT DE L'ÉTRANGER: PAR PAYS
year-end - fin d'année

A$ million / Millions de dollars australiens

AUSTRALIE

	1988	1989	1990	1991	1992	1993	1994	1995	1996	1997	1998	1999 p		
AFRICA	..	..	100	..	..	..	..	..	..	184	252	651	**AFRIQUE**	
of which:													*dont:*	
Algeria													Algérie	
Egypt													Egypte	
Libya													Libye	
Morocco													Maroc	
South Africa					297					184	252	651	Afrique du Sud	
LATIN AMERICA-CARIBBEAN (1)	1772	..	2120	2012	1710	119	1310	128	1330	1407	1396	2374	**AMÉRIQUE LATINE-CARAIBES (1)**	
of which:													*dont:*	
Argentina													Argentine	
Brazil													Brésil	
Chile													Chili	
Colombia													Colombie	
Costa Rica													Costa Rica	
Netherlands Antilles													Antilles néerlandaises	
Panama													Panama	
Venezuela													Vénézuela	
NEAR & MIDDLE EAST	-	-	-	-	..	..	..	..	..	..	..	..	**PROCHE & MOYEN ORIENT**	
of which:													*dont:*	
Gulf States													Pays du Golfe	
of which:													*dont:*	
Kuwait													Koweit	
Saudi Arabia													Arabie Saoudite	
United Arab Emirates													Émirats Arabes Unis	
Iran													Iran	
Israel													Israël	
ASIAN COUNTRIES (1)	2101	1430	2376	2301	1622	1921	2271	3126	4032	4643	6064	6432	**PAYS D'ASIE (1)**	
of which:													*dont:*	
China	..	49	79	51	..	..	..	163	139	194	298	427	Chine	
Chinese Taipei	24	80	63	56	38	20	25	20	21	37	49	89	Taipei chinois	
Hong Kong	578	..	896	837	605	638	728	902	1062	1090	1103	954	Hong Kong	
India	..	..	..	..	..	..	..	6	14	16	15	11	Inde	
Indonesia	..	..	35	9	..	..	..	..	..	..	..	..	Indonésie	
Malaysia	266	..	328	277	357	505	531	686	895	1000	..	..	Malaisie	
Philippines	..	..	..	7	..	..	..	..	..	-	..	..	Philippines	
Singapore	1111	1246	852	824	443	552	747	1152	1713	2047	2638	2560	Singapour	
Thailand	-3	..	..	..	..	..	..	24	31	22	20	9	Thaïlande	
UNALLOCATED	2606	8352	7042	8360	12812	17204	12788	14767	11815	12361	13430	12055	**NON ATTRIBUÉS**	
WORLD (2)	*65476*	*85506*	*96144*	*101872*	*104929*	*114297*	*119306*	*123409*	*137236*	*148707*	*154953*	*171574*	**MONDE (2)**	
of which:													*dont:*	
EUROPE (3)	27191	33170	39285	37047	38708	40917	45554	47015	55710	61616	59051	69433	EUROPE (3)	
EUROPEAN UNION	25841	31315	37603	34641	37090	38447	43109	44420	52505	57983	55069	65119	UNION EUROPÉENNE	
NAFTA	22304	26118	28210	30399	30353	35285	37787	38052	43130	45904	54160	58138	ALENA	
ASEAN	1374	1246	1215	1117	811	1065	1277	1868	2653	3085	4382	4688	Pays de l'ASEAN	

1. Excluding countries recorded under the OECD area above.
2. Data refer to periods ending in June of the year specified.
3. EUROPE = EU + EFTA + Other European Countries.

1. Ce montant exclut les pays figurant dans la zone OCDE mentionnée ci-dessus.
2. Les données se rapportent à des périodes prenant fin en juin de l'année indiquée.
3. EUROPE = UE + AELE + Autres pays d'Europe.

AUSTRALIA / AUSTRALIE

Table 8. DIRECT INVESTMENT ABROAD: OUTWARD POSITION BY COUNTRY
Tableau 8. ENCOURS D'INVESTISSEMENT DIRECT À L'ÉTRANGER: PAR PAYS
year-end - fin d'année

A$ million / Millions de dollars australiens

	1988	1989	1990	1991	1992	1993	1994	1995	1996	1997	1998	1999 p	
OECD AREA	**22092**	**26906**	**29536**	**31392**	**36362**	**39392**	**43610**	**50913**	**52870**	**59955**	**72005**	**76594**	**ZONE DE L'OCDE**
Austria	..	..	..	..	..	..	..	..	..	..	..	..	Autriche
Belgium-Luxembourg	33	99	..	..	78	66	135	134	119	111	91	85	Belgique-Luxembourg
Canada	1089	1023	528	733	527	590	678	647	620	955	1312	1337	Canada
Czech Republic	-	-	-	-	-	-	-	..	..	..	..	..	République Tchèque
Denmark	..	..	..	..	..	..	..	..	..	..	..	..	Danemark
Finland	..	..	..	..	..	..	..	..	..	..	..	..	Finlande
France	42	..	60	75	98	66	62	105	202	433	419	476	France
Germany	..	..	394	..	..	..	..	537	531	420	473	159	Allemagne
Greece	..	..	..	..	..	..	..	..	..	..	..	..	Grèce
Hungary	..	..	..	..	..	..	..	..	..	..	..	..	Hongrie
Iceland	..	..	..	..	..	..	..	..	..	..	..	..	Islande
Ireland	..	..	..	..	..	..	..	..	..	..	..	..	Irlande
Italy	..	..	188	304	189	..	..	..	..	..	..	..	Italie
Japan	149	152	288	316	242	345	162	255	220	243	155	268	Japon
Korea	..	..	..	..	79	65	97	..	..	94	61	50	Corée
Mexico	..	..	..	..	..	..	..	..	..	..	..	..	Mexique
Netherlands	874	1084	1092	1195	756	822	906	976	1177	1788	2176	2575	Pays-Bas
New Zealand	4470	4425	..	6208	5240	6220	5559	6832	6993	7673	7228	8157	Nouvelle-Zélande
Norway	..	..	..	..	..	..	..	..	..	..	..	..	Norvège
Poland	..	..	..	..	..	..	..	..	..	..	..	..	Pologne
Portugal	..	..	..	..	..	..	..	..	..	..	..	..	Portugal
Spain	..	..	..	..	..	..	..	..	..	..	..	..	Espagne
Sweden	..	..	..	..	..	..	..	..	..	..	..	..	Suède
Switzerland	..	6	..	..	..	..	..	..	..	..	..	..	Suisse
Turkey	..	..	..	..	..	..	..	..	..	..	..	..	Turquie
United Kingdom	9440	10001	12847	14108	13999	13902	17998	19746	19944	24131	29826	28527	Royaume-Uni
United States	5662	9789	8139	7516	14179	15901	16652	20725	21960	22820	29493	34021	Etats-Unis
OECD UNALLOCATED	333	327	6000	937	975	1415	1361	956	1104	1287	771	939	OCDE NON ATTRIBUÉS
NON-OECD AREA	**8899**	**10367**	**9952**	**6973**	**9982**	**13305**	**11064**	**11443**	**13426**	**17413**	**19196**	**13679**	**HORS ZONE-OCDE**
EUROPEAN COUNTRIES (1)	..	..	..	..	..	..	..	..	..	**1023**	..	..	**PAYS D'EUROPE (1)**
of which:													*dont:*
Baltic countries	..	..	..	..	..	..	..	..	..	..	..	..	Pays Baltes
Bulgaria	..	..	..	..	..	..	..	..	..	..	..	..	Bulgarie
Czechoslovakia	..	..	..	..	..	..	..	..	..	..	..	..	Tchécoslovaquie
Romania	..	..	..	..	..	..	..	..	..	..	..	..	Roumanie
Russia	..	..	..	..	..	..	..	..	..	..	..	..	Russie
Slovakia	..	..	..	..	..	..	..	..	..	..	..	..	Slovaquie
Slovenia	..	..	..	..	..	..	..	..	..	..	..	..	Slovénie
Ukraine	..	..	..	..	..	..	..	..	..	..	..	..	Ukraine
USSR	..	..	..	..	..	..	..	..	..	..	..	..	URSS

AUSTRALIA / AUSTRALIE

Table 8. DIRECT INVESTMENT ABROAD: OUTWARD POSITION BY COUNTRY
Tableau 8. ENCOURS D'INVESTISSEMENT DIRECT À L'ÉTRANGER: PAR PAYS
year-end - fin d'année

A$ million / Millions de dollars australiens

	1988	1989	1990	1991	1992	1993	1994	1995	1996	1997	1998	1999 p		
AFRICA	..	..	101	..	..	..	..	..	..	..	..	..	**AFRIQUE**	
of which:													*dont:*	
Algeria													Algérie	
Egypt													Egypte	
Libya													Libye	
Morocco													Maroc	
South Africa											48	43	140	Afrique du Sud
LATIN AMERICA-CARIBBEAN (1)	4331	5000	2945	..	..	..	..	..	577	1489	2902	..	**AMÉRIQUE LATINE-CARAIBES (1)**	
of which:													*dont:*	
Argentina													Argentine	
Brazil													Brésil	
Chile											45	110		Chili
Colombia													Colombie	
Costa Rica													Costa Rica	
Netherlands Antilles													Antilles néerlandaises	
Panama													Panama	
Venezuela													Vénézuela	
NEAR & MIDDLE EAST	2261	1608	2432	4160	5680	6376	6488	6326	8065	10460	11746	7715	**PROCHE & MOYEN ORIENT**	
of which:													*dont:*	
Gulf States													Pays du Golfe	
of which:													*dont:*	
Kuwait	1444	850	849	1388		3870	59	103	174	501	400	414	Koweit	
Saudi Arabia							3455	2963	4162	5419	63	83	Arabie Saoudite	
United Arab Emirates					31						6814	2963	Émirats Arabes Unis	
Iran					3513			407	500	803	763	834	Iran	
Israel		83	192	1475	187	196	232		817	753	632	841	Israël	
ASIAN COUNTRIES (1)	99		50		408	633	665		26	1249	1107	251	**PAYS D'ASIE (1)**	
of which:	586	675	1341	1297	1183	1253	1613	1502	1414	303	480	556	*dont:*	
China									147			501	Chine	
Chinese Taipei													Taipei chinois	
Hong Kong													Hong Kong	
India													Inde	
Indonesia													Indonésie	
Malaysia													Malaisie	
Philippines													Philippines	
Singapore													Singapour	
Thailand													Thailande	
UNALLOCATED	2307	3759	4474	2813	4302	6929	4576	5117	4784	4441	4548	5964	**NON ATTRIBUÉS**	
WORLD (2)	*30991*	*37273*	*39488*	*38365*	*46344*	*52697*	*54674*	*62356*	*66296*	*77368*	*91201*	*90273*	**MONDE (2)**	
of which:													*dont:*	
EUROPE (3)	10702	11517	14811	16547	16710	16853	20860	22813	23421	28564	33445	32320	EUROPE (3)	
EUROPEAN UNION	10389	11184	14581	15682	16099	16265	20387	22314	22921	28121	33682	32606	UNION EUROPÉENNE	
NAFTA	6751	10812	8667	8249	14706	16491	17330	21372	22580	23775	30805	35358	ALENA	
ASEAN	685	758	1583	2772	1864	2176	2612	2692	2905	3172	3156	2985	Pays de l'ASEAN	

1. Excluding countries recorded under the OECD area above.
2. Data refer to periods ending in June of the year specified.
3. EUROPE = EU + EFTA + Other European Countries.

1. Ce montant exclut les pays figurant dans la zone OCDE mentionnée ci-dessus.
2. Les données se rapportent à des périodes prenant fin en juin de l'année indiquée.
3. EUROPE = UE + AELE + Autres pays d'Europe.

AUSTRIA - AUTRICHE

Chart 1. **Direct investment flows**
Graphique 1. **Flux d'investissement direct**

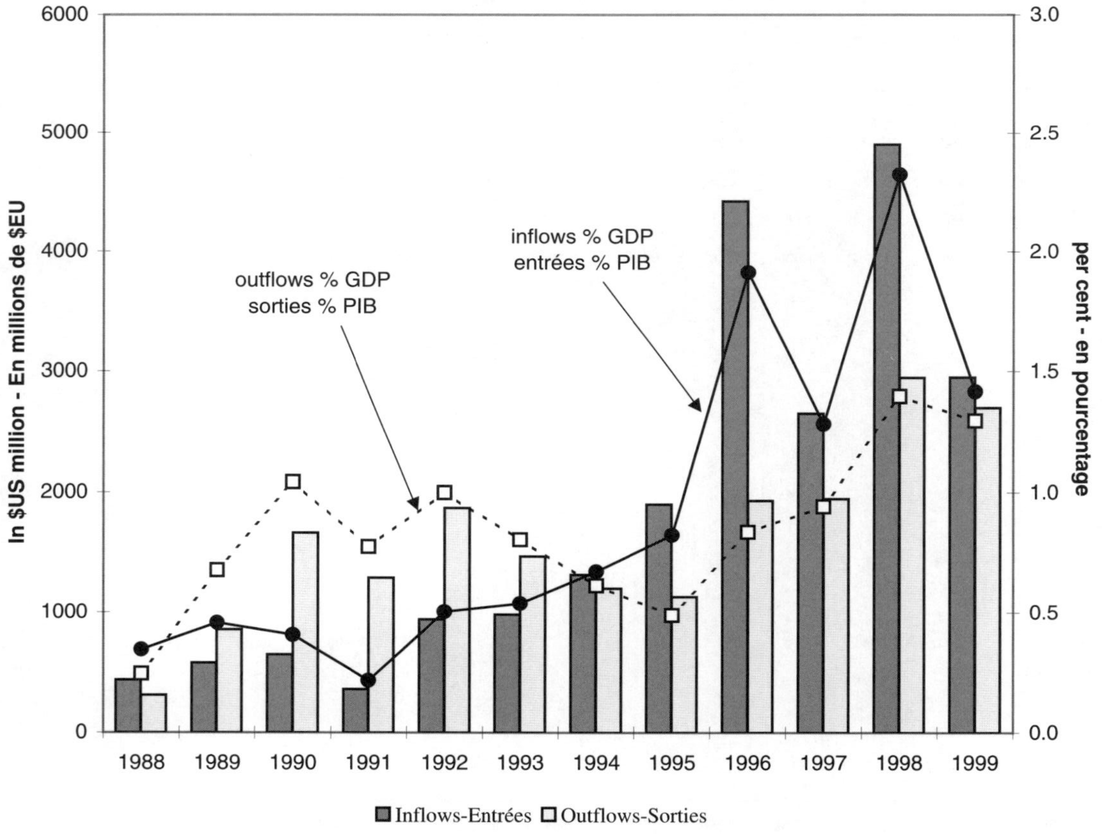

AUSTRIA - AUTRICHE [1]

Chart 2. **Direct investment from abroad:** *inflows by country*
Graphique 2. **Investissement direct de l'étranger:** *flux par pays*

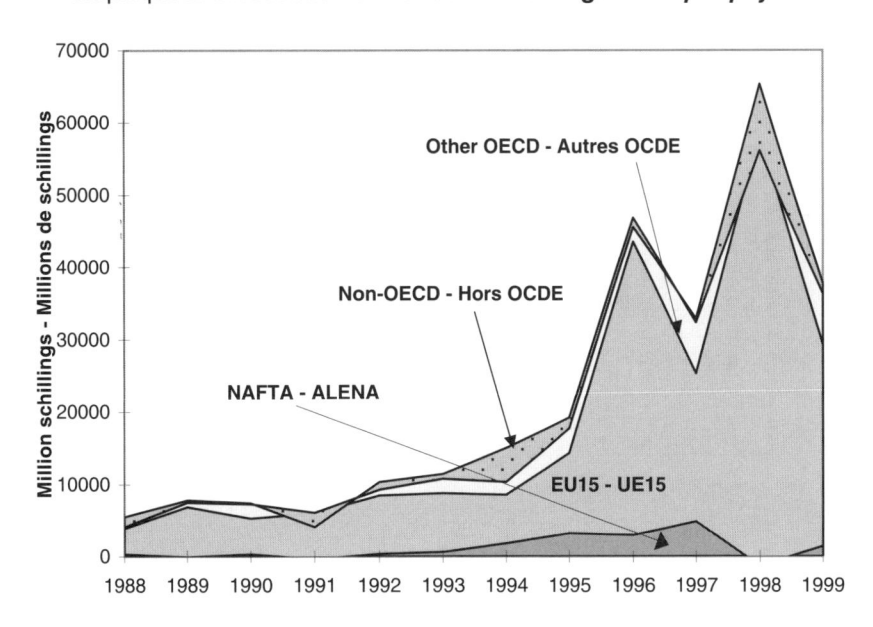

Chart 3. **Direct investment abroad:** *outflows by country*
Graphique 3. **Investissement direct à l'étranger:** *flux par pays*

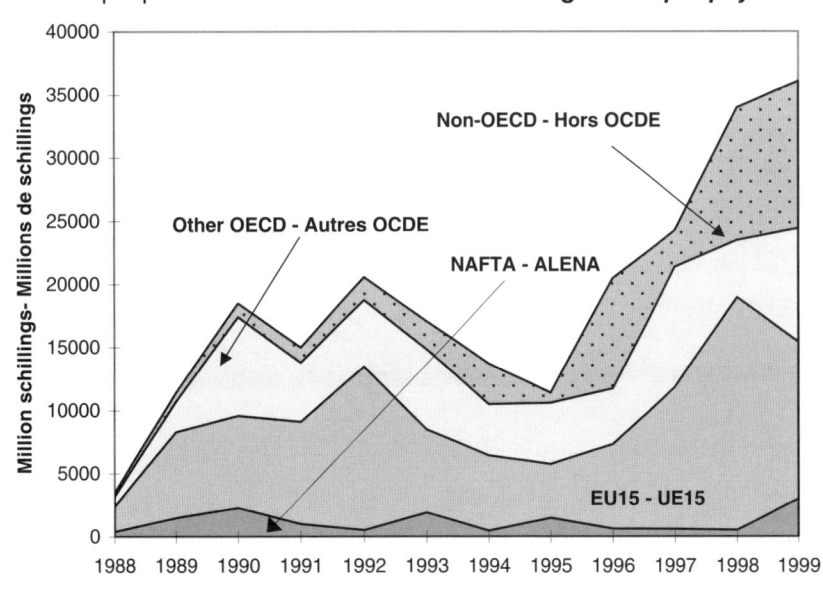

Note: Total OECD = EU15 + NAFTA + Other OECD. **Note**: Total OCDE = UE15 + ALENA + Autres OCDE.
1. Up to 1994, reinvested earnings are excluded. 1. Jusqu'en 1994, les bénéfices réinvestis sont exclus.

AUSTRIA / AUTRICHE

Table 1. DIRECT INVESTMENT FROM ABROAD: INFLOWS BY INDUSTRIAL SECTOR (1)
Tableau 1. INVESTISSEMENT DIRECT DE L'ÉTRANGER: FLUX PAR SECTEUR INDUSTRIEL (1)

Million schillings / Millions de schillings

	1988	1989	1990	1991	1992	1993	1994	1995	1996	1997	1998	1999 p	
Agriculture & fishing	..	..	..	..	..	..	..	..	..	..	**179**	**14**	**Agriculture & pêche**
Mining & quarrying	..	..	..	..	..	..	..	..	..	..	**-220**	**-41**	**Mines & exploitation**
of which: Extraction of petroleum and gas	..	..	..	..	..	..	..	..	..	..	41	-41	*dont*: Extraction de pétrole et gaz
Manufacturing	..	..	..	..	..	..	..	..	..	..	**6894**	**5435**	**Manufacture**
of which:													*dont*:
Food products	..	..	..	..	..	..	..	..	..	..	234	1569	Produits alimentaires
Textile and wood activities	..	..	..	..	..	..	..	..	..	..	440	1926	Activités du textile et du bois
Petroleum, chemical, rubber and plastic products	..	..	..	..	..	..	..	..	..	..	3247	2628	Pétrole, produits chimiques, caoutchouc et mat. plastiques
Metal and mechanical products	..	..	..	..	..	..	..	..	..	..	1637	-4706	Produits métallurgiques et mécaniques
Office machinery, computers, radio, TV and communication equipment	..	..	..	..	..	..	..	..	..	..	1417	3619	Machines de bureau, ordinateurs, radio, téléviseurs et équipement de communication
Vehicles and other transport equipment	..	..	..	..	..	..	..	..	..	..	-977	344	Véhicules et autres équipements de transport
Electricity, gas & water	..	..	..	..	..	..	..	..	..	..	**14**	**-28**	**Electricité, gaz & eau**
Construction	..	..	..	..	..	..	..	..	..	..	**316**	**316**	**Construction**
Trade & repairs	..	..	..	..	..	..	..	..	..	..	**3302**	**6715**	**Commerce & réparation**
Hotels & restaurants	..	..	..	..	..	..	..	..	..	..	**151**	**124**	**Hôtels & restaurants**
Transport & communication	..	..	..	..	..	..	..	..	..	..	**31773**	**12205**	**Transport & communication**
of which:													*dont*:
Land, sea and air transport	..	..	..	..	..	..	..	..	..	..	110	261	Transport terrestre, maritime et aérien
Telecommunications	..	..	..	..	..	..	..	..	..	..	14	28	Télécommunications
Financial activities	..	..	..	..	..	..	..	..	..	..	**3798**	**4899**	**Activités financières**
of which:													*dont*:
Monetary institutions	..	..	..	..	..	..	..	..	..	..	2958	4568	Institutions monétaires
Other financial institutions	..	..	..	..	..	..	..	..	..	..	399	-55	Autres institutions financières
of which: Financial holding companies	..	..	..	..	..	..	..	..	..	..			*dont*: Sociétés holding financières
Insurance & activities auxiliary to insurance	..	..	..	..	..	..	..	..	..	..	399	399	Assurances & activités auxiliaires
Other financial institutions and insurance activities	..	..	..	..	..	..	..	..	..	..	798	344	Autres activités d'institutions financières et d'assurances
Real estate & business activities	..	..	..	..	..	..	..	..	..	..	**6206**	**3027**	**Activités d'entreprise & immobilier**
of which: Real estate	..	..	..	..	..	..	..	..	..	..	206	289	*dont*: Immobilier
Other services	..	..	..	..	..	..	..	..	..	..	**165**	**-55**	**Autres services**
Unallocated	..	..	..	..	..	..	..	..	..	..	3536	3674	Non attribués
TOTAL	..	..	..	..	..	..	..	..	..	..	**56115**	**36286**	**TOTAL**
of which:													*dont*:
PRIMARY	..	..	..	..	..	..	..	..	..	..	**-41**	**-28**	**PRIMAIRE**
MANUFACTURING	..	..	..	..	..	..	..	..	..	..	**6894**	**5435**	**MANUFACTURE**
SERVICES	..	..	..	..	..	..	..	..	..	..	**45725**	**27204**	**SERVICES**

1. Direct investment inflows by industrial sector are reported for the first time in the edition of the year book.

1. Les flux d'investissement direct de l'étranger par secteur industriel sont rapportés pour la première fois dans cette édition.

AUSTRIA / AUTRICHE

Table 2. **DIRECT INVESTMENT ABROAD: *OUTFLOWS BY INDUSTRIAL SECTOR (1)***
Tableau 2. **INVESTISSEMENT DIRECT À L'ÉTRANGER: *FLUX PAR SECTEUR INDUSTRIEL (1)***

Million schillings / Millions de schillings

	1988	1989	1990	1991	1992	1993	1994	1995	1996	1997	1998	1999 p	
Agriculture & fishing	..	..	..	..	..	..	..	..	..	..	-	83	**Agriculture & pêche**
Mining & quarrying	..	..	..	..	..	..	..	..	..	..	385	55	**Mines & exploitation**
of which: Extraction of petroleum and gas	..	..	..	..	..	..	..	..	..	..	-	-	*dont:* Extraction de pétrole et gaz
Manufacturing	..	..	..	..	..	..	..	..	..	..	8518	11338	**Manufacture**
of which:													*dont:*
Food products	..	..	..	..	..	..	..	..	..	..	1404	5463	Produits alimentaires
Textile and wood activities	..	..	..	..	..	..	..	..	..	..	839	1445	Activités du textile et du bois
Petroleum, chemical, rubber and plastic products	..	..	..	..	..	..	..	..	..	..	5614	2628	Pétrole, produits chimiques, caoutchouc et mat. plastiques
Metal and mechanical products	..	..	..	..	..	..	..	..	..	..	633	2793	Produits métallurgiques et mécaniques
Office machinery, computers, radio, TV and communication equipment	..	..	..	..	..	..	..	..	..	..	-647	-1349	Machines de bureau, ordinateurs, radio, téléviseurs et équipement de communication
Vehicles and other transport equipment	..	..	..	..	..	..	..	..	..	..	-	69	Véhicules et autres équipements de transport
Electricity, gas & water	..	..	..	..	..	..	..	..	..	..	1527	248	**Electricité, gaz & eau**
Construction	..	..	..	..	..	..	..	..	..	..	151	-96	**Construction**
Trade & repairs	..	..	..	..	..	..	..	..	..	..	11793	3963	**Commerce & réparation**
Hotels & restaurants	..	..	..	..	..	..	..	..	..	..	-124	179	**Hôtels & restaurants**
Transport & communication	..	..	..	..	..	..	..	..	..	..	110	413	**Transport & communication**
of which:													*dont:*
Land, sea and air transport	..	..	..	..	..	..	..	..	..	..	-14	-55	Transport terrestre, maritime et aérien
Telecommunications	..	..	..	..	..	..	..	..	..	..	-	-	Télécommunications
Financial activities	..	..	..	..	..	..	..	..	..	..	4486	3908	**Activités financières**
of which:													*dont:*
Monetary institutions	..	..	..	..	..	..	..	..	..	..	3880	3426	Institutions monétaires
Other financial institutions	..	..	..	..	..	..	..	..	..	..	426	-798	Autres institutions financières
of which: Financial holding companies	..	..	..	..	..	..	..	..	..	..	-	-	*dont:* Sociétés holding financières
Insurance & activities auxiliary to insurance	..	..	..	..	..	..	..	..	..	..	151	1445	Assurances & activités auxiliaires
Other financial institutions and insurance activities	..	..	..	..	..	..	..	..	..	..	578	647	Autres activités d'institutions financières et d'assurances
Real estate & business activities	..	..	..	..	..	..	..	..	..	..	2697	12095	**Activités d'entreprise & immobilier**
of which: Real estate	..	..	..	..	..	..	..	..	..	..	-82	151	*dont:* Immobilier
Other services	..	..	..	..	..	..	..	..	..	..	55	-1748	**Autres services**
Unallocated	..	..	..	..	..	..	..	..	..	..	4376	5642	Non attribués
TOTAL	..	..	..	..	..	..	..	..	..	..	33974	36080	**TOTAL**
of which:													*dont:*
PRIMARY	..	..	..	..	..	..	..	..	..	..	385	138	**PRIMAIRE**
MANUFACTURE	..	..	..	..	..	..	..	..	..	..	8518	11338	**MANUFACTURE**
SERVICES	..	..	..	..	..	..	..	..	..	..	20695	18962	**SERVICES**

AUSTRIA / AUTRICHE

Table 3. DIRECT INVESTMENT FROM ABROAD: INFLOWS BY COUNTRY (1)
Tableau 3. INVESTISSEMENT DIRECT DE L'ÉTRANGER: FLUX PAR PAYS (1)

Million schillings / Millions de schillings

	1988	1989	1990	1991	1992	1993	1994	1995	1996	1997	1998	1999 p	
OECD AREA	*4100*	*7500*	*7300*	*6100*	*9280*	*10770*	*10350*	*17700*	*45580*	*32910*	*65348*	*37758*	**ZONE DE L'OCDE**
Australia	.	.	.	.	.	.	.	-30	-270	5750	-55	14	Australie
Belgium-Luxembourg	.	100	100	100	1970	110	530	-280	-1630	-90	-1266	949	Belgique-Luxembourg
Canada	.	-200	.	.	.	140	210	360	120	20	-853	660	Canada
Czech Republic	.	.	.	.	150	10	10	40	20	.	28	14	République Tchèque
Denmark	.	.	.	.	10	100	.	740	120	-70	1005	440	Danemark
Finland	.	.	.	.	20	40	.	400	-340	-130	-440	-28	Finlande
France	200	100	600	300	110	1430	1040	-400	470	20	6880	-14	France
Germany	3000	3000	3300	3200	4210	3040	3550	4450	42330	10880	21590	18893	Allemagne
Greece	.	.	.	.	.	.	.	.	10	.	.	28	Grèce
Hungary	.	100	100	.	.	.	40	150	60	500	826	3550	Hongrie
Iceland	.	.	.	.	.	.	.	.	.	.	.	.	Islande
Ireland	.	.	.	.	.	.	.	.	80	-1560	69	-28	Irlande
Italy	100	300	200	1300	210	260	220	260	-90	320	1940	2050	Italie
Japan	.	400	100	300	60	130	460	640	80	230	413	1830	Japon
Korea	.	.	.	.	.	.	30	670	20	-50	124	151	Corée
Mexico	.	.	.	.	.	.	-10	-40	.	.	.	.	Mexique
Netherlands	200	3600	-200	1000	520	2870	380	4110	950	10460	28209	1018	Pays-Bas
New Zealand	.	.	.	.	.	.	.	-10	.	.	.	41	Nouvelle-Zélande
Norway	.	.	.	.	.	.	.	270	480	460	206	96	Norvège
Poland	.	.	.	.	.	.	10	-10	.	-20	234	.	Pologne
Portugal	.	.	.	.	.	10	10	.	20	-10	14	14	Portugal
Spain	.	.	.	.	70	.	.	-10	-70	.	41	991	Espagne
Sweden	.	.	.	.	50	130	130	600	460	890	1706	2023	Suède
Switzerland	100	-500	100	-2400	630	1320	1150	2440	1550	760	4761	2697	Suisse
Turkey	.	.	.	.	.	10	.	20	90	-100	.	41	Turquie
United Kingdom	100	-100	1000	500	960	230	660	560	-1740	-180	413	1555	Royaume-Uni
United States	300	100	300	-400	370	630	1630	2860	2860	4820	-495	743	Etats-Unis
OECD UNALLOCATED	100	600	1700	2200	-60	310	80	-90	.	10	.	28	OCDE NON ATTRIBUES
NON-OECD AREA	*1400*	*300*	*100*	*-2000*	*1050*	*650*	*4650*	*1500*	*1270*	*-520*	*-9233*	*-1472*	**HORS ZONE-OCDE**
EUROPEAN COUNTRIES (2)	.	*-100*	*-100*	*100*	*180*	*340*	*100*	*230*	*450*	*70*	*-139*	.	**PAYS D'EUROPE (2)**
of which:													*dont:*
Baltic countries	.	.	.	.	.	.	.	.	.	.	.	.	Pays Baltes
Bulgaria	.	.	.	.	10	.	10	-20	-30	110	14	14	Bulgarie
Czechoslovakia	.	.	.	.	.	.	.	.	.	.	.	.	Tchécoslovaquie
Romania	.	.	.	.	.	.	10	.	.	-10	.	-14	Roumanie
Russia	.	.	.	.	60	9	18	50	30	-10	-55	-28	Russie
Slovakia	.	.	.	.	.	.	.	-10	70	-20	14	.	Slovaquie
Slovenia	.	.	.	.	.	280	.	-30	.	.	-110	-124	Slovénie
Ukraine	.	.	.	.	.	.	10	10	.	.	-14	-14	Ukraine
USSR	.	.	.	.	.	.	.	.	.	.	.	.	URSS

AUSTRIA / AUTRICHE

Table 3. DIRECT INVESTMENT FROM ABROAD: INFLOWS BY COUNTRY (1)
Tableau 3. INVESTISSEMENT DIRECT DE L'ÉTRANGER: FLUX PAR PAYS (1)

Million schillings / Millions de schillings

	1988	1989	1990	1991	1992	1993	1994	1995	1996	1997	1998	1999 p	
AFRICA	..	..	..	..	10	-	-	-180	-30	30	-8174	55	**AFRIQUE**
of which:													*dont:*
Algeria													Algérie
Egypt					10			10					Egypte
Libya													Libye
Morocco									-20	-10			Maroc
South Africa								-170	-10		-8187	55	Afrique du Sud
LATIN AMERICA-CARIBBEAN (2)	..	..	..	..	240	20	-	120	-30	-170	193	289	**AMÉRIQUE LATINE-CARAIBES (2)**
of which:													*dont:*
Argentina								40		20	28	14	Argentine
Brazil								10	-10	-10	41	28	Brésil
Chile													Chili
Colombia								30					Colombie
Costa Rica													Costa Rica
Netherlands Antilles													Antilles néerlandaises
Panama													Panama
Venezuela											14		Vénézuela
NEAR & MIDDLE EAST	..	..	..	..	20	50	10	190	70	-	-14	275	**PROCHE & MOYEN ORIENT**
of which:													*dont:*
Gulf States						40		170	90	-20	55	261	Pays du Golfe
of which:													*dont:*
Kuwait													Koweit
Saudi Arabia													Arabie Saoudite
United Arab Emirates													Émirats Arabes Unis
Iran					20		10	10	10			14	Iran
Israel								-10	-30	10	-69	-41	Israël
ASIAN COUNTRIES (2)	-	-	-	-	90	50	-20	70	-10	-30	-69	-28	**PAYS D'ASIE (2)**
of which:													*dont:*
China					10				-10	-10			Chine
Chinese Taipei								40		10		-14	Taipei chinois
Hong Kong							10	20		20		-14	Hong Kong
India							10						Inde
Indonesia													Indonésie
Malaysia											-14		Malaisie
Philippines												-14	Philippines
Singapore					10					-40	-28	-28	Singapour
Thailand										-10	-28	14	Thailande
UNALLOCATED	1400	400	200	-2100	510	190	4560	1070	820	-420	-1031	-2064	**NON ATTRIBUÉS**
WORLD	*5500*	*7800*	*7400*	*4100*	*10330*	*11420*	*15000*	*19200*	*46850*	*32390*	*56115*	*36286*	***MONDE***
of which:													*dont:*
EUROPE (3)	3800	6600	6000	6200	9400	10210	8080	14540	43540	22300	66545	34648	EUROPE (3)
EUROPEAN UNION	3600	7000	5000	6400	8130	8150	6740	11070	40570	20530	60160	27878	UNION EUROPÉENNE
NAFTA	300	-100	300	-400	370	640	1830	3220	2980	4840	-1349	1417	ALENA
ASEAN					10					-50	-69	-28	Pays de l'ASEAN

1. Up to 1994, reinvested earnings are excluded.
2. Excluding countries recorded under the OECD area above.
3. EUROPE = EU + EFTA + Other European Countries.

1. Jusqu'en 1994, les bénéfices réinvestis sont exclus.
2. Ce montant exclut les pays figurant dans la zone OCDE mentionnée ci-dessus.
3. EUROPE = UE + AELE + Autres pays d'Europe.

AUSTRIA / AUTRICHE

Table 4. DIRECT INVESTMENT ABROAD: OUTFLOWS BY COUNTRY (1)
Tableau 4. INVESTISSEMENT DIRECT À L'ÉTRANGER: FLUX PAR PAYS (1)

Million schillings / Millions de schillings

	1988	1989	1990	1991	1992	1993	1994	1995	1996	1997	1998	1999 p	
OECD AREA	*3200*	*10700*	*17400*	*13800*	*18760*	*14850*	*10490*	*10600*	*11730*	*21360*	*23475*	*24411*	**ZONE DE L'OCDE**
Australia	.	600	100	.	450	100	-10	30	70	40	55	1775	Australie
Belgium-Luxembourg	.	.	500	600	1630	-1040	1070	570	110	1010	660	165	Belgique-Luxembourg
Canada	..	..	900	100	50	340	580	230	50	130	330	151	Canada
Czech Republic	..	..	.	.	1410	2150	1730	720	700	2260	3399	3055	République Tchèque
Denmark	..	..	.	..	-410	.	.	-40	10	40	4197	784	Danemark
Finland	..	..	.	..	.	.	.	30	.	.	14	234	Finlande
France	100	200	200	100	220	140	310	1490	850	60	-716	991	France
Germany	900	3400	3200	2300	4130	1530	4100	1910	2990	3320	4541	1032	Allemagne
Greece	..	..	.	.	40	.	-20	30	140	-70	-83	110	Grèce
Hungary	100	700	4000	4400	3220	2860	1850	2710	2450	3070	2601	537	Hongrie
Iceland	..	..	.	.	.	.	.	.	.	.	.	.	Islande
Ireland	..	..	.	.	170	990	440	-10	1250	2790	-1211	-2614	Irlande
Italy	100	1000	1900	1000	340	540	140	-840	1060	1000	977	1651	Italie
Japan	..	..	.	.	10	30	10	-180	-70	-30	14	289	Japon
Korea	..	..	.	.	10	.	.	.	.	20	55	.	Corée
Mexico	..	..	.	.	.	.	.	10	.	10	110	14	Mexique
Netherlands	200	1500	-200	800	100	280	-650	570	300	490	1761	3069	Pays-Bas
New Zealand	..	..	.	.	.	.	.	.	.	.	96	.	Nouvelle-Zélande
Norway	..	..	.	.	10	170	.	-60	20	-70	-41	28	Norvège
Poland	..	..	.	300	150	120	100	780	420	3320	1748	2105	Pologne
Portugal	..	..	.	.	350	10	.	-40	150	160	261	413	Portugal
Spain	..	..	.	.	220	2000	290	220	-20	320	619	743	Espagne
Sweden	..	..	.	.	1050	10	-30	750	-260	-10	28	4513	Suède
Switzerland	700	1100	3100	.	-230	620	220	70	710	710	-3633	894	Suisse
Turkey	..	..	.	-1900	20	60	.	390	90	190	234	289	Turquie
United Kingdom	700	700	1700	3300	5120	2130	330	1260	130	2130	7362	1335	Royaume-Uni
United States	400	1500	1400	900	480	1580	-110	.	580	470	96	2835	Etats-Unis
OECD UNALLOCATED	.	.	600	1900	220	230	140	.	.	.	.	14	OCDE NON ATTRIBUÉS
NON-OECD AREA	*300*	*700*	*1100*	*1200*	*1800*	*2220*	*3220*	*800*	*8740*	*2890*	*10499*	*11669*	**HORS ZONE-OCDE**
EUROPEAN COUNTRIES (2)	.	.	100	100	370	1640	2140	-410	4100	3890	3564	5807	**PAYS D'EUROPE (2)**
of which:													*dont:*
Baltic countries	..	..	.	.	.	.	40	20	10	20	28	41	Pays Baltes
Bulgaria	..	..	.	.	.	20	110	-40	150	140	28	261	Bulgarie
Czechoslovakia	..	..	200	1100	.	.	.	.	.	.	.	.	Tchécoslovaquie
Romania	..	..	.	.	.	10	70	20	.	640	853	344	Roumanie
Russia	..	..	.	.	60	77	83	20	130	810	-1899	-482	Russie
Slovakia	..	..	.	.	.	310	610	570	770	660	1665	619	Slovaquie
Slovenia	..	..	.	.	.	520	300	580	640	690	771	2064	Slovénie
Ukraine	..	..	.	.	140	.	.	.	.	.	.	.	Ukraine
USSR	..	..	.	.	.	.	.	10	50	150	124	14	URSS

AUSTRIA / AUTRICHE

Table 4. DIRECT INVESTMENT ABROAD: *OUTFLOWS BY COUNTRY* (1)
Tableau 4. INVESTISSEMENT DIRECT À L'ÉTRANGER: *FLUX PAR PAYS* (1)

Million schillings / Millions de schillings

	1988	1989	1990	1991	1992	1993	1994	1995	1996	1997	1998	1999 p	
AFRICA	..	..	..	..	200	50	50	-40	90	220	1101	1280	**AFRIQUE**
of which:													*dont:*
Algeria	..	..	..	..	-	-	-	..	-	-	-	-	Algérie
Egypt	..	..	..	..	-	-	-	10	10	170	1183	1156	Egypte
Libya	..	..	..	..	-	-	-	-	-	-	-	-	Libye
Morocco	..	..	..	..	-	-	-	-	-	-	-	-	Maroc
South Africa	..	..	..	..	130	30	-	-60	40	10	-83	28	Afrique du Sud
LATIN AMERICA-CARIBBEAN (2)	..	..	..	..	310	280	420	760	3390	1010	4390	3468	**AMÉRIQUE LATINE-CARAIBES (2)**
of which:													*dont:*
Argentina	..	..	..	..	10	-	30	-10	60	30	165	138	Argentine
Brazil	..	..	..	..	30	40	200	540	750	470	784	372	Brésil
Chile	..	..	..	..	-	-	-	10	10	-	14	-	Chili
Colombia	..	..	..	..	10	-	-	-	-	-10	..	..	Colombie
Costa Rica	..	..	..	..	..	..	..	..	..	..	..	..	Costa Rica
Netherlands Antilles	..	..	..	..	..	..	..	..	..	..	..	..	Antilles néerlandaises
Panama	..	..	..	..	10	-	-	-	-	-	-	-	Panama
Venezuela	..	..	..	..	-	-	-	20	-	-	-14	-14	Vénézuela
NEAR & MIDDLE EAST	..	..	..	..	20	60	10	10	610	40	14	275	**PROCHE & MOYEN ORIENT**
of which:													*dont:*
Gulf States	..	..	..	..	10	-	-	-	590	30	-14	234	Pays du Golfe
of which:													*dont:*
Kuwait	..	..	..	..	..	..	..	..	..	..	..	..	Koweit
Saudi Arabia	..	..	..	..	..	..	..	..	..	..	..	..	Arabie Saoudite
United Arab Emirates	..	..	..	..	..	..	..	..	..	..	..	..	Émirats Arabes Unis
Iran	..	..	..	..	10	40	-	-	-	-	14	-	Iran
Israel	..	..	..	..	10	20	10	20	10	10	14	-	Israël
ASIAN COUNTRIES (2)	-	-	-	-	790	-50	100	150	230	-1050	468	523	**PAYS D'ASIE (2)**
of which:													*dont:*
China	..	..	..	..	10	10	50	100	140	60	248	41	Chine
Chinese Taipei	..	..	..	..	-	-	-	-	-	-	28	28	Taipei chinois
Hong Kong	..	..	..	..	690	-130	-	-140	-150	-1170	110	55	Hong Kong
India	..	..	..	..	20	10	-	40	120	20	55	28	Inde
Indonesia	..	..	..	..	-	-	-	90	10	-140	-41	-14	Indonésie
Malaysia	..	..	..	..	-	-	30	-	-	50	83	206	Malaisie
Philippines	..	..	..	..	-	-	-	10	-	10	-138	14	Philippines
Singapore	..	..	..	..	80	-	10	10	20	30	-14	41	Singapour
Thailand	..	..	..	..	-	-10	-	40	80	80	124	124	Thaïlande
UNALLOCATED	300	700	1000	1100	110	240	500	330	320	-1220	963	316	**NON ATTRIBUÉS**
WORLD	*3500*	*11400*	*18500*	*15000*	*20560*	*17070*	*13710*	*11400*	*20470*	*24250*	*33974*	*36080*	***MONDE***
of which:													*dont:*
EUROPE (3)	2700	7900	11000	8100	18140	14440	12170	9060	15460	22430	26007	25223	EUROPE (3)
EUROPEAN UNION	2000	6800	7300	8100	12960	6590	5980	4280	6710	11240	18411	12426	UNION EUROPÉENNE
NAFTA	400	1500	2300	1000	530	1920	470	1500	630	610	537	3000	ALENA
ASEAN	..	..	..	..	80	-10	40	150	110	30	14	358	Pays de l'ASEAN

1. Up to 1994, reinvested earnings are excluded.
2. Excluding countries recorded under the OECD area above.
3. EUROPE = EU + EFTA + Other European Countries.

1. Jusqu'en 1994, les bénéfices réinvestis sont exclus.
2. Ce montant exclut les pays figurant dans la zone OCDE mentionnée ci-dessus.
3. EUROPE = UE + AELE + Autres pays d'Europe.

AUSTRIA - AUTRICHE

Chart 4. **Inward direct investment position**
Graphique 4. **Encours d'investissement direct de l'étranger**

1988

Prim. 3%
Manuf. 37%
Services 60%

Other OECD-Autres OCDE 24%
NAFTA-ALENA 13%
Non OECD-Non OCDE 7%
EU15-UE15 56%

1998

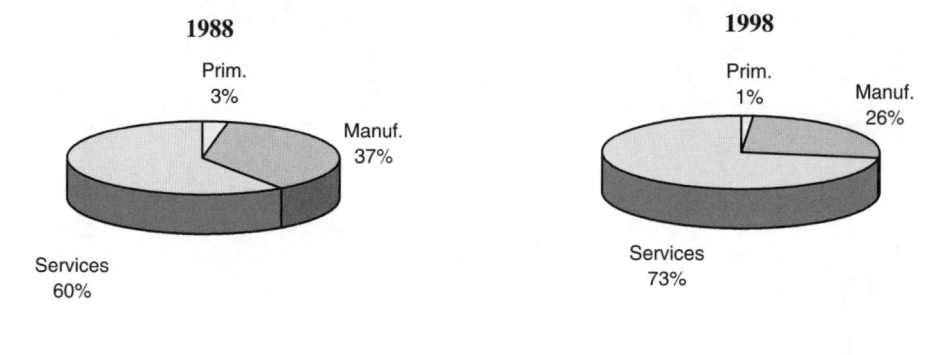

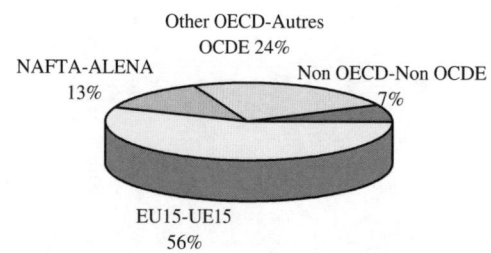

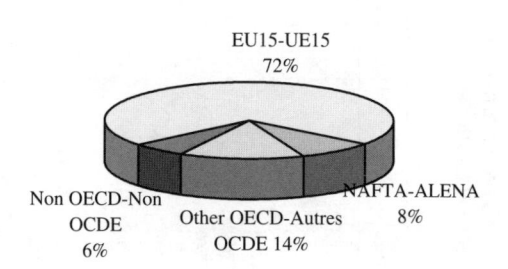

Prim. 1%
Manuf. 26%
Services 73%

EU15-UE15 72%
NAFTA-ALENA 8%
Other OECD-Autres OCDE 14%
Non OECD-Non OCDE 6%

Chart 5. **Outward direct investment position**
Graphique 5. **Encours d'investissement direct à l'étranger**

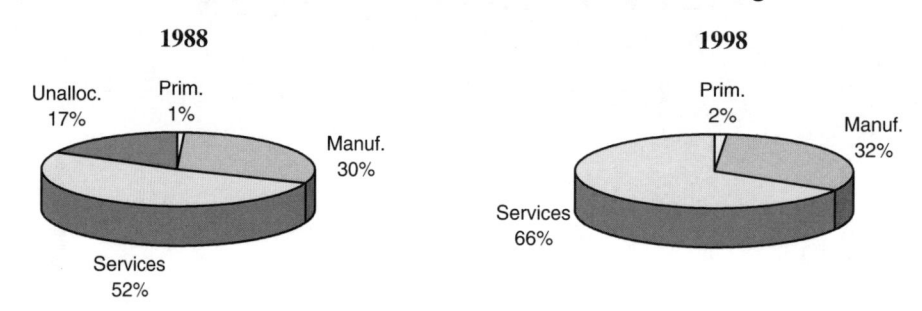

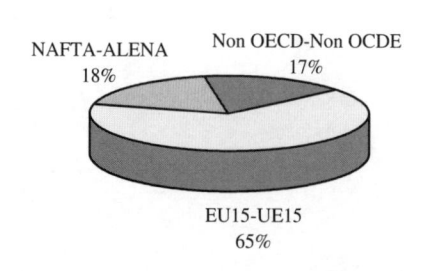

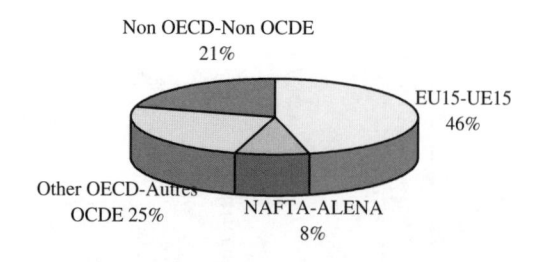

1988

Unalloc. 17%
Prim. 1%
Manuf. 30%
Services 52%

NAFTA-ALENA 18%
Non OECD-Non OCDE 17%
EU15-UE15 65%

1998

Prim. 2%
Manuf. 32%
Services 66%

Non OECD-Non OCDE 21%
EU15-UE15 46%
NAFTA-ALENA 8%
Other OECD-Autres OCDE 25%

Note: Prim. = primary sector, **Manuf.** = manufacturing.

Note: Prim. = secteur primaire, **Manuf.** = manufacture.

AUSTRIA / AUTRICHE

Table 5. DIRECT INVESTMENT FROM ABROAD: *INWARD POSITION BY INDUSTRIAL SECTOR*
Tableau 5. **ENCOURS D'INVESTISSEMENT DIRECT DE L'ÉTRANGER:** *PAR SECTEUR INDUSTRIEL*

year-end - fin d'année

Million schillings / Millions de schillings

	1988	1989[1]	1990	1991	1992	1993	1994	1995	1996	1997	1998	
Agriculture & fishing	128	..	..	35	36	33	60	-	-	-	-	**Agriculture & pêche**
Mining & quarrying	2349	..	..	2801	2810	3614	3931	795	1910	1886	3418	**Mines & exploitation**
of which: Extraction of petroleum and gas	:	:	:	:	:	:	:	:	:	24	1907	*dont*: Extraction de pétrole et gaz
Manufacturing	31451	..	..	40577	49679	56361	53075	60813	66640	64834	64802	**Manufacture**
of which:												*dont:*
Food products	1973	:	:	1572	2728	3015	4067	7575	5620	3397	4002	Produits alimentaires
Textile and wood activities	3967	:	:	6040	6329	6707	6366	8713	12120	12010	11040	Activités du textile et du bois
Petroleum, chemical, rubber and plastic products	11334	:	:	13985	14567	16757	21502	16803	22340	23706	24804	Pétrole, produits chimiques, caoutchouc et mat. plastiques
Metal and mechanical products	5384	:	:	7793	9599	9532	10049	9822	11750	11665	13594	Produits métallurgiques et mécaniques
Office machinery, computers, radio, TV and communication equipment	4319	:	:	6014	5780	6768	6254	4744	350	-368	-2996	Machines de bureau, ordinateurs, radio, téléviseurs et équipement de communication
Vehicles and other transport equipment	3336	:	:	4482	9732	11770	2829	4798	4900	4156	4228	Véhicules et autres équipements de transport
Electricity, gas & water	3392	..	..	1109	354	54	262	249	290	245	421	**Electricité, gaz & eau**
Construction	661	..	..	1183	1468	1383	1480	1773	1720	1717	1001	**Construction**
Trade & repairs	14220	..	..	21806	24242	24786	28057	42277	41160	48071	50147	**Commerce & réparation**
Hotels & restaurants	1558	..	..	2791	2690	2248	2185	1726	2380	2431	2496	**Hôtels & restaurants**
Transport & communication	879	..	..	1848	1883	2331	1819	3734	3650	8070	21326	**Transport & communication**
of which:												*dont:*
Land, sea and air transport	:	:	:	:	:	:	:	969	990	863	947	Transport terrestre, maritime et aérien
Telecommunications	:	:	:	:	:	:	:	1502	1750	5953	18995	Télécommunications
Financial activities	10463	..	..	14960	13673	14566	15839	25728	31400	40553	33745	**Activités financières**
of which:												*dont:*
Monetary institutions	4839	:	:	6882	5691	6368	7388	7596	11820	15460	15611	Institutions monétaires
Other financial institutions	:	:	:	:	:	:	:	415	1540	1990	4290	Autres institutions financières
of which: Financial holding companies	:	:	:	:	:	:	:	:	:	:	:	*dont*: Sociétés holding financières
Insurance & activities auxiliary to insurance	5623	:	:	8078	7982	8198	8451	17604	18020	23084	13839	Assurances & activités auxiliaires
Other financial institutions and insurance activities	:	:	:	:	:	:	:	18019	19560	25074	18129	Autres activités d'institutions financières et d'assurances
Real estate & business activities	15693	..	..	19974	25966	27974	33545	39530	46260	52895	72278	**Activités d'entreprise & immobilier**
of which: Real estate	:	:	:	:	:	:	:	2292	3230	3625	2978	*dont*: Immobilier
Other services	3383	..	..	3737	4441	4749	4912	237	490	500	752	**Autres services**
Unallocated	-	:	:	:	21	-	89	-	-	-	-	Non attribués
TOTAL	84177	97608	106513	110821	127263	138099	145254	176862	195900	221200	250386	**TOTAL**
of which:												*dont:*
PRIMARY	2477	:	:	2837	2846	3647	3991	795	1910	1886	3418	PRIMAIRE
MANUFACTURE	31451	:	:	40577	49679	56361	53075	60813	66640	64834	64802	MANUFACTURE
SERVICES	50248	:	:	67407	74716	78092	88100	115254	127350	154481	182166	SERVICES

1. Breakdowns are not available for 1989 and 1990.
1. Les ventilations ne sont pas disponibles pour 1989 et 1990.

AUSTRIA / AUTRICHE

Table 6. DIRECT INVESTMENT ABROAD: *OUTWARD POSITION BY INDUSTRIAL SECTOR*
Tableau 6. **ENCOURS D'INVESTISSEMENT DIRECT À L'ÉTRANGER:** *PAR SECTEUR INDUSTRIEL*

year-end - fin d'année

Million schillings / Millions de schillings

	1988	1989	1990	1991	1992	1993	1994	1995	1996	1997	1998	
Agriculture & fishing	2	9	8	19	67	17	80	-	-	-	-	**Agriculture & pêche**
Mining & quarrying	184	303	999	1163	1240	2245	2224	1195	1270	1322	2355	**Mines & exploitation**
of which: Extraction of petroleum and gas	:	:	:	:	:	:	:	894	860	870	1928	*dont:* Extraction de pétrole et gaz
Manufacturing	7878	10617	16298	23062	27008	28270	29845	34282	35800	43229	48989	**Manufacture**
of which:												*dont:*
Food products	364	612	1334	1881	2651	3271	5076	3253	3250	3536	4006	Produits alimentaires
Textile and wood activities	788	846	1567	4625	5048	5927	4830	5712	4330	7155	7445	Activités du textile et du bois
Petroleum, chemical, rubber and plastic products	3375	4727	7966	8447	8937	8873	7924	7525	7770	7958	8257	Pétrole, produits chimiques, caoutchouc et mat. plastiques
Metal and mechanical products	2905	3313	4102	6109	7568	7108	6815	8028	9360	10979	11431	Produits métallurgiques et mécaniques
Office machinery, computers, radio, TV and communication equipment	123	617	792	1174	1721	2374	4134	2051	2180	2049	1827	Machines de bureau, ordinateurs, radio, téléviseurs et équipement de communication
Vehicles and other transport equipment	320	499	502	732	826	319	34	801	570	617	541	Véhicules et autres équipements de transport
Electricity, gas & water	333	455	383	493	462	1392	1381	1395	1740	1590	1768	**Electricité, gaz & eau**
Construction	267	318	1302	1876	3604	4270	4250	3614	4870	5332	5232	**Construction**
Trade & repairs	3682	5182	7549	8772	10553	14762	15407	15665	17490	26768	27889	**Commerce & réparation**
Hotels & restaurants	42	236	622	864	2029	2355	2702	1877	2100	2536	1211	**Hôtels & restaurants**
Transport & communication	30	107	704	164	434	445	819	788	510	573	558	**Transport & communication**
of which:												*dont:*
Land, sea and air transport	:	:	:	:	:	:	:	357	200	382	378	Transport terrestre, maritime et aérien
Telecommunications	:	:	:	:	:	:	:	-	-	-	-	Télécommunications
Financial activities	2271	4619	4725	6207	7799	13145	14166	19845	26940	32572	42990	**Activités financières**
of which:												*dont:*
Monetary institutions	1596	3837	3155	4480	5721	10458	11408	11229	13460	18843	23093	Institutions monétaires
Other financial institutions	:	:	:	:	:	:	:	4034	8630	8372	16273	Autres institutions financières
of which: Financial holding companies	:	:	:	:	:	:	:	:	:	:	:	*dont:* Sociétés holding financières
Insurance & activities auxiliary to insurance	675	782	1571	1727	2077	2688	2758	3187	3330	4238	3309	Assurances & activités auxiliaires
Other financial institutions and insurance activities	:	:	:	:	:	:	:	7221	11860	12611	19582	Autres activités d'institutions financières et d'assurances
Real estate & business activities	6706	9791	14988	21145	23980	27883	29691	31873	44530	53219	64894	**Activités d'entreprise & immobilier**
of which: Real estate	262	242	460	686	739	2849	2414	3087	3920	9737	15181	*dont:* Immobilier
Other services	:	:	:	:	:	:	:	7515	1130	1003	1336	**Autres services**
Unallocated	-4558	-16	-13	4	-2	835	-	-1	-	-	-	Non attribués
TOTAL	17099	31863	48025	64455	77913	98468	102979	118048	136380	168144	197222	**TOTAL**
of which:												*dont:*
PRIMARY	186	312	1007	1182	1307	2263	2304	1195	1270	1322	2355	**PRIMAIRE**
MANUFACTURING	7878	10617	16298	23062	27008	28270	29845	34282	35800	43229	48989	**MANUFACTURE**
SERVICES	13592	20949	30733	40207	49599	67101	70830	82572	99310	123593	102888	**SERVICES**

AUSTRIA / AUTRICHE

Table 7. DIRECT INVESTMENT FROM ABROAD: INWARD POSITION BY COUNTRY
Tableau 7. ENCOURS D'INVESTISSEMENT DIRECT DE L'ÉTRANGER: PAR PAYS
year-end - fin d'année

Million schillings / Millions de schillings

	1988	1989	1990	1991	1992	1993	1994	1995	1996	1997	1998	
OECD AREA	**78106**	**90673**	**101196**	**106103**	**122340**	**130240**	**126820**	**163282**	**180500**	**206650**	**234820**	**ZONE DE L'OCDE**
Australia	114	187	185	327	380	720	820	1215	1900	-80	110	Australie
Belgium-Luxembourg	511	1041	1185	804	950	970	1040	941	730	680	3440	Belgique-Luxembourg
Canada	344	504	631	682	570	630	850	873	1320	790	280	Canada
Czech Republic					10	10	20	18	10	10	10	République Tchèque
Denmark	190	203	253	176	530	570	950	539	1110	1680	2880	Danemark
Finland	229	175	166	259	230	110	300	1027	2020	2030	1560	Finlande
France	2668	2849	3430	3476	3900	5390	5960	6673	6830	7360	13930	France
Germany	29661	37078	40160	41661	47360	51140	50580	74409	85180	103760	100730	Allemagne
Greece												Grèce
Hungary	403	275	190	343	770	610	490	465	580	1130	1440	Hongrie
Iceland												Islande
Ireland	55	88	88	5	3	10	100	315	260	270	120	Irlande
Italy	1504	1995	2096	2244	5100	5580	5790	5630	5810	8950	19770	Italie
Japan	2241	2905	3871	5243	3750	3710	4270	5384	5860	6610	7350	Japon
Korea	3	26	28	-5	-5	-10	40	26	110	230	130	Corée
Mexico	1											Mexique
Netherlands	7250	10684	11746	12112	13980	13280	10210	16451	16660	20180	19210	Pays-Bas
New Zealand												Nouvelle-Zélande
Norway	196	248	671	481	320	450	490	575	1240	1530	1720	Norvège
Poland	132	136	130	161	150	150	180	153	190	180	430	Pologne
Portugal	7	11	11	10	10	10	20	28		-10	-10	Portugal
Spain	30	86	92	1072	1680	3180	3710	3072	3050	3090	3030	Espagne
Sweden	1430		1870	1850	1940	2270	2360	3010	3070	3330	4940	Suède
Switzerland	15117	17288	18933	17171	21800	21490	23420	24568	22450	23290	23660	Suisse
Turkey						40	40	27	110	-20	-110	Turquie
United Kingdom	3520	2990	3124	4054	4920	4440	6210	7034	7990	6900	9220	Royaume-Uni
United States	10361	9267	9368	11329	13990	15490	8990	10832	14020	14760	20980	Etats-Unis
OECD UNALLOCATED	2139	2637	2968	2648	2		-20	17				OCDE NON ATTRIBUÉS
NON-OECD AREA	**6071**	**6935**	**5317**	**4718**	**4923**	**7860**	**18434**	**13581**	**15400**	**14550**	**15570**	**HORS ZONE-OCDE**
EUROPEAN COUNTRIES (1)	**24**	**10**	**20**	**11**	**990**	**1270**	**2180**	**2408**	**2970**	**3470**	**3550**	**PAYS D'EUROPE (1)**
of which:												dont:
Baltic countries									40	30	30	Pays Baltes
Bulgaria					110	40	10	-41	60	10	10	Bulgarie
Czechoslovakia	24	10	20	11								Tchécoslovaquie
Romania												Roumanie
Russia					490	630	1620	1995	2040	2650	2580	Russie
Slovakia									70	20	10	Slovaquie
Slovenia					90	320	290	161	280	350	360	Slovénie
Ukraine					10	10	10	5	30	30	40	Ukraine
USSR	529	489	527	510								URSS

AUSTRIA / AUTRICHE

Table 7. **DIRECT INVESTMENT FROM ABROAD: INWARD POSITION BY COUNTRY**
Tableau 7. **ENCOURS D'INVESTISSEMENT DIRECT DE L'ÉTRANGER: PAR PAYS**
year-end - fin d'année

Million schillings / Millions de schillings

	1988	1989	1990	1991	1992	1993	1994	1995	1996	1997	1998	
AFRICA	..	..	..	..	**40**	**2310**	**3130**	**3209**	**3880**	**-**	**980**	**AFRIQUE**
of which:												*dont:*
Algeria												Algérie
Egypt					20							Egypte
Libya								2				Libye
Morocco												Maroc
South Africa					10	2300	3120	3199	3880		950	Afrique du Sud
LATIN AMERICA-CARIBBEAN (1)	-	-	-	-	**410**	**510**	**5950**	**414**	**420**	**420**	**440**	**AMÉRIQUE LATINE-CARAÏBES (1)**
of which:												*dont:*
Argentina					30	30	30	44	30	20	20	Argentine
Brazil					160	150	150	165	180	210	230	Brésil
Chile												Chili
Colombia												Colombie
Costa Rica												Costa Rica
Netherlands Antilles												Antilles néerlandaises
Panama												Panama
Venezuela								5				Vénézuela
NEAR & MIDDLE EAST	..	..	..	..	**2020**	**1960**	**4640**	**4918**	**4920**	**4940**	**5030**	**PROCHE & MOYEN ORIENT**
of which:												*dont:*
Gulf States	1692	1930	1941	2005	2010	1940	4610	4757	4750	4770	4890	Pays du Golfe
of which:												*dont:*
Kuwait												Koweit
Saudi Arabia	774	777	777	777								Arabie Saoudite
United Arab Emirates												Émirats Arabes Unis
Iran					20	20	20	20	20	40	20	Iran
Israel					-10	-10		31	50	20	-10	Israël
ASIAN COUNTRIES (1)	-	-	-	-	**70**	**90**	**60**	**52**	**70**	**280**	**270**	**PAYS D'ASIE (1)**
of which:												*dont:*
China									-10			Chine
Chinese Taipei										40	40	Taipei chinois
Hong Kong					10	30	20	4		-10	10	Hong Kong
India							10	5		20		Inde
Indonesia												Indonésie
Malaysia											10	Malaisie
Philippines												Philippines
Singapore					30	10		2		170	140	Singapour
Thailand									30	20	20	Thaïlande
UNALLOCATED	**6047**	**6925**	**5297**	**4707**	**1393**	**1680**	**2434**	**2553**	**3030**	**5440**	**5300**	**NON ATTRIBUÉS**
WORLD	*84177*	*97608*	*106513*	*110821*	*127263*	*138100*	*145254*	*176863*	*195900*	*221200*	*250386*	**MONDE**
of which:												*dont:*
EUROPE (2)	62927	75157	84165	85890	106030	112700	116510	149940	163400	193260	214840	EUROPE (2)
EUROPEAN UNION	47055	57200	64221	67723	80603	86950	87230	119129	132710	158220	178820	UNION EUROPÉENNE
NAFTA	10706	9771	9999	12011	14560	16120	9840	11705	15340	15550	21250	ALENA
ASEAN					30	10	-	2	30	190	170	Pays de l'ASEAN

1. Excluding countries recorded under the OECD area above.
2. EUROPE = EU + EFTA + Other European Countries.

1. Ce montant exclut les pays figurant dans la zone OCDE mentionnée ci-dessus.
2. EUROPE = UE + AELE + Autres pays d'Europe.

AUSTRIA / **AUTRICHE**

Table 8. **DIRECT INVESTMENT ABROAD:** *OUTWARD POSITION BY COUNTRY*
Tableau 8. **ENCOURS D'INVESTISSEMENT DIRECT À L'ÉTRANGER:** *PAR PAYS*
year-end - fin d'année

Million schillings / Millions de schillings

	1988	1989	1990	1991	1992	1993	1994	1995	1996	1997	1998	
OECD AREA	**14251**	**28796**	**42605**	**59511**	**72090**	**89900**	**91780**	**110408**	**111520**	**134460**	**156020**	**ZONE DE L'OCDE**
Australia	57	642	597	623	710	230	450	513	660	560	550	Australie
Belgium-Luxembourg	507	1299	1186	2649	2660	3700	4430	5320	4790	4180	5770	Belgique-Luxembourg
Canada	707	784	1576	1799	1900	2650	2100	1907	1910	1270	1440	Canada
Czech Republic					2830	5560	8680	10020	11590	13520	14860	République Tchèque
Denmark	209	170	188	130	140	160	150	535	390	410	4570	Danemark
Finland	1										10	Finlande
France	428	660	905	1197	1500	1660	1980	2742	3980	4600	7740	France
Germany	5383	8811	12145	15636	19460	20850	18090	23063	27330	27030	31640	Allemagne
Greece	106	130	244	380	100	80	240	83	90	130	90	Grèce
Hungary	270	990	3755	8628	12310	16440	17710	16034	17000	18750	17680	Hongrie
Iceland												Islande
Ireland	11	10	16	391	210	260	270	287	470	1630	1650	Irlande
Italy	477	1077	1986	2891	2270	2320	2360	2334	3310	4900	5250	Italie
Japan		-1	7	10	20	260	220	74	-180	-200	-240	Japon
Korea				5		10		-6		10	60	Corée
Mexico	-1							50			20	Mexique
Netherlands	2070	2433	3160	4047	6210	7270	6700	9867	10910	9630	8800	Pays-Bas
New Zealand												Nouvelle-Zélande
Norway	29	51	51	-117	-70	-80	-70	32	10		10	Norvège
Poland	1	37	156	424	500	950	1160	1756	2640	4290	4870	Pologne
Portugal	75	80	88	551	670	2670	2860	2596	2630	2590	2710	Portugal
Spain	215	315	691	812	950	850	580	640	1020	1120	900	Espagne
Sweden	33	65	98	74	1050	1400	1740	1296	1940	1880	2110	Suède
Switzerland	-442	5519	7781	7915	8060	8370	9480	8980	8790	10840	10770	Suisse
Turkey	33	180	153	236	460	450	230	45	30	20	50	Turquie
United Kingdom	1622	2032	3996	7612	7070	9160	7320	6008	5760	11990	19510	Royaume-Uni
United States	2436	3443	3722	3187	3080	4680	5100	6212	6470	15290	15180	Etats-Unis
OECD UNALLOCATED	24	1	104	431				10020	-20		20	OCDE NON ATTRIBUES
NON-OECD AREA	**2848**	**3067**	**5420**	**4944**	**5823**	**8568**	**11199**	**7640**	**24860**	**33680**	**41200**	**HORS ZONE-OCDE**
EUROPEAN COUNTRIES (1)					**2520**	**3960**	**5960**	**8391**	**11280**	**18980**	**23030**	**PAYS D'EUROPE (1)**
of which:												*dont:*
Baltic countries					10	90	60	102	100	130	210	Pays Baltes
Bulgaria					40	40		65	60	250	290	Bulgarie
Czechoslovakia												Tchécoslovaquie
Romania					20	30	20	36	70	580	1710	Roumanie
Russia					350	400	640	161	250	1870	2260	Russie
Slovakia					800	1060	1740	2098	3170	5010	5640	Slovaquie
Slovenia					1040	1540	1650	2577	3640	4400	5780	Slovénie
Ukraine					60	90	50	48	60	210	320	Ukraine
USSR												URSS

AUSTRIA / AUTRICHE

Table 8. **DIRECT INVESTMENT ABROAD: *OUTWARD POSITION BY COUNTRY***
Tableau 8. **ENCOURS D'INVESTISSEMENT DIRECT À L'ÉTRANGER: *PAR PAYS***
year-end - fin d'année

Million schillings / Millions de schillings

	1988	1989	1990	1991	1992	1993	1994	1995	1996	1997	1998	
AFRICA	..	..	..	..	**140**	**150**	**110**	**479**	**290**	**400**	**220**	**AFRIQUE**
of which:												*dont:*
Algeria												Algérie
Egypt						10	10	10	10			Egypte
Libya					-	-	-	-	-	-	-	Libye
Morocco					-	-	-	-	-	-	-	Maroc
South Africa					130	140	70	378	190	300	180	Afrique du Sud
LATIN AMERICA-CARIBBEAN (1)	-	-	-	-	**800**	**1490**	**2080**	**5136**	**8330**	**9690**	**12970**	**AMÉRIQUE LATINE-CARAIBES (1)**
of which:												*dont:*
Argentina					20	160	100	86	170	200	420	Argentine
Brazil					260	400	1300	2126	2220	2960	3200	Brésil
Chile					-	10	10	15	40	50	50	Chili
Colombia					10	20	30	14	20	20	20	Colombie
Costa Rica												Costa Rica
Netherlands Antilles												Antilles néerlandaises
Panama					-30							Panama
Venezuela						60	10			40	50	Vénézuela
NEAR & MIDDLE EAST	..	..	..	..	**60**	**60**	**30**	**26**	**80**	**240**	**190**	**PROCHE & MOYEN ORIENT**
of which:												*dont:*
Gulf States					30	20	20	17	30	40	-	Pays du Golfe
of which:												*dont:*
Kuwait												Koweït
Saudi Arabia												Arabie Saoudite
United Arab Emirates												Émirats Arabes Unis
Iran												Iran
Israel					-	10	10	4	40	20	20	Israël
ASIAN COUNTRIES (1)	..	..	..	..	**710**	**970**	**870**	**1276**	**2550**	**1420**	**1790**	**PAYS D'ASIE (1)**
of which:												*dont:*
China					-	10	110	259	1690	530	660	Chine
Chinese Taipei												Taipei chinois
Hong Kong					120	220	220	359	20	160	220	Hong Kong
India					20	30	30	53	110	70	120	Inde
Indonesia					290	340	320	304	400	320	280	Indonésie
Malaysia					-	-	20	23	20	20	30	Malaisie
Philippines					200	170	-50	9	10		10	Philippines
Singapore					40	120	140	141	130	120	140	Singapour
Thailand					10	70	70	128	180	190	310	Thaïlande
UNALLOCATED	**2848**	**3067**	**5420**	**4944**	**1593**	**1938**	**2149**	**-7768**	**2330**	**2950**	**3000**	**NON ATTRIBUÉS**
WORLD	**17099**	**31863**	**48025**	**64455**	**77913**	**98468**	**102979**	**118048**	**136380**	**168144**	**197220**	**MONDE**
of which:												*dont:*
EUROPE (2)	10724	22652	32535	44168	70500	87950	92020	102384	116270	139450	165030	EUROPE (2)
EUROPEAN UNION	11137	17082	24703	36370	42290	50380	46720	54771	62620	70090	90760	UNION EUROPÉENNE
NAFTA	3142	4227	5298	4986	4980	7330	7200	8169	8380	16570	16630	ALENA
ASEAN	..	..	..	..	540	700	500	605	740	650	770	Pays de l'ASEAN

1. Excluding countries recorded under the OECD area above.
2. EUROPE = EU + EFTA + Other European Countries.

1. Ce montant exclut les pays figurant dans la zone OCDE mentionnée ci-dessus.
2. EUROPE = UE + AELE + Autres pays d'Europe.

BELGIUM-LUXEMBOURG - BELGIQUE-LUXEMBOURG

Chart 1. **Direct investment flows**
Graphique 1. **Flux d'investissement direct**

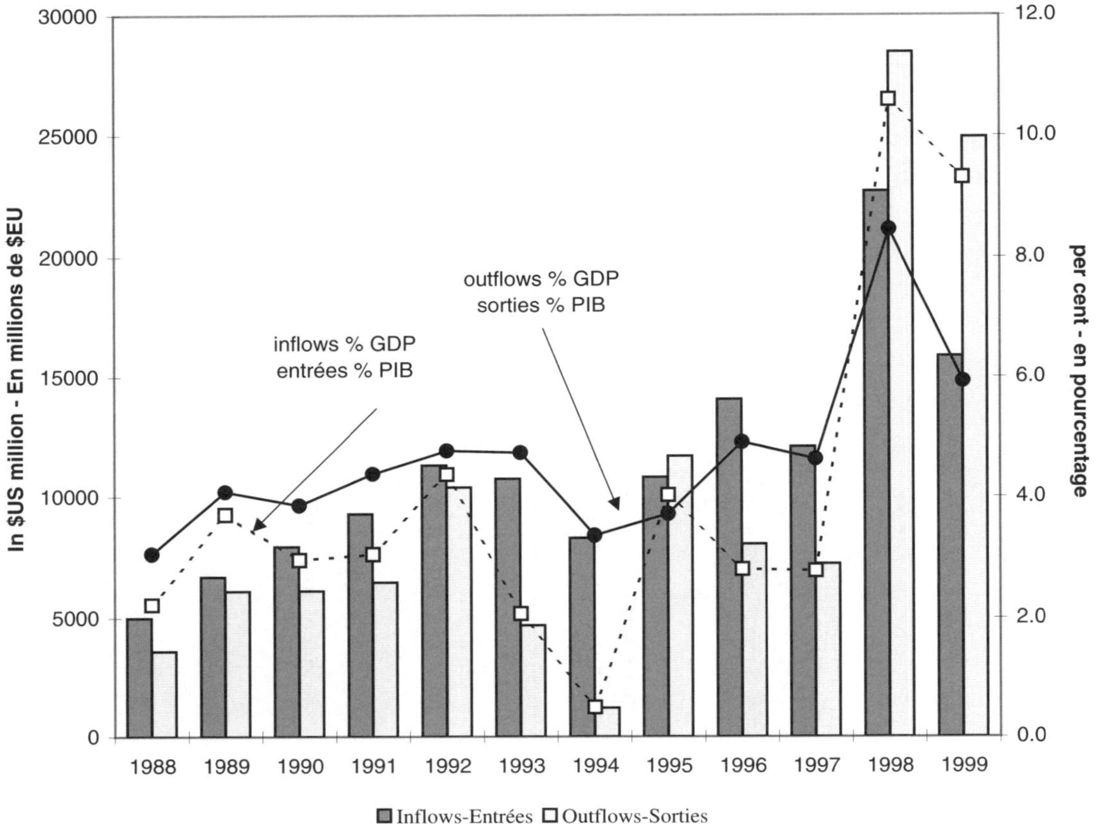

■ Inflows-Entrées □ Outflows-Sorties

BELGIUM-LUXEMBOURG - BELGIQUE-LUXEMBOURG

Chart 2. **Direct investment from abroad:** *inflows by country*
Graphique 2. **Investissement direct de l'étranger:** *flux par pays*

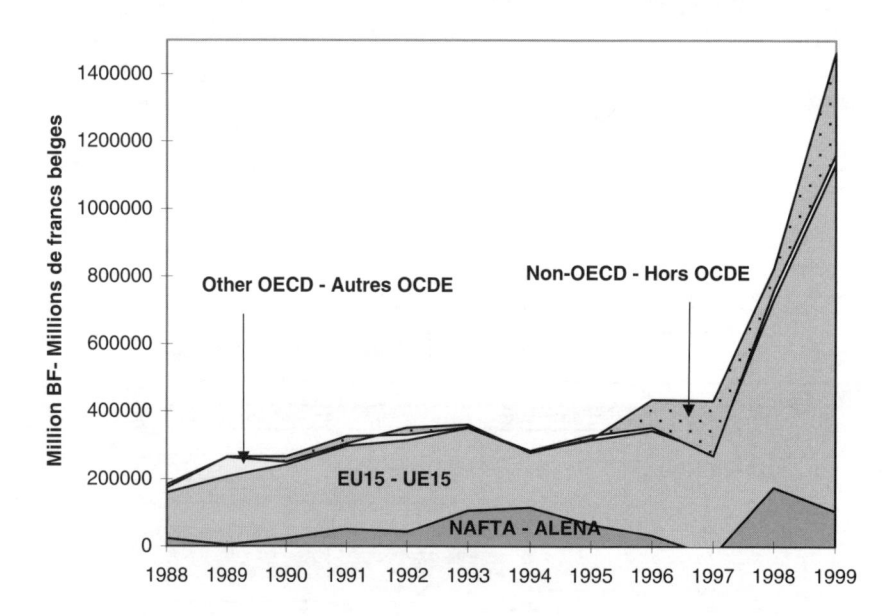

Chart 3. **Direct investment abroad:** *outflows by country*
Graphique 3. **Investissement direct à l'étranger:** *flux par pays*

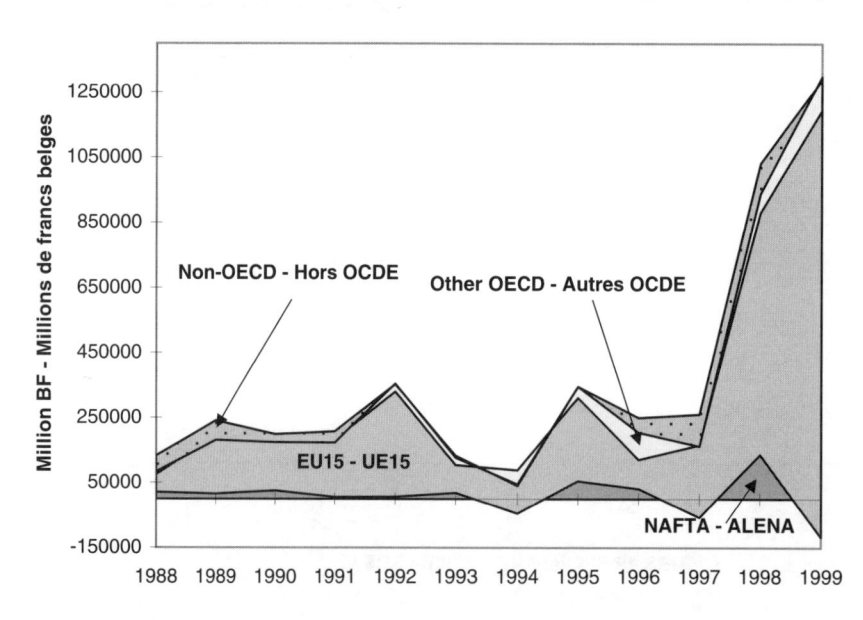

Note: Total OECD = EU15 + NAFTA + Other OECD. **Note**: Total OCDE = UE15 + ALENA + Autres OCDE.

BELGIUM-LUXEMBOURG / BELGIQUE-LUXEMBOURG

Table 1. **DIRECT INVESTMENT FROM ABROAD:** *INFLOWS BY INDUSTRIAL SECTOR (1)*
Tableau 1. **INVESTISSEMENT DIRECT DE L'ÉTRANGER:** *FLUX PAR SECTEUR INDUSTRIEL (1)*

Million BF / Millions de francs belges

	1988	1989	1990	1991	1992	1993	1994	1995	1996	1997	1998	1999 p	
Agriculture & fishing	..	..	..	..	..	..	..	..	..	..	..	-403	**Agriculture & pêche**
Mining & quarrying	..	..	..	..	..	..	..	..	..	..	..	968	**Mines & exploitation**
of which: Extraction of petroleum and gas												-	*dont*: Extraction de pétrole et gaz
Manufacturing	..	..	..	..	..	..	..	..	..	..	..	591948	**Manufacture**
of which:													*dont*:
Food products												2864	Produits alimentaires
Textile and wood activities												3994	Activités du textile et du bois
Petroleum, chemical, rubber and plastic products												561693	Pétrole, produits chimiques, caoutchouc et mat. plastiques
Metal and mechanical products												-6656	Produits métallurgiques et mécaniques
Office machinery, computers, radio, TV and communication equipment												4357	Machines de bureau, ordinateurs, radio, téléviseurs et équipement de communication
Vehicles and other transport equipment												9319	Véhicules et autres équipements de transport
Electricity, gas & water	..	..	..	..	..	..	..	..	..	..	..	7503	**Electricité, gaz & eau**
Construction	..	..	..	..	..	..	..	..	..	..	..	-323	**Construction**
Trade & repairs	..	..	..	..	..	..	..	..	..	..	..	-3389	**Commerce & réparation**
Hotels & restaurants	..	..	..	..	..	..	..	..	..	..	..	807	**Hôtels & restaurants**
Transport & communication	..	..	..	..	..	..	..	..	..	..	..	26423	**Transport & communication**
of which:													*dont*:
Land, sea and air transport												7705	Transport terrestre, maritime et aérien
Telecommunications												18153	Télécommunications
Financial activities	..	..	..	..	..	..	..	..	..	..	..	484966	**Activités financières**
of which:													*dont*:
Monetary institutions												33119	Institutions monétaires
Other financial institutions												72087	Autres institutions financières
of which: Financial holding companies												..	*dont*: Sociétés holding financières
Insurance & activities auxiliary to insurance												-3792	Assurances & activités auxiliaires
Other financial institutions and insurance activities												68295	Autres activités d'institutions financières et d'assurances
Real estate & business activities	..	..	..	..	..	..	..	..	..	..	..	90361	**Activités d'entreprise & immobilier**
of which: Real estate												-3066	*dont*: Immobilier
Other services	..	..	..	..	..	..	..	..	..	..	..	30376	**Autres services**
Unallocated	..	..	..	..	..	..	..	..	..	..	..	234617	Non attribués
TOTAL	..	..	..	..	..	..	..	..	..	..	..	1463854	**TOTAL**
of which:													*dont*:
PRIMARY												565	PRIMAIRE
MANUFACTURING												591948	MANUFACTURE
SERVICES												636725	SERVICES

1. Direct investment inflows by industrial sector are reported for the first time in the edition of the year book.

1. Les flux d'investissements directs de l'étranger par secteur industriel sont rapportés pour la première fois dans cette édition.

BELGIUM-LUXEMBOURG BELGIQUE-LUXEMBOURG

Table 2. **DIRECT INVESTMENT ABROAD:** *OUTFLOWS BY INDUSTRIAL SECTOR (1)*
Tableau 2. **INVESTISSEMENT DIRECT À L'ÉTRANGER:** *FLUX PAR SECTEUR INDUSTRIEL (1)*

Million BF / *Millions de francs belges*

	1988	1989	1990	1991	1992	1993	1994	1995	1996	1997	1998	1999 p	
Agriculture & fishing	..	..	..	..	..	..	..	..	..	..	..	121	**Agriculture & pêche**
Mining & quarrying	..	..	..	..	..	..	..	..	..	..	..	3873	**Mines & exploitation**
of which: Extraction of petroleum and gas	..	..	..	..	..	..	..	..	..	..	..	-	*dont:* Extraction de pétrole et gaz
Manufacturing	..	..	..	..	..	..	..	..	..	..	..	194640	**Manufacture**
of which:													*dont:*
Food products	..	..	..	..	..	..	..	..	..	..	..	9964	Produits alimentaires
Textile and wood activities	..	..	..	..	..	..	..	..	..	..	..	3308	Activités du textile et du bois
Petroleum, chemical, rubber and plastic products	..	..	..	..	..	..	..	..	..	..	..	149016	Pétrole, produits chimiques, caoutchouc et mat. plastiques
Metal and mechanical products	..	..	..	..	..	..	..	..	..	..	..	17871	Produits métallurgiques et mécaniques
Office machinery, computers, radio, TV and communication equipment	..	..	..	..	..	..	..	..	..	..	..	-3631	Machines de bureau, ordinateurs, radio, téléviseurs et équipement de communication
Vehicles and other transport equipment	..	..	..	..	..	..	..	..	..	..	..	-1735	Véhicules et autres équipements de transport
Electricity, gas & water	..	..	..	..	..	..	..	..	..	..	..	-29045	**Electricité, gaz & eau**
Construction	..	..	..	..	..	..	..	..	..	..	..	10488	**Construction**
Trade & repairs	..	..	..	..	..	..	..	..	..	..	..	-7947	**Commerce & réparation**
Hotels & restaurants	..	..	..	..	..	..	..	..	..	..	..	928	**Hôtels & restaurants**
Transport & communication	..	..	..	..	..	..	..	..	..	..	..	36911	**Transport & communication**
of which:													*dont:*
Land, sea and air transport	..	..	..	..	..	..	..	..	..	..	..	4800	Transport terrestre, maritime et aérien
Telecommunications	..	..	..	..	..	..	..	..	..	..	..	29287	Télécommunications
Financial activities	..	..	..	..	..	..	..	..	..	..	..	603929	**Activités financières**
of which:													*dont:*
Monetary institutions	..	..	..	..	..	..	..	..	..	..	..	132032	Institutions monétaires
Other financial institutions	..	..	..	..	..	..	..	..	..	..	..	91410	Autres institutions financières
of which: Financial holding companies	..	..	..	..	..	..	..	..	..	..	..	..	*dont:* Sociétés holding financières
Insurance & activities auxiliary to insurance	..	..	..	..	..	..	..	..	..	..	..	52805	Assurances & activités auxiliaires
Other financial institutions and insurance activities	..	..	..	..	..	..	..	..	..	..	..	..	Autres activités d'institutions financières et d'assurances
Real estate & business activities	..	..	..	..	..	..	..	..	..	..	..	316910	**Activités d'entreprise & immobilier**
of which: Real estate	..	..	..	..	..	..	..	..	..	..	..	6737	*dont:* Immobilier
Other services	..	..	..	..	..	..	..	..	..	..	..	-13595	**Autres services**
Unallocated	..	..	..	..	..	..	..	..	..	..	..	171606	Non attribués
TOTAL	..	..	..	..	..	..	..	..	..	..	..	1288819	**TOTAL**
of which:													*dont:*
PRIMARY	..	..	..	..	..	..	..	..	..	..	..	3994	**PRIMAIRE**
MANUFACTURING	..	..	..	..	..	..	..	..	..	..	..	194640	**MANUFACTURE**
SERVICES	..	..	..	..	..	..	..	..	..	..	..	918580	**SERVICES**

1. Direct investment outflows by industrial sector are reported for the first time in the edition of the year book.

1. Les flux d'investissements directs à l'étranger par secteur industriel sont rapportés pour la première fois dans cette édition.

BELGIUM-LUXEMBOURG / **BELGIQUE-LUXEMBOURG**

Table 3. **DIRECT INVESTMENT FROM ABROAD: *INFLOWS BY COUNTRY***
Tableau 3. **INVESTISSEMENT DIRECT DE L'ÉTRANGER: *FLUX PAR PAYS***

Million BF / *Millions de francs belges*

	1988	1989	1990	1991	1992	1993	1994	1995	1996	1997	1998	1999 p	
OECD AREA	*174223*	*266117*	*267350*	*326078*	*331302*	*353586*	*283734*	*328882*	*353335*	*269747*	*760836*	*1162027*	**ZONE DE L'OCDE**
Australia	-23	-119	2035	-59	428	-1234	58	192	2388	3447	-6006	2604	Australie
Austria	55	243	1702	1194	3085	3463	6110	6051	-250	-163	317	1856	Autriche
Canada	-375	264	5768	1894	4281	15514	6919	33596	-6279	25084	5819	4507	Canada
Czech Republic					-6	-79	-112	-28	-11	-825	915	61	République Tchèque
Denmark	529	-575	-1184	-3338	-110	2611	5813	2948	24461	-3162	5365	9460	Danemark
Finland	2391	3144	374	6017	1533	11656	2224	-713	849	2512	-2527	1944	Finlande
France	76752	69221	50631	83023	106815	38723	92549	33039	33855	39138	101107	558879	France
Germany	14474	32199	53029	78663	105182	103942	15690	35567	57715	52131	46869	63412	Allemagne
Greece	265	-237	-131	327	581	-247	-3138	240	604	500	983	52	Grèce
Hungary	6	38	237	-19	-718	816	2696	4148	-134	1633	-1993	-938	Hongrie
Iceland	-6		23	-6	8	5	-5	6	4	24	39	2251	Islande
Ireland	332	912	1136	1788	3731	2508	3198	-1131	201	16042	5343	-2503	Irlande
Italy	1785	120	15576	8838	18905	9950	5437	8480	66324	46316	80917	38481	Italie
Japan	3809	46764	10799	7698	4377	7832	9869	2146	-263	9161	-3560	1438	Japon
Korea	1	349	1314	-228	-173	34	86	499	65	138	279	-989	Corée
Mexico	17	442	-2	134	-373	22436	23320	-910	2728	-1531	-19	779	Mexique
Netherlands	11929	61297	94004	39258	37019	47084	110528	108637	78899	107894	251270	145052	Pays-Bas
New Zealand	-40	6	6	99	44	20	-208	73	111	-131	-27	-149	Nouvelle-Zélande
Norway	426	-103	1086	311	-282	93	-2696	-2549	8667	-4762	23667	116	Norvège
Poland	243	594	164	202	26	158	7	13	2	-117	332	313	Pologne
Portugal	52	-79	-11	946	595	248	608	208	-3625	-3203	1876	1673	Portugal
Spain	3670	4285	3609	1988	-2186	-12522	-5994	14055	5224	24877	13292	7654	Espagne
Sweden	4543	4458	4546	2759	-16558	-292	3474	-1686	5051	15795	3114	-622	Suède
Switzerland	9390	11738	9655	20151	13042	-5074	-8073	8599	-1028	-20372	14774	22273	Suisse
Turkey	34	-9	2	32	387	59	32	-77	208	50	149	645	Turquie
United Kingdom	20353	26742	-4783	24029	11730	37365	-70555	43496	40660	9985	48725	203480	Royaume-Uni
United States	23611	4423	17765	50377	39939	68518	85897	33983	36909	-50714	169816	100298	Etats-Unis
OECD UNALLOCATED	-43		-76	-25									OCDE NON ATTRIBUÉS
NON-OECD AREA	*9323*	*-892*	*-16149*	*-21377*	*20933*	*8064*	*-5568*	*-10205*	*81997*	*162938*	*64003*	*301918*	**HORS ZONE-OCDE**
EUROPEAN COUNTRIES (1)	*-85*	*-53*	*285*	*638*	*-166*	*39*	*-30*	*1369*	*2874*	*27137*	*1925*	*314369*	**PAYS D'EUROPE (1)**
of which:													*dont:*
Baltic countries						-11	-8	7		-17	151	56	Pays Baltes
Bulgaria		1	-1	11	12	19	11	-5	-100	7	3	-2	Bulgarie
Czechoslovakia	43		76	25									Tchécoslovaquie
Romania		8	2	1	7	3	9	-16	-2	11	1	70	Roumanie
Russia					8	68	-47	72	417	214	162	200	Russie
Slovakia							-1	-1	-1	-108	-33	10	Slovaquie
Slovenia						6	-6	-1			6		Slovénie
Ukraine						-4	-3	9	11	19	-7	2	Ukraine
USSR	-118	-66	-11	609									URSS

71

BELGIUM-LUXEMBOURG   Table 3. **DIRECT INVESTMENT FROM ABROAD:** *INFLOWS BY COUNTRY*   **BELGIQUE-LUXEMBOURG**

Tableau 3. **INVESTISSEMENT DIRECT DE L'ÉTRANGER:** *FLUX PAR PAYS*

Million BF   *Millions de francs belges*

	1988	1989	1990	1991	1992	1993	1994	1995	1996	1997	1998	1999 p	
AFRICA	1277	697	-298	-170	-235	479	92	-425	1225	671	3722	1836	**AFRIQUE**
of which:													*dont:*
Algeria	:	:	:	:	:	:	:	:	:	:	:	:	Algérie
Egypt	3	2	7	-117	5	6	5	1	62	-22	-110	48	Egypte
Libya	:	:	:	:	:	:	:	:	:	:	:	:	Libye
Morocco	:	:	:	:	:	15	-12	-21	-119	61	-26	21	Maroc
South Africa	:	:	:	:	:	-8	17	-79	311	-261	2855	833	Afrique du Sud
LATIN AMERICA-CARIBBEAN (1)	9320	-879	-6023	2868	16007	14060	5653	2036	6530	5089	4643	32949	**AMÉRIQUE LATINE-CARAIBES (1)**
of which:													*dont:*
Argentina	-13	-117	-21	8	27	-843	-102	-5	-22	454	-22	235	Argentine
Brazil	-38	749	-877	396	2551	1046	-1158	454	193	-76	-1514	-597	Brésil
Chile	-2	:	:	9	-5	-24	-157	5	138	-10	56	-353	Chili
Colombia	:	:	:	:	:	78	2	-9	-7	329	-52	-1	Colombie
Costa Rica	:	:	:	:	:	:	:	:	:	:	:	:	Costa Rica
Netherlands Antilles	:	:	:	:	:	:	:	:	:	:	:	:	Antilles néerlandaises
Panama	:	:	:	:	:	:	:	:	:	:	:	:	Panama
Venezuela	:	:	:	:	:	5	-1	23	3	:	20	19	Vénézuela
NEAR & MIDDLE EAST	483	473	-413	201	-418	527	846	-13	573	1147	-538	5638	**PROCHE & MOYEN ORIENT**
of which:													*dont:*
Gulf States	:	:	:	:	:	105	174	402	294	381	3	4590	Pays du Golfe
of which:													*dont:*
Kuwait	:	:	:	:	:	:	:	:	:	:	:	:	Koweit
Saudi Arabia	-1	67	-4	237	137	:	:	:	:	:	:	:	Arabie Saoudite
United Arab Emirates	:	:	:	:	:	:	:	:	:	:	:	:	Émirats Arabes Unis
Iran	:	:	:	:	:	-1	6	6	-7	-46	-268	59	Iran
Israel	78	158	22	314	-542	242	574	490	264	694	-344	1137	Israël
ASIAN COUNTRIES (1)	1597	399	2502	-19294	5710	-708	-4401	6553	19970	57144	-17442	44077	**PAYS D'ASIE (1)**
of which:													*dont:*
China	37	1	121	355	71	333	163	741	-250	313	-61	4528	Chine
Chinese Taipei	15	17	20	10	129	-20	7	150	-188	580	102	23	Taipei chinois
Hong Kong	-285	-842	588	16	1851	1229	619	1561	-1422	13783	-389	4608	Hong Kong
India	622	121	38	-222	68	81	84	198	93	239	526	147	Inde
Indonesia	-1	-1	67	29	-21	-3	-1	1	-35	-60	186	-166	Indonésie
Malaysia	:	-18	-1	185	30	-134	119	58	-67	1144	-34	:	Malaisie
Philippines	277	4	3	:	2	-21	:	12	:	:	3	-1404	Philippines
Singapore	-72	1439	-217	225	3608	-2157	-5440	3272	22697	41038	-18111	36362	Singapour
Thailand	-6	25	6	-5	-64	-28	29	393	6	9	-28	-44	Thaïlande
UNALLOCATED	-3269	-1529	-12202	-5620	35	-6333	-7728	-19725	50825	71750	71693	-96951	**NON ATTRIBUÉS**
WORLD	*183546*	*265225*	*251201*	*304701*	*352235*	*361650*	*278166*	*318677*	*435332*	*432685*	*824839*	*1463945*	***MONDE***
of which:													*dont:*
EUROPE (2)	146940	213365	229262	265948	283090	239513	155170	259111	318333	308690	593142	1358000	EUROPE (2)
EUROPEAN UNION	137130	201730	218498	245492	270322	244489	165333	249191	309968	308662	556651	1028818	UNION EUROPÉENNE
NAFTA	23253	5129	23531	52405	43847	106467	116136	66669	33358	-27161	175616	105584	ALENA
ASEAN	198	1449	-142	435	3555	-2332	-5289	3737	21659	42124	-17987	34747	Pays de l'ASEAN

1. Excluding countries recorded under the OECD area above.
2. EUROPE = EU + EFTA + Other European Countries.

1. Ce montant exclut les pays figurant dans la zone OCDE mentionnée ci-dessus.
2. EUROPE = UE + AELE + Autres pays d'Europe.

BELGIUM-LUXEMBOURG　　　　　　　　　　　　　　　　　　　　　　　　　　　　　　　　　　　　　　　**BELGIQUE-LUXEMBOURG**

Table 4. **DIRECT INVESTMENT ABROAD:** *OUTFLOWS BY COUNTRY*
Tableau 4. **INVESTISSEMENT DIRECT À L'ÉTRANGER:** *FLUX PAR PAYS*

Million BF　　　*Millions de francs belges*

	1988	1989	1990	1991	1992	1993	1994	1995	1996	1997	1998	1999 p	
OECD AREA	*83664*	*181280*	*174327*	*172913*	*354379*	*126798*	*45198*	*344869*	*204300*	*162477*	*939525*	*1298970*	**ZONE DE L'OCDE**
Australia	-271	1181	-105	437	1611	1687	-10219	1372	626	-9490	-10695	2578	Australie
Austria	-3	841	-24600	-29250	5899	3658	-41939	3975	-185	6388	-7631	22614	Autriche
Canada	78	3895	6620	7285	-541	12212	5706	22331	-1120	-28658	73941	11904	Canada
Czech Republic					964	696	1276	615	2285	1695	2227	47525	République Tchèque
Denmark	637	-60	-1056	4056	-410	-1707	-24	439	-3729	-3487	122004	518	Danemark
Finland	-25	-485	-1157	367	1364	-2336	-2285	956	-423	-2926	-5187	-1031	Finlande
France	31195	4612	23200	-10309	76767	10393	37796	4820	62391	52228	68606	298917	France
Germany	-3992	83672	187881	216388	185350	-15922	140779	78413	-40401	-28991	47234	421017	Allemagne
Greece	378	43	189	1437	1033	-266	-407	-144	-3502	1011	4735	11715	Grèce
Hungary	360	324	270	2061	322	4543	-618	4646	268	9622	14267	-4584	Hongrie
Iceland	-66	-106	-461	2	-2	-63	366	-30	166	-5	-328	6	Islande
Ireland	1175	4200	11235	2659	9296	2507	-716	16734	31044	20630	-5959	-3661	Irlande
Italy	571	5132	-25045	-9298	23167	2483	-20084	16219	35292	49629	89782	17169	Italie
Japan	885	1118	2381	3397	7864	4414	-19325	7662	7065	-4394	2482	5726	Japon
Korea	-10	133	-6668	4576	1294	103	302	403	40	47	13696	11159	Corée
Mexico	-415	-2144	642	1772	1379	-752	883	5363	1367	3539	-8459	13097	Mexique
Netherlands	7652	31891	-11041	-4908	32573	27611	-25561	80694	29181	76039	181124	135731	Pays-Bas
New Zealand	-17	243	-494	81	-709	-40	-24	-66	-95	-658	534	77	Nouvelle-Zélande
Norway	-1791	-4932	750	-1343	-2681	-140	-2338	4581	-4056	-10154	12776	4106	Norvège
Poland	1265	-59	-256	179	297	2559	-465	681	2010	2249	2887	13520	Pologne
Portugal	662	1447	2558	251	1065	726	-2838	2153	411	-536	-2416	-991	Portugal
Spain	1573	3682	2258	781	45050	7056	-33417	16142	341	-10961	89231	53031	Espagne
Sweden	9097	26019	-8330	-12737	-20540	7105	101362	-494	6795	-3879	16609	12399	Suède
Switzerland	7640	-13690	-7729	-18919	15782	8913	-15284	14866	74453	6660	19501	22970	Suisse
Turkey	367	449	514	847	-55	-130	198	-126	333	535	365	692	Turquie
United Kingdom	5015	19663	3865	15700	-38501	43988	-19120	35025	-27243	68324	146613	345160	Royaume-Uni
United States	21704	14211	18906	-2599	6741	7500	-51195	27639	30986	-31980	71586	-142394	Etats-Unis
OECD UNALLOCATED							2389						OCDE NON ATTRIBUÉS
NON-OECD AREA	*49425*	*59708*	*24734*	*34317*	*-2187*	*6232*	*-4865*	*389*	*45468*	*97632*	*93372*	*-10169*	**HORS ZONE-OCDE**
EUROPEAN COUNTRIES (1)	*-160*	*-412*	*647*	*6755*	*-207*	*3380*	*565*	*2794*	*3285*	*30396*	*39973*	*2823*	**PAYS D'EUROPE (1)**
of which:													*dont:*
Baltic countries						118	-108	51	289	68	432	-52	Pays Baltes
Bulgaria	110	-95	-49	382	75	619	-312	222	92	3006	455	226	Bulgarie
Czechoslovakia	...	-1	-128	2076									Tchécoslovaquie
Romania	67	-18	7	-2	-5	9	532	149	233	250	352	1155	Roumanie
Russia					46	2113	226	779	200	3505	1848	109	Russie
Slovakia						101	46	4	518	453	773	364	Slovaquie
Slovenia	...	...	...	...		39	-35	13	9	26	-762	26	Slovénie
Ukraine					2	-14	11	-772	120	303		2	Ukraine
USSR	25	134	1085	4809									URSS

73

BELGIUM-LUXEMBOURG   **BELGIQUE-LUXEMBOURG**

Table 4. **DIRECT INVESTMENT ABROAD: *OUTFLOWS BY COUNTRY***
Tableau 4. **INVESTISSEMENT DIRECT À L'ÉTRANGER: *FLUX PAR PAYS***

Million BF   *Millions de francs belges*

	1988	1989	1990	1991	1992	1993	1994	1995	1996	1997	1998	1999 p	
AFRICA	144	4004	-31	2210	1870	-3904	-1905	1291	10390	42553	39719	59026	**AFRIQUE**
of which:													*dont:*
Algeria													Algérie
Egypt	11	80	42	23	115	-141	-165	8	939	451	149	1337	Egypte
Libya													Libye
Morocco						10	-269	93	89	220	29	101	Maroc
South Africa						-8	-342	1590	5131	33231	41748	51605	Afrique du Sud
LATIN AMERICA-CARIBBEAN (1)	28034	4972	73551	40504	31868	-12584	-9304	-3598	26589	10997	63555	-31259	**AMÉRIQUE LATINE-CARAIBES (1)**
of which:													*dont:*
Argentina	-769	-486	-21	-369	302	-677	-1095	96	4670	2052	8518	7054	Argentine
Brazil	2076	2037	1238	-557	321	-571	-3780	-381	8773	2634	29755	-20874	Brésil
Chile	164	-124	115	-17	24	137	-49	137	1814	77	3442	4196	Chili
Colombia						-38	299	-1	9	4	161	1527	Colombie
Costa Rica													Costa Rica
Netherlands Antilles													Antilles néerlandaises
Panama													Panama
Venezuela						-39	-489	28	95	-129	859	6570	Vénézuela
NEAR & MIDDLE EAST	587	115	-504	1222	286	-403	-1612	-262	127	627	1276	1517	**PROCHE & MOYEN ORIENT**
of which:													*dont:*
Gulf States						-67	-701	15	365	345	488	619	Pays du Golfe
of which:													*dont:*
Kuwait													Koweit
Saudi Arabia	603	358	172	89	-41								Arabie Saoudite
United Arab Emirates													Émirats Arabes Unis
Iran						-198	-401	-348	-24	135	57	-11	Iran
Israel	-40	13	-18	923	197	168	-276	-65	-256	12	244	880	Israël
ASIAN COUNTRIES (1)	-3114	1184	-996	4902	1927	2393	-408	4121	4919	13711	-46025	-41799	**PAYS D'ASIE (1)**
of which:													*dont:*
China	-1	-80	258	152	-280	123	-37	510	749	3602	495	-2451	Chine
Chinese Taipei	26	7	122	-11	-9	-7	-306	15	126	268	148	1278	Taipei chinois
Hong Kong	-177	212	-918	-1556	-1801	954	-657	2658	-886	-103	-2260	4939	Hong Kong
India	2	3	30	-1	-3	-39	332	122	277	1536	-455	555	Inde
Indonesia	-2139	95	823	553	773	900	-126	394	509	911	-849	-58	Indonésie
Malaysia	74	-144	-6	889	2618	1794	-489	97	-170	6	-561	263	Malaisie
Philippines	18	4	94	-7	2	3	-79	-2838	642	1037	291	-222	Philippines
Singapore	-42	1594	64	1050	243	-735	431	4397	34	5228	-43953	-47156	Singapour
Thailand	-880	-537	941	1090	550	-728	620	-491	2325	48	389	440	Thaïlande
UNALLOCATED	23934	49845	-47933	-21276	-37931	17350	7799	-3957	158	-652	-5126	-477	**NON ATTRIBUÉS**
WORLD	133089	240988	199061	207230	352192	133030	40333	345258	249768	260109	1032897	1288801	**MONDE**
of which:													*dont:*
EUROPE (2)	59718	161929	152517	154877	335212	94006	116290	283073	168947	264346	837947	1400373	EUROPE (2)
EUROPEAN UNION	53935	180657	159957	175137	322113	85296	133544	254932	89972	223469	744745	1312588	UNION EUROPÉENNE
NAFTA	21367	15962	26168	6458	7579	18960	-44606	55333	31233	-57099	137068	-117393	ALENA
ASEAN	-2969	1012	1916	3575	4186	1271	374	1788	3731	7495	-44446	-46512	Pays de l'ASEAN

1. Excluding countries recorded under the OECD area above.
2. EUROPE = EU + EFTA + Other European Countries.

1. Ce montant exclut les pays figurant dans la zone OCDE mentionnée ci-dessus.
2. EUROPE = UE + AELE + Autres pays d'Europe.

CANADA - CANADA

Chart 1. **Direct investment flows**
Graphique 1. **Flux d'investissement direct**

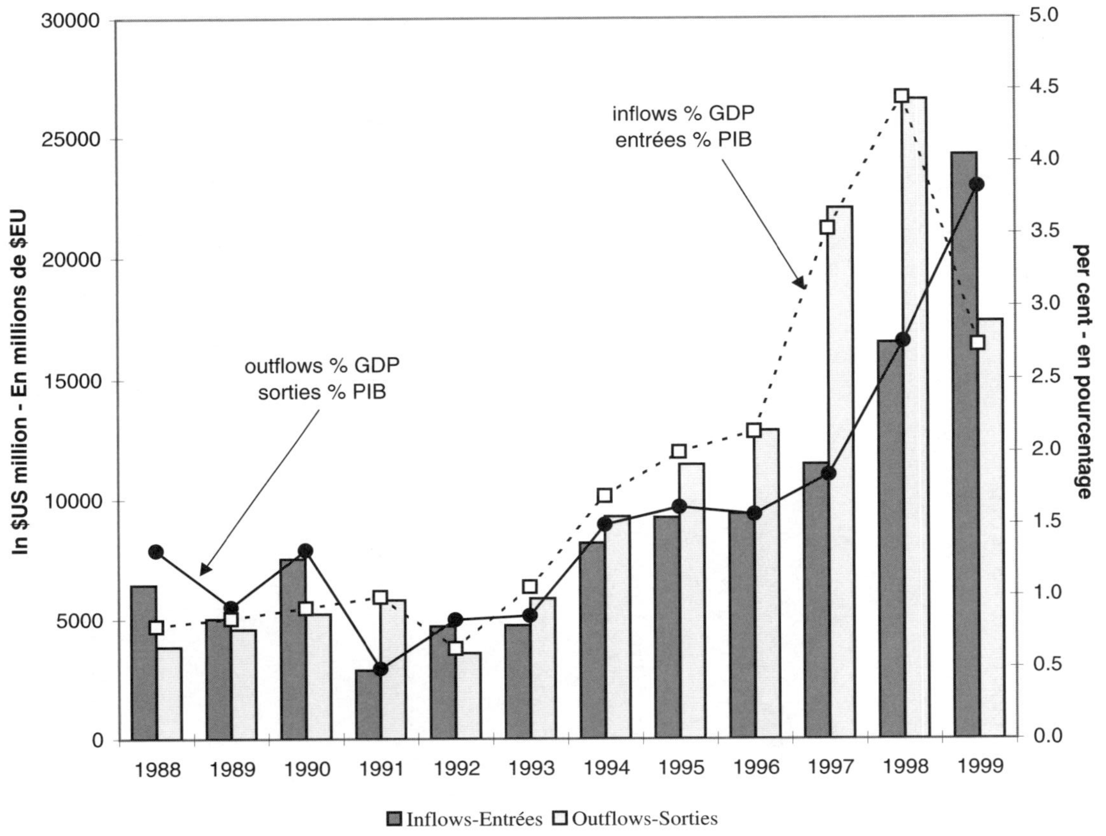

■ Inflows-Entrées □ Outflows-Sorties

CANADA - CANADA

Chart 2. **Direct investment from abroad:** *inflows by country*
Graphique 2. **Investissement direct de l'étranger:** *flux par pays*

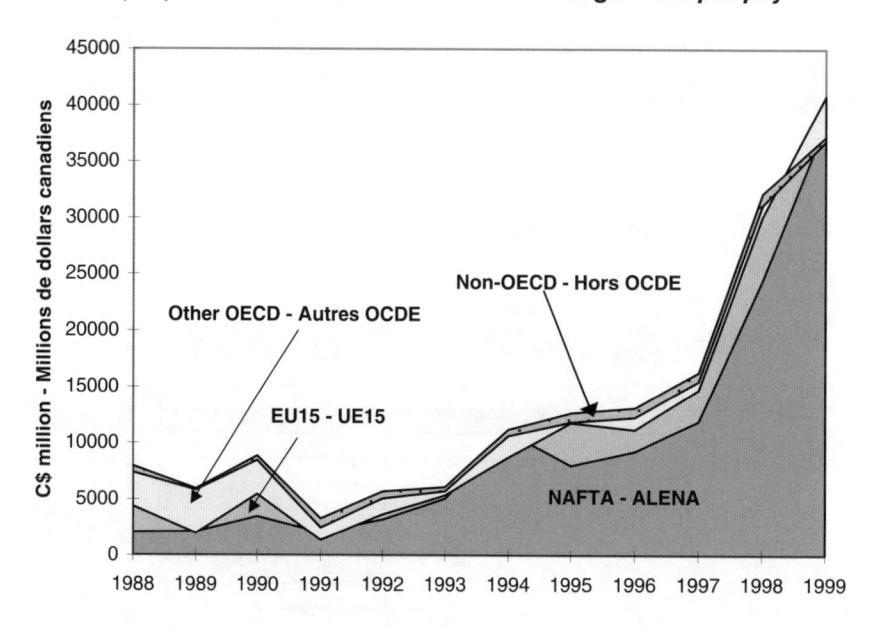

Chart 3. **Direct investment abroad:** *outflows by country*
Graphique 3. **Investissement direct à l'étranger:** *flux par pays*

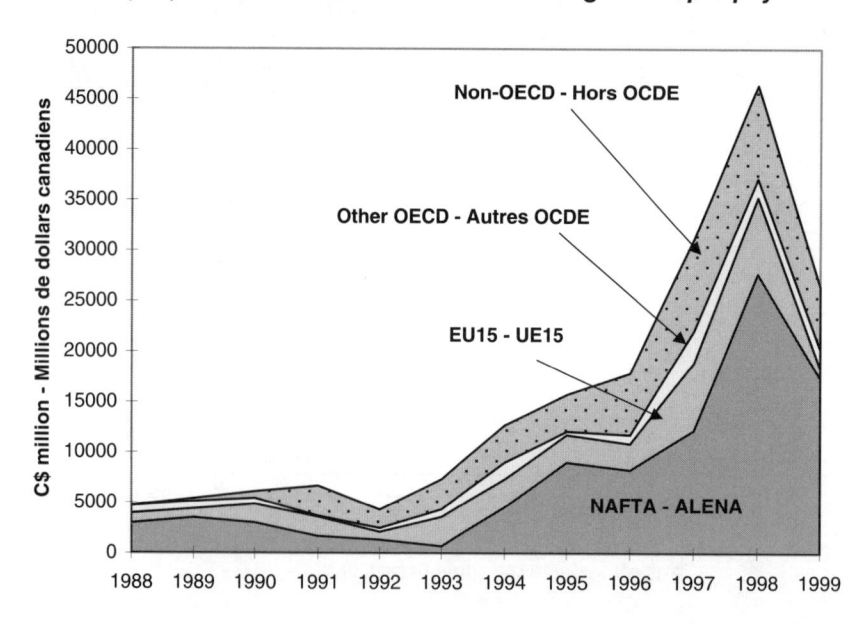

Note: Total OECD = EU15 + NAFTA + Other OECD. **Note**: Total OCDE = UE15 + ALENA + Autres OCDE.

CANADA

Table 1. DIRECT INVESTMENT FROM ABROAD: INFLOWS BY INDUSTRIAL SECTOR
Tableau 1. INVESTISSEMENT DIRECT DE L'ÉTRANGER: FLUX PAR SECTEUR INDUSTRIEL

C$ million
Millions de dollars canadiens

	1988	1989	1990	1991	1992	1993	1994	1995	1996	1997	1998	1999 p	
Agriculture & fishing	..	..	..	..	..	..	..	..	..	..	..	..	**Agriculture & pêche**
Mining & quarrying (1)	2497	-2574	1818	229	503	1208	-101	-441	3249	3520	8882	2873	**Mines & exploitation (1)**
of which: Extraction of petroleum and gas	2497	-2574	1818	229	503	1208	-101	-441	3249	3520	8882	2873	dont: Extraction de pétrole et gaz
Manufacturing	-320	3596	302	-1713	1019	1868	4207	2449	744	2613	5527	6293	**Manufacture**
of which:													dont:
Food products	..	..	..	..	..	..	..	..	..	..	..	..	Produits alimentaires
Textile and wood activities (2)	..	..	-334	-234	451	-240	745	647	15	303	3351	2661	Activités du textile et du bois (2)
Petroleum, chemical, rubber and plastic products	..	..	..	..	..	..	..	..	..	..	..	..	Pétrole, produits chimiques, caoutchouc et mat. plastiques
Metal and mechanical products	..	..	..	..	..	..	..	..	..	..	..	..	Produits métallurgiques et mécaniques
Office machinery, computers,	..	..	..	..	..	..	..	..	..	..	..	..	Machines de bureau, ordinateurs,
radio, TV and communication equipment	..	..	636	-1479	568	2108	3462	1802	729	2310	2176	3632	radio, téléviseurs et équipement de communication
Vehicles and other transport equipment (3)	..	..	..	..	..	..	..	..	..	..	..	..	Véhicules et autres équipements de transport (3)
Electricity, gas & water	..	..	..	..	..	..	..	..	..	..	..	..	**Electricité, gaz & eau**
Construction	..	..	..	..	..	..	..	..	..	..	..	..	**Construction**
Trade & repairs (4)	481	916	580	563	594	681	2944	2032	2659	1825	2166	2954	**Commerce & réparation (4)**
Hotels & restaurants	..	..	..	..	..	..	..	..	..	..	..	..	**Hôtels & restaurants**
Transport & communication	..	..	..	..	..	..	..	..	..	..	..	..	**Transport & communication**
of which:													dont:
Land, sea and air transport	..	..	..	..	..	..	..	..	..	..	..	..	Transport terrestre, maritime et aérien
Telecommunications	..	..	..	..	..	..	..	..	..	..	..	..	Télécommunications
Financial activities	2589	1448	3372	1470	1030	330	-420	1086	2443	4150	6031	6175	**Activités financières**
of which:													dont:
Monetary institutions	..	..	..	..	..	..	..	..	..	..	..	..	Institutions monétaires
Other financial institutions	..	..	..	..	..	..	..	..	..	..	..	..	Autres institutions financières
of which: Financial holding companies	..	..	..	..	..	..	..	..	..	..	..	..	dont: Sociétés holding financières
Insurance & activities auxiliary to insurance	..	..	..	..	..	..	..	..	..	..	..	..	Assurances & activités auxiliaires
Other financial institutions and insurance activities	..	..	..	..	..	..	..	..	..	..	..	..	Autres activités d'institutions financières et d'assurances
Real estate & business activities	..	..	..	..	..	..	..	7577	..	..	..	..	**Activités d'entreprise & immobilier**
of which: Real estate	..	..	..	..	..	..	..	..	..	..	..	..	dont: Immobilier
Other services	2703	2555	2775	2752	2562	2016	4576	..	4040	4175	9589	18938	**Autres services**
Unallocated	..	..	..	..	..	..	..	-	-3	65	66	-672	Non attribués
TOTAL	7950	5941	8847	3301	5708	6103	11206	12703	13137	16283	32197	37232	**TOTAL**
of which:													dont:
PRIMARY	2497	-2574	1818	229	503	1208	-101	-441	3249	3520	8882	2873	PRIMAIRE
MANUFACTURING	-320	3596	302	-1713	1019	1868	4207	2449	744	2613	5527	6293	MANUFACTURE
SERVICES	3070	2364	3952	2033	1624	1011	2524	3118	5102	5975	8197	9129	SERVICES

1. As from 1990, including metallic minerals.
2. Wood and paper products.
3. As from 1990, including machinery.
4. As from 1990, including services and retailing.

1. A partir de 1990, y compris les minéraux métalliques.
2. Produits du bois et du papier.
3. A partir de 1990, y compris les machines.
4. A partir de 1990, y compris les services et ventes au détail.

CANADA

Table 2. DIRECT INVESTMENT ABROAD: OUTFLOWS BY INDUSTRIAL SECTOR
Tableau 2. INVESTISSEMENT DIRECT À L'ÉTRANGER: FLUX PAR SECTEUR INDUSTRIEL

C$ million / *Millions de dollars canadiens*

	1988	1989	1990	1991	1992	1993	1994	1995	1996	1997	1998	1999 p	
Agriculture & fishing													**Agriculture & pêche**
Mining & quarrying (1)	149	-32	2006	1063	719	2166	4500	5669	9125	8128	5366	3602	**Mines & exploitation (1)**
of which: Extraction of petroleum and gas	149	-32	2006	1063	719	2166	4500	5669	9125	8128	5366	3602	*dont*: Extraction de pétrole et gaz
Manufacturing	729	1001	721	138	394	733	2333	1602	448	3062	3628	3135	**Manufacture**
of which:													*dont*:
Food products	:	:	:	:	:	:	:	:	:	:	:	:	Produits alimentaires
Textile and wood activities (2)	:	:	381	-47	-12	84	1250	1171	-782	935	1045	672	Activités du textile et du bois (2)
Petroleum, chemical, rubber and plastic products	:	:	:	:	:	:	:	:	:	:	:	:	Pétrole, produits chimiques, caoutchouc et mat. plastiques
Metal and mechanical products	:	:	:	:	:	:	:	:	:	:	:	:	Produits métallurgiques et mécaniques
Office machinery, computers, radio, TV and communication equipment	:	:	:	:	:	:	:	:	:	:	:	:	Machines de bureau, ordinateurs, radio, téléviseurs et équipement de communication
Vehicles and other transport equipment (3)	:	:	340	185	406	649	1083	431	1230	2127	2583	2463	Véhicules et autres équipements de transport (3)
Electricity, gas & water	:	:	:	:	:	:	:	:	:	:	:	:	**Electricité, gaz & eau**
Construction	:	:	:	:	:	:	:	:	:	:	:	:	**Construction**
Trade & repairs (4)	384	827	1086	954	741	1510	1506	1321	2317	4483	6114	3121	**Commerce & réparation (4)**
Hotels & restaurants	:	:	:	:	:	:	:	:	:	:	:	:	**Hôtels & restaurants**
Transport & communication	:	:	:	:	:	:	:	:	:	:	:	:	**Transport & communication**
of which:													*dont*:
Land, sea and air transport	:	:	:	:	:	:	:	:	:	:	:	:	Transport terrestre, maritime et aérien
Telecommunications	:	:	:	:	:	:	:	:	:	:	:	:	Télécommunications
Financial activities	1101	3421	1346	1251	708	980	906	817	3813	8488	10281	11075	**Activités financières**
of which:													*dont*:
Monetary institutions	:	:	:	:	:	:	:	:	:	:	:	:	Institutions monétaires
Other financial institutions	:	:	:	:	:	:	:	:	:	:	:	:	Autres institutions financières
of which: Financial holding companies	:	:	:	:	:	:	:	:	:	:	:	:	*dont*: Sociétés holding financières
Insurance & activities auxiliary to insurance	:	:	:	:	:	:	:	:	:	:	:	:	Assurances & activités auxiliaires
Other financial institutions and insurance activities	:	:	:	:	:	:	:	:	:	:	:	:	Autres activités d'institutions financières et d'assurances
Real estate & business activities	:	:	:	:	:	:	:	6322	2155	7013	21021	5537	**Activités d'entreprise & immobilier**
of which: Real estate	:	:	:	:	:	:	:	:	:	:	:	:	*dont*: Immobilier
Other services	:	:	:	:	:	:	:	:	:	:	:	:	**Autres services**
Unallocated	2374	211	951	3279	1777	1965	3449	1				-1	Non attribués
TOTAL	4737	5428	6110	6685	4339	7354	12694	15732	17858	31174	46410	26469	**TOTAL**
of which:													*dont*:
PRIMARY	149	-32	2006	1063	719	2166	4500	5669	9125	8128	5366	3602	PRIMAIRE
MANUFACTURING	729	1001	721	138	394	733	2333	1602	448	3062	3628	3135	MANUFACTURE
SERVICES	1485	4248	2432	2205	1449	2490	2412	8460	8285	19984	37416	19733	SERVICES

1. As from 1990, including metallic minerals.
2. Wood and paper products.
3. As from 1990, including machinery.
4. As from 1990, including services and retailing.

1. A partir de 1990, y compris les minéraux métalliques.
2. Produits du bois et du papier.
3. A partir de 1990, y compris les machines.
4. A partir de 1990, y compris les services et ventes au détail.

CANADA
CANADA

Table 3. **DIRECT INVESTMENT FROM ABROAD: *INFLOWS BY COUNTRY***
Tableau 3. **INVESTISSEMENT DIRECT DE L'ÉTRANGER: *FLUX PAR PAYS***

C$ million
Millions de dollars canadiens

	1988	1989	1990	1991	1992	1993	1994	1995	1996	1997	1998	1999 p	
OECD AREA	*7378*	*5833*	*8452*	*2462*	*5079*	*5725*	*10660*	*11856*	*12303*	*15507*	*31166*	*36810*	**ZONE DE L'OCDE**
Australia	..	..	..	..	..	..	..	..	..	..	..	..	Australie
Austria	..	..	..	..	..	..	..	..	..	..	..	..	Autriche
Belgium-Luxembourg	..	..	..	..	..	..	..	..	..	..	..	..	Belgique-Luxembourg
Czech Republic	-	-	-	-	-	-	..	..	..	..	..	..	République Tchèque
Denmark	..	..	..	..	..	..	..	..	..	..	..	..	Danemark
Finland	..	..	..	..	..	..	..	..	..	..	..	..	Finlande
France	..	..	..	..	..	..	..	..	..	..	..	..	France
Germany	..	..	..	..	..	..	..	..	..	..	..	..	Allemagne
Greece	..	..	..	..	..	..	..	..	..	..	..	..	Grèce
Hungary	..	..	..	..	..	..	..	..	..	..	..	..	Hongrie
Iceland	..	..	..	..	..	..	..	..	..	..	..	..	Islande
Ireland	..	..	..	..	..	..	..	..	..	..	..	..	Irlande
Italy	1225	..	..	..	..	..	..	..	..	..	..	..	Italie
Japan	..	1171	861	323	415	189	608	571	898	572	294	-4033	Japon
Korea	..	..	..	..	..	..	..	..	..	..	..	..	Corée
Mexico	..	..	..	..	..	..	..	..	..	..	..	..	Mexique
Netherlands	..	..	..	..	..	..	..	..	..	..	..	..	Pays-Bas
New Zealand	..	..	..	..	..	..	..	..	..	..	..	..	Nouvelle-Zélande
Norway	..	..	..	..	..	..	..	..	..	..	..	..	Norvège
Poland	..	..	..	..	..	..	..	..	..	..	..	..	Pologne
Portugal	..	..	..	..	..	..	..	..	..	..	..	..	Portugal
Spain	..	..	..	..	..	..	..	..	..	..	..	..	Espagne
Sweden	..	..	..	..	..	..	..	..	..	..	..	..	Suède
Switzerland	..	..	..	..	..	..	..	..	..	..	..	..	Suisse
Turkey	..	..	..	..	..	..	..	..	..	..	..	..	Turquie
United Kingdom	2309	-136	2002	-672	437	263	-2190	-281	153	1011	464	-1057	Royaume-Uni
United States	2052	2091	3451	2044	3218	5092	10932	7995	9267	11917	24442	38421	Etats-Unis
OECD UNALLOCATED	1792	2707	2138	767	1009	181	1310	3571	1985	2007	5966	3479	OCDE NON ATTRIBUES
NON-OECD AREA	*572*	*108*	*395*	*839*	*629*	*378*	*546*	*847*	*834*	*776*	*1030*	*422*	**HORS ZONE-OCDE**
EUROPEAN COUNTRIES (1)	..	..	..	..	..	..	..	..	..	..	..	..	**PAYS D'EUROPE (1)**
of which:													*dont:*
Baltic countries	..	..	..	..	..	..	..	..	..	..	..	..	Pays Baltes
Bulgaria	..	..	..	..	..	..	..	..	..	..	..	..	Bulgarie
Czechoslovakia	-	-	-	-	-	-	-	-	-	-	-	-	Tchécoslovaquie
Romania	-	-	-	-	-	-	-	-	-	-	-	-	Roumanie
Russia	-	-	-	-	-	-	-	-	-	-	-	-	Russie
Slovakia	-	-	-	-	-	-	-	-	-	-	-	-	Slovaquie
Slovenia	-	-	-	-	-	-	-	-	-	-	-	-	Slovénie
Ukraine	..	..	..	..	..	..	..	..	..	..	..	..	Ukraine
USSR	..	..	..	..	..	..	-	-	-	-	-	-	URSS

CANADA

Table 3. **DIRECT INVESTMENT FROM ABROAD:** *INFLOWS BY COUNTRY*
Tableau 3. **INVESTISSEMENT DIRECT DE L'ÉTRANGER:** *FLUX PAR PAYS*

C$ million / Millions de dollars canadiens

	1988	1989	1990	1991	1992	1993	1994	1995	1996	1997	1998	1999 p	
AFRICA	..	..	..	..	..	..	..	..	..	..	..	..	**AFRIQUE**
of which:													*dont:*
Algeria	..	..	..	..	..	..	..	..	..	..	..	..	Algérie
Egypt	..	..	..	..	..	..	..	..	..	..	..	..	Egypte
Libya	..	..	..	..	..	..	..	..	..	..	..	..	Libye
Morocco	..	..	..	..	..	..	..	..	..	..	..	..	Maroc
South Africa	..	..	..	..	..	..	..	..	..	..	..	..	Afrique du Sud
LATIN AMERICA-CARIBBEAN (1)	..	..	..	..	..	..	..	..	..	..	..	..	**AMÉRIQUE LATINE-CARAIBES (1)**
of which:													*dont:*
Argentina	..	..	..	..	..	..	..	..	..	..	..	..	Argentine
Brazil	..	..	..	..	..	..	..	..	..	..	..	..	Brésil
Chile	..	..	..	..	..	..	..	..	..	..	..	..	Chili
Colombia	..	..	..	..	..	..	..	..	..	..	..	..	Colombie
Costa Rica	..	..	..	..	..	..	..	..	..	..	..	..	Costa Rica
Netherlands Antilles	..	..	..	..	..	..	..	..	..	..	..	..	Antilles néerlandaises
Panama	..	..	..	..	..	..	..	..	..	..	..	..	Panama
Venezuela	..	..	..	..	..	..	..	..	..	..	..	..	Vénézuela
NEAR & MIDDLE EAST	..	..	..	..	..	..	..	..	..	..	..	..	**PROCHE & MOYEN ORIENT**
of which:													*dont:*
Gulf States	..	..	..	..	..	..	..	..	..	..	..	..	Pays du Golfe
of which:													*dont:*
Kuwait	..	..	..	..	..	..	..	..	..	..	..	..	Koweit
Saudi Arabia	..	..	..	..	..	..	..	..	..	..	..	..	Arabie Saoudite
United Arab Emirates	..	..	..	..	..	..	..	..	..	..	..	..	Émirats Arabes Unis
Iran	..	..	..	..	..	..	..	..	..	..	..	..	Iran
Israel	..	..	..	..	..	..	..	..	..	..	..	..	Israël
ASIAN COUNTRIES (1)	-	-	-	-	-	-	-	-	-	-	-	-	**PAYS D'ASIE (1)**
of which:													*dont:*
China	..	..	..	..	..	..	..	..	..	..	..	..	Chine
Chinese Taipei	..	..	..	..	..	..	..	..	..	..	..	..	Taipei chinois
Hong Kong	..	..	..	..	..	..	..	..	..	..	..	..	Hong Kong
India	..	..	..	..	..	..	..	..	..	..	..	..	Inde
Indonesia	..	..	..	..	..	..	..	..	..	..	..	..	Indonésie
Malaysia	..	..	..	..	..	..	..	..	..	..	..	..	Malaisie
Philippines	..	..	..	..	..	..	..	..	..	..	..	..	Philippines
Singapore	..	..	..	..	..	..	..	..	..	..	..	..	Singapour
Thailand	..	..	..	..	..	..	..	..	..	..	..	..	Thaïlande
UNALLOCATED	572	108	395	839	629	378	546	324	1046	964	1739	418	**NON ATTRIBUÉS**
WORLD	*7950*	*5941*	*8847*	*3301*	*5708*	*6103*	*11206*	*12703*	*13137*	*16283*	*32197*	*37232*	***MONDE***
of which:													*dont:*
EUROPE (2)	3141	1822	4035	-127	1169	535	-1205	3812	1925	2829	5720	2426	EUROPE (2)
EUROPEAN UNION	2309	-136	2002	-672	437	263	-2190	3812	1925	2829	5720	2426	UNION EUROPÉENNE
NAFTA	2052	2091	3451	2044	3218	5092	10932	7995	9267	11917	24442	38421	ALENA
ASEAN	..	..	..	..	..	..	..	..	..	..	..	..	Pays de l'ASEAN

1. Excluding countries recorded under the OECD area above.
2. EUROPE = EU + EFTA + Other European Countries.

1. Ce montant exclut les pays figurant dans la zone OCDE mentionnée ci-dessus.
2. EUROPE = UE + AELE + Autres pays d'Europe.

CANADA

Table 4. DIRECT INVESTMENT ABROAD: OUTFLOWS BY COUNTRY
Tableau 4. INVESTISSEMENT DIRECT À L'ÉTRANGER: FLUX PAR PAYS

C$ million / Millions de dollars canadiens

	1988	1989	1990	1991	1992	1993	1994	1995	1996	1997	1998	1999 p	
OECD AREA	*4721*	*5125*	*5438*	*3716*	*2514*	*4378*	*9035*	*12107*	*11754*	*22063*	*37167*	*20241*	**ZONE DE L'OCDE**
Australia	..	..	..	..	..	..	..	..	..	..	..	..	Australie
Austria	..	..	..	..	..	..	..	..	..	..	..	..	Autriche
Belgium–Luxembourg	..	..	..	..	..	..	..	..	..	..	..	..	Belgique–Luxembourg
Czech Republic	-	-	-	-	..	..	..	..	..	..	..	..	République Tchèque
Denmark	..	..	..	..	..	..	..	..	..	..	..	..	Danemark
Finland	..	..	..	..	..	..	..	..	..	..	..	..	Finlande
France	..	..	..	..	..	..	..	..	..	..	..	..	France
Germany	..	..	..	..	..	..	..	..	..	..	..	..	Allemagne
Greece	..	..	..	..	..	..	..	..	..	..	..	..	Grèce
Hungary	..	..	..	..	..	..	..	..	..	..	..	..	Hongrie
Iceland	..	..	..	..	..	..	..	..	..	..	..	..	Islande
Ireland	..	..	..	..	..	..	..	..	..	..	..	..	Irlande
Italy	..	..	..	..	..	..	..	..	..	..	..	..	Italie
Japan	91	-49	317	208	265	-40	240	-815	-27	740	-145	1019	Japon
Korea	..	..	..	..	..	..	..	..	..	..	..	..	Corée
Mexico	..	..	..	..	..	..	..	..	..	..	..	..	Mexique
Netherlands	..	..	..	..	..	..	..	..	..	..	..	..	Pays-Bas
New Zealand	..	..	..	..	..	..	..	..	..	..	..	..	Nouvelle-Zélande
Norway	..	..	..	..	..	..	..	..	..	..	..	..	Norvège
Poland	..	..	..	..	..	..	..	..	..	..	..	..	Pologne
Portugal	..	..	..	..	..	..	..	..	..	..	..	..	Portugal
Spain	..	..	..	..	..	..	..	..	..	..	..	..	Espagne
Sweden	..	..	..	..	..	..	..	..	..	..	..	..	Suède
Switzerland	..	..	..	..	..	..	..	..	..	..	..	..	Suisse
Turkey	..	..	..	..	..	..	..	..	..	..	..	..	Turquie
United Kingdom	666	1359	1400	920	297	1089	822	608	878	4217	-957	1439	Royaume-Uni
United States	2963	3510	3010	1693	1331	708	4592	9031	8256	12198	27736	17394	Etats-Unis
OECD UNALLOCATED	1001	305	711	895	621	2621	3381	3283	2647	4908	10533	389	OCDE NON ATTRIBUÉS
NON-OECD AREA	*16*	*303*	*672*	*2969*	*1825*	*2976*	*3659*	*3625*	*6104*	*9111*	*9243*	*6228*	**HORS ZONE-OCDE**
EUROPEAN COUNTRIES (1)	..	..	..	..	..	..	..	..	..	..	..	..	**PAYS D'EUROPE (1)**
of which:													*dont:*
Baltic countries	-	-	-	-	-	-	-	-	-	..	..	..	Pays Baltes
Bulgaria	-	-	-	-	-	-	-	-	-	..	..	..	Bulgarie
Czechoslovakia	..	..	..	..	..	..	-	-	-	-	-	-	Tchécoslovaquie
Romania	-	-	-	-	-	-	-	-	-	..	..	..	Roumanie
Russia	-	-	-	-	-	-	-	-	-	..	..	..	Russie
Slovakia	-	-	-	-	-	-	..	..	..	..	..	..	Slovaquie
Slovenia	-	-	-	-	-	-	-	-	-	..	..	..	Slovénie
Ukraine	-	-	-	-	-	-	-	-	-	..	..	..	Ukraine
USSR	..	..	..	..	..	..	-	-	-	-	-	-	URSS

CANADA

Table 4. DIRECT INVESTMENT ABROAD: OUTFLOWS BY COUNTRY
Tableau 4. INVESTISSEMENT DIRECT À L'ÉTRANGER: FLUX PAR PAYS

C$ million / *Millions de dollars canadiens*

	1988	1989	1990	1991	1992	1993	1994	1995	1996	1997	1998	1999 p	
AFRICA	..	..	..	..	..	..	..	..	..	..	..	..	**AFRIQUE**
of which:													*dont:*
Algeria													Algérie
Egypt													Egypte
Libya													Libye
Morocco													Maroc
South Africa													Afrique du Sud
LATIN AMERICA-CARIBBEAN (1)	..	..	..	..	..	..	..	..	..	..	..	..	**AMÉRIQUE LATINE-CARAIBES (1)**
of which:													*dont:*
Argentina													Argentine
Brazil													Brésil
Chile													Chili
Colombia													Colombie
Costa Rica													Costa Rica
Netherlands Antilles													Antilles néerlandaises
Panama													Panama
Venezuela													Vénézuela
NEAR & MIDDLE EAST	..	..	..	..	..	..	..	..	..	..	..	..	**PROCHE & MOYEN ORIENT**
of which:													*dont:*
Gulf States													Pays du Golfe
of which:													*dont:*
Kuwait													Koweit
Saudi Arabia													Arabie Saoudite
United Arab Emirates													Émirats Arabes Unis
Iran													Iran
Israël													Israël
ASIAN COUNTRIES (1)	..	..	..	..	..	..	..	..	..	..	..	..	**PAYS D'ASIE (1)**
of which:													*dont:*
China													Chine
Chinese Taipei													Taipei chinois
Hong Kong													Hong Kong
India													Inde
Indonesia													Indonésie
Malaysia													Malaisie
Philippines													Philippines
Singapore													Singapour
Thailand													Thaïlande
UNALLOCATED	16	303	672	2969	1825	2976	3659	3625	6104	9111	9243	6228	**NON ATTRIBUÉS**
WORLD	*4737*	*5428*	*6110*	*6685*	*4339*	*7354*	*12694*	*15732*	*17858*	*31174*	*46410*	*26469*	***MONDE***
of which:													*dont:*
EUROPE (2)	666	1359	1400	920	297	1089	822	2719	2615	6679	7569	944	EUROPE (2)
EUROPEAN UNION	1013	892	1870	1904	796	2913	2747	2719	2615	6679	7569	944	UNION EUROPÉENNE
NAFTA	2963	3510	3010	1693	1331	708	4592	9031	8256	12198	27736	17394	ALENA
ASEAN													Pays de l'ASEAN

1. Excluding countries recorded under the OECD area above.
2. EUROPE = EU + EFTA + Other European Countries.

1. Ce montant exclut les pays figurant dans la zone OCDE mentionnée ci-dessus.
2. EUROPE = UE + AELE + Autres pays d'Europe.

CANADA - CANADA

Chart 4. **Inward direct investment position**
Graphique 4. **Encours d'investissement direct de l'étranger**

1988

- Prim. 19%
- Manuf. 48%
- Services 33%

- NAFTA-ALENA 66%
- EU15-UE15 23%
- Non OECD-Non OCDE 3%
- Other OECD-Autres OCDE 8%

1999

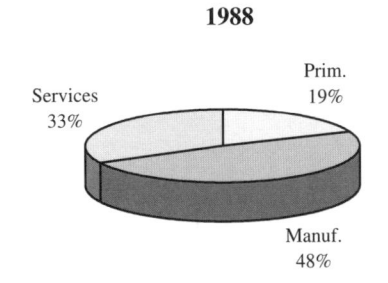

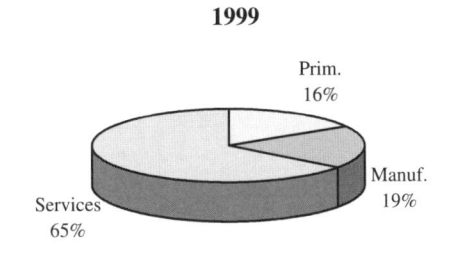

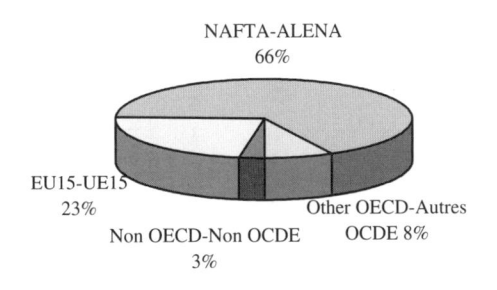

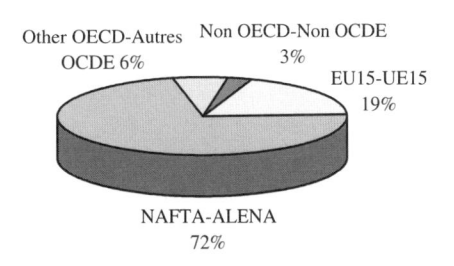

- Prim. 16%
- Manuf. 19%
- Services 65%

- NAFTA-ALENA 72%
- EU15-UE15 19%
- Other OECD-Autres OCDE 6%
- Non OECD-Non OCDE 3%

Chart 5. **Outward direct investment position**
Graphique 5. **Encours d'investissement direct à l'étranger**

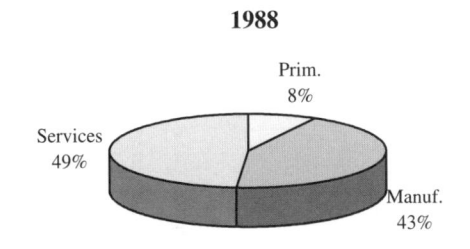

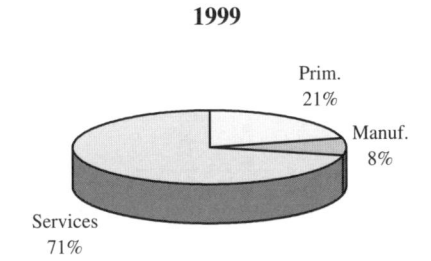

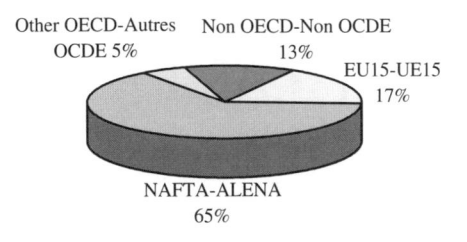

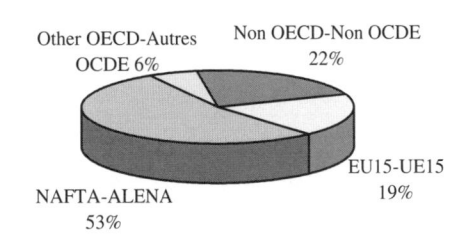

1988

- Prim. 8%
- Manuf. 43%
- Services 49%

- NAFTA-ALENA 65%
- EU15-UE15 17%
- Non OECD-Non OCDE 13%
- Other OECD-Autres OCDE 5%

1999

- Prim. 21%
- Manuf. 8%
- Services 71%

- NAFTA-ALENA 53%
- EU15-UE15 19%
- Non OECD-Non OCDE 22%
- Other OECD-Autres OCDE 6%

Note: Prim. = primary sector, **Manuf.** = manufacturing.

Note: Prim. = secteur primaire, **Manuf.** = manufacture.

CANADA

Table 5. DIRECT INVESTMENT FROM ABROAD: INWARD POSITION BY INDUSTRIAL SECTOR
Tableau 5. ENCOURS D'INVESTISSEMENT DIRECT DE L'ÉTRANGER: *PAR SECTEUR INDUSTRIEL*

year-end - fin d'année

C$ million / *Millions de dollars canadiens*

	1988	1989	1990	1991	1992	1993	1994	1995	1996	1997	1998	1999 p	
Agriculture & fishing	..	..	..	..	..	..	..	..	..	..	..	..	**Agriculture & pêche**
Mining & quarrying (1)	21662	20650	31581	31706	30062	30846	29959	29061	31295	34419	37722	39153	**Mines & exploitation (1)**
of which: Extraction of petroleum and gas	21662	20650	31581	31706	30062	30846	29959	29061	31295	34419	37722	39153	*dont:* Extraction de pétrole et gaz
Manufacturing	55495	61081	64806	67226	70176	72953	34236	35315	35482	40351	43397	45593	**Manufacture**
of which:													*dont:*
Food products	8414	8183	7599	7902	8895	9109	9598	10010	10193	12318	13566	18417	Produits alimentaires
Textile and wood activities (2)	..	..	..	..	..	..	..	..	..	..	..	..	Activités du textile et du bois (2)
Petroleum, chemical, rubber and plastic products	12313	13506	..	..	..	..	..	..	..	..	..	..	Pétrole, produits chimiques, caoutchouc et mat. plastiques
Metal and mechanical products	7024	7202	..	..	..	..	..	..	..	..	..	..	Produits métallurgiques et mécaniques
Office machinery, computers, radio, TV and communication equipment	..	..	18431	18212	18496	20641	24638	25305	25289	28033	29831	27176	Machines de bureau, ordinateurs, radio, téléviseurs et équipement de communication
Vehicles and other transport equipment (3)	..	..	..	..	..	..	..	..	..	..	..	..	Véhicules et autres équipements de transport (3)
Electricity, gas & water	6767	7442	..	..	..	..	..	..	..	..	..	..	**Electricité, gaz & eau**
Construction	4503	4759	9780	10363	10807	11010	14417	16885	18689	19698	20547	19412	**Construction**
Trade & repairs (4)	..	..	..	..	..	..	..	..	..	..	..	..	**Commerce & réparation (4)**
Hotels & restaurants	2112	2573	..	..	..	..	..	..	..	..	..	..	**Hôtels & restaurants**
Transport & communication	..	..	..	..	..	..	..	..	..	..	..	..	**Transport & communication**
of which:													*dont:*
Land, sea and air transport	..	..	..	..	..	..	..	..	..	..	..	..	Transport terrestre, maritime et aérien
Telecommunications	..	..	..	..	..	..	..	..	..	..	..	..	Télécommunications
Financial activities	20444	22535	24766	25939	26873	26685	28119	29086	33310	39786	47328	50125	**Activités financières**
of which:													*dont:*
Monetary institutions	..	..	..	..	..	..	..	..	..	..	..	..	Institutions monétaires
Other financial institutions	..	..	..	..	..	..	..	..	..	..	..	..	Autres institutions financières
of which: Financial holding companies	..	..	..	..	..	..	..	..	..	..	..	..	*dont:* Sociétés holding financières
Insurance & activities auxiliary to insurance	..	..	..	..	..	..	..	..	..	..	..	..	Assurances & activités auxiliaires
Other financial institutions and insurance activities	..	..	..	..	..	..	..	..	..	..	..	..	Autres activités d'institutions financières et d'assurances
Real estate & business activities	..	..	..	..	..	..	..	57820	61643	63630	70227	85688	**Activités d'entreprise & immobilier**
of which: Real estate	..	..	..	..	..	..	..	..	..	..	..	..	*dont:* Immobilier
Other services	3498	4045	..	..	..	..	..	..	..	..	..	..	**Autres services**
Unallocated	-	-	-1	..	..	-1	47863	-	-	-	-	..	Non attribués
TOTAL	114481	123085	130932	135234	137918	141493	154594	168167	180418	197884	219220	239972	**TOTAL**
of which:													*dont:*
PRIMARY	21662	20650	31581	31706	30062	30846	29959	29061	31295	34419	37722	39153	PRIMAIRE
MANUFACTURING	55495	61081	64806	67226	70176	72953	34236	35315	35482	40351	43397	45593	MANUFACTURE
SERVICES	37324	41354	34546	36302	37680	37695	42536	103791	113642	123114	138102	155225	SERVICES

1. As from 1990, including metallic minerals.
2. Wood and paper products.
3. As from 1990, including machinery.
4. As from 1990, including services and retailing.

1. A partir de 1990, y compris les minéraux métalliques.
2. Produits du bois et du papier.
3. A partir de 1990, y compris les machines.
4. A partir de 1990, y compris les services et ventes au détail.

CANADA

Table 6. DIRECT INVESTMENT ABROAD: *OUTWARD POSITION BY INDUSTRIAL SECTOR*
Tableau 6. ENCOURS D'INVESTISSEMENT DIRECT À L'ÉTRANGER: *PAR SECTEUR INDUSTRIEL*

year-end - fin d'année

C$ million / Millions de dollars canadiens

	1988	1989	1990	1991	1992	1993	1994	1995	1996	1997	1998	1999 p	
Agriculture & fishing	..	..	..	..	..	..	..	..	..	..	..	..	**Agriculture & pêche**
Mining & quarrying (1)	6143	6520	20876	22051	24198	27008	32189	37219	44218	51951	54485	54053	**Mines & exploitation (1)**
of which: Extraction of petroleum and gas	6143	6520	20876	22051	24198	27008	32189	37219	44218	51951	54485	54053	*dont:* Extraction de pétrole et gaz
Manufacturing	32969	35699	40677	44531	45090	47644	9039	10547	10572	13768	18009	19358	**Manufacture**
of which:													*dont:*
Food products	5552	6993	..	..	..	..	..	..	..	..	..	..	Produits alimentaires
Textile and wood activities (2)	..	..	3498	3473	3576	3727	4358	5340	4710	6106	6927	7125	Activités du textile et du bois (2)
Petroleum, chemical, rubber and plastic products	13069	12821	..	..	..	..	..	..	..	..	..	..	Pétrole, produits chimiques, caoutchouc et mat. plastiques
Metal and mechanical products	4027	4417	..	..	..	..	..	..	..	..	..	..	Produits métallurgiques et mécaniques
Office machinery, computers, radio, TV and communication equipment	..	..	..	..	..	..	..	..	..	..	..	..	Machines de bureau, ordinateurs, radio, téléviseurs et équipement de communication
Vehicles and other transport equipment (3)	1592	1974	3238	2794	3188	4030	4681	5207	5862	7662	11081	12223	Véhicules et autres équipements de transport (3)
Electricity, gas & water	..	..	..	..	..	..	..	..	..	..	..	..	**Electricité, gaz & eau**
Construction	5305	5779	..	..	..	..	..	..	..	..	..	..	**Construction**
Trade & repairs (4)	3802	1860	8273	10043	10263	10423	12066	17872	20179	22473	32999	33953	**Commerce & réparation (4)**
Hotels & restaurants	1818	1854	..	..	..	..	..	..	..	..	..	..	**Hôtels & restaurants**
Transport & communication	8604	12038	..	..	..	..	..	..	..	..	..	..	**Transport & communication**
of which:													*dont:*
Land, sea and air transport	3480	4120	..	..	..	..	..	..	..	..	..	..	Transport terrestre, maritime et aérien
Telecommunications	5124	7918	..	..	..	..	..	..	..	..	..	..	Télécommunications
Financial activities	17024	19413	28575	32443	32140	37353	44725	48932	57947	67536	77868	85323	**Activités financières**
of which:													*dont:*
Monetary institutions	..	..	..	..	..	..	..	..	..	..	..	..	Institutions monétaires
Other financial institutions	..	..	..	..	..	..	..	..	..	..	..	..	Autres institutions financières
of which: Financial holding companies	..	..	..	..	..	..	..	..	..	..	..	..	*dont:* Sociétés holding financières
Insurance & activities auxiliary to insurance	..	..	..	..	..	..	..	..	..	..	..	..	Assurances & activités auxiliaires
Other financial institutions and insurance activities	..	..	..	..	..	..	..	..	..	..	..	..	Autres activités d'institutions financières et d'assurances
Real estate & business activities	..	..	..	..	..	..	..	..	..	..	..	..	**Activités d'entreprise & immobilier**
of which: Real estate	..	..	..	..	..	..	48296	46647	47701	53950	62954	64732	*dont:* Immobilier
Other services	503	1110	1	..	..	-1	..	..	-1	-	-2	-11	**Autres services**
Unallocated	-	-	-	-	-	-	-	-	-	-	-	-	Non attribués
TOTAL	76168	84273	98402	109068	111691	122427	146315	161237	180616	209678	246313	257408	**TOTAL**
of which:													*dont:*
PRIMARY	6143	6520	20876	22051	24198	27008	32189	37219	44218	51951	54485	54053	**PRIMAIRE**
MANUFACTURING	32969	35699	40677	44531	45090	47644	9039	10547	10572	13768	18009	19358	**MANUFACTURE**
SERVICES	37056	42054	36848	42486	42403	47776	56791	66804	125827	143959	173821	184008	**SERVICES**

1. As from 1990, including metallic minerals.
2. Wood and paper products.
3. As from 1990, including machinery.
4. As from 1990, including services and retailing.

1. A partir de 1990, y compris les minéraux métalliques.
2. Produits du bois et du papier.
3. A partir de 1990, y compris les machines.
4. A partir de 1990, y compris les services et ventes au détail.

CANADA

Table 7. **DIRECT INVESTMENT FROM ABROAD: INWARD POSITION BY COUNTRY**
Tableau 7. **ENCOURS D'INVESTISSEMENT DIRECT DE L'ÉTRANGER: PAR PAYS**
year-end - fin d'année

C$ million / Millions de dollars canadiens

	1988	1989	1990	1991	1992	1993	1994	1995	1996	1997	1998	1999 p	
OECD AREA	*110986*	*119847*	*128035*	*131048*	*133625*	*136190*	*149214*	*162278*	*174132*	*190366*	*212760*	*233046*	**ZONE DE L'OCDE**
Australia	729	834	758	741	825	765	922	489	661	873	894	879	Australie
Austria	77	87	246	251	278	309	287	275	269	168	171	169	Autriche
Belgium-Luxembourg	430	531	671	698	786	916	767	2664	3007	2618	2851	3418	Belgique-Luxembourg
Czech Republic	..	..	..	..	..	..	..	..	..	..	..	..	République Tchèque
Denmark	33	62	17	76	77	80	177	184	246	268	307	349	Danemark
Finland	353	369	396	490	532	350	391	351	420	302	576	444	Finlande
France	2213	3521	3836	4167	4151	4365	5326	5710	5847	5936	6260	6431	France
Germany	3497	3848	5074	5302	5012	5066	4713	5013	5236	4865	5094	5809	Allemagne
Greece	..	..	..	..	..	..	..	..	..	..	..	..	Grèce
Hungary	..	..	..	..	..	..	..	..	..	..	..	..	Hongrie
Iceland	..	..	..	..	..	..	..	..	..	..	..	..	Islande
Ireland	67	57	81	190	73	11	79	53	150	370	648	556	Irlande
Italy	343	276	321	347	388	401	277	290	308	841	670	713	Italie
Japan	3568	4769	5222	5596	5962	6249	6587	6987	7864	8022	8337	6362	Japon
Korea	202	235	312	260	57	-2	44	120	112	132	150	148	Corée
Mexico	31	12	-13	-21	60	154	177	161	272	319	513	500	Mexique
Netherlands	3103	3988	4276	4043	4505	4816	5384	6276	7258	8260	11267	10430	Pays-Bas
New Zealand	..	..	..	..	..	..	..	..	..	..	..	..	Nouvelle-Zélande
Norway	437	735	598	606	428	443	555	538	596	810	739	779	Norvège
Poland	..	..	..	..	..	..	..	..	..	..	..	..	Pologne
Portugal	..	..	..	..	..	..	..	..	..	..	..	..	Portugal
Spain	37	31	39	52	35	37	65	62	87	101	87	588	Espagne
Sweden	431	564	634	1098	1091	982	1041	857	1037	1771	2045	1977	Suède
Switzerland	2305	2641	2892	3106	2927	3024	3556	3497	4193	4576	4679	3765	Suisse
Turkey	..	..	..	..	..	..	..	..	..	..	..	..	Turquie
United Kingdom	15696	15556	17185	16224	16799	15872	14693	14097	14233	15375	15205	14229	Royaume-Uni
United States	76049	80427	84089	86396	88161	90600	102629	112948	120526	132950	150194	173340	États-Unis
OECD UNALLOCATED	1385	1304	1401	1426	1478	1752	1544	1706	1810	1809	2073	2160	OCDE NON ATTRIBUÉS
NON-OECD AREA	*3189*	*2817*	*2897*	*4186*	*4293*	*5303*	*5380*	*5889*	*6286*	*7518*	*6460*	*6926*	**HORS ZONE-OCDE**
EUROPEAN COUNTRIES (1)	**130**	**153**	**136**	**174**	**173**	**257**	**259**	**254**	**271**	**255**	**243**	**106**	**PAYS D'EUROPE (1)**
of which:													*dont:*
Baltic countries	..	..	..	..	..	..	..	..	..	..	..	..	Pays Baltes
Bulgaria	..	..	..	..	..	..	..	..	..	..	..	..	Bulgarie
Czechoslovakia	..	..	..	..	..	..	..	..	..	..	..	-	Tchécoslovaquie
Romania	..	..	..	..	..	..	..	..	..	..	..	..	Roumanie
Russia	-	-	-	-	..	..	..	..	..	..	..	..	Russie
Slovakia	-	-	-	-	..	..	..	..	..	..	..	..	Slovaquie
Slovenia	-	-	-	-	..	..	..	..	..	..	..	..	Slovénie
Ukraine	-	-	-	-	..	..	..	..	..	..	..	..	Ukraine
USSR	..	..	..	..	-	-	-	-	-	-	-	-	URSS

CANADA

Table 7. DIRECT INVESTMENT FROM ABROAD: INWARD POSITION BY COUNTRY
Tableau 7. ENCOURS D'INVESTISSEMENT DIRECT DE L'ÉTRANGER: PAR PAYS
year-end - fin d'année

C$ million / Millions de dollars canadiens

	1988	1989	1990	1991	1992	1993	1994	1995	1996	1997	1998	1999 p	
AFRICA	7	7	6	15	-7	2	15	27	41	87	104	327	**AFRIQUE**
of which:													*dont:*
Algeria	:	:	:	:	:	:	:	:	:	:	:	:	Algérie
Egypt	:	:	:	:	:	:	:	:	:	:	:	:	Egypte
Libya	:	:	:	:	:	:	:	:	:	:	:	:	Libye
Morocco	:	:	:	:	:	:	:	:	:	:	:	:	Maroc
South Africa	:	:	:	:	:	:	:	:	:	:	:	:	Afrique du Sud
LATIN AMERICA-CARIBBEAN (1)	530	553	566	548	502	488	488	816	857	855	1089	1046	**AMÉRIQUE LATINE-CARAIBES (1)**
of which:													*dont:*
Argentina	:	:	:	:	:	:	:	:	:	:	:	:	Argentine
Brazil	123	150	152	148	155	163	185	253	247	285	378	402	Brésil
Chile	:	:	:	:	:	:	:	:	:	:	:	:	Chili
Colombia	:	:	:	:	:	:	:	:	:	:	:	:	Colombie
Costa Rica	:	:	:	:	:	:	:	:	:	:	:	:	Costa Rica
Netherlands Antilles	66	79	92	60	66	59	103	271	324	305	393	389	Antilles néerlandaises
Panama	105	107	118	101	123	128	92	97	101	98	104	93	Panama
Venezuela	:	:	:	:	:	:	:	:	:	:	:	:	Vénézuela
NEAR & MIDDLE EAST	452	372	252	228	132	162	193	126	203	193	154	132	**PROCHE & MOYEN ORIENT**
of which:													*dont:*
Gulf States	:	:	:	:	:	:	:	:	:	:	:	:	Pays du Golfe
of which:													*dont:*
Kuwait	:	:	:	:	:	:	:	:	:	:	:	:	Koweit
Saudi Arabia	:	:	:	:	:	:	:	:	:	:	:	:	Arabie Saoudite
United Arab Emirates	:	:	:	:	:	:	:	:	:	:	:	:	Émirats Arabes Unis
Iran	:	:	:	:	:	:	:	:	:	:	:	:	Iran
Israel	85	88	98	94	77	70	97	93	105	74	43	29	Israël
ASIAN COUNTRIES (1)	2069	1730	1939	3221	3492	4392	4425	4665	4915	6129	4871	5316	**PAYS D'ASIE (1)**
of which:													*dont:*
China	:	47	19	54	49	145	232	228	206	232	230	201	Chine
Chinese Taipei	22	47		32	99	102	121	117	114	153	101	84	Taipei chinois
Hong Kong	1055	1170	1374	2525	2358	2496	2730	2809	3014	2957	2912	3135	Hong Kong
India	:	:	:	:	:	:	:	:	:	:	:	:	Inde
Indonesia	:	:	:	:	:	:	:	:	:	:	:	:	Indonésie
Malaysia	:	:	:	18	47	73	104	66	124	162	134	111	Malaisie
Philippines	:	:	:	:	:	:	:	:	:	:	:	:	Philippines
Singapore	95	104	88	86	102	153	201	356	278	273	195	152	Singapour
Thailand	:	:	:	:	:	:	:	:	:	:	:	:	Thailande
UNALLOCATED	1	2	-2	-	1	2	-	1	-1	-1	-1	-1	**NON ATTRIBUÉS**
WORLD	114175	122664	130932	135234	137918	141493	154594	168167	180418	197884	219220	239972	**MONDE**
of which:													*dont:*
EUROPE (2)	29152	32421	36400	36823	37256	36930	37571	40121	43157	46515	50842	49763	EUROPE (2)
EUROPEAN UNION	26280	28890	32776	32938	33727	33205	33200	35832	38098	40875	45181	45113	UNION EUROPÉENNE
NAFTA	76080	80439	84076	86375	88221	90754	102806	113109	120798	133269	150707	173840	ALENA
ASEAN	95	104	88	104	149	226	305	422	402	435	329	263	Pays de l'ASEAN

1. Excluding countries recorded under the OECD area above.
2. EUROPE = EU + EFTA + Other European Countries.

1. Ce montant exclut les pays figurant dans la zone OCDE mentionnée ci-dessus.
2. EUROPE = UE + AELE + Autres pays d'Europe.

CANADA

Table 8. DIRECT INVESTMENT ABROAD: OUTWARD POSITION BY COUNTRY
Tableau 8. ENCOURS D'INVESTISSEMENT DIRECT À L'ÉTRANGER: *PAR PAYS*

year-end - fin d'année

C$ million / *Millions de dollars canadiens*

	1988	1989	1990	1991	1992	1993	1994	1995	1996	1997	1998	1999 p	
OECD AREA	**69312**	**78749**	**86107**	**93455**	**93273**	**100315**	**119757**	**130093**	**143223**	**163373**	**192206**	**200790**	**ZONE DE L'OCDE**
Australia	2152	2322	2401	2154	2565	2483	2716	3080	3138	2959	3882	3766	Australie
Austria	35	28	8	20	40	107	145	177	201	225	548	508	Autriche
Belgium-Luxembourg	340	408	550	1113	1236	1955	3177	3043	2583	2725	2611	2036	Belgique-Luxembourg
Czech Republic													République Tchèque
Denmark	22	47	45	33	35	27	48	55	38	30	40	39	Danemark
Finland													Finlande
France	1460	1770	1745	1719	1900	1801	1753	2516	3543	3858	4020	3777	France
Germany	632	870	898	957	1020	1774	2354	2624	2446	3382	4228	4084	Allemagne
Greece													Grèce
Hungary					20	60	62	116	102	221	260	252	Hongrie
Iceland													Islande
Ireland	1181	1117	1269	1500	1899	2558	4679	5925	6872	7710	8180	6774	Irlande
Italy	178	226	382	868	610	785	985	805	768	671	723	716	Italie
Japan	481	507	917	2182	2521	2845	3485	2739	2676	2985	3404	4076	Japon
Korea				37	51	123	137	146	188	172	208	398	Corée
Mexico	201	237	245	199	451	530	1073	948	1931	2153	2709	2824	Mexique
Netherlands	870	1024	1481	1643	1827	1901	2132	2255	1902	1966	6655	6555	Pays-Bas
New Zealand	136	157	180	156	142	478	929	1446	1452	1936	1871	1701	Nouvelle-Zélande
Norway	20	31	56	23	19	7	80	80	210	312	274	489	Norvège
Poland													Pologne
Portugal													Portugal
Spain	414	570	522	421	280	342	251	211	161	270	265	317	Espagne
Sweden	-6	27	29	18	14	33	35	73	222	828	819	792	Suède
Switzerland	731	1023	1263	1113	1080	1118	1442	1369	1179	1230	1670	1681	Suisse
Turkey													Turquie
United Kingdom	8812	11085	13527	15262	12271	12907	15038	16412	17825	21828	22783	22885	Royaume-Uni
United States	51025	56578	60049	63379	64502	67677	77987	84562	93886	105683	124405	134281	Etats-Unis
OECD UNALLOCATED	628	722	540	658	790	804	1249	1511	1900	2229	2651	2839	OCDE NON ATTRIBUÉS
NON-OECD AREA	**10451**	**11102**	**12295**	**15613**	**18418**	**22112**	**26558**	**31144**	**37393**	**46305**	**54107**	**56618**	**HORS ZONE-OCDE**
EUROPEAN COUNTRIES (1)	**291**	**399**	**313**	**424**	**622**	**845**	**1222**	**1496**	**1580**	**1750**	**1658**	**1654**	**PAYS D'EUROPE (1)**
of which:													*dont:*
Baltic countries													Pays Baltes
Bulgaria													Bulgarie
Czechoslovakia													Tchécoslovaquie
Romania													Roumanie
Russia					166	296	481	499	627	548	401	400	Russie
Slovakia													Slovaquie
Slovenia													Slovénie
Ukraine													Ukraine
USSR													URSS

CANADA

Table 8. DIRECT INVESTMENT ABROAD: *OUTWARD POSITION BY COUNTRY*
Tableau 8. ENCOURS D'INVESTISSEMENT DIRECT À L'ÉTRANGER: *PAR PAYS*
year-end - fin d'année

C$ million / Millions de dollars canadiens

	1988	1989	1990	1991	1992	1993	1994	1995	1996	1997	1998	1999 p		
AFRICA	219	233	268	258	301	400	469	635	1217	1464	1455	1495	**AFRIQUE**	
of which:													*dont:*	
Algeria	:	:	:	:	:	:	:	:	:	:	:	:	Algérie	
Egypt	:	:	:	:	:	:	:	:	:	:	:	:	Egypte	
Libya	:	:	:	:	:	:	:	:	:	:	:	:	Libye	
Morocco	:	:	:	:	:	:	:	:	:	192	:	:	Maroc	
South Africa	8	19	21	17	37	42	47	173	207	192	189	178	Afrique du Sud	
LATIN AMERICA-CARIBBEAN (1)	4103	6767	7574	10208	12012	13865	16348	19651	24644	32603	39815	41857	**AMÉRIQUE LATINE-CARAIBES (1)**	
of which:													*dont:*	
Argentina	109	115	123	142	225	419	707	1335	1634	1939	2496	2465	Argentine	
Brazil	1434	1679	1698	1545	1880	1994	2312	2458	2913	2791	3237	3067	Brésil	
Chile	152	211	285	447	482	1225	1878	2673	3281	3884	4845	4625	Chili	
Colombia	31	25	24	33	32	32	186	272	342	383	482	450	Colombie	
Costa Rica													Costa Rica	
Netherlands Antilles	254	82	72	37	36	51	61	657	120	123	147	150	Antilles néerlandaises	
Panama	14	19	23	6	18	45	86	101	110	159	99	159	Panama	
Venezuela	104	56	54	90	168	250	295	355	410	398	389	382	Vénézuela	
NEAR & MIDDLE EAST	103	96	151	209	481	972	1069	1097	952	883	1133	1180	**PROCHE & MOYEN ORIENT**	
of which:													*dont:*	
Gulf States	:	:	:	:	:	:	:	:	:	:	:	:	Pays du Golfe	
of which:													*dont:*	
Kuwait	:	:	:	:	:	:	:	:	:	:	:	:	Koweit	
Saudi Arabia	:	:	:	:	:	:	:	:	:	:	:	:	Arabie Saoudite	
United Arab Emirates	:	:	:	:	:	:	:	:	:	:	:	:	Émirats Arabes Unis	
Iran	:	:	:	:	:	:	:	:	:	:	:	:	Iran	
Israel	:	:	:	:	:	:	:	:	:	:	:	:	Israël	
ASIAN COUNTRIES (1)	3747	3607	3987	4515	5000	6031	7449	8264	8999	9606	10047	10431	**PAYS D'ASIE (1)**	
of which:													*dont:*	
China	121	180	161	25	43	225	257	366	410	419	392	420	Chine	
Chinese Taipei	406	530	670	142	194	150	192	252	248	240	287	276	Taipei chinois	
Hong Kong	60	86	94	632	883	1532	2074	2400	2706	2619	3015	3063	Hong Kong	
India	1043	1102	934	84	98	110	169	179	128	122	145	148	Inde	
Indonesia	65	78	81	900	877	909	1259	1472	1579	2013	1972	1982	Indonésie	
Malaysia				113	90	92	118	96	-46	163	306	324	Malaisie	
Philippines													Philippines	
Singapore	1834	1485	1837	1982	2119	2217	2369	2342	2213	2209	2071	2358	Singapour	
Thailand													Thaïlande	
UNALLOCATED	1988	-	2	-1	2	-1	1	1	1	-1	-1	1	**NON ATTRIBUÉS**	
WORLD	79763	89851	98402	109068	111691	122427	146315	161237	180616	209678	246313	257408	**MONDE**	
of which:													*dont:*	
EUROPE (2)	14981	18626	22089	25112	22874	26219	33404	37206	39679	47186	49611	50416	EUROPE (2)	
EUROPEAN UNION	13938	17172	20456	23554	21132	24190	30597	34096	36561	43493	50872	48483	UNION EUROPÉENNE	
NAFTA	51226	56815	60294	63578	64953	68207	79060	85510	95817	107836	127114	137105	ALENA	
ASEAN	2942	2665	2852	2995	3086	3218	3746	3910	3746	4385	4349	4664	Pays de l'ASEAN	

1. Excluding countries recorded under the OECD area above.
2. EUROPE = EU + EFTA + Other European Countries.

1. Ce montant exclut les pays figurant dans la zone OCDE mentionnée ci-dessus.
2. EUROPE = UE + AELE + Autres pays d'Europe.

CZECH REPUBLIC - REPUBLIQUE TCHEQUE

Chart 1. **Direct investment flows**
Graphique 1. **Flux d'investissement direct**

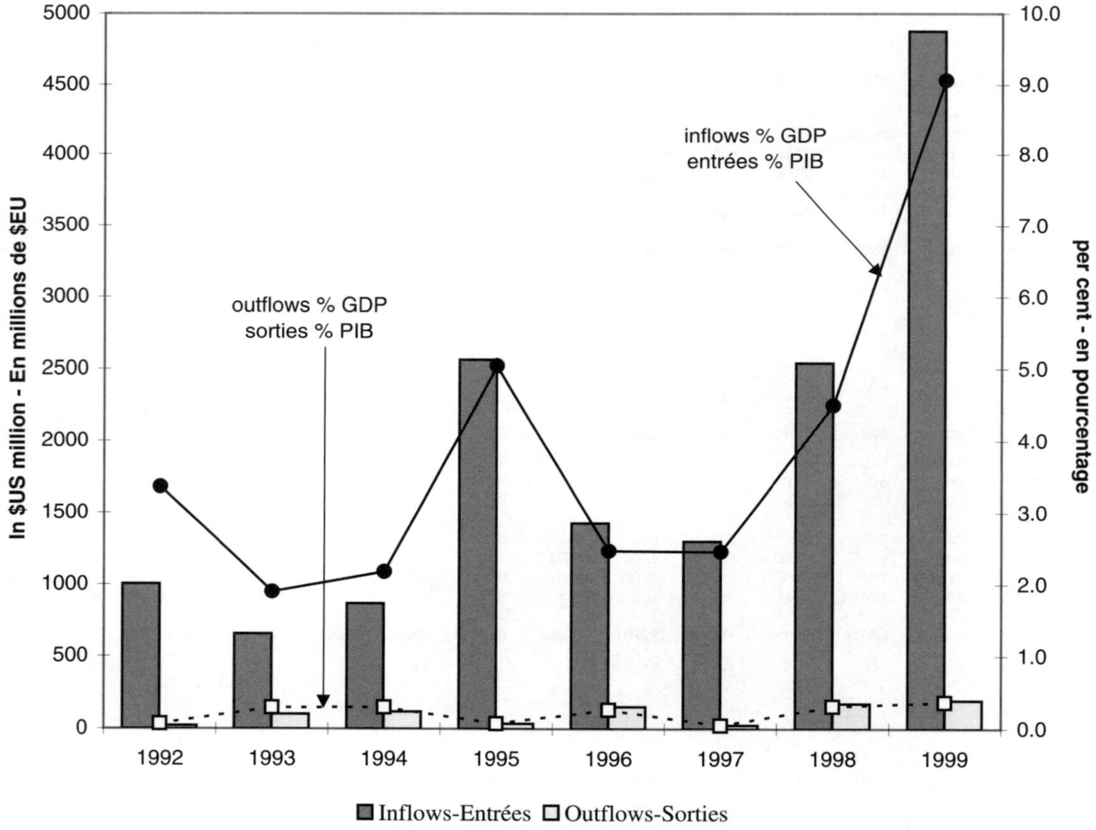

CZECH REPUBLIC - REPUBLIQUE TCHEQUE

Chart 2. **Direct investment from abroad:** *inflows by country*
Graphique 2. **Investissement direct de l'étranger:** *flux par pays*

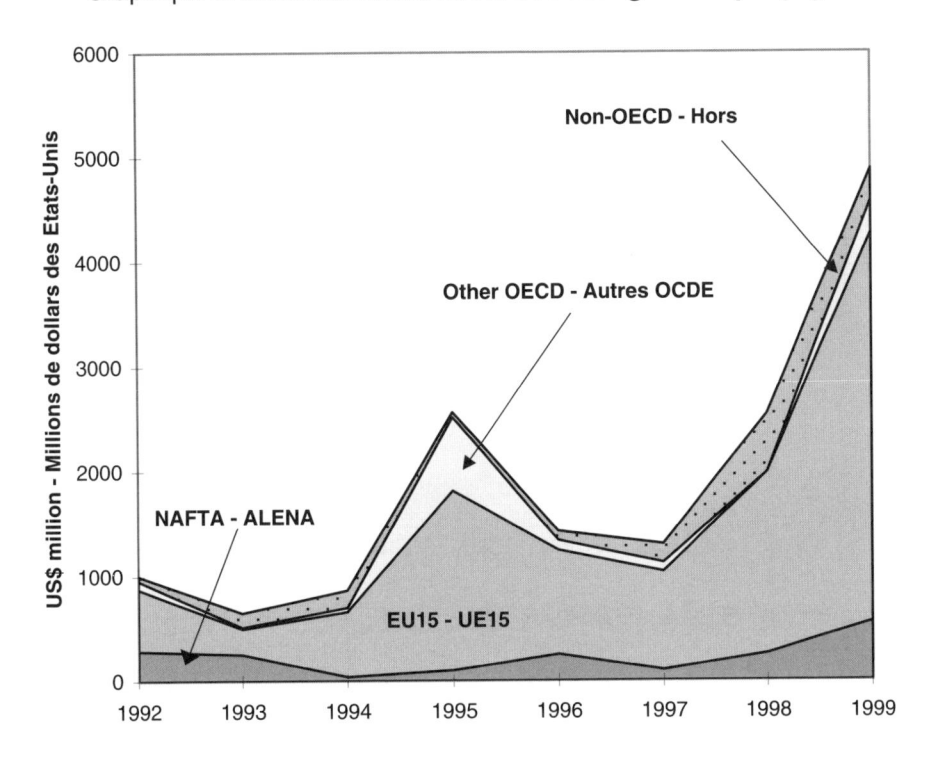

Note: Total OECD = EU15 + NAFTA + Other OECD. **Note**: Total OCDE = UE15 + ALENA + Autres OCDE.

CZECH REPUBLIC / REPUBLIQUE TCHEQUE

Table 1. **DIRECT INVESTMENT FROM ABROAD: INFLOWS BY INDUSTRIAL SECTOR**
Tableau 1. **INVESTISSEMENT DIRECT DE L'ÉTRANGER: FLUX PAR SECTEUR INDUSTRIEL**

US$ million / Millions de dollars des EU

	1988	1989	1990	1991	1992	1993	1994	1995	1996	1997	1998	1999 p	
Agriculture & fishing	..	..	..	..	..	..	..	..	-	..	..	..	**Agriculture & pêche**
Mining & quarrying	..	..	..	..	..	..	..	31	7	8	..	..	**Mines & exploitation**
of which: Extraction of petroleum and gas	..	..	..	..	..	..	..	..	..	1	..	..	*dont*: Extraction de pétrole et gaz
Manufacturing	..	..	..	..	577	365	366	766	579	355	492	530	**Manufacture**
of which:													*dont*:
Food products	..	..	..	..	177	35	71	122	73	94	121	216	Produits alimentaires
Textile and wood activities	..	..	..	..	..	..	..	88	104	116	..	..	Activités du textile et du bois
Petroleum, chemical, rubber and plastic products	..	..	..	..	69	19	44	90	334	51	..	..	Pétrole, produits chimiques, caoutchouc et mat. plastiques
Metal and mechanical products	..	..	..	..	40	57	26	158	47	78	264	..	Produits métallurgiques et mécaniques
Office machinery, computers, radio, TV and communication equipment	..	..	..	..	..	..	..	..	..	..	107	..	Machines de bureau, ordinateurs, radio, téléviseurs et équipement de communication
Vehicles and other transport equipment	..	..	..	..	16	10	266	308	21	16	..	144	Véhicules et autres équipements de transport
Electricity, gas & water	..	..	..	..	..	..	..	40	160	375	..	439	**Electricité, gaz & eau**
Construction	..	..	..	..	211	65	108	68	121	38	..	..	**Construction**
Trade & repairs	..	..	..	..	49	40	35	147	..	..	..	1230	**Commerce & réparation**
Hotels & restaurants	..	..	..	..	..	..	..	..	283	167	..	163	**Hôtels & restaurants**
Transport & communication	..	..	..	..	-	-	-	1350	184	1	295	..	**Transport & communication**
of which:													*dont*:
Land, sea and air transport	..	..	..	..	..	..	..	..	..	..	..	..	Transport terrestre, maritime et aérien
Telecommunications	..	..	..	..	..	..	..	..	..	..	..	..	Télécommunications
Financial activities	..	..	..	..	101	55	132	65	33	297	472	1217	**Activités financières**
of which:													*dont*:
Monetary institutions	..	..	..	..	..	..	..	30	33	296	..	..	Institutions monétaires
Other financial institutions	..	..	..	..	..	..	..	..	..	..	..	..	Autres institutions financières
of which: Financial holding companies	..	..	..	..	..	..	..	..	..	..	..	..	*dont*: Sociétés holding financières
Insurance & activities auxiliary to insurance	..	..	..	..	..	..	..	..	..	..	..	..	Assurances & activités auxiliaires
Other financial institutions and Insurance activities	..	..	..	..	..	..	..	35	..	1	..	..	Autres activités d'institutions financières et d'assurances
Real estate & business activities	..	..	..	..	..	..	..	..	..	..	725	128	**Activités d'entreprise & immobilier**
of which: Real estate	..	..	..	..	..	..	..	..	..	..	..	128	*dont*: Immobilier
Other services	..	..	..	..	..	..	..	..	..	..	556	1169	**Autres services**
Unallocated	..	..	..	..	65	128	227	94	62	59	-	-	Non attribués
TOTAL	..	..	..	..	1003	653	868	2561	1429	1301	2540	4877	**TOTAL**
of which:													*dont*:
PRIMARY	..	..	..	..	..	..	..	31	7	9	..	..	**PRIMAIRE**
MANUFACTURING	..	..	..	..	577	365	366	766	579	355	492	530	**MANUFACTURE**
SERVICES	..	..	..	..	361	160	275	1670	782	878	767	3177	**SERVICES**

CZECH REPUBLIC / REPUBLIQUE TCHEQUE

Table 2. DIRECT INVESTMENT ABROAD: OUTFLOWS BY INDUSTRIAL SECTOR (1)
Tableau 2. INVESTISSEMENT DIRECT À L'ÉTRANGER: FLUX PAR SECTEUR INDUSTRIEL (1)

US$ million / Millions de dollars des EU

	1988	1989	1990	1991	1992	1993	1994	1995	1996	1997	1998	1999 p	
Agriculture & fishing	..	..	..	..	..	..	..	..	..	..	..	..	**Agriculture & pêche**
Mining & quarrying	..	..	..	..	..	..	..	..	..	..	..	..	**Mines & exploitation**
of which: Extraction of petroleum and gas	..	..	..	..	..	..	..	..	..	..	..	..	*dont*: Extraction de pétrole et gaz
Manufacturing	..	..	..	..	..	..	..	..	..	..	..	37	**Manufacture**
of which:													*dont*:
Food products	..	..	..	..	..	..	..	..	..	..	..	3	Produits alimentaires
Textile and wood activities	..	..	..	..	..	..	..	..	..	..	..	6	Activités du textile et du bois
Petroleum, chemical, rubber and plastic products	..	..	..	..	..	..	..	..	..	..	..	..	Pétrole, produits chimiques, caoutchouc et mat. plastiques
Metal and mechanical products	..	..	..	..	..	..	..	..	..	..	..	..	Produits métallurgiques et mécaniques
Office machinery, computers, radio, TV and communication equipment	..	..	..	..	..	..	..	..	..	..	..	..	Machines de bureau, ordinateurs, radio, téléviseurs et équipement de communication
Vehicles and other transport equipment	..	..	..	..	..	..	..	..	..	..	..	26	Véhicules et autres équipements de transport
Electricity, gas & water	..	..	..	..	..	..	..	..	..	..	..	..	**Electricité, gaz & eau**
Construction	..	..	..	..	..	..	..	..	..	..	..	..	**Construction**
Trade & repairs	..	..	..	..	..	..	..	..	..	..	..	129	**Commerce & réparation**
Hotels & restaurants	..	..	..	..	..	..	..	..	..	..	..	..	**Hôtels & restaurants**
Transport & communication	..	..	..	..	..	..	..	..	..	..	..	..	**Transport & communication**
of which:													*dont*:
Land, sea and air transport	..	..	..	..	..	..	..	..	..	..	..	..	Transport terrestre, maritime et aérien
Telecommunications	..	..	..	..	..	..	..	..	..	..	..	..	Télécommunications
Financial activities	..	..	..	..	..	..	..	..	..	..	..	13	**Activités financières**
of which:													*dont*:
Monetary institutions	..	..	..	..	..	..	..	..	..	..	..	..	Institutions monétaires
Other financial institutions	..	..	..	..	..	..	..	..	..	..	..	..	Autres institutions financières
of which: Financial holding companies	..	..	..	..	..	..	..	..	..	..	..	..	*dont*: Sociétés holding financières
Insurance & activities auxiliary to insurance	..	..	..	..	..	..	..	..	..	..	..	..	Assurances & activités auxiliaires
Other financial institutions and insurance activities	..	..	..	..	..	..	..	..	..	..	..	..	Autres activités d'institutions financières et d'assurances
Real estate & business activities	..	..	..	..	..	..	..	..	..	..	..	14	**Activités d'entreprise & immobilier**
of which: Real estate	..	..	..	..	..	..	..	..	..	..	..	14	*dont*: Immobilier
Other services	..	..	..	..	..	..	..	..	..	..	..	4	**Autres services**
Unallocated	..	..	..	..	..	..	..	..	..	..	..	-	Non attribués
TOTAL	..	..	..	..	..	..	..	..	..	..	..	197	**TOTAL**
of which:													*dont*:
PRIMARY	..	..	..	..	..	..	..	..	..	..	..	..	**PRIMAIRE**
MANUFACTURING	..	..	..	..	..	..	..	..	..	..	..	37	**MANUFACTURE**
SERVICES	..	..	..	..	..	..	..	..	..	..	..	160	**SERVICES**

1. Direct investment outflows by industrial sector are reported for the first time in the edition of the year book.

1. Les flux d'investissements directs à l'étranger par secteur industriel sont rapportés pour la première fois dans cette édition.

CZECH REPUBLIC / REPUBLIQUE TCHEQUE

Table 3. DIRECT INVESTMENT FROM ABROAD: INFLOWS BY COUNTRY
Tableau 3. INVESTISSEMENT DIRECT DE L'ÉTRANGER: FLUX PAR PAYS

US$ million / Millions de dollars des EU

	1988	1989	1990	1991	1992	1993	1994	1995	1996	1997	1998	1999 p	
OECD AREA	..	..	-	-	**959**	**514**	**703**	**2512**	**1340**	**1126**	**1986**	**4575**	**ZONE DE L'OCDE**
Australia								15		10			Australie
Austria					41	55	80	87	208	95	245	631	Autriche
Belgium-Luxembourg					88	32	33	25	65	56		1236	Belgique-Luxembourg
Canada													Canada
Denmark									11	3			Danemark
Finland								12					Finlande
France					224	34	77	168	20	102		162	France
Germany					158	82	418	567	249	391	538	781	Allemagne
Greece													Grèce
Hungary										2			Hongrie
Iceland													Islande
Ireland									3				Irlande
Italy					66	12	12	43	90	-36			Italie
Japan									39	11			Japon
Korea													Corée
Mexico													Mexique
Netherlands					13	30	6	736	259	134	608	729	Pays-Bas
New Zealand													Nouvelle-Zélande
Norway								4		15			Norvège
Poland													Pologne
Portugal													Portugal
Spain								1	4				Espagne
Sweden								22					Suède
Switzerland					80	14	39	679	55	47		305	Suisse
Turkey													Turquie
United Kingdom								53	84	196	337	169	Royaume-Uni
United States					289	255	39	101	253	99	258	562	Etats-Unis
OECD UNALLOCATED													OCDE NON ATTRIBUÉS
NON-OECD AREA	..	..	-	..	**44**	**139**	**165**	**49**	**89**	**175**	**554**	**302**	**HORS ZONE-OCDE**
EUROPEAN COUNTRIES (1)	-	-	-	..	..	..	..	**5**	**8**	**71**	**100**	..	**PAYS D'EUROPE (1)**
of which:													*dont:*
Baltic countries													Pays Baltes
Bulgaria													Bulgarie
Czechoslovakia													Tchécoslovaquie
Romania													Roumanie
Russia													Russie
Slovakia									8	71			Slovaquie
Slovenia													Slovénie
Ukraine													Ukraine
USSR													URSS

CZECH REPUBLIC / REPUBLIQUE TCHEQUE

Table 3. DIRECT INVESTMENT FROM ABROAD: INFLOWS BY COUNTRY
Tableau 3. INVESTISSEMENT DIRECT DE L'ÉTRANGER: FLUX PAR PAYS

US$ million / Millions de dollars des EU

	1988	1989	1990	1991	1992	1993	1994	1995	1996	1997	1998	1999 p	
AFRICA	..	..	..	..	..	..	..	..	..	..	..	..	**AFRIQUE**
of which:													*dont:*
Algeria													Algérie
Egypt													Egypte
Libya													Libye
Morocco													Maroc
South Africa													Afrique du Sud
LATIN AMERICA-CARIBBEAN (1)	..	..	..	..	..	..	..	69	-	-	..	..	**AMÉRIQUE LATINE-CARAIBES (1)**
of which:													*dont:*
Argentina													Argentine
Brazil													Brésil
Chile													Chili
Colombia													Colombie
Costa Rica													Costa Rica
Netherlands Antilles													Antilles néerlandaises
Panama													Panama
Venezuela													Vénézuela
NEAR & MIDDLE EAST	..	..	..	..	..	..	..	..	..	..	..	..	**PROCHE & MOYEN ORIENT**
of which:													*dont:*
Gulf States													Pays du Golfe
of which:													*dont:*
Kuwait													Koweit
Saudi Arabia													Arabie Saoudite
United Arab Emirates													Émirats Arabes Unis
Iran													Iran
Israel													Israël
ASIAN COUNTRIES (1)	..	..	..	..	..	..	..	3	-	-	..	..	**PAYS D'ASIE (1)**
of which:													*dont:*
China													Chine
Chinese Taipei													Taipei chinois
Hong Kong													Hong Kong
India													Inde
Indonesia													Indonésie
Malaysia													Malaisie
Philippines													Philippines
Singapore													Singapour
Thailand													Thailande
UNALLOCATED	-	-	-	-	44	139	165	-28	81	104	454	302	**NON ATTRIBUÉS**
WORLD	..	..	..	..	*1003*	*653*	*868*	*2561*	*1429*	*1301*	*2540*	*4877*	***MONDE***
of which:													*dont:*
EUROPE (2)					670	259	663	2402	1057	1077	1828	4013	EUROPE (2)
EUROPEAN UNION					590	245	624	1713	993	942	1728	3708	UNION EUROPÉENNE
NAFTA					289	255	39	101	253	99	258	562	ALENA
ASEAN									-	-			Pays de l'ASEAN

1. Excluding countries recorded under the OECD area above.
2. EUROPE = EU + EFTA + Other European Countries.

1. Ce montant exclut les pays figurant dans la zone OCDE mentionnée ci-dessus.
2. EUROPE = UE + AELE + Autres pays d'Europe.

CZECH REPUBLIC / RÉPUBLIQUE TCHEQUE

Table 4. DIRECT INVESTMENT ABROAD: *OUTFLOWS BY COUNTRY (1)*
Tableau 4. INVESTISSEMENT DIRECT À L'ÉTRANGER: *FLUX PAR PAYS (1)*

US$ million / Millions de dollars des EU

	1988	1989	1990	1991	1992	1993	1994	1995	1996	1997	1998	1999 p	
OECD AREA	..	..	..	..	..	..	..	..	..	..	..	**99**	***ZONE DE L'OCDE***
Australia	..	..	..	..	..	..	..	..	..	..	..	..	Australie
Austria	..	..	..	..	..	..	..	..	..	..	..	..	Autriche
Belgium-Luxembourg	..	..	..	..	..	..	..	..	..	..	..	..	Belgique-Luxembourg
Canada	..	..	..	..	..	..	..	..	..	..	..	7	Canada
Denmark	..	..	..	..	..	..	..	..	..	..	..	..	Danemark
Finland	..	..	..	..	..	..	..	..	..	..	..	..	Finlande
France	..	..	..	..	..	..	..	..	..	..	..	..	France
Germany	..	..	..	..	..	..	..	..	..	..	..	6	Allemagne
Greece	..	..	..	..	..	..	..	..	..	..	..	..	Grèce
Hungary	..	..	..	..	..	..	..	..	..	..	..	6	Hongrie
Iceland	..	..	..	..	..	..	..	..	..	..	..	..	Islande
Ireland	..	..	..	..	..	..	..	..	..	..	..	..	Irlande
Italy	..	..	..	..	..	..	..	..	..	..	..	..	Italie
Japan	..	..	..	..	..	..	..	..	..	..	..	..	Japon
Korea	..	..	..	..	..	..	..	..	..	..	..	..	Corée
Mexico	..	..	..	..	..	..	..	..	..	..	..	..	Mexique
Netherlands	..	..	..	..	..	..	..	..	..	..	..	..	Pays-Bas
New Zealand	..	..	..	..	..	..	..	..	..	..	..	..	Nouvelle-Zélande
Norway	..	..	..	..	..	..	..	..	..	..	..	..	Norvège
Poland	..	..	..	..	..	..	..	..	..	..	..	23	Pologne
Portugal	..	..	..	..	..	..	..	..	..	..	..	..	Portugal
Spain	..	..	..	..	..	..	..	..	..	..	..	..	Espagne
Sweden	..	..	..	..	..	..	..	..	..	..	..	..	Suède
Switzerland	..	..	..	..	..	..	..	..	..	..	..	..	Suisse
Turkey	..	..	..	..	..	..	..	..	..	..	..	..	Turquie
United Kingdom	..	..	..	..	..	..	..	..	..	..	..	57	Royaume-Uni
United States	..	..	..	..	..	..	..	..	..	..	..	..	Etats-Unis
OECD UNALLOCATED	-	-	-	-	-	-	-	-	-	-	-	-	OCDE NON ATTRIBUÉS
NON-OECD AREA	..	..	..	..	..	..	..	..	..	..	..	**98**	***HORS ZONE-OCDE***
EUROPEAN COUNTRIES (2)	..	..	..	..	..	..	..	..	..	..	..	**86**	***PAYS D'EUROPE (2)***
of which:													*dont:*
Baltic countries	-	-	-	-	-	-	-	-	-	-	-	4	Pays Baltes
Bulgaria	-	-	-	-	-	-	-	-	-	-	-	-	Bulgarie
Czechoslovakia	-	-	-	-	-	-	-	-	-	-	-	-	Tchécoslovaquie
Romania	-	-	-	-	-	-	-	-	-	-	-	-	Roumanie
Russia	-	-	-	-	-	-	-	-	-	-	-	-	Russie
Slovakia	-	-	-	-	-	-	-	-	-	-	-	82	Slovaquie
Slovenia	-	-	-	-	-	-	-	-	-	-	-	-	Slovénie
Ukraine	-	-	-	-	-	-	-	-	-	-	-	-	Ukraine
USSR	-	-	-	-	-	-	-	-	-	-	-	-	URSS

CZECH REPUBLIC / REPUBLIQUE TCHEQUE

Table 4. DIRECT INVESTMENT ABROAD: *OUTFLOWS BY COUNTRY*
Tableau 4. INVESTISSEMENT DIRECT À L'ÉTRANGER: *FLUX PAR PAYS*

US$ million / Millions de dollars des EU

	1988	1989	1990	1991	1992	1993	1994	1995	1996	1997	1998	1999 p	
AFRICA	..	..	..	..	..	..	..	..	..	..	..	..	**AFRIQUE**
of which:													*dont:*
Algeria													Algérie
Egypt													Egypte
Libya													Libye
Morocco													Maroc
South Africa													Afrique du Sud
LATIN AMERICA-CARIBBEAN (2)	..	..	..	..	..	..	..	..	..	..	..	..	**AMÉRIQUE LATINE-CARAIBES (2)**
of which:													*dont:*
Argentina													Argentine
Brazil													Brésil
Chile													Chili
Colombia													Colombie
Costa Rica													Costa Rica
Netherlands Antilles													Antilles néerlandaises
Panama													Panama
Venezuela													Vénézuela
NEAR & MIDDLE EAST	..	..	..	..	..	..	..	..	..	..	..	..	**PROCHE & MOYEN ORIENT**
of which:													*dont:*
Gulf States													Pays du Golfe
of which:													*dont:*
Kuwait													Koweit
Saudi Arabia													Arabie Saoudite
United Arab Emirates													Émirats Arabes Unis
Iran													Iran
Israel													Israël
ASIAN COUNTRIES (2)	..	..	..	..	..	..	..	..	..	..	..	..	**PAYS D'ASIE (2)**
of which:													*dont:*
China													Chine
Chinese Taipei													Taipei chinois
Hong Kong													Hong Kong
India													Inde
Indonesia													Indonésie
Malaysia													Malaisie
Philippines													Philippines
Singapore													Singapour
Thailand													Thailande
UNALLOCATED	-	-	..	-	..	..	..	..	..	..	..	13	**NON ATTRIBUÉS**
WORLD	..	..	..	..	..	..	..	..	..	..	..	***197***	***MONDE***
of which:													*dont:*
EUROPE (3)												178	EUROPE (3)
EUROPEAN UNION												63	UNION EUROPÉENNE
NAFTA												7	ALENA
ASEAN													Pays de l'ASEAN

1. Direct investment outflows by country are reported for the first time in the edition of the year book.
2. Excluding countries recorded under the OECD area above.
3. EUROPE = EU + EFTA + Other European Countries.

1. Les flux d'investissements directs à l'étranger par pays sont rapportés pour la première fois dans cette édition.
2. Ce montant exclut les pays figurant dans la zone OCDE mentionnée ci-dessus.
3. EUROPE = UE + AELE + Autres pays d'Europe.

CZECH REPUBLIC - REPUBLIQUE TCHEQUE

Chart 4. **Inward direct investment position**
Graphique 4. **Encours d'investissement direct de l'étranger**

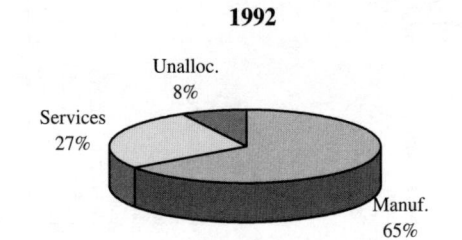

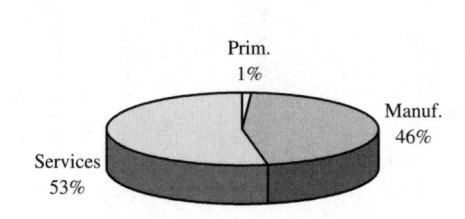

1992

- Unalloc. 8%
- Services 27%
- Manuf. 65%

- Other OECD-Autres OCDE 5%
- NAFTA-ALENA 21%
- Non OECD-Non OCDE 4%
- EU15-UE15 70%

1998

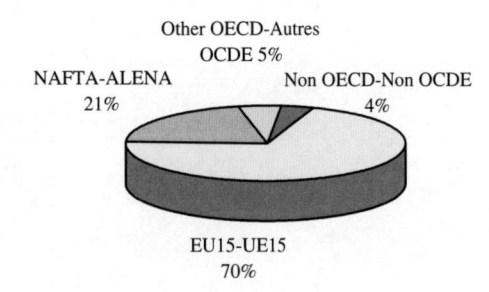

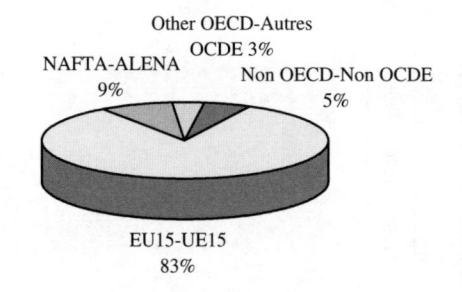

- Prim. 1%
- Manuf. 46%
- Services 53%

- Other OECD-Autres OCDE 3%
- NAFTA-ALENA 9%
- Non OECD-Non OCDE 5%
- EU15-UE15 83%

Note: Prim. = primary sector, **Manuf.** = manufacturing. **Note: Prim.** = secteur primaire, **Manuf.** = manufacture.

CZECH REPUBLIC — **REPUBLIQUE TCHEQUE**

Table 5. **DIRECT INVESTMENT FROM ABROAD: INWARD POSITION BY INDUSTRIAL SECTOR**
Tableau 5. **ENCOURS D'INVESTISSEMENT DIRECT DE L'ÉTRANGER: PAR SECTEUR INDUSTRIEL**
year-end - fin d'année

US$ million — Millions de dollars des EU / Million Czech koruna / Millions de couronnes tchèques

	1988	1989	1990	1991	1992	1993	1994	1995	1996	1997	1997	1998 p	
Agriculture & fishing	..	..	..	..	..	..	..	5	4	5	183	679	**Agriculture & pêche**
Mining & quarrying	..	..	..	..	..	..	..	81	86	84	2880	3780	**Mines & exploitation**
of which: Extraction of petroleum and gas	..	..	..	..	..	..	..	..	..	1	18	-19	*dont*: Extraction de pétrole et gaz
Manufacturing	..	..	..	502	1050	1368	1939	2544	3174	4882	165974	196422	**Manufacture**
of which:													*dont:*
Food products	..	..	..	-	173	201	288	825	875	1060	36023	30612	Produits alimentaires
Textile and wood activities	..	..	..	..	..	..	..	88	311	610	20726	25446	Activités du textile et du bois
Petroleum, chemical, rubber and plastic products	..	..	..	42	108	123	176	275	600	707	24036	26887	Pétrole, produits chimiques, caoutchouc et mat. plastiques
Metal and mechanical products	..	..	..	1	40	94	127	292	331	422	14363	20780	Produits métallurgiques et mécaniques
Office machinery, computers, radio, TV and communication equipment	..	..	..	..	..	..	..	..	-	54	1829	1835	Machines de bureau, ordinateurs, radio, téléviseurs et équipement de communication
Vehicles and other transport equipment	..	..	..	421	422	417	718	1064	1056	650	22085	30144	Véhicules et autres équipements de transport
Electricity, gas & water	..	..	..	..	..	..	..	169	323	402	13661	19198	**Electricité, gaz & eau**
Construction	..	..	..	1	208	263	392	481	588	130	4435	4489	**Construction**
Trade & repairs	..	..	..	19	65	102	145	299	573	1095	37219	74346	**Commerce & réparation**
Hotels & restaurants	..	..	..	..	-	-	-	..	..	75	2560	301	**Hôtels & restaurants**
Transport & communication	..	..	..	..	-	-	65	1415	1560	885	30082	39695	**Transport & communication**
of which:													*dont:*
Land, sea and air transport	..	..	..	..	..	..	..	..	..	38	1308	2413	Transport terrestre, maritime et aérien
Telecommunications	..	..	..	..	..	..	..	..	..	837	28463	36510	Télécommunications
Financial activities	..	..	..	64	160	208	358	443	..	1082	36791	63333	**Activités financières**
of which:													*dont:*
Monetary institutions	..	..	..	..	..	..	..	354	378	..	..	..	Institutions monétaires
Other financial institutions	..	..	..	..	..	..	..	..	..	937	31861	54275	Autres institutions financières
of which: Financial holding companies	..	..	..	..	..	..	..	..	..	..	..	..	*dont*: Sociétés holding financières
Insurance & activities auxiliary to insurance	..	..	..	..	..	..	..	..	..	145	4930	9057	Assurances & activités auxiliaires
Other financial institutions and insurance activities	..	..	..	..	..	..	..	89	86	1082	36791	63333	Autres activités d'institutions financières et d'assurances
Real estate & business activities	..	..	..	..	..	..	..	..	..	330	11209	23567	**Activités d'entreprise & immobilier**
of which: Real estate	..	..	..	..	..	..	..	..	..	135	4586	11372	*dont*: Immobilier
Other services	..	..	..	..	..	..	..	..	..	7	237	3359	Autres services
Unallocated	..	..	..	8	124	112	179	360	753	-	-	-	Non attribués
TOTAL	..	..	..	595	1606	2053	3077	5797	7061	8977	305231	429168	**TOTAL**
of which:													*dont:*
PRIMARY	..	..	..	..	..	..	..	86	90	89	3063	4459	PRIMAIRE
MANUFACTURING	..	..	..	502	1050	1368	1939	2544	3174	4882	165974	196422	MANUFACTURE
SERVICES	..	..	..	84	432	573	959	2807	3044	4006	136194	228288	SERVICES

99

CZECH REPUBLIC / REPUBLIQUE TCHEQUE

Table 6. DIRECT INVESTMENT ABROAD: OUTWARD POSITION BY INDUSTRIAL SECTOR (1)
Tableau 6. ENCOURS D'INVESTISSEMENT DIRECT À L'ÉTRANGER: PAR SECTEUR INDUSTRIEL (1)
year-end - fin d'année

US$ million / Millions de dollars des EU · Million Czech koruna / Millions de couronnes tchèques

	1988	1989	1990	1991	1992	1993	1994	1995	1996	1997	1997	1998 p	
Agriculture & fishing	..	..	..	..	..	..	..	..	..	..	5	6	**Agriculture & pêche**
Mining & quarrying	..	..	..	..	..	..	..	..	..	..	..	-10	**Mines & exploitation**
of which: Extraction of petroleum and gas	..	..	..	..	..	..	..	..	..	..	..	..	*dont:* Extraction de pétrole et gaz
Manufacturing	..	..	..	..	..	..	..	..	..	..	2828	2589	**Manufacture**
of which:													*dont:*
Food products											137	275	Produits alimentaires
Textile and wood activities											205	163	Activités du textile et du bois
Petroleum, chemical, rubber and plastic products											46	411	Pétrole, produits chimiques, caoutchouc et mat. plastiques
Metal and mechanical products											505	1468	Produits métallurgiques et mécaniques
Office machinery, computers, radio, TV and communication equipment											3	2	Machines de bureau, ordinateurs, radio, téléviseurs et équipement de communication
Vehicles and other transport equipment											1586	-209	Véhicules et autres équipements de transport
Electricity, gas & water	..	..	..	..	..	..	..	..	..	..	38	-	**Electricité, gaz & eau**
Construction	..	..	..	..	..	..	..	..	..	..	-5	155	**Construction**
Trade & repairs	..	..	..	..	..	..	..	..	..	..	7822	3730	**Commerce & réparation**
Hotels & restaurants	..	..	..	..	..	..	..	..	..	..	44	945	**Hôtels & restaurants**
Transport & communication	..	..	..	..	..	..	..	..	..	..	46	875	**Transport & communication**
of which:													*dont:*
Land, sea and air transport											12	749	Transport terrestre, maritime et aérien
Telecommunications											-	-	Télécommunications
Financial activities	..	..	..	..	..	..	..	..	..	..	2187	11230	**Activités financières**
of which:													*dont:*
Monetary institutions											..	..	Institutions monétaires
Other financial institutions											2133	10810	Autres institutions financières
of which: Financial holding companies											..	..	*dont:* Sociétés holding financières
Insurance & activities auxiliary to insurance											53	420	Assurances & activités auxiliaires
Other financial institutions and insurance activities											2187	11230	Autres activités d'institutions financières et d'assurances
Real estate & business activities	..	..	..	..	..	..	..	..	..	..	2940	3119	**Activités d'entreprise & immobilier**
of which: Real estate											340	1048	*dont:* Immobilier
Other services	..	..	..	..	..	..	..	..	..	..	829	1365	**Autres services**
Unallocated	..	..	..	..	..	..	..	..	..	..	-	-	Non attribués
TOTAL	..	..	..	..	..	..	..	..	..	..	16734	24003	**TOTAL**
of which:													*dont:*
PRIMARY	..	..	..	..	..	..	..	..	..	..	5	-4	**PRIMAIRE**
MANUFACTURING	..	..	..	..	..	..	..	..	..	..	2828	2589	**MANUFACTURE**
SERVICES	..	..	..	..	..	..	..	..	..	..	13900	21419	**SERVICES**

1. Direct investment outward position by industrial sector are reported for the first time in the edition of the year book.

1. Les stocks d'investissements directs à l'étranger par secteur industriel sont rapportés pour la première fois dans cette édition.

CZECH REPUBLIC / REPUBLIQUE TCHEQUE

Table 7. DIRECT INVESTMENT FROM ABROAD: INWARD POSITION BY COUNTRY
Tableau 7. ENCOURS D'INVESTISSEMENT DIRECT DE L'ÉTRANGER: PAR PAYS
year-end - fin d'année

US$ million / Millions de dollars des EU	1988	1989	1990	1991	1992	1993	1994	1995	1996	1997	1997	1998 p	Million Czech Koruna / Millions de Couronnes tchèques
OECD AREA	..	..	..	**587**	**1542**	**1950**	**2807**	**5577**	**6865**	**8606**	**292600**	**406108**	**ZONE DE L'OCDE**
Australia									15			449	Australie
Austria				37	76	126	217	316	514	891	30292	49268	Autriche
Belgium-Luxembourg				33	118	145	189	224	288	177	6013	6295	Belgique-Luxembourg
Canada								22	21	20	692	1332	Canada
Denmark								20	30	31	1064	3925	Danemark
Finland										2	84	225	Finlande
France				16	234	259	356	542	547	532	18073	20204	France
Germany				443	582	641	1113	1740	1941	2635	89583	126935	Allemagne
Greece											-1	19	Grèce
Hungary									20	6	196	837	Hongrie
Iceland													Islande
Ireland									3	10	331	459	Irlande
Italy				2	66	76	93	140	226	166	5652	3908	Italie
Japan									46	50	1711	2293	Japon
Korea									3		2	-4	Corée
Mexico												2	Mexique
Netherlands					51	41	50	787	1024	2650	90102	116367	Pays-Bas
New Zealand												-27	Nouvelle-Zélande
Norway								11	11	50	1689	3127	Norvège
Poland											3	29	Pologne
Portugal											10	1	Portugal
Spain								3	6	1	25	913	Espagne
Sweden								56	110	233	7932	6214	Suède
Switzerland				2	80	90	140	821	854	139	4732	7774	Suisse
Turkey												73	Turquie
United Kingdom								110	190	454	15447	20278	Royaume-Uni
United States				55	336	572	651	787	1017	558	18967	35208	Etats-Unis
OECD UNALLOCATED								-1			1	4	OCDE NON ATTRIBUÉS
NON-OECD AREA				**8**	**64**	**103**	**270**	**220**	**196**	**372**	**12631**	**23060**	**HORS ZONE-OCDE**
EUROPEAN COUNTRIES (1)								**23**	**11**	**330**	**11215**	**20176**	**PAYS D'EUROPE (1)**
of which:													dont:
Baltic countries													Pays Baltes
Bulgaria												14	Bulgarie
Czechoslovakia													Tchécoslovaquie
Romania													Roumanie
Russia									1	11	385	348	Russie
Slovakia									8	199	6770	13224	Slovaquie
Slovenia												3	Slovénie
Ukraine													Ukraine
USSR													URSS

101

CZECH REPUBLIC / RÉPUBLIQUE TCHÈQUE

Table 7. DIRECT INVESTMENT FROM ABROAD: *INWARD POSITION BY COUNTRY*
Tableau 7. ENCOURS D'INVESTISSEMENT DIRECT DE L'ÉTRANGER: *PAR PAYS*

year-end - fin d'année

US$ million	1988	1989	1990	1991	1992	1993	1994	1995	1996	1997	1997	1998 p	Million Czech Koruna / Millions de Couronnes tchèques
					Millions de dollars des EU								
AFRICA	..	..	..	..	..	..	..	..	..	3	103	316	**AFRIQUE**
of which:													*dont:*
Algeria										..	..	..	Algérie
Egypt										..	..	..	Egypte
Libya										..	..	..	Libye
Morocco										..	103	..	Maroc
South Africa										3	..	..	Afrique du Sud
LATIN AMERICA-CARIBBEAN (1)	..	..	..	..	..	..	..	..	..	8	285	1490	**AMÉRIQUE LATINE-CARAÏBES (1)**
of which:													*dont:*
Argentina										..	..	..	Argentine
Brazil										-	-	..	Brésil
Chile										..	..	..	Chili
Colombia										..	..	..	Colombie
Costa Rica										..	..	..	Costa Rica
Netherlands Antilles										..	..	..	Antilles néerlandaises
Panama										..	..	..	Panama
Venezuela										..	..	..	Vénézuela
NEAR & MIDDLE EAST	..	..	..	..	..	..	..	..	..	1	24	34	**PROCHE & MOYEN ORIENT**
of which:													*dont:*
Gulf States								11	..	..	..	22	Pays du Golfe
of which:													*dont:*
Kuwait										..	..	..	Koweït
Saudi Arabia										..	..	..	Arabie Saoudite
United Arab Emirates										..	..	..	Émirats Arabes Unis
Iran										..	..	4	Iran
Israel										1	24	8	Israël
ASIAN COUNTRIES (1)	..	..	..	..	..	..	..	..	18	82	2796	3993	**PAYS D'ASIE (1)**
of which:													*dont:*
China										14	485	355	Chine
Chinese Taipei										2	65	831	Taipei chinois
Hong Kong										..	..	11	Hong Kong
India										..	..	1	Inde
Indonesia										1	20	7	Indonésie
Malaysia									18	15	504	514	Malaisie
Philippines										..	..	..	Philippines
Singapore										..	..	..	Singapour
Thailand										..	..	..	Thaïlande
UNALLOCATED	-	-	..	8	64	103	270	197	167	-52	-1792	-2949	**NON ATTRIBUÉS**
WORLD	..	..	..	**595**	**1606**	**2053**	**3077**	**5797**	**7061**	**8977**	**305231**	**429168**	**MONDE**
of which:													*dont:*
EUROPE (2)	..	..	..	533	1207	1378	2156	4768	5743	8305	282362	386369	EUROPE (2)
EUROPEAN UNION	..	..	..	531	1127	1288	2016	3936	4878	7783	264607	355011	UNION EUROPÉENNE
NAFTA	..	..	..	55	336	572	651	809	1038	578	19661	36542	ALENA
ASEAN	..	..	..	..	..	..	..	..	18	15	524	521	Pays de l'ASEAN

1. Excluding countries recorded under the OECD area above.
2. EUROPE = EU + EFTA + Other European Countries.

1. Ce montant exclut les pays figurant dans la zone OCDE mentionnée ci-dessus.
2. EUROPE = UE + AELE + Autres pays d'Europe.

CZECH REPUBLIC / REPUBLIQUE TCHEQUE

Table 8. DIRECT INVESTMENT ABROAD: OUTWARD POSITION BY COUNTRY (1)
Tableau 8. ENCOURS D'INVESTISSEMENT DIRECT À L'ÉTRANGER: PAR PAYS (1)
year-end - fin d'année

US$ million	1988	1989	1990	1991	1992	1993	1994	1995	1996	1997	1997	1998 p		
	Millions de dollars des EU										Million Czech Koruna / Millions de Couronnes tchèques			
OECD AREA	..	..	..	..	..	..	..	..	..	*198*	*6727*	*7787*	**ZONE DE L'OCDE**	
Australia										1	30	30	Australie	
Austria										13	437	505	Autriche	
Belgium-Luxembourg										2	-68	727	Belgique-Luxembourg	
Canada										8	283	226	Canada	
Finland										4	128	121	Finlande	
France										2	77	208	France	
Germany										64	2166	2240	Allemagne	
Greece										1	32	22	Grèce	
Hungary										2	85	180	Hongrie	
Iceland										..	..	..	Islande	
Ireland										2	56	284	Irlande	
Italy										1	18	42	Italie	
Japan										..	..	..	Japon	
Korea										..	..	..	Corée	
Mexico										6	195	137	Mexique	
Netherlands										21	731	757	Pays-Bas	
New Zealand										..	..	..	Nouvelle-Zélande	
Norway										-4	-133	-34	Norvège	
Poland										23	770	909	Pologne	
Portugal										..	2	2	Portugal	
Spain										2	63	57	Espagne	
Sweden										3	92	57	Suède	
Switzerland										13	452	688	Suisse	
Turkey										..	..	..	Turquie	
United Kingdom										30	1034	345	Royaume-Uni	
United States										8	277	284	Etats-Unis	
OECD UNALLOCATED										..	-	1	OCDE NON ATTRIBUÉS	
NON-OECD AREA	..	..	..	..	..	..	..	..	..	*294*	*10007*	*16216*	**HORS ZONE-OCDE**	
EUROPEAN COUNTRIES (1)	..	..	..	..	..	..	..	..	..	*217*	*7398*	*13062*	**PAYS D'EUROPE (1)**	
of which:													*dont:*	
Baltic countries	-	-	-	-	-	-	-	-	-	3	97	128	Pays Baltes	
Bulgaria	-	-	-	-	-	-	-	-	-	1	38	248	Bulgarie	
Czechoslovakia	-	-	-	-	-	-	-	-	-	-	-	-	Tchécoslovaquie	
Romania	-	-	-	-	-	-	-	-	-	3	102	140	Roumanie	
Russia	-	-	-	-	-	-	-	-	-	5	182	234	Russie	
Slovakia	-	-	-	-	-	-	-	-	-	136	4620	5033	Slovaquie	
Slovenia	-	-	-	-	-	-	-	-	-	2	85	4532	Slovénie	
Ukraine	-	-	-	-	-	-	-	-	-	14	476	678	Ukraine	
USSR	-	-	-	-	-	-	-	-	-	-	-	-	URSS	

CZECH REPUBLIC / RÉPUBLIQUE TCHÈQUE

Table 8. DIRECT INVESTMENT ABROAD: OUTWARD POSITION BY COUNTRY
Tableau 8. ENCOURS D'INVESTISSEMENT DIRECT À L'ÉTRANGER: PAR PAYS
year-end - fin d'année

US$ million / Millions de dollars des EU											Million Czech Koruna / Millions de Couronnes tchèques			
	1988	1989	1990	1991	1992	1993	1994	1995	1996	1997	1997	1998 p		
AFRICA	..	..	..	..	..	..	..	..	..	49	1673	1464	**AFRIQUE**	
of which:													*dont:*	
Algeria	..	..	..	..	..	..	..	..	..	..	..	..		Algérie
Egypt	..	..	..	..	..	..	..	..	..	..	..	..		Égypte
Libya	..	..	..	..	..	..	..	..	..	..	..	..		Libye
Morocco	..	..	..	..	..	..	..	..	..	..	..	..		Maroc
South Africa	..	..	..	..	..	..	..	..	..	..	..	..		Afrique du Sud
LATIN AMERICA-CARIBBEAN (2)	..	..	..	..	..	..	..	..	..	47	1596	1492	**AMÉRIQUE LATINE-CARAÏBES (2)**	
of which:													*dont:*	
Argentina	..	..	..	..	..	..	..	..	..	1	28	13		Argentine
Brazil	..	..	..	..	..	..	..	..	..	6	222	102		Brésil
Chile	..	..	..	..	..	..	..	..	..	1	29	24		Chili
Colombia	..	..	..	..	..	..	..	..	..	..	..	..		Colombie
Costa Rica	..	..	..	..	..	..	..	..	..	..	..	..		Costa Rica
Netherlands Antilles	..	..	..	..	..	..	..	..	..	..	..	..		Antilles néerlandaises
Panama	..	..	..	..	..	..	..	..	..	..	..	..		Panama
Venezuela	..	..	..	..	..	..	..	..	..	..	..	..		Vénézuela
NEAR & MIDDLE EAST	..	..	..	..	..	..	..	..	..	..	4	13	**PROCHE & MOYEN ORIENT**	
of which:													*dont:*	
Gulf States	..	..	..	..	..	..	..	..	..	..	3	3		Pays du Golfe
of which:													*dont:*	
Kuwait	..	..	..	..	..	..	..	..	..	..	..	..		Koweït
Saudi Arabia	..	..	..	..	..	..	..	..	..	..	..	..		Arabie Saoudite
United Arab Emirates	..	..	..	..	..	..	..	..	..	..	..	..		Émirats Arabes Unis
Iran	..	..	..	..	..	..	..	..	..	..	..	..		Iran
Israel	..	..	..	..	..	..	..	..	..	..	..	..		Israël
ASIAN COUNTRIES (2)	..	..	..	..	..	..	..	..	..	6	190	309	**PAYS D'ASIE (2)**	
of which:													*dont:*	
China	..	..	..	..	..	..	..	..	..	4	128	84		Chine
Chinese Taipei	..	..	..	..	..	..	..	..	..	..	..	..		Taipei chinois
Hong Kong	..	..	..	..	..	..	..	..	..	..	..	..		Hong Kong
India	..	..	..	..	..	..	..	..	..	..	19	7		Inde
Indonesia	..	..	..	..	..	..	..	..	..	..	5	10		Indonésie
Malaysia	..	..	..	..	..	..	..	..	..	..	1	1		Malaisie
Philippines	..	..	..	..	..	..	..	..	..	..	..	..		Philippines
Singapore	..	..	..	..	..	..	..	..	..	..	3	70		Singapour
Thailand	..	..	..	..	..	..	..	..	..	..	..	..		Thaïlande
UNALLOCATED	..	..	..	..	..	..	..	..	..	-25	-854	-124	**NON ATTRIBUÉS**	
WORLD	..	..	..	..	..	..	..	..	..	492	16734	24003	**MONDE**	
of which:													*dont:*	
EUROPE (3)	..	..	..	..	..	..	..	..	..	367	12487	19904		EUROPE (3)
EUROPEAN UNION	..	..	..	..	..	..	..	..	..	140	4768	5368		UNION EUROPÉENNE
NAFTA	..	..	..	..	..	..	..	..	..	22	755	647		ALENA
ASEAN	..	..	..	..	..	..	..	..	..	-	7	136		Pays de l'ASEAN

1. Direct investment outward position by country are reported for the first time in the edition of the year book.
2. Excluding countries recorded under the OECD area above.
3. EUROPE = EU + EFTA + Other European Countries.

1. Les stocks d'investissements directs à l'étranger par pays sont rapportés pour la première fois dans cette édition.
2. Ce montant exclut les pays figurant dans la zone OCDE mentionnée ci-dessus.
3. EUROPE = UE + AELE + Autres pays d'Europe.

DENMARK - DANEMARK

Chart 1. **Direct investment flows**
Graphique 1. **Flux d'investissement direct**

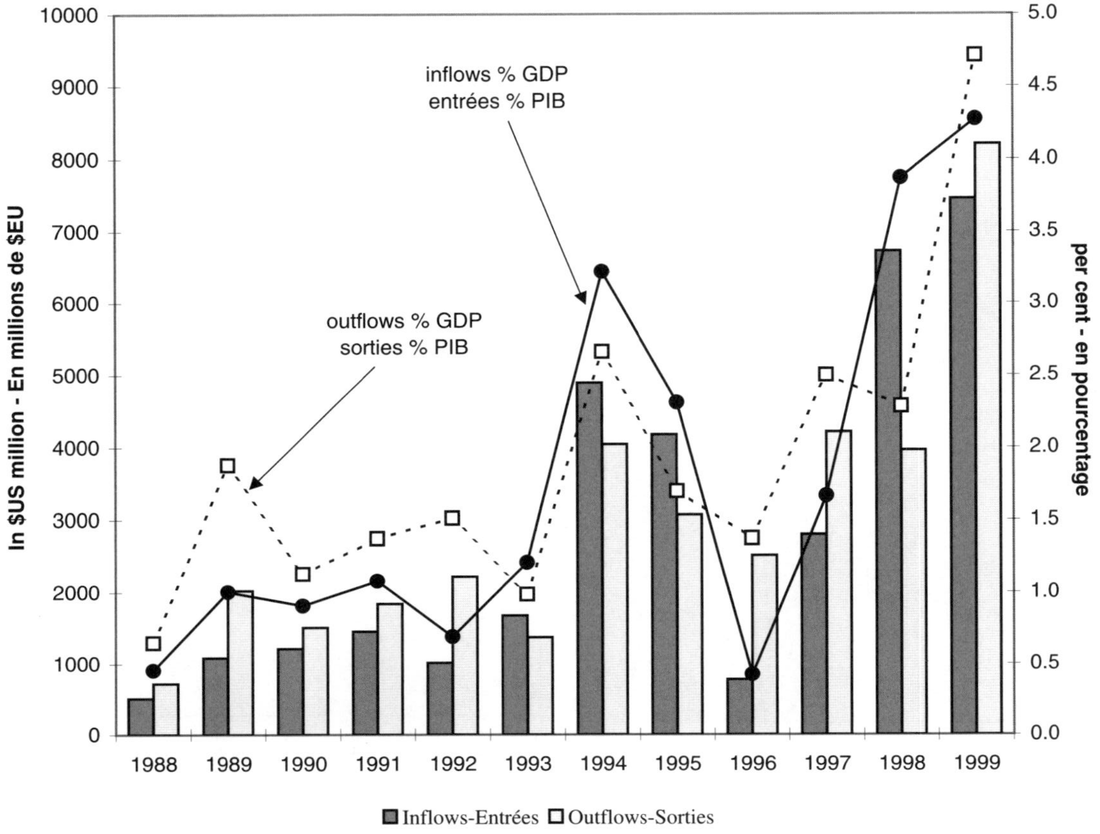

DENMARK - DANEMARK

Chart 2. **Direct investment from abroad:** *inflows by country*
Graphique 2. **Investissement direct de l'étranger:** *flux par pays*

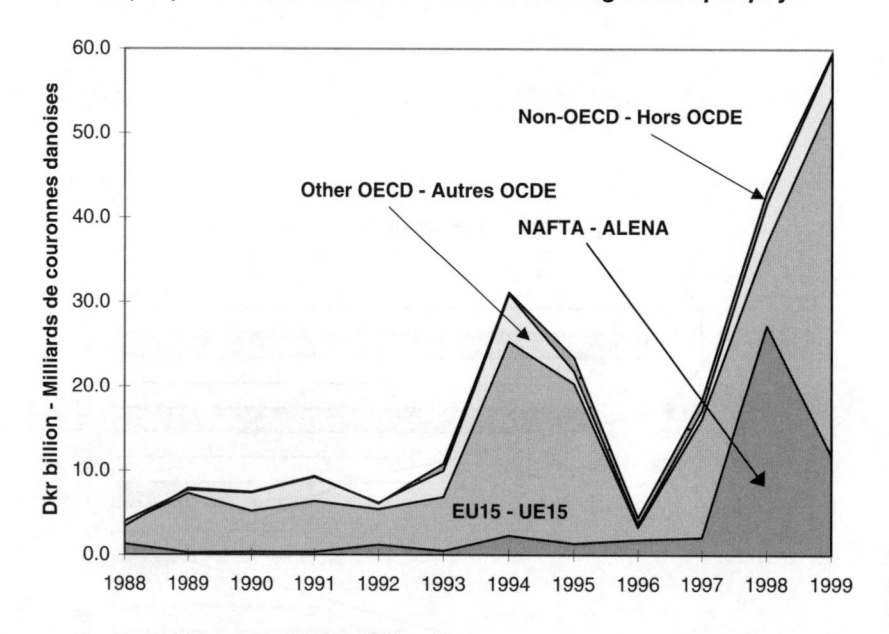

Chart 3. **Direct investment abroad:** *outflows by country*
Graphique 3. **Investissement direct à l'étranger:** *flux par pays*

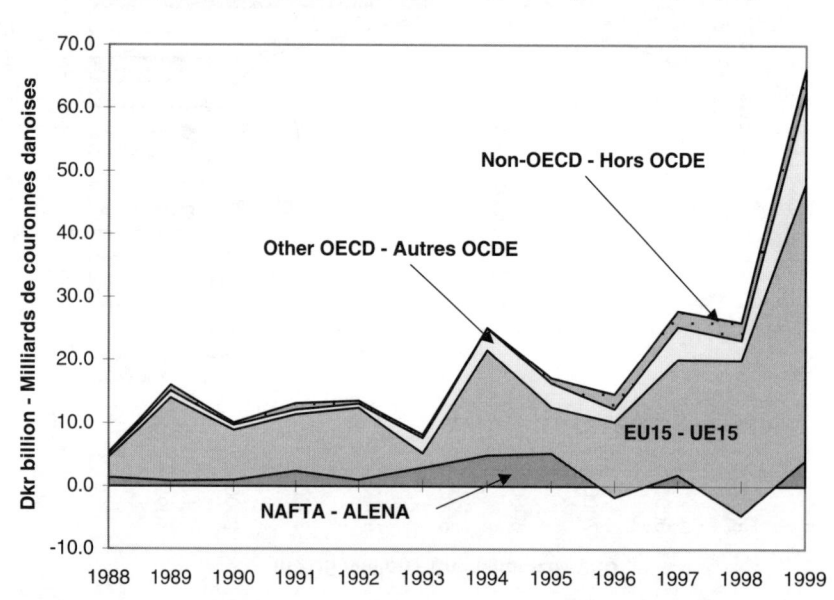

Note: Total OECD = EU15 + NAFTA + Other OECD. **Note**: Total OCDE = UE15 + ALENA + Autres OCDE.

DENMARK / DANEMARK

Table 1. DIRECT INVESTMENT FROM ABROAD: INFLOWS BY INDUSTRIAL SECTOR
Tableau 1. INVESTISSEMENT DIRECT DE L'ÉTRANGER: FLUX PAR SECTEUR INDUSTRIEL

Dkr billion / Milliards de couronnes danoises

	1988	1989	1990	1991	1992	1993	1994	1995	1996	1997	1998	1999 p	
Agriculture & fishing	0.1	-	-	-	..	0.1	-	-	-	-	-0.2	-1.3	**Agriculture & pêche**
Mining & quarrying	0.2	0.3	0.3	-	..	0.9	0.6	0.6	1.2	0.3	4.7	3.6	**Mines & exploitation**
of which: Extraction of petroleum and gas	0.2	0.3	0.3	-	..	0.2	-	0.5	0.2	0.1	4.5	3.6	*dont:* Extraction de pétrole et gaz
Manufacturing	1.1	1.2	3.4	3.7	3.2	2.9	4.9	3.1	3.0	8.3	4.5	4.3	**Manufacture**
of which:													*dont:*
Food products	0.1	0.1	0.8	0.2	0.2	-0.8	1.4	2.1	2.5	4.3	2.5	1.7	Produits alimentaires
Textile and wood activities	..	..	..	..	..	0.5	0.5	0.3	0.6	0.4	-0.2	-0.2	Activités du textile et du bois
Petroleum, chemical, rubber and plastic products	..	..	..	..	..	1.6	0.7	0.3	..	1.3	0.6	0.4	Pétrole, produits chimiques, caoutchouc et mat. plastiques
Metal and mechanical products	..	..	..	..	..	1.2	0.7	0.9	0.2	0.8	1.1	1.3	Produits métallurgiques et mécaniques
Office machinery, computers, radio, TV and communication equipment	0.3	0.7	0.4	3.1	0.7	0.1	1.2	0.4	-1.8	0.7	0.9	0.7	Machines de bureau, ordinateurs, radio, téléviseurs et équipement de communication
Vehicles and other transport equipment	..	..	..	..	..	0.1	0.1	0.1	..	0.1	0.1	0.1	Véhicules et autres équipements de transport
Electricity, gas & water	..	..	..	..	..	0.1	0.4	0.3	0.5	0.1	0.1	-0.1	**Electricité, gaz & eau**
Construction	..	0.4	0.5	0.6	..	0.7	0.4	0.9	0.5	1.1	0.2	1.4	**Construction**
Trade & repairs	-0.3	1.8	1.4	3.9	2.7	1.5	8.2	1.8	1.3	1.0	0.1	-1.4	**Commerce & réparation**
Hôtels & restaurants	..	..	..	..	..	1.0	2.6	1.7	-5.2	0.2	0.1	0.3	**Hôtels & restaurants**
Transport & communication	..	..	..	..	..	0.1	0.4	1.5	1.0	1.6	27.7	2.8	**Transport & communication**
of which:													*dont:*
Land, sea and air transport	0.7	2.1	0.8	0.2	-0.1	0.1	..	0.8	0.5	0.6	2.6	1.5	Transport terrestre, maritime et aérien
Telecommunications	..	..	..	..	..	..	..	..	0.5	1.0	24.8	1.4	Télécommunications
Financial activities	1.5	2.0	0.5	0.6	-0.2	1.9	13.4	2.7	-	3.3	0.7	15.5	**Activités financières**
of which:													*dont:*
Monetary institutions	..	..	..	..	..	-0.1	-0.1	2.6	..	..	-	0.8	Institutions monétaires
Other financial institutions	..	..	..	..	..	..	..	..	-0.3	3.3	0.7	5.5	Autres institutions financières
of which: Financial holding companies	..	..	..	..	..	..	..	..	..	..	..	9.2	*dont:* Sociétés holding financières
Insurance & activities auxiliary to insurance	..	..	..	..	..	2.0	13.6	0.1	0.3	-0.1	-	14.7	Assurances & activités auxiliaires
Other financial institutions and insurance activities	..	..	..	..	..	2.0	13.6	0.1	..	3.2	0.7	..	Autres activités d'institutions financières et d'assurances
Real estate & business activities	..	..	..	..	..	1.3	-	10.3	1.4	1.5	4.4	31.4	**Activités d'entreprise & immobilier**
of which: Real estate	..	..	..	..	..	1.3	..	1.3	0.3	0.5	0.5	3.0	*dont:* Immobilier
Other services	-	0.1	0.7	-	0.1	..	..	-0.1	0.1	0.4	0.1	0.2	**Autres services**
Unallocated	0.7	2.1	0.8	0.4	0.3	0.2	0.2	0.6	0.8	0.7	0.8	2.9	Non attribués
TOTAL	3.4	7.9	7.5	9.3	6.1	10.8	31.2	23.4	4.5	18.5	43.2	59.6	**TOTAL**
of which:													*dont:*
PRIMARY	0.3	0.3	0.3	-	..	1.1	0.6	0.6	1.2	0.3	4.5	2.3	PRIMAIRE
MANUFACTURING	1.1	1.2	3.4	3.7	3.2	2.9	4.9	3.1	3.0	8.3	4.5	4.3	MANUFACTURE
SERVICES	1.2	4.2	3.0	5.1	2.6	6.7	25.4	19.1	-0.4	9.2	33.3	50.1	SERVICES

DENMARK / DANEMARK

Table 2. **DIRECT INVESTMENT ABROAD:** *OUTFLOWS BY INDUSTRIAL SECTOR*
Tableau 2. **INVESTISSEMENT DIRECT À L'ÉTRANGER:** *FLUX PAR SECTEUR INDUSTRIEL*

Dkr billion / *Milliards de couronnes danoises*

	1988	1989	1990	1991	1992	1993	1994	1995	1996	1997	1998	1999 p	
Agriculture & fishing	0.1	0.1	0.1	0.5	..	..	..	..	..	..	0.2	0.2	**Agriculture & pêche**
Mining & quarrying	-	-	..	..	..	..	..	-0.1	..	-0.1	1.1	3.4	**Mines & exploitation**
of which: Extraction of petroleum and gas	..	..	..	..	..	..	..	-0.1	..	-0.4	0.7	3.4	*dont:* Extraction de pétrole et gaz
Manufacturing	2.2	2.3	2.0	3.2	5.7	7.3	7.5	3.9	3.6	10.8	12.9	9.7	**Manufacture**
of which:													*dont:*
Food products	0.3	0.2	0.2	1.5	2.7	2.7	3.2	1.6	2.9	6.5	8.0	7.4	Produits alimentaires
Textile and wood activities	..	..	..	..	..	0.4	0.1	0.4	0.7	0.3	0.6	0.8	Activités du textile et du bois
Petroleum, chemical, rubber and plastic products	..	..	..	..	..	2.8	1.6	0.8	1.1	0.9	1.5	0.6	Pétrole, produits chimiques, caoutchouc et mat. plastiques
Metal and mechanical products	..	..	..	..	..	0.9	1.7	1.2	0.3	2.3	1.4	-0.4	Produits métallurgiques et mécaniques
Office machinery, computers, radio, TV and communication equipment	0.1	0.1	0.2	0.1	-0.1	0.1	-0.1	-0.2	..	..	0.1	1.3	Machines de bureau, ordinateurs, radio, téléviseurs et équipement de communication
Vehicles and other transport equipment	..	..	..	..	..	..	..	..	..	0.2	0.3	0.1	Véhicules et autres équipements de transport
Electricity, gas & water	..	..	..	..	..	..	..	..	..	0.1	..	-	**Electricité, gaz & eau**
Construction	0.1	0.3	0.4	0.1	..	-0.4	0.5	-0.2	0.7	0.1	-0.1	0.7	**Construction**
Trade & repairs	1.6	2.0	3.4	2.3	2.8	-	1.8	0.8	4.7	3.3	3.4	3.4	**Commerce & réparation**
Hotels & restaurants	..	..	..	..	..	0.7	2.3	1.6	-5.8	-	-	-	**Hôtels & restaurants**
Transport & communication	..	..	..	..	..	0.4	0.3	0.8	6.5	4.0	0.2	11.9	**Transport & communication**
of which:													*dont:*
Land, sea and air transport	0.2	1.7	0.2	0.1	0.4	..	..	0.1	..	4.0	0.1	3.5	Transport terrestre, maritime et aérien
Telecommunications	..	..	..	..	..	..	..	..	5.6	3.6	-0.1	6.8	Télécommunications
Financial activities	0.9	5.7	3.8	4.7	4.2	-0.2	12.4	1.8	-	3.4	2.7	20.3	**Activités financières**
of which:													*dont:*
Monetary institutions	..	..	..	..	..	-0.8	-0.6	0.8	0.2	3.1	1.9	6.3	Institutions monétaires
Other financial institutions	..	..	..	..	..	..	..	..	0.4	0.1	1.6	1.9	Autres institutions financières
of which: Financial holding companies	..	..	..	..	..	0.6	13.0	1.1	-0.6	0.2	-0.8	12.1	*dont:* Sociétés holding financières
Insurance & activities auxiliary to insurance	..	..	..	..	..	..	..	..	-0.2	0.3	0.8	14.0	Assurances & activités auxiliaires
Other financial institutions and insurance activities	..	..	..	..	..	0.1	..	7.6	1.0	5.1	4.6	15.3	Autres activités d'institutions financières et d'assurances
Real estate & business activities	..	..	..	..	..	0.1	..	0.1	0.2	0.4	0.4	-0.2	**Activités d'entreprise & immobilier**
of which: Real estate	0.2	3.8	0.2	-	0.1	..	..	0.3	0.8	0.3	0.4	0.8	*dont:* Immobilier
Other services	0.2	1.7	0.2	2.3	0.7	0.2	0.4	0.6	3.0	0.8	0.6	0.6	**Autres services**
Unallocated	0.2	1.7	0.2	2.3	0.7	0.2	0.4	0.6	3.0	0.8	0.6	0.6	Non attribués
TOTAL	5.3	16.0	10.0	13.1	13.5	8.1	25.2	17.2	14.6	27.8	26.0	66.3	**TOTAL**
of which:													*dont:*
PRIMARY	0.1	0.1	0.1	0.5	..	..	..	-0.1	..	-0.1	1.3	3.6	PRIMAIRE
MANUFACTURING	2.2	2.3	2.0	3.2	5.7	7.3	7.5	3.9	3.6	10.8	12.9	9.7	MANUFACTURE
SERVICES	2.8	11.9	7.8	7.1	7.1	0.6	17.3	12.8	8.0	16.3	11.2	52.4	SERVICES

DENMARK / DANEMARK

Table 3. DIRECT INVESTMENT FROM ABROAD: *INFLOWS BY COUNTRY*
Tableau 3. INVESTISSEMENT DIRECT DE L'ÉTRANGER: *FLUX PAR PAYS*

Dkr billion / Milliards de couronnes danoises

	1988	1989	1990	1991	1992	1993	1994	1995	1996	1997	1998	1999 p	
OECD AREA	***4.0***	***7.7***	***7.4***	***9.2***	***6.2***	***10.0***	***30.9***	***21.7***	***3.6***	***17.2***	***41.8***	***59.4***	***ZONE DE L'OCDE***
Australia									0.1	-0.1	0.1		Australie
Austria								0.2	0.1	0.1			Autriche
Belgium-Luxembourg			0.2	1.3	0.6	0.1	2.4	0.4	1.4	-0.2	-0.5	0.8	Belgique-Luxembourg
Canada						-0.8							Canada
Czech Republic													République Tchèque
Finland	0.3		0.2	0.1	0.3	0.6	0.4	0.3	0.3		0.7	0.4	Finlande
France	0.1	2.9	0.3	1.4		0.3		0.8	-0.4	1.1	0.8	7.7	France
Germany	0.2	0.1	0.5	0.5	2.3	2.1	1.9	1.6	1.6	0.9	2.3	1.5	Allemagne
Greece													Grèce
Hungary													Hongrie
Iceland										0.1			Islande
Ireland					0.2	-1.1	1.4	1.0	2.5	4.3	1.5	0.5	Irlande
Italy					0.2				0.1		0.1		Italie
Japan	0.1	0.2		0.1					0.1	0.1		0.2	Japon
Korea													Corée
Mexico													Mexique
Netherlands	0.3	0.5	0.8	0.8	0.8	1.2	3.8	1.9	-5.4	0.2	-0.5	11.4	Pays-Bas
New Zealand												1.9	Nouvelle-Zélande
Norway	0.1	0.2	1.8	2.5	0.5	1.4	4.6	1.0	0.1	1.7	3.6	0.9	Norvège
Poland													Pologne
Portugal											0.2		Portugal
Spain	-0.1					0.1						2.0	Espagne
Sweden	1.5	4.0	1.6	1.7	-0.5	1.9	2.3	3.2	0.3	5.3	3.4	14.1	Suède
Switzerland	0.1	0.1	0.3	0.3	0.2	1.7	0.8	0.4	-0.1	-0.5	1.1	1.9	Suisse
Turkey													Turquie
United Kingdom	0.1	-0.4	1.2	0.3	0.4	2.0	10.8	9.7	1.0	2.4	1.9	4.1	Royaume-Uni
United States	1.3	0.3	0.3	0.3	1.2	0.5	2.3	1.4	1.8	2.1	27.2	11.7	Etats-Unis
OECD UNALLOCATED			0.1		0.2	0.1	0.2	0.1		-0.3	-0.1	0.3	OCDE NON ATTRIBUÉS
NON-OECD AREA	***-0.6***	***0.2***	***0.1***	***0.1***	***-0.1***	***0.8***	***0.2***	***1.7***	***0.9***	***1.3***	***1.4***	***0.2***	***HORS ZONE-OCDE***
EUROPEAN COUNTRIES (1)						**0.2**							**PAYS D'EUROPE (1)**
of which:													*dont:*
Baltic countries													Pays Baltes
Bulgaria													Bulgarie
Czechoslovakia													Tchécoslovaquie
Romania													Roumanie
Russia						0.1							Russie
Slovakia													Slovaquie
Slovenia													Slovénie
Ukraine													Ukraine
USSR													URSS

109

DENMARK / DANEMARK

Table 3. **DIRECT INVESTMENT FROM ABROAD:** *INFLOWS BY COUNTRY*
Tableau 3. **INVESTISSEMENT DIRECT DE L'ÉTRANGER:** *FLUX PAR PAYS*

Dkr billion / *Milliards de couronnes danoises*

	1988	1989	1990	1991	1992	1993	1994	1995	1996	1997	1998	1999 p	
AFRICA	-	-0.1	-	-	-	-	-	-	-	-	-	-	**AFRIQUE**
of which:													*dont:*
Algeria	..	..	..	..	..	..	..	..	..	..	..	..	Algérie
Egypt	-	-	-	-	-	-	-	-	-	-	-	-	Egypte
Libya	-	-	-	-	-	-	-	-	-	-	-	-	Libye
Morocco	-	-	-	-	-	-	-	-	-	-	-	-	Maroc
South Africa	-	-	-	-	-	-	-	-	-	-	-	-	Afrique du Sud
LATIN AMERICA-CARIBBEAN (1)	-	-	-	-	-	-	-0.1	1.2	0.3	0.4	0.9	-	**AMÉRIQUE LATINE-CARAÏBES (1)**
of which:													*dont:*
Argentina	-	-	-	-	-	-	-	-	-	-	-	-	Argentine
Brazil	-	-	-	-	-	-	-	-	-	-	-	-	Brésil
Chile	-	-	-	-	-	-	-	-	-	-	-	-	Chili
Colombia	-	-	-	-	-	-	-	-	-	-	-	-	Colombie
Costa Rica	-	-	-	-	-	-	-	-	-	-	-	-	Costa Rica
Netherlands Antilles	-	-	-	-	-	-	-	-	-	-	-	-	Antilles néerlandaises
Panama	-	-	-	-	-	-	-	-	-	-	-	-	Panama
Venezuela	-	-	-	-	-	-	-	-	-	-	-	-	Venezuela
NEAR & MIDDLE EAST	-	-	-	-	-	..	-	-	-	-	-	-	**PROCHE & MOYEN ORIENT**
of which:													*dont:*
Gulf States	..	..	..	..	..	..	..	..	..	..	..	..	Pays du Golfe
of which:													*dont:*
Kuwait	..	..	..	..	..	..	..	..	..	..	..	..	Koweït
Saudi Arabia	..	..	..	..	..	..	..	..	..	..	..	..	Arabie Saoudite
United Arab Emirates	..	..	..	..	..	..	..	..	..	..	..	..	Émirats Arabes Unis
Iran	-	-	-	-	-	-	-	-	-	-	-	-	Iran
Israel	-	-	-	-	-	-	-	-	-	-	-	-	Israël
ASIAN COUNTRIES (1)	-0.1	-0.2	0.1	-0.1	-	-	0.3	-0.1	-	0.1	-0.1	0.1	**PAYS D'ASIE (1)**
of which:													*dont:*
China	..	..	..	..	..	..	..	..	..	..	..	..	Chine
Chinese Taipei	..	..	..	..	..	..	..	..	..	..	..	..	Taipei chinois
Hong Kong	..	..	..	..	..	..	..	..	..	..	-0.1	0.1	Hong Kong
India	..	..	..	..	..	..	..	..	..	..	..	..	Inde
Indonesia	..	..	..	..	..	..	..	..	..	..	..	..	Indonésie
Malaysia	..	..	..	..	..	..	..	..	..	..	..	..	Malaisie
Philippines	..	..	..	..	..	..	..	..	..	..	..	..	Philippines
Singapore	..	..	..	..	..	..	..	-0.1	..	..	..	..	Singapour
Thailand	..	..	..	..	..	..	0.3	-	..	..	..	..	Thaïlande
UNALLOCATED	-0.5	0.5	-	0.2	-0.1	-	-	0.5	0.6	0.8	0.6	0.1	**NON ATTRIBUÉS**
WORLD	**3.4**	**7.9**	**7.5**	**9.3**	**6.1**	**10.8**	**31.2**	**23.4**	**4.5**	**18.5**	**43.2**	**59.6**	**MONDE**
of which:													*dont:*
EUROPE (2)	2.6	7.2	7.0	8.8	4.9	9.5	28.5	20.5	1.6	15.2	14.6	45.6	EUROPE (2)
EUROPEAN UNION	2.4	7.0	4.9	6.1	4.2	6.4	23.0	19.0	1.5	14.1	9.9	42.6	UNION EUROPÉENNE
NAFTA	1.3	0.3	0.3	0.3	1.2	0.5	2.3	1.4	1.8	2.1	27.2	11.8	ALENA
ASEAN	..	..	..	..	..	-	0.3	-0.1	..	..	..	..	Pays de l'ASEAN

1. Excluding countries recorded under the OECD area above.
2. EUROPE = EU + EFTA + Other European Countries.

1. Ce montant exclut les pays figurant dans la zone OCDE mentionnée ci-dessus.
2. EUROPE = UE + AELE + Autres pays d'Europe.

DENMARK

DANEMARK

Table 4. **DIRECT INVESTMENT ABROAD:** *OUTFLOWS BY COUNTRY*
Tableau 4. **INVESTISSEMENT DIRECT À L'ÉTRANGER:** *FLUX PAR PAYS*

Dkr billion *Milliards de couronnes danoises*

	1988	1989	1990	1991	1992	1993	1994	1995	1996	1997	1998	1999 p		
OECD AREA	*5.1*	*15.1*	*9.7*	*12.1*	*13.1*	*7.6*	*25.1*	*16.4*	*12.3*	*25.3*	*23.2*	*62.5*	**ZONE DE L'OCDE**	
Australia	0.1	-0.1	0.1	0.1			0.1	0.1	-0.2	-0.1	0.1	2.0	Australie	
Austria						0.1		1.0		0.2	-0.5	1.0	Autriche	
Belgium-Luxembourg	0.3	0.1	0.1	0.5	0.9	-1.5	0.4	-0.4	0.3	0.6	0.9	1.7	Belgique-Luxembourg	
Canada	0.1	0.1	0.2	2.0	0.1	0.1	0.4	0.1	-0.1		0.1	0.2	Canada	
Czech Republic						0.1	0.1	0.1		0.6	0.2	0.2	République Tchèque	
Finland	0.1		-0.1	0.2	0.6	0.9	1.6	-0.3	0.3	0.1	2.6	9.8	Finlande	
France	0.1	2.5	2.9	0.5	0.7	-1.9	1.0	0.9	0.6	0.4	0.8	0.5	France	
Germany	1.0	1.1	0.6	0.8	0.1		0.6	2.5	-1.2	3.4	1.1	9.4	Allemagne	
Greece													Grèce	
Hungary						0.1	0.1	0.2	0.1		-1.1	0.2	Hongrie	
Iceland						0.1						0.2	Islande	
Ireland			0.3	2.1	0.3		3.0	0.9	2.3	3.8	3.4	-0.3	Irlande	
Italy			0.1			0.2	0.2	0.2	0.2	0.1	0.2	0.3	Italie	
Japan	0.2		0.2	0.2	0.2	0.1	0.1	0.1	0.2	0.1	0.3		Japon	
Korea								0.2	0.1	0.1		0.4	Corée	
Mexico											0.2		Mexique	
Netherlands	0.1	0.1	0.1	-0.1		0.7		1.3	4.8	0.7	0.1	14.8	Pays-Bas	
New Zealand		5.3	0.6	0.3	0.9				0.1	0.1			Nouvelle-Zélande	
Norway	0.3	0.3	0.3	0.3	0.3	1.2	2.6	0.5	0.2	1.1	4.9	9.9	Norvège	
Poland						0.1	0.1	0.5	1.2	0.9	0.8	1.4	Pologne	
Portugal				0.5	0.4	-0.2	0.3	-0.6	0.5	-0.7	0.5	-0.2	Portugal	
Spain	0.2	0.2	0.2	0.6	0.5	0.2	6.4	0.3	0.2	0.1		-0.1	Espagne	
Sweden		0.6	1.2	2.3	2.8	2.4	3.6	1.8	4.8	6.4	4.0	4.3	Suède	
Switzerland		0.8	0.3	0.1		0.8	0.4	2.4	0.4	1.4	-2.2	0.2	Suisse	
Turkey		0.1									0.1		Turquie	
United Kingdom	1.2	3.2	1.9	1.3	4.2	1.2	-0.4	-0.2	-0.8	3.2	11.6	2.4	Royaume-Uni	
United States	1.2	0.7	0.7	0.4	0.9	2.8	4.6	5.0	-1.8	1.8	-5.0	3.9	Etats-Unis	
OECD UNALLOCATED	0.1	0.2	0.1	0.1	0.2		0.1		0.1	1.0	0.1	0.3	OCDE NON ATTRIBUES	
NON-OECD AREA	*0.2*	*0.9*	*0.4*	*1.0*	*0.4*	*0.5*	*0.1*	*0.8*	*2.4*	*2.5*	*2.8*	*3.8*	**HORS ZONE-OCDE**	
EUROPEAN COUNTRIES (1)						*0.5*	*0.1*	*0.5*	*0.3*	*0.3*	*0.7*	*2.9*	**PAYS D'EUROPE (1)**	
of which:													*dont:*	
Baltic countries								0.4	0.2		0.3	0.9	Pays Baltes	
Bulgaria													Bulgarie	
Czechoslovakia													Tchécoslovaquie	
Romania													Roumanie	
Russia										0.1	0.2	0.1	Russie	
Slovakia													Slovaquie	
Slovenia								0.1		0.1			Slovénie	
Ukraine													Ukraine	
USSR													URSS	

111

DENMARK / DANEMARK

Table 4. DIRECT INVESTMENT ABROAD: OUTFLOWS BY COUNTRY
Tableau 4. INVESTISSEMENT DIRECT À L'ÉTRANGER : FLUX PAR PAYS

Dkr billion / Milliards de couronnes danoises

	1988	1989	1990	1991	1992	1993	1994	1995	1996	1997	1998	1999 p	
AFRICA	-	-	-	-	-	-	-	-	-0.1	0.3	0.1	1.7	**AFRIQUE**
of which:													*dont:*
Algeria	..	..	..	..	..	..	..	..	..	..	..	..	Algérie
Egypt	..	..	..	..	..	..	..	..	..	..	..	0.1	Egypte
Libya	..	..	..	..	..	..	..	..	..	..	..	-	Libye
Morocco	..	..	..	..	..	..	..	..	..	..	..	-	Maroc
South Africa	..	..	..	..	..	..	..	..	0.2	..	..	1.6	Afrique du Sud
LATIN AMERICA-CARIBBEAN (1)	0.1	-	0.1	0.1	0.1	0.1	0.1	0.2	0.6	0.1	0.4	0.1	**AMÉRIQUE LATINE-CARAÏBES (1)**
of which:													*dont:*
Argentina	..	..	..	..	..	..	..	..	..	..	0.1	0.1	Argentine
Brazil	..	..	..	..	..	..	0.1	0.1	0.1	..	..	0.1	Brésil
Chile	..	..	..	..	..	..	..	0.1	..	..	0.1	-	Chili
Colombia	..	..	..	..	..	..	..	..	..	..	..	..	Colombie
Costa Rica	..	..	..	..	..	..	..	..	..	..	..	..	Costa Rica
Netherlands Antilles	..	..	..	..	..	..	..	..	..	..	..	..	Antilles néerlandaises
Panama	..	..	..	..	..	0.1	..	..	..	..	..	..	Panama
Venezuela	..	..	..	..	..	..	..	..	..	..	0.1	..	Vénézuela
NEAR & MIDDLE EAST	-	-	-	-	-	-	-	0.1	-	..	-	0.1	**PROCHE & MOYEN ORIENT**
of which:													*dont:*
Gulf States	..	..	..	..	..	..	..	..	..	0.3	..	..	Pays du Golfe
of which:													*dont:*
Kuwait	..	..	..	..	..	..	..	..	..	..	..	..	Koweit
Saudi Arabia	..	..	..	..	..	..	..	..	..	..	..	..	Arabie Saoudite
United Arab Emirates	..	..	..	..	..	..	..	..	..	..	..	..	Émirats Arabes Unis
Iran	..	..	..	..	..	..	..	..	..	..	..	..	Iran
Israel	..	..	..	..	..	..	..	0.1	..	..	..	0.1	Israël
ASIAN COUNTRIES (1)	0.1	0.6	0.1	0.9	0.2	-0.1	-0.1	-0.6	0.7	0.7	1.3	0.9	**PAYS D'ASIE (1)**
of which:													*dont:*
China	..	..	..	..	..	..	0.1	0.2	0.5	0.6	0.2	0.2	Chine
Chinese Taipei	..	..	..	..	..	..	..	..	..	..	..	..	Taipei chinois
Hong Kong	..	..	..	..	..	..	-0.4	0.3	..	0.4	0.6	0.4	Hong Kong
India	..	..	..	..	..	..	0.1	0.1	..	0.2	0.1	0.1	Inde
Indonesia	..	..	..	..	..	..	..	..	0.1	..	..	..	Indonésie
Malaysia	..	..	..	..	..	0.1	0.1	-1.1	..	..	0.1	..	Malaisie
Philippines	..	..	..	..	..	..	..	..	..	..	..	..	Philippines
Singapore	..	..	..	..	..	..	..	..	..	-0.1	0.1	..	Singapour
Thailand	..	..	..	..	..	-0.4	..	-0.2	..	-0.4	0.1	0.1	Thaïlande
UNALLOCATED	-	0.3	0.1	-	0.1	-	-	0.6	0.8	1.1	0.3	-1.9	**NON ATTRIBUÉS**
WORLD	**5.3**	**16.0**	**10.0**	**13.1**	**13.5**	**8.2**	**25.2**	**17.2**	**14.6**	**27.8**	**26.0**	**66.3**	**MONDE**
of which:													*dont:*
EUROPE (2)	3.5	14.1	8.5	9.4	11.7	4.2	19.7	10.1	14.3	22.9	28.1	57.0	EUROPE (2)
EUROPEAN UNION	3.2	13.1	7.9	9.0	11.4	2.3	16.7	7.3	11.9	18.3	24.7	43.9	UNION EUROPÉENNE
NAFTA	1.3	0.9	0.9	2.4	1.0	2.9	4.9	5.2	-1.7	1.8	-4.7	4.1	ALENA
ASEAN	..	..	..	..	..	-0.2	0.1	-1.3	..	-0.5	0.3	0.1	Pays de l'ASEAN

1. Excluding countries recorded under the OECD area above.
2. EUROPE = EU + EFTA + Other European Countries.

1. Ce montant exclut les pays figurant dans la zone OCDE mentionnée ci-dessus.
2. EUROPE = UE + AELE + Autres pays d'Europe.

DENMARK - DANEMARK

Chart 4. **Inward direct investment position**
Graphique 4. **Encours d'investissement direct de l'étranger**

1991

Unalloc. 3%
Prim. 7%
Manuf. 18%
Services 72%

NAFTA-ALENA 8%
Other OECD-Autres OCDE 16%
Non OECD-Non OCDE 2%
EU15-UE15 70%

1998

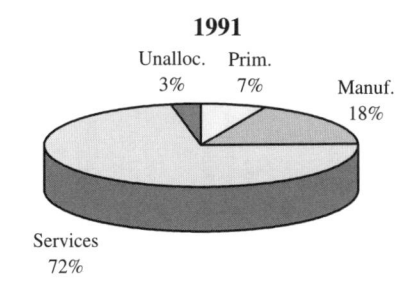

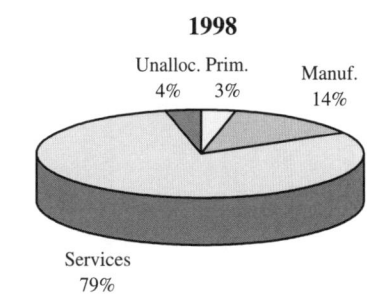

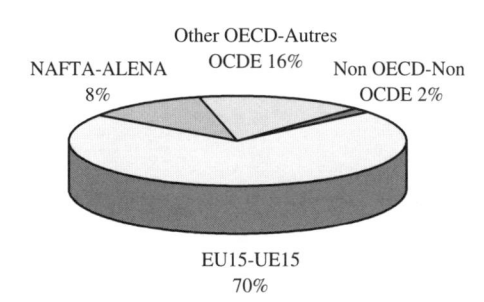

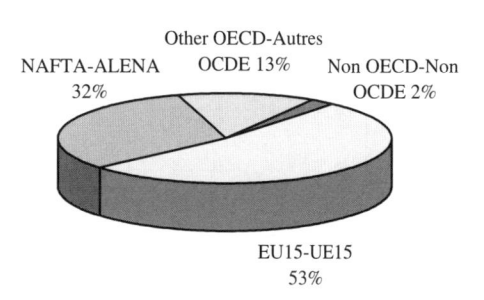

Unalloc. 4%
Prim. 3%
Manuf. 14%
Services 79%

NAFTA-ALENA 32%
Other OECD-Autres OCDE 13%
Non OECD-Non OCDE 2%
EU15-UE15 53%

Chart 5. **Outward direct investment position**
Graphique 5. **Encours d'investissement direct à l'étranger**

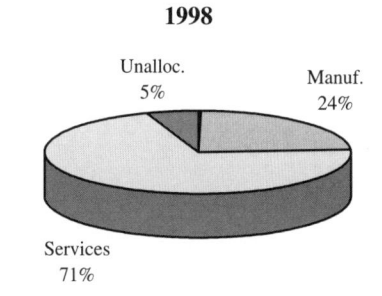

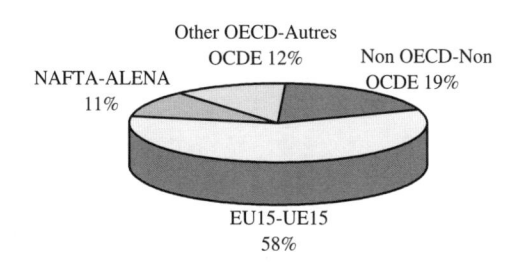

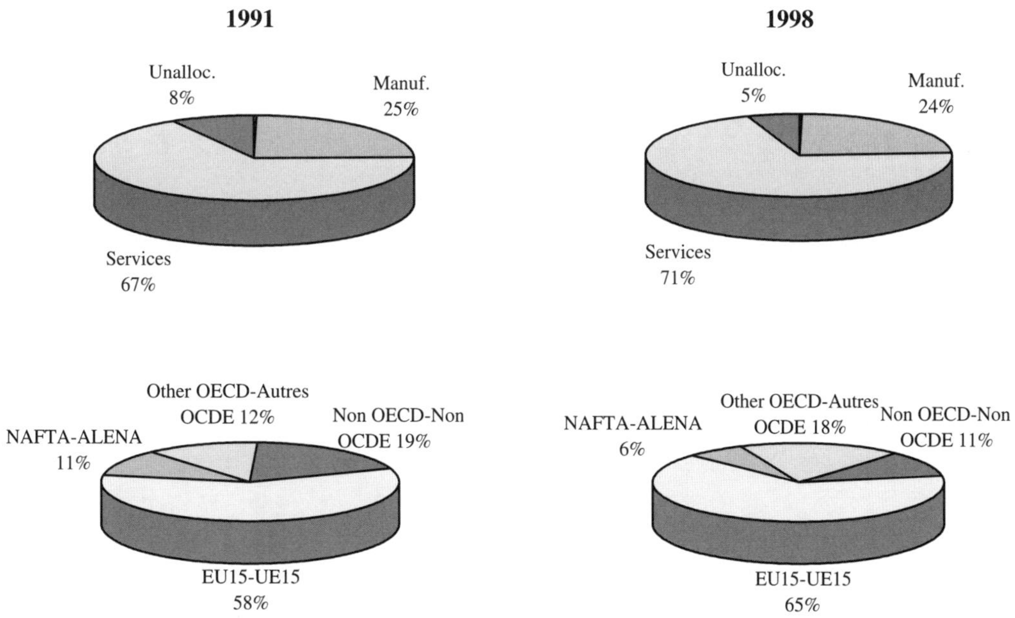

1991

Unalloc. 8%
Manuf. 25%
Services 67%

NAFTA-ALENA 11%
Other OECD-Autres OCDE 12%
Non OECD-Non OCDE 19%
EU15-UE15 58%

1998

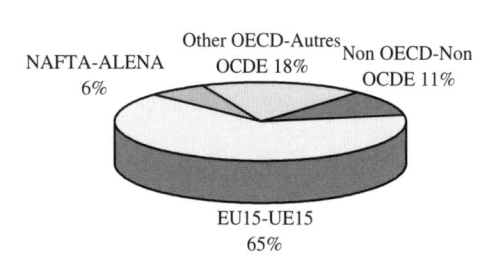

Unalloc. 5%
Manuf. 24%
Services 71%

NAFTA-ALENA 6%
Other OECD-Autres OCDE 18%
Non OECD-Non OCDE 11%
EU15-UE15 65%

Note: Prim. = primary sector, **Manuf.** = manufacturing.

Note: Prim. = secteur primaire, **Manuf.** = manufacture.

DENMARK   **DANEMARK**

Table 5. **DIRECT INVESTMENT FROM ABROAD:** *INWARD POSITION BY INDUSTRIAL SECTOR*
Tableau 5. **ENCOURS D'INVESTISSEMENT DIRECT DE L'ÉTRANGER:** *PAR SECTEUR INDUSTRIEL*
year-end - fin d'année

Dkr billion   *Milliards de couronnes danoises*

	1988	1989	1990	1991	1992	1993	1994	1995	1996	1997	1998 p	
Agriculture & fishing	..	..	..	**0.1**	..	..	**0.2**	..	..	..	**0.2**	**Agriculture & pêche**
Mining & quarrying	..	..	..	**5.8**	..	..	**6.9**	..	..	..	**6.1**	**Mines & exploitation**
of which: Extraction of petroleum and gas	..	..	..	..	..	..	..	..	..	..	5.8	*dont:* Extraction de pétrole et gaz
Manufacturing	..	..	..	**15.5**	..	..	**20.0**	..	..	..	**26.6**	**Manufacture**
of which:												*dont:*
Food products	..	..	..	3.5	..	..	3.6	..	..	..	3.3	Produits alimentaires
Textile and wood activities	..	..	..	2.1	..	..	1.9	..	..	..	3.4	Activités du textile et du bois
Petroleum, chemical, rubber and plastic products	..	..	..	4.2	..	..	4.6	..	..	..	6.9	Pétrole, produits chimiques, caoutchouc et mat. plastiques
Metal and mechanical products	..	..	..	3.2	..	..	5.7	..	..	..	7.3	Produits métallurgiques et mécaniques
Office machinery, computers, radio, TV and communication equipment	..	..	..	0.3	..	..	0.9	..	..	..	0.9	Machines de bureau, ordinateurs, radio, téléviseurs et équipement de communication
Vehicles and other transport equipment	..	..	..	0.2	..	..	0.3	..	..	..	0.3	Véhicules et autres équipements de transport
Electricity, gas & water	..	..	..	**0.6**	..	..	**0.1**	..	..	..	**1.9**	**Electricité, gaz & eau**
Construction	..	..	..	**1.3**	..	..	**1.1**	..	..	..	**0.3**	**Construction**
Trade & repairs	..	..	..	**27.0**	..	..	**34.8**	..	..	..	**42.8**	**Commerce & réparation**
Hotels & restaurants	..	..	..	**2.1**	..	..	**1.3**	..	..	..	**3.0**	**Hôtels & restaurants**
Transport & communication	..	..	..	**7.4**	..	..	**5.2**	..	..	..	**52.9**	**Transport & communication**
of which:												*dont:*
Land, sea and air transport	..	..	..	..	..	..	..	..	..	..	8.5	Transport terrestre, maritime et aérien
Telecommunications	..	..	..	..	..	..	..	..	..	..	43.5	Télécommunications
Financial activities	..	..	..	**14.0**	..	..	**13.6**	..	..	..	**15.9**	**Activités financières**
of which:												*dont:*
Monetary institutions	..	..	..	0.8	..	..	0.2	..	..	..	-	Institutions monétaires
Other financial institutions	..	..	..	1.0	..	..	3.4	..	..	..	8.9	Autres institutions financières
of which: Financial holding companies	..	..	..	0.8	..	..	2.4	..	..	..	-	*dont:* Sociétés holding financières
Insurance & activities auxiliary to insurance	..	..	..	12.1	..	..	10.0	..	..	..	6.9	Assurances & activités auxiliaires
Other financial institutions and insurance activities	..	..	..	..	..	..	..	..	..	..	15.8	Autres activités d'institutions financières et d'assurances
Real estate & business activities	..	..	..	**10.4**	..	..	**17.3**	..	..	..	**38.1**	**Activités d'entreprise & immobilier**
of which: Real estate	..	..	..	0.9	..	..	4.5	..	..	..	1.4	*dont:* Immobilier
Other services	..	..	..	**0.4**	..	..	**0.3**	..	..	..	**0.5**	**Autres services**
Unallocated	..	..	..	2.8	..	..	7.9	..	..	..	7.0	Non attribués
TOTAL	..	..	..	**87.2**	..	..	**108.6**	..	..	..	**195.3**	**TOTAL**
of which:												*dont:*
PRIMARY	..	..	..	**5.9**	..	..	**7.1**	..	..	..	**6.3**	**PRIMAIRE**
MANUFACTURING	..	..	..	**15.5**	..	..	**20.0**	..	..	..	**26.6**	**MANUFACTURE**
SERVICES	..	..	..	**63.1**	..	..	**73.6**	..	..	..	**155.4**	**SERVICES**

DENMARK / DANEMARK

Table 6. **DIRECT INVESTMENT ABROAD: *OUTWARD POSITION BY INDUSTRIAL SECTOR***
Tableau 6. **ENCOURS D'INVESTISSEMENT DIRECT À L'ÉTRANGER:** *PAR SECTEUR INDUSTRIEL*

year-end - fin d'année

Dkr billion / *Milliards de couronnes danoises*

	1988	1989	1990	1991	1992	1993	1994	1995	1996	1997	1998 p	
Agriculture & fishing	..	..	..	0.1	..	..	0.1	..	..	..	0.2	**Agriculture & pêche**
Mining & quarrying	..	..	..	0.1	..	..	0.2	..	..	..	0.1	**Mines & exploitation**
of which: Extraction of petroleum and gas	..	..	..	..	..	..	..	..	..	..	..	*dont*: Extraction de pétrole et gaz
Manufacturing	..	..	..	22.7	..	..	34.1	..	..	..	50.7	**Manufacture**
of which:												*dont*:
Food products	..	..	..	5.2	..	..	14.1	..	..	..	17.5	Produits alimentaires
Textile and wood activities	..	..	..	1.4	..	..	1.6	..	..	..	3.8	Activités du textile et du bois
Petroleum, chemical, rubber and plastic products	..	..	..	7.1	..	..	9.4	..	..	..	15.7	Pétrole, produits chimiques, caoutchouc et mat. plastiques
Metal and mechanical products	..	..	..	4.1	..	..	5.8	..	..	..	7.8	Produits métallurgiques et mécaniques
Office machinery, computers, radio, TV and communication equipment	..	..	..	0.4	..	..	0.6	..	..	..	0.9	Machines de bureau, ordinateurs, radio, téléviseurs et équipement de communication
Vehicles and other transport equipment	..	..	..	0.3	..	..	0.2	..	..	..	0.4	Véhicules et autres équipements de transport
Electricity, gas & water	..	..	..	-	..	..	0.1	..	..	..	..	**Electricité, gaz & eau**
Construction	..	..	..	1.8	..	..	1.8	..	..	..	2.2	**Construction**
Trade & repairs	..	..	..	22.4	..	..	25.0	..	..	..	26.5	**Commerce & réparation**
Hotels & restaurants	..	..	..	1.8	..	..	0.7	..	..	..	..	**Hôtels & restaurants**
Transport & communication	..	..	..	8.3	..	..	8.0	..	..	..	21.7	**Transport & communication**
of which:												*dont*:
Land, sea and air transport	..	..	..	..	..	..	..	..	..	..	8.9	Transport terrestre, maritime et aérien
Telecommunications	..	..	..	..	..	..	..	..	..	..	10.9	Télécommunications
Financial activities	..	..	..	11.4	..	..	6.8	..	..	..	5.6	**Activités financières**
of which:												*dont*:
Monetary institutions	..	..	..	6.9	..	..	4.6	..	..	..	-	Institutions monétaires
Other financial institutions	..	..	..	-0.4	..	..	-1.0	..	..	..	1.4	Autres institutions financières
of which: Financial holding companies	..	..	..	1.8	..	..	-0.4	..	..	..	-	*dont*: Sociétés holding financières
Insurance & activities auxiliary to insurance	..	..	..	4.5	..	..	3.1	..	..	..	4.2	Assurances & activités auxiliaires
Other financial institutions and insurance activities	..	..	..	..	..	..	..	..	..	..	5.6	Autres activités d'institutions financières et d'assurances
Real estate & business activities	..	..	..	15.9	..	..	31.4	..	..	..	94.4	**Activités d'entreprise & immobilier**
of which: Real estate	..	..	..	4.0	..	..	4.6	..	..	..	2.3	*dont*: Immobilier
Other services	..	..	..	-	..	..	-	..	..	..	..	**Autres services**
Unallocated	..	..	..	7.7	..	..	11.0	..	..	..	11.7	Non attribués
TOTAL	..	..	..	92.3	..	..	119.3	..	..	..	213.1	**TOTAL**
of which:												*dont*:
PRIMARY	..	..	..	0.2	..	..	0.3	..	..	..	0.3	**PRIMAIRE**
MANUFACTURING	..	..	..	22.7	..	..	34.1	..	..	..	50.7	**MANUFACTURE**
SERVICES	..	..	..	61.7	..	..	73.9	..	..	..	150.4	**SERVICES**

DENMARK DANEMARK

Table 7. **DIRECT INVESTMENT FROM ABROAD: *INWARD POSITION BY COUNTRY***
Tableau 7. **ENCOURS D'INVESTISSEMENT DIRECT DE L'ÉTRANGER: *PAR PAYS***
year-end - fin d'année

Dkr billion *Milliards de couronnes danoises*

	1988	1989	1990	1991	1992	1993	1994	1995	1996	1997	1998 p	
OECD AREA	..	..	..	**85.9**	..	..	**104.8**	..	..	..	**190.5**	**ZONE DE L'OCDE**
Australia	:	:	:	:	:	:	:	:	:	:	:	Australie
Austria	:	:	:	0.2	:	:	0.1	:	:	:	4.5	Autriche
Belgium-Luxembourg	:	:	:	3.4	:	:	3.2	:	:	:	8.0	Belgique-Luxembourg
Canada	:	:	:	0.1	:	:	-0.1	:	:	:	0.3	Canada
Czech Republic	:	:	:	:	:	:	:	:	:	:	:	République Tchèque
Finland	:	:	:	1.7	:	:	4.7	:	:	:	3.6	Finlande
France	:	:	:	6.0	:	:	2.5	:	:	:	2.7	France
Germany	:	:	:	5.6	:	:	7.0	:	:	:	16.4	Allemagne
Greece	:	:	:	:	:	:	:	:	:	:	:	Grèce
Hungary	:	:	:	:	:	:	:	:	:	:	:	Hongrie
Iceland	:	:	:	:	:	:	:	:	:	:	:	Islande
Ireland	:	:	:	0.5	:	:	:	:	:	:	0.3	Irlande
Italy	:	:	:	0.5	:	:	1.0	:	:	:	0.8	Italie
Japan	:	:	:	0.5	:	:	0.9	:	:	:	1.3	Japon
Korea	:	:	:	:	:	:	:	:	:	:	:	Corée
Mexico	:	:	:	:	:	:	:	:	:	:	-0.1	Mexique
Netherlands	:	:	:	10.6	:	:	15.3	:	:	:	16.3	Pays-Bas
New Zealand	:	:	:	:	:	:	:	:	:	:	:	Nouvelle-Zélande
Norway	:	:	:	9.1	:	:	14.6	:	:	:	18.6	Norvège
Poland	:	:	:	:	:	:	:	:	:	:	:	Pologne
Portugal	:	:	:	:	:	:	:	:	:	:	:	Portugal
Spain	:	:	:	:	:	:	-7.3	:	:	:	0.1	Espagne
Sweden	:	:	:	21.0	:	:	18.1	:	:	:	25.1	Suède
Switzerland	:	:	:	4.4	:	:	7.3	:	:	:	6.1	Suisse
Turkey	:	:	:	-0.1	:	:	:	:	:	:	:	Turquie
United Kingdom	:	:	:	12.3	:	:	23.8	:	:	:	24.8	Royaume-Uni
United States	:	:	:	10.3	:	:	13.7	:	:	:	61.8	Etats-Unis
OECD UNALLOCATED	:	:	:	-0.1	:	:	:	:	:	:	-0.1	OCDE NON ATTRIBUES
NON-OECD AREA	..	..	..	**1.3**	..	..	**3.7**	..	..	..	**4.8**	**HORS ZONE-OCDE**
EUROPEAN COUNTRIES (1)	..	..	..	**0.1**	..	..	**0.1**	..	..	..	**1.1**	**PAYS D'EUROPE (1)**
of which:												*dont:*
Baltic countries	:	:	:	:	:	:	:	:	:	:	:	Pays Baltes
Bulgaria	:	:	:	:	:	:	:	:	:	:	:	Bulgarie
Czechoslovakia	:	:	:	:	:	:	:	:	:	:	:	Tchécoslovaquie
Romania	:	:	:	:	:	:	:	:	:	:	:	Roumanie
Russia	:	:	:	:	:	:	0.1	:	:	:	:	Russie
Slovakia	:	:	:	:	:	:	:	:	:	:	:	Slovaquie
Slovenia	:	:	:	:	:	:	:	:	:	:	:	Slovénie
Ukraine	:	:	:	:	:	:	:	:	:	:	:	Ukraine
USSR	:	:	:	:	:	:	:	:	:	:	:	URSS

DENMARK / DANEMARK

Table 7. DIRECT INVESTMENT FROM ABROAD: INWARD POSITION BY COUNTRY
Tableau 7. ENCOURS D'INVESTISSEMENT DIRECT DE L'ÉTRANGER: PAR PAYS
year-end - fin d'année

Dkr billion / Milliards de couronnes danoises

	1988	1989	1990	1991	1992	1993	1994	1995	1996	1997	1998 p	
AFRICA	..	..	..	..	..	..	..	..	..	..	-	**AFRIQUE**
of which:												*dont:*
Algeria	..	..	..	..	..	..	..	..	..	..	-	Algérie
Egypt	..	..	..	..	..	..	..	..	..	..	-	Egypte
Libya	..	..	..	..	..	..	..	..	..	..	-	Libye
Morocco	..	..	..	..	..	..	..	..	..	..	-	Maroc
South Africa	..	..	..	..	..	..	..	..	..	..	-	Afrique du Sud
LATIN AMERICA-CARIBBEAN (1)	..	..	..	0.7	..	..	1.4	..	..	..	1.3	**AMÉRIQUE LATINE-CARAÏBES (1)**
of which:												*dont:*
Argentina	..	..	..	-	..	..	-	..	..	..	-	Argentine
Brazil	..	..	..	-	..	..	-	..	..	..	-	Brésil
Chile	..	..	..	-	..	..	-	..	..	..	-	Chili
Colombia	..	..	..	-	..	..	-	..	..	..	-	Colombie
Costa Rica	..	..	..	-	..	..	-	..	..	..	-	Costa Rica
Netherlands Antilles	..	..	..	-	..	..	-	..	..	..	-	Antilles néerlandaises
Panama	..	..	..	-	..	..	-	..	..	..	-	Panama
Venezuela	..	..	..	-	..	..	-	..	..	..	-	Vénézuela
NEAR & MIDDLE EAST	..	..	..	0.4	..	..	0.4	..	..	..	1.1	**PROCHE & MOYEN ORIENT**
of which:												*dont:*
Gulf States	..	..	..	..	..	..	..	..	..	..	1.1	Pays du Golfe
of which:												*dont:*
Kuwait	..	..	..	..	..	..	..	..	..	..	-	Koweit
Saudi Arabia	..	..	..	..	..	..	..	..	..	..	-	Arabie Saoudite
United Arab Emirates	..	..	..	..	..	..	..	..	..	..	-	Émirats Arabes Unis
Iran	..	..	..	..	..	..	..	..	..	..	-	Iran
Israel	..	..	..	..	..	..	..	..	..	..	-	Israël
ASIAN COUNTRIES (1)	..	..	..	-	..	..	0.3	..	..	..	0.3	**PAYS D'ASIE (1)**
of which:												*dont:*
China	..	..	..	-	..	..	-	..	..	..	-	Chine
Chinese Taipei	..	..	..	-	..	..	-	..	..	..	-	Taipei chinois
Hong Kong	..	..	..	-	..	..	0.1	..	..	..	0.1	Hong Kong
India	..	..	..	-	..	..	-	..	..	..	-	Inde
Indonesia	..	..	..	-	..	..	-	..	..	..	-	Indonésie
Malaysia	..	..	..	-	..	..	-	..	..	..	-	Malaisie
Philippines	..	..	..	-	..	..	-	..	..	..	-	Philippines
Singapore	..	..	..	-	..	..	-	..	..	..	0.1	Singapour
Thailand	..	..	..	-	..	..	-	..	..	..	0.1	Thaïlande
UNALLOCATED	..	..	..	0.1	..	..	1.6	..	..	..	1.0	**NON ATTRIBUÉS**
WORLD	..	..	..	*87.2*	..	..	*108.6*	..	..	..	*195.3*	***MONDE***
of which:												*dont:*
EUROPE (2)	..	..	..	75.1	..	..	90.4	..	..	..	129.3	EUROPE (2)
EUROPEAN UNION	..	..	..	61.7	..	..	68.4	..	..	..	102.5	UNION EUROPÉENNE
NAFTA	..	..	..	10.4	..	..	13.6	..	..	..	62.0	ALENA
ASEAN	..	..	..	-	..	..	-	..	..	..	0.2	Pays de l'ASEAN

1. Excluding countries recorded under the OECD area above.
2. EUROPE = EU + EFTA + Other European Countries.

1. Ce montant exclut les pays figurant dans la zone OCDE mentionnée ci-dessus.
2. EUROPE = UE + AELE + Autres pays d'Europe.

DENMARK / DANEMARK

Table 8. DIRECT INVESTMENT ABROAD: *OUTWARD POSITION BY COUNTRY*
Tableau 8. ENCOURS D'INVESTISSEMENT DIRECT À L'ÉTRANGER: *PAR PAYS*

year-end - fin d'année

Dkr billion — *Milliards de couronnes danoises*

	1988	1989	1990	1991	1992	1993	1994	1995	1996	1997	1998 p	
OECD AREA	..	..	..	**75.2**	..	..	**98.7**	..	..	..	**190.6**	**ZONE DE L'OCDE**
Australia				0.7			0.7				1.4	Australie
Austria				0.2			0.9				3.1	Autriche
Belgium-Luxembourg				0.1			0.8				-0.5	Belgique-Luxembourg
Canada				2.6			1.6				3.5	Canada
Czech Republic	-	-	-	.			0.2				1.8	République Tchèque
Finland				0.6			2.8				5.4	Finlande
France				4.9			6.0				6.6	France
Germany				7.1			9.4				9.8	Allemagne
Greece				0.1			0.3				0.4	Grèce
Hungary				0.1			0.2				0.4	Hongrie
Iceland				.			.				0.2	Islande
Ireland				1.9			3.8				3.3	Irlande
Italy				0.7			0.9				1.8	Italie
Japan				1.4			2.0				2.7	Japon
Korea				0.1			0.2				0.3	Corée
Mexico				0.3			0.4				1.0	Mexique
Netherlands				4.4			4.4				13.4	Pays-Bas
New Zealand				0.1			0.1				0.2	Nouvelle-Zélande
Norway				3.6			4.8				7.2	Norvège
Poland				0.1			0.6				4.5	Pologne
Portugal				1.0			2.6				4.3	Portugal
Spain				2.0			1.4				2.4	Espagne
Sweden				7.3			10.1				18.9	Suède
Switzerland				5.1			8.6				11.0	Suisse
Turkey				0.1			0.3				0.1	Turquie
United Kingdom				23.5			27.4				68.7	Royaume-Uni
United States				7.1			8.8				18.5	Etats-Unis
OECD UNALLOCATED				-0.2			-0.9				0.2	OCDE NON ATTRIBUÉS
NON-OECD AREA	..	..	..	**17.2**	..	..	**20.6**	..	..	..	**22.5**	**HORS ZONE-OCDE**
EUROPEAN COUNTRIES (1)	..	..	..	**1.1**	..	..	.	..	..	..	**10.8**	**PAYS D'EUROPE (1)**
of which:												*dont:*
Baltic countries	-	-	-	.			0.3				1.8	Pays Baltes
Bulgaria	-	-	-	.			.				.	Bulgarie
Czechoslovakia	-	-	-	.			.				-	Tchécoslovaquie
Romania	-	-	-	.			.				.	Roumanie
Russia	-	-	-	.			0.1				0.7	Russie
Slovakia	-	-	-	.			.				0.1	Slovaquie
Slovenia	-	-	-	.			.				0.2	Slovénie
Ukraine	-	-	-	.			.				0.2	Ukraine
USSR	.	.	.	..			.				-	URSS

DENMARK / **DANEMARK**

Table 8. **DIRECT INVESTMENT ABROAD:** *OUTWARD POSITION BY COUNTRY*
Tableau 8. **ENCOURS D'INVESTISSEMENT DIRECT À L'ÉTRANGER:** *PAR PAYS*
year-end - fin d'année

Dkr billion / Milliards de couronnes danoises

	1988	1989	1990	1991	1992	1993	1994	1995	1996	1997	1998 p	
AFRICA	..	..	..	..	..	..	..	..	..	..	1.2	**AFRIQUE**
of which:												*dont:*
Algeria												Algérie
Egypt				0.1			0.1				0.2	Egypte
Libya												Libye
Morocco												Maroc
South Africa											0.3	Afrique du Sud
LATIN AMERICA-CARIBBEAN (1)	..	..	..	3.4	..	..	3.2	..	..	..	2.9	**AMÉRIQUE LATINE-CARAÏBES (1)**
of which:												*dont:*
Argentina							0.1				0.2	Argentine
Brazil				0.5			0.7				0.8	Brésil
Chile				0.1			0.2				0.2	Chili
Colombia												Colombie
Costa Rica												Costa Rica
Netherlands Antilles												Antilles néerlandaises
Panama												Panama
Venezuela				0.2			0.4				0.4	Vénézuela
NEAR & MIDDLE EAST	..	..	..	0.3	..	..	0.2	..	..	..	0.3	**PROCHE & MOYEN ORIENT**
of which:												*dont:*
Gulf States											0.5	Pays du Golfe
of which:												*dont:*
Kuwait												Koweït
Saudi Arabia												Arabie Saoudite
United Arab Emirates												Émirats Arabes Unis
Iran												Iran
Israel												Israël
ASIAN COUNTRIES (1)	..	..	..	4.0	..	..	6.9	..	..	..	6.8	**PAYS D'ASIE (1)**
of which:												*dont:*
China				0.1			0.2				1.9	Chine
Chinese Taipei							0.1				0.1	Taipei chinois
Hong Kong				0.7			0.7				0.8	Hong Kong
India							0.1				0.9	Inde
Indonesia				0.1			0.1				0.1	Indonésie
Malaysia				1.1			4.0				1.4	Malaisie
Philippines				0.1			0.1				0.3	Philippines
Singapore				1.1			0.5				0.6	Singapour
Thailand											0.6	Thaïlande
UNALLOCATED	..	..	..	8.4	..	..	10.3	..	..	..	0.5	**NON ATTRIBUÉS**
WORLD	..	..	..	92.3	..	..	119.3	..	..	..	213.1	***MONDE***
of which:												*dont:*
EUROPE (2)				62.8			84.5				167.0	EUROPE (2)
EUROPEAN UNION				53.9			70.9				137.9	UNION EUROPÉENNE
NAFTA				10.0			10.9				13.4	ALENA
ASEAN				2.4			4.7				3.0	Pays de l'ASEAN

1. Excluding countries recorded under the OECD area above.
2. EUROPE = EU + EFTA + Other European Countries.

1. Ce montant exclut les pays figurant dans la zone OCDE mentionnée ci-dessus.
2. EUROPE = UE + AELE + Autres pays d'Europe.

FINLAND - FINLANDE

Chart 1. **Direct investment flows**
Graphique 1. **Flux d'investissement direct**

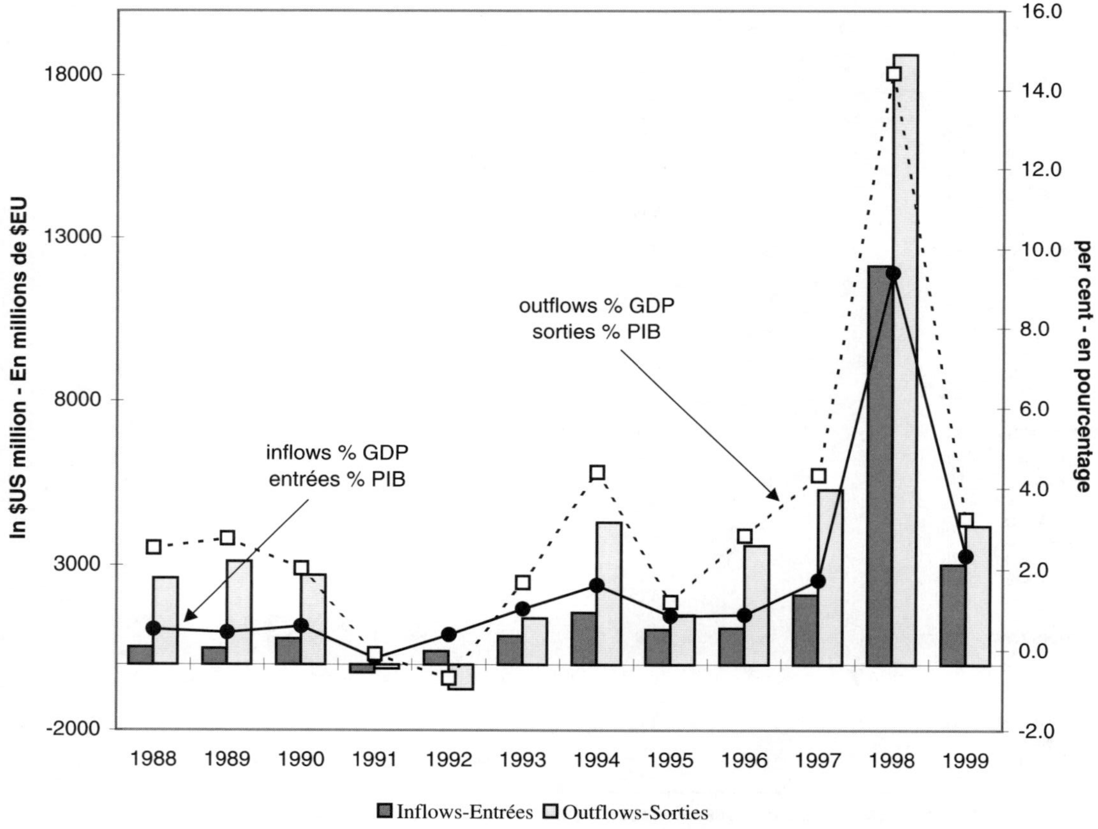

■ Inflows-Entrées □ Outflows-Sorties

FINLAND - FINLANDE

Chart 2. **Direct investment from abroad:** *inflows by country*
Graphique 2. **Investissement direct de l'étranger:** *flux par pays*

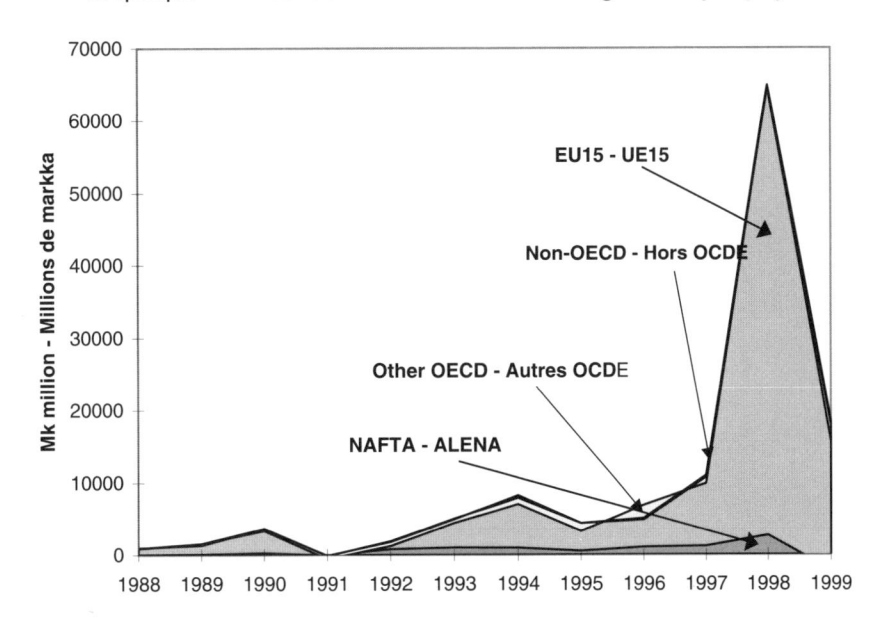

Chart 3. **Direct investment abroad:** *outflows by country*
Graphique 3. **Investissement direct à l'étranger:** *flux par pays*

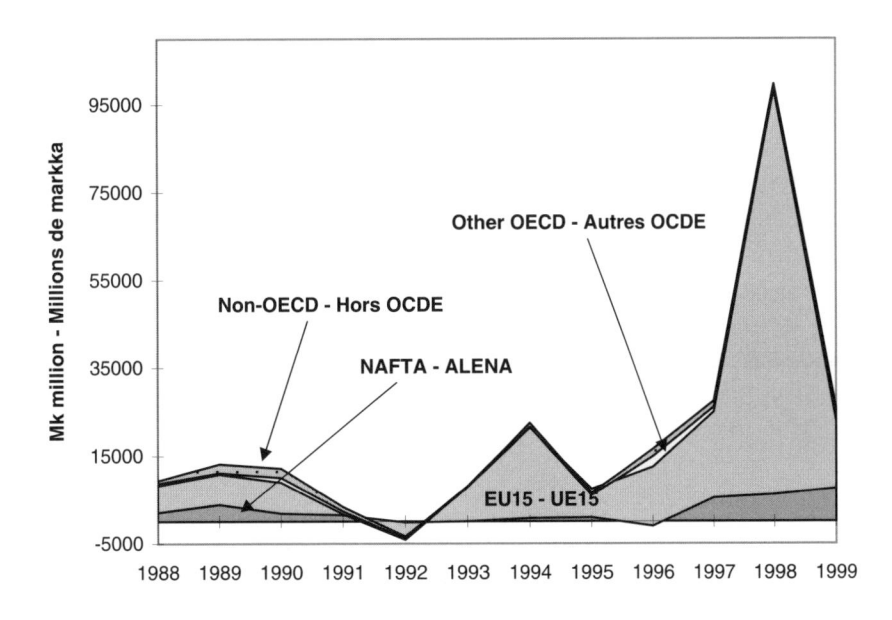

Note: Total OECD = EU15 + NAFTA + Other OECD.   **Note**: Total OCDE = UE15 + ALENA + Autres OCDE.

FINLAND / **FINLANDE**

Table 1. **DIRECT INVESTMENT FROM ABROAD: *INFLOWS BY INDUSTRIAL SECTOR***
Tableau 1. **INVESTISSEMENT DIRECT DE L'ÉTRANGER: *FLUX PAR SECTEUR INDUSTRIEL***

Mk million / Millions de markka

	1988	1989	1990	1991	1992	1993	1994	1995	1996	1997	1998	1999 p	
Agriculture & fishing	..	..	..	..	..	..	..	..	..	..	..	..	**Agriculture & pêche**
Mining & quarrying	..	..	..	..	..	..	..	..	..	..	..	..	**Mines & exploitation**
of which: Extraction of petroleum and gas	..	..	..	..	..	..	..	..	..	..	..	..	*dont:* Extraction de pétrole et gaz
Manufacturing	223	505	847	-152	2036	3061	5638	1289	3045	8310	9189	10736	**Manufacture**
of which:													*dont:*
Food products					245	-20	119	441	-52	-350	1853	5317	Produits alimentaires
Textile and wood activities							203	154	231	256	5758	392	Activités du textile et du bois
Petroleum, chemical, rubber and plastic products							3078	-635	2729	2633	312	1045	Pétrole, produits chimiques, caoutchouc et mat. plastiques
Metal and mechanical products (1)							704	328	-182	3147	-153	111	Produits métallurgiques et mécaniques (1)
Office machinery, computers, radio, TV and communication equipment					554	509	-176	927	808	777	1369	1475	Machines de bureau, ordinateurs, radio, téléviseurs et équipement de communication
Vehicles and other transport equipment							..	..	..	..	..	..	Véhicules et autres équipements de transport
Electricity, gas & water	..	..	..	..	..	..	..	..	..	..	..	..	**Electricité, gaz & eau**
Construction	..	..	..	..	33	21	49	15	204	142	..	..	**Construction**
Trade & repairs	248	274	609	398	-423	535	1661	1474	398	1504	1607	850	**Commerce & réparation**
Hotels & restaurants	..	..	..	..	..	..	8	30	88	..	..	..	**Hôtels & restaurants**
Transport & communication	..	..	..	..	..	..	22	-117	340	-36	-111	27	**Transport & communication**
of which:													*dont:*
Land, sea and air transport					-148	295	-18	-89	230	-135	-105	-83	Transport terrestre, maritime et aérien
Telecommunications							..	..	..	..	..	..	Télécommunications
Financial activities	214	433	126	-622	306	950	29	166	216	557	51153	1640	**Activités financières**
of which:													*dont:*
Monetary institutions							-90	42	79	-172	50288	3156	Institutions monétaires
Other financial institutions							132	119	320	450	664	327	Autres institutions financières
of which: Financial holding companies							..	..	-183	..	..	..	*dont:* Sociétés holding financières
Insurance & activities auxiliary to insurance							-13	5	137	724	761	-1595	Assurances & activités auxiliaires
Other financial institutions and insurance activities							119	124	75	132	957	252	Autres activités d'institutions financières et d'assurances
Real estate & business activities	..	..	..	..	..	..	88	139	75	132	957	252	**Activités d'entreprise & immobilier**
of which: Real estate							4	2	68	122	..	..	*dont:* Immobilier
Other services	..	..	..	..	20	55	2	-27	-32	13	193	14	**Autres services**
Unallocated	269	100	2101	297	-150	323	743	1673	759	353	1911	4932	Non attribués
TOTAL	954	1312	3683	-79	1822	4945	8240	4642	5093	10975	64899	18451	**TOTAL**
of which:													*dont:*
PRIMARY	..	..	..	..	..	..	..	..	..	..	..	..	**PRIMAIRE**
MANUFACTURING	223	505	847	-152	2036	3061	5638	1289	3045	8310	9189	10736	**MANUFACTURE**
SERVICES	462	707	735	-224	-64	1561	1859	1680	1289	3760	53799	2783	**SERVICES**

1. Including electric & electronic equipment, motor vehicles & other transport equipment, when not reported separately.

1. Y compris mat. électrique & électronique, véhicules & autres équipements de transport, lorsque les montants ne sont pas présentés séparément.

FINLAND / FINLANDE

Table 2. **DIRECT INVESTMENT ABROAD:** *OUTFLOWS BY INDUSTRIAL SECTOR*
Tableau 2. **INVESTISSEMENT DIRECT À L'ÉTRANGER:** *FLUX PAR SECTEUR INDUSTRIEL*

Mk million / Millions de markka

	1988	1989	1990	1991	1992	1993	1994	1995	1996	1997	1998	1999 p	
Agriculture & fishing	..	..	..	..	..	..	..	..	..	..	..	..	**Agriculture & pêche**
Mining & quarrying	..	..	..	..	..	..	..	..	..	..	..	..	**Mines & exploitation**
of which: Extraction of petroleum and gas	..	..	..	..	..	..	..	..	..	..	..	..	*dont:* Extraction de pétrole et gaz
Manufacturing	3528	7413	6079	3561	-2661	6855	17416	6733	10045	22288	42737	16292	**Manufacture**
of which:													*dont:*
Food products	..	..	..	..	746	978	1276	1063	1844	1177	2792	-2254	Produits alimentaires
Textile and wood activities	..	..	..	..	..	..	2113	1359	3291	5269	34384	4430	Activités du textile et du bois
Petroleum, chemical, rubber and plastic products	..	..	..	..	..	..	3940	1033	2912	2252	-1111	3322	Pétrole, produits chimiques, caoutchouc et mat. plastiques
Metal and mechanical products (1)	..	..	..	..	..	..	6896	549	2065	-7304	1960	185	Produits métallurgiques et mécaniques (1)
Office machinery, computers, radio, TV and communication equipment	..	..	..	..	869	-717	1935	1885	970	4865	..	..	Machines de bureau, ordinateurs, radio, téléviseurs et équipement de communication
Vehicles and other transport equipment	..	..	..	..	..	..	317	71	104	35	-633	-25	Véhicules et autres équipements de transport
Electricity, gas & water	..	..	..	..	..	..	..	..	..	..	..	..	**Electricité, gaz & eau**
Construction	..	..	..	..	-112	-157	121	-36	5	15	..	..	**Construction**
Trade & repairs	657	1411	931	1087	-750	221	4273	795	510	252	1213	287	**Commerce & réparation**
Hotels & restaurants	..	..	..	..	..	..	..	-31	..	..	..	..	**Hôtels & restaurants**
Transport & communication	..	..	..	..	..	..	477	-31	504	875	5362	4535	**Transport & communication**
of which:													*dont:*
Land, sea and air transport	..	..	..	..	-253	102	216	-142	215	377	-173	479	Transport terrestre, maritime et aérien
Telecommunications	..	..	..	..	..	..	261	..	..	..	..	..	Télécommunications
Financial activities	1925	2521	1877	-870	-43	738	-629	-2474	1180	-524	48844	-2532	**Activités financières**
of which:													*dont:*
Monetary institutions	..	..	..	..	..	..	-679	-2581	355	-1064	48515	-1517	Institutions monétaires
Other financial institutions	..	..	..	..	..	..	41	99	24	59	257	72	Autres institutions financières
of which: Financial holding companies	..	..	..	..	..	..	9	8	801	481	72	-1087	*dont:* Sociétés holding financières
Insurance & activities auxiliary to insurance	..	..	..	..	..	..	50	107	825	540	329	-1015	Assurances & activités auxiliaires
Other financial institutions and insurance activities	..	..	..	..	..	..	-21	83	-340	-135	-154	5247	Autres activités d'institutions financières et d'assurances
Real estate & business activities	..	..	..	..	..	..	5	55	-24	2	-39	7	**Activités d'entreprise & immobilier**
of which: Real estate	-311	588	510	551	..	10	15	-1	-15	162	47	-	*dont:* Immobilier
Other services													**Autres services**
Unallocated	3579	1216	2733	-912	194	383	795	1470	4627	4516	1593	1958	Non attribués
TOTAL	9378	13149	12130	3417	-3372	8050	22447	6539	16516	27449	99642	25787	**TOTAL**
of which:													*dont:*
PRIMARY	..	..	..	..	..	..	..	..	..	..	..	..	**PRIMAIRE**
MANUFACTURING	3528	7413	6079	3561	-2661	6855	17416	6733	10045	22288	42737	16292	**MANUFACTURE**
SERVICES	2271	4520	3318	768	-905	812	4236	-1664	1844	645	55312	7537	**SERVICES**

1. Including electric & electronic equipment, motor vehicles & other transport equipment, when not reported separately.

1. Y compris mat. électrique & électronique, véhicules & autres équipements de transport, lorsque les montants ne sont pas présentés séparément.

FINLAND / FINLANDE

Table 3. DIRECT INVESTMENT FROM ABROAD: INFLOWS BY COUNTRY
Tableau 3. INVESTISSEMENT DIRECT DE L'ÉTRANGER: FLUX PAR PAYS

Mk million / Millions de markka

	1988	1989	1990	1991	1992	1993	1994	1995	1996	1997	1998	1999 p	
OECD AREA	**916**	**1540**	**3657**	**-135**	**1915**	**5050**	**7891**	**4372**	**4855**	**10752**	**64888**	**17881**	**ZONE DE L'OCDE**
Australia	..	..	..	..	..	..	..	..	..	..	..	..	Australie
Austria	..	..	..	..	9	..	8	-4	-5	10	-98	222	Autriche
Belgium-Luxembourg	4	210	61	1	-6	39	586	-467	-100	1089	-646	-1259	Belgique-Luxembourg
Canada	..	..	..	..	67	68	-58	50	-19	-10	14	-20	Canada
Czech Republic	..	..	..	..	..	-9	..	..	..	..	..	..	République Tchèque
Denmark	74	63	67	171	-33	-9	2702	-258	401	324	3019	6333	Danemark
France	97	72	76	-56	63	301	128	-107	70	47	110	-5	France
Germany	7	41	60	142	227	404	206	176	1154	234	698	913	Allemagne
Greece	..	..	..	..	..	..	..	..	..	..	..	..	Grèce
Hungary	..	..	..	..	..	..	..	..	..	..	..	..	Hongrie
Iceland	..	..	..	..	..	..	..	..	..	..	..	..	Islande
Ireland	..	..	..	..	10	..	40	-286	-83	-53	122	-15	Irlande
Italy	3	..	1	10	14	-4	2	-10	7	494	-15	95	Italie
Japan	..	..	..	..	13	-50	4	307	-2	527	1009	160	Japon
Korea	..	..	..	..	..	..	..	..	..	..	..	..	Corée
Mexico	..	..	..	..	..	..	..	..	..	..	-8	-4	Mexique
Netherlands	167	275	458	218	433	192	119	768	-16	2136	-1425	3149	Pays-Bas
New Zealand	..	..	..	..	..	..	..	..	..	..	..	..	Nouvelle-Zélande
Norway	33	18	73	442	271	327	1343	139	-696	233	-682	1980	Norvège
Poland	..	..	..	..	..	..	..	..	..	..	..	..	Pologne
Portugal	..	..	..	..	..	..	..	..	..	..	..	..	Portugal
Spain	..	..	..	..	..	..	..	..	..	..	..	..	Espagne
Sweden	451	767	2350	-1326	-223	1688	1968	1987	1128	3541	59133	3737	Suède
Switzerland	-9	-12	245	12	397	364	-476	653	-1326	92	74	145	Suisse
Turkey	..	..	..	..	..	..	..	..	..	..	..	..	Turquie
United Kingdom	44	8	23	284	-35	787	291	748	3043	749	921	4634	Royaume-Uni
United States	45	98	243	-33	708	943	1028	478	1085	1190	2672	-2219	Etats-Unis
OECD UNALLOCATED	-	-	-	-	-	-	-	-	214	149	-10	-	OCDE NON ATTRIBUÉS
NON-OECD AREA	**38**	**-228**	**26**	**56**	**-93**	**-105**	**349**	..	**238**	**223**	**8**	**570**	**HORS ZONE-OCDE**
EUROPEAN COUNTRIES (1)	..	..	..	..	**-18**	**-118**	**312**	..	**69**	**71**	**-250**	**151**	**PAYS D'EUROPE (1)**
of which:													dont:
Baltic countries	..	..	..	..	..	..	32	..	..	..	-131	8	Pays Baltes
Bulgaria	..	..	..	..	..	..	..	..	..	..	..	..	Bulgarie
Czechoslovakia	..	..	..	..	..	..	..	..	..	..	..	..	Tchécoslovaquie
Romania	..	..	..	..	..	..	..	..	..	..	..	..	Roumanie
Russia	..	..	..	..	..	-120	282	71	82	54	-21	139	Russie
Slovakia	..	..	..	..	..	..	..	..	..	..	..	..	Slovaquie
Slovenia	..	..	..	..	..	..	..	..	..	..	..	..	Slovénie
Ukraine	..	..	..	..	..	..	..	..	..	..	..	..	Ukraine
USSR	..	..	..	..	..	..	..	..	..	..	..	..	URSS

FINLAND / FINLANDE

Table 3. DIRECT INVESTMENT FROM ABROAD: *INFLOWS BY COUNTRY*
Tableau 3. INVESTISSEMENT DIRECT DE L'ÉTRANGER: *FLUX PAR PAYS*

Mk million / Millions de markka

	1988	1989	1990	1991	1992	1993	1994	1995	1996	1997	1998	1999 p	
AFRICA	..	..	..	..	..	..	..	..	..	5	-6	-39	**AFRIQUE**
of which:													*dont:*
Algeria													Algérie
Egypt													Egypte
Libya													Libye
Morocco													Maroc
South Africa													Afrique du Sud
LATIN AMERICA-CARIBBEAN (1)	..	..	..	..	..	..	1	..	16	7	-	443	**AMÉRIQUE LATINE-CARAIBES (1)**
of which:													*dont:*
Argentina													Argentine
Brazil													Brésil
Chile													Chili
Colombia													Colombie
Costa Rica													Costa Rica
Netherlands Antilles													Antilles néerlandaises
Panama													Panama
Venezuela													Vénézuela
NEAR & MIDDLE EAST	..	..	..	..	-6	-2	1	67	-2	..	-10	-1	**PROCHE & MOYEN ORIENT**
of which:													*dont:*
Gulf States													Pays du Golfe
of which:													*dont:*
Kuwait													Koweit
Saudi Arabia													Arabie Saoudite
United Arab Emirates													Émirats Arabes Unis
Iran													Iran
Israel													Israël
ASIAN COUNTRIES (1)	..	..	..	..	-	2	4	..	150	111	-34	-82	**PAYS D'ASIE (1)**
of which:													*dont:*
China													Chine
Chinese Taipei													Taipei chinois
Hong Kong													Hong Kong
India													Inde
Indonesia													Indonésie
Malaysia						-1							Malaisie
Philippines													Philippines
Singapore							4						Singapour
Thailand													Thailande
UNALLOCATED	38	-228	26	56	-70	13	31	..	5	29	308	98	**NON ATTRIBUÉS**
WORLD	*954*	*1312*	*3683*	*-79*	*1822*	*4945*	*8240*	*4642*	*5093*	*10975*	*64896*	*18451*	**MONDE**
of which:													*dont:*
EUROPE (2)	871	1442	3414	-102	998	4062	7241	3573	3868	9098	60937	20124	EUROPE (2)
EUROPEAN UNION	847	1436	3096	-556	459	3398	6050	2746	5822	8702	61809	17852	UNION EUROPÉENNE
NAFTA	45	98	243	-33	775	1011	970	528	1066	1180	2678	-2243	ALENA
ASEAN						-1	4	1					Pays de l'ASEAN

1. Excluding countries recorded under the OECD area above.
2. EUROPE = EU + EFTA + Other European Countries.

1. Ce montant exclut les pays figurant dans la zone OCDE mentionnée ci-dessus.
2. EUROPE = UE + AELE + Autres pays d'Europe.

FINLAND / **FINLANDE**

Table 4. DIRECT INVESTMENT ABROAD: *OUTFLOWS BY COUNTRY*
Tableau 4. INVESTISSEMENT DIRECT À L'ÉTRANGER: *FLUX PAR PAYS*

Mk million / *Millions de markka*

	1988	1989	1990	1991	1992	1993	1994	1995	1996	1997	1998	1999 p	
OECD AREA	**8697**	**11088**	**9980**	**2367**	**-3932**	**7845**	**21517**	**6040**	**14816**	**26017**	**98614**	**23743**	**ZONE DE L'OCDE**
Australia	..	..	..	..	302	80	92	36	105	265	-77	342	Australie
Austria	2	-3	6	7	6	29	609	196	232	325	-414	-323	Autriche
Belgium-Luxembourg	312	548	559	758	1224	1480	508	-767	-161	145	270	1266	Belgique-Luxembourg
Canada	145	871	121	261	-61	-665	315	39	248	69	423	111	Canada
Czech Republic	..	..	..	..	..	..	..	..	10	5	-19	94	République Tchèque
Denmark	417	373	162	70	-215	18	5084	1648	280	-116	-2198	125	Danemark
France	239	382	1442	678	558	-9	1242	855	741	-1107	1288	2213	France
Germany	1136	525	387	420	-308	126	1605	536	3718	2137	8271	-3949	Allemagne
Greece	4	6	13	..	4	-1	1	..	1	..	-6	53	Grèce
Hungary	..	..	..	..	25	76	47	82	126	35	135	-105	Hongrie
Iceland	..	..	..	..	..	..	..	..	..	..	..	..	Islande
Ireland	31	5	146	246	88	122	251	415	114	65	229	-1189	Irlande
Italy	54	150	106	391	-135	221	67	91	120	310	-127	340	Italie
Japan	..	..	..	..	-9	-190	-13	-7	153	80	140	-108	Japon
Korea	..	..	..	..	35	177	66	71	-14	173	434	-66	Corée
Mexico	..	..	..	..	-2	..	-16	..	..	..	7	-12	Mexique
Netherlands	289	1238	-168	-4395	-6284	-1560	5017	169	3105	7962	7874	11083	Pays-Bas
New Zealand	..	..	..	..	1	-62	..	..	..	..	..	..	Nouvelle-Zélande
Norway	284	371	1014	587	-475	175	82	42	1329	192	814	1678	Norvège
Poland	..	..	..	..	15	37	10	-3	191	171	3	177	Pologne
Portugal	12	73	116	272	87	461	-170	24	30	9	1	-178	Portugal
Spain	70	150	373	311	215	587	709	-47	23	38	120	238	Espagne
Sweden	2292	2398	2535	703	577	5418	691	1538	5566	8456	75928	4689	Suède
Switzerland	252	-86	16	67	255	-427	-164	-1139	1122	984	-1119	-1280	Suisse
Turkey	..	..	..	..	10	14	-8	7	23	-123	-61	41	Turquie
United Kingdom	1236	1031	1405	794	260	1073	5032	1863	-338	1292	959	841	Royaume-Uni
United States	1922	3056	1747	1197	-105	665	460	831	-1285	5376	5736	7455	Etats-Unis
OECD UNALLOCATED	..	..	..	..	..	..	..	-440	-623	-726	3	207	OCDE NON ATTRIBUÉS
NON-OECD AREA	**681**	**2061**	**2150**	**1050**	**560**	**205**	**930**	**499**	**1700**	**1432**	**1031**	**2044**	**HORS ZONE-OCDE**
EUROPEAN COUNTRIES (1)	..	..	..	..	**136**	**76**	**315**	**238**	**612**	**750**	**527**	**205**	**PAYS D'EUROPE (1)**
of which:													*dont:*
Baltic countries	..	..	..	..	..	..	139	186	245	329	472	239	Pays Baltes
Bulgaria	..	..	..	..	..	..	..	..	..	..	..	..	Bulgarie
Czechoslovakia	..	..	..	..	..	..	..	..	..	..	..	..	Tchécoslovaquie
Romania	..	..	..	..	..	..	..	..	..	..	..	..	Roumanie
Russia	..	..	..	..	65	-16	69	48	337	369	98	134	Russie
Slovakia	..	..	..	..	..	..	..	..	..	..	..	..	Slovaquie
Slovenia	..	..	..	..	..	..	..	..	..	..	..	..	Slovénie
Ukraine	..	..	..	..	..	..	..	..	..	..	..	..	Ukraine
USSR	..	..	..	..	..	..	..	..	..	..	..	..	URSS

FINLAND / FINLANDE

Table 4. **DIRECT INVESTMENT ABROAD: *OUTFLOWS BY COUNTRY* (1)**
Tableau 4. **INVESTISSEMENT DIRECT À L'ÉTRANGER: *FLUX PAR PAYS* (1)**

Mk million / Millions de markka

	1988	1989	1990	1991	1992	1993	1994	1995	1996	1997	1998	1999 p	
AFRICA	..	..	..	..	5	..	10	18	29	-43	11	-69	**AFRIQUE**
of which:													dont:
Algeria													Algérie
Egypt													Egypte
Libya													Libye
Morocco													Maroc
South Africa					5	-	12	18	28	3	8	-63	Afrique du Sud
LATIN AMERICA-CARIBBEAN (1)	..	..	..	..	147	-68	-70	-84	978	248	-286	7	**AMÉRIQUE LATINE-CARAIBES (1)**
of which:													dont:
Argentina							7						Argentine
Brazil					78	62	129	10	-95	-98	-242	-46	Brésil
Chile					79	18	94	186	121	68	-77	-75	Chili
Colombia													Colombie
Costa Rica													Costa Rica
Netherlands Antilles													Antilles néerlandaises
Panama													Panama
Venezuela													Vénézuela
NEAR & MIDDLE EAST	..	..	..	..	45	10	-4	1	10	-51	5	30	**PROCHE & MOYEN ORIENT**
of which:													dont:
Gulf States					44	9							Pays du Golfe
of which:													dont:
Kuwait													Koweit
Saudi Arabia													Arabie Saoudite
United Arab Emirates													Émirats Arabes Unis
Iran													Iran
Israel													Israël
ASIAN COUNTRIES (1)	..	..	..	..	58	229	62	172	301	864	615	1715	**PAYS D'ASIE (1)**
of which:													dont:
China					2	3	29	41	97	97	72	890	Chine
Chinese Taipei													Taipei chinois
Hong Kong					17	12	2	42	31	780	20	949	Hong Kong
India						4	8	37	16	1	9	39	Inde
Indonesia						1	2	1	9	47	49	20	Indonésie
Malaysia					3	131	11	1	31	-46	131	2	Malaisie
Philippines							3	2					Philippines
Singapore					18	67	-5	25	69	-34	805	-41	Singapour
Thailand						11	14	9	40	-41	23	-225	Thaïlande
UNALLOCATED	681	2061	2150	1050	169	-42	617	154	-230	-336	159	156	**NON ATTRIBUÉS**
WORLD	*9378*	*13149*	*12130*	*3417*	*-3372*	*8050*	*22447*	*6539*	*16516*	*27449*	*99645*	*25787*	***MONDE***
of which:													dont:
EUROPE (2)	6630	7161	8112	909	-4143	7713	21477	5459	16214	20810	92475	16104	EUROPE (2)
EUROPEAN UNION	6094	6876	7082	255	-3923	7965	20646	6521	13431	19516	92195	15209	UNION EUROPÉENNE
NAFTA	2067	3927	1868	1458	-168	-	759	870	-1030	5444	6166	7554	ALENA
ASEAN	..	..	..	..	21	210	25	38	155	-92	984	-193	Pays de l'ASEAN

1. Excluding countries recorded under the OECD area above.
2. EUROPE = EU + EFTA + Other European Countries.

1. Ce montant exclut les pays figurant dans la zone OCDE mentionnée ci-dessus.
2. EUROPE = UE + AELE + Autres pays d'Europe.

FINLAND - FINLANDE

Chart 4. **Inward direct investment position**
Graphique 4. **Encours d'investissement direct de l'étranger**

1992

- Unalloc. 10%
- Manuf. 53%
- Services 37%

- Other OECD-Autres OCDE 31%
- Non OECD-Non OCDE 6%
- NAFTA-ALENA 13%
- EU15-UE15 50%

1998

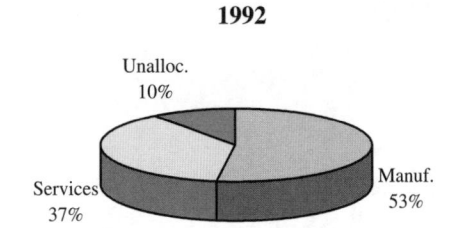

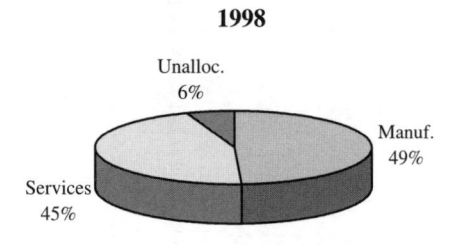

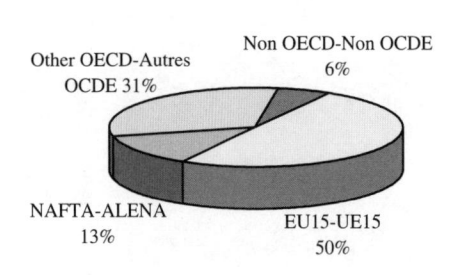

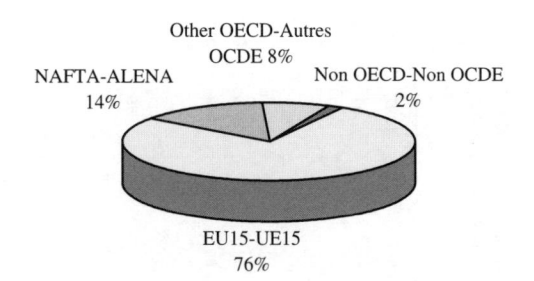

- Unalloc. 6%
- Manuf. 49%
- Services 45%

- Other OECD-Autres OCDE 8%
- NAFTA-ALENA 14%
- Non OECD-Non OCDE 2%
- EU15-UE15 76%

Chart 5. **Outward direct investment position**
Graphique 5. **Encours d'investissement direct à l'étranger**

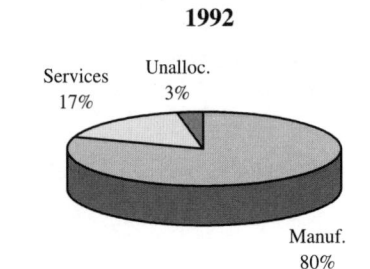

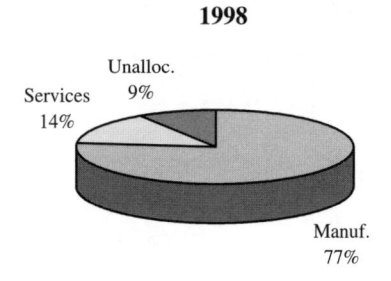

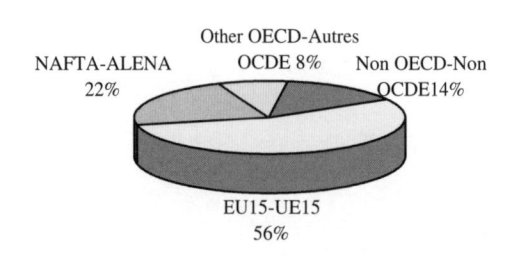

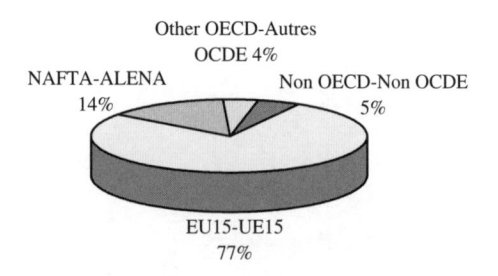

1992

- Services 17%
- Unalloc. 3%
- Manuf. 80%

- NAFTA-ALENA 22%
- Other OECD-Autres OCDE 8%
- Non OECD-Non OCDE 14%
- EU15-UE15 56%

1998

- Unalloc. 9%
- Services 14%
- Manuf. 77%

- Other OECD-Autres OCDE 4%
- NAFTA-ALENA 14%
- Non OECD-Non OCDE 5%
- EU15-UE15 77%

Note: Prim. = primary sector, **Manuf.** = manufacturing.

Note: Prim. = secteur primaire, **Manuf.** = manufacture.

FINLAND / FINLANDE

Table 5. DIRECT INVESTMENT FROM ABROAD: INWARD POSITION BY INDUSTRIAL SECTOR
Tableau 5. ENCOURS D'INVESTISSEMENT DIRECT DE L'ÉTRANGER: PAR SECTEUR INDUSTRIEL

year-end - fin d'année

Mk million / Millions de markka

	1988	1989	1990	1991	1992	1993	1994	1995	1996	1997	1998	
Agriculture & fishing	..	..	..	..	..	..	..	..	..	..	..	**Agriculture & pêche**
Mining & quarrying	..	..	..	..	..	..	..	..	..	..	..	**Mines & exploitation**
of which: Extraction of petroleum and gas	..	..	..	..	..	..	..	..	..	..	..	*dont:* Extraction de pétrole et gaz
Manufacturing	..	6966	7551	7793	10125	13499	19605	20911	22857	29900	41227	**Manufacture**
of which:												*dont:*
Food products							1560	1639	1458	1067	3091	Produits alimentaires
Textile and wood activities							767	926	1125	1542	8677	Activités du textile et du bois
Petroleum, chemical, rubber and plastic products							5582	5045	7085	9439	9747	Pétrole, produits chimiques, caoutchouc et mat. plastiques
Metal and mechanical products (1)							3184	2903	3496	5643	6610	Produits métallurgiques et mécaniques (1)
Office machinery, computers, radio, TV and communication equipment							4924	5751	2515	2615	3636	Machines de bureau, ordinateurs, radio, téléviseurs et équipement de communication
Vehicles and other transport equipment							..	..	..	..	..	Véhicules et autres équipements de transport
Electricity, gas & water	..	..	..	..	..	..	..	..	..	..	..	**Electricité, gaz & eau**
Construction	..	..	..	..	..	..	277	248	368	451	..	**Construction**
Trade & repairs	..	7165	7278	6758	6419	6807	8198	9428	9886	11668	12670	**Commerce & réparation**
Hotels & restaurants	..	..	..	..	..	..	123	254	376	459	..	**Hôtels & restaurants**
Transport & communication	..	..	..	..	..	..	976	1454	1364	1418	1598	**Transport & communication**
of which:												*dont:*
Land, sea and air transport							746	1251	1077	1049	1218	Transport terrestre, maritime et aérien
Telecommunications							..	..	..	..	..	Télécommunications
Financial activities	..	1083	1156	539	793	809	997	1674	2425	3642	21102	**Activités financières**
of which:												*dont:*
Monetary institutions							13	13	207	24	16623	Institutions monétaires
Other financial institutions							808	1244	1914	2739	3800	Autres institutions financières
of which: Financial holding companies							..	..	302	600	..	*dont:* Sociétés holding financières
Insurance & activities auxiliary to insurance							176	340	302	600	4307	Assurances & activités auxiliaires
Other financial institutions and insurance activities							984	1585	2218	3618	4307	Autres activités d'institutions financières et d'assurances
Real estate & business activities	..	..	..	..	..	..	1388	1299	1080	1762	2140	**Activités d'entreprise & immobilier**
of which: Real estate							35	131	39	2	..	*dont:* Immobilier
Other services	..	..	..	..	..	..	21	228	355	198	382	**Autres services**
Unallocated	12673	879	2666	2353	2011	3276	261	1398	2143	2160	4734	Non attribués
TOTAL	12673	16093	18651	17443	19348	24391	31846	36894	40854	51658	83853	**TOTAL**
of which:												*dont:*
PRIMARY	..	..	..	..	..	..	..	..	..	..	..	PRIMAIRE
MANUFACTURING	..	6966	7551	7793	10125	13499	19605	20911	22857	29900	41227	MANUFACTURE
SERVICES	..	8248	8434	7297	7212	7616	11980	14585	15854	19598	37892	SERVICES

1. Including electric & electronic equipment, motor vehicles & other transport equipment, when not reported separately.

1. Y compris mat. électrique & électronique, véhicules & autres équipements de transport, lorsque les montants ne sont pas présentés séparément.

FINLAND / **FINLANDE**

Table 6. **DIRECT INVESTMENT ABROAD: *OUTWARD POSITION BY INDUSTRIAL SECTOR***
Tableau 6. **ENCOURS D'INVESTISSEMENT DIRECT À L'ÉTRANGER: *PAR SECTEUR INDUSTRIEL***

year-end - fin d'année

Mk million / Millions de markka

	1988	1989	1990	1991	1992	1993	1994	1995	1996	1997	1998	
Agriculture & fishing	..	..	..	..	..	..	..	..	..	..	..	**Agriculture & pêche**
Mining & quarrying	..	..	..	..	..	..	..	..	..	..	..	**Mines & exploitation**
of which: Extraction of petroleum and gas	..	..	..	..	..	..	..	..	..	..	..	*dont:* Extraction de pétrole et gaz
Manufacturing	13917	19562	22921	24907	36096	44614	47562	56090	69332	94355	114897	**Manufacture**
of which:												*dont:*
Food products	..	..	..	..	..	..	5586	6574	9069	11090	12040	Produits alimentaires
Textile and wood activities	..	..	..	..	..	..	6452	9328	13512	18661	40053	Activités du textile et du bois
Petroleum, chemical, rubber and plastic products	..	..	..	..	..	..	9537	10409	14626	16999	14904	Pétrole, produits chimiques, caoutchouc et mat. plastiques
Metal and mechanical products (1)	..	..	..	..	..	..	13352	14850	17704	27007	26908	Produits métallurgiques et mécaniques (1)
Office machinery, computers, radio, TV and communication equipment	..	..	..	..	..	..	6417	8042	8525	13351	..	Machines de bureau, ordinateurs, radio, téléviseurs et équipement de communication
Vehicles and other transport equipment	..	..	..	..	..	..	393	814	877	1119	514	Véhicules et autres équipements de transport
Electricity, gas & water	..	..	..	..	..	..	..	..	..	..	..	**Electricité, gaz & eau**
Construction	..	..	..	..	..	..	-258	-416	-540	..	..	**Construction**
Trade & repairs	1405	1401	1197	2873	-3730	-3754	934	1025	1528	1177	1056	**Commerce & réparation**
Hotels & restaurants	..	..	..	..	..	..	..	..	..	..	..	**Hôtels & restaurants**
Transport & communication	..	..	..	..	..	..	1589	1135	1548	2515	4406	**Transport & communication**
of which:												*dont:*
Land, sea and air transport	..	..	..	..	..	..	1241	794	1012	951	1007	Transport terrestre, maritime et aérien
Telecommunications	..	..	..	..	..	..	..	..	..	..	..	Télécommunications
Financial activities	5084	6712	7925	6487	7962	8549	5587	3551	3932	2815	15890	**Activités financières**
of which:												*dont:*
Monetary institutions	..	..	..	..	..	..	3385	1400	1442	382	13631	Institutions monétaires
Other financial institutions	..	..	..	..	..	..	361	302	157	162	299	Autres institutions financières
of which: Financial holding companies	..	..	..	..	..	..	..	..	..	..	..	*dont:* Sociétés holding financières
Insurance & activities auxiliary to insurance	..	..	..	..	..	..	1841	1849	2333	2271	1827	Assurances & activités auxiliaires
Other financial institutions and insurance activities	..	..	..	..	..	..	2202	2151	2490	2433	2126	Autres activités d'institutions financières et d'assurances
Real estate & business activities	..	..	..	..	..	..	500	1024	252	-420	-518	**Activités d'entreprise & immobilier**
of which: Real estate	..	..	..	..	..	..	7	679	..	..	-262	*dont:* Immobilier
Other services	949	1537	2047	2794	3260	2933	30	33	43	266	325	**Autres services**
Unallocated	2443	3009	6710	7762	1333	748	3507	2908	5943	9318	13801	Non attribués
TOTAL	23798	32221	40800	44823	44921	53090	59451	65350	82038	110026	149857	**TOTAL**
of which:												*dont:*
PRIMARY	..	..	..	..	..	..	..	..	..	..	..	**PRIMAIRE**
MANUFACTURING	13917	19562	22921	24907	36096	44614	47562	56090	69332	94355	114897	**MANUFACTURE**
SERVICES	7438	9650	11169	12154	7492	7728	8640	6768	7303	6353	21159	**SERVICES**

1. Including electric & electronic equipment, motor vehicles & other transport equipment, when not reported separately.

1. Y compris mat. électrique & électronique, véhicules & autres équipements de transport, lorsque les montants ne sont pas présentés séparément.

FINLAND / FINLANDE

Table 7. DIRECT INVESTMENT FROM ABROAD: INWARD POSITION BY COUNTRY
Tableau 7. ENCOURS D'INVESTISSEMENT DIRECT DE L'ÉTRANGER: PAR PAYS
year-end - fin d'année

Mk million / Millions de markka

	1988	1989	1990	1991	1992	1993	1994	1995	1996	1997	1998	
OECD AREA	..	*14834*	*17257*	*15777*	*18203*	*23416*	*30140*	*35181*	*39358*	*50305*	*82426*	**ZONE DE L'OCDE**
Australia												Australie
Austria							1				358	Autriche
Belgium-Luxembourg							1784	1447	1394	1957	1557	Belgique-Luxembourg
Canada							-9	-29	5	151	150	Canada
Czech Republic												République Tchèque
Denmark					278	666	3354	2477	3153	3387	5088	Danemark
France					242	499	461	538	725	862	867	France
Germany					787	1376	1601	1790	1466	2067	2080	Allemagne
Greece												Grèce
Hungary												Hongrie
Iceland												Islande
Ireland								648	107	-9	159	Irlande
Italy							2	39	46	387	340	Italie
Japan							-6	328	318	379	1354	Japon
Korea												Corée
Mexico											-8	Mexique
Netherlands					3729	4018	4496	6553	6517	10323	8750	Pays-Bas
New Zealand												Nouvelle-Zélande
Norway					1080	1479	2251	2346	1918	3165	2285	Norvège
Poland												Pologne
Portugal												Portugal
Spain												Espagne
Sweden					4263	5873	6517	10566	12349	15722	41727	Suède
Switzerland					4010	4278	4998	2500	3502	2415	2410	Suisse
Turkey												Turquie
United Kingdom					380	833	1149	1623	2599	2200	3264	Royaume-Uni
United States			17257	15777	2546	3137	3331	4141	4889	6649	11644	Etats-Unis
OECD UNALLOCATED		14834			888	1257	210	214	370	650	401	OCDE NON ATTRIBUES
NON-OECD AREA	*12673*	*1259*	*1394*	*1666*	*1145*	*975*	*1706*	*1713*	*1496*	*1353*	*1429*	**HORS ZONE-OCDE**
EUROPEAN COUNTRIES (1)							*1465*	*1493*	*1500*	*1525*	*1283*	**PAYS D'EUROPE (1)**
of which:												*dont:*
Baltic countries											-239	Pays Baltes
Bulgaria												Bulgarie
Czechoslovakia												Tchécoslovaquie
Romania												Roumanie
Russia							1437	1435	1512	1635	1620	Russie
Slovakia												Slovaquie
Slovenia												Slovénie
Ukraine												Ukraine
USSR												URSS

FINLAND / FINLANDE

Table 7. DIRECT INVESTMENT FROM ABROAD: INWARD POSITION BY COUNTRY
Tableau 7. ENCOURS D'INVESTISSEMENT DIRECT DE L'ÉTRANGER: PAR PAYS
year-end - fin d'année

Mk million / Millions de markka

	1988	1989	1990	1991	1992	1993	1994	1995	1996	1997	1998	
AFRICA	..	..	..	..	..	..	..	..	..	4	-6	**AFRIQUE**
of which:												*dont:*
Algeria	..	..	..	..	..	..	..	..	..	..	..	Algérie
Egypt	..	..	..	..	..	..	..	..	..	..	..	Egypte
Libya	..	..	..	..	..	..	..	..	..	..	..	Libye
Morocco	..	..	..	..	..	..	..	..	..	..	..	Maroc
South Africa	..	..	..	..	..	..	..	..	..	..	..	Afrique du Sud
LATIN AMERICA-CARIBBEAN (1)	..	..	..	..	..	..	-3	..	-140	-310	-240	**AMÉRIQUE LATINE-CARAIBES (1)**
of which:												*dont:*
Argentina	..	..	..	..	..	..	..	..	..	..	..	Argentine
Brazil	..	..	..	..	..	..	..	..	..	..	..	Brésil
Chile	..	..	..	..	..	..	..	..	..	..	..	Chili
Colombia	..	..	..	..	..	..	..	..	..	..	..	Colombie
Costa Rica	..	..	..	..	..	..	..	..	..	..	..	Costa Rica
Netherlands Antilles	..	..	..	..	..	..	..	..	..	..	..	Antilles néerlandaises
Panama	..	..	..	..	..	..	..	..	..	..	..	Panama
Venezuela	..	..	..	..	..	..	..	..	..	..	..	Vénézuela
NEAR & MIDDLE EAST	..	..	..	..	..	..	5	127	..	..	-10	**PROCHE & MOYEN ORIENT**
of which:												*dont:*
Gulf States	..	..	..	..	..	..	..	..	..	..	..	Pays du Golfe
of which:												*dont:*
Kuwait	..	..	..	..	..	..	..	..	..	..	..	Koweit
Saudi Arabia	..	..	..	..	..	..	..	..	..	..	..	Arabie Saoudite
United Arab Emirates	..	..	..	..	..	..	..	..	..	..	..	Émirats Arabes Unis
Iran	..	..	..	..	..	..	..	..	..	..	..	Iran
Israel	..	..	..	..	..	..	..	..	..	..	..	Israël
ASIAN COUNTRIES (1)	..	..	..	..	..	..	19	..	-	-24	-59	**PAYS D'ASIE (1)**
of which:												*dont:*
China	..	..	..	..	..	..	..	..	..	..	..	Chine
Chinese Taipei	..	..	..	..	..	..	..	..	..	..	..	Taipei chinois
Hong Kong	..	..	..	..	..	..	..	..	..	..	..	Hong Kong
India	..	..	..	..	..	..	..	..	..	..	..	Inde
Indonesia	..	..	..	..	..	..	..	..	..	..	..	Indonésie
Malaysia	..	..	..	..	..	..	..	..	..	..	..	Malaisie
Philippines	..	..	..	..	..	..	..	..	..	..	..	Philippines
Singapore	..	..	..	..	..	..	..	..	..	..	..	Singapour
Thailand	..	..	..	..	..	..	..	..	..	..	..	Thailande
UNALLOCATED	12673	..	..	..	..	..	220	93	136	158	461	**NON ATTRIBUÉS**
WORLD	*12673*	*16093*	*18651*	*17443*	*19348*	*24391*	*31846*	*36894*	*40854*	*51658*	*83855*	**MONDE**
of which:												*dont:*
EUROPE (2)	..	12422	14805	13454	15606	20126	28317	32246	35679	44433	70302	EUROPE (2)
EUROPEAN UNION	..	..	..	..	9679	13265	19365	25870	28356	37292	64305	UNION EUROPÉENNE
NAFTA	..	..	..	..	2546	3137	3322	4112	4894	6800	11786	ALENA
ASEAN	..	..	..	..	..	..	7	..	..	..	..	Pays de l'ASEAN

1. Excluding countries recorded under the OECD area above.
2. EUROPE = EU + EFTA + Other European Countries.

1. Ce montant exclut les pays figurant dans la zone OCDE mentionnée ci-dessus.
2. EUROPE = UE + AELE + Autres pays d'Europe.

FINLAND   FINLANDE

Table 8. **DIRECT INVESTMENT ABROAD: *OUTWARD POSITION BY COUNTRY***
Tableau 8. **ENCOURS D'INVESTISSEMENT DIRECT À L'ÉTRANGER: *PAR PAYS***
year-end - fin d'année

Mk million   Millions de markka

	1988	1989	1990	1991	1992	1993	1994	1995	1996	1997	1998	
OECD AREA	*21537*	*28621*	*35057*	*37934*	*38438*	*48695*	*53488*	*60904*	*76976*	*104088*	*142311*	**ZONE DE L'OCDE**
Australia	..	..	..	..	..	..	640	290	234	496	380	Australie
Austria	..	..	..	..	144	125	975	557	950	937	1145	Autriche
Belgium-Luxembourg	..	..	..	..	6102	5724	3445	2976	1584	2177	2265	Belgique-Luxembourg
Canada	..	..	..	..	1520	798	826	817	1068	1319	873	Canada
Czech Republic	-	-	-	-	-	-	2	-	24	33	13	République Tchèque
Denmark	..	..	..	..	743	973	3315	5539	4537	4712	2131	Danemark
France	..	..	..	..	3902	3108	2368	4155	4387	6500	4690	France
Germany	..	..	..	..	2395	5269	4327	4699	7011	8701	14718	Allemagne
Greece	..	..	..	..	..	..	1	2	7	7	-	Grèce
Hungary	..	..	..	..	..	..	65	6	153	73	216	Hongrie
Iceland	..	..	..	..	..	..	..	..	..	..	..	Islande
Ireland	..	..	..	..	544	945	1311	446	1159	1579	1728	Irlande
Italy	..	..	..	..	203	334	321	211	681	1178	1022	Italie
Japan	..	..	..	..	..	..	13	23	96	144	309	Japon
Korea	..	..	..	..	..	..	344	393	369	339	901	Corée
Mexico	..	..	..	..	..	..	13	10	12	3	11	Mexique
Netherlands	..	..	..	..	-1469	-1507	8160	9289	14447	18822	25202	Pays-Bas
New Zealand	..	..	..	..	..	..	..	..	..	..	..	Nouvelle-Zélande
Norway	..	..	..	..	1588	1977	1588	1550	3323	4509	4925	Norvège
Poland	..	..	..	..	..	..	40	85	173	314	355	Pologne
Portugal	..	..	..	..	203	518	183	184	213	194	203	Portugal
Spain	..	..	..	..	305	793	956	973	1005	1136	1071	Espagne
Sweden	..	..	..	..	8112	12262	7355	9687	14311	19542	51372	Suède
Switzerland	..	..	..	..	2210	2250	1704	-720	73	243	-912	Suisse
Turkey	..	..	..	..	..	..	62	109	101	249	32	Turquie
United Kingdom	..	..	..	..	3483	4231	3964	5326	6355	7595	8003	Royaume-Uni
United States	..	..	..	..	8453	10895	11449	12790	12659	21133	20488	Etats-Unis
OECD UNALLOCATED	21537	28621	35057	37934	..	..	61	1507	2044	2153	1170	OCDE NON ATTRIBUES
NON-OECD AREA	*2261*	*3600*	*5743*	*6889*	*6483*	*4395*	*5963*	*4446*	*5062*	*5938*	*7544*	**HORS ZONE-OCDE**
EUROPEAN COUNTRIES (1)	..	..	..	..	..	..	*1067*	*800*	*1350*	*1695*	*1978*	**PAYS D'EUROPE (1)**
of which:												*dont:*
Baltic countries	-	-	-	-	..	..	469	281	441	630	753	Pays Baltes
Bulgaria	-	-	-	-	..	..	-	-	-	-	-	Bulgarie
Czechoslovakia	-	-	-	-	..	..	-	-	-	-	-	Tchécoslovaquie
Romania	-	-	-	-	..	..	-	-	-	-	-	Roumanie
Russia	-	-	-	-	..	..	244	11	147	376	543	Russie
Slovakia	-	-	-	-	..	..	..	..	..	..	..	Slovaquie
Slovenia	-	-	-	-	..	..	..	..	..	..	..	Slovénie
Ukraine	-	-	-	-	..	..	..	..	..	..	..	Ukraine
USSR	-	-	-	-	..	..	-	-	-	-	-	URSS

FINLAND / FINLANDE

Table 8. DIRECT INVESTMENT ABROAD: OUTWARD POSITION BY COUNTRY
Tableau 8. ENCOURS D'INVESTISSEMENT DIRECT À L'ÉTRANGER: PAR PAYS
year-end - fin d'année

Mk million / Millions de markka

	1988	1989	1990	1991	1992	1993	1994	1995	1996	1997	1998	
AFRICA	..	..	..	..	..	..	59	85	69	88	99	**AFRIQUE**
of which:												*dont:*
Algeria												Algérie
Egypt												Égypte
Libya												Libye
Morocco												Maroc
South Africa								58	43	22	29	Afrique du Sud
LATIN AMERICA-CARIBBEAN (1)	..	..	..	..	..	..	1189	1130	1524	1431	1341	**AMÉRIQUE LATINE-CARAÏBES (1)**
of which:												*dont:*
Argentina							46	2	26	53		Argentine
Brazil							430	431	563	692	595	Brésil
Chile							113	306	367	472	386	Chili
Colombia												Colombie
Costa Rica												Costa Rica
Netherlands Antilles												Antilles néerlandaises
Panama												Panama
Venezuela												Vénézuela
NEAR & MIDDLE EAST	..	..	..	..	..	..	..	40	42	51	53	**PROCHE & MOYEN ORIENT**
of which:												*dont:*
Gulf States												Pays du Golfe
of which:												*dont:*
Kuwait												Koweït
Saudi Arabia												Arabie Saoudite
United Arab Emirates												Émirats Arabes Unis
Iran												Iran
Israel												Israël
ASIAN COUNTRIES (1)	..	..	..	..	..	..	581	1111	1282	1660	1955	**PAYS D'ASIE (1)**
of which:												*dont:*
China							9	97	156	504	570	Chine
Chinese Taipei												Taipei chinois
Hong Kong							95	395	83	367	136	Hong Kong
India							21	78	103	91	96	Inde
Indonesia								9	10	5	9	Indonésie
Malaysia								138	5	56	194	Malaisie
Philippines								33	49	44		Philippines
Singapore							410	316	317	56	825	Singapour
Thailand								38	57	-1	64	Thaïlande
UNALLOCATED	2261	..	..	..	..	4395	3067	1280	795	1013	2118	**NON ATTRIBUÉS**
WORLD	*23798*	*32221*	*40800*	*44823*	*44921*	*53090*	*59451*	*65350*	*82038*	*110026*	*149855*	**MONDE**
of which:												*dont:*
EUROPE (2)	16871	21218	28945	28419	28465	37002	41209	47794	63888	82349	121324	EUROPE (2)
EUROPEAN UNION					24667	32775	36681	45964	58691	75233	114717	UNION EUROPÉENNE
NAFTA					9973	11693	12288	13617	13739	22455	21372	ALENA
ASEAN							410	534	438	160	1110	Pays de l'ASEAN

1. Excluding countries recorded under the OECD area above.
2. EUROPE = EU + EFTA + Other European Countries.

1. Ce montant exclut les pays figurant dans la zone OCDE mentionnée ci-dessus.
2. EUROPE = UE + AELE + Autres pays d'Europe.

FRANCE - FRANCE

Chart 1. **Direct investment flows**
Graphique 1. **Flux d'investissement direct**

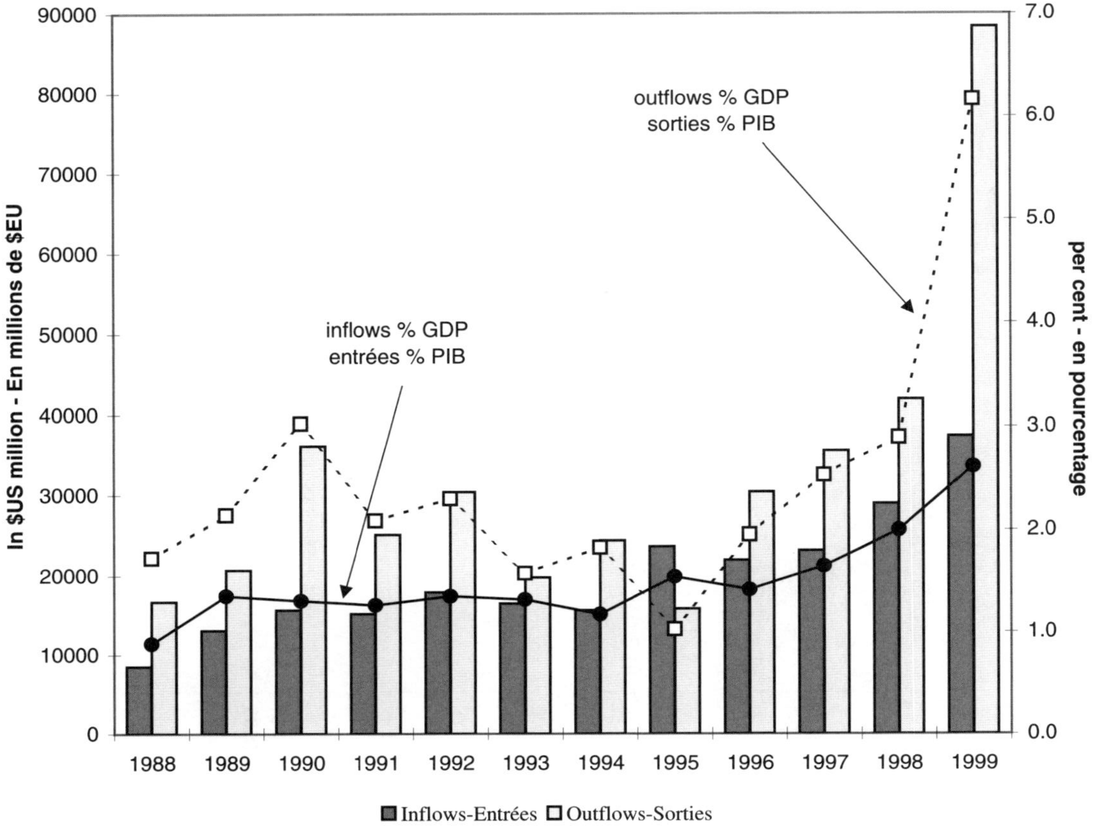

FRANCE - FRANCE

Chart 2. Direct investment from abroad: *inflows by country*
Graphique 2. Investissement direct de l'étranger: *flux par pays*

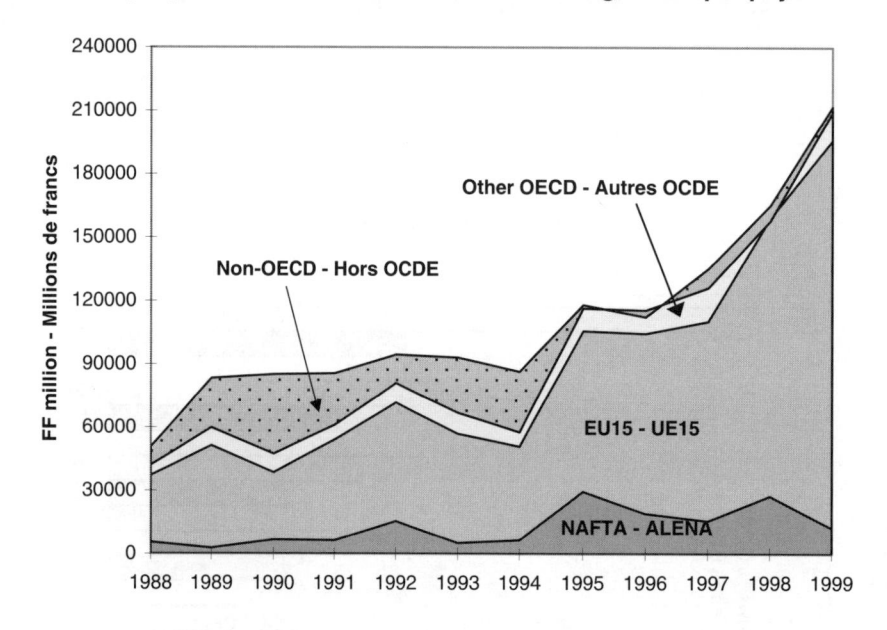

Chart 3. Direct investment abroad: *outflows by country*
Graphique 3. Investissement direct à l'étranger: *flux par pays*

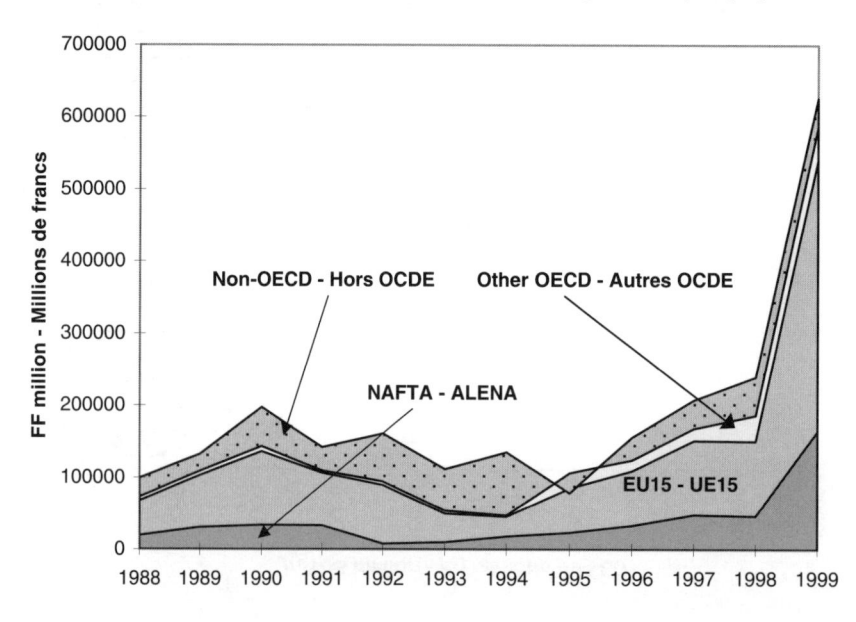

Note: Total OECD = EU15 + NAFTA + Other OECD. **Note**: Total OCDE = UE15 + ALENA + Autres OCDE.

FRANCE

Table 1. DIRECT INVESTMENT FROM ABROAD: INFLOWS BY INDUSTRIAL SECTOR
Tableau 1. INVESTISSEMENT DIRECT DE L'ÉTRANGER: FLUX PAR SECTEUR INDUSTRIEL

FF million / Millions de francs

	1988	1989	1990	1991	1992	1993	1994	1995	1996	1997	1998	1999 p	
Agriculture & fishing	92	-195	58	70	44	126	124	26	132	-6	685	211	**Agriculture & pêche**
Mining & quarrying	381	499	258	-65	2032	172				93	128	8309	**Mines & exploitation**
of which: Extraction of petroleum and gas	407	511	272	-57	2049	172	-117	2287	-72	59	72	8059	*dont:* Extraction de pétrole et gaz
Manufacturing	19160	7620	9212	23950	25955	15152	13981	17064	22036	29792	37644	108174	**Manufacture**
of which:													*dont:*
Food products	11877	-1672	1200	1950	9139	4763	1729	362	1443	2828	1362	18625	Produits alimentaires
Textile and wood activities	3353	3673	4018	1700	1888	1041	1868	2073	2779	1206		1822	Activités du textile et du bois
Petroleum, chemical, rubber and plastic products	1392	2167	3947	3391	7031	6785	3962	8643	12000	7642		64508	Pétrole, produits chimiques, caoutchouc et mat. plastiques
Metal and mechanical products	951	2182	-121	314	1249	2540	4329	2023	2903	6745		4132	Produits métallurgiques et mécaniques
Office machinery, computers, radio, TV and communication equipment	1611	1595	-345	1173	9274	670	931	2471	1753	-947		-2191	Machines de bureau, ordinateurs, radio, téléviseurs et équipement de communication
Vehicles and other transport equipment	178	94	840	15251	-786	-659	778	453	1158	1716	1633	8989	Véhicules et autres équipements de transport
Electricity, gas & water	-26	-12	-14	-4	-17		-25	-1	1015	-5192	-122	13728	**Electricité, gaz & eau**
Construction	-1	104	-28	-498	246	132	202	109	3811	4261	545	917	**Construction**
Trade & repairs	2300	4681	8210	3246	5614	5829	2381	3692	21174	11248	5497	-1181	**Commerce & réparation**
Hotels & restaurants	476	384	221	381	676	316	151	318	281	1808	-32	-145	**Hôtels & restaurants**
Transport & communication	-333	945	616	1105	910	719	1025	1008	2815	4001	15225	-2554	**Transport & communication**
of which:													*dont:*
Land, sea and air transport	57	547	359	895	701	711	657	401	1041	389		112	Transport terrestre, maritime et aérien
Telecommunications	-38	-9	2	15	36	74	234	385	1774	2783	11159	-2607	Télécommunications
Financial activities	9623	25697	15957	11751	22757	16991	13470	15665	11289	28012	22774	17714	**Activités financières**
of which:													*dont:*
Monetary institutions	5185	19614	11965	11170	21569	15755	2272	15998	264	2138	1646	2389	Institutions monétaires
Other financial institutions									6313	15147	17906	6098	Autres institutions financières
of which: Financial holding companies	2069	4336	2311	11359	13456	14449	10573	11943	3866	12763		86856	*dont:* Sociétés holding financiers
Insurance & activities auxiliary to insurance	4438	6083	3992	581	1188	1236	11198	-333	846	6692	1725	44715	Assurances & activités auxiliaires
Other financial institutions and insurance activities									7159	21839	19631	50813	Autres activités d'institutions financières et d'assurances
Real estate & business activities	2243	7228	7198	7215	9601	8164	8325	7229	54433	57447	78624	64515	**Activités d'entreprise & immobilier**
of which: Real estate							8325	7229	3575	4116	7216	10586	*dont:* Immobilier
Other services	3702	5121	1866	2856	1879	6146	9364	6301	737	668	655	2237	**Autres services**
Unallocated	13154	31261	41472	35570	24791	39356	37474	66761	-5398	3120	3743	13	Non attribués
TOTAL (1)	50771	83333	85026	85577	94488	93103	86472	118172	112340	135252	165366	211939	**TOTAL (1)**
of which:													*dont:*
PRIMARY	473	304	316	5	2076	298	124	26	147	87	813	8521	PRIMAIRE
MANUFACTURING	19160	7620	9212	23950	25955	15152	13981	17064	22036	29792	37644	108174	MANUFACTURE
SERVICES	17984	44148	34026	26052	41666	38297	34893	34321	95555	102253	123166	95231	SERVICES

1. Break in series. As from 1988, reinvested earnings are included in the total flows.

1. Rupture de séries. A partir de 1988, les bénéfices réinvestis sont compris dans le total des flux.

FRANCE

Table 2. DIRECT INVESTMENT ABROAD: *OUTFLOWS BY INDUSTRIAL SECTOR*
Tableau 2. INVESTISSEMENT DIRECT À L'ÉTRANGER: *FLUX PAR SECTEUR INDUSTRIEL*

FF million / *Millions de francs*

	1988	1989	1990	1991	1992	1993	1994	1995	1996	1997	1998	1999 p	
Agriculture & fishing	141	97	121	136	97	29	-39	7	46	92	17	59	**Agriculture & pêche**
Mining & quarrying	7052	9858	7562	3550	4661	7801	8850	7646	-158	392	408	8758	**Mines & exploitation**
of which: Extraction of petroleum and gas	5309	8365	6042	2064	4049	6801	6069	3703	-358	220	276	8534	*dont:* Extraction de pétrole et gaz
Manufacturing	32705	56474	57117	45091	36189	17376	20284	18877	38531	52693	67855	332693	**Manufacture**
of which:													*dont:*
Food products	9973	12503	11913	8139	8111	2867	2609	2695	4702	7590	3472	-6138	Produits alimentaires
Textile and wood activities	3281	2290	4586	1874	1837	945	474	1316	4057	2050		693	Activités du textile et du bois
Petroleum, chemical, rubber and plastic products	10614	15026	18839	7423	8945	4727	12537	9683	22934	19500		274078	Pétrole, produits chimiques, caoutchouc et mat. plastiques
Metal and mechanical products	4168	12958	7303	5137	1946	1886	1824	1817	2912	6193		8606	Produits métallurgiques et mécaniques
Office machinery, computers, radio, TV and communication equipment	3537	9990	10626	10642	17223	6117	7515	2548	-1113	-2753		6409	Machines de bureau, ordinateurs, radio, téléviseurs et équipement de communication
Vehicles and other transport equipment	1271	3746	3678	11893	-1503	896	-4330	811	5039	178	19795	62416	Véhicules et autres équipements de transport
Electricity, gas & water	1743	1493	1520	1486	612	1000	2781	3943	4549	803	10334	104557	**Electricité, gaz & eau**
Construction	1233	2082	2203	2735	1279	2118	1624	1133	3745	4940	2258	1907	**Construction**
Trade & repairs	2819	3442	7519	5190	8494	4650	2806	2828	28371	27205	26309	22869	**Commerce & réparation**
Hotels & restaurants	228	1137	7762	299	4746	247	273	1797	2592	1445	1459	911	**Hôtels & restaurants**
Transport & communication	735	741	1023	616	1846	647	1735	810	2433	6040	8639	15754	**Transport & communication**
of which:													*dont:*
Land, sea and air transport	303	433	259	225	1121	506	1194	-534	309	324		7795	Transport terrestre, maritime et aérien
Telecommunications	76	72	255	66	60	106	476	452	2124	4950	7081	6600	Télécommunications
Financial activities	26285	28666	42824	22314	23945	19798	11674	9809	7916	13305	31772	30254	**Activités financières**
of which:													*dont:*
Monetary institutions	22828	21475	29012	17505	19641	15619	3582	10350	4262	12173	18760	19325	Institutions monétaires
Other financial institutions									2791	-4146	11691	6679	Autres institutions financières
of which: Financial holding companies	-1315	3994	6852	26949	10751	11087	7466	2733	1971	-4813		4851	*dont:* Sociétés holding financières
Insurance & activities auxiliary to insurance	3457	7191	13812	4809	4304	4179	8092	-541	-1108	407	1293	-10659	Assurances & activités auxiliaires
Other financial institutions and insurance activities									1683	-3739	12984	-3980	Autres activités d'institutions financières et d'assurances
Real estate & business activities	847	1990	2942	1212	1034	687	1024	702	59343	79899	88622	99422	**Activités d'entreprise & immobilier**
of which: Real estate									6	-24	9878	2020	*dont:* Immobilier
Other services	3595	5653	10435	6037	4949	3833	4065	6218	1249	9954	-1736	8606	**Autres services**
Unallocated	21768	20458	56266	53132	73109	53565	80240	24875	6998	10920	3434	-	Non attribués
TOTAL (1)	99151	132091	197294	141798	160961	111751	135317	78645	155615	207688	239371	625792	**TOTAL (1)**
of which:													*dont:*
PRIMARY	7193	9955	7683	3686	4758	7830	8811	7653	-112	484	425	8818	**PRIMAIRE**
MANUFACTURING	32705	56474	57117	45091	36189	17376	20284	18877	38531	52693	67855	332693	**MANUFACTURE**
SERVICES	37485	45204	76228	39889	46905	32980	25982	27240	110198	143591	167657	284282	**SERVICES**

1. Break in series. As from 1988, reinvested earnings are included in the total flows.
1. Rupture de séries. A partir de 1988, les bénéfices réinvestis sont compris dans le total des flux.

FRANCE

FRANCE

FF million
Millions de francs

Table 3. **DIRECT INVESTMENT FROM ABROAD:** *INFLOWS BY COUNTRY*
Tableau 3. **INVESTISSEMENT DIRECT DE L'ÉTRANGER:** *FLUX PAR PAYS*

	1988	1989	1990	1991	1992	1993	1994	1995	1996	1997	1998	1999 p	ZONE DE L'OCDE
OECD AREA	*42117*	*59779*	*47449*	*61030*	*81053*	*66909*	*57711*	*116438*	*115512*	*126147*	*158141*	*209489*	
Australia	36	23	74	58	87	53	50	196	178	703	103	638	Australie
Austria	11	-16	293	104	38	268	178	755	34	465	499	1030	Autriche
Belgium-Luxembourg	3490	4940	4497	5992	14944	10966	7288	9860	20057	11240	23781	44231	Belgique-Luxembourg
Canada	3092	63	357	657	1151	698	-87	1744	2118	558	1920	-267	Canada
Czech Republic					-5	3	-7	5	37	-80	13	-53	République Tchèque
Denmark	162	830	242	372	599	197	362	533	313	520	659	794	Danemark
Finland	69	326	1972	961	995	629	456	490	124	-439	1597	37	Finlande
Germany	3737	6109	6609	9977	6665	7869	5227	13277	6951	19736	54541	14202	Allemagne
Greece	2		22	-5	21	30	27	72	-519	148	34	-59	Grèce
Hungary	:	4	1	3	:	-147	1	-17	90	32	5	12	Hongrie
Iceland	:				:				54	73	36		Islande
Ireland	65	-18	238	175	196	325	1726	-961	3799	3515	1417	2297	Irlande
Italy	6088	1385	4605	5086	15892	8666	2532	2369	4593	6141	-523	9435	Italie
Japan	1705	3911	5895	3095	2401	1958	954	3032	521	1522	676	1680	Japon
Korea		5	28	5	5	169	147	127	97	388	161	11	Corée
Mexico	-5	2	-2	2	17	45			2	-1	43	53	Mexique
Netherlands	6030	13827	5840	7363	10883	5913	2588	23108	19785	12077	13916	68922	Pays-Bas
New Zealand		4		-1	-8	-1		1	12	431	16	411	Nouvelle-Zélande
Norway	169	436	496	269	885	64	-21	441	127	13	1237	1288	Norvège
Poland		8	-3	-1	9	-3	42	59	9	389	40	-6	Pologne
Portugal	8	-15	6	-53	18	20	87	176	406	641	920	-387	Portugal
Spain	249	415	316	176	616	1368		-701	1567	1760	1100	28488	Espagne
Sweden	1664	2165	2787	14222	275	975	-208	1107	6478	590	1407	1676	Suède
Switzerland	2915	4057	2297	2759	5850	7833	5605	6786	9750	12443	-3504	9565	Suisse
Turkey	4	-2	-5	718	16	41	12	62	216	64	62	5	Turquie
United Kingdom	10222	18705	4510	3443	5090	14528	24159	25908	21618	38029	32409	12849	Royaume-Uni
United States	2404	2615	6374	5653	14413	4442	6593	28009	17095	15189	25585	12636	Etats-Unis
OECD UNALLOCATED											-9		OCDE NON ATTRIBUES
NON-OECD AREA	*8654*	*23554*	*37577*	*24547*	*13435*	*26194*	*28761*	*1734*	*-3172*	*9105*	*7225*	*2450*	*HORS ZONE-OCDE*
EUROPEAN COUNTRIES (1)	**67**	**14**	**1670**	**27**	**6812**	**736**	**58**	**111**	**195**	**156**	**-29**	**44**	**PAYS D'EUROPE (1)**
of which:													*dont:*
Baltic countries					:	4	4	-1		3	2		Pays Baltes
Bulgaria				1	-1	2		1	1	1			Bulgarie
Czechoslovakia			:	-2									Tchécoslovaquie
Romania			2					2	2	16	-6	38	Roumanie
Russia		2		:	5924	694	9	18	1	26	-23	26	Russie
Slovakia				:	:		11		-1		-8	-26	Slovaquie
Slovenia				:	:			-3	1	6	8	4	Slovénie
Ukraine			:	:	:	36	1			8			Ukraine
USSR	-1	1	1666	26									URSS

139

FRANCE

Table 3. DIRECT INVESTMENT FROM ABROAD: INFLOWS BY COUNTRY
Tableau 3. INVESTISSEMENT DIRECT DE L'ÉTRANGER: FLUX PAR PAYS

FF million / Millions de francs

	1988	1989	1990	1991	1992	1993	1994	1995	1996	1997	1998	1999 p	
AFRICA	42	46	..	99	-1	..	37	1017	-21	1029	..	..	**AFRIQUE**
of which:													*dont:*
Algeria	-	36	8	135	25	22	87	23	12	35	..	..	Algérie
Egypt	-	-5	-	99	-1	1	102	-31	9	25	-3	2	Egypte
Libya	-	-3	1	44	-	-	65	84	-29	-4	..	..	Libye
Morocco	..	10	53	166	38	24	106	20	-15	191	30	-26	Maroc
South Africa	-	-	8	9	4	1	19	-4	-559	2	-178	-59	Afrique du Sud
LATIN AMERICA-CARIBBEAN (1)	52	119	-50	484	164	771	291	2682	1035	2513	190	..	**AMÉRIQUE LATINE-CARAIBES (1)**
of which:													*dont:*
Argentina	35	7	2	2	16	-1	-3	76	79	-59	8	-156	Argentine
Brazil	8	132	8	-16	5	-2	19	15	27	47	-91	-429	Brésil
Chile	-	-	-8	-2	-3	-9	-1	-1	-3	32	49	32	Chili
Colombia	-20	-7	9	-4	1	-	3	4	-2	-	-1	-23	Colombie
Costa Rica	-	4	7	30	3	7	-2	5	2	40	..	..	Costa Rica
Netherlands Antilles	127	51	119	-386	270	64	34	111	44	7	..	..	Antilles néerlandaises
Panama	-2	-24	-87	108	-128	114	32	26	6	717	..	..	Panama
Venezuela	-	4	4	2	6	12	-4	1	2	130	225	88	Vénézuela
NEAR & MIDDLE EAST	414	840	-428	296	914	531	1206	782	1032	1695	839	..	**PROCHE & MOYEN ORIENT**
of which:													*dont:*
Gulf States	..	..	..	..	..	507	1098	723	942	1470	685	302	Pays du Golfe
of which:													*dont:*
Kuwait	-	233	-33	3	30	46	138	11	6	75	..	..	Koweit
Saudi Arabia	-	497	-159	253	765	406	771	20	264	334	..	..	Arabie Saoudite
United Arab Emirates	-	9	22	9	28	19	24	619	592	853	..	..	Émirats Arabes Unis
Iran	-	-3	1	8	6	13	4	2	44	112	78	456	Iran
Israel	-	-14	-12	-9	2	8	105	7	-1	10	76	40	Israël
ASIAN COUNTRIES (1)	40	101	344	202	64	200	530	665	443	-137	-837	..	**PAYS D'ASIE (1)**
of which:													*dont:*
China	-	-	3	5	-219	9	9	-1	-8	6	7	8	Chine
Chinese Taipei	-	13	-1	13	10	7	61	69	110	23	43	9	Taipei chinois
Hong Kong	36	44	171	174	280	163	229	220	476	36	-77	-48	Hong Kong
India	-	3	2	1	-5	-1	3	160	-3	-20	..	1	Inde
Indonesia	-	1	-7	-1	4	3	2	119	105	-119	13	-257	Indonésie
Malaysia	-	-	-1	-	-	-2	19	-	-12	13	62	34	Malaisie
Philippines	-	2	-	-	93	-	-	6	-6	-4	4	4	Philippines
Singapore	-	10	198	28	8	22	30	96	-225	-79	136	850	Singapour
Thailand	-	-13	4	8	3	7	-	4	2	3	51	9	Thaïlande
UNALLOCATED	8039	22434	36041	23439	5482	23956	26639	-3523	-5856	3849	7062	2406	**NON ATTRIBUÉS**
WORLD (2)	*50771*	*83333*	*85026*	*85577*	*94488*	*93103*	*86472*	*118172*	*112340*	*135252*	*165366*	*211939*	***MONDE (2)***
of which:													*dont:*
EUROPE (3)	34952	53170	36393	51588	69799	60281	50112	83440	95684	107513	134517	194412	EUROPE (3)
EUROPEAN UNION	31797	48653	31937	47813	56232	51754	44422	75993	85206	94423	131740	183515	UNION EUROPÉENNE
NAFTA	5491	2680	6729	6312	15581	5185	6506	29753	19215	15746	27548	12423	ALENA
ASEAN countries	-	-	195	35	110	30	53	225	-136	-189	266	647	Pays de l'ASEAN

1. Excluding countries recorded under the OECD area above.
2. Break in series. As from 1988, reinvested earnings are included in the total flows.
3. EUROPE = EU + EFTA + Other European Countries.

1. Ce montant exclut les pays figurant dans la zone OCDE mentionnée ci-dessus.
2. Rupture de séries. A partir dew 1988, les bénéfices réinvestis sont compris dans le total des flux.
3. EUROPE = UE + AELE + Autres pays d'Europe.

FRANCE

Table 4. **DIRECT INVESTMENT ABROAD: *OUTFLOWS BY COUNTRY***
Tableau 4. **INVESTISSEMENT DIRECT À L'ÉTRANGER: *FLUX PAR PAYS***

FF million / Millions de francs

	1988	1989	1990	1991	1992	1993	1994	1995	1996	1997	1998	1999 p	
OECD AREA	***73066***	***108824***	***143321***	***109561***	***94367***	***53944***	***47422***	***106615***	***124226***	***167921***	***186241***	***586650***	***ZONE DE L'OCDE***
Australia	703	1265	405	269	150	-78	-34	4435	5268	325	563	1320	Australie
Austria	177	16	250	206	110	1293	382	282	651	210	3699	432	Autriche
Belgium-Luxembourg	16237	14612	10521	9429	18783	2567	7759	14769	19264	21113	26199	102712	Belgique-Luxembourg
Canada	1792	5300	1581	3073	1132	19	991	872	2438	1097	1441	2683	Canada
Czech Republic					912	836	278	571	399	1093	636	611	République Tchèque
Denmark	25	2500	38	202	125	102	-23	669	-695	283	940	1284	Danemark
Finland	94	27	23	14	127	85	14	435	199	-1286	260	-320	Finlande
Germany	3444	6866	11589	8348	12192	6038	5743	10027	13422	24183	14372	180379	Allemagne
Greece	178	498	696	230	200	273	532	209	354	379	-5323	-206	Grèce
Hungary	3	13	103	747	469	598	369	4113	701	495	-89	605	Hongrie
Iceland			17			4		10	3	2	-64	-4	Islande
Ireland	1027	904	268	892	446	570	810	287	1516	-6765	3030	8631	Irlande
Italy	4760	9417	9479	7669	10157	6198	5401	7775	11312	11590	7012	1630	Italie
Japan	-6	182	168	159	586	299	302	286	968	321	407	34447	Japon
Korea	207	156	215	159	262	129	600	879	875	1811	1012	1563	Corée
Mexico	43	79	306	60	119	188	191	915	1188	412	337	203	Mexique
Netherlands	5906	12182	22021	8646	19759	7113	5626	13647	11939	5757	22934	31678	Pays-Bas
New Zealand	15	130	158	77	-34	76	32	307	70	98	-26	48	Nouvelle-Zélande
Norway	343	46	1809	-1137	-346	-187	-40	148	1428	-180	2266	3942	Norvège
Poland		2	11	70	79	-49	42	1308	2152	1660	3467	9125	Pologne
Portugal	382	1507	1956	1294	1348	1041	652	348	1254	403	1015	1019	Portugal
Spain	3626	8878	15903	14961	8483	8077		3009	5311	7633	5783	923	Espagne
Sweden	40	494	2079	11944	1617	370	-703	1417	2838	609	530	1571	Suède
Switzerland	3743	3237	3629	1879	1754	1463	-956	8907	2819	10250	26795	-6818	Suisse
Turkey	201	858	632	718	845	924	1077	274	419	558	859	1358	Turquie
United Kingdom	12593	14309	27693	9628	8352	6216	1238	8866	8469	39009	22844	46374	Royaume-Uni
United States	17533	25346	31771	30024	6740	9779	17139	21850	29664	46861	44721	161462	Etats-Unis
OECD UNALLOCATED											621		OCDE NON ATTRIBUES
NON-OECD AREA	***26085***	***23267***	***53973***	***32237***	***66594***	***57807***	***87895***	***-27970***	***31389***	***39767***	***53130***	***39147***	***HORS ZONE-OCDE***
EUROPEAN COUNTRIES (1)	**90**	**62**	**265**	**1382**	**2121**	**139**	**771**	**907**	**1083**	**2883**	**2875**	**2706**	**PAYS D'EUROPE (1)**
of which:													dont:
Baltic countries								34	8	4	49	11	Pays Baltes
Bulgaria				32		16	29	8	22	5	384	155	Bulgarie
Czechoslovakia		3	61	131									Tchécoslovaquie
Romania			9		12	45	42	17	80	1318	763	1470	Roumanie
Russia					327	90	539	506	367	361	1089	882	Russie
Slovakia						78	39	38	122	58	-42	83	Slovaquie
Slovenia	:	:	:	:	:		37	20	4	138	590	50	Slovénie
Ukraine	:	:	:	:	:	11	5		38	3	10	36	Ukraine
USSR	43	10	49	207									URSS

FRANCE

Table 4. DIRECT INVESTMENT ABROAD: OUTFLOWS BY COUNTRY
Tableau 4. INVESTISSEMENT DIRECT À L'ÉTRANGER: FLUX PAR PAYS

FF million / *Millions de francs*

	1988	1989	1990	1991	1992	1993	1994	1995	1996	1997	1998	1999 p	
AFRICA	204	99	113	1	35	4937	1815	2242	3786	3487	812	..	**AFRIQUE**
of which:													*dont:*
Algeria			2	27	50	55	12	17	57	60			Algérie
Egypt	191	88	117	3	38	80	39	617	79	287	379	134	Egypte
Libya		8		-4	1	3		72	373	89			Libye
Morocco	-35	91	156	355	326	654	619	-256	220	175	126	-1423	Maroc
South Africa		-5	-1			337	41	122	802	233	307	437	Afrique du Sud
LATIN AMERICA-CARIBBEAN (1)	396	279	838	-185	660	5731	1510	1101	9802	15700	11741	..	**AMÉRIQUE LATINE-CARAIBES (1)**
of which:													*dont:*
Argentina	63	109	272	108	167	521	1724	280	2241	1978	4484	2928	Argentine
Brazil	307	-113	448	-450	213	243	203	-411	5289	7134	9207	8005	Brésil
Chile	81	111	105	36	-7	44	-14	-120	227	251	355	3843	Chili
Colombia	63	51	58	-78	202	623	-1085	320	347	2079	340	29	Colombie
Costa Rica					7	11	1	-7	3	2			Costa Rica
Netherlands Antilles		174	126	131	319	144		-270	9	121			Antilles néerlandaises
Panama	24	111	-7	33	-41	212	23	287	236	-180			Panama
Venezuela	31	137	43	15	3	17	-392	7	1047	2058	-2645	667	Vénézuela
NEAR & MIDDLE EAST	614	4418	652	553	963	1715	1166	1255	2193	1312	1480	..	**PROCHE & MOYEN ORIENT**
of which:													*dont:*
Gulf States	..	..	..	..	..	1298	482	1224	1293	141	978	-410	Pays du Golfe
of which:													*dont:*
Kuwait		2	-8	-1	-1	1	-1		-65	-9			Koweit
Saudi Arabia	25	-1	19	545	25	-9	-16	59	50	-136			Arabie Saoudite
United Arab Emirates		-13	-25	61	284	915		460	400	-56			Émirats Arabes Unis
Iran				2	-1	-4	1	5	272	722	258	-370	Iran
Israel		24	37	24	54	57	82	56	546	253	244	403	Israël
ASIAN COUNTRIES (1)	915	689	1039	920	1688	2351	1877	2697	6005	4701	10714	..	**PAYS D'ASIE (1)**
of which:													*dont:*
China	1	-72	-11	463	296	505	607	743	1280	1313	1056	1216	Chine
Chinese Taipei	-7	50	74	20	116	94	43	75	1486	440	370	162	Taipei chinois
Hong Kong	233	114	282	390	-11	153	96	323	726	523	1624	968	Hong Kong
India	26	109	40	42	19	46	56	156	88	665	179	641	Inde
Indonesia	101	406	153	115	95	46	114	183	314	401	656	1046	Indonésie
Malaysia	55	47	111	100	48	199	30	109	74	-724	610	-79	Malaisie
Philippines		14	8	8	-3	-5	11	23	51	108	2812	301	Philippines
Singapore	350	216	359	-375	754	686	114	355	1354	1861	2101	6336	Singapour
Thailand	119	288	190	293	398	475	206	568	301	1	1306	3313	Thaïlande
UNALLOCATED	23866	17720	51066	29566	61127	42934	80756	-36172	8520	11684	25508	36441	**NON ATTRIBUÉS**
WORLD (2)	*99151*	*132091*	*197294*	*141798*	*160961*	*111751*	*135317*	*78645*	*155615*	*207688*	*239371*	*625797*	***MONDE (2)***
of which:													*dont:*
EUROPE (3)	52869	76428	108982	77122	87533	43671	28972	77978	84838	119879	132292	375952	EUROPE (3)
EUROPEAN UNION	48489	72210	102516	73463	81699	39943	27431	61740	75834	103118	103963	376106	UNION EUROPÉENNE
NAFTA	19368	30725	33658	33157	7991	9986	18321	23637	33290	48370	46499	164348	ALENA
ASEAN countries	625	997	908	202	1622	1474	727	1232	2311	1681	7527	10845	Pays de l'ASEAN

1. Excluding countries recorded under the OECD area above.
2. Break in series. As from 1988, reinvested earnings are included in the total flows.
3. EUROPE = EU + EFTA + Other European Countries.

1. Ce montant exclut les pays figurant dans la zone OCDE mentionnée ci-dessus.
2. Rupture de séries. A partir de 1988, les bénéfices réinvestis sont compris dans le total des flux.
3. EUROPE = UE + AELE + Autres pays d'Europe.

FRANCE - FRANCE

Chart 4. **Inward direct investment position**
Graphique 4. **Encours d'investissement direct de l'étranger**

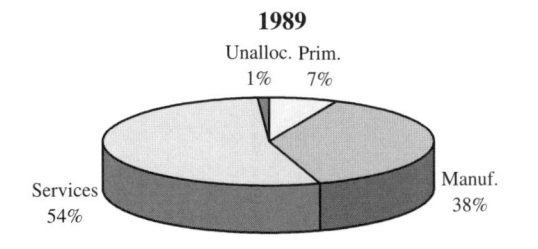

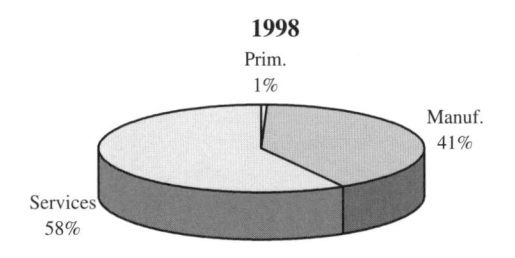

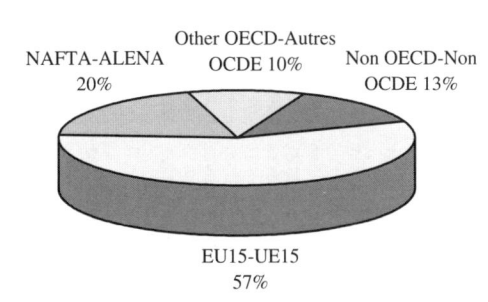

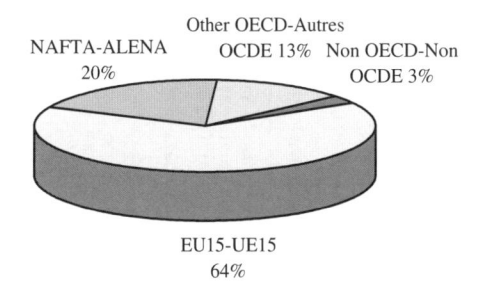

1989
- Unalloc. 1%
- Prim. 7%
- Manuf. 38%
- Services 54%

1998
- Prim. 1%
- Manuf. 41%
- Services 58%

1989
- NAFTA-ALENA 20%
- Other OECD-Autres OCDE 10%
- Non OECD-Non OCDE 13%
- EU15-UE15 57%

1998
- NAFTA-ALENA 20%
- Other OECD-Autres OCDE 13%
- Non OECD-Non OCDE 3%
- EU15-UE15 64%

Chart 5. **Outward direct investment position**
Graphique 5. **Encours d'investissement direct à l'étranger**

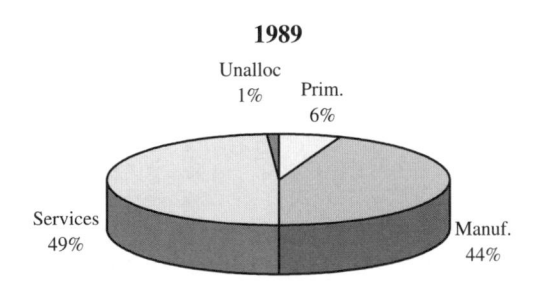

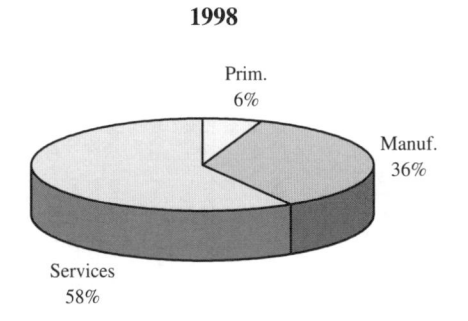

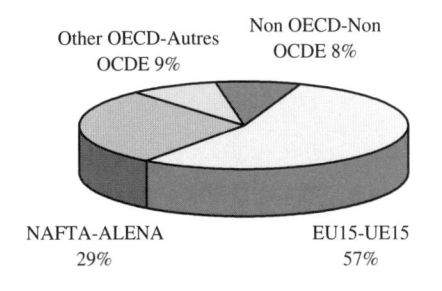

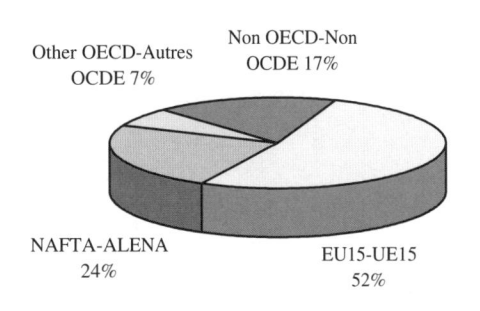

1989
- Unalloc 1%
- Prim. 6%
- Manuf. 44%
- Services 49%

1998
- Prim. 6%
- Manuf. 36%
- Services 58%

1989
- Other OECD-Autres OCDE 9%
- Non OECD-Non OCDE 8%
- NAFTA-ALENA 29%
- EU15-UE15 57%

1998
- Other OECD-Autres OCDE 7%
- Non OECD-Non OCDE 17%
- NAFTA-ALENA 24%
- EU15-UE15 52%

Note: Prim. = primary sector, **Manuf.** = manufacturing.

Note: Prim. = secteur primaire, **Manuf.** = manufacture.

FRANCE

Table 5. DIRECT INVESTMENT FROM ABROAD: INWARD POSITION BY INDUSTRIAL SECTOR
Tableau 5. ENCOURS D'INVESTISSEMENT DIRECT DE L'ÉTRANGER: *PAR SECTEUR INDUSTRIEL*

year-end - fin d'année

FF million / *Millions de francs*

	1988	1989	1990	1991	1992	1993	1994	1995	1996	1997	1998 p	
Agriculture & fishing	..	958	1131	920	800	877	900	900	900	882	1045	**Agriculture & pêche**
Mining & quarrying	..	22241	26907	26452	27900	26972	27900	29200	29400	4121	3908	**Mines & exploitation**
of which: Extraction of petroleum and gas	..	19228	23793	23291	23500	22457	23700	25300	25700	4121	2393	*dont:* Extraction de pétrole et gaz
Manufacturing	..	134753	164281	199168	196900	212874	230600	252400	289000	332919	392435	**Manufacture**
of which:												*dont:*
Food products	..	16233	17983	22090	28200	32551	36800	44500	57200	47238	57180	Produits alimentaires
Textile and wood activities	..	14726	21772	24411	21600	21164	25300	21700	24800	32330	36785	Activités du textile et du bois
Petroleum, chemical, rubber and plastic products	..	37849	53420	65703	61000	68876	83700	67800	117000	41589	140576	Pétrole, produits chimiques, caoutchouc et mat. plastiques
Metal and mechanical products	..	24918	20932	26185	25400	22464	23600	26400	26600	34049	66063	Produits métallurgiques et mécaniques
Office machinery, computers, radio, TV and communication equipment	..	30571	37611	34765	38400	43228	29500	35900	37800	24094	27299	Machines de bureau, ordinateurs, radio, téléviseurs et équipement de communication
Vehicles and other transport equipment	..	8211	10776	22477	19500	22190	28800	24300	22100	23951	24254	Véhicules et autres équipements de transport
Electricity, gas & water	..					4515	4200	3900	3700	18573	12530	**Electricité, gaz & eau**
Construction	..	2058	2243	1458	1900	1901	1500	1600	1400	1262	1729	**Construction**
Trade & repairs	..	43465	53009	50912	58500	62448	69200	67800	71300	73854	84317	**Commerce & réparation**
Hotels & restaurants	..				3000	2186	2400	2700	4300	5437	10595	**Hôtels & restaurants**
Transport & communication	..				3600	2892	15000	4500	6400	16483	22660	**Transport & communication**
of which:												*dont:*
Land, sea and air transport	..	2120	2691	3177	1500	832	500	300	100	842	1625	Transport terrestre, maritime et aérien
Telecommunications	..		11	263	200	324	800	1500	3700	12681	13817	Télécommunications
Financial activities (1)	..	66339	81148	67462	232700	275278	298300	307400	302500	163411	220358	**Activités financières (1)**
of which:												*dont:*
Monetary institutions					95800	112902	107100	116900	131800	104814	125545	Institutions monétaires
Other financial institutions										28123	37084	Autres institutions financières
of which: Financial holding companies					121800	147354	174500	173400	154400	28123	30883	*dont:* Sociétés holding financières
Insurance & activities auxiliary to insurance					15100	15022	16700	17100	16300	24497	48972	Assurances & activités auxiliaires
Other financial institutions and insurance activities										52620	86057	Autres activités d'institutions financières et d'assurances
Real estate & business activities	..	78749	109386	112708	8500	6852	7200	10100	12600	206973	191326	**Activités d'entreprise & immobilier**
of which: Real estate					5200	5481	5600	7400	9900	14010	16641	*dont:* Immobilier
Other services	..				18000	14870	22600	27400	36000	21221	12260	**Autres services**
Unallocated	..	3492	5603	47471	-17	-3219	-17496	-3918	-3700	-3	-	Non attribués
TOTAL	..	352055	443708	506551	551783	608446	662304	703982	753800	845133	953161	**TOTAL**
of which:												*dont:*
PRIMARY	..	23199	28038	27372	28700	27849	28800	30100	30300	5003	4952	PRIMAIRE
MANUFACTURING	..	134753	164281	199168	196900	212874	230600	252400	289000	332919	392435	MANUFACTURE
SERVICES	..	190611	245786	232540	326200	370942	420400	425400	438200	507214	555774	SERVICES

1. As from 1992, this amount includes the Financial holding companies.

1. A partir de 1992, ce montant comprend les Holdings financiers.

FRANCE
FRANCE

Table 6. **DIRECT INVESTMENT ABROAD:** *OUTWARD POSITION BY INDUSTRIAL SECTOR*
Tableau 6. **ENCOURS D'INVESTISSEMENT DIRECT À L'ÉTRANGER:** *PAR SECTEUR INDUSTRIEL*
year-end - fin d'année

FF million / Millions de francs

	1988	1989	1990	1991	1992	1993	1994	1995	1996	1997	1998 p	
Agriculture & fishing	277	421	1121	665	852	1108	380	238	94	42	189	**Agriculture & pêche**
Mining & quarrying	23489	25008	45789	32367	55588	48309	85616	82889	70134	67183	71001	**Mines & exploitation**
of which: Extraction of petroleum and gas	9804	16028	32539	18822	45148	39127	69055	62825	64420	66943	70697	*dont*: Extraction de pétrole et gaz
Manufacturing	152184	192771	231303	276412	311843	336747	314265	333227	364578	430832	462229	**Manufacture**
of which:												*dont:*
Food products	16755	25164	34404	29080	32708	35460	46443	49756	75674	71837	79036	Produits alimentaires
Textile and wood activities	5602	7382	10283	15564	20518	21453	13083	16979	13114	15800	14837	Activités du textile et du bois
Petroleum, chemical, rubber and plastic products	70175	79032	92866	98214	100711	110862	121257	123636	97609	33201	126082	Pétrole, produits chimiques, caoutchouc et mat. plastiques
Metal and mechanical products	21156	31726	40655	31463	43081	39808	39818	37105	88778	106404	123108	Produits métallurgiques et mécaniques
Office machinery, computers, radio, TV and communication equipment	16809	29680	42148	68179	90322	89653	55272	59230	15956	12570	9396	Machines de bureau, ordinateurs, radio, téléviseurs et équipement de communication
Vehicles and other transport equipment	20166	18724	17332	32352	31367	36090	36780	39481	37065	35405	39995	Véhicules et autres équipements de transport
Electricity, gas & water	..	..	..	..	10439	9182	16562	20064	39426	44862	97340	**Electricité, gaz & eau**
Construction	4469	5655	7772	10322	11813	13393	12026	7377	6286	7644	6262	**Construction**
Trade & repairs	23759	32351	34695	40847	49267	67154	60190	59852	35722	43835	54831	**Commerce & réparation**
Hotels & restaurants	..	..	..	..	19652	16186	12416	17358	25958	31580	31080	**Hôtels & restaurants**
Transport & communication	..	..	..	..	7578	10433	10941	12017	25430	22099	31033	**Transport & communication**
of which:												*dont:*
Land, sea and air transport	5286	5031	6519	7464	8312	7010	6479	5650	..	5134	8284	Transport terrestre, maritime et aérien
Telecommunications	146	73	278	468	431	1732	2599	5686	..	14140	20317	Télécommunications
Financial activities (1)	67901	107561	142456	161172	276895	301027	321605	340840	258497	280373	333757	**Activités financières (1)**
of which:												*dont:*
Monetary institutions	..	..	..	..	113208	125830	157785	190022	172034	129746	149176	Institutions monétaires
Other financial institutions	..	..	..	..	..	..	..	..	..	56230	48237	Autres institutions financières
of which: Financial holding companies	..	..	..	..	99158	103478	87956	72166	..	28437	28402	*dont*: Sociétés holding financières
Insurance & activities auxiliary to insurance	..	..	..	..	64529	71719	75863	78652	86463	72033	107609	Assurances & activités auxiliaires
Other financial institutions and insurance activities	..	..	..	..	..	..	..	..	..	128263	155846	Autres activités d'institutions financières et d'assurances
Real estate & business activities	..	..	..	..	5095	2900	2905	726	181349	203076	182143	**Activités d'entreprise & immobilier**
of which: Real estate	..	..	..	..	4171	2462	2225	626	12339	12812	13943	*dont*: Immobilier
Other services	34316	67875	94901	143166	32679	36538	51420	48071	3082	4302	18835	**Autres services**
Unallocated	5405	4851	6797	7931	-7607	-9182	-16563	-19197	1	1	-	Non attribués
TOTAL	311800	436493	564834	672882	774094	833795	871763	903462	1010557	1135829	1288699	**TOTAL**
of which:												*dont:*
PRIMARY	23766	25429	46910	33032	56440	49417	85996	83127	70228	67225	71191	PRIMAIRE
MANUFACTURING	152184	192771	231303	276412	311843	336747	314265	333227	364578	430832	462229	MANUFACTURE
SERVICES	130445	213442	279824	355507	413418	456813	488065	506305	575750	637771	755280	SERVICES

1. As from 1992, this amount includes the Financial holding companies.

1. A partir de 1992, ce montant comprend les Holdings financiers.

FRANCE   FRANCE

FF million

Table 7. **DIRECT INVESTMENT FROM ABROAD: INWARD POSITION BY COUNTRY**
Tableau 7. **ENCOURS D'INVESTISSEMENT DIRECT DE L'ÉTRANGER: PAR PAYS**
year-end - fin d'année

Millions de francs

	1988	1989	1990	1991	1992	1993	1994	1995	1996	1997	1998 p	
OECD AREA	..	*304771*	*418634*	*486149*	*518586*	*574364*	*638747*	*703818*	*727400*	*819422*	*925833*	***ZONE DE L'OCDE***
Australia	..	123	365	1035	66	254	780	948	800	706	815	Australie
Austria	..	645	512	445	280	435		967	1000	529	967	Autriche
Belgium-Luxembourg	..	20729	29751	29760	34748	50444	64536	60900	68300	95351	99911	Belgique-Luxembourg
Canada	..	2023	3560	4785	4320	4269	4635	4439	5300	4451	5016	Canada
Czech Republic	-	-	-	-	-	4	4	13		18	19	République Tchèque
Denmark	..	844	2215	2211	1571	1599	2218	3214	4700	4569	4728	Danemark
Finland	..	1228	3225	4434	4276	4078	4900	4776	5900	6214	8017	Finlande
Germany	..	36856	41375	52399	51501	59648	73487	79253	82100	85761	121003	Allemagne
Greece	..	71	113	50	81	116	153	207		233	258	Grèce
Hungary	..	3	4	4	4	4	4	4		4		Hongrie
Iceland	..	-	14	82	59	139		52		112	141	Islande
Ireland	..	43	35	352	416	581			2605	4209	4573	Irlande
Italy	..	17859	26793	28612	33361	46136	54752	56755	50300	42672	43106	Italie
Japan	..	7393	13632	15797	18262	16901	15347	12333	15300	17278	17667	Japon
Korea	..	64	40	123	127	191	368	584		397	441	Corée
Mexico	..	17	16	-1	13	7	43	116		2	2	Mexique
Netherlands	..	58074	83580	103335	120865	115089	108625	127963	130800	154660	168352	Pays-Bas
New Zealand	..	14	16					-53		232	90	Nouvelle-Zélande
Norway	..	1117	2425	3066	1261	2574	2147	3438	3500	3673	5024	Norvège
Poland	..	92	171	877	710	751	742	717		729	683	Pologne
Portugal	..	163	1258	1026	1449	896	906	1048	1200	1246	1219	Portugal
Spain	..	2427	4015	4365	5757	6555	7515	6716	9700	6518	6235	Espagne
Sweden	..	6757	9306	23507	21090	20153	23600	17985	22500	24788	26758	Suède
Switzerland	..	27545	36205	50823	50595	55651	53610	64542	69800	80286	95093	Suisse
Turkey	..	74	65	95	83	177	173	149		278	297	Turquie
United Kingdom	..	53402	69610	61483	68152	77704	95474	103747	100900	134417	133982	Royaume-Uni
United States	..	67208	90333	97484	99535	110012	122094	150400	152300	149864	181236	Etats-Unis
OECD UNALLOCATED							2634		500	225	200	OCDE NON ATTRIBUÉS
NON-OECD AREA	..	*47284*	*25074*	*20402*	*33197*	*34082*	*23557*	*164*	*26400*	*25711*	*27328*	***HORS ZONE-OCDE***
EUROPEAN COUNTRIES (1)	..	1306	1589	2697	3697	3310	3762	3175	3800	4225	2718	PAYS D'EUROPE (1)
of which:												*dont:*
Baltic countries	-	-	-	-	-	-	-	-		-	-	Pays Baltes
Bulgaria	-	37	98	71	4	5	6	6		4	21	Bulgarie
Czechoslovakia	-	22	33	5	-	-	-	-		-	-	Tchécoslovaquie
Romania	-	40	65	64	67	71	74	82		-	-	Roumanie
Russia	-	-	-	-	3622	3219	3676	2944	3100	3830	2283	Russie
Slovakia	-	-	-	-								Slovaquie
Slovenia	-	-	-	-		15		8		9	9	Slovénie
Ukraine	-	..	..	..	..	..	..	..	..	55	68	Ukraine
USSR	-	..	..	..	..	..	..	..	..	-	-	URSS

146

FRANCE

FRANCE

Table 7. **DIRECT INVESTMENT FROM ABROAD: *INWARD POSITION BY COUNTRY***
Tableau 7. **ENCOURS D'INVESTISSEMENT DIRECT DE L'ÉTRANGER: *PAR PAYS***

year-end - fin d'année

FF million / Millions de francs

	1988	1989	1990	1991	1992	1993	1994	1995	1996	1997	1998 p	
AFRICA	..	2003	2643	2596	3710	4282	5315	4498	1900	2931	..	**AFRIQUE**
of which:												*dont:*
Algeria	..	..	..	..	..	341	700	566	..	907	330	Algérie
Egypt	..	57	54	54	56	86	..	102	..	85	91	Égypte
Libya	..	..	..	..	..	..	..	..	..	..	..	Libye
Morocco	..	361	558	815	1033	1651	2100	1757	1900	1921	1881	Maroc
South Africa	..	..	..	..	..	22	..	22	..	23	60	Afrique du Sud
LATIN AMERICA-CARIBBEAN (1)	..	1507	2054	1811	3480	3610	2614	3646	3000	459	..	**AMÉRIQUE LATINE-CARAIBES (1)**
of which:												*dont:*
Argentina	..	74	80	84	86	73	83	91	..	120	101	Argentine
Brazil	..	182	249	429	1153	1297	323	367	..	293	287	Brésil
Chile	..	-	6	7	7	6	8	5	..	6	5	Chili
Colombia	..	..	..	..	..	..	..	..	..	..	..	Colombie
Costa Rica	..	..	..	..	..	..	..	..	..	..	..	Costa Rica
Netherlands Antilles	..	254	516	78	271	73	76	114	..	..	..	Antilles néerlandaises
Panama	..	380	523	222	882	764	37	50	..	..	..	Panama
Venezuela	..	3	3	..	..	..	..	..	..	..	..	Vénézuela
NEAR & MIDDLE EAST	..	3259	3122	5978	5585	113	1506	5236	2300	4410	..	**PROCHE & MOYEN ORIENT**
of which:												*dont:*
Gulf States	..	..	..	..	..	..	..	..	..	2691	2661	Pays du Golfe
of which:												*dont:*
Kuwait	..	..	..	..	..	941	700	1117	..	176	321	Koweit
Saudi Arabia	..	261	257	327	765	1682	1100	1950	2300	274	302	Arabie Saoudite
United Arab Emirates	..	..	..	..	..	3027	3000	345	..	161	159	Émirats Arabes Unis
Iran	..	..	..	..	..	218	..	35	..	..	..	Iran
Israel	..	143	125	104	84	113	..	293	..	313	289	Israël
ASIAN COUNTRIES (1)	..	-423	-239	1289	1870	1226	1349	1476	-	2115	..	**PAYS D'ASIE (1)**
of which:												*dont:*
China	..	106	99	182	383	443	408	420	..	474	337	Chine
Chinese Taipei	..	24	38	69	83	88	..	133	..	112	115	Taipei chinois
Hong Kong	..	..	..	504	803	703	706	570	..	572	514	Hong Kong
India	..	57	47	75	79	103	..	110	..	128	134	Inde
Indonesia	..	3	54	1	51	45	44	51	..	152	140	Indonésie
Malaysia	..	..	..	..	-	..	..	..	..	..	-	Malaisie
Philippines	..	..	..	92	95	92	..	80	..	87	82	Philippines
Singapore	..	4	21	327	338	372	305	48	..	568	470	Singapour
Thailand	..	-	-	10	-4	14	14	14	..	21	32	Thaïlande
UNALLOCATED	..	39632	15905	6031	14855	21541	9011	-17867	15400	11571	24610	**NON ATTRIBUÉS**
WORLD	..	*352055*	*443708*	*506551*	*551783*	*608446*	*662304*	*703982*	*753800*	*845133*	*953161*	***MONDE***
of which:												*dont:*
EUROPE (2)	..	229235	312261	369623	399960	446040	496608	538226	557000	645238	722229	EUROPE (2)
EUROPEAN UNION	..	199098	271788	311979	343547	383434	436166	466136	479900	561167	619253	UNION EUROPÉENNE
NAFTA	..	69248	93909	102268	103868	114288	126772	154955	157600	154317	186254	ALENA
ASEAN countries	..	7	75	430	480	523	363	193	..	829	725	Pays de l'ASEAN

1. Excluding countries recorded under the OECD area above.
2. EUROPE = EU + EFTA + Other European Countries.

1. Ce montant exclut les pays figurant dans la zone OCDE mentionnée ci-dessus.
2. EUROPE = UE + AELE + Autres pays d'Europe.

FRANCE

FRANCE

Table 8. **DIRECT INVESTMENT ABROAD:** *OUTWARD POSITION BY COUNTRY*
Tableau 8. **ENCOURS D'INVESTISSEMENT DIRECT À L'ÉTRANGER:** *PAR PAYS*
year-end - fin d'année

FF million

Millions de francs

	1988	1989	1990	1991	1992	1993	1994	1995	1996	1997	1998 p		
OECD AREA	*278214*	*400143*	*519383*	*626360*	*668676*	*706776*	*748405*	*764515*	*777867*	*945586*	*1063750*	***ZONE DE L'OCDE***	
Australia	2150	3809	4963	5462	4829	4437	4884	8426	13340	13989	13809	Australie	
Austria	573	517	820	764	694	1247	1560	1333	3512	4787	6898	Autriche	
Belgium-Luxembourg	27074	45990	52549	63967	69028	87206	104095	107869	103840	102070	153045	Belgique-Luxembourg	
Canada	8451	17633	15541	15191	16026	14457	10181	11213	11345	13587	15380	Canada	
Czech Republic					1060	1112	1570	2007	2165	4357	2427	République Tchèque	
Denmark	163	1563	14	1794	903	477	339	597	295	2122	2402	Danemark	
Finland	184	111	206	182	262	..	381	478	375	538	418	Finlande	
Germany	17797	20572	26039	32230	50597	52221	52847	49739	53378	67354	70385	Allemagne	
Greece	2002	1039	1402	1516	1657	2780	2669	2171	3363	3036	2981	Grèce	
Hungary	-	11	195	312	531	1516	1403	3625	4089	4145	4360	Hongrie	
Iceland											-	Islande	
Ireland	713	894	5400	10043	5320	5580	5130	6240	6974	13729	9816	Irlande	
Italy	14822	21608	34721	35045	36852	39128	34249	40085	43420	41897	51145	Italie	
Japan	1376	1811	1891	2310	2718	4280	3215	3537	2249	3292	3035	Japon	
Korea	716	702	895	1058	1410	1903	2162	2618	4509	5473	3396	Corée	
Mexico	719	878	1110	1366	1359	8499	2434	1851	3842	3493	3819	Mexique	
Netherlands	35481	73012	97100	124247	152040	143564	148639	135649	127301	121776	147054	Pays-Bas	
New Zealand	137	228	309	71	169		438	394	143	145	151	Nouvelle-Zélande	
Norway	463	-406	958	587	1121	1171	1507	1843	1400	1821	2771	Norvège	
Poland		..	1	147	166		24	1502	2080	3648	6294	Pologne	
Portugal	1657	2683	6150	6392	9493	9256	9118	9552	10034	10353	10189	Portugal	
Spain	27442	32916	44552	65151	53889	43367	47849	51744	49531	66202	64067	Espagne	
Sweden	487	1167	1164	7953	7994	7265	2280	3303	5371	7495	5445	Suède	
Switzerland	31471	31440	39303	38186	36857	43164	53036	53319	38203	44895	47011	Suisse	
Turkey	82	411	644	2654	2389	2501	3299	2958	3354	5613	4105	Turquie	
United Kingdom	33052	35222	64720	79475	70319	77214	83600	85928	88898	122545	146591	Royaume-Uni	
United States	71195	107214	119387	130913	132623	154431	171496	176534	194856	277193	286641	Etats-Unis	
OECD UNALLOCATED	7	-882	-651	-656	8370					31	118	OCDE NON ATTRIBUES	
NON-OECD AREA	*33586*	*36350*	*45451*	*46522*	*105418*	*127019*	*123358*	*138947*	*232690*	*190243*	*224949*	***HORS ZONE-OCDE***	
EUROPEAN COUNTRIES (1)	**83**	**29**	**-137**	**504**	**262**	**641**	**344**	**1329**	**3035**	**4870**	**7039**	**PAYS D'EUROPE (1)**	
of which:												*dont:*	
Baltic countries									2	23	56	Pays Baltes	
Bulgaria								..	1	3	4	Bulgarie	
Czechoslovakia	83	29	16	228	25							Tchécoslovaquie	
Romania	-758	-716	-247	6	189	196	105	105	438	2253	2804	Roumanie	
Russia							239	450	1406	1377	2526	Russie	
Slovakia								174	292	298	484	Slovaquie	
Slovenia								106	636	690	846	Slovénie	
Ukraine							7	7	2	88	132	Ukraine	
USSR	..	30	84	220								URSS	

148

FRANCE

Table 8. DIRECT INVESTMENT ABROAD: OUTWARD POSITION BY COUNTRY
Tableau 8. ENCOURS D'INVESTISSEMENT DIRECT À L'ÉTRANGER: PAR PAYS

year-end - fin d'année

FF million / Millions de francs

	1988	1989	1990	1991	1992	1993	1994	1995	1996	1997	1998 p	
AFRICA	8279	8105	8085	7597	10871	14411	14160	22762	20278	6812	..	**AFRIQUE**
of which:												*dont:*
Algeria	..	..	..	..	..	..	..	11	18	579	1305	Algérie
Egypt	..	..	..	..	..	505	386	529	408	612	1414	Egypte
Libya	..	..	..	..	..	..	..	373	..	..	..	Libye
Morocco	..	915	1190	855	2276	2511	2840	2988	3081	4212	5463	Maroc
South Africa	..	..	..	..	..	..	439	453	287	552	1238	Afrique du Sud
LATIN AMERICA-CARIBBEAN (1)	12017	14596	12994	16499	22466	20764	22807	34136	86893	49666	..	**AMÉRIQUE LATINE-CARAIBES (1)**
of which:												*dont:*
Argentina	1566	845	1967	1668	3429	5317	5554	7169	10164	13890	15525	Argentine
Brazil	6809	10109	6898	8566	9950	14366	14971	18682	68142	33536	43091	Brésil
Chile	258	433	1936	2650	2386	1160	1428	1625	1107	938	764	Chili
Colombia	..	..	..	..	..	..	519	383	963	1019	1211	Colombie
Costa Rica	..	..	..	..	..	..	..	7	6	..	..	Costa Rica
Netherlands Antilles	..	284	360	246	529	183	1042	884	786	..	..	Antilles néerlandaises
Panama	..	460	614	1046	424	570	433	342	402	..	..	Panama
Venezuela	..	40	579	556	791	1046	335	300	322	283	276	Vénézuela
NEAR & MIDDLE EAST	2935	2733	2263	1600	2880	3072	4174	3054	2838	2932	..	**PROCHE & MOYEN ORIENT**
of which:												*dont:*
Gulf States	..	..	..	..	..	..	..	..	2392	2842	3179	Pays du Golfe
of which:												*dont:*
Kuwait	..	..	..	..	..	..	..	..	..	..	..	Koweit
Saudi Arabia	775	854	845	607	1333	1557	1370	1287	1588	..	..	Arabie Saoudite
United Arab Emirates	..	..	..	..	..	760	296	378	168	236	495	Émirats Arabes Unis
Iran	..	..	..	..	..	..	15	1	..	..	7	Iran
Israel	..	..	..	..	..	1554	66	61	104	90	122	Israël
ASIAN COUNTRIES (1)	5917	6176	12761	10233	13109	16531	17060	15069	22298	23667	..	**PAYS D'ASIE (1)**
of which:												*dont:*
China	328	337	377	562	810	827	1819	2357	2101	3888	5697	Chine
Chinese Taipei	176	149	281	319	490	367	462	537	308	778	1201	Taipei chinois
Hong Kong	2700	2727	2484	2319	2676	2601	3220	2964	5494	3904	5885	Hong Kong
India	65	102	142	110	114	634	1009	845	1262	1480	2497	Inde
Indonesia	57	314	2222	2770	2857	613	553	578	1627	2662	3420	Indonésie
Malaysia	530	127	125	189	188	..	278	338	200	589	448	Malaisie
Philippines	45	66	66	54	60	..	114	117	77	101	2864	Philippines
Singapore	1105	1214	6345	2609	3095	3130	6968	6133	10690	10133	12769	Singapour
Thailand	163	346	260	708	793	642	475	572	266	132	1087	Thaïlande
UNALLOCATED	4355	4711	9485	10089	55830	71600	64813	62597	97348	102296	217910	**NON ATTRIBUÉS**
WORLD	*311800*	*436493*	*564834*	*672882*	*774094*	*833795*	*871763*	*903462*	*1010557*	*1135829*	*1288699*	***MONDE***
of which:												*dont:*
EUROPE (2)	193546	268779	375801	471149	501434	519410	553939	561274	550618	610620	727373	EUROPE (2)
EUROPEAN UNION	161447	237294	334837	428759	459048	469305	492756	494688	496292	563936	670552	UNION EUROPÉENNE
NAFTA	80365	125725	136038	147470	150008	177387	184111	189598	210043	294273	305840	ALENA
ASEAN countries	1900	2067	9018	6330	6993	4385	8388	8156	12970	13908	21926	Pays de l'ASEAN

1. Excluding countries recorded under the OECD area above.
2. EUROPE = EU + EFTA + Other European Countries.

1. Ce montant exclut les pays figurant dans la zone OCDE mentionnée ci-dessus.
2. EUROPE = UE + AELE + Autres pays d'Europe.

GERMANY - ALLEMAGNE

Chart 1. **Direct investment flows**
Graphique 1. **Flux d'investissement direct**

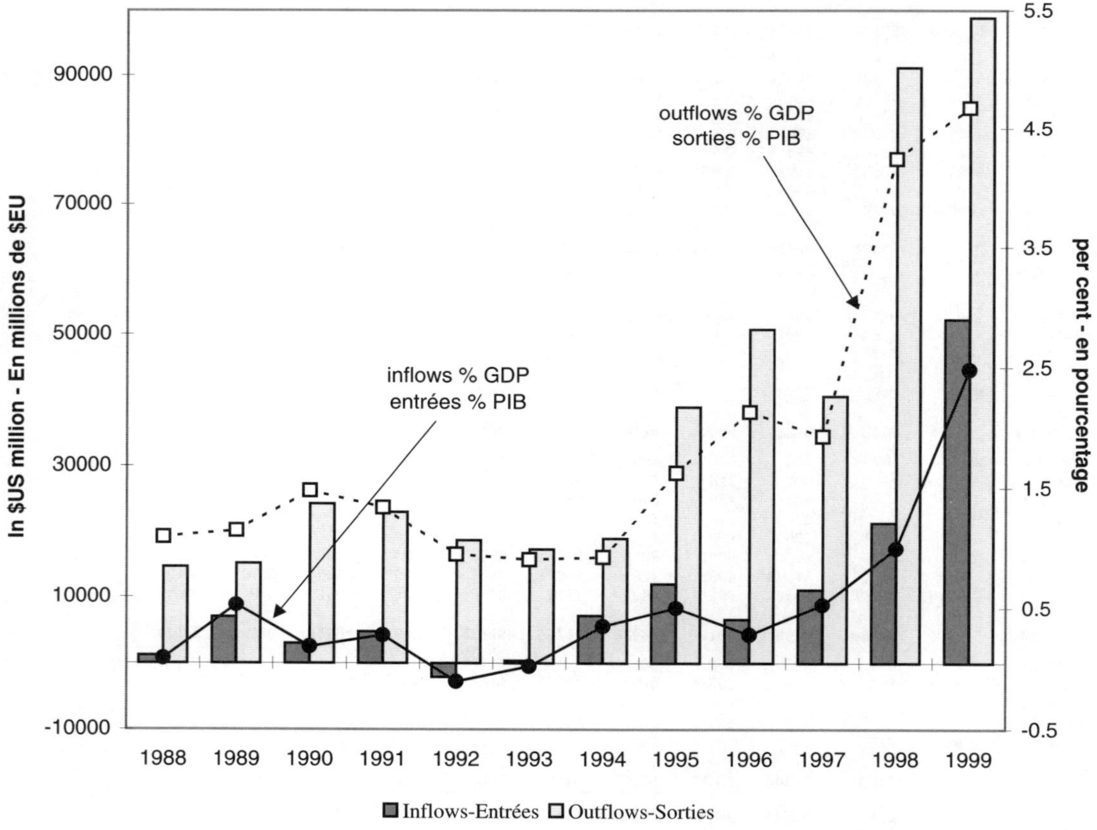

GERMANY - ALLEMAGNE

Chart 2. **Direct investment from abroad:** *inflows by country*
Graphique 2. **Investissement direct de l'étranger:** *flux par pays*

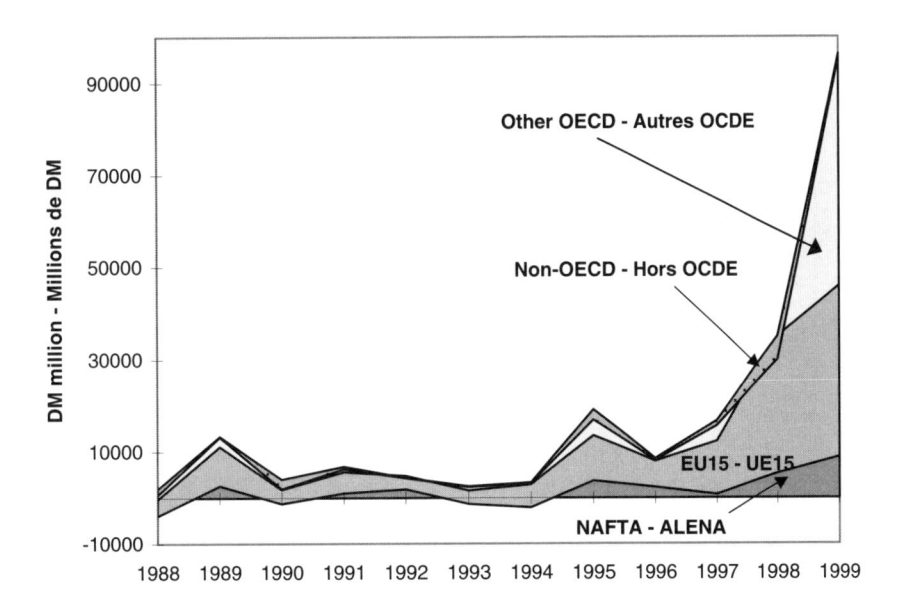

Chart 3. **Direct investment abroad:** *outflows by country*
Graphique 3. **Investissement direct à l'étranger:** *flux par pays*

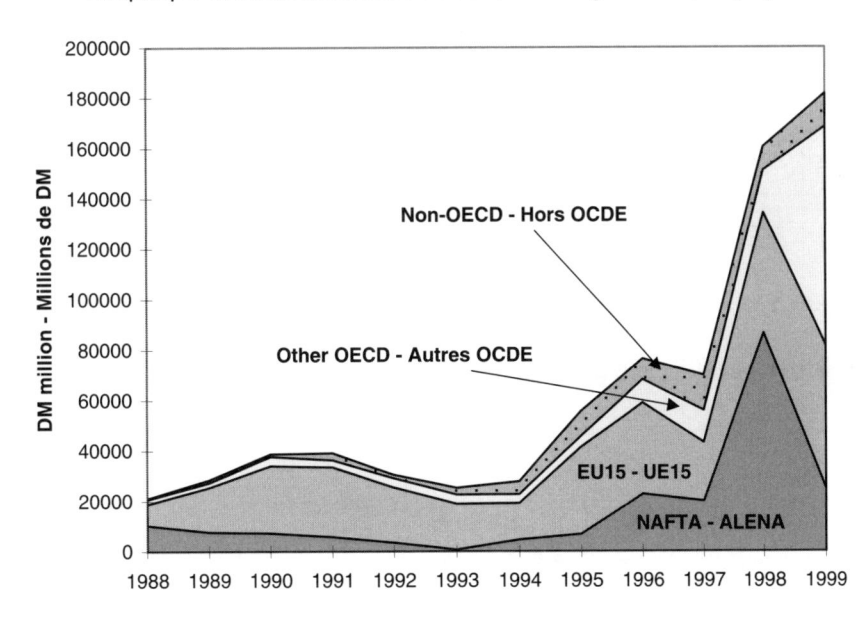

Note: Total OECD = EU15 + NAFTA + Other OECD. **Note**: Total OCDE = UE15 + ALENA + Autres OCDE.

GERMANY / ALLEMAGNE

Table 1. DIRECT INVESTMENT FROM ABROAD: INFLOWS BY INDUSTRIAL SECTOR
Tableau 1. INVESTISSEMENT DIRECT DE L'ÉTRANGER: FLUX PAR SECTEUR INDUSTRIEL

DM million / Millions de DM

	1988	1989	1990	1991	1992	1993	1994	1995	1996[1]	1997	1998	1999 p	
Agriculture & fishing	20	-3	21	1	10	13	32	4	-646	-659	-682	-675	**Agriculture & pêche**
Mining & quarrying	-247	-65	4	6	1	4	250	-27	257	431	205	-2	**Mines & exploitation**
of which: Extraction of petroleum and gas	..	5	4	5	2	6	.	-58	33	-156	207	6	*dont:* Extraction de pétrole et gaz
Manufacturing	-3143	-201	-1772	-3110	-2626	2626	-1552	1724	-2802	1201	-3884	48649	**Manufacture**
of which:													*dont:*
Food products	-235	-24	13	-71	-226	-75	754	-139	-254	-244	-634	-479	Produits alimentaires
Textile and wood activities	-81	736	192	23	-224	342	-121	-69	-639	-65	835	436	Activités du textile et du bois
Petroleum, chemical, rubber and plastic products	-2460	-760	-2374	-975	-966	460	-1737	-496	-1104	774	-350	29056	Pétrole, produits chimiques, caoutchouc et mat. plastiques
Metal and mechanical products	-315	-380	75	-6	-806	1514	-6	76	-262	823	401	15891	Produits métallurgiques et mécaniques
Office machinery, computers, radio, TV and communication equipment	32	291	347	-1925	-395	795	4	416	-2806	557	314	286	Machines de bureau, ordinateurs, radio, téléviseurs et équipement de communication
Vehicles and other transport equipment	..	44	41	437	-117	-630	-242	340	1524	-1580	-5414	22	Véhicules et autres équipements de transport
Electricity, gas & water	..	..	..	..	-2	-68	110	101	-149	47	1191	-256	**Électricité, gaz & eau**
Construction	-3	24	-37	-88	79	72	376	320	86	332	175	117	**Construction**
Trade & repairs	-321	1616	886	1781	620	1016	2693	1153	2770	3554	-787	2355	**Commerce & réparation**
Hotels & restaurants	..	..	..	..	-359	-19	101	-491	17	-22	42	-78	**Hôtels & restaurants**
Transport & communication	..	..	..	..	45	14	271	-414	-6387	1428	1388	462	**Transport & communication**
of which:													*dont:*
Land, sea and air transport	..	80	-66	98	.	.	.	-25	6	888	802	397	Transport terrestre, maritime et aérien
Telecommunications	..	..	..	..	.	.	.	-394	-6740	781	389	178	Télécommunications
Financial activities	538	8577	6954	5496	16	-3337	-644	-456	5661	-1399	13312	13697	**Activités financières**
of which:													*dont:*
Monetary institutions	..	..	..	..	442	-561	-427	665	-1285	-455	4533	104	Institutions monétaires
Other financial institutions	..	..	..	..	-461	-2418	-1157	72	6289	539	8940	17949	Autres institutions financières
of which: Financial holding companies	..	..	..	..	.	.	.	-240	-306	-134	-30	-78	*dont:* Sociétés holding financières
Insurance & activities auxiliary to insurance	..	..	..	..	35	-358	940	-1193	657	-1483	-160	-4356	Assurances & activités auxiliaires
Other financial institutions and insurance activities	..	..	..	..	-426	-2776	-216	-1121	6946	-944	8779	6950	Autres activités d'institutions financières et d'assurances
Real estate & business activities	..	..	..	..	6267	5927	10896	18818	16773	12899	25116	31956	**Activités d'entreprise & immobilier**
of which: Real estate	..	..	..	..	172	-577	-42	63	-119	-1079	35	804	*dont:* Immobilier
Other services	5141	..	420	288	202	5	616	140	385	-42	-315	108	**Autres services**
Unallocated	-158	3608	-2452	2411	-95	-3094	-10244	-1119	-7483	-1114	1659	-32	Non attribués
TOTAL	1827	13293	4024	6785	4158	3159	2905	19753	8482	16656	37420	96301	**TOTAL**
of which:													*dont:*
PRIMARY	-227	-68	25	7	11	17	282	-23	-389	-228	-477	-677	PRIMAIRE
MANUFACTURING	-3143	-201	-1772	-3110	-2626	2626	-1552	1724	-2802	1201	-3884	48649	MANUFACTURE
SERVICES	5355	9954	8223	7477	6868	3610	14419	19171	19156	16797	40122	48464	SERVICES

1. Break in series as from 1996. See methodological notes in part 3.

1. Rupture de séries a partir de 1996. Voir notes méthodologiques en partie 3.

GERMANY   **ALLEMAGNE**

Table 2. DIRECT INVESTMENT ABROAD: OUTFLOWS BY INDUSTRIAL SECTOR
Tableau 2. INVESTISSEMENT DIRECT À L'ÉTRANGER: FLUX PAR SECTEUR INDUSTRIEL

DM million   *Millions de DM*

	1988	1989	1990	1991	1992	1993	1994	1995	1996[1]	1997	1998	1999 p	
Agriculture & fishing	3	2	-9	5	3	..	-1	4	-1648	-228	52	-1958	**Agriculture & pêche**
Mining & quarrying	359	220	224	1467	-78	-77	-362	-72	-13	25	-453	1332	**Mines & exploitation**
of which: Extraction of petroleum and gas	..	148	124	46	-81	-88	-394	-63	-48	105	8	532	*dont:* Extraction de pétrole et gaz
Manufacturing	9599	9055	16420	15331	12422	9590	10549	20075	16516	28078	87558	82186	**Manufacture**
of which:													*dont:*
Food products	126	224	1675	791	219	152	455	104	362	858	922	1711	Produits alimentaires
Textile and wood activities	546	670	715	1093	905	372	707	470	941	1667	765	1322	Activités du textile et du bois
Petroleum, chemical, rubber and plastic products	3513	3534	4325	5871	2544	4070	76	10050	4556	10232	14420	2333	Pétrole, produits chimiques, caoutchouc et mat. plastiques
Metal and mechanical products	1713	1594	2541	2640	2690	1476	1200	1541	2062	7420	3696	55950	Produits métallurgiques et mécaniques
Office machinery, computers,	2666	2353	3851	1391	2078	1672	1453	530	304	1498	852	460	Machines de bureau, ordinateurs,
radio, TV and communication equipment													radio, téléviseurs et équipement de communication
Vehicles and other transport equipment	..	521	3100	3186	3279	1005	5698	4805	4019	1795	62309	1848	Véhicules et autres équipements de transport
Electricity, gas & water	..	..	..	..	241	882	113	1353	561	900	842	274	**Electricité, gaz & eau**
Construction	55	110	289	160	77	447	269	206	51	706	230	902	**Construction**
Trade & repairs	409	973	842	715	1326	1398	515	1963	2477	3234	1733	4070	**Commerce & réparation**
Hotels & restaurants	..	..	..	..	-6	86	-7	18	60	-71	145	-14	**Hôtels & restaurants**
Transport & communication	..	..	..	..	399	930	518	1813	1757	-863	-1966	27966	**Transport & communication**
of which:													*dont:*
Land, sea and air transport	..	419	255	225	..	..	..	154	221	-914	-923	-2977	Transport terrestre, maritime et aérien
Telecommunications	..	..	..	..	..	..	..	1589	1385	135	-1052	30918	Télécommunications
Financial activities	3741	10445	13427	12925	5242	5346	6822	11208	26020	15520	28684	46259	**Activités financières**
of which:													*dont:*
Monetary institutions	..	..	..	..	3668	4166	4394	4025	6136	8107	9020	16848	Institutions monétaires
Other financial institutions	..	..	..	..	349	686	735	1320	15484	3975	12979	25355	Autres institutions financières
of which: Financial holding companies	..	..	..	..	..	..	..	1044	2827	2947	862	6376	*dont:* Sociétés holding financières
Insurance & activities auxiliary to insurance	..	..	..	..	1225	495	1693	5863	4401	3438	6686	4054	Assurances & activités auxiliaires
Other financial institutions and insurance activities	..	..	..	..	1574	1181	2428	7183	19884	7414	19665	29409	Autres activités d'institutions financières et d'assurances
Real estate & business activities	..	..	..	..	6305	5051	6061	11543	11860	13468	25360	6014	**Activités d'entreprise & immobilier**
of which: Real estate	..	..	..	..	483	95	617	268	632	260	1823	2533	*dont:* Immobilier
Other services	3890	640	768	919	1090	760	2150	3507	2940	2823	3796	1648	**Autres services**
Unallocated	1370	6839	6765	7669	3478	911	1255	4344	15868	7042	14428	12982	Non attribués
TOTAL	19426	28284	38726	39191	30499	25324	27882	55962	76449	70634	160409	181661	**TOTAL**
of which:													*dont:*
PRIMARY	362	222	215	1472	-75	-77	-363	-68	-1661	-203	-401	-626	PRIMAIRE
MANUFACTURING	9599	9055	16420	15331	12422	9590	10549	20075	16516	28078	87558	82186	MANUFACTURE
SERVICES	8095	12168	15326	14719	14674	14900	16441	31611	45726	35717	58824	88695	SERVICES

1. Break in series as from 1996. See methodological notes in part 3.   1. Rupture de séries a partir de 1996. Voir notes méthodologiques en partie 3.

GERMANY / ALLEMAGNE

Table 3. DIRECT INVESTMENT FROM ABROAD: *INFLOWS BY COUNTRY*
Tableau 3. INVESTISSEMENT DIRECT DE L'ÉTRANGER: *FLUX PAR PAYS*

DM million / Millions de DM

	1988	1989	1990	1991	1992	1993	1994	1995	1996¹	1997	1998	1999 p	
OECD AREA	**607**	**13146**	**1931**	**6206**	**4280**	**2370**	**3170**	**16859**	**8070**	**15510**	**29913**	**95529**	**ZONE DE L'OCDE**
Australia	-9	22	18	-17	24	2	-10	52	154	-472	569	-155	Australie
Austria	42	510	121	126	274	279	266	728	116	467	341	911	Autriche
Belgium-Luxembourg	108	302	-1301	1033	458	2304	917	704	-3574	4506	1106	24317	Belgique-Luxembourg
Canada	-209	27	-2	1186	44	88	-225	165	-1867	57	-187	-78	Canada
Czech Republic					9	41	18	2	-49	21	-67	123	République Tchèque
Denmark	185	209	-10	409	214	-308	80	64	310	708	95	-634	Danemark
Finland	337	-10		129	203	328	-327	120	187	111	1331	-364	Finlande
France	730	3340	1255	1859	1602	1106	1193	822	1181	-1256	1234	51698	France
Greece	-1	1	23	10	-18	-15	-1	-5	13	9	-80	41	Grèce
Hungary	-4	2		-4	-11	-6	-2	3	53	-21	280	68	Hongrie
Iceland	-3		-1	-1	-4		12	-16	-14	10	-9	2	Islande
Ireland	2	2	18	400	-45	237	453	-94	383	-83	334	1066	Irlande
Italy	227	1080	655	332	18	-1359	-1903	396	215	121	5119	176	Italie
Japan	647	1687	1293	914	1135	4	-455	839	-1287	1142	94	1027	Japon
Korea	4	11	75	-10	-33	64	129	125	152	328	117	649	Corée
Mexico	-2	-3		-3	2	-2		4	-15	-3	10	12	Mexique
Netherlands	1089	1060	923	547	-173	-1379	2872	3870	3920	1407	3191	-6071	Pays-Bas
New Zealand	3	2		-6		-5	2	5	-3	19	-25	16	Nouvelle-Zélande
Norway	35	46		90	9	20	-5	13	-129	-50	200	61	Norvège
Poland	3	23		3	25	13	-10	-3	-27	66	19	-14	Pologne
Portugal	-1	2		1	-7		15	-35	70	165	177	493	Portugal
Spain	17	155	253	2	42	-111	-21	-97	268	855	571	-9057	Espagne
Sweden	186	643	1185	-200	-217	-120	-1041	365	157	818	2556	-2253	Suède
Switzerland	185	236	-1259	-408	-1684	590	687	2455	1235	2157	-6521	3730	Suisse
Turkey	4	2		21	34	26	-6	56	55	120	227	37	Turquie
United Kingdom	690	1154	-91	-58	546	1928	2534	2931	2414	3700	13818	12263	Royaume-Uni
United States	-3654	2641	-1224	-149	1824	-1396	-1885	3515	4153	610	5413	17466	Etats-Unis
OECD UNALLOCATED	-4	2			9	41	-117	-125	-1	-2		-2	OCDE NON ATTRIBUÉS
NON-OECD AREA	**1351**	**141**	**2093**	**579**	**53**	**148**	**159**	**2252**	**412**	**1146**	**5070**	**773**	**HORS ZONE-OCDE**
EUROPEAN COUNTRIES (2)	**14**	**151**	**147**	**18**	**274**	**220**	**-97**	**-30**	**-107**	**201**	**-98**	**25**	**PAYS D'EUROPE (2)**
of which:													*dont:*
Baltic countries					-1	2	-2		5	2	-6	2	Pays Baltes
Bulgaria	27	4	-4	-11	4	-3	1	6	2	-1		2	Bulgarie
Czechoslovakia	-2	9		2									Tchécoslovaquie
Romania			1		75	3	1	11		1	-4	-14	Roumanie
Russia					118	290	-34	-49	-249	311	-144	39	Russie
Slovakia						-45				-1	-7	6	Slovaquie
Slovenia					18	4	-1		-19	-29	-4	41	Slovénie
Ukraine					3	1			4	-2	-2	2	Ukraine
USSR	6	25	-5	28									URSS

GERMANY / ALLEMAGNE

Table 3. DIRECT INVESTMENT FROM ABROAD: INFLOWS BY COUNTRY
Tableau 3. INVESTISSEMENT DIRECT DE L'ÉTRANGER: FLUX PAR PAYS

DM million / Millions de DM

	1988	1989	1990	1991	1992	1993	1994	1995	1996[1]	1997	1998	1999 p	
AFRICA	4	30	1	-30	19	70	-40	98	..	..	..	27	**AFRIQUE**
of which:													*dont:*
Algeria	..	..	..	..	..	..	..	..	..	..	..	..	Algérie
Egypt	..	..	..	..	26	..	1	..	-2	-2	..	2	Égypte
Libya	..	..	..	..	..	..	..	..	..	..	..	..	Libye
Morocco	..	..	..	..	..	..	1	..	4	-1	2	2	Maroc
South Africa	-2	1	-2	-5	6	-1	-5	57	-18	146	11	-12	Afrique du Sud
LATIN AMERICA-CARIBBEAN (2)	-118	-94	18	462	-333	381	352	2013	835	1532	5584	-514	**AMÉRIQUE LATINE-CARAIBES (2)**
of which:													*dont:*
Argentina	-20	52	..	48	-31	-49	-61	-34	68	19	42	2	Argentine
Brazil	14	-14	..	-6	17	-10	12	-27	-85	182	-294	10	Brésil
Chile	2	..	..	..	..	1	..	-1	16	24	-19	-184	Chili
Colombia	..	..	..	..	1	-2	1	..	10	8	-12	-6	Colombie
Costa Rica	..	..	..	..	..	..	..	..	..	..	..	..	Costa Rica
Netherlands Antilles	..	..	..	..	..	..	..	..	..	..	..	..	Antilles néerlandaises
Panama	..	..	..	..	..	..	1	..	2	-1	29	-20	Panama
Venezuela	..	..	..	..	..	..	..	..	..	..	..	..	Vénézuela
NEAR & MIDDLE EAST	1203	-12	1205	64	95	-244	-161	-46	14	113	-52	-35	**PROCHE & MOYEN ORIENT**
of which:													*dont:*
Gulf States	..	..	..	..	12	-334	-132	1	-20	6	-112	-180	Pays du Golfe
of which:													*dont:*
Kuwait	..	..	..	..	..	..	..	..	..	..	..	..	Koweit
Saudi Arabia	..	..	..	..	..	..	..	..	..	..	..	..	Arabie Saoudite
United Arab Emirates	..	..	..	..	..	..	..	..	..	..	..	..	Émirats Arabes Unis
Iran	-28	-39	..	31	27	28	-113	3	114	102	29	117	Iran
Israel	-20	12	-4	21	26	42	88	-5	-81	-1	34	27	Israël
ASIAN COUNTRIES (2)	27	68	10	59	5	136	-484	125	125	178	-14	698	**PAYS D'ASIE (2)**
of which:													*dont:*
China	3	22	-10	..	-1	17	-7	-6	40	14	36	172	Chine
Chinese Taipei	2	7	..	21	5	..	-5	25	-53	76	172	342	Taipei chinois
Hong Kong	17	7	..	44	-21	-30	-234	67	477	-69	-45	-68	Hong Kong
India	-7	..	..	-3	3	4	-5	17	-26	10	63	29	Inde
Indonesia	15	28	..	6	3	-24	-12	..	-13	11	-3	-35	Indonésie
Malaysia	..	..	..	..	..	167	-219	..	41	-23	-29	125	Malaisie
Philippines	..	..	..	-2	-5	..	..	..	-7	10	9	23	Philippines
Singapore	..	..	..	-2	2	..	-1	12	-337	171	-174	110	Singapour
Thailand	..	..	..	2	4	..	-1	..	11	-14	-49	-4	Thaïlande
UNALLOCATED	828	13144	2643	6212	4098	2596	3335	17593	7615	14632	29563	96100	**NON ATTRIBUÉS**
WORLD	*1958*	*13287*	*4024*	*6785*	*4158*	*3159*	*2905*	*19753*	*8482*	*16656*	*34983*	*96301*	***MONDE***
of which:													*dont:*
EUROPE (3)	3845	8908	1918	4309	1377	4061	5682	12377	6138	13853	23400	77189	EUROPE (3)
EUROPEAN UNION	3611	8448	3031	4590	2897	2890	5037	9769	5659	11528	29792	37113	UNION EUROPÉENNE
NAFTA	-3865	2665	-1226	1034	1870	-1310	-2111	3684	2270	664	5237	8895	ALENA
ASEAN countries	15	28	..	6	4	143	-231	12	-306	156	-243	110	Pays de l'ASEAN

1. Break in series as from 1996, see methodological notes in part 3.
2. Excluding countries recorded under the OECD area above.
3. EUROPE = EU + EFTA + Other European Countries.

1. Rupture de serie a partir de 1996, voir notes méthodologiques in partie 3.
2. Ce montant exclut les pays figurant dans la zone OCDE mentionnée ci-dessus.
3. EUROPE = UE + AELE + Autres pays d'Europe.

GERMANY
ALLEMAGNE

Table 4. DIRECT INVESTMENT ABROAD: *OUTFLOWS BY COUNTRY*
Tableau 4. **INVESTISSEMENT DIRECT À L'ÉTRANGER:** *FLUX PAR PAYS*

DM million
Millions de DM

	1988	1989	1990	1991	1992	1993	1994	1995	1996 [1]	1997	1998	1999 p	
OECD AREA	*20751*	*27400*	*37738*	*36380*	*29115*	*22677*	*22832*	*45778*	*68139*	*55903*	*151258*	*168491*	***ZONE DE L'OCDE***
Australia	182	193	231	53	74	207	44	574	524	586	451	1279	Australie
Austria	728	587	991	997	859	1170	895	2587	5586	1808	4266	1467	Autriche
Belgium-Luxembourg	1311	2986	5253	4675	6865	4767	1381	2835	457	3634	5528	8479	Belgique-Luxembourg
Canada	470	1105	1681	651	260	-840	307	139	-374	627	506	2670	Canada
Czech Republic					572	721	1138	1167	1085	1616	1450	651	République Tchèque
Denmark	82	88	125	154	689	-284	19	1091	-209	1042	195	-360	Danemark
Finland	35	54	11	62	125	36	8	206	349	-109	519	573	Finlande
France	1043	2578	2316	5272	3081	1887	2091	4890	3303	5639	14837	8555	France
Greece	66	96	63	215	65	179	146	-29	-120	235	669	514	Grèce
Hungary	16	72	206	416	854	926	960	1526	1331	1108	2325	442	Hongrie
Iceland	1	-1			1			1		2	3	-4	Islande
Ireland	5				1	1		-217	-1218	1586	1222	-999	Irlande
Italy	1229	1277	3962	6957	702	1680	1063	3464	4151	2929	5963	4674	Italie
Japan	268	753	1599	1274	1170	1134	782	2589	209	-322	1042	1438	Japon
Korea	98	358	677	523	326	69	651	513	209	438	2199	1359	Corée
Mexico	76	102	93	98	49	49	92	154	474	1742	554	-158	Mexique
Netherlands	1036	213	278	142	165	2	129	-25	2889	-507	3395	-3601	Pays-Bas
New Zealand	10	1742	3752	2256	2370	4009	1777	8211	103	-25	-35	403	Nouvelle-Zélande
Norway	192	6	1	9	20	14	7	34	-119	92	679	297	Norvège
Poland	-12	749	70	44	144	49	-64	7	2376	2502	3741	4068	Pologne
Portugal	166	3	8	68	170	471	420	818	493	642	692	-329	Portugal
Spain	1108	144	318	162	395	318	665	116	448	1392	4360	3135	Espagne
Sweden	79	2047	2110	2180	1217	812	1079	575	278	169	2914	10352	Suède
Switzerland	952	81	117	501	580	713	706	253	708	6320	4369	-1379	Suisse
Turkey	117	303	2372	1344	1359	910	1456	1807	349	360	730	370	Turquie
United Kingdom	1649	162	122	205	90	256	339	207	19747	4714	3240	78589	Royaume-Uni
United States	9844	5261	6040	3063	3765	1852	3948	10624	22729	17684	85442	46009	Etats-Unis
OECD UNALLOCATED		6441	5342	5059	3148	1569	2793	4250		-1	2	-4	OCDE NON ATTRIBUÉS
NON-OECD AREA	*476*	*1139*	*988*	*2811*	*1384*	*2647*	*5050*	*9810*	*8344*	*13956*	*9151*	*13170*	***HORS ZONE-OCDE***
EUROPEAN COUNTRIES (2)	*64*	*161*	*310*	*1389*	*153*	*356*	*699*	*566*	*1364*	*1386*	*1947*	*1254*	***PAYS D'EUROPE*** (2)
of which:													*dont:*
Baltic countries					4	13	16	38	38	84	52	70	Pays Baltes
Bulgaria		4		17	5	8	98	9	39	62	81	92	Bulgarie
Czechoslovakia		-1	2										Tchécoslovaquie
Romania				1	12	7	16	38	88	153	318	80	Roumanie
Russia					17	29	171	135	362	437	683	483	Russie
Slovakia						90	77	185	290	145	319	196	Slovaquie
Slovenia					3	129	36	33	35	44	44	66	Slovénie
Ukraine					1	12	130	20	99	136	102	137	Ukraine
USSR	9	32	33	-83									URSS

GERMANY / ALLEMAGNE

Table 4. DIRECT INVESTMENT ABROAD: OUTFLOWS BY COUNTRY
Tableau 4. INVESTISSEMENT DIRECT À L'ÉTRANGER: FLUX PAR PAYS

DM million / Millions de DM

	1988	1989	1990	1991	1992	1993	1994	1995	1996[1]	1997	1998	1999 p	
AFRICA	2	-105	-53	-124	427	358	-98	334	..	..	1226	778	**AFRIQUE**
of which:													*dont:*
Algeria	..	..	..	..	..	..	..	..	..	..	..	..	Algérie
Egypt	..	..	..	..	-29	-41	27	18	12	26	99	111	Egypte
Libya	..	..	..	..	..	..	..	..	..	..	..	..	Libye
Morocco	..	..	..	..	15	4	12	-1	34	51	47	6	Maroc
South Africa	86	219	191	68	225	304	-95	315	..	178	726	882	Afrique du Sud
LATIN AMERICA-CARIBBEAN (2)	-93	557	341	1321	295	822	1678	3165	2561	3508	3282	..	**AMÉRIQUE LATINE-CARAIBES (2)**
of which:													*dont:*
Argentina	125	218	-18	347	-130	82	230	452	1321	18311	428	436	Argentine
Brazil	268	156	175	320	284	-203	726	1696	928	645	2000	2091	Brésil
Chile	19	15	13	8	52	17	161	263	303	71	66	-121	Chili
Colombia	..	..	..	..	-5	86	41	132	221	102	199	18	Colombie
Costa Rica	..	..	..	..	..	..	..	..	..	..	..	..	Costa Rica
Netherlands Antilles	..	..	..	..	..	..	..	..	..	..	..	..	Antilles néerlandaises
Panama	..	..	..	..	32	27	5	13	..	217	273	491	Panama
Venezuela	..	..	..	..	..	..	..	..	..	..	..	..	Vénézuela
NEAR & MIDDLE EAST	143	149	47	19	56	418	-394	417	376	227	333	419	**PROCHE & MOYEN ORIENT**
of which:													*dont:*
Gulf States	..	..	..	..	46	89	29	37	-89	68	120	221	Pays du Golfe
of which:													*dont:*
Kuwait	..	..	..	..	..	..	..	..	..	..	..	..	Koweit
Saudi Arabia	..	..	..	..	..	..	..	..	..	..	..	..	Arabie Saoudite
United Arab Emirates	..	..	..	..	..	..	..	..	..	..	..	..	Émirats Arabes Unis
Iran	24	-2	..	-12	10	355	-403	424	390	49	-91	-29	Iran
Israel	-16	13	37	12	13	6	18	52	106	83	175	149	Israël
ASIAN COUNTRIES (2)	432	233	333	648	452	753	1690	2767	3780	5350	2275	..	**PAYS D'ASIE (2)**
of which:													*dont:*
China	80	17	..	115	233	112	483	630	1522	1594	1002	1056	Chine
Chinese Taipei	28	10	..	-13	77	44	32	25	220	558	98	20	Taipei chinois
Hong Kong	152	209	-47	306	-172	268	365	95	271	236	134	110	Hong Kong
India	29	28	9	6	11	108	149	297	153	381	514	178	Inde
Indonesia	10	27	-1	-7	27	13	35	1051	-74	185	103	276	Indonésie
Malaysia	25	29	82	62	102	46	144	55	629	496	-98	153	Malaisie
Philippines	-2	16	24	2	13	10	38	34	35	25	100	526	Philippines
Singapore	55	-136	..	123	93	74	361	379	676	1077	199	1101	Singapour
Thailand	56	29	35	42	53	45	54	98	361	619	7	968	Thaïlande
UNALLOCATED	-72	144	10	-442	1	-60	1475	2561	263	3485	88	10719	**NON ATTRIBUÉS**
WORLD	**21227**	**28539**	**38726**	**39191**	**30499**	**25324**	**27882**	**55588**	**76483**	**69859**	**160409**	**181661**	**MONDE**
of which:													*dont:*
EUROPE (3)	9867	19143	29745	32041	25227	21963	19508	40768	43267	36558	63133	129559	EUROPE (3)
EUROPEAN UNION	8533	17659	26760	27766	21885	18273	14560	34606	36153	23174	47800	56778	UNION EUROPÉENNE
NAFTA	10390	7759	7301	5852	3574	731	4701	6862	22829	20053	86502	24808	ALENA
ASEAN countries	144	-35	140	222	288	188	632	1617	1647	2405	328	1548	Pays de l'ASEAN

1. Break in series as from 1996, see methodological notes in part 3.
2. Excluding countries recorded under the OECD area above.
3. EUROPE = EU + EFTA + Other European Countries.

1. Rupture de série a partir de 1996, voir notes méthodologiques in partie 3.
2. Ce montant exclut les pays figurant dans la zone OCDE mentionnée ci-dessus.
3. EUROPE = UE + AELE + Autres pays d'Europe.

GERMANY - ALLEMAGNE

Chart 4. **Inward direct investment position**
Graphique 4. **Encours d'investissement direct de l'étranger**

1988

- Unalloc. 1%
- Manuf. 43%
- Services 56%

1998

- Prim. 0.3%
- Manuf. 18.6%
- Services 81.1%

1988

- Other OECD-Autres OCDE 23%
- Non OECD-Non OCDE 4%
- EU15-UE15 40%
- NAFTA-ALENA 33%

1998

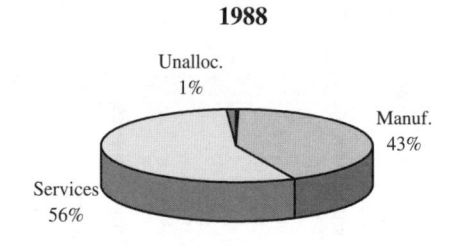

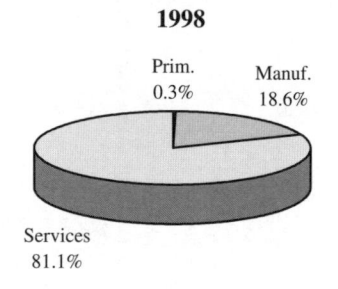

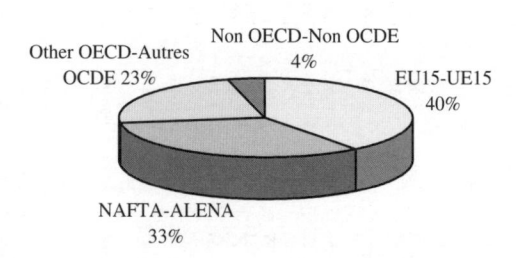

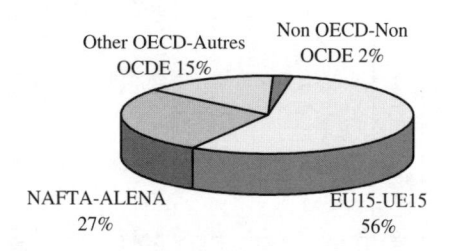

- Other OECD-Autres OCDE 15%
- Non OECD-Non OCDE 2%
- EU15-UE15 56%
- NAFTA-ALENA 27%

Chart 5. **Outward direct investment position**
Graphique 5. **Encours d'investissement direct à l'étranger**

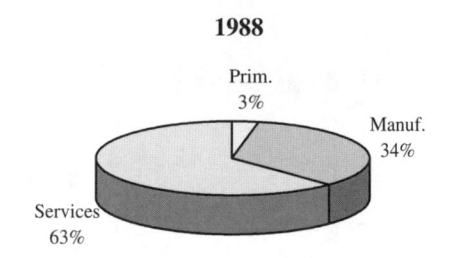

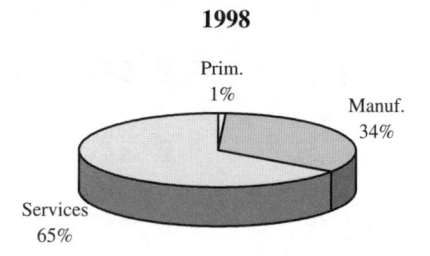

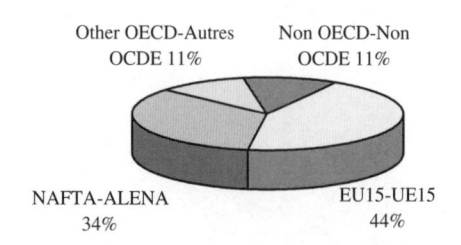

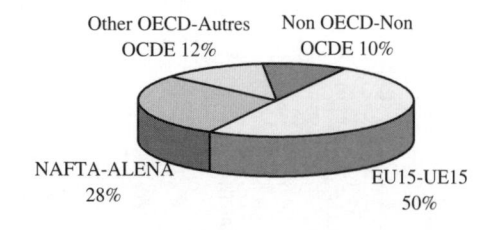

1988

- Prim. 3%
- Manuf. 34%
- Services 63%

1998

- Prim. 1%
- Manuf. 34%
- Services 65%

1988

- Other OECD-Autres OCDE 11%
- Non OECD-Non OCDE 11%
- NAFTA-ALENA 34%
- EU15-UE15 44%

1998

- Other OECD-Autres OCDE 12%
- Non OECD-Non OCDE 10%
- NAFTA-ALENA 28%
- EU15-UE15 50%

Note: Prim. = primary sector, **Manuf.** = manufacturing.

Note: Prim. = secteur primaire, **Manuf.** = manufacture.

GERMANY / ALLEMAGNE

Table 5. DIRECT INVESTMENT FROM ABROAD: INWARD POSITION BY INDUSTRIAL SECTOR
Tableau 5. ENCOURS D'INVESTISSEMENT DIRECT DE L'ÉTRANGER: PAR SECTEUR INDUSTRIEL

year-end - fin d'année

DM million / Millions de DM

	1988	1989	1990	1991	1992	1993	1994	1995	1996	1997	1998 p	
Agriculture & fishing	89	103	163	118	157	162	158	170	172	229	206	**Agriculture & pêche**
Mining & quarrying	160	91	35	35	28	23	907	1292	1256	1324	1110	**Mines & exploitation**
of which: Extraction of petroleum and gas (1)	7	39	19	14	18	20	24	407	426	482	326	*dont:* Extraction de pétrole et gaz (1)
Manufacturing	47327	61375	65139	71506	67391	61163	59813	64660	60061	69577	75718	**Manufacture**
of which:												*dont:*
Food products	3190	4653	5415	6220	5873	6669	6388	5469	4327	4449	4570	Produits alimentaires
Textile and wood activities (2)	1697	2174	2726	2975	3212	3185	3123	1382	1631	1477	2241	Activités du textile et du bois (2)
Petroleum, chemical, rubber and plastic products (3)	17690	21297	22272	23841	23900	20501	18929	21594	18974	26616	27340	Pétrole, produits chimiques, caoutchouc et mat. Plastiques (3)
Metal and mechanical products	6575	8644	9436	9973	9466	9914	10014	8647	9105	10908	10955	Produits métallurgiques et mécaniques
Office machinery, computers, radio, TV and communication equipment	10582	:	:	:	:	:	:	:	5745	5747	6547	Machines de bureau, ordinateurs, radio, téléviseurs et équipement de communication
Vehicles and other transport equipment	5170	6910	7311	9454	7439	6416	7769	8027	7430	7451	8479	Véhicules et autres équipements de transport
Electricity, gas & water	..	424	410	388	448	448	618	614	521	824	1126	**Electricité, gaz & eau**
Construction	235	314	336	444	636	731	1153	781	740	919	1139	**Construction**
Trade & repairs	18796	25516	29881	39081	38312	39766	41388	40411	39122	43391	44763	**Commerce & réparation**
Hotels & restaurants	..	547	727	853	1261	1097	1071	875	951	1021	987	**Hôtels & restaurants**
Transport & communication	..	973	1115	1428	1800	1573	1747	2355	2299	2403	2519	**Transport & communication**
of which:												*dont:*
Land, sea and air transport	927	:	:	:	:	:	:	813	1092	1266	1405	Transport terrestre, maritime et aérien
Telecommunications	:	:	:	:	:	:	:	754	332	738	656	Télécommunications
Financial activities	10731	13088	14067	15391	15496	16178	15739	19920	19286	25017	36056	**Activités financières**
of which:												*dont:*
Monetary institutions	:	:	:	:	:	12625	12044	14662	13873	12662	16258	Institutions monétaires
Other financial institutions	:	:	:	:	:	343	242	851	930	7495	14063	Autres institutions financières
of which: Financial holding companies	:	:	:	:	:	319	220	350	785	6899	13431	*dont:* Sociétés holding financières
Insurance & activities auxiliary to insurance	:	:	:	:	:	3210	3452	4407	4483	4861	5735	Assurances & activités auxiliaires
Other financial institutions and insurance activities	:	:	:	:	:	3553	3694	5258	5413	12356	19798	Autres activités d'institutions financières et d'assurances
Real estate & business activities (4)	..	52293	66833	70588	84239	102899	125411	144544	167688	198525	244709	**Activités d'entreprise & immobilier (4)**
of which: Real estate	:	2339	2754	3309	4217	3740	4318	4417	5141	4883	5581	*dont:* Immobilier
Other services	30863	4	4	3	2	..	2	897	985	1121	1883	**Autres services**
Unallocated	1333	-	-	1	1	1	-	-	1	2	-	Non attribués
TOTAL	109534	154728	178710	199836	209771	224041	248007	276519	293082	344353	410216	**TOTAL**
of which:												*dont:*
PRIMARY	249	194	198	153	185	185	1065	1462	1428	1553	1316	PRIMAIRE
MANUFACTURING	47327	61375	65139	71506	67391	61163	59813	64660	60061	69577	75718	MANUFACTURE
SERVICES	61552	93159	113373	128176	142194	162692	187129	210397	231592	273221	330917	SERVICES

1. Including manufacture of coke oven products; except quarring.
2. Except publishing.
3. Including processing of nuclear fuel.
4. Including publishing.

1. Y compris la fabrication de produits du four à coke; non compris l'industrie extractive.
2. Non compris l'édition.
3. Y compris le traitement de l'énergie nucléaire.
4. Y compris l'édition.

GERMANY / ALLEMAGNE

Table 6. DIRECT INVESTMENT ABROAD: OUTWARD POSITION BY INDUSTRIAL SECTOR
Tableau 6. ENCOURS D'INVESTISSEMENT DIRECT À L'ÉTRANGER: PAR SECTEUR INDUSTRIEL
year-end - fin d'année

DM million / Millions de DM

	1988	1989	1990	1991	1992	1993	1994	1995	1996	1997	1998 p	
Agriculture & fishing	730	789	777	776	796	762	777	771	773	885	852	**Agriculture & pêche**
Mining & quarrying	4355	4133	3827	3879	3752	3607	3198	3951	5009	4602	4753	**Mines & exploitation**
of which: Extraction of petroleum and gas (1)	3980	3630	3266	3284	3202	2991	2631	2810	3686	3362	3682	*dont:* Extraction de pétrole et gaz (1)
Manufacturing	57627	66011	70934	83218	88688	96751	108280	115145	127062	158016	195886	**Manufacture**
of which:												*dont:*
Food products	1149	1102	1682	1549	1980	2581	2902	2957	3019	3761	3766	Produits alimentaires
Textile and wood activities (2)	2626	3204	3485	4125	4203	4411	4776	4562	4901	5729	5595	Activités du textile et du bois (2)
Petroleum, chemical, rubber and plastic products (3)	20972	24352	27502	31861	36134	38393	40202	43835	47966	58206	61330	Pétrole, produits chimiques, caoutchouc et mat. Plastiques (3)
Metal and mechanical products	8905	11274	11827	14549	14835	15584	16522	15840	17341	21498	22819	Produits métallurgiques et mécaniques
Office machinery, computers, radio, TV and communication equipment	..	..	..	..	..	..	..	2907	3235	5016	5375	Machines de bureau, ordinateurs, radio, téléviseurs et équipement de communication
Vehicles and other transport equipment	10218	10678	10743	13138	13510	14462	19818	17811	19424	26417	54317	Véhicules et autres équipements de transport
Electricity, gas & water	143	107	116	124	128	122	118	380	1270	1643	2733	**Electricité, gaz & eau**
Construction	667	686	809	986	1017	1071	1390	1484	1489	1807	1702	**Construction**
Trade & repairs	29729	35996	38799	41959	44807	44670	45674	48615	55459	65780	73408	**Commerce & réparation**
Hotels & restaurants	..	533	562	697	571	625	641	687	974	918	977	**Hôtels & restaurants**
Transport & communication	1319	1606	1660	2143	2250	2509	2832	2780	3623	4223	6466	**Transport & communication**
of which:												*dont:*
Land, sea and air transport	..	..	..	..	..	..	..	1468	1904	1764	2411	Transport terrestre, maritime et aérien
Telecommunications	..	..	..	..	..	..	..	333	481	615	2498	Télécommunications
Financial activities	20785	27425	41910	49476	59303	71010	79435	90077	96382	111814	116436	**Activités financières**
of which:												*dont:*
Monetary institutions	..	..	..	..	..	26430	30383	35941	42684	49741	57984	Institutions monétaires
Other financial institutions	..	..	..	..	..	36494	39585	42574	41111	45537	38992	Autres institutions financières
of which: Financial holding companies	..	..	..	..	..	21316	25146	36941	35165	39034	33377	*dont:* Sociétés holding financières
Insurance & activities auxiliary to insurance	..	..	..	..	..	8086	9468	11563	12587	16536	19460	Assurances & activités auxiliaires
Other financial institutions and insurance activities	..	..	..	..	..	4450	49052	54136	53698	62073	58452	Autres activités d'institutions financières et d'assurances
Real estate & business activities (4)	51850	57485	62267	70037	74322	87097	88363	105157	124521	158515	174860	**Activités d'entreprise & immobilier (4)**
of which: Real estate	4721	4858	4782	3878	4190	4330	4683	5054	5389	6730	8256	*dont:* Immobilier
Other services	..	137	134	160	145	175	198	998	5161	5291	..	**Autres services**
Unallocated	-	-	-1	-2	1	-	1	2	2	1	-	Non attribués
TOTAL	167205	194908	221794	253453	275780	308399	330907	370047	421725	513495	578073	**TOTAL**
of which:												*dont:*
PRIMARY	5085	4922	4604	4655	4548	4369	3975	4722	5782	5487	5605	PRIMAIRE
MANUFACTURING	57627	66011	70934	83218	88688	96751	108280	115145	127062	158016	195886	MANUFACTURE
SERVICES	104493	123975	146257	165582	182543	207279	218651	250178	288879	349991	376582	SERVICES

1. Including manufacture of coke oven products; except quarring.
2. Except publishing
3. Including processing of nuclear fuel.
4. Until 1988 including hotels and restaurants and other services.

1. Y compris la fabrication de produits du four à coke; non compris l'industrie e
2. Non compris l'édition
3. Y compris le traitement de l'énergie nucléaire.
4. Jusqu'en 1988, y compris hôtels, restaurants et autres services.

GERMANY / **ALLEMAGNE**

Table 7. **DIRECT INVESTMENT FROM ABROAD: INWARD POSITION BY COUNTRY**
Tableau 7. **ENCOURS D'INVESTISSEMENT DIRECT DE L'ÉTRANGER: PAR PAYS**
year-end - fin d'année

DM million / *Millions de DM*

	1988	1989	1990	1991	1992	1993	1994	1995	1996	1997	1998 p		
OECD AREA	*105063*	*151170*	*174341*	*195244*	*204097*	*217215*	*241758*	*268444*	*285263*	*336202*	*401385*	**ZONE DE L'OCDE**	
Australia	309	220	228	241	346	701	602	631	649	594	361	Australie	
Austria	1522	2261	2725	3847	4765	5065	5647	6834	7332	8237	10750	Autriche	
Belgium-Luxembourg	2279	4229	3742	4274	5729	7990	10100	10877	12257	13915	18474	Belgique-Luxembourg	
Canada	1024	1601	1640	2779	2748	2861	2715	3433	1925	2167	2509	Canada	
Czech Republic					245	170	106	174	184	145	155	République Tchèque	
Denmark	1064	1362	1708	2172	2555	2542	3347	3842	3431	3587	3908	Danemark	
Finland	662	913	1091	1328	1322	1382	1790	2212	2504	3407	5827	Finlande	
France	6922	9286	10421	13221	15009	17397	20311	24419	25093	29434	31062	France	
Greece	48	88	81	94	71	52	55	61	64	68	72	Grèce	
Hungary	86	82	121	112	116	82	81	81	55	47	53	Hongrie	
Iceland										12	13	Islande	
Ireland	8	8	40	449	342	354	529	526	349	425	1355	Irlande	
Italy	2271	3790	4833	4652	4483	3160	3038	4258	4025	4485	8917	Italie	
Japan	8048	9557	11910	14454	15262	15236	14758	15572	14379	15075	16253	Japon	
Korea	254	277	518	528	458	990	1395	1853	2105	2167	2189	Corée	
Mexico	9	4	8	11	8	3	-1	3	-1	-4	-11	Mexique	
Netherlands	14075	24685	29240	34440	39813	47617	55105	59512	71565	86332	105864	Pays-Bas	
New Zealand	8	9	10	15		7	3	4	6	9		Nouvelle-Zélande	
Norway	281	485	502	649	744	789	865	973	979	1191	1252	Norvège	
Poland	163	224	215	251	279	264	234	251	234	230	233	Pologne	
Portugal	12	21	13	13	24	43	34	22	46	49	33	Portugal	
Spain	381	684	780	1112	1205	1187	1080	989	1079	2441	3082	Espagne	
Sweden	2435	3646	7863	7934	6477	5854	6536	6256	8476	10149	8758	Suède	
Switzerland (1)	16241	23663	26223	26711	25728	25484	29372	31560	33219	38689	39862	Suisse (1)	
Turkey	77	108	100	153	176	191	269	375	423	558	767	Turquie	
United Kingdom	11380	13522	13979	15003	16308	18061	19584	22386	23340	25938	30627	Royaume-Uni	
United States	35504	50131	55945	60280	59555	59721	64197	71329	71532	86855	109016	Etats-Unis	
OECD UNALLOCATED		314	405	521	329	12	4	11	13		4	OCDE NON ATTRIBUÉS	
NON-OECD AREA	*4471*	*3558*	*4369*	*4592*	*5674*	*6826*	*6249*	*8075*	*7819*	*8151*	*8831*	**HORS ZONE-OCDE**	
EUROPEAN COUNTRIES (2)	*512*	*977*	*873*	*1041*	*1505*	*1785*	*1551*	*2789*	*2298*	*1487*	*1417*	**PAYS D'EUROPE (2)**	
of which:												*dont:*	
Baltic countries												Pays Baltes	
Bulgaria	97	51	59	59	53	50	43	39	35	30	34	Bulgarie	
Czechoslovakia	148	180	224	245								Tchécoslovaquie	
Romania	33	33	28	25	24	25	25	54	57	58	56	Roumanie	
Russia					892	972	780	748	919	897	804	Russie	
Slovakia						19	25	14	17	16	7	Slovaquie	
Slovenia						157	138	136	132	116	153	Slovénie	
Ukraine						2	2	19	7	6	7	Ukraine	
USSR	234	308	338	405								URSS	

GERMANY   ALLEMAGNE

Table 7. DIRECT INVESTMENT FROM ABROAD: *INWARD POSITION BY COUNTRY*
Tableau 7. ENCOURS D'INVESTISSEMENT DIRECT DE L'ÉTRANGER: *PAR PAYS*
year-end - fin d'année

DM million *Millions de DM*

	1988	1989	1990	1991	1992	1993	1994	1995	1996	1997	1998 p	
AFRICA	26	115	144	87	98	97	93	262	100	..	..	**AFRIQUE**
of which:												*dont:*
Algeria	..	..	..	..	..	..	..	..	..	..	..	Algérie
Egypt	..	..	..	..	25	25	25	27	27	27	28	Egypte
Libya	..	..	..	..	..	..	..	..	..	..	..	Libye
Morocco	..	4	8	7	6	10	8	..	..	..	..	Maroc
South Africa	..	..	..	..	..	..	..	209	41	58	71	Afrique du Sud
LATIN AMERICA-CARIBBEAN (2)	1252	1491	2162	2101	1998	2455	2077	2074	1883	1990	2088	**AMÉRIQUE LATINE-CARAIBES (2)**
of which:												*dont:*
Argentina	218	280	294	325	310	304	256	267	232	227	211	Argentine
Brazil	86	106	135	134	125	146	149	159	148	170	185	Brésil
Chile												Chili
Colombia												Colombie
Costa Rica												Costa Rica
Netherlands Antilles												Antilles néerlandaises
Panama	..	5	4	4	4	4	..	..	..	..	..	Panama
Venezuela												Vénézuela
NEAR & MIDDLE EAST	794	650	716	890	1332	1882	1864	2208	2805	2788	3654	**PROCHE & MOYEN ORIENT**
of which:												*dont:*
Gulf States	..	..	..	..	..	97	111	98	87	91	74	Pays du Golfe
of which:												*dont:*
Kuwait	..	..	..	..	..	..	..	..	..	..	..	Koweit
Saudi Arabia	7	12	12	13	15	14	3	4	3	..	..	Arabie Saoudite
United Arab Emirates	..	..	..	..	..	..	..	..	..	..	..	Émirats Arabes Unis
Iran	..	..	..	..	..	1453	1377	1709	2326	2313	3176	Iran
Israel	29	53	72	152	183	280	373	398	390	382	403	Israël
ASIAN COUNTRIES (2)	240	327	456	472	705	601	657	734	733	990	925	**PAYS D'ASIE (2)**
of which:												*dont:*
China	40	53	70	79	106	144	123	124	122	186	192	Chine
Chinese Taipei	11	71	113	137	147	133	160	189	227	315	265	Taipei chinois
Hong Kong	78	56	113	80	92	120	153	142	105	136	125	Hong Kong
India	47	54	52	52	59	56	58	58	79	91	128	Inde
Indonesia	25	54	63	56	47	51	46	45	46	61	61	Indonésie
Malaysia	..	..	..	..	..	..	..	..	17	18	18	Malaisie
Philippines	..	..	..	..	..	..	..	..	..	..	..	Philippines
Singapore	4	-	2	19	19	26	43	75	38	113	79	Singapour
Thailand	22	25	27	33	32	38	42	58	54	28	17	Thailande
UNALLOCATED	1647	-2	18	1	36	6	7	8	-	896	747	**NON ATTRIBUÉS**
WORLD	*109533*	*154728*	*178710*	*199836*	*209771*	*224041*	*248007*	*276519*	*293082*	*344353*	*410216*	**MONDE**
of which:												*dont:*
EUROPE (3)	60419	90113	104691	117619	126855	139384	159550	178303	196868	231599	273059	EUROPE (3)
EUROPEAN UNION	43059	64496	76515	88539	98102	110704	127156	142194	159564	188466	228729	UNION EUROPÉENNE
NAFTA	36537	51737	57593	63070	62311	62585	66913	74765	73456	89018	111514	ALENA
ASEAN countries	51	79	93	109	270	119	135	181	156	223	176	Pays de l'ASEAN

1. Until 1994 including Liechtenstein.
2. Excluding countries recorded under the OECD area above.
3. EUROPE = EU + EFTA + Other European Countries.

1. Jusqu'en 1994 le Liechtenstein est inclus.
2. Ce montant exclut les pays figurant dans la zone OCDE mentionnée ci-dessus.
3. EUROPE = UE + AELE + Autres pays d'Europe.

GERMANY
ALLEMAGNE

Table 8. **DIRECT INVESTMENT ABROAD:** *OUTWARD POSITION BY COUNTRY*
Tableau 8. **ENCOURS D'INVESTISSEMENT DIRECT À L'ÉTRANGER:** *PAR PAYS*
year-end - fin d'année

DM million
Millions de DM

	1988	1989	1990	1991	1992	1993	1994	1995	1996	1997	1998 p		
OECD AREA	*148721*	*176162*	*204141*	*232568*	*252225*	*280926*	*297949*	*332773*	*377618*	*457703*	*524158*	**ZONE DE L'OCDE**	
Australia	2163	2475	2308	2399	2420	2788	3570	3773	4677	5109	4829	Australie	
Austria	5925	6687	7592	9000	10453	11505	12846	14975	16762	19381	22265	Autriche	
Belgium-Luxembourg	15354	18094	22424	26698	34076	37947	41784	43638	47491	54535	58128	Belgique-Luxembourg	
Canada	5432	5779	6697	6760	7005	6939	6199	6332	6684	8586	8091	Canada	
Czech Republic					1377	1753	2813	4200	5112	6505	8242	République Tchèque	
Denmark	909	990	1262	1432	1682	1636	1792	2885	3136	3406	3687	Danemark	
Finland	211	314	373	353	353	327	465	524	577	728	877	Finlande	
France	13190	16209	17101	19398	21486	22874	24540	27566	30024	33541	40154	France	
Greece	628	827	845	1049	1094	1131	1036	1120	1112	1851	2160	Grèce	
Hungary	39	73	266	489	1132	2189	2754	3445	4929	6359	8963	Hongrie	
Iceland										11	8	Islande	
Ireland	677	1914	6618	12777	14769	17140	17436	18078	18118	19052	18271	Irlande	
Italy	6608	8225	9832	11602	10846	11119	11777	13268	17113	20686	23774	Italie	
Japan	3498	3706	3989	4619	5151	7108	6916	6844	8420	8313	8948	Japon	
Korea	330	375	394	490	536	700	782	975	1205	1045	2845	Corée	
Mexico	1595	1716	2075	2597	2776	3437	2550	2393	2989	5302	5514	Mexique	
Netherlands	11108	14832	18394	20702	23219	24452	25917	34444	32731	37909	44162	Pays-Bas	
New Zealand	66	92	89	95	113	148	188	213	311	271	311	Nouvelle-Zélande	
Norway	789	912	985	1068	1040	1079	985	1081	1372	1580	1731	Norvège	
Poland	16	10	26	86	292	625	1158	1986	3204	5623	7896	Pologne	
Portugal	698	948	1264	1683	2092	2165	2712	2882	3401	4162	4921	Portugal	
Spain	7534	9350	11308	13606	12213	10392	11828	11635	12889	14924	16903	Espagne	
Sweden	828	877	1047	1460	1406	2127	2904	3450	3546	4502	5221	Suède	
Switzerland (1)	11153	11451	13984	14407	14340	15540	16020	18173	17888	22263	24770	Suisse (1)	
Turkey	330	429	571	669	860	1067	730	979	1058	1494	1752	Turquie	
United Kingdom	9530	12840	20034	21991	21200	23765	28829	35573	42002	51043	49405	Royaume-Uni	
United States	50109	57035	54660	56640	60324	70969	69417	72339	90865	119520	150329	Etats-Unis	
OECD UNALLOCATED		2	3		-30	4	1			2	1	OCDE NON ATTRIBUÉS	
NON-OECD AREA	*18484*	*18746*	*17653*	*20885*	*23555*	*27473*	*32958*	*37274*	*44107*	*55792*	*58570*	**HORS ZONE-OCDE**	
EUROPEAN COUNTRIES (2)	**376**	**580**	**670**	**938**	**695**	**1279**	**1953**	**2865**	**3730**	**4692**	**5310**	**PAYS D'EUROPE (2)**	
of which:												*dont:*	
Baltic countries						19	33	64	97	177	298	Pays Baltes	
Bulgaria				12	15	20	37	61	60	86	115	Bulgarie	
Czechoslovakia				517								Tchécoslovaquie	
Romania				16	32	50	84	158	210	316	597	Roumanie	
Russia					78	136	403	611	1058	1380	893	Russie	
Slovakia						303	489	673	823	1035	1437	Slovaquie	
Slovenia						228	249	315	340	408	504	Slovénie	
Ukraine						75	105	127	204	332	329	Ukraine	
USSR	26	203	168	194								URSS	

GERMANY **ALLEMAGNE**

Table 8. **DIRECT INVESTMENT ABROAD:** *OUTWARD POSITION BY COUNTRY*
Tableau 8. **ENCOURS D'INVESTISSEMENT DIRECT À L'ÉTRANGER:** *PAR PAYS*
year-end - fin d'année

DM million / *Millions de DM*

	1988	1989	1990	1991	1992	1993	1994	1995	1996	1997	1998 p	
AFRICA	**1636**	**1479**	**1302**	**1445**	**1394**	**3829**	**3676**	**4171**	**4061**	..	..	**AFRIQUE**
of which:												*dont:*
Algeria	..	..	..	..	..	..	..	..	..	..	..	Algérie
Egypt	474	340	228	212	156	133	161	145	135	248	336	Egypte
Libya	..	..	..	..	..	..	..	..	..	..	..	Libye
Morocco	..	..	..	..	..	93	97	104	133	159	169	Maroc
South Africa	1972	1884	1893	1912	1992	2251	2428	2923	2547	3206	3066	Afrique du Sud
LATIN AMERICA-CARIBBEAN (2)	**9864**	**9828**	**8660**	**10658**	**12046**	**14585**	**18656**	**19541**	**21727**	**27766**	**27444**	**AMÉRIQUE LATINE-CARAIBES (2)**
of which:												*dont:*
Argentina	1567	891	1427	1622	1619	1755	2216	1908	2326	3457	3608	Argentine
Brazil	6371	7307	5313	6499	7277	8269	11311	11017	11981	13801	13381	Brésil
Chile	150	174	174	215	223	264	438	518	603	697	690	Chili
Colombia	108	151	179	198	250	320	461	478	630	819	839	Colombie
Costa Rica	..	..	..	..	..	..	..	..	..	..	..	Costa Rica
Netherlands Antilles	..	..	..	..	..	..	..	..	..	..	..	Antilles néerlandaises
Panama	..	..	..	..	..	..	..	..	..	..	..	Panama
Venezuela	222	111	114	168	199	223	130	135	227	299	646	Vénézuela
NEAR & MIDDLE EAST	**693**	**712**	**692**	**765**	**1321**	**646**	**507**	**502**	**545**	**787**	**826**	**PROCHE & MOYEN ORIENT**
of which:												*dont:*
Gulf States	..	..	..	..	..	241	194	228	224	341	361	Pays du Golfe
of which:												*dont:*
Kuwait	..	..	..	..	..	..	..	..	..	..	..	Koweit
Saudi Arabia	93	65	64	67	103	112	102	121	77	..	..	Arabie Saoudite
United Arab Emirates	..	..	..	..	..	..	..	..	..	..	..	Émirats Arabes Unis
Iran	..	..	20	10	24	48	31	39	50	99	87	Iran
Israel	78	16				18	26	22	114	146	174	Israël
ASIAN COUNTRIES (2)	**3412**	**3839**	**4125**	**4902**	**5902**	**7052**	**8141**	**10187**	**14037**	**17250**	**19480**	**PAYS D'ASIE (2)**
of which:												*dont:*
China	198	173	163	339	531	734	859	1578	2903	5268	6081	Chine
Chinese Taipei	133	181	216	244	287	323	334	297	337	691	962	Taipei chinois
Hong Kong	870	1041	1091	1200	1445	1718	1779	1911	2442	2761	2799	Hong Kong
India	335	344	355	339	307	430	543	803	1045	1364	1369	Inde
Indonesia	162	173	203	198	256	276	318	475	552	380	250	Indonésie
Malaysia	222	344	415	568	735	784	871	1098	1456	1748	1723	Malaisie
Philippines	67	70	111	124	156	202	214	271	369	356	444	Philippines
Singapore	1188	1222	1253	1522	1701	1890	2482	2907	3626	3345	3894	Singapour
Thailand	118	153	176	216	314	466	482	539	926	844	1391	Thailande
UNALLOCATED	**2503**	**2308**	**2204**	**2177**	**2197**	**82**	**26**	**8**	**7**	**5297**	**5510**	**NON ATTRIBUÉS**
WORLD	***167205***	***194908***	***221794***	***253453***	***275780***	***308399***	***330907***	***370047***	***421725***	***513495***	***582728***	**MONDE**
of which:												*dont:*
EUROPE (3)	85853	105499	134529	159774	174462	190012	210175	242677	266122	314496	348893	EUROPE (3)
EUROPEAN UNION	73201	92107	118096	141753	154889	166580	183866	210039	228903	265721	289928	UNION EUROPÉENNE
NAFTA	57136	64531	63432	65997	70105	81346	78165	81065	100537	133407	163935	ALENA
ASEAN countries	1761	1962	2161	2631	3164	3621	4370	5291	6929	6773	7753	Pays de l'ASEAN

1. Until 1994 including Liechtenstein.
2. Excluding countries recorded under the OECD area above.
3. EUROPE = EU + EFTA + Other European Countries.

1. Jusqu'en 1994 le Liechtenstein est inclus.
2. Ce montant exclut les pays figurant dans la zone OCDE mentionnée ci-dessus.
3. EUROPE = UE + AELE + Autres pays d'Europe.

GREECE - GRECE

Chart 1. **Direct investment flows**
Graphique 1. **Flux d'investissement direct**

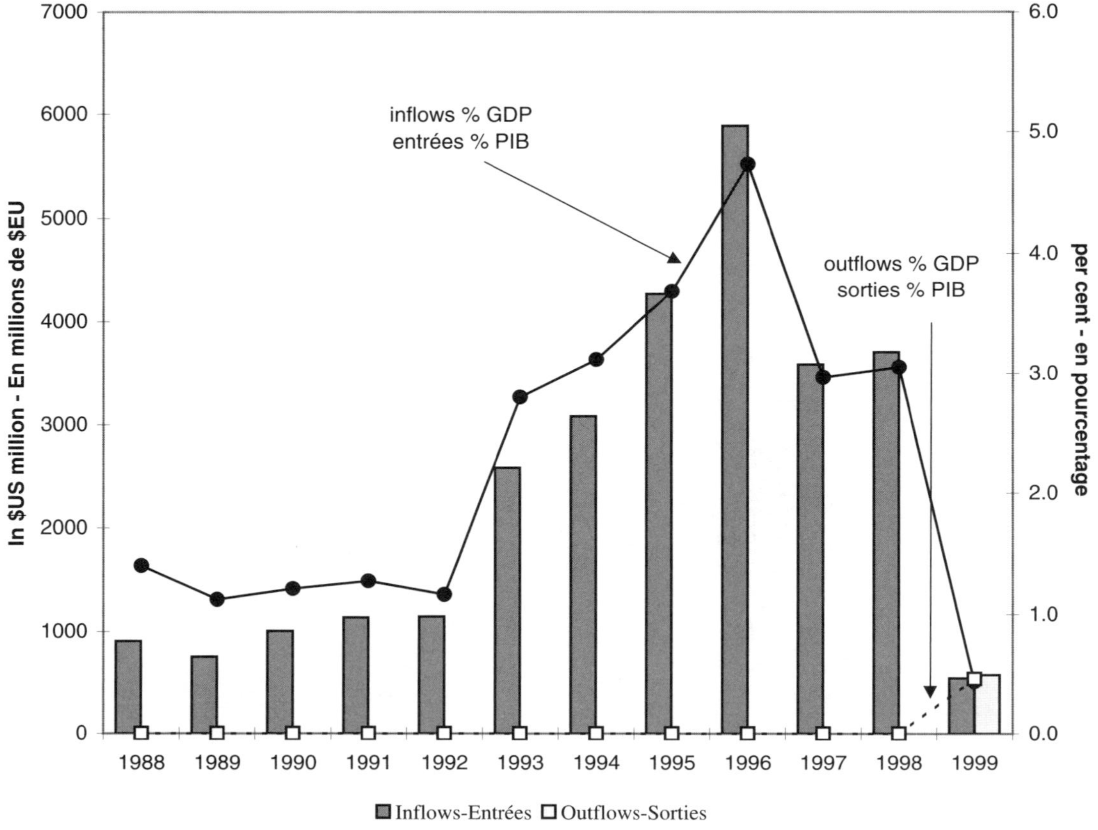

■ Inflows-Entrées   □ Outflows-Sorties

1. Up to 1992, data are on approval basis.
As from 1993, data include entrepreneurial capital net and real state investment flows.

1. Jusqu'en 1992, les données se réfèrent à des autorisations.
A partir de 1993, il s'agit des flux de capitaux nets des entreprises et de l'investissement immobilier.

GREECE - GRECE

Chart 2. **Direct investment from abroad:** *inflows by country*
Graphique 2. **Investissement direct de l'étranger:** *flux par pays*

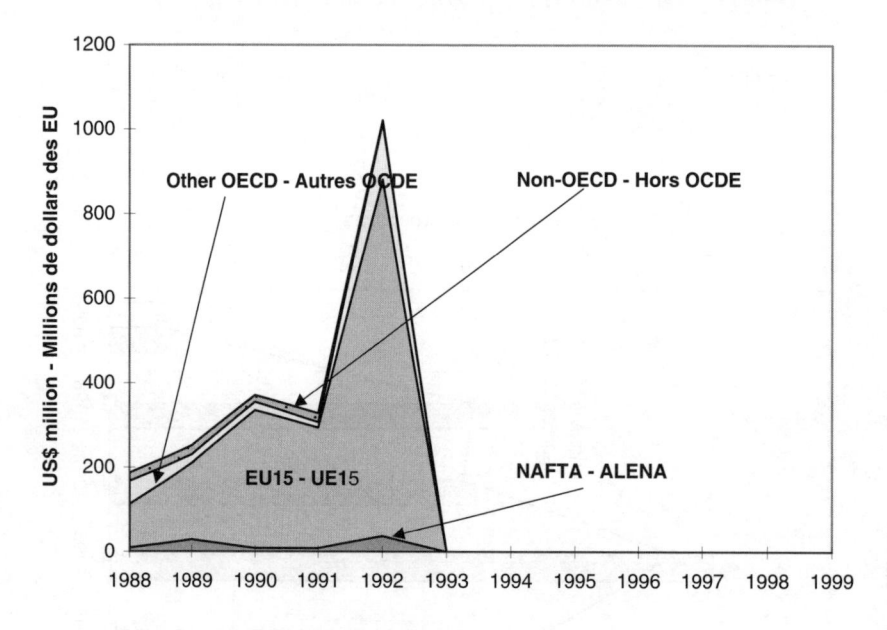

As from 1993, data are not available due to a change in the Balance of Payments system.
A partir de 1993, les données ne sont pas disponibles en raison de changements dans le système de Balance des Paiements.

Data on outflows by country are not available.
Les données de flux en sortie par pays ne sont pas disponibles.

Note: Total OECD = EU15 + NAFTA + Other OECD. **Note**: Total OCDE = UE15 + ALENA + Autres OCDE.

GREECE

Table 1. **DIRECT INVESTMENT FROM ABROAD: INFLOWS BY INDUSTRIAL SECTOR**
Tableau 1. **INVESTISSEMENT DIRECT DE L'ÉTRANGER: FLUX PAR SECTEUR INDUSTRIEL**

US$ million / Millions de dollars des EU

	1988	1989	1990	1991	1992	1993	1994	1995	1996	1997	1998	
Agriculture & fishing	3	..	..	3	3	..	..	..	..	..	..	**Agriculture & pêche**
Mining & quarrying	2	..	..	..	..	..	..	..	..	..	..	**Mines & exploitation**
of which: Extraction of petroleum and gas	..	..	..	..	..	..	..	..	..	..	..	*dont*: Extraction de pétrole et gaz
Manufacturing	93	118	136	152	743	..	..	..	..	..	..	**Manufacture**
of which:												*dont*:
Food products	39	44	78	89	60	..	..	..	..	..	..	Produits alimentaires
Textile and wood activities	..	..	..	..	..	..	..	..	..	..	..	Activités du textile et du bois
Petroleum, chemical, rubber and plastic products	..	..	..	..	..	..	..	..	..	..	..	Pétrole, produits chimiques, caoutchouc et mat. plastiques
Metal and mechanical products	..	..	..	..	..	..	..	..	..	..	..	Produits métallurgiques et mécaniques
Office machinery, computers, radio, TV and communication equipment	8	12	..	20	144	..	..	..	..	..	..	Machines de bureau, ordinateurs, radio, téléviseurs et équipement de communication
Vehicles and other transport equipment	..	..	..	..	..	..	..	..	..	..	..	Véhicules et autres équipements de transport
Electricity, gas & water	..	..	..	..	..	..	..	..	..	..	..	**Electricité, gaz & eau**
Construction	1	10	..	..	..	..	..	..	..	..	..	**Construction**
Trade & repairs	31	7	26	48	120	..	..	..	..	..	..	**Commerce & réparation**
Hotels & restaurants	..	..	..	..	..	..	..	..	..	..	..	**Hôtels & restaurants**
Transport & communication	..	..	..	..	..	..	..	..	..	..	..	**Transport & communication**
of which:												*dont*:
Land, sea and air transport	7	3	..	3	11	..	..	..	..	..	..	Transport terrestre, maritime et aérien
Telecommunications	..	..	..	..	..	..	..	..	..	..	..	Télécommunications
Financial activities	7	61	81	65	114	..	..	..	..	..	..	**Activités financières**
of which:												*dont*:
Monetary institutions	..	..	..	..	..	..	..	..	..	..	..	Institutions monétaires
Other financial institutions	..	..	..	..	..	..	..	..	..	..	..	Autres institutions financières
of which: Financial holding companies	..	..	..	..	..	..	..	..	..	..	..	*dont*: Sociétés holding financières
Insurance & activities auxiliary to insurance	..	..	..	..	..	..	..	..	..	..	..	Assurances & activités auxiliaires
Other financial institutions and insurance activities	..	..	..	..	..	..	..	..	..	..	..	Autres activités d'institutions financières et d'assurances
Real estate & business activities	..	..	..	..	..	..	..	..	..	..	..	**Activités d'entreprise & immobilier**
of which: Real estate	..	..	..	..	..	..	..	..	..	..	..	*dont*: Immobilier
Other services	43	52	30	42	30	..	..	..	..	..	..	**Autres services**
Unallocated	7	3	97	18	11	..	..	..	..	..	..	Non attribués
TOTAL	187	251	370	328	1021	..	..	..	..	..	..	**TOTAL**
of which:												*dont*:
PRIMARY	5	..	..	3	3	..	..	..	..	..	..	**PRIMAIRE**
MANUFACTURING	93	118	136	152	743	..	..	..	..	..	..	**MANUFACTURE**
SERVICES	82	130	137	155	264	..	..	..	..	..	..	**SERVICES**

As from 1993, data are not available due to a change in the Balance of Payments system.

A partir de 1993, les données ne sont pas disponibles en raison de changements dans le système de la Balance des Paiements.

GREECE / GRECE

Table 3. DIRECT INVESTMENT FROM ABROAD: *INFLOWS BY COUNTRY*
Tableau 3. INVESTISSEMENT DIRECT DE L'ÉTRANGER: *FLUX PAR PAYS*

US$ million / Millions de dollars des EU

	1988	1989	1990	1991	1992	1993	1994	1995	1996	1997	1998	
OECD AREA	**167**	**230**	**354**	**307**	**1016**	..	..	..	..	..	..	**ZONE DE L'OCDE**
Australia	-	..	..	..	..	..	..	..	..	..	..	Australie
Austria	-	..	..	..	..	..	..	..	..	..	..	Autriche
Belgium-Luxembourg	16	34	93	37	60	..	..	..	..	..	..	Belgique-Luxembourg
Canada	1	12	3	-	-	..	..	..	..	..	..	Canada
Czech Republic	-	-	-	-	-	..	..	..	..	..	..	République Tchèque
Denmark	-	15	1	3	-	..	..	..	..	..	..	Danemark
Finland	-	1	2	1	-	..	..	..	..	..	..	Finlande
France	12	36	64	34	70	..	..	..	..	..	..	France
Germany	28	14	51	69	33	..	..	..	..	..	..	Allemagne
Hungary	..	..	..	..	..	..	..	..	..	..	..	Hongrie
Iceland	..	..	..	..	..	..	..	..	..	..	..	Islande
Ireland	-	-	-	-	3	..	..	..	..	..	..	Irlande
Italy	2	6	6	59	444	..	..	..	..	..	..	Italie
Japan	-	-	5	-	-	..	..	..	..	..	..	Japon
Korea	..	..	..	..	..	..	..	..	..	..	..	Corée
Mexico	..	..	..	..	..	..	..	..	..	..	..	Mexique
Netherlands	33	27	74	49	165	..	..	..	..	..	..	Pays-Bas
New Zealand	..	..	..	..	..	..	..	..	..	..	..	Nouvelle-Zélande
Norway	2	-	-	-	-	..	..	..	..	..	..	Norvège
Poland	..	..	..	..	..	..	..	..	..	..	..	Pologne
Portugal	-	-	-	-	-	..	..	..	..	..	..	Portugal
Spain	1	-	12	1	-	..	..	..	..	..	..	Espagne
Sweden	..	4	-	2	-	..	..	..	..	..	..	Suède
Switzerland	42	11	11	12	23	..	..	..	..	..	..	Suisse
Turkey	..	..	..	..	..	..	..	..	..	..	..	Turquie
United Kingdom	12	44	24	31	69	..	..	..	..	..	..	Royaume-Uni
United States	8	17	5	8	37	..	..	..	..	..	..	Etats-Unis
OECD UNALLOCATED	10	9	3	1	112	..	..	..	..	..	..	OCDE NON ATTRIBUÉS
NON-OECD AREA	**20**	**21**	**16**	**21**	**5**	..	..	..	..	..	..	**HORS ZONE-OCDE**
EUROPEAN COUNTRIES (1)	..	..	..	..	..	..	..	..	..	..	..	**PAYS D'EUROPE (1)**
of which:												*dont:*
Baltic countries	..	..	..	..	..	..	..	..	..	..	..	Pays Baltes
Bulgaria	..	..	..	..	..	..	..	..	..	..	..	Bulgarie
Czechoslovakia	..	..	..	..	..	..	..	..	..	..	..	Tchécoslovaquie
Romania	..	..	..	..	..	..	..	..	..	..	..	Roumanie
Russia	-	-	-	-	1	..	..	..	..	..	..	Russie
Slovakia	-	-	-	-	-	..	..	..	..	..	..	Slovaquie
Slovenia	-	-	-	-	-	..	..	..	..	..	..	Slovénie
Ukraine	-	-	-	-	-	..	..	..	..	..	..	Ukraine
USSR	..	..	..	..	..	..	..	..	..	..	..	URSS

GREECE / GRECE

Table 3. DIRECT INVESTMENT FROM ABROAD: INFLOWS BY COUNTRY
Tableau 3. INVESTISSEMENT DIRECT DE L'ÉTRANGER: FLUX PAR PAYS

US$ million / Millions de dollars des EU

	1988	1989	1990	1991	1992	1993	1994	1995	1996	1997	1998	
AFRICA	1	5	..	4	3	..	..	..	..	..	..	**AFRIQUE**
of which:												*dont:*
Algeria	..	..	..	..	..	..	..	..	..	..	..	Algérie
Egypt	-	-	..	..	-	..	..	..	..	..	..	Egypte
Libya	-	-	..	..	-	..	..	..	..	..	..	Libye
Morocco	..	..	..	..	..	..	..	..	..	..	..	Maroc
South Africa	..	..	..	..	..	..	..	..	..	..	..	Afrique du Sud
LATIN AMERICA-CARIBBEAN (1)	..	..	..	..	..	..	..	..	..	..	..	**AMÉRIQUE LATINE-CARAIBES (1)**
of which:												*dont:*
Argentina	..	..	..	..	..	..	..	..	..	..	..	Argentine
Brazil	..	..	..	..	..	..	..	..	..	..	..	Brésil
Chile	..	..	..	..	..	..	..	..	..	..	..	Chili
Colombia	..	..	..	..	..	..	..	..	..	..	..	Colombie
Costa Rica	..	..	..	..	..	..	..	..	..	..	..	Costa Rica
Netherlands Antilles	..	..	..	..	..	..	..	..	..	..	..	Antilles néerlandaises
Panama	..	..	..	..	..	..	..	..	..	..	..	Panama
Venezuela	..	..	..	..	..	..	..	..	..	..	..	Vénézuela
NEAR & MIDDLE EAST	..	..	..	..	1	..	..	..	..	..	..	**PROCHE & MOYEN ORIENT**
of which:												*dont:*
Gulf States	..	..	..	..	..	..	..	..	..	..	..	Pays du Golfe
of which:												*dont:*
Kuwait	..	..	..	..	..	..	..	..	..	..	..	Koweit
Saudi Arabia	..	..	..	..	..	..	..	..	..	..	..	Arabie Saoudite
United Arab Emirates	..	..	..	..	..	..	..	..	..	..	..	Émirats Arabes Unis
Iran	..	..	..	..	..	..	..	..	..	..	..	Iran
Israel	..	..	..	..	..	..	..	..	..	..	..	Israël
ASIAN COUNTRIES (1)	..	..	-5	..	..	..	..	..	..	..	..	**PAYS D'ASIE (1)**
of which:												*dont:*
China	..	..	..	..	..	..	..	..	..	..	..	Chine
Chinese Taipei	..	..	..	..	..	..	..	..	..	..	..	Taipei chinois
Hong Kong	8	4	..	..	..	..	..	..	..	..	..	Hong Kong
India	..	..	..	..	..	..	..	..	..	..	..	Inde
Indonesia	..	..	..	..	..	..	..	..	..	..	..	Indonésie
Malaysia	..	..	..	..	..	..	..	..	..	..	..	Malaisie
Philippines	..	..	..	..	..	..	..	..	..	..	..	Philippines
Singapore	..	..	..	..	..	..	..	..	..	..	..	Singapour
Thailand	..	..	..	..	..	..	..	..	..	..	..	Thaïlande
UNALLOCATED	19	16	21	17	1	..	..	..	..	..	..	**NON ATTRIBUÉS**
WORLD	*187*	*251*	*370*	*328*	*1021*	..	..	..	..	..	..	***MONDE***
of which:												*dont:*
EUROPE (2)	148	192	338	298	867	..	..	..	..	..	..	EUROPE (2)
EUROPEAN UNION	104	181	327	286	844	..	..	..	..	..	..	UNION EUROPÉENNE
NAFTA	9	29	8	8	37	..	..	..	..	..	..	ALENA
ASEAN countries	..	..	..	..	..	..	..	..	..	..	..	Pays de l'ASEAN

1. Excluding countries recorded under the OECD area above.
2. EUROPE = EU + EFTA + Other European Countries.
As from 1993, data are not available due to a change in the Balance of Payments system.

1. Ce montant exclut les pays figurant dans la zone OCDE mentionnée ci-dessus.
2. EUROPE = UE + AELE + Autres pays d'Europe.
A partir de 1993, les données ne sont pas disponibles en raison de changements dans le système de la Balance des Paiements.

GREECE - GRECE

Chart 4. **Inward direct investment position**
Graphique 4. **Encours d'investissement direct de l'étranger**

1999

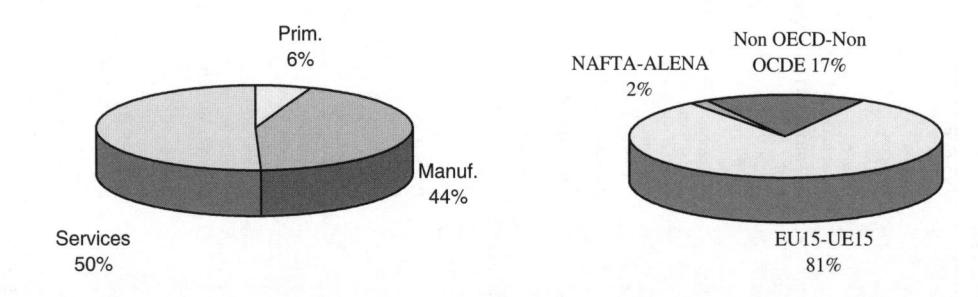

Prim. 6%
Manuf. 44%
Services 50%

NAFTA-ALENA 2%
Non OECD-Non OCDE 17%
EU15-UE15 81%

Chart 5. **Outward direct investment position**
Graphique 5. **Encours d'investissement direct à l'étranger**

1999

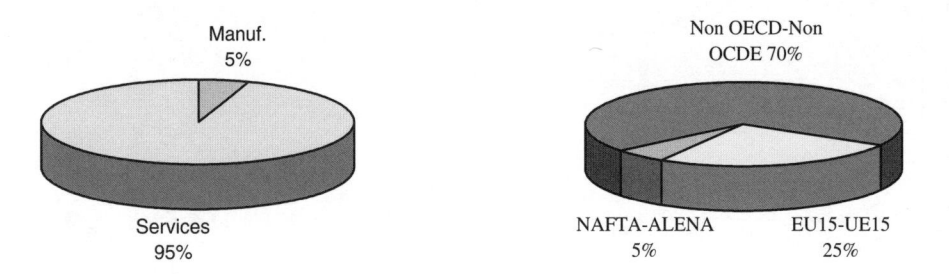

Manuf. 5%
Services 95%

Non OECD-Non OCDE 70%
NAFTA-ALENA 5%
EU15-UE15 25%

Note: Prim. = primary sector, **Manuf.** = manufacturing.   **Note: Prim.** = secteur primaire, **Manuf.** = manufacture.

GREECE

Table 5. DIRECT INVESTMENT FROM ABROAD: INWARD POSITION BY INDUSTRIAL SECTOR
Tableau 5. ENCOURS D'INVESTISSEMENT DIRECT DE L'ÉTRANGER: PAR SECTEUR INDUSTRIEL
year-end - fin d'année

US$ million / Millions de dollars des EU

	1988	1989	1990	1991	1992	1993	1994	1995	1996	1997	1998	1999 p	
Agriculture & fishing	..	..	..	..	..	..	..	..	..	..	..	5	**Agriculture & pêche**
Mining & quarrying	..	..	..	..	..	..	..	..	..	..	..	1011	**Mines & exploitation**
of which: Extraction of petroleum and gas	..	..	..	..	..	..	..	..	..	..	..	..	*dont*: Extraction de pétrole et gaz
Manufacturing	..	..	..	..	..	..	..	..	..	..	..	7510	**Manufacture**
of which:													*dont:*
Food products	..	..	..	..	..	..	..	..	..	..	..	..	Produits alimentaires
Textile and wood activities	..	..	..	..	..	..	..	..	..	..	..	..	Activités du textile et du bois
Petroleum, chemical, rubber and plastic products	..	..	..	..	..	..	..	..	..	..	..	..	Pétrole, produits chimiques, caoutchouc et mat. plastiques
Metal and mechanical products	..	..	..	..	..	..	..	..	..	..	..	..	Produits métallurgiques et mécaniques
Office machinery, computers, radio, TV and communication equipment	..	..	..	..	..	..	..	..	..	..	..	..	Machines de bureau, ordinateurs, radio, téléviseurs et équipement de communication
Vehicles and other transport equipment	..	..	..	..	..	..	..	..	..	..	..	..	Véhicules et autres équipements de transport
Electricity, gas & water	..	..	..	..	..	..	..	..	..	..	..	1	**Electricité, gaz & eau**
Construction	..	..	..	..	..	..	..	..	..	..	..	698	**Construction**
Trade & repairs	..	..	..	..	..	..	..	..	..	..	..	1539	**Commerce & réparation**
Hotels & restaurants	..	..	..	..	..	..	..	..	..	..	..	1364	**Hôtels & restaurants**
Transport & communication	..	..	..	..	..	..	..	..	..	..	..	3483	**Transport & communication**
of which:													*dont:*
Land, sea and air transport	..	..	..	..	..	..	..	..	..	..	..	..	Transport terrestre, maritime et aérien
Telecommunications	..	..	..	..	..	..	..	..	..	..	..	..	Télécommunications
Financial activities	..	..	..	..	..	..	..	..	..	..	..	233	**Activités financières**
of which:													*dont:*
Monetary institutions	..	..	..	..	..	..	..	..	..	..	..	..	Institutions monétaires
Other financial institutions	..	..	..	..	..	..	..	..	..	..	..	..	Autres institutions financières
of which: Financial holding companies	..	..	..	..	..	..	..	..	..	..	..	..	*dont*: Sociétés holding financières
Insurance & activities auxiliary to insurance	..	..	..	..	..	..	..	..	..	..	..	..	Assurances & activités auxiliaires
Other financial institutions and insurance activities	..	..	..	..	..	..	..	..	..	..	..	..	Autres activités d'institutions financières et d'assurances
Real estate & business activities	..	..	..	..	..	..	..	..	..	..	..	1291	**Activités d'entreprise & immobilier**
of which: Real estate	..	..	..	..	..	..	..	..	..	..	..	..	*dont*: Immobilier
Other services	..	..	..	..	..	..	..	..	..	..	..	98	**Autres services**
Unallocated	..	..	..	..	..	..	..	..	..	..	..	..	Non attribués
TOTAL	..	..	..	..	..	..	..	..	..	..	..	17235	**TOTAL**
of which:													*dont:*
PRIMARY	..	..	..	..	..	..	..	..	..	..	..	1016	**PRIMAIRE**
MANUFACTURING	..	..	..	..	..	..	..	..	..	..	..	7510	**MANUFACTURE**
SERVICES	..	..	..	..	..	..	..	..	..	..	..	8708	**SERVICES**

GREECE   GRECE

Table 6. **DIRECT INVESTMENT ABROAD:** *OUTWARD POSITION BY INDUSTRIAL SECTOR*
Tableau 6. **ENCOURS D'INVESTISSEMENT DIRECT À L'ÉTRANGER:** *PAR SECTEUR INDUSTRIEL*
year-end - fin d'année

US$ million   Millions de dollars des EU

	1988	1989	1990	1991	1992	1993	1994	1995	1996	1997	1998	1999 p	
Agriculture & fishing	..	..	..	..	..	..	..	..	..	..	..	..	**Agriculture & pêche**
Mining & quarrying	..	..	..	..	..	..	..	..	..	..	..	..	**Mines & exploitation**
of which: Extraction of petroleum and gas	..	..	..	..	..	..	..	..	..	..	..	..	*dont*: Extraction de pétrole et gaz
Manufacturing	..	..	..	..	..	..	..	..	..	..	..	159	**Manufacture**
of which:													*dont*:
Food products	..	..	..	..	..	..	..	..	..	..	..	..	Produits alimentaires
Textile and wood activities	..	..	..	..	..	..	..	..	..	..	..	..	Activités du textile et du bois
Petroleum, chemical, rubber and plastic products	..	..	..	..	..	..	..	..	..	..	..	..	Pétrole, produits chimiques, caoutchouc et mat. plastiques
Metal and mechanical products	..	..	..	..	..	..	..	..	..	..	..	..	Produits métallurgiques et mécaniques
Office machinery, computers,	..	..	..	..	..	..	..	..	..	..	..	..	Machines de bureau, ordinateurs,
radio, TV and communication equipment													radio, téléviseurs et équipement de communication
Vehicles and other transport equipment	..	..	..	..	..	..	..	..	..	..	..	..	Véhicules et autres équipements de transport
Electricity, gas & water	..	..	..	..	..	..	..	..	..	..	..	..	**Electricité, gaz & eau**
Construction	..	..	..	..	..	..	..	..	..	..	..	209	**Construction**
Trade & repairs	..	..	..	..	..	..	..	..	..	..	..	84	**Commerce & réparation**
Hotels & restaurants	..	..	..	..	..	..	..	..	..	..	..	1	**Hôtels & restaurants**
Transport & communication	..	..	..	..	..	..	..	..	..	..	..	1253	**Transport & communication**
of which:													*dont*:
Land, sea and air transport	..	..	..	..	..	..	..	..	..	..	..	..	Transport terrestre, maritime et aérien
Telecommunications	..	..	..	..	..	..	..	..	..	..	..	..	Télécommunications
Financial activities	..	..	..	..	..	..	..	..	..	..	..	..	**Activités financières**
of which:													*dont*:
Monetary institutions	..	..	..	..	..	..	..	..	..	..	..	..	Institutions monétaires
Other financial institutions	..	..	..	..	..	..	..	..	..	..	..	..	Autres institutions financières
of which: Financial holding companies	..	..	..	..	..	..	..	..	..	..	..	..	*dont*: Sociétés holding financières
Insurance & activities auxiliary to insurance	..	..	..	..	..	..	..	..	..	..	..	..	Assurances & activités auxiliaires
Other financial institutions and insurance activities	..	..	..	..	..	..	..	..	..	..	..	..	Autres activités d'institutions financières et d'assurances
Real estate & business activities	..	..	..	..	..	..	..	..	..	..	..	1246	**Activités d'entreprise & immobilier**
of which: Real estate	..	..	..	..	..	..	..	..	..	..	..	..	*dont*: Immobilier
Other services	..	..	..	..	..	..	..	..	..	..	..	18	**Autres services**
Unallocated	..	..	..	..	..	..	..	..	..	..	..	-	Non attribués
TOTAL	..	..	..	..	..	..	..	..	..	..	..	2969	**TOTAL**
of which:													*dont*:
PRIMARY	..	..	..	..	..	..	..	..	..	..	..	..	**PRIMAIRE**
MANUFACTURING	..	..	..	..	..	..	..	..	..	..	..	159	**MANUFACTURE**
SERVICES	..	..	..	..	..	..	..	..	..	..	..	2811	**SERVICES**

GREECE / GRÈCE

Table 7. DIRECT INVESTMENT FROM ABROAD: *INWARD POSITION BY COUNTRY*
Tableau 7. ENCOURS D'INVESTISSEMENT DIRECT DE L'ÉTRANGER: *PAR PAYS*
year-end - fin d'année

US$ million / Millions de dollars des EU

	1988	1989	1990	1991	1992	1993	1994	1995	1996	1997	1998	1999 p	
OECD AREA	..	..	..	..	..	..	..	..	..	..	..	**14382**	**ZONE DE L'OCDE**
Australia												4	Australie
Austria												2	Autriche
Belgium-Luxembourg												4807	Belgique-Luxembourg
Canada												..	Canada
Czech Republic												..	République Tchèque
Denmark												30	Danemark
Finland												-	Finlande
France												1714	France
Germany												1028	Allemagne
Hungary												..	Hongrie
Iceland												..	Islande
Ireland												529	Irlande
Italy												304	Italie
Japan												..	Japon
Korea												..	Corée
Mexico												..	Mexique
Netherlands												4787	Pays-Bas
New Zealand												..	Nouvelle-Zélande
Norway												..	Norvège
Poland												..	Pologne
Portugal												1	Portugal
Spain												23	Espagne
Sweden												28	Suède
Switzerland												..	Suisse
Turkey												..	Turquie
United Kingdom												752	Royaume-Uni
United States												373	Etats-Unis
OECD UNALLOCATED												-	OCDE NON ATTRIBUÉS
NON-OECD AREA	..	..	..	..	..	..	..	..	..	..	..	**2853**	**HORS ZONE-OCDE**
EUROPEAN COUNTRIES (1)	..	..	..	..	..	..	..	..	..	..	..	**1197**	**PAYS D'EUROPE (1)**
of which:													*dont:*
Baltic countries												..	Pays Baltes
Bulgaria												..	Bulgarie
Czechoslovakia												-	Tchécoslovaquie
Romania												..	Roumanie
Russia												..	Russie
Slovakia												..	Slovaquie
Slovenia												..	Slovénie
Ukraine												..	Ukraine
USSR												-	URSS

GREECE / GRECE

Table 7. DIRECT INVESTMENT FROM ABROAD: *INWARD POSITION BY COUNTRY*
Tableau 7. ENCOURS D'INVESTISSEMENT DIRECT DE L'ÉTRANGER: *PAR PAYS*
year-end - fin d'année

US$ million / Millions de dollars des EU

	1988	1989	1990	1991	1992	1993	1994	1995	1996	1997	1998	1999 p	
AFRICA	..	..	..	..	..	..	..	..	..	..	..	**41**	**AFRIQUE**
of which:													*dont:*
Algeria	..	..	..	..	..	..	..	..	..	..	..	..	Algérie
Egypt	..	..	..	..	..	..	..	..	..	..	..	..	Egypte
Libya	..	..	..	..	..	..	..	..	..	..	..	..	Libye
Morocco	..	..	..	..	..	..	..	..	..	..	..	..	Maroc
South Africa	..	..	..	..	..	..	..	..	..	..	..	..	Afrique du Sud
LATIN AMERICA-CARIBBEAN (1)	..	..	..	..	..	..	..	..	..	..	..	**1534**	**AMÉRIQUE LATINE-CARAIBES (1)**
of which:													*dont:*
Argentina	..	..	..	..	..	..	..	..	..	..	..	..	Argentine
Brazil	..	..	..	..	..	..	..	..	..	..	..	..	Brésil
Chile	..	..	..	..	..	..	..	..	..	..	..	..	Chili
Colombia	..	..	..	..	..	..	..	..	..	..	..	..	Colombie
Costa Rica	..	..	..	..	..	..	..	..	..	..	..	..	Costa Rica
Netherlands Antilles	..	..	..	..	..	..	..	..	..	..	..	..	Antilles néerlandaises
Panama	..	..	..	..	..	..	..	..	..	..	..	..	Panama
Venezuela	..	..	..	..	..	..	..	..	..	..	..	..	Vénézuela
NEAR & MIDDLE EAST	..	..	..	..	..	..	..	..	..	..	..	..	**PROCHE & MOYEN ORIENT**
of which:													*dont:*
Gulf States	..	..	..	..	..	..	..	..	..	..	..	..	Pays du Golfe
of which:													*dont:*
Kuwait	..	..	..	..	..	..	..	..	..	..	..	..	Koweit
Saudi Arabia	..	..	..	..	..	..	..	..	..	..	..	..	Arabie Saoudite
United Arab Emirates	..	..	..	..	..	..	..	..	..	..	..	..	Émirats Arabes Unis
Iran	..	..	..	..	..	..	..	..	..	..	..	..	Iran
Israel	..	..	..	..	..	..	..	..	..	..	..	..	Israël
ASIAN COUNTRIES (1)	..	..	..	..	..	..	..	..	..	..	..	**80**	**PAYS D'ASIE (1)**
of which:													*dont:*
China	..	..	..	..	..	..	..	..	..	..	..	..	Chine
Chinese Taipei	..	..	..	..	..	..	..	..	..	..	..	..	Taipei chinois
Hong Kong	..	..	..	..	..	..	..	..	..	..	..	..	Hong Kong
India	..	..	..	..	..	..	..	..	..	..	..	..	Inde
Indonesia	..	..	..	..	..	..	..	..	..	..	..	..	Indonésie
Malaysia	..	..	..	..	..	..	..	..	..	..	..	..	Malaisie
Philippines	..	..	..	..	..	..	..	..	..	..	..	..	Philippines
Singapore	..	..	..	..	..	..	..	..	..	..	..	..	Singapour
Thailand	..	..	..	..	..	..	..	..	..	..	..	..	Thaïlande
UNALLOCATED	..	..	..	..	..	..	..	..	..	..	..	-	**NON ATTRIBUÉS**
WORLD	..	..	..	..	..	..	..	..	..	..	..	**17235**	**MONDE**
of which:													*dont:*
EUROPE (2)	..	..	..	..	..	..	..	..	..	..	..	..	EUROPE (2)
EUROPEAN UNION	..	..	..	..	..	..	..	..	..	..	..	**14006**	UNION EUROPÉENNE
NAFTA	..	..	..	..	..	..	..	..	..	..	..	**373**	ALENA
ASEAN countries	..	..	..	..	..	..	..	..	..	..	..	..	Pays de l'ASEAN

1. Excluding countries recorded under the OECD area above.
2. EUROPE = EU + EFTA + Other European Countries.

1. Ce montant exclut les pays figurant dans la zone OCDE mentionnée ci-dessus.
2. EUROPE = UE + AELE + Autres pays d'Europe.

GREECE / GRÈCE

Table 8. DIRECT INVESTMENT ABROAD: OUTWARD POSITION BY COUNTRY
Tableau 8. ENCOURS D'INVESTISSEMENT DIRECT À L'ÉTRANGER: PAR PAYS
year-end - fin d'année

US$ million / Millions de dollars des EU

	1988	1989	1990	1991	1992	1993	1994	1995	1996	1997	1998	1999 p	
OECD AREA	..	..	..	..	..	..	..	..	..	..	..	***911***	***ZONE DE L'OCDE***
Australia	..	..	..	..	..	..	..	..	..	..	..	..	Australie
Austria	..	..	..	..	..	..	..	..	..	..	..	..	Autriche
Belgium-Luxembourg	..	..	..	..	..	..	..	..	..	..	..	338	Belgique-Luxembourg
Canada	..	..	..	..	..	..	..	..	..	..	..	..	Canada
Czech Republic	..	..	..	..	..	..	..	..	..	..	..	..	République Tchèque
Denmark	..	..	..	..	..	..	..	..	..	..	..	28	Danemark
Finland	..	..	..	..	..	..	..	..	..	..	..	..	Finlande
France	..	..	..	..	..	..	..	..	..	..	..	15	France
Germany	..	..	..	..	..	..	..	..	..	..	..	17	Allemagne
Hungary	..	..	..	..	..	..	..	..	..	..	..	..	Hongrie
Iceland	..	..	..	..	..	..	..	..	..	..	..	..	Islande
Ireland	..	..	..	..	..	..	..	..	..	..	..	..	Irlande
Italy	..	..	..	..	..	..	..	..	..	..	..	9	Italie
Japan	..	..	..	..	..	..	..	..	..	..	..	..	Japon
Korea	..	..	..	..	..	..	..	..	..	..	..	..	Corée
Mexico	..	..	..	..	..	..	..	..	..	..	..	..	Mexique
Netherlands	..	..	..	..	..	..	..	..	..	..	..	4	Pays-Bas
New Zealand	..	..	..	..	..	..	..	..	..	..	..	..	Nouvelle-Zélande
Norway	..	..	..	..	..	..	..	..	..	..	..	..	Norvège
Poland	..	..	..	..	..	..	..	..	..	..	..	..	Pologne
Portugal	..	..	..	..	..	..	..	..	..	..	..	2	Portugal
Spain	..	..	..	..	..	..	..	..	..	..	..	6	Espagne
Sweden	..	..	..	..	..	..	..	..	..	..	..	1	Suède
Switzerland	..	..	..	..	..	..	..	..	..	..	..	..	Suisse
Turkey	..	..	..	..	..	..	..	..	..	..	..	..	Turquie
United Kingdom	..	..	..	..	..	..	..	..	..	..	..	336	Royaume-Uni
United States	..	..	..	..	..	..	..	..	..	..	..	157	Etats-Unis
OECD UNALLOCATED	..	..	..	..	..	..	..	..	..	..	..	-	OCDE NON ATTRIBUÉS
NON-OECD AREA	..	..	..	..	..	..	..	..	..	..	..	***2058***	***HORS ZONE-OCDE***
EUROPEAN COUNTRIES (1)	..	..	..	..	..	..	..	..	..	..	..	***1868***	***PAYS D'EUROPE (1)***
of which:													*dont:*
Baltic countries	..	..	..	..	..	..	..	..	..	..	..	..	Pays Baltes
Bulgaria	..	..	..	..	..	..	..	..	..	..	..	31	Bulgarie
Czechoslovakia	..	..	..	..	..	..	..	..	..	..	..	..	Tchécoslovaquie
Romania	..	..	..	..	..	..	..	..	..	..	..	544	Roumanie
Russia	..	..	..	..	..	..	..	..	..	..	..	..	Russie
Slovakia	..	..	..	..	..	..	..	..	..	..	..	..	Slovaquie
Slovenia	..	..	..	..	..	..	..	..	..	..	..	..	Slovénie
Ukraine	..	..	..	..	..	..	..	..	..	..	..	..	Ukraine
USSR	..	..	..	..	..	..	..	..	..	..	..	..	URSS

GREECE / GRECE

Table 8. DIRECT INVESTMENT ABROAD: OUTWARD POSITION BY COUNTRY
Tableau 8. ENCOURS D'INVESTISSEMENT DIRECT À L'ÉTRANGER: PAR PAYS
year-end - fin d'année

US$ million / Millions de dollars des EU

	1988	1989	1990	1991	1992	1993	1994	1995	1996	1997	1998	1999 p	
AFRICA	..	..	..	..	..	..	..	..	..	..	..	121	**AFRIQUE**
of which:													*dont:*
Algeria	..	..	..	..	..	..	..	..	..	..	..	..	Algérie
Egypt	..	..	..	..	..	..	..	..	..	..	..	..	Egypte
Libya	..	..	..	..	..	..	..	..	..	..	..	..	Libye
Morocco	..	..	..	..	..	..	..	..	..	..	..	..	Maroc
South Africa	..	..	..	..	..	..	..	..	..	..	..	..	Afrique du Sud
LATIN AMERICA-CARIBBEAN (1)	..	..	..	..	..	..	..	..	..	..	..	..	**AMÉRIQUE LATINE-CARAIBES (1)**
of which:													*dont:*
Argentina	..	..	..	..	..	..	..	..	..	..	..	..	Argentine
Brazil	..	..	..	..	..	..	..	..	..	..	..	..	Brésil
Chile	..	..	..	..	..	..	..	..	..	..	..	..	Chili
Colombia	..	..	..	..	..	..	..	..	..	..	..	..	Colombie
Costa Rica	..	..	..	..	..	..	..	..	..	..	..	..	Costa Rica
Netherlands Antilles	..	..	..	..	..	..	..	..	..	..	..	..	Antilles néerlandaises
Panama	..	..	..	..	..	..	..	..	..	..	..	..	Panama
Venezuela	..	..	..	..	..	..	..	..	..	..	..	..	Vénézuela
NEAR & MIDDLE EAST	..	..	..	..	..	..	..	..	..	..	..	..	**PROCHE & MOYEN ORIENT**
of which:													*dont:*
Gulf States	..	..	..	..	..	..	..	..	..	..	..	..	Pays du Golfe
of which:													*dont:*
Kuwait	..	..	..	..	..	..	..	..	..	..	..	..	Koweit
Saudi Arabia	..	..	..	..	..	..	..	..	..	..	..	..	Arabie Saoudite
United Arab Emirates	..	..	..	..	..	..	..	..	..	..	..	..	Émirats Arabes Unis
Iran	..	..	..	..	..	..	..	..	..	..	..	..	Iran
Israel	..	..	..	..	..	..	..	..	..	..	..	..	Israël
ASIAN COUNTRIES (1)	..	..	..	..	..	..	..	..	..	..	..	69	**PAYS D'ASIE (1)**
of which:													*dont:*
China	..	..	..	..	..	..	..	..	..	..	..	..	Chine
Chinese Taipei	..	..	..	..	..	..	..	..	..	..	..	..	Taipei chinois
Hong Kong	..	..	..	..	..	..	..	..	..	..	..	..	Hong Kong
India	..	..	..	..	..	..	..	..	..	..	..	..	Inde
Indonesia	..	..	..	..	..	..	..	..	..	..	..	..	Indonésie
Malaysia	..	..	..	..	..	..	..	..	..	..	..	..	Malaisie
Philippines	..	..	..	..	..	..	..	..	..	..	..	..	Philippines
Singapore	..	..	..	..	..	..	..	..	..	..	..	..	Singapour
Thailand	..	..	..	..	..	..	..	..	..	..	..	..	Thaïlande
UNALLOCATED	..	..	..	..	..	..	..	..	..	..	..	-	**NON ATTRIBUÉS**
WORLD	..	..	..	..	..	..	..	..	..	..	..	**2969**	**MONDE**
of which:													*dont:*
EUROPE (2)	..	..	..	..	..	..	..	..	..	..	..	..	EUROPE (2)
EUROPEAN UNION	..	..	..	..	..	..	..	..	..	..	..	754	UNION EUROPÉENNE
NAFTA	..	..	..	..	..	..	..	..	..	..	..	157	ALENA
ASEAN countries	..	..	..	..	..	..	..	..	..	..	..	..	Pays de l'ASEAN

1. Excluding countries recorded under the OECD area above.
2. EUROPE = EU + EFTA + Other European Countries.

1. Ce montant exclut les pays figurant dans la zone OCDE mentionnée ci-dessus.
2. EUROPE = UE + AELE + Autres pays d'Europe.

HUNGARY - HONGRIE

Chart 1. **Direct investment flows**
Graphique 1. **Flux d'investissement direct**

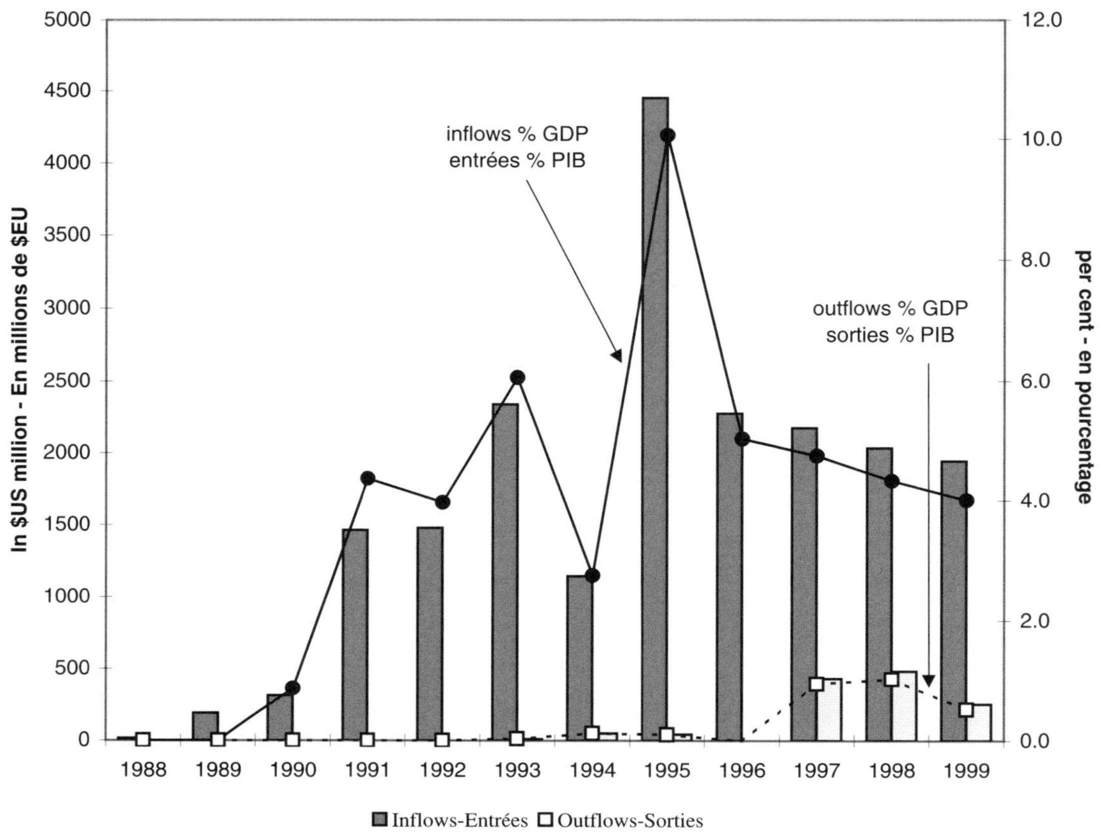

HUNGARY / HONGRIE

Table 1. **DIRECT INVESTMENT FROM ABROAD:** *INFLOWS BY INDUSTRIAL SECTOR (1)*
Tableau 1. **INVESTISSEMENT DIRECT DE L'ÉTRANGER:** *FLUX PAR SECTEUR INDUSTRIEL (1)*

Ft million / Millions de forints

	1988	1989	1990	1991	1992	1993	1994	1995	1996	1997	1998	1999 p	
Agriculture & fishing	..	..	..	..	..	..	..	..	..	..	..	**6208**	**Agriculture & pêche**
Mining & quarrying	..	..	..	..	..	..	..	..	..	..	..	**555**	**Mines & exploitation**
of which: Extraction of petroleum and gas	..	..	..	..	..	..	..	..	..	..	..	-84	*dont:* Extraction de pétrole et gaz
Manufacturing	..	..	..	..	..	..	..	..	..	..	..	**97640**	**Manufacture**
of which:													*dont:*
Food products	..	..	..	..	..	..	..	..	..	..	..	19808	Produits alimentaires
Textile and wood activities	..	..	..	..	..	..	..	..	..	..	..	-12900	Activités du textile et du bois
Petroleum, chemical, rubber and plastic products	..	..	..	..	..	..	..	..	..	..	..	64194	Pétrole, produits chimiques, caoutchouc et mat. plastiques
Metal and mechanical products	..	..	..	..	..	..	..	..	..	..	..	-7989	Produits métallurgiques et mécaniques
Office machinery, computers, radio, TV and communication equipment	..	..	..	..	..	..	..	..	..	..	..	16688	Machines de bureau, ordinateurs, radio, téléviseurs et équipement de communication
Vehicles and other transport equipment	..	..	..	..	..	..	..	..	..	..	..	2733	Véhicules et autres équipements de transport
Electricity, gas & water	..	..	..	..	..	..	..	..	..	..	..	**19798**	**Electricité, gaz & eau**
Construction	..	..	..	..	..	..	..	..	..	..	..	**3614**	**Construction**
Trade & repairs	..	..	..	..	..	..	..	..	..	..	..	**91089**	**Commerce & réparation**
Hotels & restaurants	..	..	..	..	..	..	..	..	..	..	..	**88**	**Hôtels & restaurants**
Transport & communication	..	..	..	..	..	..	..	..	..	..	..	**33694**	**Transport & communication**
of which:													*dont:*
Land, sea and air transport	..	..	..	..	..	..	..	..	..	..	..	197	Transport terrestre, maritime et aérien
Telecommunications	..	..	..	..	..	..	..	..	..	..	..	33579	Télécommunications
Financial activities	..	..	..	..	..	..	..	..	..	..	..	**79817**	**Activités financières**
of which:													*dont:*
Monetary institutions	..	..	..	..	..	..	..	..	..	..	..	50745	Institutions monétaires
Other financial institutions	..	..	..	..	..	..	..	..	..	..	..	25155	Autres institutions financières
of which: Financial holding companies	..	..	..	..	..	..	..	..	..	..	..	..	*dont:* Sociétés holding financières
Insurance & activities auxiliary to insurance	..	..	..	..	..	..	..	..	..	..	..	1675	Assurances & activités auxiliaires
Other financial institutions and insurance activities	..	..	..	..	..	..	..	..	..	..	..	26831	Autres activités d'institutions financières et d'assurances
Real estate & business activities	..	..	..	..	..	..	..	..	..	..	..	**101498**	**Activités d'entreprise & immobilier**
of which: Real estate	..	..	..	..	..	..	..	..	..	..	..	25149	*dont:* Immobilier
Other services	..	..	..	..	..	..	..	..	..	..	..	**6717**	**Autres services**
Unallocated	..	..	..	..	..	..	..	..	..	..	..	26655	Non attribués
TOTAL	..	..	..	..	..	..	..	..	..	..	..	**467373**	**TOTAL**
of which:													*dont:*
PRIMARY	..	..	..	..	..	..	..	..	..	..	..	**6763**	**PRIMAIRE**
MANUFACTURING	..	..	..	..	..	..	..	..	..	..	..	**97640**	**MANUFACTURE**
SERVICES	..	..	..	..	..	..	..	..	..	..	..	**336315**	**SERVICES**

1. Direct investment inflows by industrial sector are reported for the first time in the edition of the year book.

1. Les flux d'investissements directs de l'étranger par secteur industriel sont rapportés pour la première fois dans cette édition.

HUNGARY / HONGRIE

Table 2. DIRECT INVESTMENT ABROAD: *OUTFLOWS BY INDUSTRIAL SECTOR (1)*
Tableau 2. INVESTISSEMENT DIRECT À L'ÉTRANGER: *FLUX PAR SECTEUR INDUSTRIEL (1)*

Ft million / Millions de forints

	1988	1989	1990	1991	1992	1993	1994	1995	1996	1997	1998	1999 p	
Agriculture & fishing	..	..	..	..	..	..	..	..	..	..	..	..	**Agriculture & pêche**
Mining & quarrying	..	..	..	..	..	..	..	..	..	..	..	71	**Mines & exploitation**
of which: Extraction of petroleum and gas	..	..	..	..	..	..	..	..	..	..	..	..	*dont:* Extraction de pétrole et gaz
Manufacturing	..	..	..	..	..	..	..	..	..	..	..	33713	**Manufacture**
of which:													*dont:*
Food products	..	..	..	..	..	..	..	..	..	..	..	26	Produits alimentaires
Textile and wood activities	..	..	..	..	..	..	..	..	..	..	..	1813	Activités du textile et du bois
Petroleum, chemical, rubber and plastic products	..	..	..	..	..	..	..	..	..	..	..	25844	Pétrole, produits chimiques, caoutchouc et mat. plastiques
Metal and mechanical products	..	..	..	..	..	..	..	..	..	..	..	85	Produits métallurgiques et mécaniques
Office machinery, computers, radio, TV and communication equipment	..	..	..	..	..	..	..	..	..	..	..	-285	Machines de bureau, ordinateurs, radio, téléviseurs et équipement de communication
Vehicles and other transport equipment	..	..	..	..	..	..	..	..	..	..	..	-487	Véhicules et autres équipements de transport
Electricity, gas & water	..	..	..	..	..	..	..	..	..	..	..	..	**Electricité, gaz & eau**
Construction	..	..	..	..	..	..	..	..	..	..	..	2099	**Construction**
Trade & repairs	..	..	..	..	..	..	..	..	..	..	..	4861	**Commerce & réparation**
Hotels & restaurants	..	..	..	..	..	..	..	..	..	..	..	1419	**Hôtels & restaurants**
Transport & communication	..	..	..	..	..	..	..	..	..	..	..	175	**Transport & communication**
of which:													*dont:*
Land, sea and air transport	..	..	..	..	..	..	..	..	..	..	..	..	Transport terrestre, maritime et aérien
Telecommunications	..	..	..	..	..	..	..	..	..	..	..	175	Télécommunications
Financial activities	..	..	..	..	..	..	..	..	..	..	..	8345	**Activités financières**
of which:													*dont:*
Monetary institutions	..	..	..	..	..	..	..	..	..	..	..	..	Institutions monétaires
Other financial institutions	..	..	..	..	..	..	..	..	..	..	..	8345	Autres institutions financières
of which: Financial holding companies	..	..	..	..	..	..	..	..	..	..	..	..	*dont:* Sociétés holding financières
Insurance & activities auxiliary to insurance	..	..	..	..	..	..	..	..	..	..	..	..	Assurances & activités auxiliaires
Other financial institutions and insurance activities	..	..	..	..	..	..	..	..	..	..	..	..	Autres activités d'institutions financières et d'assurances
Real estate & business activities	..	..	..	..	..	..	..	..	..	..	..	2802	**Activités d'entreprise & immobilier**
of which: Real estate	..	..	..	..	..	..	..	..	..	..	..	178	*dont:* Immobilier
Other services	..	..	..	..	..	..	..	..	..	..	..	15	**Autres services**
Unallocated	..	..	..	..	..	..	..	..	..	..	..	6415	Non attribués
TOTAL	..	..	..	..	..	..	..	..	..	..	..	59915	**TOTAL**
of which:													*dont:*
PRIMARY	..	..	..	..	..	..	..	..	..	..	..	71	**PRIMAIRE**
MANUFACTURING	..	..	..	..	..	..	..	..	..	..	..	33713	**MANUFACTURE**
SERVICES	..	..	..	..	..	..	..	..	..	..	..	19716	**SERVICES**

1. Direct investment outflows by industrial sector are reported for the first time in the edition of the year book.

1. Les flux d'investissements directs à l'étranger par secteur industriel sont rapportés pour la première fois dans cette édition.

HUNGARY / **HONGRIE**

Table 3. **DIRECT INVESTMENT FROM ABROAD:** *INFLOWS BY COUNTRY (1)*
Tableau 3. **INVESTISSEMENT DIRECT DE L'ÉTRANGER:** *FLUX PAR PAYS (1)*

Ft million / *Millions de forints*

	1988	1989	1990	1991	1992	1993	1994	1995	1996	1997	1998	1999 p	
OECD AREA	..	..	..	..	..	..	..	..	..	..	..	**448918**	**ZONE DE L'OCDE**
Australia												-1229	Australie
Austria												14793	Autriche
Belgium-Luxembourg												16129	Belgique-Luxembourg
Canada												6255	Canada
Czech Republic												93	République Tchèque
Denmark												697	Danemark
Finland												3228	Finlande
France												14718	France
Germany												128216	Allemagne
Greece												262	Grèce
Iceland												..	Islande
Ireland												-8736	Irlande
Italy												12597	Italie
Japan												5999	Japon
Korea												-362	Corée
Mexico												..	Mexique
Netherlands												146462	Pays-Bas
New Zealand												..	Nouvelle-Zélande
Norway												350	Norvège
Poland												-155	Pologne
Portugal												-21	Portugal
Spain												1563	Espagne
Sweden												1423	Suède
Switzerland												3502	Suisse
Turkey												8693	Turquie
United Kingdom												7424	Royaume-Uni
United States												87017	Etats-Unis
OECD UNALLOCATED												-	OCDE NON ATTRIBUÉS
NON-OECD AREA	..	..	..	..	..	..	..	..	..	..	..	**18455**	**HORS ZONE-OCDE**
EUROPEAN COUNTRIES (2)	..	..	..	..	..	..	..	..	..	..	..	**20068**	**PAYS D'EUROPE (2)**
of which:													*dont:*
Baltic countries												..	Pays Baltes
Bulgaria												-1	Bulgarie
Czechoslovakia												-	Tchécoslovaquie
Romania												95	Roumanie
Russia												-58	Russie
Slovakia												279	Slovaquie
Slovenia												194	Slovénie
Ukraine												18	Ukraine
USSR												-	URSS

HUNGARY / **HONGRIE**

Table 3. **DIRECT INVESTMENT FROM ABROAD:** *INFLOWS BY COUNTRY (1)*
Tableau 3. **INVESTISSEMENT DIRECT DE L'ÉTRANGER:** *FLUX PAR PAYS (1)*

Ft million / *Millions de forints*

	1988	1989	1990	1991	1992	1993	1994	1995	1996	1997	1998	1999 p	
AFRICA	..	..	..	..	..	..	..	..	..	..	..	**437**	**AFRIQUE**
of which:													*dont:*
Algeria	..	..	..	..	..	..	..	..	..	..	..	..	Algérie
Egypt	..	..	..	..	..	..	..	..	..	..	..	..	Egypte
Libya	..	..	..	..	..	..	..	..	..	..	..	..	Libye
Morocco	..	..	..	..	..	..	..	..	..	..	..	..	Maroc
South Africa	..	..	..	..	..	..	..	..	..	..	..	..	Afrique du Sud
LATIN AMERICA-CARIBBEAN (2)	..	..	..	..	..	..	..	..	..	..	..	**18**	**AMÉRIQUE LATINE-CARAÏBES (2)**
of which:													*dont:*
Argentina	..	..	..	..	..	..	..	..	..	..	..	..	Argentine
Brazil	..	..	..	..	..	..	..	..	..	..	..	..	Brésil
Chile	..	..	..	..	..	..	..	..	..	..	..	..	Chili
Colombia	..	..	..	..	..	..	..	..	..	..	..	..	Colombie
Costa Rica	..	..	..	..	..	..	..	..	..	..	..	..	Costa Rica
Netherlands Antilles	..	..	..	..	..	..	..	..	..	..	..	..	Antilles néerlandaises
Panama	..	..	..	..	..	..	..	..	..	..	..	..	Panama
Venezuela	..	..	..	..	..	..	..	..	..	..	..	..	Vénézuela
NEAR & MIDDLE EAST	..	..	..	..	..	..	..	..	..	..	..	**5**	**PROCHE & MOYEN ORIENT**
of which:													*dont:*
Gulf States	..	..	..	..	..	..	..	..	..	..	..	..	Pays du Golfe
of which:													*dont:*
Kuwait	..	..	..	..	..	..	..	..	..	..	..	..	Koweït
Saudi Arabia	..	..	..	..	..	..	..	..	..	..	..	..	Arabie Saoudite
United Arab Emirates	..	..	..	..	..	..	..	..	..	..	..	..	Émirats Arabes Unis
Iran	..	..	..	..	..	..	..	..	..	..	..	8	Iran
Israel	..	..	..	..	..	..	..	..	..	..	..	228	Israël
ASIAN COUNTRIES (2)	..	..	..	..	..	..	..	..	..	..	..	**-6042**	**PAYS D'ASIE (2)**
of which:													*dont:*
China	..	..	..	..	..	..	..	..	..	..	..	..	Chine
Chinese Taipei	..	..	..	..	..	..	..	..	..	..	..	..	Taipei chinois
Hong Kong	..	..	..	..	..	..	..	..	..	..	..	433	Hong Kong
India	..	..	..	..	..	..	..	..	..	..	..	..	Inde
Indonesia	..	..	..	..	..	..	..	..	..	..	..	..	Indonésie
Malaysia	..	..	..	..	..	..	..	..	..	..	..	..	Malaisie
Philippines	..	..	..	..	..	..	..	..	..	..	..	..	Philippines
Singapore	..	..	..	..	..	..	..	..	..	..	..	1101	Singapour
Thailand	..	..	..	..	..	..	..	..	..	..	..	..	Thaïlande
UNALLOCATED	..	..	..	..	..	..	..	..	..	..	..	**3969**	**NON ATTRIBUÉS**
WORLD	..	..	..	..	..	..	..	..	..	..	..	***467373***	***MONDE***
of which:													*dont:*
EUROPE (3)	..	..	..	..	..	..	..	..	..	..	..	362991	EUROPE (3)
EUROPEAN UNION	..	..	..	..	..	..	..	..	..	..	..	338755	UNION EUROPÉENNE
NAFTA	..	..	..	..	..	..	..	..	..	..	..	93272	ALENA
ASEAN countries	..	..	..	..	..	..	..	..	..	..	..	..	Pays de l'ASEAN

1. Direct investment inflows by country are reported for the first time in the edition of the year book.
2. Excluding countries recorded under the OECD area above.
3. EUROPE = EU + EFTA + Other European Countries.

1. Les flux d'investissements directs de l'étranger par pays sont rapportés pour la première fois dans cette édition.
2. Ce montant exclut les pays figurant dans la zone OCDE mentionnée ci-dessus.
3. EUROPE = UE + AELE + Autres pays d'Europe.

HUNGARY / HONGRIE

Table 4. **DIRECT INVESTMENT ABROAD:** *OUTFLOWS BY COUNTRY (1)*
Tableau 4. **INVESTISSEMENT DIRECT À L'ÉTRANGER:** *FLUX PAR PAYS (1)*

Ft million / *Millions de forints*

	1988	1989	1990	1991	1992	1993	1994	1995	1996	1997	1998	1999 p	
OECD AREA	..	..	..	..	..	..	..	..	..	..	..	***42822***	***ZONE DE L'OCDE***
Australia												1	Australie
Austria												4548	Autriche
Belgium-Luxembourg												827	Belgique-Luxembourg
Canada												6	Canada
Czech Republic												913	République Tchèque
Denmark	-	-	-	-	-	-	-	-	-	-	-	..	Danemark
Finland												-2	Finlande
France												161	France
Germany												1904	Allemagne
Greece												..	Grèce
Iceland												..	Islande
Ireland												1003	Irlande
Italy												177	Italie
Japan												2	Japon
Korea												2922	Corée
Mexico												..	Mexique
Netherlands												10823	Pays-Bas
New Zealand												..	Nouvelle-Zélande
Norway												..	Norvège
Poland												2646	Pologne
Portugal												..	Portugal
Spain												157	Espagne
Sweden												12	Suède
Switzerland												285	Suisse
Turkey												..	Turquie
United Kingdom												5776	Royaume-Uni
United States												10661	Etats-Unis
OECD UNALLOCATED	-	-	-	-	-	-	-	-	-	-	-	-	OCDE NON ATTRIBUÉS
NON-OECD AREA	..	..	..	..	..	..	..	..	..	..	..	***17092***	***HORS ZONE-OCDE***
EUROPEAN COUNTRIES (2)	..	..	..	..	..	..	..	..	..	..	..	**15713**	**PAYS D'EUROPE (2)**
of which:													*dont:*
Baltic countries	-	-	-	-	-	-	-	-	-	-	-	..	Pays Baltes
Bulgaria	-	-	-	-	-	-	-	-	-	-	-	214	Bulgarie
Czechoslovakia	-	-	-	-	-	-	-	-	-	-	-	.	Tchécoslovaquie
Romania	-	-	-	-	-	-	-	-	-	-	-	5909	Roumanie
Russia	-	-	-	-	-	-	-	-	-	-	-	853	Russie
Slovakia	-	-	-	-	-	-	-	-	-	-	-	1990	Slovaquie
Slovenia	-	-	-	-	-	-	-	-	-	-	-	270	Slovénie
Ukraine	-	-	-	-	-	-	-	-	-	-	-	391	Ukraine
USSR	-	-	-	-	-	-	-	-	-	-	-	..	URSS

HUNGARY / HONGRIE

Table 4. **DIRECT INVESTMENT ABROAD:** *OUTFLOWS BY COUNTRY (1)*
Tableau 4. **INVESTISSEMENT DIRECT À L'ÉTRANGER:** *FLUX PAR PAYS (1)*

Ft million / Millions de forints

	1988	1989	1990	1991	1992	1993	1994	1995	1996	1997	1998	1999 p	
AFRICA	..	..	..	..	..	..	..	..	..	..	..	13	**AFRIQUE**
of which:													*dont:*
Algeria												..	Algérie
Egypt												..	Egypte
Libya												..	Libye
Morocco												..	Maroc
South Africa												..	Afrique du Sud
LATIN AMERICA-CARIBBEAN (2)	..	..	..	..	..	..	..	..	..	..	..	..	**AMÉRIQUE LATINE-CARAIBES (2)**
of which:													*dont:*
Argentina												..	Argentine
Brazil												..	Brésil
Chile												..	Chili
Colombia												..	Colombie
Costa Rica												..	Costa Rica
Netherlands Antilles												..	Antilles néerlandaises
Panama												..	Panama
Venezuela												..	Vénézuela
NEAR & MIDDLE EAST	..	..	..	..	..	..	..	..	..	..	..	1	**PROCHE & MOYEN ORIENT**
Gulf States												..	Pays du Golfe
of which:													*dont:*
Kuwait												..	Koweit
Saudi Arabia												..	Arabie Saoudite
United Arab Emirates												..	Émirats Arabes Unis
Iran												..	Iran
Israel												1	Israël
ASIAN COUNTRIES (2)	..	..	..	..	..	..	..	..	..	..	..	101	**PAYS D'ASIE (2)**
of which:													*dont:*
China												..	Chine
Chinese Taipei												..	Taipei chinois
Hong Kong												71	Hong Kong
India												..	Inde
Indonesia												..	Indonésie
Malaysia												..	Malaisie
Philippines												..	Philippines
Singapore												..	Singapour
Thailand												..	Thailande
UNALLOCATED	..	..	..	..	..	..	..	..	..	..	..	1265	**NON ATTRIBUÉS**
WORLD												*59914*	***MONDE***
of which:													*dont:*
EUROPE (3)												44975	EUROPE (3)
EUROPEAN UNION												25385	UNION EUROPÉENNE
NAFTA												10667	ALENA
ASEAN countries												..	Pays de l'ASEAN

1. Direct investment outflows by country are reported for the first time in the edition of the year book.
2. Excluding countries recorded under the OECD area above.
3. EUROPE = EU + EFTA + Other European Countries.

1. Les flux d'investissements directs à l'étranger parpays sont rapportés pour la première fois dans cette édition.
2. Ce montant exclut les pays figurant dans la zone OCDE mentionnée ci-dessus.
3. EUROPE = UE + AELE + Autres pays d'Europe.

HUNGARY - HONGRIE

Chart 2. **Inward direct investment position**
Graphique 2. **Encours d'investissement direct de l'étranger**

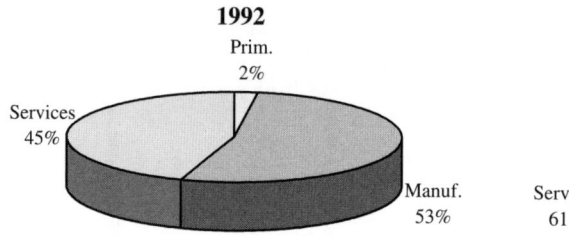

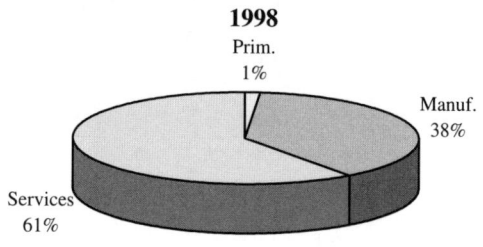

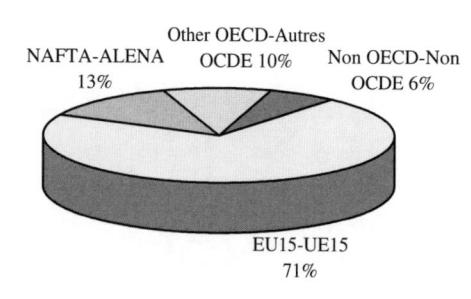

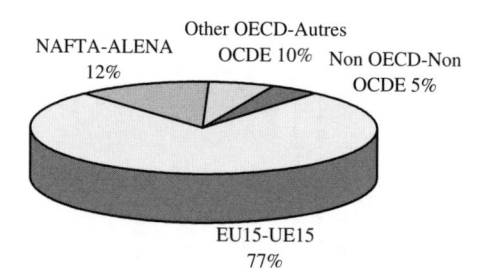

1992

- Prim. 2%
- Manuf. 53%
- Services 45%

1998

- Prim. 1%
- Manuf. 38%
- Services 61%

1992

- NAFTA-ALENA 13%
- Other OECD-Autres OCDE 10%
- Non OECD-Non OCDE 6%
- EU15-UE15 71%

1998

- NAFTA-ALENA 12%
- Other OECD-Autres OCDE 10%
- Non OECD-Non OCDE 5%
- EU15-UE15 77%

Outward positions are not available.
Les données d'encours à l'étranger ne sont pas disponibles.

Note: Prim. = primary sector, **Manuf.** = manufacturing.

Note: Prim. = secteur primaire, **Manuf.** = manufacture.

HUNGARY / HONGRIE

Table 5. DIRECT INVESTMENT FROM ABROAD: INWARD POSITION BY INDUSTRIAL SECTOR
Tableau 5. ENCOURS D'INVESTISSEMENT DIRECT DE L'ÉTRANGER: PAR SECTEUR INDUSTRIEL

year-end - fin d'année

Ft million / Millions de forints

	1988	1989	1990	1991	1992	1993	1994	1995	1996	1997	1998	
Agriculture & fishing	..	..	..	..	2668	7559	9914	15400	18700	19000	22400	**Agriculture & pêche**
Mining & quarrying	..	..	..	..	5920	8850	8859	11300	19900	22900	11500	**Mines & exploitation**
of which: Extraction of petroleum and gas									1000	2400	1000	*dont*: Extraction de pétrole et gaz
Manufacturing	..	..	..	..	198002	319265	402087	558800	598900	804700	907300	**Manufacture**
of which:												*dont*:
Food products	..	..	..	..	72339	106735	131970	157400	146700	211500	230800	Produits alimentaires
Textile and wood activities	..	..	..	..	22665	34781	42453	64000	68500	88100	87300	Activités du textile et du bois
Petroleum, chemical, rubber and plastic products	..	..	..	..	46481	60566	85690	149800	131400	170300	173800	Pétrole, produits chimiques, caoutchouc et mat. plastiques
Metal and mechanical products	..	..	..	..	22497	35285	41105	54600	70600	101100	114500	Produits métallurgiques et mécaniques
Office machinery, computers, radio, TV and communication equipment	..	..	..	..	11770	47118	59313	80100	79400	27600	37400	Machines de bureau, ordinateurs, radio, téléviseurs et équipement de communication
Vehicles and other transport equipment	..	..	..	..	19850	29880	36056	46900	38400	75600	102900	Véhicules et autres équipements de transport
Electricity, gas & water	..	..	..	..					229200	281000	349200	**Electricité, gaz & eau**
Construction	..	..	..	..	16218	25743	39215	45900	59600	51000	44800	**Construction**
Trade & repairs	..	..	..	..	54394	87751	114285	155900	183100	258500	289700	**Commerce & réparation**
Hotels & restaurants	..	..	..	..					36700	50600	43200	**Hôtels & restaurants**
Transport & communication	..	..	..	..	6632	57479	65917	117000	141500	157200	167500	**Transport & communication**
of which:												*dont*:
Land, sea and air transport	..	..	..	..	5710	13921	17107	17700	10200	4700	2100	Transport terrestre, maritime et aérien
Telecommunications	..	..	..	..	922	43558	48810	99300	121900	134000	145100	Télécommunications
Financial activities	..	..	..	..	71837	101660	143214	188000	144400	215900	258200	**Activités financières**
of which:												*dont*:
Monetary institutions	..	..	..	..								Institutions monétaires
Other financial institutions	..	..	..	..						7800	16000	Autres institutions financières
of which: Financial holding companies	..	..	..	..								*dont*: Sociétés holding financières
Insurance & activities auxiliary to insurance	..	..	..	..						27900	29700	Assurances & activités auxiliaires
Other financial institutions and insurance activities	..	..	..	..						35700	45700	Autres activités d'institutions financières et d'assurances
Real estate & business activities	..	..	..	..					110100	169200	232100	**Activités d'entreprise & immobilier**
of which: Real estate	..	..	..	..					48700	68600	109800	*dont*: Immobilier
Other services	..	..	..	..	18773	35287	39911	209900	7400	16200	38100	**Autres services**
Unallocated	..	..	..	..	2	11	40	-	-4800	-	-	Non attribués
TOTAL	..	..	..	..	374446	643605	823442	1302200	1544700	2046200	2364000	**TOTAL**
of which:												*dont*:
PRIMARY	..	..	..	..	8588	16409	18773	26700	38600	41900	33900	PRIMAIRE
MANUFACTURING	..	..	..	..	198002	319265	402087	558800	598900	804700	907300	MANUFACTURE
SERVICES	..	..	..	..	167854	307920	402542	716700	912000	1199600	1422800	SERVICES

HUNGARY / HONGRIE

Table 7. **DIRECT INVESTMENT FROM ABROAD: INWARD POSITION BY COUNTRY**
Tableau 7. **ENCOURS D'INVESTISSEMENT DIRECT DE L'ÉTRANGER: PAR PAYS**
year-end - fin d'année

Ft million / Millions de forints

	1988	1989	1990	1991	1992	1993	1994	1995	1996	1997	1998	
OECD AREA	..	..	..	..	**350506**	**619073**	**786374**	**1236600**	**1458100**	**1959200**	**2255700**	**ZONE DE L'OCDE**
Australia	..	..	..	..	6926	8557	1386	400	1700	300	300	Australie
Austria	..	..	..	..	94049	101928	163972	207800	224100	223800	276000	Autriche
Belgium-Luxembourg	..	..	..	..	11383	27671	31986	54600	57900	88500	91800	Belgique-Luxembourg
Canada	..	..	..	..	2407	3857	7159	7700	6000	22200	5600	Canada
Czech Republic	-	-	-	-	74	16	..	300	100	100	200	République Tchèque
Denmark	..	..	..	..	1148	1621	4734	8100	16800	9700	9000	Danemark
Finland	..	..	..	..	1037	1158	1732	4200	3200	8900	13300	Finlande
France	..	..	..	..	18901	30564	42841	106100	120700	118200	144100	France
Germany	..	..	..	..	69370	183085	183718	321600	368400	506700	662900	Allemagne
Greece	..	..	..	..	346	1025	693	1300	900	1800	1100	Grèce
Iceland	..	..	..	..	..	..	..	300	2200	1300	1300	Islande
Ireland	..	..	..	..	778	1025	2656	4400	3600	16300	7600	Irlande
Italy	..	..	..	..	12136	24879	38453	49200	58900	68500	75000	Italie
Japan	..	..	..	..	9654	16495	15473	17100	25400	31300	45000	Japon
Korea	..	..	..	..	3901	2453	3233	6400	13000	15900	18000	Corée
Mexico	..	..	..	..	..	..	..	..	200	..	..	Mexique
Netherlands	..	..	..	..	33222	36356	91686	137300	147600	297800	366300	Pays-Bas
New Zealand	..	..	..	..	..	..	..	..	200	100	-	Nouvelle-Zélande
Norway	..	..	..	..	12	14	..	1700	3900	4200	6900	Norvège
Poland	-	-	-	-	37	42	..	200	200	300	300	Pologne
Portugal	..	..	..	..	..	..	..	500	200	600	900	Portugal
Spain	..	..	..	..	148	566	1155	2000	2000	2400	2900	Espagne
Sweden	..	..	..	..	4025	4460	9122	8700	9800	17500	17400	Suède
Switzerland	..	..	..	..	16235	12595	31640	37900	34800	54200	68400	Suisse
Turkey	..	..	..	..	148	114	231	500	500	500	700	Turquie
United Kingdom	..	..	..	..	18198	25291	36952	49700	90400	156400	151600	Royaume-Uni
United States	..	..	..	..	46370	135298	117552	208600	265400	311700	289100	Etats-Unis
OECD UNALLOCATED	..	..	..	..	1	3	..	..	..	..	..	OCDE NON ATTRIBUÉS
NON-OECD AREA	..	..	..	..	**23940**	**24532**	**37068**	**65600**	**86600**	**87000**	**108300**	**HORS ZONE-OCDE**
EUROPEAN COUNTRIES (1)	..	..	..	..	**20840**	**12373**	**19284**	**21000**	**17300**	**17600**	**23500**	**PAYS D'EUROPE (1)**
of which:												dont:
Baltic countries	-	-	-	-	..	..	..	..	600	100	..	Pays Baltes
Bulgaria	-	-	-	-	..	..	..	200	200	..	200	Bulgarie
Czechoslovakia	-	-	-	-	..	..	..	..	..	..	..	Tchécoslovaquie
Romania	-	-	-	-	12	..	..	..	600	..	100	Roumanie
Russia	-	-	-	-	19383	10633	14896	12600	13300	13900	7600	Russie
Slovakia	-	-	-	-	..	..	..	..	..	300	12500	Slovaquie
Slovenia	-	-	-	-	..	..	..	..	200	200	200	Slovénie
Ukraine	-	-	-	-	..	..	..	..	3000	3100	2900	Ukraine
USSR	..	..	..	..	..	..	..	..	..	..	..	URSS

HUNGARY / HONGRIE

Table 7. **DIRECT INVESTMENT FROM ABROAD: *INWARD POSITION BY COUNTRY***
Tableau 7. **ENCOURS D'INVESTISSEMENT DIRECT DE L'ÉTRANGER: *PAR PAYS***
year-end - fin d'année

Ft million / Millions de forints

	1988	1989	1990	1991	1992	1993	1994	1995	1996	1997	1998	
AFRICA	..	..	..	..	12	12	..	2400	2300	14500	14100	**AFRIQUE**
of which:												*dont:*
Algeria	..	..	..	..	..	..	..	..	..	..	..	Algérie
Egypt	..	..	..	..	12	12	..	..	..	..	-	Égypte
Libya	..	..	..	..	..	..	..	..	..	..	-	Libye
Morocco	..	..	..	..	..	..	..	..	..	..	..	Maroc
South Africa	..	..	..	..	..	..	..	..	100	14500	14100	Afrique du Sud
LATIN AMERICA-CARIBBEAN (1)	..	..	..	..	100	..	..	5700	4300	200	200	**AMÉRIQUE LATINE-CARAIBES (1)**
of which:												*dont:*
Argentina	..	..	..	..	..	..	..	..	600	100	100	Argentine
Brazil	..	..	..	..	..	..	..	100	100	100	100	Brésil
Chile	..	..	..	..	..	..	..	..	-	-	-	Chili
Colombia	..	..	..	..	..	..	..	..	..	..	..	Colombie
Costa Rica	..	..	..	..	..	..	..	..	..	..	..	Costa Rica
Netherlands Antilles	..	..	..	..	..	..	..	..	..	..	..	Antilles néerlandaises
Panama	..	..	..	..	..	..	..	..	..	..	..	Panama
Venezuela	..	..	..	..	..	..	..	..	..	..	..	Vénézuela
NEAR & MIDDLE EAST	..	..	..	..	889	2017	2194	300	2300	2000	8600	**PROCHE & MOYEN ORIENT**
of which:												*dont:*
Gulf States	..	..	..	..	..	..	..	..	..	100	200	Pays du Golfe
of which:												*dont:*
Kuwait	..	..	..	..	..	..	..	..	..	..	..	Koweit
Saudi Arabia	..	..	..	..	..	..	..	..	..	..	..	Arabie Saoudite
United Arab Emirates	..	..	..	..	..	..	..	..	..	..	..	Émirats Arabes Unis
Iran	..	..	..	..	..	..	..	..	600	..	6700	Iran
Israel	..	..	..	..	877	2017	2194	300	2200	1900	1700	Israël
ASIAN COUNTRIES (1)	..	..	..	..	4200	2800	3300	16900	24600	9000	9600	**PAYS D'ASIE (1)**
China	..	..	..	..	321	322	115	200	400	600	1100	Chine
Chinese Taipei	..	..	..	..	..	..	..	100	21400	100	-	Taipei chinois
Hong Kong	..	..	..	..	..	..	..	100	200	400	400	Hong Kong
India	..	..	..	..	..	..	..	200	100	100	-	Inde
Indonesia	..	..	..	..	..	..	..	..	..	..	..	Indonésie
Malaysia	..	..	..	..	..	..	..	1100	2200	4300	4400	Malaisie
Philippines	..	..	..	..	..	..	..	..	-	-	..	Philippines
Singapore	..	..	..	..	..	..	..	500	400	3500	3700	Singapour
Thailand	..	..	..	..	..	..	..	..	-	-	..	Thaïlande
UNALLOCATED	..	..	..	..	-2101	7330	12290	19300	35800	43700	52300	**NON ATTRIBUÉS**
WORLD	..	..	..	..	*374446*	*643605*	*823442*	*1302200*	*1544700*	*2046200*	*2364000*	***MONDE***
of which:												*dont:*
EUROPE (2)	..	..	..	..	280988	452240	641339	995400	1037900	1576800	1896500	EUROPE (2)
EUROPEAN UNION	..	..	..	..	264741	439629	609700	955500	1104500	1517100	1819900	UNION EUROPÉENNE
NAFTA	..	..	..	..	..	..	124711	216300	271600	333900	294700	ALENA
ASEAN countries	..	..	..	..	48777	139155	..	1600	2600	7800	8100	Pays de l'ASEAN

1. Excluding countries recorded under the OECD area above.
2. EUROPE = EU + EFTA + Other European Countries.

1. Ce montant exclut les pays figurant dans la zone OCDE mentionnée ci-dessus.
2. EUROPE = UE + AELE + Autres pays d'Europe.

ICELAND - ICELAND

Chart 1. **Direct investment flows**
Graphique 1. **Flux d'investissement direct**

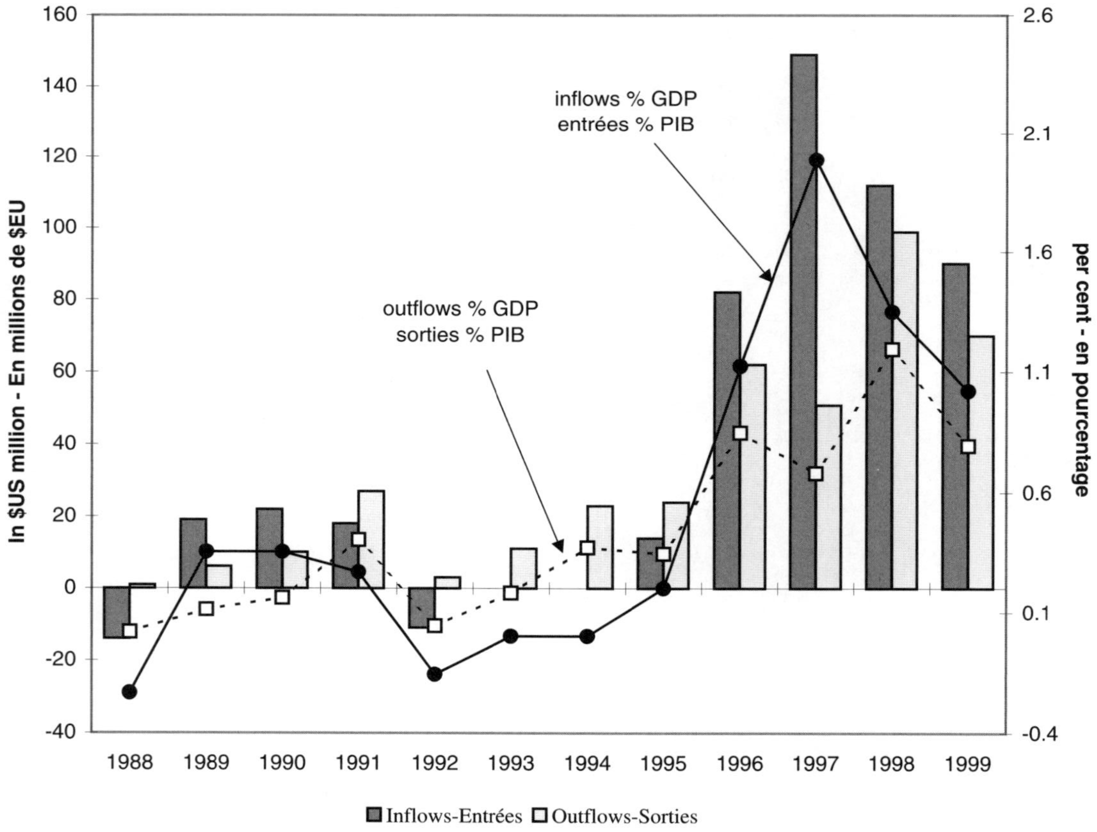

ICELAND - ICELAND

Chart 2. Direct investment from abroad: *inflows by country*
Graphique 2. Investissement direct de l'étranger: *flux par pays*

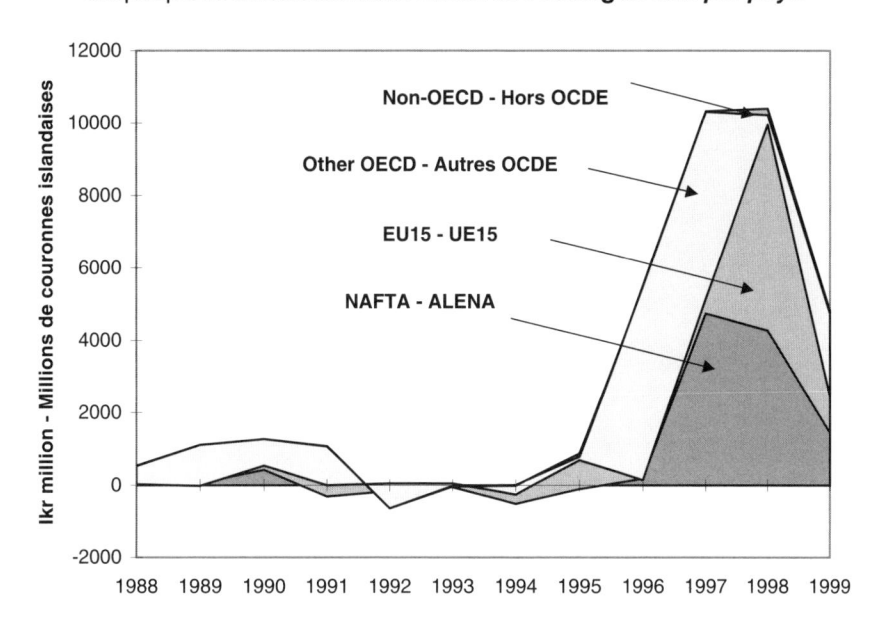

Chart 3. Direct investment abroad: *outflows by country*
Graphique 3. Investissement direct à l'étranger: *flux par pays*

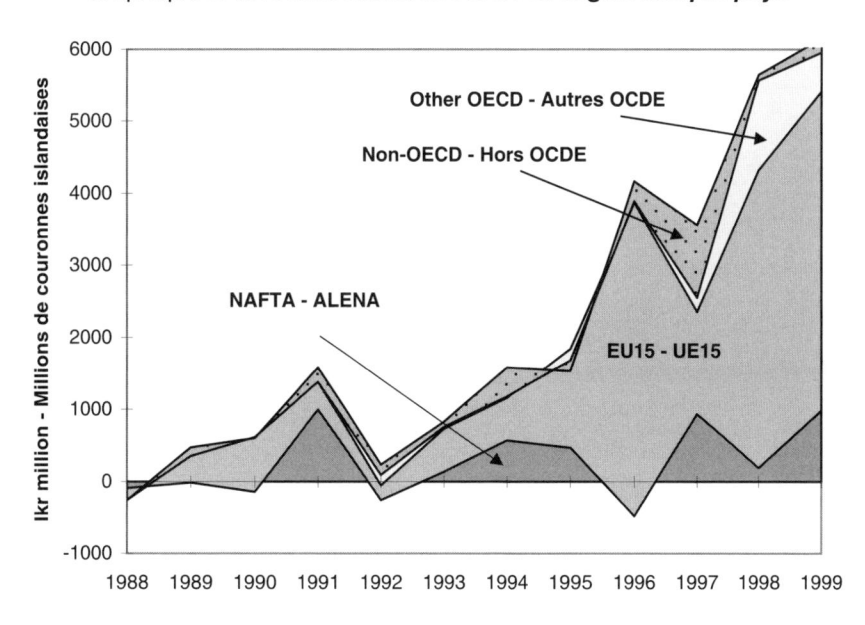

Note: Total OECD = EU15 + NAFTA + Other OECD. **Note**: Total OCDE = UE15 + ALENA + Autres OCDE.

ICELAND

Table 1. DIRECT INVESTMENT FROM ABROAD: INFLOWS BY INDUSTRIAL SECTOR
Tableau 1. INVESTISSEMENT DIRECT DE L'ÉTRANGER: FLUX PAR SECTEUR INDUSTRIEL

Ikr million / Millions de couronnes islandaises

	1988	1989	1990	1991	1992	1993	1994	1995	1996	1997	1998	1999 p	
Agriculture & fishing	..	..	-3	3	-135	-21	-2	-3	13	-7	7	..	**Agriculture & pêche**
Mining & quarrying	4	58	30	3	-7	-42	-1	22	-9	-24	-6	-6	**Mines & exploitation**
of which: Extraction of petroleum and gas	..	..	..	..	..	..	..	..	..	..	..	..	*dont*: Extraction de pétrole et gaz
Manufacturing	499	1337	767	1073	-747	-72	296	204	5451	9361	1678	2734	**Manufacture**
of which:													*dont*:
Food products	..	..	17	6	13	13	4	10	92	263	-42	2281	Produits alimentaires
Textile and wood activities	..	..	5	-10	2	-11	-2	4	..	25	-1	3	Activités du textile et du bois
Petroleum, chemical, rubber and plastic products	..	..	19	5	-7	-6	45	31	60	36	31	-42	Pétrole, produits chimiques, caoutchouc et mat. plastiques
Metal and mechanical products	499	1337	726	1072	-755	-68	248	159	5299	9037	1690	492	Produits métallurgiques et mécaniques
Office machinery, computers, radio, TV and communication equipment	..	..	..	..	..	..	..	..	..	..	..	..	Machines de bureau, ordinateurs, radio, téléviseurs et équipement de communication
Vehicles and other transport equipment	..	..	..	..	..	..	..	..	..	..	..	..	Véhicules et autres équipements de transport
Electricity, gas & water	..	..	..	..	..	..	..	..	..	..	..	..	**Electricité, gaz & eau**
Construction	16	-5	27	1	-29	5	29	5	34	52	222	107	**Construction**
Trade & repairs	-4	6	518	-100	66	139	-628	145	143	-13	2222	529	**Commerce & réparation**
Hotels & restaurants	..	..	..	..	..	11	..	-20	..	31	31	..	**Hôtels & restaurants**
Transport & communication	..	..	..	..	62	11	192	497	-3	1051	61	7	**Transport & communication**
of which:													*dont*:
Land, sea and air transport	..	..	13	5	4	-7	108	387	-3	..	..	-87	Transport terrestre, maritime et aérien
Telecommunications	..	..	..	..	58	18	84	84	..	807	49	-160	Télécommunications
Financial activities	15	-286	-83	86	150	-40	110	68	-520	-152	3083	-244	**Activités financières**
of which:													*dont*:
Monetary institutions	..	..	..	..	..	..	..	..	..	..	..	..	Institutions monétaires
Other financial institutions	15	-286	-73	35	166	4	96	6	-350	..	3083	-244	Autres institutions financières
of which: Financial holding companies	..	..	..	..	..	..	..	..	..	..	..	..	*dont*: Sociétés holding financières
Insurance & activities auxiliary to insurance	1	..	-11	51	-16	-45	14	62	-170	-152	-	..	Assurances & activités auxiliaires
Other financial institutions and insurance activities	16	-286	-84	86	150	-40	110	68	..	..	..	..	Autres activités d'institutions financières et d'assurances
Real estate & business activities	..	..	-	1	-	-	7	-6	395	122	2896	1716	**Activités d'entreprise & immobilier**
of which: Real estate	..	..	..	..	..	..	..	..	..	..	..	..	*dont*: Immobilier
Other services	..	..	..	1	58	18	84	-42	22	-90	208	216	**Autres services**
Unallocated	1	-1	12	3	-59	-18	-85	-111	..	..	..	-248	Non attribués
TOTAL	531	1109	1268	1071	-641	-20	2	779	5505	10332	10400	4811	**TOTAL**
of which:													*dont*:
PRIMARY	4	58	27	6	-142	-63	-3	19	3	-31	1	-6	PRIMAIRE
MANUFACTURING	499	1337	767	1073	-747	-72	296	204	5451	9361	1678	2734	MANUFACTURE
SERVICES	27	-285	475	-7	249	115	-291	558	51	1001	5639	2331	SERVICES

ICELAND

Table 2. DIRECT INVESTMENT ABROAD: OUTFLOWS BY INDUSTRIAL SECTOR
Tableau 2. INVESTISSEMENT DIRECT À L'ÉTRANGER: FLUX PAR SECTEUR INDUSTRIEL

Ikr million / *Millions de couronnes islandaises*

	1988	1989	1990	1991	1992	1993	1994	1995	1996	1997	1998	1999 p	
Agriculture & fishing	-	-	-	-	116	113	-337	132	1239	362	462	-484	**Agriculture & pêche**
Mining & quarrying	..	..	..	..	..	..	..	..	..	..	..	..	**Mines & exploitation**
of which: Extraction of petroleum and gas	..	..	..	..	..	..	..	..	..	..	..	..	*dont:* Extraction de pétrole et gaz
Manufacturing	-284	271	453	956	-68	139	1045	976	-353	2348	1212	3833	**Manufacture**
of which:													*dont:*
Food products	..	271	457	936	-33	132	812	1002	-242	1462	666	1885	Produits alimentaires
Textile and wood activities	..	..	-4	20	-40	14	103	-65	-4	95	283	33	Activités du textile et du bois
Petroleum, chemical, rubber and plastic products	..	..	..	..	5	-7	130	39	-105	10	84	1616	Pétrole, produits chimiques, caoutchouc et mat. plastiques
Metal and mechanical products	..	..	..	..	..	..	..	..	7	781	179	299	Produits métallurgiques et mécaniques
Office machinery, computers, radio, TV and communication equipment	..	..	..	..	..	..	..	..	..	..	..	..	Machines de bureau, ordinateurs, radio, téléviseurs et équipement de communication
Vehicles and other transport equipment	..	..	..	..	..	..	..	..	1	..	..	..	Véhicules et autres équipements de transport
Electricity, gas & water	..	..	..	..	..	..	..	..	..	..	-	-	**Electricité, gaz & eau**
Construction	27	..	..	..	..	..	..	..	10	-	-	-	**Construction**
Trade & repairs	..	82	144	330	106	525	451	92	1288	550	3224	1904	**Commerce & réparation**
Hotels & restaurants	..	..	..	..	..	..	..	..	-4	-1	-	..	**Hôtels & restaurants**
Transport & communication	..	..	4	297	70	49	222	248	1731	279	-245	-304	**Transport & communication**
of which:													*dont:*
Land, sea and air transport	-	118	4	267	94	31	261	215	..	..	..	-120	Transport terrestre, maritime et aérien
Telecommunications	..	..	-	30	-24	18	-39	33	-64	-37	-48	-	Télécommunications
Financial activities	..	..	..	..	-	..	18	..	169	147	199	-243	**Activités financières**
of which:													*dont:*
Monetary institutions	..	..	..	..	..	..	..	..	..	..	..	..	Institutions monétaires
Other financial institutions	..	..	..	..	..	..	..	..	169	147	199	-243	Autres institutions financières
of which: Financial holding companies	..	..	..	..	..	..	..	..	..	..	..	..	*dont:* Sociétés holding financières
Insurance & activities auxiliary to insurance	..	..	..	..	..	..	..	..	..	..	..	..	Assurances & activités auxiliaires
Other financial institutions and insurance activities	..	..	..	..	..	..	..	..	..	..	..	..	Autres activités d'institutions financières et d'assurances
Real estate & business activities	..	..	..	..	10	2	199	78	68	-174	749	951	**Activités d'entreprise & immobilier**
of which: Real estate	..	..	..	..	-14	19	142	-26	22	34	-1	51	*dont:* Immobilier
Other services	..	..	..	30	14	-20	-159	32	-26	-	48	441	**Autres services**
Unallocated	-	118	-1	-31	..	..	..	..	..	..	..	..	Non attribués
TOTAL	-257	471	600	1582	234	827	1581	1532	4147	3546	5649	6149	**TOTAL**
of which:													*dont:*
PRIMARY	-284	-	-	..	116	113	-337	132	1239	362	462	-484	**PRIMAIRE**
MANUFACTURING	-284	271	453	956	-68	139	1045	976	-353	2348	1212	3833	**MANUFACTURE**
SERVICES	27	200	148	627	186	577	873	424	3284	836	3974	2359	**SERVICES**

ICELAND

Table 3. **DIRECT INVESTMENT FROM ABROAD:** *INFLOWS BY COUNTRY*
Tableau 3. **INVESTISSEMENT DIRECT DE L'ÉTRANGER:** *FLUX PAR PAYS*

Ikr million / Millions de couronnes islandaises

	1988	1989	1990	1991	1992	1993	1994	1995	1996	1997	1998	1999 p	
OECD AREA	**530**	**1110**	**1264**	**1066**	**-643**	**-39**	**-17**	**867**	**5479**	**10312**	**10225**	**4737**	**ZONE DE L'OCDE**
Australia	..	..	..	..	..	..	..	..	..	..	171	..	Australie
Austria	..	..	..	..	..	..	..	..	..	..	..	..	Autriche
Belgium-Luxembourg	..	..	..	..	..	..	70	2	153	-11	5069	-1942	Belgique-Luxembourg
Canada	..	..	..	..	..	..	..	..	7	..	4	1	Canada
Czech Republic	..	..	..	..	..	..	..	..	..	..	..	..	République Tchèque
Denmark	15	-2	93	22	77	-7	97	317	82	120	326	2582	Danemark
Finland	..	..	13	8	-1	-23	2	10	29	25	26	-22	Finlande
France	3	-12	-73	..	..	..	..	..	..	..	-1	1	France
Germany	..	..	73	8	30	4	85	397	28	135	73	-123	Allemagne
Greece	..	..	..	..	..	..	..	..	..	..	..	..	Grèce
Hungary	..	..	..	..	..	..	..	..	..	..	..	..	Hongrie
Ireland	..	..	..	..	..	..	..	..	..	..	..	..	Irlande
Italy	..	..	..	..	..	..	..	..	..	..	..	..	Italie
Japan	146	57	-34	-73	-85	80	42	78	63	2	39	-37	Japon
Korea	..	..	..	..	..	..	..	..	..	..	..	..	Corée
Mexico	..	..	..	..	..	..	..	..	..	..	..	..	Mexique
Netherlands	..	..	13	5	4	-7	..	-34	1	7	29	37	Pays-Bas
New Zealand	..	..	..	..	..	..	..	..	..	..	..	..	Nouvelle-Zélande
Norway	82	-179	-68	-146	-170	161	83	156	232	1112	179	1747	Norvège
Poland	..	..	..	..	..	..	..	..	..	..	..	..	Pologne
Portugal	..	..	..	..	..	..	..	..	..	..	..	..	Portugal
Spain	..	..	..	..	..	..	..	..	9	-8	..	..	Espagne
Sweden	1	..	-24	232	111	155	-17	90	-442	-21	140	-21	Suède
Switzerland	280	1251	830	1291	-436	-329	122	-52	5050	4056	-112	585	Suisse
Turkey	..	..	..	..	..	..	..	..	..	..	..	..	Turquie
United Kingdom	2	-60	24	29	-7	-18	14	14	92	158	14	484	Royaume-Uni
United States	1	55	417	-310	-166	-55	-515	-111	176	4737	4270	1446	Etats-Unis
OECD UNALLOCATED	..	..	..	..	..	..	..	..	..	..	..	..	OCDE NON ATTRIBUÉS
NON-OECD AREA	**1**	**-1**	**4**	**5**	**2**	**19**	**19**	**-88**	**26**	**20**	**175**	**74**	**HORS ZONE-OCDE**
EUROPEAN COUNTRIES (1)	**-**	**-**	**3**	**6**	**1**	**19**	**22**	**-87**	**26**	**1**	**173**	**79**	**PAYS D'EUROPE (1)**
of which:													dont:
Baltic countries	..	..	..	..	..	..	..	..	..	..	173	79	Pays Baltes
Bulgaria	..	..	..	..	..	..	..	..	..	..	..	..	Bulgarie
Czechoslovakia	..	..	..	..	..	..	..	..	..	..	..	..	Tchécoslovaquie
Romania	..	..	..	..	..	..	..	..	..	..	..	..	Roumanie
Russia	..	..	..	..	..	..	..	..	19	1	..	..	Russie
Slovakia	..	..	..	..	..	..	..	..	..	..	..	..	Slovaquie
Slovenia	..	..	..	..	..	..	..	..	..	..	..	..	Slovénie
Ukraine	..	..	..	..	..	..	..	..	..	..	..	..	Ukraine
USSR	..	..	..	..	..	..	..	..	..	..	..	..	URSS

ICELAND

Table 3. **DIRECT INVESTMENT FROM ABROAD:** *INFLOWS BY COUNTRY*
Tableau 3. **INVESTISSEMENT DIRECT DE L'ÉTRANGER:** *FLUX PAR PAYS*

Ikr million / *Millions de couronnes islandaises*

	1988	1989	1990	1991	1992	1993	1994	1995	1996	1997	1998	1999 p	
AFRICA	..	..	..	..	..	..	..	..	..	..	-6	..	**AFRIQUE**
of which:													*dont:*
Algeria	..	..	..	..	..	..	..	..	..	..			Algérie
Egypt	..	..	..	..	..	..	..	..	..	..			Egypte
Libya	..	..	..	..	..	..	..	..	..	..			Libye
Morocco	..	..	..	..	..	..	..	..	..	..			Maroc
South Africa	..	..	..	..	..	..	..	..	..	..			Afrique du Sud
LATIN AMERICA-CARIBBEAN (1)	..	..	..	..	..	..	..	..	..	..	-	..	**AMÉRIQUE LATINE-CARAIBES (1)**
of which:													*dont:*
Argentina	..	..	..	..	..	..	..	..	..	..			Argentine
Brazil	..	..	..	..	..	..	..	..	..	..			Brésil
Chile	..	..	..	..	..	..	..	..	..	..			Chili
Colombia	..	..	..	..	..	..	..	..	..	..			Colombie
Costa Rica	..	..	..	..	..	..	..	..	..	..			Costa Rica
Netherlands Antilles	..	..	..	..	..	..	..	..	..	..			Antilles néerlandaises
Panama	..	..	..	..	..	..	..	..	..	..			Panama
Venezuela	..	..	..	..	..	..	..	..	..	..			Vénézuela
NEAR & MIDDLE EAST	..	..	..	..	..	..	..	..	..	18	1	-7	**PROCHE & MOYEN ORIENT**
of which:													*dont:*
Gulf States	..	..	..	..	..	..	..	..	..				Pays du Golfe
of which:													*dont:*
Kuwait	..	..	..	..	..	..	..	..	..				Koweit
Saudi Arabia	..	..	..	..	..	..	..	..	..				Arabie Saoudite
United Arab Emirates	..	..	..	..	..	..	..	..	..				Émirats Arabes Unis
Iran	..	..	..	..	..	..	..	..	..				Iran
Israel	..	..	..	..	..	..	..	..	..	18	1	-7	Israël
ASIAN COUNTRIES (1)	-	-	-	-	-	-	-	-1	-	-	-	-	**PAYS D'ASIE (1)**
of which:													*dont:*
China	..	..	..	..	..	..	..	..	..	..			Chine
Chinese Taipei	..	..	..	..	..	..	..	..	..	..			Taipei chinois
Hong Kong	..	..	..	..	..	..	..	..	..	..			Hong Kong
India	..	..	..	..	..	..	..	..	..	..			Inde
Indonesia	..	..	..	..	..	..	..	..	..	..			Indonésie
Malaysia	..	..	..	..	..	..	..	..	..	..			Malaisie
Philippines	..	..	..	..	..	..	..	..	..	..			Philippines
Singapore	..	..	..	..	..	..	..	..	..	..			Singapour
Thailand	..	..	..	..	..	..	..	..	..	..			Thaïlande
UNALLOCATED	1	-1	1	-1	1	-	-3	-1	-	1	7	2	**NON ATTRIBUÉS**
WORLD	*531*	*1109*	*1268*	*1071*	*-641*	*-20*	*2*	*779*	*5505*	*10332*	*10400*	*4811*	**MONDE**
of which:													*dont:*
EUROPE (2)	382	997	886	1455	-391	-46	479	900	5260	5589	673	3407	EUROPE (2)
EUROPEAN UNION	21	-74	119	304	214	104	251	796	-48	406	5676	996	UNION EUROPÉENNE
NAFTA	1	55	417	-310	-166	-55	-515	-111	182	4737	4274	1447	ALENA
ASEAN countries	..	..	..	..	..	..	..	..	..	..			Pays de l'ASEAN

1. Excluding countries recorded under the OECD area above.
2. EUROPE = EU + EFTA + Other European Countries.

1. Ce montant exclut les pays figurant dans la zone OCDE mentionnée ci-dessus.
2. EUROPE = UE + AELE + Autres pays d'Europe.

ICELAND

Table 4. DIRECT INVESTMENT ABROAD: OUTFLOWS BY COUNTRY
Tableau 4. INVESTISSEMENT DIRECT À L'ÉTRANGER: FLUX PAR PAYS

Ikr million / Millions de couronnes islandaises

	1988	1989	1990	1991	1992	1993	1994	1995	1996	1997	1998	1999 p	
OECD AREA	**-257**	**354**	**613**	**1384**	**92**	**755**	**1176**	**1679**	**3892**	**2547**	**5571**	**5954**	**ZONE DE L'OCDE**
Australia	:	:	:	:	:	:	:	1	:	:	:	:	Australie
Austria	:	:	:	:	:	:	:	:	:	:	:	:	Autriche
Belgium-Luxembourg	-	-	-	:	:	:	:	17	105	138	632	1453	Belgique-Luxembourg
Canada	-	-	12	21	-5	-12	1	39	64	475	-36	464	Canada
Czech Republic	-	-	-	-	-	-	-	-	-	-	-	-	République Tchèque
Denmark	12	22	33	14	9	-39	6	-	199	796	368	234	Danemark
Finland	:	:	:	:	:	:	:	:	:	:	:	:	Finlande
France	:	11	343	386	25	121	43	305	705	23	2293	585	France
Germany	3	-12	5	38	28	44	-287	77	622	220	451	199	Allemagne
Greece	:	:	:	:	:	:	:	:	:	:	:	-1	Grèce
Hungary	:	:	:	:	:	:	:	:	:	:	:	:	Hongrie
Ireland	:	:	:	:	:	:	:	:	:	:	:	50	Irlande
Italy	:	:	:	:	:	:	:	:	:	:	:	:	Italie
Japan	:	:	:	4	158	22	18	-194	147	-28	222	14	Japon
Korea	:	:	:	:	:	:	:	:	:	:	:	:	Corée
Mexico	:	:	:	:	:	:	:	71	48	111	228	10	Mexique
Netherlands	:	:	:	3	108	46	3	535	1556	36	-847	84	Pays-Bas
New Zealand	:	:	:	:	:	:	:	:	:	:	55	-48	Nouvelle-Zélande
Norway	:	:	:	:	-10	4	-2	29	-29	196	255	500	Norvège
Poland	:	:	:	:	:	:	:	4	5	11	:	:	Pologne
Portugal	:	:	-4	20	-40	14	101	-89	-56	24	-4	6	Portugal
Spain	:	:	2	2	-4	-3	384	-158	78	373	707	1053	Espagne
Sweden	:	:	:	:	:	:	:	:	1	14	-2	1173	Suède
Switzerland	:	:	:	:	:	:	:	:	:	2	-1	:	Suisse
Turkey	:	:	:	:	:	:	:	:	:	:	:	:	Turquie
United Kingdom	-180	349	379	-80	75	411	339	683	1148	-99	1258	-333	Royaume-Uni
United States	-92	-16	-157	976	-252	147	570	359	-596	349	-5	511	Etats-Unis
OECD UNALLOCATED	-	-	-	-	-	-	-	-	-103	-94	-3	-	OCDE NON ATTRIBUÉS
NON-OECD AREA	**-**	**117**	**-13**	**198**	**142**	**72**	**405**	**-147**	**276**	**1011**	**79**	**195**	**HORS ZONE-OCDE**
EUROPEAN COUNTRIES (1)	**..**	**..**	**-24**	**151**	**-91**	**46**	**205**	**221**	**-65**	**605**	**369**	**799**	**PAYS D'EUROPE (1)**
of which:													dont:
Baltic countries	-	-	-	-	-	-	135	42	-73	10	344	48	Pays Baltes
Bulgaria	-	-	-	-	-	-	-	-	-	-	-	-	Bulgarie
Czechoslovakia	-	-	-	-	-	-	-	-	-	-	-	-	Tchécoslovaquie
Romania	-	-	-	-	-	-	-	-	-	-	-	-	Roumanie
Russia	-	-	-	-	-	-	-	-	-	24	-	-	Russie
Slovakia	-	-	-	-	1	1	-	2	8	2	-2	-	Slovaquie
Slovenia	-	-	-	-	-	-	-	-	-	-	-	-	Slovénie
Ukraine	-	-	-	-	-	-	-	-	-	-	-	-	Ukraine
USSR	-	-	-	-	-	-	-	-	-	-	-	-	URSS

ICELAND

Table 4. DIRECT INVESTMENT ABROAD: *OUTFLOWS BY COUNTRY*
Tableau 4. INVESTISSEMENT DIRECT À L'ÉTRANGER: *FLUX PAR PAYS*

Ikr million / *Millions de couronnes islandaises*

	1988	1989	1990	1991	1992	1993	1994	1995	1996	1997	1998	1999 p	
AFRICA	..	..	..	..	..	..	76	-26	-8	19	11	39	**AFRIQUE**
of which:													*dont:*
Algeria													Algérie
Egypt													Egypte
Libya													Libye
Morocco													Maroc
South Africa													Afrique du Sud
LATIN AMERICA-CARIBBEAN (1)	..	118	12	49	232	26	123	-343	163	194	3	-79	**AMÉRIQUE LATINE-CARAIBES (1)**
of which:													*dont:*
Argentina													Argentine
Brazil													Brésil
Chile					116	106	-5	-3	2	-1	34	24	Chili
Colombia													Colombie
Costa Rica													Costa Rica
Netherlands Antilles													Antilles néerlandaises
Panama					25	-12	2	-24	28	24	-1		Panama
Venezuela													Vénézuela
NEAR & MIDDLE EAST	..	..	..	..	..	..	..	..	..	..	..	..	**PROCHE & MOYEN ORIENT**
of which:													*dont:*
Gulf States													Pays du Golfe
of which:													*dont:*
Kuwait													Koweit
Saudi Arabia													Arabie Saoudite
United Arab Emirates													Émirats Arabes Unis
Iran													Iran
Israel													Israël
ASIAN COUNTRIES (1)	..	..	..	..	..	..	..	..	43	28	..	..	**PAYS D'ASIE (1)**
of which:													*dont:*
China													Chine
Chinese Taipei													Taipei chinois
Hong Kong													Hong Kong
India										14	44	6	Inde
Indonesia													Indonésie
Malaysia													Malaisie
Philippines													Philippines
Singapore													Singapour
Thailand													Thaïlande
UNALLOCATED	-	-1	-1	-2	1	-	1	1	142	165	-304	-564	**NON ATTRIBUÉS**
WORLD	*-257*	*471*	*600*	*1582*	*234*	*827*	*1581*	*1532*	*4168*	*3546*	*5650*	*6149*	**MONDE**
of which:													*dont:*
EUROPE (2)	-165	370	734	534	100	644	792	1624	4268	2231	4758	5802	EUROPE (2)
EUROPEAN UNION	-165	370	758	383	201	594	589	1370	4357	1418	4136	4427	UNION EUROPÉENNE
NAFTA	-92	-16	-145	997	-257	135	571	469	-485	936	187	985	ALENA
ASEAN countries									29	-			Pays de l'ASEAN

1. Excluding countries recorded under the OECD area above.
2. EUROPE = EU + EFTA + Other European Countries.

1. Ce montant exclut les pays figurant dans la zone OCDE mentionnée ci-dessus.
2. EUROPE = UE + AELE + Autres pays d'Europe.

ICELAND - ICELAND

Chart 4. **Inward direct investment position**
Graphique 4. **Encours d'investissement direct de l'étranger**

1988

- Services 10%
- Prim. 8%
- Manuf. 82%

- Other OECD-Autres OCDE 49%
- EU15-UE15 20%
- NAFTA-ALENA 31%

1999

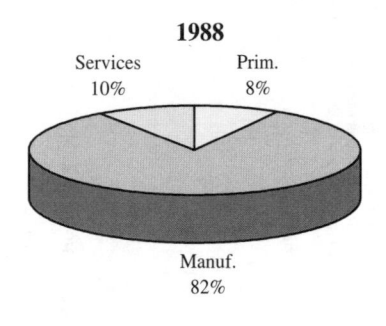

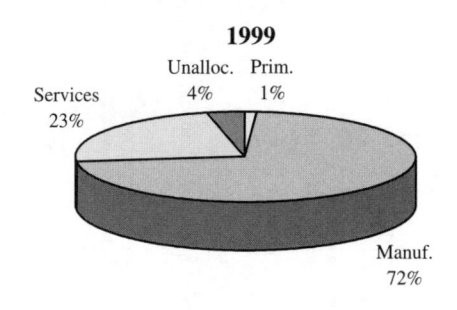

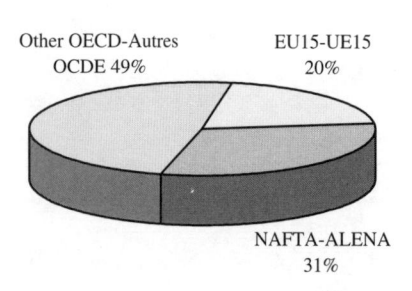

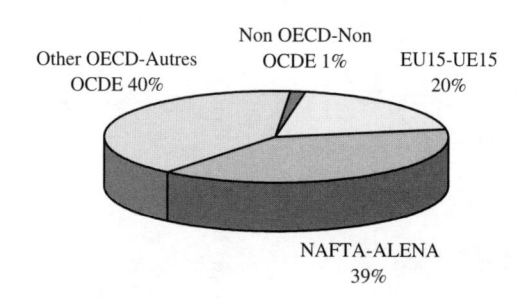

- Unalloc. 4%
- Prim. 1%
- Services 23%
- Manuf. 72%

- Other OECD-Autres OCDE 40%
- Non OECD-Non OCDE 1%
- EU15-UE15 20%
- NAFTA-ALENA 39%

Chart 5. **Outward direct investment position**
Graphique 5. **Encours d'investissement direct à l'étranger**

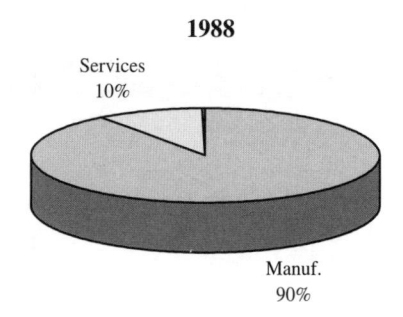

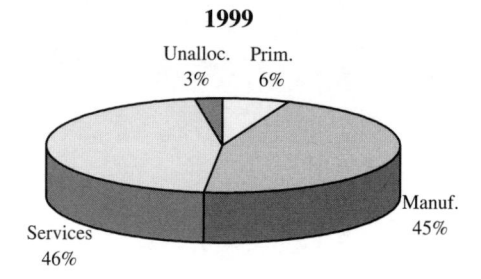

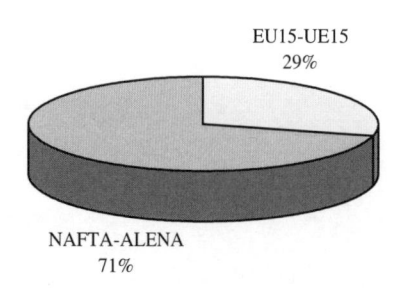

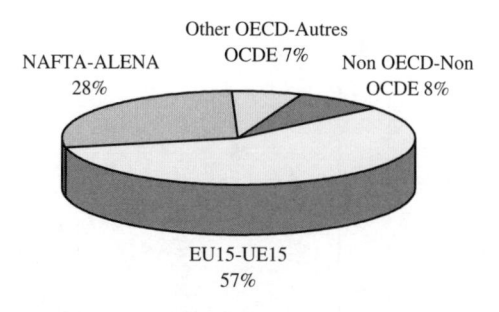

1988

- Services 10%
- Manuf. 90%

- EU15-UE15 29%
- NAFTA-ALENA 71%

1999

- Unalloc. 3%
- Prim. 6%
- Services 46%
- Manuf. 45%

- NAFTA-ALENA 28%
- Other OECD-Autres OCDE 7%
- Non OECD-Non OCDE 8%
- EU15-UE15 57%

Note: **Prim.** = primary sector, **Manuf.** = manufacturing.

Note: **Prim.** = secteur primaire, **Manuf.** = manufacture.

ICELAND

Table 5. **DIRECT INVESTMENT FROM ABROAD: *INWARD POSITION BY INDUSTRIAL SECTOR***
Tableau 5. **ENCOURS D'INVESTISSEMENT DIRECT DE L'ÉTRANGER: *PAR SECTEUR INDUSTRIEL***

year-end - fin d'année

Ikr million / *Millions de couronnes islandaises*

	1988	1989	1990	1991	1992	1993	1994	1995	1996	1997	1998	1999 p	
Agriculture & fishing	..	..	..	70	-75	-27	-13	-16	26	21	29	32	**Agriculture & pêche**
Mining & quarrying	201	307	89	383	381	367	295	327	325	308	306	306	**Mines & exploitation**
of which: Extraction of petroleum and gas	..	..	379	..	..	..	..	..	..	..	..	..	*dont:* Extraction de pétrole et gaz
Manufacturing	1983	4208	5216	6195	4943	5428	6012	6669	9604	19186	20833	23049	**Manufacture**
of which:													*dont:*
Food products	..	..	36	44	23	37	41	51	108	365	321	1024	Produits alimentaires
Textile and wood activities	..	..	39	38	40	24	11	15	15	148	136	14	Activités du textile et du bois
Petroleum, chemical, rubber and plastic products	..	..	117	128	105	102	145	176	242	305	377	347	Pétrole, produits chimiques, caoutchouc et mat. plastiques
Metal and mechanical products	1983	4208	5024	5985	4775	5265	5815	6427	9239	18369	19999	20515	Produits métallurgiques et mécaniques
Office machinery, computers, radio, TV and communication equipment	..	..	..	..	..	..	..	..	..	..	..	..	Machines de bureau, ordinateurs, radio, téléviseurs et équipement de communication
Vehicles and other transport equipment	..	..	..	..	..	..	..	..	..	..	..	..	Véhicules et autres équipements de transport
Electricity, gas & water	..	..	..	..	..	..	..	..	..	..	..	..	**Electricité, gaz & eau**
Construction	234	234	234	247	223	233	273	273	300	349	557	703	**Construction**
Trade & repairs	1671	1798	2140	2111	2225	2283	1713	1700	2052	2105	3221	4164	**Commerce & réparation**
Hotels & restaurants	..	..	..	..	..	..	..	..	..	..	-	..	**Hôtels & restaurants**
Transport & communication	..	..	..	..	..	..	147	..	326	1419	777	374	**Transport & communication**
of which:													*dont:*
Land, sea and air transport	..	..	20	24	30	23	72	305	..	..	..	28	Transport terrestre, maritime et aérien
Telecommunications	..	..	..	..	..	..	75	..	..	864	152	-4	Télécommunications
Financial activities	281	72	50	170	208	175	301	367	69	4	2209	1629	**Activités financières**
of which:													*dont:*
Monetary institutions	232	22	-	53	91	98	213	223	4	3	2207	1629	Institutions monétaires
Other financial institutions	..	..	..	..	..	..	..	..	..	..	..	..	Autres institutions financières
of which: Financial holding companies	..	..	..	..	..	..	..	..	..	..	..	..	*dont:* Sociétés holding financières
Insurance & activities auxiliary to insurance	50	50	50	117	117	77	88	144	66	1	3	..	Assurances & activités auxiliaires
Other financial institutions and insurance activities	..	..	..	..	..	..	..	..	..	..	..	..	Autres activités d'institutions financières et d'assurances
Real estate & business activities	..	..	-	1	1	2	8	2	419	478	3569	8785	**Activités d'entreprise & immobilier**
of which: Real estate	..	..	..	..	..	17	75	93	126	8	237	460	*dont:* Immobilier
Other services	..	..	..	..	4	22	-76	305	-1	1	..	..	**Autres services**
Unallocated	1	-	21	24	29	..	..	..	..	..	..	-1127	Non attribués
TOTAL	4371	6619	8129	9201	7939	8500	8735	9720	13246	23878	31737	38375	**TOTAL**
of which:													*dont:*
PRIMARY	201	307	468	453	306	340	282	311	351	328	335	338	PRIMAIRE
MANUFACTURING	1983	4208	5216	6195	4943	5428	6012	6669	9604	19186	20833	23049	MANUFACTURE
SERVICES	2650	2148	2424	2635	2843	2906	2943	2881	3300	4368	14983	19373	SERVICES

ICELAND

Table 6. DIRECT INVESTMENT ABROAD: *OUTWARD POSITION BY INDUSTRIAL SECTOR*
Tableau 6. ENCOURS D'INVESTISSEMENT DIRECT À L'ÉTRANGER: *PAR SECTEUR INDUSTRIEL*
year-end - fin d'année

Ikr million / Millions de couronnes islandaises

	1988	1989	1990	1991	1992	1993	1994	1995	1996	1997	1998	1999 p	
Agriculture & fishing	-	-	-	-	106	669	786	752	1869	2088	2509	1867	**Agriculture & pêche**
Mining & quarrying	..	..	..	..	..	..	..	..	..	..	..	..	**Mines & exploitation**
of which: Extraction of petroleum and gas	..	..	..	..	..	..	..	..	..	..	..	..	*dont*: Extraction de pétrole et gaz
Manufacturing	2333	3008	3363	4252	4373	5102	5886	6811	6720	9425	10147	13833	**Manufacture**
of which:													*dont:*
Food products	2333	3008	3345	4212	4363	5066	5599	6530	6422	8228	8914	10977	Produits alimentaires
Textile and wood activities			18	40	-	35	139	56	218	718	575	348	Activités du textile et du bois
Petroleum, chemical, rubber and plastic products					10	1	148	225	71	171	207	1776	Pétrole, produits chimiques, caoutchouc et mat. plastiques
Metal and mechanical products									7	309	452	732	Produits métallurgiques et mécaniques
Office machinery, computers, radio, TV and communication equipment									1				Machines de bureau, ordinateurs, radio, téléviseurs et équipement de communication
Vehicles and other transport equipment													Véhicules et autres équipements de transport
Electricity, gas & water	..	..	..	..	..	..	..	..	8	8	8	10	**Electricité, gaz & eau**
Construction	..	..	..	..	..	..	..	..	..	..	..	..	**Construction**
Trade & repairs	260	385	564	852	1130	1806	2348	2390	3781	4056	6912	8940	**Commerce & réparation**
Hotels & restaurants	..	..	..	..	..	..	..	..	11	22	4	..	**Hôtels & restaurants**
Transport & communication	..	..	226	511	668	697	924	1320	3111	3381	3319	2232	**Transport & communication**
of which:													*dont:*
Land, sea and air transport	9	127	75	323	464	475	710	1061	..	2351	2150	259	Transport terrestre, maritime et aérien
Telecommunications	..	..	151	188	204	222	214	234	213	186	276	-	Télécommunications
Financial activities	..	..	..	..	..	..	12	..	179	362	807	186	**Activités financières**
of which:													*dont:*
Monetary institutions	..	..	..	..	..	..	..	..	..	..	..	..	Institutions monétaires
Other financial institutions	..	..	..	..	..	..	..	..	179	362	807	186	Autres institutions financières
of which: Financial holding companies	..	..	..	..	..	..	..	..	..	..	..	..	*dont:* Sociétés holding financières
Insurance & activities auxiliary to insurance	..	..	..	..	..	..	..	..	..	..	..	..	Assurances & activités auxiliaires
Other financial institutions and insurance activities	..	..	..	..	..	..	..	..	..	..	..	..	Autres activités d'institutions financières et d'assurances
Real estate & business activities	..	..	..	..	11	12	214	308	387	378	1272	2606	**Activités d'entreprise & immobilier**
of which: Real estate	..	..	..	..	..	..	..	..	..	..	..	..	*dont:* Immobilier
Other services	..	..	..	..	..	..	..	..	51	63	59	..	**Autres services**
Unallocated	9	127	-1	-1	-	-1	2	..	1	1	-	767	Non attribués
TOTAL	2602	3520	4152	5614	6288	8285	10172	11581	16116	19783	25036	30441	**TOTAL**
of which:													*dont:*
PRIMARY	-	-	-	-	106	669	786	752	1869	2088	2509	1867	PRIMAIRE
MANUFACTURING	2333	3008	3363	4252	4373	5102	5886	6811	6720	9425	10147	13833	MANUFACTURE
SERVICES	260	385	790	1363	1809	2515	3498	4018	7476	8206	12321	13974	SERVICES

ICELAND
ICELAND

Table 7. **DIRECT INVESTMENT FROM ABROAD:** *INWARD POSITION BY COUNTRY*
Tableau 7. **ENCOURS D'INVESTISSEMENT DIRECT DE L'ÉTRANGER:** *PAR PAYS*
year-end - fin d'année

Ikr million
Millions de couronnes islandaises

	1988	1989	1990	1991	1992	1993	1994	1995	1996	1997	1998	1999 p	
OECD AREA	*4372*	*6618*	*8116*	*9175*	*7900*	*8444*	*8656*	*9720*	*13195*	*23839*	*31472*	*37838*	**ZONE DE L'OCDE**
Australia	..	..	..	..	..	..	..	..	..	..	171	171	Australie
Austria	..	..	..	..	..	..	..	..	..	..	..	1	Autriche
Belgium-Luxembourg	..	..	..	..	..	..	87	91	193	173	2623	1926	Belgique-Luxembourg
Canada	..	..	..	..	..	..	..	..	7	6	4	1	Canada
Czech Republic	..	..	..	..	..	..	..	..	..	..	..	..	République Tchèque
Denmark	463	505	720	769	813	856	969	1250	1332	1596	1979	3095	Danemark
Finland	..	..	64	75	63	40	43	52	85	111	138	123	Finlande
France	26	22	..	..	..	..	..	..	..	-1	-1	-1	France
Germany	..	..	103	123	161	174	209	435	470	552	625	112	Allemagne
Greece	..	..	..	..	..	..	..	..	..	..	..	..	Grèce
Hungary	..	..	..	..	..	..	..	..	..	..	..	..	Hongrie
Ireland	..	..	..	..	..	..	..	..	..	..	..	..	Irlande
Italy	..	..	..	..	..	..	..	..	..	..	..	..	Italie
Japan	701	970	479	432	93	191	238	318	398	391	434	406	Japon
Korea	..	..	..	..	..	..	..	..	..	..	..	..	Corée
Mexico	..	..	..	..	..	..	..	..	..	..	..	..	Mexique
Netherlands	..	..	20	24	30	23	25	16	17	28	55	103	Pays-Bas
New Zealand	..	..	..	..	..	..	..	..	..	..	..	..	Nouvelle-Zélande
Norway	506	485	962	869	190	385	475	636	890	2076	2284	2768	Norvège
Poland	..	..	..	..	..	..	..	..	..	..	..	..	Pologne
Portugal	..	..	..	..	..	..	..	..	..	..	..	..	Portugal
Spain	..	..	..	..	1	1	1	..	9	..	..	..	Espagne
Sweden	50	50	143	355	322	376	388	313	338	375	808	788	Suède
Switzerland	932	2752	3576	4676	4546	4736	5147	5542	8095	12136	11848	12162	Suisse
Turkey	..	..	..	..	..	..	..	..	..	..	..	..	Turquie
United Kingdom	344	378	439	477	490	489	504	534	612	803	907	1351	Royaume-Uni
United States	1350	1456	1610	1375	1191	1173	570	533	749	5593	9599	14832	Etats-Unis
OECD UNALLOCATED	..	..	..	..	..	..	..	..	..	..	..	..	OCDE NON ATTRIBUÉS
NON-OECD AREA	-1	1	13	26	39	56	79	..	51	39	264	536	**HORS ZONE-OCDE**
EUROPEAN COUNTRIES (1)	..	..	13	26	40	57	86	7	19	20	245	347	**PAYS D'EUROPE (1)**
of which:													*dont:*
Baltic countries	..	..	..	..	..	..	..	..	..	..	245	347	Pays Baltes
Bulgaria	..	..	..	..	..	..	..	..	..	..	..	..	Bulgarie
Czechoslovakia	..	..	..	..	..	..	..	..	..	..	..	..	Tchécoslovaquie
Romania	..	..	..	..	..	..	..	..	..	..	..	..	Roumanie
Russia	..	..	..	..	..	..	..	..	19	20	..	..	Russie
Slovakia	..	..	..	..	..	..	..	..	..	..	..	..	Slovaquie
Slovenia	..	..	..	..	..	..	..	..	..	..	..	..	Slovénie
Ukraine	..	..	..	..	..	..	..	..	..	..	..	..	Ukraine
USSR	..	..	..	..	..	..	..	..	..	..	..	..	URSS

ICELAND

Table 7. DIRECT INVESTMENT FROM ABROAD: INWARD POSITION BY COUNTRY
Tableau 7. ENCOURS D'INVESTISSEMENT DIRECT DE L'ÉTRANGER: PAR PAYS
year-end - fin d'année

Ikr million / *Millions de couronnes islandaises*

	1988	1989	1990	1991	1992	1993	1994	1995	1996	1997	1998	1999 p	
AFRICA	..	..	..	..	..	..	..	..	..	..	..	..	**AFRIQUE**
of which:													*dont:*
Algeria	..	..	..	..	..	..	..	..	..	..	..	..	Algérie
Egypt	..	..	..	..	..	..	..	..	..	..	..	..	Egypte
Libya	..	..	..	..	..	..	..	..	..	..	..	..	Libye
Morocco	..	..	..	..	..	..	..	..	..	..	..	..	Maroc
South Africa	..	..	..	..	..	..	..	..	..	..	..	..	Afrique du Sud
LATIN AMERICA-CARIBBEAN (1)	..	..	..	..	..	..	..	..	..	..	..	..	**AMÉRIQUE LATINE-CARAIBES (1)**
of which:													*dont:*
Argentina	..	..	..	..	..	..	..	..	..	..	..	..	Argentine
Brazil	..	..	..	..	..	..	..	..	..	..	..	..	Brésil
Chile	..	..	..	..	..	..	..	..	..	..	-	..	Chili
Colombia	..	..	..	..	..	..	..	..	..	..	..	..	Colombie
Costa Rica	..	..	..	..	..	..	..	..	..	..	..	..	Costa Rica
Netherlands Antilles	..	..	..	..	..	..	..	..	..	..	..	..	Antilles néerlandaises
Panama	..	..	..	..	..	..	..	..	..	..	..	..	Panama
Venezuela	..	..	..	..	..	..	..	..	..	..	..	..	Vénézuela
NEAR & MIDDLE EAST	..	..	..	..	..	..	..	..	..	18	19	161	**PROCHE & MOYEN ORIENT**
of which:													*dont:*
Gulf States	..	..	..	..	..	..	..	..	..	..	..	..	Pays du Golfe
of which:													*dont:*
Kuwait	..	..	..	..	..	..	..	..	..	..	..	..	Koweit
Saudi Arabia	..	..	..	..	..	..	..	..	..	..	..	..	Arabie Saoudite
United Arab Emirates	..	..	..	..	..	..	..	..	..	..	..	..	Émirats Arabes Unis
Iran	..	..	..	..	..	..	..	..	..	..	..	..	Iran
Israel	..	..	..	..	..	..	..	..	..	18	19	161	Israël
ASIAN COUNTRIES (1)	..	..	..	..	..	..	..	..	..	..	..	..	**PAYS D'ASIE (1)**
of which:													*dont:*
China	..	..	..	..	..	..	..	..	..	..	..	..	Chine
Chinese Taipei	..	..	..	..	..	..	..	..	..	..	..	..	Taipei chinois
Hong Kong	..	..	..	..	..	..	..	..	..	..	..	..	Hong Kong
India	..	..	..	..	..	..	..	..	..	..	..	..	Inde
Indonesia	..	..	..	..	..	..	..	..	..	..	..	..	Indonésie
Malaysia	..	..	..	..	..	..	..	..	..	..	..	..	Malaisie
Philippines	..	..	..	..	..	..	..	..	..	..	..	..	Philippines
Singapore	..	..	..	..	..	..	..	..	..	..	..	..	Singapour
Thailand	..	..	..	..	..	..	..	..	..	..	..	..	Thaïlande
UNALLOCATED	-1	1	-	-	..	-1	-1	-7	-7	32	1	-	**NON ATTRIBUÉS**
WORLD	**4371**	**6619**	**8129**	**9201**	**7939**	**8500**	**8735**	**9720**	**13246**	**23878**	**31736**	**38374**	**MONDE**
of which:													*dont:*
EUROPE (2)	2321	4192	6040	7394	6656	7137	7934	8876	12060	17870	21511	10050	EUROPE (2)
EUROPEAN UNION	883	955	1489	1823	1880	1959	2226	2691	3056	3639	7135	7497	UNION EUROPÉENNE
NAFTA	1350	1456	1610	1375	1191	1173	570	533	755	5599	9603	14833	ALENA
ASEAN countries	..	..	..	..	..	..	..	..	..	..	..	..	Pays de l'ASEAN

1. Excluding countries recorded under the OECD area above.
2. EUROPE = EU + EFTA + Other European Countries.

1. Ce montant exclut les pays figurant dans la zone OCDE mentionnée ci-dessus.
2. EUROPE = UE + AELE + Autres pays d'Europe.

ICELAND

Table 8. DIRECT INVESTMENT ABROAD: OUTWARD POSITION BY COUNTRY
Tableau 8. ENCOURS D'INVESTISSEMENT DIRECT À L'ÉTRANGER: PAR PAYS
year-end - fin d'année

Ikr million / Millions de couronnes islandaises

	1988	1989	1990	1991	1992	1993	1994	1995	1996	1997	1998	1999 p	
OECD AREA	*2602*	*3403*	*4091*	*5353*	*5857*	*7849*	*9225*	*10718*	*15221*	*17853*	*22993*	*27997*	**ZONE DE L'OCDE**
Australia	:	:	:	:	:	:	:	:	:	:	:	:	Australie
Austria	:	:	:	:	:	:	:	:	:	:	:	:	Autriche
Belgium-Luxembourg	:	:	:	:	:	:	:	:	111	237	882	2269	Belgique-Luxembourg
Canada	:	:	15	34	30	20	19	49	118	588	655	1265	Canada
Czech Republic	:	:	:	:	:	:	:	:	:	:	:	:	République Tchèque
Denmark	16	35	44	52	63	16	25	25	491	718	1076	634	Danemark
Finland	:	:	:	:	:	:	:	:	:	:	:	:	Finlande
France	:	9	314	710	702	871	944	1296	1934	1805	3849	2917	France
Germany	25	21	23	26	66	588	646	664	1292	1416	2110	1658	Allemagne
Greece	:	:	:	:	:	:	:	:	:	:	:	59	Grèce
Hungary	:	:	:	:	:	:	:	:	:	:	:	:	Hongrie
Ireland	:	:	:	:	:	:	:	:	:	:	:	23	Irlande
Italy	:	:	:	:	:	:	:	:	:	:	:	:	Italie
Japan	:	:	:	3	182	259	293	92	213	179	425	927	Japon
Korea	:	:	:	:	:	:	:	:	:	:	:	:	Corée
Mexico	:	:	:	:	:	:	:	:	146	666	328	406	Mexique
Netherlands	:	:	:	3	113	167	178	736	2226	2089	1269	1466	Pays-Bas
New Zealand	:	:	:	:	:	:	:	:	:	:	54	11	Nouvelle-Zélande
Norway	:	:	:	3	3	4	1	8	-4	205	317	1036	Norvège
Poland	:	:	:	:	:	:	:	4	8	:	12	17	Pologne
Portugal	:	:	18	40	:	35	137	50	100	116	119	166	Portugal
Spain	:	:	7	15	11	7	339	208	335	678	1420	2291	Espagne
Sweden	:	:	:	:	:	:	:	:	1	6	:	970	Suède
Switzerland	:	:	:	:	:	:	:	:	:	1	1	:	Suisse
Turkey	:	:	:	:	:	:	:	:	:	:	:	:	Turquie
United Kingdom	712	863	1336	1231	1223	1799	2133	2863	4061	4185	5196	5094	Royaume-Uni
United States	1849	2475	2334	3236	3464	4083	4510	4640	4190	4964	5281	6788	Etats-Unis
OECD UNALLOCATED	:	:	:	:	:	:	:	:	:	:	:	:	OCDE NON ATTRIBUÉS
NON-OECD AREA	**-**	***117***	***61***	***261***	***431***	***436***	***947***	***863***	***894***	***1930***	***2043***	***2444***	**HORS ZONE-OCDE**
EUROPEAN COUNTRIES (1)	:	:	**-69**	**81**	**75**	**70**	**280**	**622**	**425**	**1155**	**1138**	**1945**	**PAYS D'EUROPE (1)**
of which:													*dont:*
Baltic countries	:	:	:	:	:	:	153	230	168	273	429	457	Pays Baltes
Bulgaria	:	:	:	:	:	:	:	:	:	:	:	:	Bulgarie
Czechoslovakia	:	:	:	:	:	:	:	:	:	:	:	:	Tchécoslovaquie
Romania	:	:	:	:	:	:	:	:	:	:	:	:	Roumanie
Russia	:	:	:	:	:	:	:	:	:	25	:	:	Russie
Slovakia	:	:	:	:	2	2	2	4	10	10	10	13	Slovaquie
Slovenia	:	:	:	:	:	:	:	:	:	:	:	:	Slovénie
Ukraine	:	:	:	:	:	:	:	:	:	:	:	:	Ukraine
USSR	:	:	:	:	:	:	:	:	:	:	:	:	URSS

ICELAND

Table 8. DIRECT INVESTMENT ABROAD: OUTWARD POSITION BY COUNTRY
Tableau 8. ENCOURS D'INVESTISSEMENT DIRECT À L'ÉTRANGER: PAR PAYS
year-end - fin d'année

Ikr million / Millions de couronnes islandaises

	1988	1989	1990	1991	1992	1993	1994	1995	1996	1997	1998	1999 p	
AFRICA	..	..	..	..	..	..	117	5	19	41	84	29	**AFRIQUE**
of which:													*dont:*
Algeria	..	..	..	..	..	..	..	..	..	..	..	..	Algérie
Egypt	..	..	..	..	..	..	..	..	..	..	..	..	Égypte
Libya	..	..	..	..	..	..	..	..	..	..	..	..	Libye
Morocco	..	..	..	..	..	..	..	..	..	..	..	..	Maroc
South Africa	..	..	..	..	..	..	..	..	..	..	..	..	Afrique du Sud
LATIN AMERICA-CARIBBEAN (1)	..	118	131	179	354	368	552	237	408	594	718	-150	**AMÉRIQUE LATINE-CARAÏBES (1)**
of which:													*dont:*
Argentina	..	..	..	..	..	..	..	..	..	..	..	..	Argentine
Brazil	..	..	..	..	..	..	..	..	..	..	..	..	Brésil
Chile	..	..	..	..	106	184	246	194	188	254	275	76	Chili
Colombia	..	..	..	..	..	..	..	..	..	..	..	..	Colombie
Costa Rica	..	..	..	..	..	..	..	..	..	..	..	..	Costa Rica
Netherlands Antilles	..	..	..	..	..	..	..	..	..	..	..	..	Antilles néerlandaises
Panama	..	..	..	..	73	73	78	54	79	94	94	118	Panama
Venezuela	..	..	..	..	..	..	..	..	..	..	..	..	Vénézuela
NEAR & MIDDLE EAST	..	..	..	..	..	..	..	..	..	..	..	..	**PROCHE & MOYEN ORIENT**
of which:													*dont:*
Gulf States	..	..	..	..	..	..	..	..	..	..	..	..	Pays du Golfe
of which:													*dont:*
Kuwait	..	..	..	..	..	..	..	..	..	..	..	..	Koweït
Saudi Arabia	..	..	..	..	..	..	..	..	..	..	..	..	Arabie Saoudite
United Arab Emirates	..	..	..	..	..	..	..	..	..	..	..	..	Émirats Arabes Unis
Iran	..	..	..	..	..	..	..	..	..	..	..	..	Iran
Israel	..	..	..	..	..	..	..	..	..	..	..	..	Israël
ASIAN COUNTRIES (1)	..	..	..	..	-	-	-	-	43	44	15	27	**PAYS D'ASIE (1)**
of which:													*dont:*
China	..	..	..	..	..	..	..	..	-	-	-	..	Chine
Chinese Taipei	..	..	..	..	..	..	..	..	..	..	..	..	Taipei chinois
Hong Kong	..	..	..	..	..	..	..	..	..	..	..	..	Hong Kong
India	..	..	..	..	..	..	..	..	14	44	15	27	Inde
Indonesia	..	..	..	..	..	..	..	..	..	..	..	..	Indonésie
Malaysia	..	..	..	..	..	..	..	..	..	..	..	..	Malaisie
Philippines	..	..	..	..	..	..	..	..	..	..	..	..	Philippines
Singapore	..	..	..	..	..	..	..	..	..	..	..	..	Singapour
Thailand	..	..	..	..	..	..	..	..	..	..	..	..	Thaïlande
UNALLOCATED	-	-1	-1	1	2	-2	-2	-1	-1	96	88	593	**NON ATTRIBUÉS**
WORLD	2602	3520	4152	5614	6288	8285	10172	11581	16116	19783	25036	30441	**MONDE**
of which:													*dont:*
EUROPE (2)	753	928	1672	2161	2256	3557	4683	6487	10861	11801	11896	20545	EUROPE (2)
EUROPEAN UNION	753	928	1742	2077	2178	3483	4402	5853	10440	10440	10440	17547	UNION EUROPÉENNE
NAFTA	1849	2475	2349	3270	3494	4103	4529	4761	4454	6218	6264	8459	ALENA
ASEAN countries	..	..	..	..	..	..	..	..	29	-	-	-	Pays de l'ASEAN

1. Excluding countries recorded under the OECD area above.
2. EUROPE = EU + EFTA + Other European Countries.

1. Ce montant exclut les pays figurant dans la zone OCDE mentionnée ci-dessus.
2. EUROPE = UE + AELE + Autres pays d'Europe.

IRELAND - IRLANDE (1)

Chart 1. **Direct investment flows**
Graphique 1. **Flux d'investissement direct**

■ Inflows-Entrées ☐ Outflows-Sorties

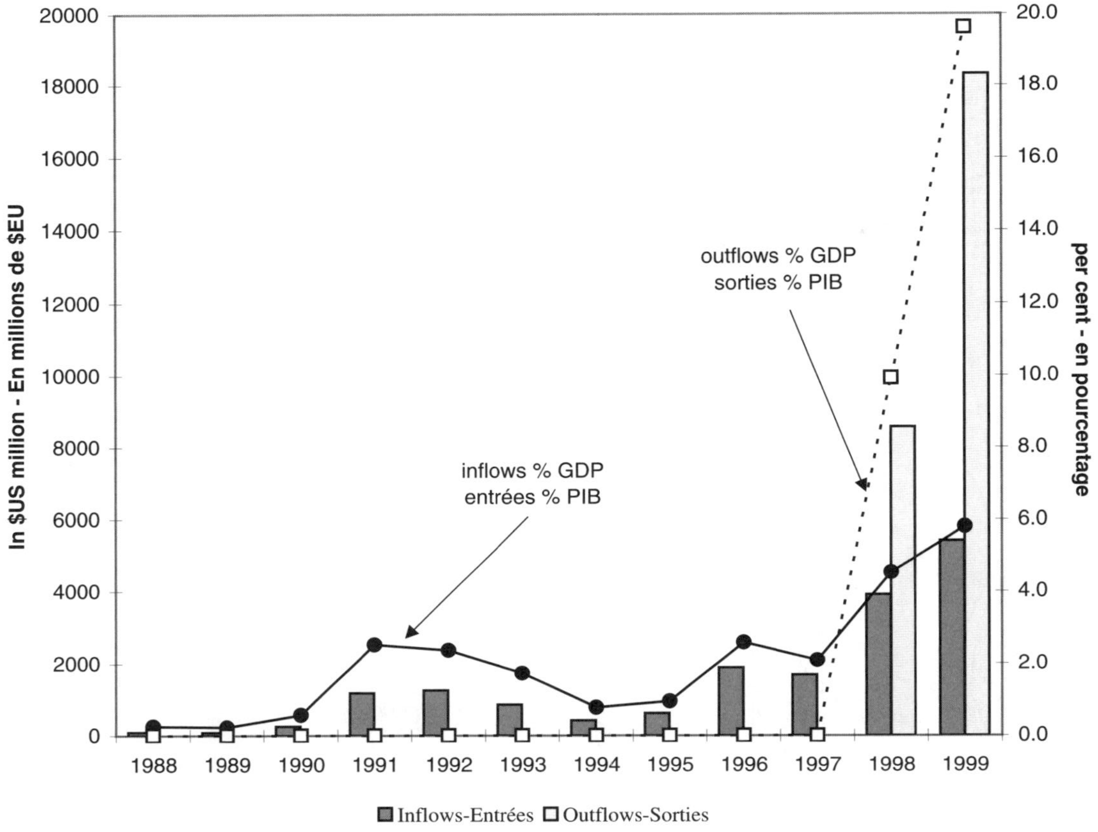

1. In between 1990 and 1997, results shown are for net direct investment capital flows (inward & outward).

1. Entre 1990 et 1997, les données se rapportent aux flux de capitaux nets d'investissement direct (entrées & sorties).

IRELAND - IRLANDE

Chart 2. **Direct investment from abroad:** *inflows by country*
Graphique 2. **Investissement direct de l'étranger:** *flux par pays*

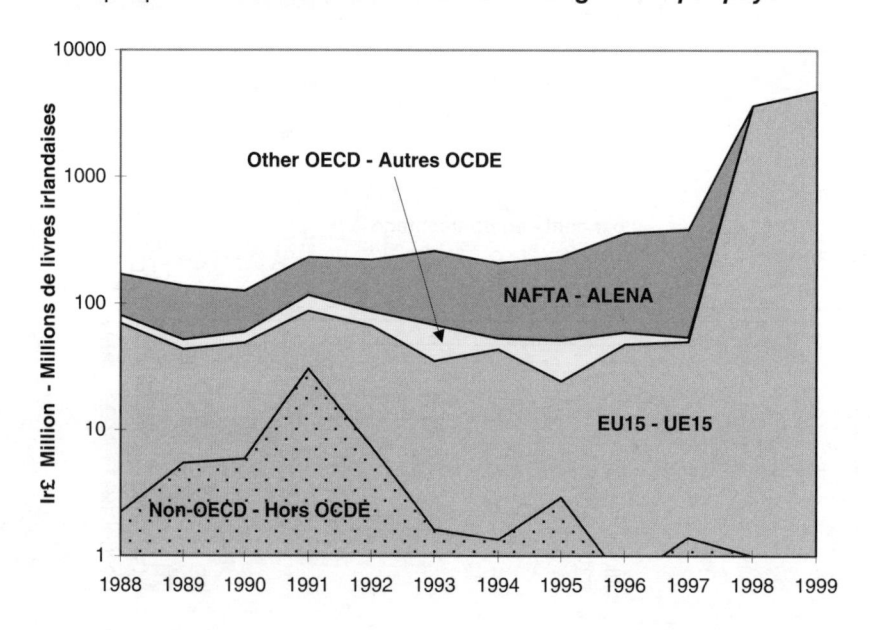

Data on outflows by country are not available.
Les données de flux en sortie par pays ne sont pas disponibles.

Note: Total OECD = EU15 + NAFTA + Other OECD. **Note**: Total OCDE = UE15 + ALENA + Autres OCDE.

IRELAND / **IRLANDE**

Table 1. **DIRECT INVESTMENT FROM ABROAD:** *INFLOWS BY INDUSTRIAL SECTOR (1)*
Tableau 1. **INVESTISSEMENT DIRECT DE L'ÉTRANGER:** *FLUX PAR SECTEUR INDUSTRIEL (1)*

I£ million / *Millions de livres irlandaises*

	1988	1989	1990	1991	1992	1993	1994	1995	1996	1997	1998 p	
Agriculture & fishing	..	..	..	..	..	..	..	..	..	..	..	**Agriculture & pêche**
Mining & quarrying	-	-	..	..	..	..	..	-	..	-	..	**Mines & exploitation**
of which: Extraction of petroleum and gas	..	..	..	..	..	..	..	..	..	..	..	*dont:* Extraction de pétrole et gaz
Manufacturing	**161**	**133**	**121**	**220**	**214**	**253**	**203**	**224**	**342**	**361**	**385**	**Manufacture**
of which:												*dont:*
Food products	25	22	10	3	18	50	30	9	27	35	37	Produits alimentaires
Textile and wood activities (2)	27	14	15	10	7	2	35	31	57	37	40	Activités du textile et du bois (2)
Petroleum, chemical, rubber and plastic products	53	40	16	51	39	94	35	19	31	28	30	Pétrole, produits chimiques, caoutchouc et mat. plastiques
Metal and mechanical products	51	48	74	139	141	101	93	163	227	259	278	Produits métallurgiques et mécaniques
Office machinery, computers, radio, TV and communication equipment	..	..	..	..	..	..	..	..	..	..	..	Machines de bureau, ordinateurs, radio, téléviseurs et équipement de communication
Vehicles and other transport equipment	..	..	..	..	..	..	..	..	..	..	..	Véhicules et autres équipements de transport
Electricity, gas & water	..	..	..	..	..	..	..	..	..	..	..	**Electricité, gaz & eau**
Construction	..	..	..	..	..	..	..	..	..	..	..	**Construction**
Trade & repairs	..	..	..	..	..	..	..	..	..	..	..	**Commerce & réparation**
Hotels & restaurants	..	..	..	..	..	..	..	..	..	..	..	**Hôtels & restaurants**
Transport & communication	..	..	..	..	..	..	..	..	..	..	..	**Transport & communication**
of which:												*dont:*
Land, sea and air transport	..	..	..	..	..	..	..	..	..	..	..	Transport terrestre, maritime et aérien
Telecommunications	..	..	..	..	..	..	..	..	..	..	..	Télécommunications
Financial activities	..	..	..	..	..	..	..	..	..	..	..	**Activités financières**
of which:												*dont:*
Monetary institutions	..	..	..	..	..	..	..	..	..	..	..	Institutions monétaires
Other financial institutions	..	..	..	..	..	..	..	..	..	..	..	Autres institutions financières
of which: Financial holding companies	..	..	..	..	..	..	..	..	..	..	..	*dont:* Sociétés holding financières
Insurance & activities auxiliary to insurance	..	..	..	..	..	..	..	..	..	..	..	Assurances & activités auxiliaires
Other financial institutions and insurance activities	..	..	..	..	..	..	..	..	..	..	..	Autres activités d'institutions financières et d'assurances
Real estate & business activities	..	..	..	..	..	..	..	..	..	..	..	**Activités d'entreprise & immobilier**
of which: Real estate	..	..	..	..	..	..	..	..	..	..	..	*dont:* Immobilier
Other services	**9**	**4**	**4**	**12**	**7**	**8**	**4**	**11**	**12**	**22**	**24**	**Autres services**
Unallocated	-	-	-	-	-	-	-	-	6	-	6	Non attribués
TOTAL	**169**	**136**	**125**	**232**	**221**	**261**	**207**	**235**	**360**	**383**	**415**	**TOTAL**
of which:												*dont:*
PRIMARY	..	..	..	..	..	..	..	..	..	..	..	**PRIMAIRE**
MANUFACTURE	**161**	**133**	**121**	**220**	**214**	**253**	**203**	**224**	**342**	**361**	**385**	**MANUFACTURE**
SERVICES	**9**	**4**	**4**	**12**	**7**	**8**	**4**	**11**	**12**	**22**	**24**	**SERVICES**

1. Grant aided fixed investment by foreign companies.
2. Including timber and furniture.

1. Investissements en actifs fixes détenus par des sociétés étrangères.
2. Y compris bois de construction et meubles.

IRELAND   IRLANDE

Table 3. **DIRECT INVESTMENT FROM ABROAD:** *INFLOWS BY COUNTRY (1)*
Tableau 3. **INVESTISSEMENT DIRECT DE L'ÉTRANGER:** *FLUX PAR PAYS (1)*

I£ million   *Millions de livres irlandaises*

	1988	1989	1990	1991	1992	1993	1994	1995	1996	1997	1998	1999 p	
OECD AREA	*167*	*131*	*119*	*201*	*214*	*259*	*206*	*232*	*359*	*382*	..	..	***ZONE DE L'OCDE***
Australia	1	1	1	-	1	-	3	-	1	-	-	..	Australie
Austria	-	-	-	-	1	1	-	-	-	-	-	..	Autriche
Belgium-Luxembourg	1	1	1	2	1	1	1	-	1	1	-	..	Belgique-Luxembourg
Canada	3	2	-	3	-	1	1	-	-	-	-	..	Canada
Czech Republic	-	-	-	-	-	-	-	-	-	6	-	..	République Tchèque
Denmark	1	-	-	-	-	:	:	:	:	:	-	..	Danemark
Finland	-	-	-	-	-	-	-	-	-	-	-	..	Finlande
France	15	3	2	2	1	-	5	-	2	3	-	..	France
Germany	18	10	15	25	28	8	7	8	8	5	-	..	Allemagne
Greece	-	-	-	-	-	-	-	-	-	-	-	..	Grèce
Hungary	-	-	-	-	-	-	-	-	-	-	-	..	Hongrie
Iceland	:	:	:	:	:	:	:	:	:	:	-	..	Islande
Italy	-	1	1	1	1	:	:	:	5	6	-	..	Italie
Japan	8	7	9	15	8	8	4	21	10	7	-	..	Japon
Korea	:	:	:	:	:	:	:	:	:	:	-	..	Corée
Mexico	:	:	:	:	:	:	:	:	:	:	-	..	Mexique
Netherlands	6	3	7	8	8	6	2	1	3	5	-	..	Pays-Bas
New Zealand	-	-	-	-	-	-	-	-	-	-	-	..	Nouvelle-Zélande
Norway	-	-	-	-	-	3	3	-	1	-	-	..	Norvège
Poland	:	:	:	:	:	:	:	:	:	:	-	..	Pologne
Portugal	:	:	:	:	:	:	:	:	:	:	-	..	Portugal
Spain	1	-	-	-	-	-	-	-	-	-	-	..	Espagne
Sweden	5	2	1	5	4	1	2	-	-	3	-	..	Suède
Switzerland	1	1	1	14	11	22	-	7	-	-	-	..	Suisse
Turkey	-	-	-	-	-	-	-	-	-	-	-	..	Turquie
United Kingdom	21	18	16	13	16	17	26	12	27	25	-	..	Royaume-Uni
United States	86	83	65	113	135	192	153	184	300	323	-	..	Etats-Unis
OECD UNALLOCATED	-	-1	1	1	-	-1	-1	-	-	-3	-	..	OCDE NON ATTRIBUÉS
NON-OECD AREA	*2*	*5*	*6*	*31*	*7*	*2*	*1*	*3*	*1*	*1*	..	..	***HORS ZONE-OCDE***
EUROPEAN COUNTRIES (1)	*1*	*1*	*1*	*1*	-	-	-	-	-	-	..	..	***PAYS D'EUROPE (1)***
of which:													*dont:*
Baltic countries	:	:	:	:	:	:	:	:	:	:	-	..	Pays Baltes
Bulgaria	:	:	:	:	:	:	:	:	:	:	-	..	Bulgarie
Czechoslovakia	:	:	:	:	:	:	:	:	:	:	'	..	Tchécoslovaquie
Romania	-	-	-	-	-	:	:	:	:	-	-	..	Roumanie
Russia	-	-	-	-	-	:	:	:	:	-	-	..	Russie
Slovakia	-	-	-	-	-	:	:	:	:	-	-	..	Slovaquie
Slovenia	-	-	-	-	-	:	:	:	:	-	-	..	Slovénie
Ukraine	-	-	-	-	-	:	:	:	:	-	-	..	Ukraine
USSR	:	:	:	:	:	:	:	:	:	:	-	..	URSS

206

IRELAND / IRLANDE

Table 3. **DIRECT INVESTMENT FROM ABROAD:** *INFLOWS BY COUNTRY* (1)
Tableau 3. **INVESTISSEMENT DIRECT DE L'ÉTRANGER:** *FLUX PAR PAYS* (1)

Ir£ million / Millions de livres irlandaises

	1988	1989	1990	1991	1992	1993	1994	1995	1996	1997	1998	1999 p	
AFRICA	..	..	..	..	..	..	..	..	..	..	..	..	**AFRIQUE**
of which:													*dont:*
Algeria	..	..	..	..	..	..	..	..	..	..	..	..	Algérie
Egypt	..	..	..	..	..	..	..	..	..	..	..	..	Egypte
Libya	..	..	..	..	..	..	..	..	..	..	..	..	Libye
Morocco	..	..	..	..	..	..	..	..	..	..	..	..	Maroc
South Africa	..	..	..	..	..	..	..	..	..	..	..	..	Afrique du Sud
LATIN AMERICA-CARIBBEAN (1)	..	..	..	..	..	..	..	..	..	..	..	..	**AMÉRIQUE LATINE-CARAIBES (1)**
of which:													*dont:*
Argentina	..	..	..	..	..	..	..	..	..	..	..	..	Argentine
Brazil	..	..	..	..	..	..	..	..	..	..	..	..	Brésil
Chile	..	..	..	..	..	..	..	..	..	..	..	..	Chili
Colombia	..	..	..	..	..	..	..	..	..	..	..	..	Colombie
Costa Rica	..	..	..	..	..	..	..	..	..	..	..	..	Costa Rica
Netherlands Antilles	..	..	..	..	..	..	..	..	..	..	..	..	Antilles néerlandaises
Panama	..	..	..	..	..	..	..	..	..	..	..	..	Panama
Venezuela	..	..	..	..	..	..	..	..	..	..	..	..	Vénézuela
NEAR & MIDDLE EAST	-	-	-	-	-	-	-	-	-	-	..	..	**PROCHE & MOYEN ORIENT**
of which:													*dont:*
Gulf States	..	..	..	..	..	..	..	..	..	..	..	..	Pays du Golfe
of which:													*dont:*
Kuwait	..	..	..	..	..	..	..	..	..	..	..	..	Koweit
Saudi Arabia	..	..	..	..	..	..	..	..	..	..	..	..	Arabie Saoudite
United Arab Emirates	..	..	..	..	..	..	..	..	..	..	..	..	Émirats Arabes Unis
Iran	..	..	..	..	..	..	..	..	..	..	..	..	Iran
Israel	..	..	..	..	..	..	..	..	..	..	..	..	Israël
ASIAN COUNTRIES (1)	-	4	-	-	-	-	-	-	-	-	..	..	**PAYS D'ASIE (1)**
of which:													*dont:*
China	..	..	..	1	..	..	..	..	..	..	..	..	Chine
Chinese Taipei	..	..	..	..	..	..	..	..	..	..	..	..	Taipei chinois
Hong Kong	..	1	..	..	..	..	..	..	..	..	..	..	Hong Kong
India	..	..	..	..	..	..	..	..	..	..	..	..	Inde
Indonesia	..	..	..	..	..	..	..	..	..	..	..	..	Indonésie
Malaysia	..	..	..	..	..	..	..	..	..	..	..	..	Malaisie
Philippines	..	..	..	..	..	..	..	..	..	..	..	..	Philippines
Singapore	..	..	..	..	..	..	..	..	..	..	..	..	Singapour
Thailand	..	..	..	..	..	..	..	..	..	..	..	..	Thailande
UNALLOCATED	1	1	5	30	7	1	1	3	1	1	..	..	**NON ATTRIBUÉS**
WORLD	**169**	**136**	**125**	**232**	**221**	**261**	**207**	**235**	**360**	**383**	**6226**	**14013**	**MONDE**
of which:													*dont:*
EUROPE (2)	70	40	44	70	70	59	45	28	48	49	6226	14013	EUROPE (2)
EUROPEAN UNION	67	38	43	56	59	33	42	21	47	49	3654	4767	UNION EUROPÉENNE
NAFTA	89	85	65	116	135	193	154	184	301	329	..	..	ALENA
ASEAN countries	-	-	-	-	-	-	-	-	-	-	..	..	Pays de l'ASEAN

1. Excluding countries recorded under the OECD area above.
2. EUROPE = EU + EFTA + Other European Countries.

1. Ce montant exclut les pays figurant dans la zone OCDE mentionnée ci-dessus.
2. EUROPE = UE + AELE + Autres pays d'Europe.

ITALY - ITALIE

Chart 1. Direct investment flows
Graphique 1. Flux d'investissement direct

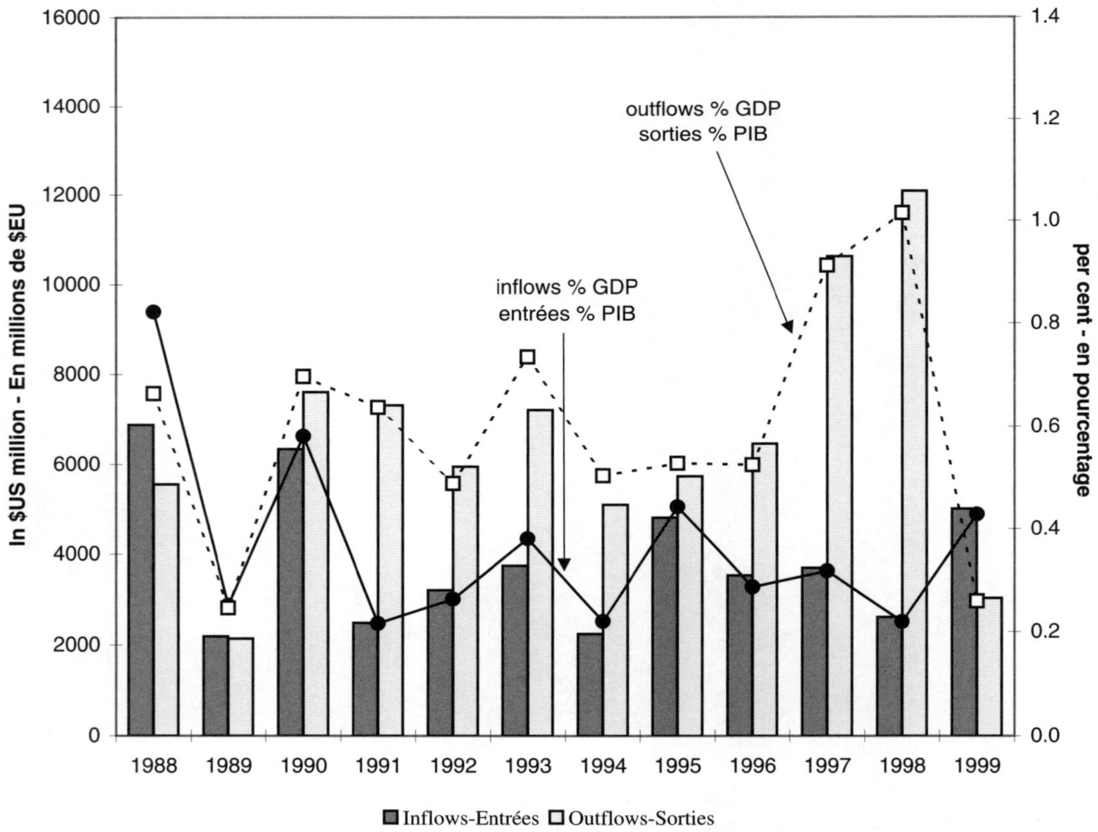

ITALY - ITALIE

Chart 2. **Direct investment from abroad:** *inflows by country*
Graphique 2. **Investissement direct de l'étranger:** *flux par pays*

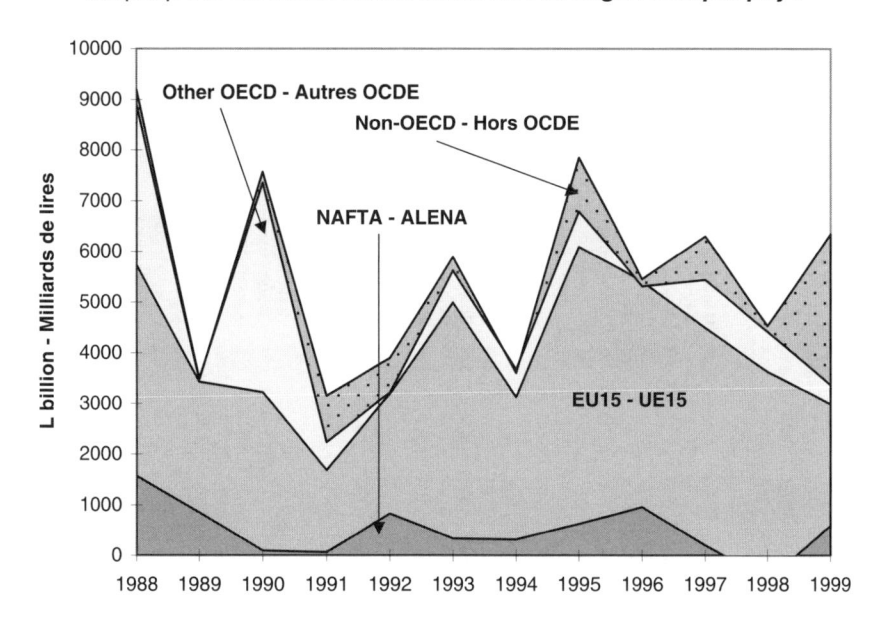

Chart 3. **Direct investment abroad:** *outflows by country*
Graphique 3. **Investissement direct à l'étranger:** *flux par pays*

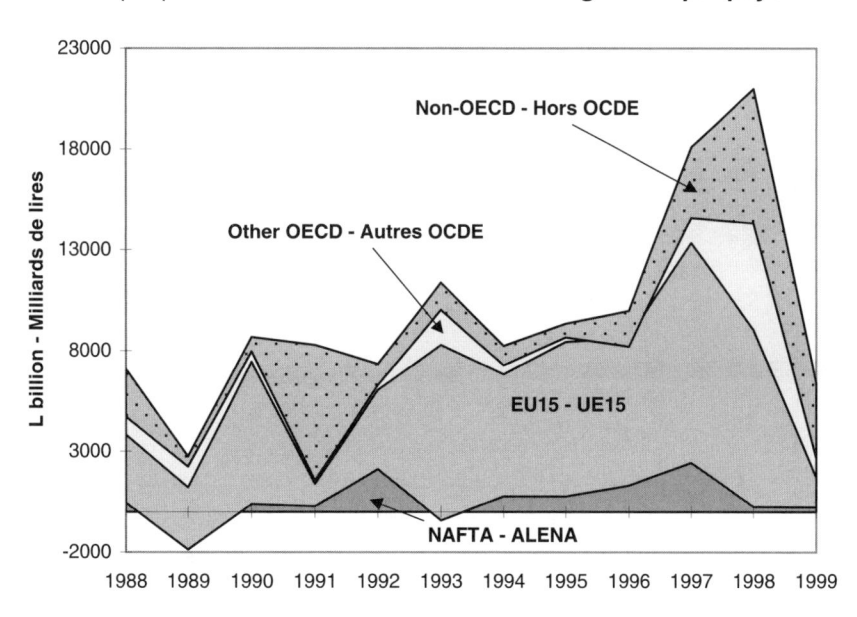

Note: Total OECD = EU15 + NAFTA + Other OECD. **Note**: Total OCDE = UE15 + ALENA + Autres OCDE.

ITALY / ITALIE

Table 1. DIRECT INVESTMENT FROM ABROAD: INFLOWS BY INDUSTRIAL SECTOR
Tableau 1. INVESTISSEMENT DIRECT DE L'ÉTRANGER: FLUX PAR SECTEUR INDUSTRIEL

L billion / Milliards de lires

	1988	1989	1990	1991	1992	1993	1994	1995	1996	1997	1998	1999 p	
Agriculture & fishing	10	9	1	-3	3	5	39	9	52	69	30	17	**Agriculture & pêche**
Mining & quarrying	597	72	250	-104	542	385	39	285	-230	109	-39	66	**Mines & exploitation**
of which: Extraction of petroleum and gas	597	72	250	-104	..	..	..	..	..	..	..	..	dont: Extraction de pétrole et gaz
Manufacturing	4044	1920	476	2688	1835	2285	568	3525	975	2024	1711	1883	**Manufacture**
of which:													dont:
Food products	541	-138	773	135	567	256	275	440	75	222	173	354	Produits alimentaires
Textile and wood activities	..	..	..	..	19	230	119	332	105	-56	115	34	Activités du textile et du bois
Petroleum, chemical, rubber and plastic products	..	..	..	..	108	691	-251	273	-278	73	87	301	Pétrole, produits chimiques, caoutchouc et mat. plastiques
Metal and mechanical products	2058	-137	1056	106	137	275	244	327	320	246	226	715	Produits métallurgiques et mécaniques
Office machinery, computers, radio, TV and communication equipment	..	..	..	..	6	278	-353	1492	394	1135	997	27	Machines de bureau, ordinateurs, radio, téléviseurs et équipement de communication
Vehicles and other transport equipment	..	..	..	..	..	..	..	..	43	93	109	107	Véhicules et autres équipements de transport
Electricity, gas & water	..	..	..	..	..	..	..	..	..	..	..	..	**Electricité, gaz & eau**
Construction	..	..	..	..	-17	12	93	92	105	53	102	163	**Construction**
Trade & repairs	1469	177	578	90	47	-369	344	283	165	390	276	328	**Commerce & réparation**
Hotels & restaurants	..	..	..	..	..	47	21	35	152	10	92	43	**Hôtels & restaurants**
Transport & communication	..	..	..	..	18	64	156	76	312	199	-526	751	**Transport & communication**
of which:													dont:
Land, sea and air transport	..	..	..	..	-2	28	111	-11	8	30	-675	150	Transport terrestre, maritime et aérien
Telecommunications	188	573	-132	30	20	-1	15	59	290	129	95	826	Télécommunications
Financial activities	2570	323	7123	148	1493	2570	1555	1380	2502	1307	1603	2160	**Activités financières**
of which:													dont:
Monetary institutions	..	..	..	..	..	-32	548	398	-2	..	..	..	Institutions monétaires
Other financial institutions	..	..	..	..	..	2534	985	819	2422	1013	-298	881	Autres institutions financières
of which: Financial holding companies	..	..	..	..	..	..	..	..	..	..	..	..	dont: Sociétés holding financières
Insurance & activities auxiliary to insurance	..	..	..	..	..	68	21	163	81	294	252	1279	Assurances & activités auxiliaires
Other financial institutions and insurance activities	..	..	..	..	..	2602	1007	982	2504	1307	-46	2160	Autres activités d'institutions financières et d'assurances
Real estate & business activities	..	..	..	..	..	201	..	..	..	..	..	..	**Activités d'entreprise & immobilier**
of which: Real estate	..	..	..	..	..	201	..	..	..	..	..	..	dont: Immobilier
Other services	24	386	-727	303	-129	512	430	1881	910	1174	1085	1305	**Autres services**
Unallocated	188	582	-132	30	105	180	360	280	511	961	200	-366	Non attribués
TOTAL	8902	3469	7569	3152	3897	5894	3606	7846	5454	6296	4533	6350	**TOTAL**
of which:													dont:
PRIMARY	607	81	251	-107	545	391	78	293	-177	178	-9	83	PRIMAIRE
MANUFACTURING	4044	1920	476	2688	1835	2285	568	3525	975	2024	1711	1883	MANUFACTURE
SERVICES	4063	886	6974	541	1412	3038	2599	3747	4145	3133	2631	4750	SERVICES

ITALY / ITALIE

Table 2. **DIRECT INVESTMENT ABROAD:** *OUTFLOWS BY INDUSTRIAL SECTOR*
Tableau 2. **INVESTISSEMENT DIRECT À L'ÉTRANGER:** *FLUX PAR SECTEUR INDUSTRIEL*

L billion / Milliards de lires

	1988	1989	1990	1991	1992	1993	1994	1995	1996	1997	1998	1999 p	
Agriculture & fishing	1	170	50	-82	16	-7	5	-73	24	43	27	3	**Agriculture & pêche**
Mining & quarrying	..	..	..	..	107	-387	15	780	1575	2366	1106	2421	**Mines & exploitation**
of which: Extraction of petroleum and gas	40	134	198	129	..	..	..	..	..	..	..	..	*dont:* Extraction de pétrole et gaz
Manufacturing	548	294	1397	2137	930	2957	2733	2014	2000	4529	2378	-4137	**Manufacture**
of which:													*dont:*
Food products	-308	23	256	70	970	1022	413	79	160	479	406	531	Produits alimentaires
Textile and wood activities	..	..	..	..	151	269	363	-48	456	989	547	295	Activités du textile et du bois
Petroleum, chemical, rubber and plastic products	..	..	..	..	-689	-56	43	196	287	866	9	378	Pétrole, produits chimiques, caoutchouc et mat. plastiques
Metal and mechanical products	-120	894	468	1090	436	506	388	1012	439	940	510	918	Produits métallurgiques et mécaniques
Office machinery, computers, radio, TV and communication equipment	..	..	..	..	-150	273	108	273	167	380	272	-7354	Machines de bureau, ordinateurs, radio, téléviseurs et équipement de communication
Vehicles and other transport equipment	..	..	..	..	..	..	..	..	127	424	421	450	Véhicules et autres équipements de transport
Electricity, gas & water	..	..	..	..	..	..	..	..	..	..	..	..	**Electricité, gaz & eau**
Construction	..	..	..	246	-236	126	16	134	200	128	3	173	**Construction**
Trade & repairs	1784	216	295	184	-118	-44	67	40	650	132	109	747	**Commerce & réparation**
Hotels & restaurants	..	..	..	..	1	1	-35	62	18	50	98	204	**Hôtels & restaurants**
Transport & communication	..	..	..	..	619	-45	127	151	137	-1212	178	1055	**Transport & communication**
of which:													*dont:*
Land, sea and air transport	..	..	..	..	75	-33	45	107	64	-100	-6	538	Transport terrestre, maritime et aérien
Telecommunications	1	203	189	126	544	-70	66	23	2	-1121	121	481	Télécommunications
Financial activities	2600	1512	5411	5168	5542	6932	3962	5276	2130	9250	12743	2972	**Activités financières**
of which:													*dont:*
Monetary institutions	..	..	..	..	..	152	10	..	..	..	1265	-	Institutions monétaires
Other financial institutions	..	..	..	..	..	5835	2263	3597	1646	8770	6149	828	Autres institutions financières
of which: Financial holding companies	..	..	..	..	..	..	..	..	..	..	..	..	*dont:* Sociétés holding financières
Insurance & activities auxiliary to insurance	..	..	..	..	..	945	1689	1679	485	481	489	2144	Assurances & activités auxiliaires
Other financial institutions and insurance activities	..	..	..	..	..	6779	3952	5276	2130	9250	6638	2972	Autres activités d'institutions financières et d'assurances
Real estate & business activities	..	..	..	..	..	74	..	..	..	..	..	..	**Activités d'entreprise & immobilier**
of which: Real estate	..	..	..	..	..	74	..	..	..	..	..	..	*dont:* Immobilier
Other services	2120	200	1142	369	-279	322	400	137	1847	907	279	639	**Autres services**
Unallocated	41	356	387	126	756	1437	949	817	1395	1888	4045	2301	Non attribués
TOTAL	7094	2748	8682	8277	7337	11367	8238	9338	9975	18082	20967	6378	**TOTAL**
of which:													*dont:*
PRIMARY	41	304	248	47	123	-394	20	707	1599	2409	1133	2424	PRIMAIRE
MANUFACTURING	548	294	1397	2137	930	2957	2733	2014	2000	4529	2378	-4137	MANUFACTURE
SERVICES	6504	1928	6848	5967	5528	7367	4537	5801	4982	9256	13411	5790	SERVICES

ITALY　　ITALIE

Table 3. **DIRECT INVESTMENT FROM ABROAD:** *INFLOWS BY COUNTRY*
Tableau 3. **INVESTISSEMENT DIRECT DE L'ÉTRANGER:** *FLUX PAR PAYS*

L billion / *Milliards de lires*

	1988	1989	1990	1991	1992	1993	1994	1995	1996	1997	1998	1999 p	
OECD AREA	*9201*	*3495*	*7358*	*2233*	*3218*	*5620*	*3670*	*6789*	*5312*	*5437*	*4414*	*3372*	**ZONE DE L'OCDE**
Australia	1	3	-16	139	-2	-2	3	1	2	4	4	-	Australie
Austria	..	..	75	..	7	12	28	104	80	108	14	38	Autriche
Belgium-Luxembourg	579	-2933	239	960	577	1451	754	739	965	1823	104	281	Belgique-Luxembourg
Canada	321	19	40	..	27	-3	32	1	11	29	13	3	Canada
Czech Republic	..	..	..	..	..	..	..	..	..	4	..	-1	République Tchèque
Denmark	13	13	18	175	2	1	31	17	3	23	27	14	Danemark
Finland	..	..	-1	..	13	19	4	2	..	23	20	35	Finlande
France	1301	1680	2534	841	1081	751	385	1033	1037	944	1221	-218	France
Germany	470	842	349	5	148	303	557	1930	728	378	819	1292	Allemagne
Greece	..	-1	4	-42	..	..	1	2	3	1	2	2	Grèce
Hungary	..	..	..	..	..	-1	-1	..	..	..	..	-10	Hongrie
Iceland	..	..	..	..	..	..	..	..	..	..	..	..	Islande
Ireland	19	..	65	-74	-11	39	22	91	43	33	54	-33	Irlande
Japan	107	340	280	54	67	119	32	153	56	93	134	182	Japon
Korea	..	..	..	..	1	..	12	16	11	..	52	6	Corée
Mexico	..	..	..	..	..	..	..	1	3	..	..	-1	Mexique
Netherlands	945	997	-562	157	251	930	329	253	-15	400	670	285	Pays-Bas
New Zealand	..	..	..	..	..	..	..	..	..	..	..	..	Nouvelle-Zélande
Norway	..	..	4	..	..	2	6	3	26	5	3	3	Norvège
Poland	..	..	..	..	..	-1	..	..	1	2	..	..	Pologne
Portugal	..	..	10	12	13	2	3	21	115	46	22	35	Portugal
Spain	17	65	-1	106	45	31	32	8	67	-57	68	74	Espagne
Sweden	..	..	86	..	109	473	66	..	128	..	11	63	Suède
Switzerland	..	..	3867	..	-40	522	493	523	-190	836	584	199	Suisse
Turkey	1	..	1	-38	..	-10	..	1	..	..	..	1	Turquie
United Kingdom	821	1919	314	-522	129	644	597	1268	1279	552	1084	531	Royaume-Uni
United States	1250	830	52	65	800	339	282	621	948	172	582	582	Etats-Unis
OECD UNALLOCATED	3356	-280	..	395	1	..	1	2	-13	19	-489	6	OCDE NON ATTRIBUÉS
NON-OECD AREA	*-299*	*-26*	*211*	*919*	*679*	*274*	*-64*	*1057*	*142*	*859*	*118*	*2978*	**HORS ZONE-OCDE**
EUROPEAN COUNTRIES (1)	**2**	**1**	**29**	**3**	**708**	**3**	**17**	**14**	**18**	**10**	**24**	**20**	**PAYS D'EUROPE (1)**
of which:													*dont:*
Baltic countries	..	..	..	..	..	..	..	..	..	1	..	..	Pays Baltes
Bulgaria	..	..	..	..	..	..	1	..	..	..	..	..	Bulgarie
Czechoslovakia	..	..	..	..	..	..	..	..	..	1	..	..	Tchécoslovaquie
Romania	..	..	..	..	..	..	-1	1	1	1	..	..	Roumanie
Russia	..	..	..	..	..	..	..	2	..	2	1	..	Russie
Slovakia	..	..	..	..	..	..	..	..	..	..	..	..	Slovaquie
Slovenia	..	..	..	..	..	-1	-1	1	4	1	..	2	Slovénie
Ukraine	..	..	..	..	..	..	..	..	..	..	..	..	Ukraine
USSR	..	..	..	..	..	..	..	..	..	..	..	..	URSS

ITALY / ITALIE

Table 3. **DIRECT INVESTMENT FROM ABROAD:** *INFLOWS BY COUNTRY*
Tableau 3. **INVESTISSEMENT DIRECT DE L'ÉTRANGER:** *FLUX PAR PAYS*

L billion / Milliards de lires

	1988	1989	1990	1991	1992	1993	1994	1995	1996	1997	1998	1999 p	
AFRICA	..	..	..	..	-11	9	5	7	56	18	3	6	**AFRIQUE**
of which:													*dont:*
Algeria					..	..	..	..	..	..	..	..	Algérie
Egypt					..	..	2	..	12	12	1	-	Egypte
Libya					..	..	..	..	..	..	..	..	Libye
Morocco					..	..	3	..	..	..	..	..	Maroc
South Africa					..	..	1	2	40	4	..	-	Afrique du Sud
LATIN AMERICA-CARIBBEAN (1)	..	..	..	..	5	221	-31	962	53	787	58	-6	**AMÉRIQUE LATINE-CARAIBES (1)**
of which:													*dont:*
Argentina					-1	1	-3	1	-	11	-	-	Argentine
Brazil					-2	-1	-1	2	31	-5	45	-4	Brésil
Chile					..	-1	..	..	..	..	..	..	Chili
Colombia					..	..	..	..	..	..	..	..	Colombie
Costa Rica					..	..	..	..	..	..	..	..	Costa Rica
Netherlands Antilles					..	..	..	..	..	..	..	..	Antilles néerlandaises
Panama					..	..	..	..	..	..	..	..	Panama
Venezuela					..	2	-1	3	11	..	..	-1	Vénézuela
NEAR & MIDDLE EAST	69	15	9	-83	-16	-3	2	3	4	4	4	17	**PROCHE & MOYEN ORIENT**
of which:													*dont:*
Gulf States					..	-4	-	1	3	2	1	2	Pays du Golfe
of which:													*dont:*
Kuwait					..	..	..	..	..	..	..	..	Koweit
Saudi Arabia					..	..	..	..	..	..	..	..	Arabie Saoudite
United Arab Emirates					..	..	..	..	..	..	..	..	Émirats Arabes Unis
Iran					1	1	..	..	..	..	..	-1	Iran
Israel					-2	1	..	..	1	1	3	9	Israel
ASIAN COUNTRIES (1)	-	-	-	-	-4	-1	-85	25	16	32	16	29	**PAYS D'ASIE (1)**
of which:													*dont:*
China					..	-1	-1	1	1	1	3	1	Chine
Chinese Taipei					..	1	..	1	1	..	..	2	Taipei chinois
Hong Kong					-5	2	-83	18	4	6	5	23	Hong Kong
India					..	..	..	..	..	9	..	..	Inde
Indonesia					..	..	5	..	..	2	..	-1	Indonésie
Malaysia					..	..	..	..	..	..	..	..	Malaisie
Philippines					..	..	..	..	2	..	..	..	Philippines
Singapore					..	-4	-7	3	7	15	6	2	Singapour
Thailand					..	-1	..	2	..	..	..	..	Thailande
UNALLOCATED	-370	-42	173	999	-3	46	28	46	-5	8	13	2912	**NON ATTRIBUÉS**
WORLD	*8902*	*3469*	*7569*	*3152*	*3897*	*5894*	*3606*	*7846*	*5454*	*6296*	*4533*	*6350*	**MONDE**
of which:													*dont:*
EUROPE (2)	4168	2584	7031	1583	3032	5169	3325	6009	4313	5131	4737	2619	EUROPE (2)
EUROPEAN UNION	4165	2583	3130	1618	2364	4655	2810	5468	4454	4291	4114	2401	UNION EUROPÉENNE
NAFTA	1571	849	92	65	828	336	314	623	962	201	-487	584	ALENA
ASEAN countries	..	..	..	..	..	-5	-2	5	10	17	7	2	Pays de l'ASEAN

1. Excluding countries recorded under the OECD area above.
2. EUROPE = EU + EFTA + Other European Countries.

1. Ce montant exclut les pays figurant dans la zone OCDE mentionnée ci-dessus.
2. EUROPE = UE + AELE + Autres pays d'Europe.

ITALY	ITALIE

Table 4. DIRECT INVESTMENT ABROAD: *OUTFLOWS BY COUNTRY*
Tableau 4. INVESTISSEMENT DIRECT À L'ÉTRANGER: *FLUX PAR PAYS*

L billion / Milliards de lires

	1988	1989	1990	1991	1992	1993	1994	1995	1996	1997	1998	1999 p	
OECD AREA	**4715**	**2247**	**7970**	**1561**	**6289**	**10025**	**7274**	**8660**	**8195**	**14583**	**14326**	**2655**	**ZONE DE L'OCDE**
Australia	19	10	60	5	-2	-4	-62	-5	-1	107	32	-24	Australie
Austria	..	..	-20	..	-454	24	14	17	92	451	253	113	Autriche
Belgium-Luxembourg	879	811	3900	-1264	58	3050	299	1271	2605	4614	1907	1337	Belgique-Luxembourg
Canada	14	34	47	13	-16	58	64	-47	37	133	229	-74	Canada
Czech Republic	..	..	..	..	54	18	17	19	18	27	32	18	République Tchèque
Denmark	1	14	-6	3	17	6	69	26	11	2	7	37	Danemark
Finland	..	..	-15	..	-6	-1	-8	17	-6	18	12	16	Finlande
France	839	590	920	89	1688	1935	1400	1346	370	378	1167	610	France
Germany	119	313	812	226	-48	39	196	-13	336	641	1243	740	Allemagne
Greece	12	25	20	69	11	80	82	231	5	48	67	68	Grèce
Hungary	..	..	..	..	33	80	36	93	67	73	25	38	Hongrie
Iceland	..	..	..	..	..	..	..	..	..	..	..	..	Islande
Ireland	8	2	14	-1	22	13	123	487	156	704	223	471	Irlande
Japan	-3	355	243	-25	45	-40	131	-8	3	487	135	-21	Japon
Korea	..	..	..	..	1	3	113	-3	11	64	108	7	Corée
Mexico	..	..	..	..	-96	-75	-12	15	..	416	24	-27	Mexique
Netherlands	1053	739	548	820	1733	715	1996	2776	2657	1227	1492	-3232	Pays-Bas
New Zealand	..	..	..	..	..	..	-4	-1	7	2	-1	..	Nouvelle-Zélande
Norway	..	..	-2	..	10	-1	19	11	10	31	-4	4	Norvège
Poland	..	..	..	..	27	483	60	31	21	22	55	1015	Pologne
Portugal	6	8	18	24	361	51	162	431	244	210	75	92	Portugal
Spain	121	137	302	182	480	716	1124	445	207	158	353	628	Espagne
Sweden	..	..	112	..	-40	140	8	7	82	177	195	170	Suède
Switzerland	..	..	194	..	3	1091	106	42	-457	369	118	-123	Suisse
Turkey	-22	117	23	20	19	40	53	33	9	36	26	53	Turquie
United Kingdom	327	447	433	951	112	1944	578	630	553	2277	1791	399	Royaume-Uni
United States	446	-1910	353	273	2228	-415	726	808	1273	1888	..	340	Etats-Unis
OECD UNALLOCATED	896	555	14	176	49	75	-15	..	-117	30	4761	..	OCDE NON ATTRIBUES
NON-OECD AREA	**2379**	**501**	**712**	**6716**	**1048**	**1342**	**964**	**678**	**1781**	**3499**	**6641**	**3723**	**HORS ZONE-OCDE**
EUROPEAN COUNTRIES (1)	**13**	**68**	**56**	**44**	**6**	**62**	**64**	**66**	**57**	**166**	**1147**	**-124**	**PAYS D'EUROPE (1)**
of which:													*dont:*
Baltic countries	..	..	..	..	..	..	2	1	5	7	6	1	Pays Baltes
Bulgaria	..	..	..	..	1	1	1	1	1	2	2	6	Bulgarie
Czechoslovakia	..	..	..	..	..	..	..	..	..	..	..	..	Tchécoslovaquie
Romania	..	..	..	..	-33	5	7	11	10	34	70	31	Roumanie
Russia	..	..	..	..	1	7	6	9	8	50	10	3	Russie
Slovakia	..	..	..	..	..	..	..	4	10	19	6	7	Slovaquie
Slovenia	..	..	..	..	..	10	7	13	11	22	5	3	Slovénie
Ukraine	..	..	..	..	..	..	2	..	1	3	..	..	Ukraine
USSR	..	..	..	..	..	..	..	..	..	..	..	..	URSS

ITALY / ITALIE

Table 4. **DIRECT INVESTMENT ABROAD: OUTFLOWS BY COUNTRY**
Tableau 4. **INVESTISSEMENT DIRECT À L'ÉTRANGER: FLUX PAR PAYS**

L billion / Milliards de lires

	1988	1989	1990	1991	1992	1993	1994	1995	1996	1997	1998	1999 p	
AFRICA	..	..	..	..	48	60	36	102	134	635	242	94	**AFRIQUE**
of which:													*dont:*
Algeria	..	..	..	..	..	..	..	..	..	..	..	..	Algérie
Egypt	..	..	..	..	6	5	15	38	20	18	12	45	Egypte
Libya	..	..	..	..	..	..	..	..	..	..	..	..	Libye
Morocco	..	..	..	..	..	5	7	3	7	5	2	3	Maroc
South Africa	..	..	..	..	..	3	4	3	21	75	..	12	Afrique du Sud
LATIN AMERICA-CARIBBEAN (1)	..	..	..	..	-3	-130	71	391	338	1873	4378	419	**AMÉRIQUE LATINE-CARAIBES (1)**
of which:													*dont:*
Argentina	..	..	..	..	12	14	83	103	219	71	190	157	Argentine
Brazil	..	..	..	..	19	-111	-92	84	12	365	1258	453	Brésil
Chile	..	..	..	..	2	3	-3	2	6	32	1	2	Chili
Colombia	..	..	..	..	..	1	24	1	3	5	1	8	Colombie
Costa Rica	..	..	..	..	..	..	..	..	..	..	..	..	Costa Rica
Netherlands Antilles	..	..	..	..	..	..	..	..	..	..	..	..	Antilles néerlandaises
Panama	..	..	..	..	..	..	..	..	..	..	..	..	Panama
Venezuela	..	..	..	..	..	41	37	5	9	9	..	3	Vénézuela
NEAR & MIDDLE EAST	120	16	-46	-200	-25	30	39	14	2	3	7	12	**PROCHE & MOYEN ORIENT**
of which:													*dont:*
Gulf States	..	..	..	..	-30	1	4	2	-	1	1	3	Pays du Golfe
of which:													*dont:*
Kuwait	..	..	..	..	..	..	..	..	..	..	..	..	Koweit
Saudi Arabia	..	..	..	..	..	..	..	..	..	..	..	..	Arabie Saoudite
United Arab Emirates	..	..	..	..	..	..	..	..	..	..	..	..	Émirats Arabes Unis
Iran	..	..	..	..	..	-1	30	-	-	-	-	7	Iran
Israel	..	..	..	..	3	25	5	9	-3	2	5	2	Israël
ASIAN COUNTRIES (1)	-	-	-	-	66	71	235	100	294	786	182	135	**PAYS D'ASIE (1)**
of which:													*dont:*
China	..	..	..	..	24	4	33	51	136	197	34	10	Chine
Chinese Taipei	..	..	..	..	3	-	2	5	1	2	8	1	Taipei chinois
Hong Kong	..	..	..	..	21	30	158	18	8	333	-61	6	Hong Kong
India	..	..	..	..	1	5	13	2	22	37	150	104	Inde
Indonesia	..	..	..	..	1	-3	22	-4	13	41	-	-	Indonésie
Malaysia	..	..	..	..	4	10	70	-32	12	43	-26	3	Malaisie
Philippines	..	..	..	..	3	-1	-15	32	89	85	3	1	Philippines
Singapore	..	..	..	..	5	23	-11	17	-	23	53	10	Singapour
Thailand	..	..	..	..	4	3	-39	7	2	20	14	2	Thailande
UNALLOCATED	2246	417	702	6872	950	1250	519	5	955	35	686	3187	**NON ATTRIBUÉS**
WORLD	*7094*	*2748*	*8662*	*8277*	*7337*	*11367*	*8238*	*9338*	*9975*	*18082*	*20967*	*6378*	**MONDE**
of which:													*dont:*
EUROPE (2)	3356	3271	7309	1163	4086	10485	6396	7966	7037	11622	10184	2329	EUROPE (2)
EUROPEAN UNION	3365	3086	7038	1099	3934	8712	6042	7671	7311	10904	8784	1448	UNION EUROPÉENNE
NAFTA	460	-1876	400	286	2116	-432	779	776	1311	2437	253	239	ALENA
ASEAN countries	..	..	..	..	17	32	26	21	116	212	44	16	Pays de l'ASEAN

1. Excluding countries recorded under the OECD area above.
2. EUROPE = EU + EFTA + Other European Countries.

1. Ce montant exclut les pays figurant dans la zone OCDE mentionnée ci-dessus.
2. EUROPE = UE + AELE + Autres pays d'Europe.

ITALY - ITALIE

Chart 4. **Inward direct investment position**
Graphique 4. **Encours d'investissement direct de l'étranger**

1988

- Unalloc. 1%
- Prim. 4%
- Services 43%
- Manuf. 52%

- NAFTA-ALENA 15%
- Other OECD-Autres OCDE 24%
- Non OECD-Non OCDE 4%
- EU15-UE15 57%

1999

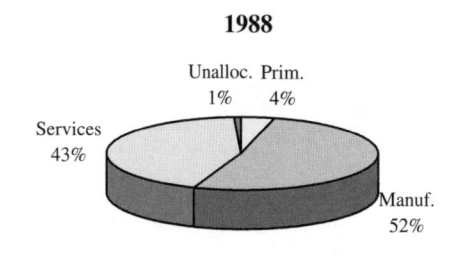

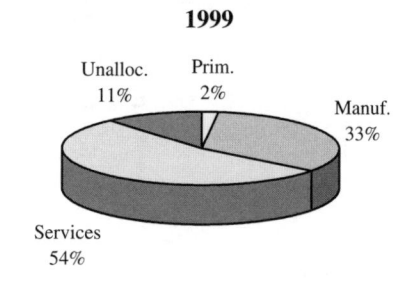

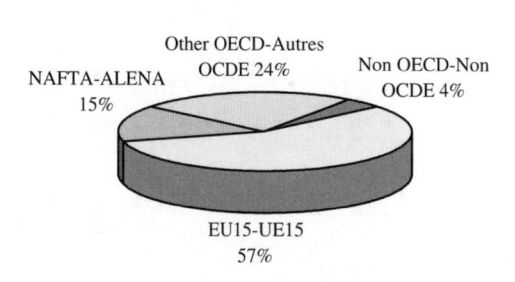

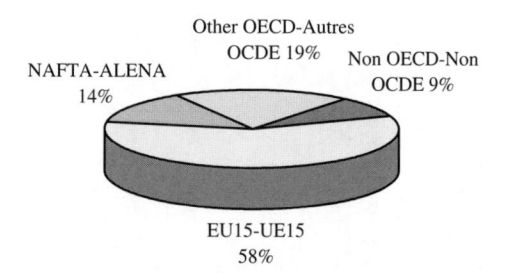

- Unalloc. 11%
- Prim. 2%
- Manuf. 33%
- Services 54%

- NAFTA-ALENA 14%
- Other OECD-Autres OCDE 19%
- Non OECD-Non OCDE 9%
- EU15-UE15 58%

Chart 5. **Outward direct investment position**
Graphique 5. **Encours d'investissement direct à l'étranger**

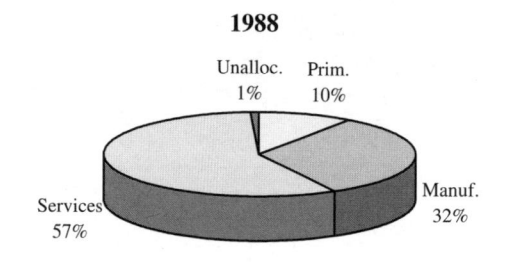

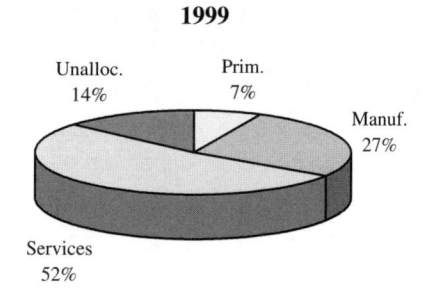

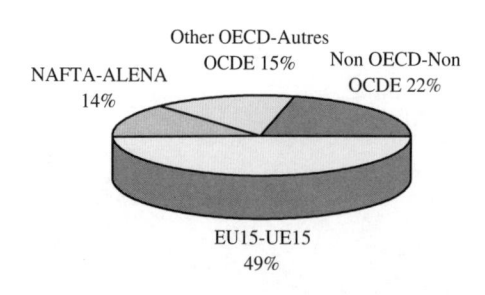

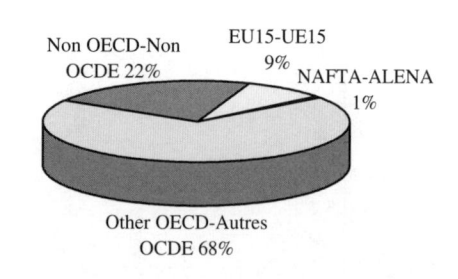

1988

- Unalloc. 1%
- Prim. 10%
- Manuf. 32%
- Services 57%

- NAFTA-ALENA 14%
- Other OECD-Autres OCDE 15%
- Non OECD-Non OCDE 22%
- EU15-UE15 49%

1999

- Unalloc. 14%
- Prim. 7%
- Manuf. 27%
- Services 52%

- Non OECD-Non OCDE 22%
- EU15-UE15 9%
- NAFTA-ALENA 1%
- Other OECD-Autres OCDE 68%

Note: Prim. = primary sector, **Manuf.** = manufacturing.

Note: Prim. = secteur primaire, **Manuf.** = manufacture.

ITALY / ITALIE

Table 5. **DIRECT INVESTMENT FROM ABROAD: INWARD POSITION BY INDUSTRIAL SECTOR**
Tableau 5. **ENCOURS D'INVESTISSEMENT DIRECT DE L'ÉTRANGER: PAR SECTEUR INDUSTRIEL**

year-end - fin d'année

L billion / Milliards de lires

	1988	1989	1990	1991	1992	1993	1994	1995	1996	1997	1998	1999 p	
Agriculture & fishing	58	61	80	77	52	128	171	175	234	344	429	509	**Agriculture & pêche**
Mining & quarrying	1808	1970	2189	2085	2383	2688	2766	2904	2794	3493	3898	4249	**Mines & exploitation**
of which: Extraction of petroleum and gas	1808	1970	2189	2085	2383	2688	2766	2904	2794	3493	3898	4249	*dont*: Extraction de pétrole et gaz
Manufacturing	25256	28952	25055	27772	29010	34512	36278	38676	41703	53435	64034	76107	**Manufacture**
of which:													*dont*:
Food products	2059	2700	3028	3163	4007	4374	4785	5090	5429	6909	8214	9845	Produits alimentaires
Textile and wood activities	..	..	..	..	..	..	..	..	..	..	3098	3922	Activités du textile et du bois
Petroleum, chemical, rubber and plastic products	..	..	..	..	..	..	..	..	..	..	13306	15703	Pétrole, produits chimiques, caoutchouc et mat. plastiques
Metal and mechanical products	7559	7519	7892	8767	8684	10304	10569	12137	13496	18036	22281	26825	Produits métallurgiques et mécaniques
Office machinery, computers, radio, TV and communication equipment	..	..	..	..	..	..	..	..	..	..	..	..	Machines de bureau, ordinateurs, radio, téléviseurs et équipement de communication
Vehicles and other transport equipment	..	..	..	..	..	..	..	..	..	..	5051	5749	Véhicules et autres équipements de transport
Electricity, gas & water	..	..	..	..	..	..	..	..	..	..	..	..	**Electricité, gaz & eau**
Construction	..	..	..	..	..	..	..	..	..	..	..	..	**Construction**
Trade & repairs	3201	3655	4596	4686	4770	4655	5144	5074	5649	7351	8812	10985	**Commerce & réparation**
Hotels & restaurants	..	..	..	..	..	..	..	..	..	..	..	..	**Hôtels & restaurants**
Transport & communication	..	..	..	..	..	..	..	..	..	..	3931	5958	**Transport & communication**
of which:													*dont*:
Land, sea and air transport	..	..	..	..	..	..	..	..	..	..	..	..	Transport terrestre, maritime et aérien
Telecommunications	415	1399	1218	1248	1408	2211	2440	2648	2947	3795	..	..	Télécommunications
Financial activities	12489	21452	26783	26931	28171	37790	40539	40747	45353	57154	68119	79315	**Activités financières**
of which:													*dont*:
Monetary institutions	..	..	..	..	..	..	..	..	..	..	..	..	Institutions monétaires
Other financial institutions	..	..	..	..	..	..	..	..	..	..	..	..	Autres institutions financières
of which: Financial holding companies	..	..	..	..	..	..	..	..	..	..	..	..	*dont*: Sociétés holding financières
Insurance & activities auxiliary to insurance	..	..	..	..	..	..	..	..	..	..	..	..	Assurances & activités auxiliaires
Other financial institutions and insurance activities	..	..	..	..	..	..	..	..	..	..	..	..	Autres activités d'institutions financières et d'assurances
Real estate & business activities	..	..	..	..	..	..	..	..	..	..	..	..	**Activités d'entreprise & immobilier**
of which: Real estate	..	..	..	..	..	..	..	..	..	..	..	..	*dont*: Immobilier
Other services	4935	5262	5611	5885	5492	7474	8502	10335	12318	17178	..	..	**Autres services**
Unallocated	415	1399	1218	1248	1408	2211	2440	2648	2947	3795	21201	26365	Non attribués
TOTAL	48162	62751	65532	68684	71286	89458	95840	100559	110998	142750	170424	203488	**TOTAL**
of which:													*dont*:
PRIMARY	1866	2031	2269	2162	2435	2816	2937	3079	3028	3837	4327	4758	PRIMAIRE
MANUFACTURING	25256	28952	25055	27772	29010	34512	36278	38676	41703	53435	64034	76107	MANUFACTURE
SERVICES	21040	31768	38208	38750	39841	52130	56625	58804	66267	85478	102063	122623	SERVICES

ITALY / ITALIE

Table 6. **DIRECT INVESTMENT ABROAD: *OUTWARD POSITION BY INDUSTRIAL SECTOR***
Tableau 6. **ENCOURS D'INVESTISSEMENT DIRECT À L'ÉTRANGER: *PAR SECTEUR INDUSTRIEL***

year-end - fin d'année

L billion / Milliards de lires

	1988	1989	1990	1991	1992	1993	1994	1995	1996	1997	1998	1999 p	
Agriculture & fishing	104	98	212	130	172	184	198	153	195	322	769	902	**Agriculture & pêche**
Mining & quarrying	4676	4516	4969	5123	6181	6843	6998	8234	9949	14363	16803	25127	**Mines & exploitation**
of which: Extraction of petroleum and gas	4676	4516	4969	5123	6181	6843	6998	8234	9949	14363	16803	25127	*dont*: Extraction de pétrole et gaz
Manufacturing	15636	19385	21309	23911	28869	37568	40410	45696	48630	65670	73917	100596	**Manufacture**
of which:													*dont*:
Food products	1372	1442	1419	1489	2893	4292	4405	4706	4863	6482	7349	10143	Produits alimentaires
Textile and wood activities											4245	5445	Activités du textile et du bois
Petroleum, chemical, rubber and plastic products			5451	6378	7846	12744	13844	16031	16819	23158	11968	15475	Pétrole, produits chimiques, caoutchouc et mat. plastiques
Metal and mechanical products	3992	4966									36221	37680	Produits métallurgiques et mécaniques
Office machinery, computers, radio, TV and communication equipment													Machines de bureau, ordinateurs, radio, téléviseurs et équipement de communication
Vehicles and other transport equipment											9144	12216	Véhicules et autres équipements de transport
Electricity, gas & water													**Electricité, gaz & eau**
Construction													**Construction**
Trade & repairs	4992	4269	4549	4734	5133	5883	5810	6617	7090	9156	10471	14039	**Commerce & réparation**
Hotels & restaurants													**Hôtels & restaurants**
Transport & communication											5080	7191	**Transport & communication**
of which:													*dont*:
Land, sea and air transport	349	335	526	649	1541	1679	1764	1874	2568				Transport terrestre, maritime et aérien
Telecommunications										3154			Télécommunications
Financial activities	21678	24249	28324	28855	40961	52585	55279	63188	66949	90364	113647	120435	**Activités financières**
of which:													*dont*:
Monetary institutions													Institutions monétaires
Other financial institutions													Autres institutions financières
of which: Financial holding companies													*dont*: Sociétés holding financières
Insurance & activities auxiliary to insurance													Assurances & activités auxiliaires
Other financial institutions and insurance activities													Autres activités d'institutions financières et d'assurances
Real estate & business activities	757	1499	3518	8774	9863	20999	22087	28022	29154	37001			**Activités d'entreprise & immobilier**
of which: Real estate													*dont*: Immobilier
Other services													**Autres services**
Unallocated	349	335	526	649	1541	1679	1764	1874	2568	3154	42405	50751	Non attribués
TOTAL	48192	54351	63407	72176	92720	125741	132546	153784	164535	220030	263092	319041	**TOTAL**
of which:													*dont*:
PRIMARY	4780	4614	5181	5253	6353	7072	7196	8387	10144	14685	17572	26029	PRIMAIRE
MANUFACTURING	15636	19385	21309	23911	28869	37568	40410	45696	48630	65670	73917	100596	MANUFACTURE
SERVICES	27776	30352	36917	43012	57498	81146	84940	99701	105761	139675	171603	192416	SERVICES

ITALY / ITALIE

Table 7. **DIRECT INVESTMENT FROM ABROAD:** *INWARD POSITION BY COUNTRY*
Tableau 7. **ENCOURS D'INVESTISSEMENT DIRECT DE L'ÉTRANGER:** *PAR PAYS*
year-end - fin d'année

L billion / Milliards de lires

	1988	1989	1990	1991	1992	1993	1994	1995	1996	1997	1998	1999 p	
OECD AREA	**46105**	**60498**	**63600**	**66560**	**69335**	**86294**	**92609**	**91725**	**101285**	**129704**	**154876**	**185976**	**ZONE DE L'OCDE**
Australia	42	48	33	103	111	118	127	..	..	..	..	..	Australie
Austria	62	90	166	389	359	483	519	..	..	..	..	..	Autriche
Belgium-Luxembourg	5282	5466	4306	5452	5906	8248	9260	9715	11157	15545	18169	21775	Belgique-Luxembourg
Canada	260	279	261	261	268	311	358	350	378	495	590	651	Canada
Czech Republic					2	9	10	..	..	..	..	..	République Tchèque
Denmark	34	45	65	44	48	65	99	..	..	..	..	..	Danemark
Finland	32	63	63	131	144	217	229	..	..	..	..	..	Finlande
France	5298	6657	8684	9721	10662	12314	13085	13391	15101	19528	23880	29671	France
Germany	4347	5517	5237	5240	5401	6705	7433	9068	10210	12851	15698	20182	Allemagne
Greece	49	49	53	12	13	13	14	..	..	..	..	..	Grèce
Hungary				2	2	2	1	..	..	..	..	..	Hongrie
Iceland								..	..	..	..	..	Islande
Ireland	33	33	98	11	20	39	61	..	..	..	..	..	Irlande
Japan	401	731	1011	1064	1174	1738	1825	1926	2082	2657	3226	3922	Japon
Korea				88	89	102	66	..	..	..	..	..	Corée
Mexico				7	9	12	13	..	..	..	..	..	Mexique
Netherlands	5683	7873	7221	7558	7355	9396	10018	9991	10489	13303	16152	18349	Pays-Bas
New Zealand								..	..	..	..	..	Nouvelle-Zélande
Norway	53	62	66	158	151	198	205	..	..	..	..	..	Norvège
Poland				3	3	3	3	..	..	..	..	..	Pologne
Portugal	1	2	1	13	40	44	47	..	..	..	..	..	Portugal
Spain	65	116	105	211	320	287	329	322	405	441	579	894	Espagne
Sweden	1345	1776	1937	1941	2052	2673	2825	2754	3025	3745	4369	4919	Suède
Switzerland	9700	13551	16195	16171	15809	17350	18360	18309	19023	24212	28725	35544	Suisse
Turkey	4	4	4	9	9			..	..	..	..	..	Turquie
United Kingdom	5175	7508	7115	7287	8095	10039	10962	10889	12684	16144	19853	22992	Royaume-Uni
United States	7043	9388	9353	9415	10032	14063	14808	15010	16731	20783	23635	27077	Etats-Unis
OECD UNALLOCATED	1196	1240	1626	1269	1261	1865	1952	..	..	..	..	..	OCDE NON ATTRIBUÉS
NON-OECD AREA	**2057**	**2253**	**1932**	**2124**	**1951**	**3164**	**3231**	**8834**	**9713**	**13046**	**15548**	**17512**	**HORS ZONE-OCDE**
EUROPEAN COUNTRIES (1)	**35**	**38**	**242**	**47**	**46**	**48**	**51**	..	..	..	..	..	**PAYS D'EUROPE (1)**
of which:													*dont:*
Baltic countries	-	-	..	..	..	..	..	..	..	..	..	..	Pays Baltes
Bulgaria	-	-	..	7	7	6	7	..	..	..	..	..	Bulgarie
Czechoslovakia	-	-	..	2	-	-	-	..	..	..	..	..	Tchécoslovaquie
Romania	-	-	..	-	-	-	-	..	..	..	..	..	Roumanie
Russia	-	-	..	-	24	25	26	..	..	..	..	..	Russie
Slovakia	-	-	..	-	-	-	-	..	..	..	..	..	Slovaquie
Slovenia	-	-	..	-	-	-	-	..	..	..	..	..	Slovénie
Ukraine	-	-	..	-	-	-	-	..	..	..	..	..	Ukraine
USSR	..	..	..	24	-	-	-	..	..	..	..	..	URSS

ITALY / ITALIE

Table 7. **DIRECT INVESTMENT FROM ABROAD: INWARD POSITION BY COUNTRY**
Tableau 7. **ENCOURS D'INVESTISSEMENT DIRECT DE L'ÉTRANGER: PAR PAYS**
year-end - fin d'année

L billion / Milliards de lires

	1988	1989	1990	1991	1992	1993	1994	1995	1996	1997	1998	1999 p	
AFRICA	144	177	121	468	425	717	741	..	..	..	..	..	**AFRIQUE**
of which:													*dont:*
Algeria	..	..	..	..	..	..	..	..	..	..	..	..	Algérie
Egypt	..	..	..	44	44	48	50	..	..	..	..	..	Egypte
Libya	..	..	..	..	..	..	..	..	..	..	..	..	Libye
Morocco	..	..	..	..	..	..	..	..	..	..	..	..	Maroc
South Africa	..	..	..	..	..	..	..	..	..	..	..	..	Afrique du Sud
LATIN AMERICA-CARIBBEAN (1)	1124	1175	820	408	407	520	563	193	234	334	388	418	**AMÉRIQUE LATINE-CARAIBES (1)**
of which:													*dont:*
Argentina	274	314	159	161	148	165	169	165	174	266	263	287	Argentine
Brazil	20	30	33	19	18	27	27	28	60	68	125	131	Brésil
Chile	..	..	..	..	..	..	..	..	..	..	..	..	Chili
Colombia	..	..	..	..	..	..	..	..	..	..	..	..	Colombie
Costa Rica	..	..	..	..	..	..	..	..	..	..	..	..	Costa Rica
Netherlands Antilles	..	..	..	..	..	..	..	..	..	..	..	..	Antilles néerlandaises
Panama	..	..	..	..	..	..	..	..	..	..	..	..	Panama
Venezuela	..	..	..	..	..	..	..	..	..	..	..	..	Vénézuela
NEAR & MIDDLE EAST	504	517	344	230	230	328	340	..	..	..	..	..	**PROCHE & MOYEN ORIENT**
of which:													*dont:*
Gulf States	..	..	..	..	..	..	..	..	..	..	..	..	Pays du Golfe
of which:													*dont:*
Kuwait	..	..	..	42	43	80	83	..	..	..	..	..	Koweit
Saudi Arabia	..	..	..	..	..	..	..	..	..	..	..	..	Arabie Saoudite
United Arab Emirates	..	..	..	..	..	..	..	..	..	..	..	..	Émirats Arabes Unis
Iran	..	..	..	..	..	..	..	..	..	..	..	..	Iran
Israel	..	..	..	2	3	5	5	..	..	..	..	..	Israël
ASIAN COUNTRIES (1)	85	124	223	463	300	369	395	..	..	..	..	..	**PAYS D'ASIE (1)**
of which:													*dont:*
China	..	..	..	1	1	1	..	..	..	..	..	..	Chine
Chinese Taipei	..	..	..	..	..	3	3	..	..	..	..	..	Taipei chinois
Hong Kong	..	..	..	166	167	212	234	..	..	..	..	..	Hong Kong
India	..	..	..	1	1	1	1	..	..	..	..	..	Inde
Indonesia	..	..	..	..	..	1	6	..	..	..	..	..	Indonésie
Malaysia	..	..	..	..	..	..	..	..	..	..	..	..	Malaisie
Philippines	..	..	..	11	11	12	13	..	..	..	..	..	Philippines
Singapore	..	..	..	282	119	137	134	..	..	..	..	..	Singapour
Thailand	..	..	..	..	..	..	..	..	..	..	..	..	Thaïlande
UNALLOCATED	165	222	182	508	543	1182	1141	8641	9479	12712	15160	17094	**NON ATTRIBUÉS**
WORLD	48162	62751	65532	68684	71286	89458	95840	100559	110998	142750	170424	203488	**MONDE**
of which:													*dont:*
EUROPE (2)	37198	48850	51558	54400	56437	68133	73511	76371	84114	105769	127425	154326	EUROPE (2)
EUROPEAN UNION	27406	35195	35051	38010	40415	50523	54881	56130	63071	81557	98700	118782	UNION EUROPÉENNE
NAFTA	7303	9667	9614	9683	10309	14386	15179	15360	17109	21278	24225	27728	ALENA
ASEAN countries	..	..	..	293	130	150	153	..	..	..	..	..	Pays de l'ASEAN

1. Excluding countries recorded under the OECD area above.
2. EUROPE = EU + EFTA + Other European Countries.

1. Ce montant exclut les pays figurant dans la zone OCDE mentionnée ci-dessus.
2. EUROPE = UE + AELE + Autres pays d'Europe.

ITALY / ITALIE

Table 8. DIRECT INVESTMENT ABROAD: OUTWARD POSITION BY COUNTRY
Tableau 8. ENCOURS D'INVESTISSEMENT DIRECT À L'ÉTRANGER: PAR PAYS

year-end - fin d'année

L billion / Milliards de lires

	1988	1989	1990	1991	1992	1993	1994	1995	1996	1997	1998	1999 p	
OECD AREA	**37828**	**44096**	**52672**	**60533**	**80239**	**107638**	**112511**	**126661**	**135084**	**177329**	**212174**	**248811**	**ZONE DE L'OCDE**
Australia	252	236	273	401	296	766	942	..	..	..	..	..	Australie
Austria	107	258	240	535	351	1024	1112	..	..	..	..	..	Autriche
Belgium-Luxembourg	7363	8071	11342	11524	17517	19989	20307	22949	24470	33593	43079	44409	Belgique-Luxembourg
Canada	569	614	637	652	635	940	951	958	1073	1365	1382	1742	Canada
Czech Republic	-	-	-	-	46	81	101	..	..	..	..	..	République Tchèque
Denmark	23	35	41	44	59	68	92	..	..	..	..	..	Danemark
Finland	14	86	102	104	115	95	87	..	..	..	..	..	Finlande
France	3734	5035	5375	6005	9803	14451	13901	15562	15844	18619	22525	29359	France
Germany	2733	3780	4598	4915	5638	7655	7761	8555	9032	11885	14207	22098	Allemagne
Greece	79	78	98	165	212	345	373	..	..	..	..	..	Grèce
Hungary	..	..	..	44	69	192	248	..	..	..	..	..	Hongrie
Iceland	..	..	..	..	..	38	40	..	..	..	..	..	Islande
Ireland	79	98	113	64	126	10	118	..	..	..	..	..	Irlande
Japan	216	685	785	1261	1331	1895	2413	2279	1890	2224	2389	3545	Japon
Korea	..	..	..	1	2	8	10	..	..	..	..	..	Corée
Mexico	..	..	..	36	25	45	58	..	..	..	..	..	Mexique
Netherlands	4656	5854	6380	8452	11870	20097	23171	29120	32942	41244	49255	49182	Pays-Bas
New Zealand	-	1	6	5	5	18	18	..	..	..	..	..	Nouvelle-Zélande
Norway	2	5	2	2	13	34	36	..	..	..	..	..	Norvège
Poland	-	-	-	6	31	562	656	..	..	..	..	..	Pologne
Portugal	53	44	62	133	708	604	783	..	..	..	..	..	Portugal
Spain	2242	2579	3831	4161	5152	6133	6696	7970	8864	10999	13297	15422	Espagne
Sweden	12	32	143	98	50	230	268	318	435	669	843	1529	Suède
Switzerland	6147	6843	7296	8965	10533	11421	11470	14116	12530	17411	18723	19129	Suisse
Turkey	589	772	789	769	753	931	1036	..	..	..	..	..	Turquie
United Kingdom	2791	3553	3717	5447	6107	10541	10291	11013	12579	17651	19808	27327	Royaume-Uni
United States	5946	5197	6074	6760	8999	11029	11465	13821	15425	21669	26666	35069	Etats-Unis
OECD UNALLOCATED	221	240	768	-16	-207	-1564	-1893	..	..	..	..	..	OCDE NON ATTRIBUES
NON-OECD AREA	**10364**	**10255**	**10735**	**11643**	**12481**	**18103**	**20035**	**27123**	**29451**	**42701**	**50918**	**70230**	**HORS ZONE-OCDE**
EUROPEAN COUNTRIES (1)	**34**	**90**	**116**	**166**	**191**	**287**	**338**	..	..	..	..	..	**PAYS D'EUROPE (1)**
of which:													*dont:*
Baltic countries	..	..	..	..	..	..	..	..	..	..	..	..	Pays Baltes
Bulgaria	..	..	..	1	2	2	3	..	..	..	..	..	Bulgarie
Czechoslovakia	..	..	..	4	-	-	-	..	..	..	..	..	Tchécoslovaquie
Romania	..	..	..	3	4	12	19	..	..	..	..	..	Roumanie
Russia	..	..	..	-	92	138	155	..	..	..	..	..	Russie
Slovakia	..	..	..	..	..	..	..	..	..	..	..	..	Slovaquie
Slovenia	..	..	..	..	..	..	..	..	..	..	..	..	Slovénie
Ukraine	..	..	..	..	..	..	..	..	..	..	..	..	Ukraine
USSR	..	..	..	91	..	..	..	..	..	..	..	..	URSS

ITALY   ITALIE

Table 8. **DIRECT INVESTMENT ABROAD:** *OUTWARD POSITION BY COUNTRY*
Tableau 8. **ENCOURS D'INVESTISSEMENT DIRECT À L'ÉTRANGER:** *PAR PAYS*
year-end - fin d'année

L billion   Milliards de lires

	1988	1989	1990	1991	1992	1993	1994	1995	1996	1997	1998	1999 p	
AFRICA	866	559	1085	2018	2072	3213	3444	..	..	..	..	..	**AFRIQUE**
of which:													*dont:*
Algeria													Algérie
Egypt				28	34	79	86						Egypte
Libya													Libye
Morocco													Maroc
South Africa													Afrique du Sud
LATIN AMERICA-CARIBBEAN (1)	6937	6521	6582	5657	6468	7456	7791	6098	6187	8484	7504	11991	**AMÉRIQUE LATINE-CARAÏBES (1)**
of which:													*dont:*
Argentina	1187	1412	1426	1513	1759	2180	2232	2300	2561	3504	2831	3965	Argentine
Brazil	3902	3882	3598	3644	4237	4234	4405	3798	3626	4980	4673	8026	Brésil
Chile				24	26	40	44						Chili
Colombia													Colombie
Costa Rica													Costa Rica
Netherlands Antilles													Antilles néerlandaises
Panama													Panama
Venezuela													Vénézuela
NEAR & MIDDLE EAST	2006	2024	2095	923	937	1112	1217	..	..	..	..	..	**PROCHE & MOYEN ORIENT**
of which:													*dont:*
Gulf States													Pays du Golfe
of which:													*dont:*
Kuwait													Koweit
Saudi Arabia				90	101	140	150						Arabie Saoudite
United Arab Emirates													Émirats Arabes Unis
Iran													Iran
Israel				4	5	36	39						Israël
ASIAN COUNTRIES (1)	496	955	726	490	559	839	1058	..	..	..	..	..	**PAYS D'ASIE (1)**
of which:													*dont:*
China				48	72	88	127						Chine
Chinese Taipei				2	5	10	8						Taipei chinois
Hong Kong				90	111	218	329						Hong Kong
India				21	22	19	17						Inde
Indonesia				102	103	95	95						Indonésie
Malaysia				27	34	88	140						Malaisie
Philippines				1	4	9	10						Philippines
Singapore				101	107	209	222						Singapour
Thailand				17	20	30	31						Thaïlande
UNALLOCATED	25	106	131	2389	2254	5196	6187	21025	23264	34217	43414	58239	**NON ATTRIBUÉS**
WORLD	*48192*	*54351*	*63407*	*72176*	*92720*	*125741*	*132546*	*153784*	*164535*	*220030*	*263092*	*319041*	**MONDE**
of which:													*dont:*
EUROPE (2)	30624	37213	44245	51599	69344	94788	98885	109776	116853	152071	253293	305812	EUROPE (2)
EUROPEAN UNION	23886	29503	36042	41647	57708	81242	84960	95487	104166	134660	18594	27642	UNION EUROPÉENNE
NAFTA	6515	5811	6711	7448	9659	12014	12474	14779	16498	23034	1382	1742	ALENA
ASEAN countries				248	268	431	498						Pays de l'ASEAN

1. Excluding countries recorded under the OECD area above.
2. EUROPE = EU + EFTA + Other European Countries.

1. Ce montant exclut les pays figurant dans la zone OCDE mentionnée ci-dessus.
2. EUROPE = UE + AELE + Autres pays d'Europe.

JAPAN - JAPON

Chart 1. **Direct investment flows**
Graphique 1. **Flux d'investissement direct**

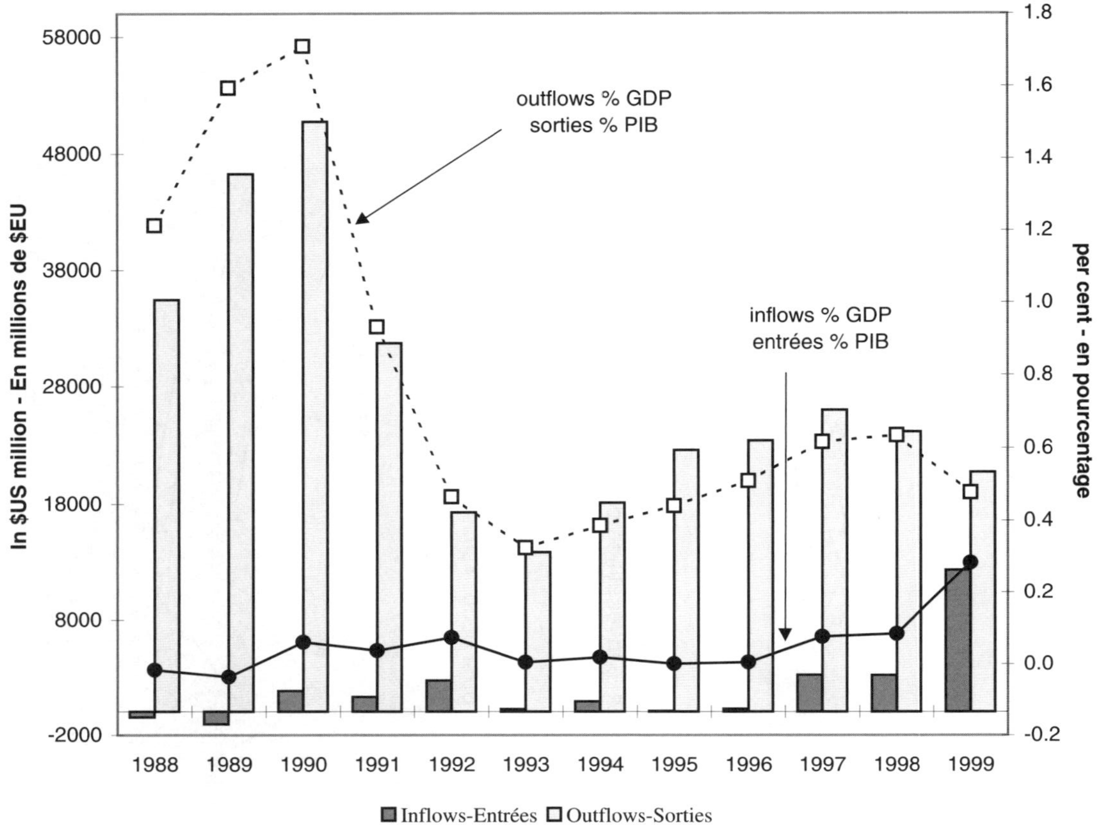

JAPAN - JAPON

Chart 2. **Direct investment from abroad:** *inflows by country*
Graphique 2. **Investissement direct de l'étranger:** *flux par pays*

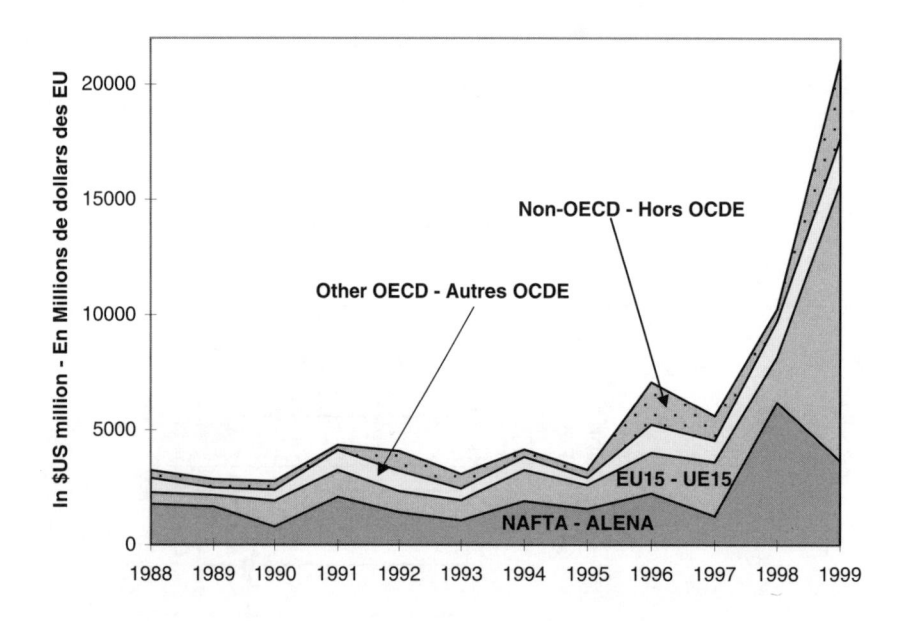

Chart 3. **Direct investment abroad:** *outflows by country*
Graphique 3. **Investissement direct à l'étranger:** *flux par pays*

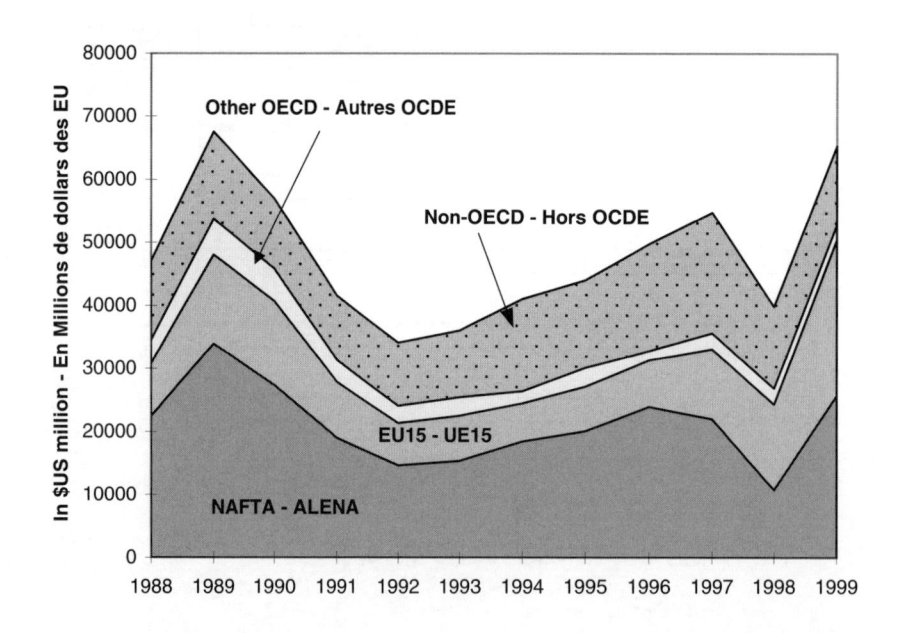

Note: Total OECD = EU15 + NAFTA + Other OECD. Data as from 1995 are converted based on the average interbank exchange rate for the fiscal year.

Note: Total OCDE = UE15 + ALENA + Autres OCDE. Les données à partir de 1995 sont converties à partir du taux de change moyen interbancaire sur l'année fiscale.

JAPAN / JAPON

Table 1. DIRECT INVESTMENT FROM ABROAD: INFLOWS BY INDUSTRIAL SECTOR
Tableau 1. INVESTISSEMENT DIRECT DE L'ÉTRANGER: FLUX PAR SECTEUR INDUSTRIEL

$US million	1988	1989	1990	1991	1992	1993	1994	1995	1995[1]	1996	1997	1998	1999 p		Millions de dollars des EU / Japanese Yen million / Millions de yens japonais
Agriculture & fishing	..	..	..	..	..	..	..	..	..	..	..	..	..		Agriculture & pêche
Mining & quarrying	..	..	..	..	..	..	..	..	..	..	..	..	..		Mines & exploitation
of which: Extraction of petroleum and gas	..	..	..	..	..	..	..	..	..	..	..	..	..		dont: Extraction de pétrole et gaz
Manufacturing	2425	1172	1571	1896	1609	1564	1965	1253	141200	311100	267400	312600	979700		Manufacture
of which:															dont:
Food products	86	17	29	124	9	87	30	36	4100	300	2200	25800	1500		Produits alimentaires
Textile and wood activities						6	1	20	2300	900	1900	3600	200		Activités du textile et du bois
Petroleum, chemical, rubber and plastic products						553	409	1008	113600	88400	98600	52900	80800		Pétrole, produits chimiques, caoutchouc et mat. plastiques
Metal and mechanical products						822	1463	162	18300	208600	145500	214900	883100		Produits métallurgiques et mécaniques
Office machinery, computers, radio, TV and communication equipment															Machines de bureau, ordinateurs, radio, téléviseurs et équipement de communication
Vehicles and other transport equipment															Véhicules et autres équipements de transport
Electricity, gas & water	..	..	..	..	..	..	..	..	..	..	..	..	..		Electricité, gaz & eau
Construction	8	9	9	23	-	1	4	1	100	..	300	1400	2200		Construction
Trade & repairs	454	544	730	783	1194	879	1087	603	67900	166400	99600	175900	348500		Commerce & réparation
Hotels & restaurants	..	..	..	..	..	..	..	..	..	3100	3700	22900	..		Hôtels & restaurants
Transport & communication	42	70	33	125	67	70	37	58	6500	..	..	..	332200		Transport & communication
of which:															dont:
Land, sea and air transport	2	47	12	26	19	43	8	11	1200	1000	400	6100	2200		Transport terrestre, maritime et aérien
Telecommunications	40	23	21	99	48	27	29	47	5300	2100	3300	16800	330000		Télécommunications
Financial activities	61	180	109	890	147	34	671	889	100100	27300	161600	456900	511500		Activités financières
of which:															dont:
Monetary institutions															Institutions monétaires
Other financial institutions															Autres institutions financières
of which: Financial holding companies															dont: Sociétés holding financières
Insurance & activities auxiliary to insurance															Assurances & activités auxiliaires
Other financial institutions and insurance activities															Autres activités d'institutions financières et d'assurances
Real estate & business activities	..	..	..	..	..	90	31	..	..	26500	48200	41600	16800		Activités d'entreprise & immobilier
of which: Real estate	..	..	..	..	..	90	31	..	..	26500	48200	41600	16800		dont: Immobilier
Other services	253	885	327	622	1067	440	360	478	53900	236200	97500	329200	208300		Autres services
Unallocated	-	-	-	-	-	..	..	-	..	100	-100	-100	100		Non attribués
TOTAL	3243	2860	2779	4339	4084	3078	4155	3282	369700	770700	678200	1340400	2399300		TOTAL
of which:															dont:
PRIMARY	..	..	..	..	..	..	..	..	..	..	..	..	..		PRIMAIRE
MANUFACTURING	2425	1172	1571	1896	1609	1564	1965	1253	141200	311100	267400	312600	979700		MANUFACTURE
SERVICES	818	1688	1208	2443	2475	1514	2190	2029	228500	459500	410900	1027900	1419500		SERVICES

Data are notifications based on the fiscal years.
1. As from 1995, amounts are expressed in Japanese Yen million.

Les données sont des notifications basées sur les années fiscales.
1. A partir de 1995, les montants sont exprimés en millions de Yen japonais.

JAPAN / JAPON

Table 2. DIRECT INVESTMENT ABROAD: OUTFLOWS BY INDUSTRIAL SECTOR
Tableau 2. INVESTISSEMENT DIRECT À L'ÉTRANGER: FLUX PAR SECTEUR INDUSTRIEL

$US million									Japanese Yen million / Millions de yens japonais					
	1988	1989	1990	1991	1992	1993	1994	1995	1995[1]	1996	1997	1998	1999 p	
Agriculture & fishing	256	198	212	348	79	129	468	166	18700	26700	20300	6700	11900	**Agriculture & pêche**
Mining & quarrying	1013	1262	1328	1003	1270	946	475	918	103400	176800	329600	111900	102800	**Mines & exploitation**
of which: Extraction of petroleum and gas														*dont:* Extraction de pétrole et gaz
Manufacturing	13805	16284	15487	12311	10056	11132	13784	16188	1823600	2282100	2373100	1568600	4719300	**Manufacture**
of which:														*dont:*
Food products	419	1300	821	632	517	888	1260	720	81100	82200	70200	162600	1662800	Produits alimentaires
Textile and wood activities						844	781	1206	135900	138000	160700	130400	41900	Activités du textile et du bois
Petroleum, chemical, rubber and plastic products						1742	2601	1846	207900	232000	369800	287600	188900	Pétrole, produits chimiques, caoutchouc et mat. plastiques
Metal and mechanical products						1925	2660	2937	330800	1171300	1151700	696100	2097300	Produits métallurgiques et mécaniques
Office machinery, computers, radio, TV and communication equipment	3041	4480	5684	2296	1817	2762	2634	4607	519000					Machines de bureau, ordinateurs, radio, téléviseurs et équipement de communication
Vehicles and other transport equipment						942	2021	1721	193900	436300	356900	205700	533300	Véhicules et autres équipements de transport
Electricity, gas & water														**Electricité, gaz & eau**
Construction	309	646	300	429	534	274	357	342	38500	36100	56000	37600	20300	Construction
Trade & repairs	3204	5148	6158	5247	3705	5096	4391	4571	514900	538700	536800	483500	432400	Commerce & réparation
Hotels & restaurants														Hôtels & restaurants
Transport & communication	2372	2927	2169	2489	1725	2157	2603	1958	220600	202700	287300	243000	309100	**Transport & communication**
of which:														*dont:*
Land, sea and air transport	2372	2927	2169	2489	1725	2157	2603	1958	220600	202700	287300			Transport terrestre, maritime et aérien
Telecommunications														Télécommunications
Financial activities	13104	15395	8047	4972	4579	6401	6499	4680	527200	876000	1468800	2096400	1102600	**Activités financières**
of which:														*dont:*
Monetary institutions														Institutions monétaires
Other financial institutions														Autres institutions financières
of which: Financial holding companies														*dont:* Sociétés holding financières
Insurance & activities auxiliary to insurance														Assurances & activités auxiliaires
Other financial institutions and insurance activities							5122							Autres activités d'institutions financières et d'assurances
Real estate & business activities	12376	24939	22407	14322	11828	6070	6961	14347	1616100	699600	679000	359700	235800	**Activités d'entreprise & immobilier**
of which: Real estate						6070	5122			699600	679000	359700	235800	*dont:* Immobilier
Other services	584	743	807	465	362	3553	391	832	93800	455800	801600	263700	482100	Autres services
Unallocated						267				114900	70400	45800	22700	Non attribués
TOTAL	47023	67542	56915	41586	34138	36025	41051	44002	4956800	5409400	6622900	5216900	7439000	**TOTAL**
of which:														*dont:*
PRIMARY	1269	1460	1540	1351	1349	1075	943	1084	122100	203500	349900	118600	114700	PRIMAIRE
MANUFACTURING	13805	16284	15487	12311	10056	11132	13784	16188	1823600	2282100	2373100	1568600	4719300	MANUFACTURE
SERVICES	31365	49055	39081	27459	22371	23551	25933	25898	2917300	2808900	3829500	3483900	2582300	SERVICES

Data are notifications based on the fiscal years.
1. As from 1995, amounts are expressed in Japanese Yen million.

Les données sont des notifications basées sur les années fiscales.
1. A partir de 1995, les montants sont exprimés en millions de Yen japonais.

JAPAN / JAPON

Table 3. **DIRECT INVESTMENT FROM ABROAD: *INFLOWS BY COUNTRY***
Tableau 3. **INVESTISSEMENT DIRECT DE L'ÉTRANGER: *FLUX PAR PAYS***

US$ million	1988	1989	1990	1991	1992	1993	1994	1995	1995¹	1996	1997	1998	1999 p		Japanese Yen million / Millions de yens japonais
OECD AREA	*2918*	*2500*	*2398*	*4116*	*3219*	*2460*	*3830*	*2930*	*330100*	*569800*	*549500*	*1273800*	*2009400*		*ZONE DE L'OCDE*
Australia	..	..	..	3	..	8	30	2	200	500	100	100	6600		Australie
Austria	..	..	..	2	..	1	1	4	400	-	4200	100	2100		Autriche
Belgium-Luxembourg	..	35	..	24	109	82	15	92	10400	1300	100	22500	3800		Belgique-Luxembourg
Canada	22	..	142	764	87	150	319	12	1400	5500	200	1700	168600		Canada
Czech Republic	-	-	-	-	-	-	-	-	-	-	-	-	-		République Tchèque
Denmark	..	..	..	38	46	13	4	14	1600	1800	1500	5800	1300		Danemark
Finland	..	..	..	12	2	2	6	..	..	..	100	1800	100		Finlande
France	27	25	74	51	167	79	65	100	11300	10500	9300	16800	745700		France
Germany	195	144	259	172	125	110	502	149	16800	47700	55200	33500	46700		Allemagne
Greece	..	..	..	..	..	..	..	..	..	..	..	..	..		Grèce
Hungary	..	..	..	..	..	..	..	..	..	..	..	..	..		Hongrie
Iceland	..	..	..	..	..	..	..	..	..	..	100	..	..		Islande
Ireland	..	..	..	79	..	213	58	1	100	1500	10400	1400	11400		Irlande
Italy	..	..	..	6	2	1	8	1	100	100	4200	4400	1200		Italie
Korea	..	..	..	26	12	4	66	2	200	8000	8400	2000	10600		Corée
Mexico	..	..	..	..	..	..	..	..	..	..	..	..	..		Mexique
Netherlands	157	248	734	323	207	283	523	475	53500	80400	146300	128000	471200		Pays-Bas
New Zealand	..	..	..	..	2	2	..	4	400	..	..	..	100		Nouvelle-Zélande
Norway	..	..	..	1	..	..	1	..	..	400	500	..	100		Norvège
Poland	..	..	..	..	..	..	..	..	..	..	..	..	..		Pologne
Portugal	..	..	..	..	..	..	..	..	..	..	..	..	..		Portugal
Spain	..	..	..	..	13	22	48	89	10000	7500	200	300	1300		Espagne
Sweden	..	..	..	32	513	149	154	88	9900	25000	8900	8900	200		Suède
Switzerland	273	87	142	176	254	67	123	101	11400	40500	19100	28800	38400		Suisse
Turkey	..	..	..	..	..	..	..	..	..	..	..	..	..		Turquie
United Kingdom	112	81	54	431	1337	930	1596	1573	177200	239000	44600	37000	89800		Royaume-Uni
United States	1774	1642	664	1334	345	344	310	224	25300	100100	151800	807800	248700		Etats-Unis
OECD UNALLOCATED	358	238	329	641	865	618	325	352	39600	200900	84300	172900	161500		OCDE NON ATTRIBUÉS
NON-OECD AREA	*325*	*360*	*381*	*223*	*865*	*618*	*325*	*352*	*39600*	*200900*	*128700*	*66600*	*389900*		*HORS ZONE-OCDE*
EUROPEAN COUNTRIES (2)	..	..	..	..	1	4	..	..	..	3300	3100	..	400		*PAYS D'EUROPE (2)*
of which:															*dont:*
Baltic countries	-	-	-	-	-	-	..	..	..	..	..	..	..		Pays Baltes
Bulgaria	-	-	-	-	-	-	..	..	..	..	..	..	..		Bulgarie
Czechoslovakia	-	-	-	-	-	-	..	..	..	..	..	..	..		Tchécoslovaquie
Romania	-	-	-	-	-	-	..	..	..	..	..	..	..		Roumanie
Russia	-	-	-	-	-	3	..	..	..	..	..	..	..		Russie
Slovakia	-	-	-	-	-	-	..	..	..	100	..	..	..		Slovaquie
Slovenia	-	-	-	-	-	-	..	..	..	..	..	..	..		Slovénie
Ukraine	-	-	-	-	-	-	..	..	..	..	..	..	..		Ukraine
USSR	..	..	..	..	..	..	..	..	..	..	..	..	..		URSS

JAPAN / JAPON

Table 3. **DIRECT INVESTMENT FROM ABROAD: INFLOWS BY COUNTRY**
Tableau 3. **INVESTISSEMENT DIRECT DE L'ÉTRANGER: FLUX PAR PAYS**

US$ million / Millions de dollars des EU

	1988	1989	1990	1991	1992	1993	1994	1995
AFRICA	..	..	..	1	12	4	..	9
of which:								
Algeria	..	..	..	..	..	..	..	..
Egypt	..	..	..	..	..	..	..	..
Libya	..	..	..	..	..	..	..	..
Morocco	..	..	..	..	..	..	..	..
South Africa	..	..	..	..	..	..	..	..
LATIN AMERICA-CARIBBEAN (2)	..	..	..	105	755	148	129	125
of which:								
Argentina	..	..	..	..	..	..	..	..
Brazil	..	..	..	..	..	..	..	..
Chile	..	..	..	..	..	..	..	..
Colombia	..	..	..	..	..	..	..	..
Costa Rica	..	..	..	..	..	..	..	..
Netherlands Antilles	..	..	..	..	..	..	..	..
Panama	..	..	..	..	..	..	..	..
Venezuela	..	..	..	..	..	..	..	..
NEAR & MIDDLE EAST	..	..	..	1	10	3	..	..
of which:								
Gulf States	..	..	..	..	..	..	..	..
of which:								
Kuwait	..	..	..	..	..	..	..	..
Saudi Arabia	..	..	..	..	2	..	..	..
United Arab Emirates	..	..	..	..	..	..	..	..
Iran	..	..	..	..	..	..	..	..
Israel	..	..	..	..	..	3	..	..
ASIAN COUNTRIES (2)	44	63	62	116	86	459	192	217
of which:								
China	..	..	..	2	5	15	7	11
Chinese Taipei	..	..	..	16	25	143	25	87
Hong Kong	44	63	62	60	37	32	77	23
India	..	..	..	4	1	1	1	2
Indonesia	..	..	..	9	..	..	..	2
Malaysia	..	..	..	..	..	..	..	..
Philippines	..	..	..	..	..	..	..	..
Singapore	..	..	..	24	18	268	58	5
Thailand	..	..	..	..	1	..	1	..
UNALLOCATED	281	297	319	-	1	-	4	1
WORLD	*3243*	*2860*	*2779*	*4339*	*4084*	*3078*	*4155*	*3282*
of which:								
EUROPE (3)	816	625	1361	1349	1449	1022	1508	1131
EUROPEAN UNION	491	498	1121	1170	925	873	1353	1025
NAFTA	1796	1677	806	2098	1424	1080	1915	1585
ASEAN countries	..	..	..	33	18	269	58	7

Japanese Yen million / Millions de yens japonais

	1995[1]	1996	1997	1998	1999 p	
AFRIQUE	1000	..	..	..	400	
dont:						
	..	..	..	..	..	Algérie
	..	..	..	..	..	Egypte
	..	..	..	..	..	Libye
	..	..	..	..	..	Maroc
	..	..	..	..	..	Afrique du Sud
AMÉRIQUE LATINE-CARAIBES (2)	14100	65600	59100	59100	251800	
dont:						
	..	..	..	..	..	Argentine
	..	100	..	..	..	Brésil
	..	..	..	..	..	Chili
	..	..	..	..	..	Colombie
	..	..	..	..	..	Costa Rica
	..	..	..	..	..	Antilles néerlandaises
	..	..	..	..	..	Panama
	..	..	..	..	..	Vénézuela
PROCHE & MOYEN ORIENT	-	2000	100	100	200	
dont:						
	..	..	..	..	..	Pays du Golfe
dont:						
	..	..	..	..	..	Koweit
	..	..	..	..	..	Arabie Saoudite
	..	..	..	..	..	Émirats Arabes Unis
	..	2000	..	..	..	Iran
	..	..	100	100	200	Israël
PAYS D'ASIE (2)	24500	129200	-18500	19100	110000	
dont:						
	1200	600	600	300	300	Chine
	9800	2200	4900	5600	13200	Taipei chinois
	2600	17500	40900	4700	12000	Hong Kong
	200	200	..	500	100	Inde
	200	..	..	..	..	Indonésie
	..	1000	..	..	..	Malaisie
	..	200	..	400	..	Philippines
	600	107500	19200	7300	73700	Singapour
	..	..	..	..	..	Thaïlande
NON ATTRIBUÉS	-	800	84900	-11700	27100	
MONDE	*369700*	*770700*	*678200*	*1340400*	*2399300*	
dont:						
EUROPE (3)	127400	220000	307800	302300	1413300	
UNION EUROPÉENNE	115500	191300	285000	260500	1374800	
ALENA	178600	244500	152000	809500	417300	
Pays de l'ASEAN	800	108700	19200	7700	73700	

Data are notifications based on the fiscal years.
1. As from 1995, amounts are expressed in Japanese Yen million.
2. Excluding countries recorded under the OECD area above.
3. EUROPE = EU + EFTA + Other European Countries.

Les données sont des notifications basées sur les années fiscales.
1. A partir de 1995, les montants sont exprimés en millions de Yen japonais.
2. Ce montant exclut les pays figurant dans la zone OCDE mentionnée ci-dessus.
3. EUROPE = UE + AELE + Autres pays d'Europe.

JAPAN / JAPON

Table 4. DIRECT INVESTMENT ABROAD: OUTFLOWS BY COUNTRY
Tableau 4. INVESTISSEMENT DIRECT À L'ÉTRANGER: FLUX PAR PAYS

US$ million / Millions de dollars des EU — Japanese Yen million / Millions de yens japonais

	1988	1989	1990	1991	1992	1993	1994	1995	1995¹	1996	1997	1998	1999 p	
OECD AREA	**34535**	**53691**	**45817**	**31385**	**24059**	**25429**	**26420**	**30123**	**3393300**	**3569100**	**4309500**	**3514400**	**6011100**	**ZONE DE L'OCDE**
Australia	2413	4256	3669	2550	2150	1904	1265	2273	256100	85200	204800	177600	95600	Australie
Austria	22	18	38	55	12	45	42	28	3200	9200		10400	4000	Autriche
Belgium-Luxembourg	821	980	591	488	349	179	872	405	45600	56900	14300	25400	18300	Belgique-Luxembourg
Canada	626	1362	1064	797	753	562	492	487	54900	114400	76100	80300	276000	Canada
Czech Republic					4	7		47	5300		3000	2800	300	République Tchèque
Denmark	2	24	7	6	3								3600	Danemark
Finland		2			17	1	4	63	7100	12300	1200		3200	Finlande
France	463	1136	1257	817	456	545	418	1386	156100	56600	213000	66600	125700	France
Germany	409	1083	1242	1115	769	760	727	470	53000	64300	89800	70800	72400	Allemagne
Greece	1		4	1		4								Grèce
Hungary			29	181	4	72	41	29	3300	1500	10100	3600	7000	Hongrie
Iceland	1					1								Islande
Ireland	42	133	49	102	113	469	343	304	34300	44800	69500	46200	51300	Irlande
Italy	108	314	217	322	216	188	172	106	11900	12300	17100	14000	5200	Italie
Korea	483	606	284	260	225	245	400	384	43300	46800	54300	38700	109300	Corée
Mexico	87	36	168	193	60	53	613	179	20200	12800	39300	10600	165500	Mexique
Netherlands	2359	4547	2744	1960	1446	2175	1050	1277	143900	123800	404300	271100	1155600	Pays-Bas
New Zealand	117	101	231	236	67	34	115	82	9200	5400	15200	100300	2000	Nouvelle-Zélande
Norway	186	280	138	169	86	86	20				1200		23600	Norvège
Poland			3	2		7	3	3	300	1100	8200	6800	10500	Pologne
Portugal	7	74	68	10	12	57	2	4	400		1000	700	5300	Portugal
Spain	161	501	320	378	332	207	184	43	4900	35800	28500	15600	57800	Espagne
Sweden	4	10	11	23	21	16	43	9	1000	1200			300	Suède
Switzerland	454	397	666	62	144	426	39	91	10200	6500	2500		23500	Suisse
Turkey	110	40	58	30	53	133	75	88	9900	12000	2100		1300	Turquie
United Kingdom	3956	5239	6806	3588	2948	2527	2169	2958	333200	387300	505400	1252200	1307000	Royaume-Uni
United States	21701	32540	26128	18026	13819	14725	17331	19392	2184500	2478900	2548600	1320700	2486800	Etats-Unis
OECD UNALLOCATED	2	12	25	14		1		15	1500					OCDE NON ATTRIBUÉS
NON-OECD AREA	**12488**	**13851**	**11098**	**10201**	**10079**	**10596**	**14631**	**13879**	**1563500**	**1840300**	**2313400**	**1702500**	**1427900**	**HORS ZONE-OCDE**
EUROPEAN COUNTRIES (2)	9	19	25	51	44	35	24	27	3000	17000	3700	7500	2300	PAYS D'EUROPE (2)
of which:														dont:
Baltic countries														Pays Baltes
Bulgaria														Bulgarie
Czechoslovakia														Tchécoslovaquie
Romania												1500	900	Roumanie
Russia					44	22	19	2	200		600		700	Russie
Slovakia							1	26	2900	2000	1200			Slovaquie
Slovenia														Slovénie
Ukraine						1							300	Ukraine
USSR	9	19	25	51										URSS

229

JAPON

Table 4. DIRECT INVESTMENT ABROAD: OUTFLOWS BY COUNTRY
Tableau 4. INVESTISSEMENT DIRECT À L'ÉTRANGER: FLUX PAR PAYS

US$ million — Millions de dollars des EU / Japanese Yen million — Millions de yens japonais

	1988	1989	1990	1991	1992	1993	1994	1995	1995[1]	1996	1997	1998	1999 p	
AFRICA	5	28	20	41	4	539	346	326	36700	25000	40700	56900	57400	**AFRIQUE**
of which:														*dont:*
Algeria	..	..	..	..	..	..	..	..	..	..	..	..	..	Algérie
Egypt	..	..	..	..	..	6	7	..	..	..	1900	..	1100	Egypte
Libya	..	..	..	..	..	..	..	..	..	..	..	..	..	Libye
Morocco	..	..	..	..	..	..	..	..	..	..	..	..	..	Maroc
South Africa	..	..	..	..	..	18	..	..	..	25000	16100	6600	17500	Afrique du Sud
LATIN AMERICA-CARIBBEAN (2)	6341	5202	3460	3144	2666	3318	4547	3142	353900	486700	738200	816800	340800	**AMÉRIQUE LATINE-CARAIBES (2)**
of which:														*dont:*
Argentina	24	3	213	40	18	34	21	98	11000	1500	7000	16400	900	Argentine
Brazil	510	349	615	171	464	419	1235	255	28700	99300	145100	59700	73000	Brésil
Chile	46	47	30	75	27	3	14	121	13600	..	2800	..	1500	Chili
Colombia	..	..	..	..	..	-	23	..	..	..	1700	..	1100	Colombie
Costa Rica	..	..	..	..	..	..	..	..	..	..	..	..	..	Costa Rica
Netherlands Antilles	..	..	..	..	..	..	..	..	..	..	..	..	..	Antilles néerlandaises
Panama	..	..	..	..	..	..	..	..	..	..	..	..	..	Panama
Venezuela	..	..	..	..	..	20	6	..	..	6600	4400	3100	7200	Vénézuela
NEAR & MIDDLE EAST	259	66	27	90	709	217	288	131	14800	26800	57800	18700	12600	**PROCHE & MOYEN ORIENT**
of which:														*dont:*
Gulf States	..	..	..	..	..	215	272	..	..	24100	57800	18000	12400	Pays du Golfe
of which:														*dont:*
Kuwait	..	..	..	..	..	..	..	..	..	..	..	..	..	Koweit
Saudi Arabia	8	32	26	26	198	..	..	..	9300	..	..	..	..	Arabie Saoudite
United Arab Emirates	194	6	..	46	48	..	..	..	9300	..	..	..	..	Émirats Arabes Unis
Iran	..	..	..	..	..	..	..	..	-	..	..	..	..	Iran
Israel	..	..	..	..	..	2	3	..	..	1200	..	700	200	Israël
ASIAN COUNTRIES (2)	5084	7632	6769	5676	6200	6392	9303	10198	1148800	1261500	1440500	797000	689500	**PAYS D'ASIE (2)**
of which:														*dont:*
China	296	438	349	579	1070	1691	2565	3834	431900	282800	243800	136300	83800	Chine
Chinese Taipei	372	494	446	405	292	292	278	390	43900	58700	55200	28700	31800	Taipei chinois
Hong Kong	1662	1898	1785	925	735	1238	1133	982	110600	167500	85300	77000	108300	Hong Kong
India	24	18	30	14	122	35	96	111	12500	24700	53200	32900	23200	Inde
Indonesia	586	631	1105	1193	1676	813	1759	1374	154800	272000	308500	137800	102400	Indonésie
Malaysia	387	673	725	880	704	800	742	493	55500	64400	97100	65800	58600	Malaisie
Philippines	134	202	258	203	160	207	668	614	69200	63000	64200	48500	68800	Philippines
Singapore	747	1902	840	613	670	644	1054	1015	114300	125600	223800	81500	107300	Singapour
Thailand	859	1276	1154	807	657	578	719	1062	119600	158100	229100	175500	91000	Thaïlande
UNALLOCATED	790	904	797	1199	456	95	123	55	6300	23300	32500	5600	325300	**NON ATTRIBUÉS**
WORLD	47023	67542	56915	41586	34138	36025	41051	44002	4956800	5409400	6622900	5216900	7439000	**MONDE**
of which:														*dont:*
EUROPE (3)	8998	14750	14183	9110	6924	7687	6085	7158	806300	830600	1374800	1793700	2856800	EUROPE (3)
EUROPEAN UNION	8355	14061	13354	8865	6694	7173	6026	7053	794600	804500	1344100	1773000	2809700	UNION EUROPÉENNE
NAFTA	22414	33938	27360	19016	14632	15340	18436	20058	2259600	2606100	2664000	1411600	2928300	ALENA
ASEAN countries	2713	4684	4082	3696	3867	3042	4942	4558	513400	683100	922700	509100	428100	Pays de l'ASEAN

Data are notifications based on the fiscal years.
1. As from 1995, amounts are expressed in Japanese Yen million.
2. Excluding countries recorded under the OECD area above.
3. EUROPE = EU + EFTA + Other European Countries.

Les données sont des notifications basées sur les années fiscales.
1. A partir de 1995, les montants sont exprimés en millions de Yen japonais.
2. Ce montant exclut les pays figurant dans la zone OCDE mentionnée ci-dessus.
3. EUROPE = UE + AELE + Autres pays d'Europe.

JAPAN - JAPON

Chart 4. **Inward direct investment position**
Graphique 4. **Encours d'investissement direct de l'étranger**

1988

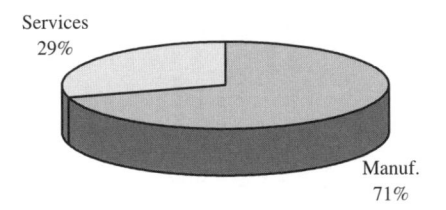

Services 29%
Manuf. 71%

1998

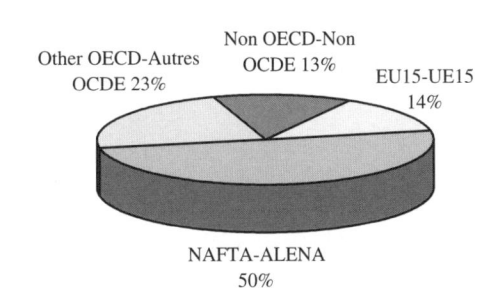

Other OECD-Autres OCDE 23%
Non OECD-Non OCDE 13%
EU15-UE15 14%
NAFTA-ALENA 50%

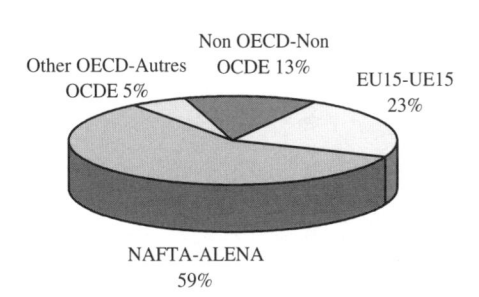

Other OECD-Autres OCDE 5%
Non OECD-Non OCDE 13%
EU15-UE15 23%
NAFTA-ALENA 59%

Chart 5. **Outward direct investment position**
Graphique 5. **Encours d'investissement direct à l'étranger**

1988

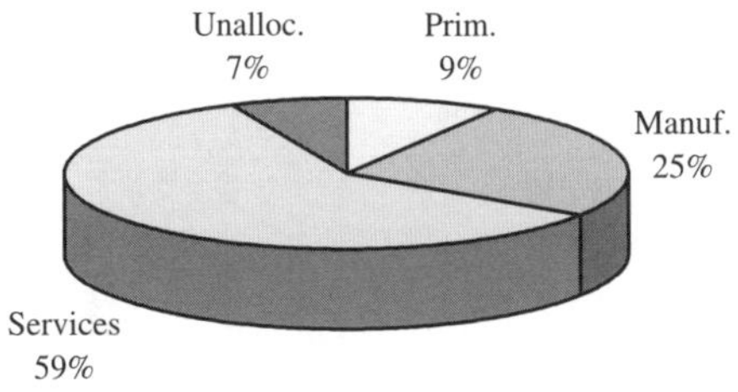

Unalloc. 7%
Prim. 9%
Manuf. 25%
Services 59%

1998

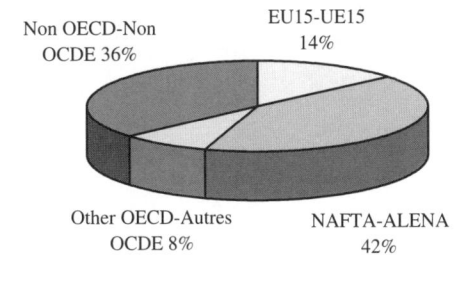

Non OECD-Non OCDE 36%
EU15-UE15 14%
Other OECD-Autres OCDE 8%
NAFTA-ALENA 42%

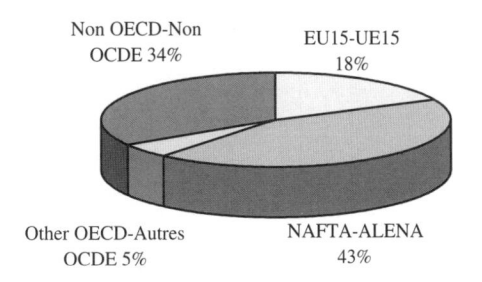

Non OECD-Non OCDE 34%
EU15-UE15 18%
Other OECD-Autres OCDE 5%
NAFTA-ALENA 43%

Note: Prim. = primary sector, **Manuf.** = manufacturing.

Note: Prim. = secteur primaire, **Manuf.** = manufacture.

JAPAN / JAPON

Table 5. **DIRECT INVESTMENT FROM ABROAD:** *INWARD POSITION BY INDUSTRIAL SECTOR*
Tableau 5. **ENCOURS D'INVESTISSEMENT DIRECT DE L'ÉTRANGER:** *PAR SECTEUR INDUSTRIEL*
year-end - fin d'année

US$ million / Millions de dollars des EU

	1988	1989	1990	1991	1992	1993	1994	1995[1]	1996	1997	1998 p	
Agriculture & fishing	..	..	..	..	..	..	..	..	..	..	..	**Agriculture & pêche**
Mining & quarrying	..	..	..	..	..	..	..	..	..	..	..	**Mines & exploitation**
of which: Extraction of petroleum and gas	..	..	..	..	..	..	..	..	..	..	..	*dont:* Extraction de pétrole et gaz
Manufacturing	9027	10199	11770	13666	15274	16839	18805	..	..	..	..	**Manufacture**
of which:												*dont:*
Food products	266	283	312	436	446	533	563	..	..	..	..	Produits alimentaires
Textile and wood activities	..	..	..	..	..	..	..	..	..	..	..	Activités du textile et du bois
Petroleum, chemical, rubber and plastic products	..	..	..	..	..	..	1138	..	..	..	..	Pétrole, produits chimiques, caoutchouc et mat. plastiques
Metal and mechanical products	..	..	..	..	..	..	..	..	..	..	..	Produits métallurgiques et mécaniques
Office machinery, computers,	..	..	..	..	..	..	..	..	..	..	..	Machines de bureau, ordinateurs,
radio, TV and communication equipment	..	..	..	..	..	..	..	..	..	..	..	radio, téléviseurs et équipement de communication
Vehicles and other transport equipment	..	..	..	..	..	..	..	..	..	..	..	Véhicules et autres équipements de transport
Electricity, gas & water	..	..	..	..	..	..	..	..	..	..	..	**Electricité, gaz & eau**
Construction	72	81	90	113	113	114	118	..	..	..	..	**Construction**
Trade & repairs	1670	2214	2944	3727	4921	5800	6887	..	..	..	..	**Commerce & réparation**
Hotels & restaurants	..	..	..	..	..	..	..	..	..	..	..	**Hôtels & restaurants**
Transport & communication	184	254	287	412	479	550	587	..	..	..	..	**Transport & communication**
of which:												*dont:*
Land, sea and air transport	80	127	139	165	184	227	235	..	..	..	..	Transport terrestre, maritime et aérien
Telecommunications	104	127	148	247	295	323	352	..	..	..	..	Télécommunications
Financial activities	392	572	681	1571	1719	1752	2423	..	..	..	..	**Activités financières**
of which:												*dont:*
Monetary institutions	..	..	..	..	..	..	..	..	..	..	..	Institutions monétaires
Other financial institutions	..	..	..	..	..	..	..	..	..	..	..	Autres institutions financières
of which: Financial holding companies	..	..	..	..	..	..	..	..	..	..	..	*dont:* Sociétés holding financières
Insurance & activities auxiliary to insurance	..	..	..	..	..	..	..	..	..	..	..	Assurances & activités auxiliaires
Other financial institutions and insurance activities	..	..	..	..	..	..	..	..	..	..	..	Autres activités d'institutions financières et d'assurances
Real estate & business activities	..	..	..	..	..	..	..	..	..	..	..	**Activités d'entreprise & immobilier**
of which: Real estate	..	..	..	..	..	..	..	..	..	..	..	*dont:* Immobilier
Other services	1447	2332	2659	3261	4348	4878	5268	..	..	..	..	**Autres services**
Unallocated	3	3	1	21	1	-	-	..	..	..	..	Non attribués
TOTAL	12795	15655	18432	22771	26855	29933	34088	..	..	..	..	**TOTAL**
of which:												*dont:*
PRIMARY	..	..	..	..	..	..	..	..	..	..	..	PRIMAIRE
MANUFACTURING	9027	10199	11770	13666	15274	16839	18805	..	..	..	..	MANUFACTURE
SERVICES	3765	5453	6661	9104	11580	13094	15283	..	..	..	..	SERVICES

1. As from 1995, direct investment positions are not available.

1. Les données d'encours d'investissement direct ne sont pas disponibles à partir de 1995.

JAPAN / JAPON

Table 6. DIRECT INVESTMENT ABROAD: *OUTWARD POSITION BY INDUSTRIAL SECTOR*
Tableau 6. ENCOURS D'INVESTISSEMENT DIRECT À L'ÉTRANGER: *PAR SECTEUR INDUSTRIEL*
year-end - fin d'année

US$ million / Millions de dollars des EU

	1988	1989	1990	1991	1992	1993	1994	1995 [1]	1996	1997	1998 p	
Agriculture & fishing	1796	1994	2208	2445	2673	2803	3171	..	..	..	..	**Agriculture & pêche**
Mining & quarrying	16482	17744	19072	17542	18812	19758	20234	..	..	..	..	**Mines & exploitation**
of which: Extraction of petroleum and gas	:	:	:	:	:	:	:	:	:	:	:	*dont*: Extraction de pétrole et gaz
Manufacturing	52093	68377	83864	93922	103981	115112	128897	..	..	..	..	**Manufacture**
of which:												*dont*:
Food products	2107	3407	4228	4717	5234	6123	7383	:	:	:	:	Produits alimentaires
Textile and wood activities	:	:	:	:	:	:	:	:	:	:	:	Activités du textile et du bois
Petroleum, chemical, rubber and plastic products	:	:	:	:	:	:	:	:	:	:	:	Pétrole, produits chimiques, caoutchouc et mat. plastiques
Metal and mechanical products	:	:	:	:	:	:	:	:	:	:	:	Produits métallurgiques et mécaniques
Office machinery, computers, radio, TV and communication equipment	10670	15150	20834	22656	24473	27235	29868	:	:	:	:	Machines de bureau, ordinateurs, radio, téléviseurs et équipement de communication
Vehicles and other transport equipment	:	:	:	:	:	:	:	:	:	:	:	Véhicules et autres équipements de transport
Electricity, gas & water	:	:	:	:	:	:	:	..	..	..	..	**Electricité, gaz & eau**
Construction	1539	2185	2485	2818	3353	3627	3984	..	..	..	..	**Construction**
Trade & repairs	21186	26334	32490	36564	40268	45364	49755	..	..	..	..	**Commerce & réparation**
Hotels & restaurants	:	:	:	:	:	:	:	..	..	..	..	**Hôtels & restaurants**
Transport & communication	13064	15991	18160	19927	21652	23809	26412	..	..	..	..	**Transport & communication**
of which:												*dont*:
Land, sea and air transport	13064	15991	18160	19927	21652	23809	26412	:	:	:	:	Transport terrestre, maritime et aérien
Telecommunications	:	:	:	:	:	:	:	:	:	:	:	Télécommunications
Financial activities	42719	58114	66161	70290	74869	81271	87770	..	..	..	..	**Activités financières**
of which:												*dont*:
Monetary institutions	:	:	:	:	:	:	:	:	:	:	:	Institutions monétaires
Other financial institutions	:	:	:	:	:	:	:	:	:	:	:	Autres institutions financières
of which: Financial holding companies	:	:	:	:	:	:	:	:	:	:	:	*dont*: Sociétés holding financières
Insurance & activities auxiliary to insurance	:	:	:	:	:	:	:	:	:	:	:	Assurances & activités auxiliaires
Other financial institutions and insurance activities	:	:	:	:	:	:	:	:	:	:	:	Autres activités d'institutions financières et d'assurances
Real estate & business activities	:	:	:	:	:	:	:	..	..	..	..	**Activités d'entreprise & immobilier**
of which: Real estate	42323	67262	89669	102360	114038	123661	135844	..	..	..	..	*dont*: Immobilier
Other services	:	:	:	:	:	:	:	..	..	..	..	**Autres services**
Unallocated	13848	4770	-3301	6523	6884	7150	7539	..	..	..	..	Non attribués
TOTAL	205050	262771	310808	352391	386530	422555	463606	..	..	..	..	**TOTAL**
of which:												*dont*:
PRIMARY	18278	19738	21280	19987	21485	22561	23405	:	:	:	:	PRIMAIRE
MANUFACTURING	52093	68377	83864	93922	103981	115112	128897	:	:	:	:	MANUFACTURE
SERVICES	120831	169886	208965	231959	254180	277732	303765	:	:	:	:	SERVICES

1. As from 1995, direct investment positions are not available.

1. Les données d'encours d'investissement direct ne sont pas disponibles à partir de 1995.

JAPAN   JAPON

Table 7. DIRECT INVESTMENT FROM ABROAD: INWARD POSITION BY COUNTRY
Tableau 7. ENCOURS D'INVESTISSEMENT DIRECT DE L'ÉTRANGER: PAR PAYS
year-end - fin d'année

US$ million	1988	1989	1990	1991	1992	1993	1994	1995 [1]	1996 [2]	1997	1998 p		
	Millions de dollars des EU								Japanese Yen million / Millions de yens japonais				
OECD AREA	**11084**	**13584**	**15982**	**20098**	**23319**	**25777**	**29607**	..	**2838300**	**3053200**	**2615800**	**ZONE DE L'OCDE**	
Australia	..	..	..	3	4	11	42	..	2600	12000	20500	Australie	
Austria	..	..	..	2	2	3	4	..				Autriche	
Belgium-Luxembourg	..	..	..	24	134	216	231	..	18800	16600	13700	Belgique-Luxembourg	
Canada	152	187	329	1093	1180	1330	1649	..	65200	97600	77000	Canada	
Czech Republic												République Tchèque	
Denmark	..	..	..	38	84	97	101	..				Danemark	
Finland	..	..	..	12	13	16	21	..				Finlande	
France	202	227	301	352	519	598	663	..	35900	37600	38900	France	
Germany	547	691	950	1122	1247	1357	1859	..	253000	286400	233000	Allemagne	
Greece	..	..	..	..	..	..	..	..				Grèce	
Hungary	..	..	..	..	..	..	..	..				Hongrie	
Iceland	..	..	..	..	..	..	..	..				Islande	
Ireland	..	..	..	79	79	292	350	..	100			Irlande	
Italy	..	..	..	6	8	9	17	..		3500	2100	Italie	
Japan (3)	1653	1851	2082	2721	3055	3399	3709	..	1300	7300	10800	Japon (3)	
Korea	..	..	..	26	38	42	108	..			100	Corée	
Mexico												Mexique	
Netherlands	482	730	1464	1787	1994	2277	2800	..	140200	186700	159600	Pays-Bas	
New Zealand	..	..	..	1	1	2	4	..		2200		Nouvelle-Zélande	
Norway	..	..	..	1	1	1	2	..				Norvège	
Poland												Pologne	
Portugal	..	..	..	..	..	..	..	..				Portugal	
Spain	..	..	..	..	..	1	-	..				Espagne	
Sweden	..	..	..	32	45	66	115	..	18500	27300	35600	Suède	
Switzerland	929	1016	1158	1334	1846	1995	2149	..	148200	197100	178900	Suisse	
Turkey											100	Turquie	
United Kingdom	517	598	652	1083	1337	1403	1526	..	284400	324800	157500	Royaume-Uni	
United States	6267	7909	8573	9907	11244	12174	13770	..	1785400	1769600	1688000	Etats-Unis	
OECD UNALLOCATED	335	375	473	475	488	488	487	..	84700	84500	-	OCDE NON ATTRIBUES	
NON-OECD AREA	**1711**	**2071**	**2450**	**2673**	**3536**	**4156**	**4481**	..	**634400**	**465500**	**397300**	**HORS ZONE-OCDE**	
EUROPEAN COUNTRIES (4)	..	..	..	..	**1**	**4**	**4**	..	**100**	**1900**	**3700**	**PAYS D'EUROPE (4)**	
of which:												dont:	
Baltic countries	-	-	-	..	..	..	..	..				Pays Baltes	
Bulgaria	-	-	-	..	..	..	..	..				Bulgarie	
Czechoslovakia	-	-	-	..	..	..	..	..				Tchécoslovaquie	
Romania	-	-	-	..	..	..	..	..				Roumanie	
Russia	-	-	-	..	..	..	3	..	100	1900	3700	Russie	
Slovakia	-	-	-	..	..	..	..	..				Slovaquie	
Slovenia	-	-	-	..	..	..	..	..				Slovénie	
Ukraine	-	-	-	..	..	..	..	..				Ukraine	
USSR	-	-	-	..	..	..	..	..				URSS	

JAPAN / JAPON

Table 7. DIRECT INVESTMENT FROM ABROAD: INWARD POSITION BY COUNTRY
Tableau 7. ENCOURS D'INVESTISSEMENT DIRECT DE L'ÉTRANGER: PAR PAYS
year-end - fin d'année

US$ million / Millions de dollars des EU — Japanese Yen million / Millions de yens japonais

	1988	1989	1990	1991	1992	1993	1994	1995 [1]	1996 [2]	1997	1998 p	
AFRICA	..	..	..	1	14	18	18	..	..	..	..	**AFRIQUE**
of which:												*dont:*
Algeria												Algérie
Egypt												Egypte
Libya												Libye
Morocco												Maroc
South Africa												Afrique du Sud
LATIN AMERICA-CARIBBEAN (4)	..	..	..	105	860	1008	1137	..	..	..	44200	**AMÉRIQUE LATINE-CARAIBES (4)**
of which:												*dont:*
Argentina												Argentine
Brazil											1400	Brésil
Chile												Chili
Colombia												Colombie
Costa Rica												Costa Rica
Netherlands Antilles												Antilles néerlandaises
Panama												Panama
Venezuela												Vénézuela
NEAR & MIDDLE EAST	..	..	..	1	11	13	14	..	8800	10900	6100	**PROCHE & MOYEN ORIENT**
of which:												*dont:*
Gulf States											1100	Pays du Golfe
of which:												*dont:*
Kuwait												Koweit
Saudi Arabia					2	2	2					Arabie Saoudite
United Arab Emirates							2					Émirats Arabes Unis
Iran					-	-	7					Iran
Israel							9					Israël
ASIAN COUNTRIES (4)	368	431	493	631	717	1179	1369	..	69300	422600	287200	**PAYS D'ASIE (4)**
of which:												*dont:*
China				2	7	22	29		200	1900	9600	Chine
Chinese Taipei				16	41	184	209		6900	207400	143500	Taipei chinois
Hong Kong	390	453	515	575	613	644	721		55200	194800	98400	Hong Kong
India				4	5	7	7		500	1100	900	Inde
Indonesia				9	9	10	9			200	400	Indonésie
Malaysia					-	-	-		-		1300	Malaisie
Philippines											4500	Philippines
Singapore				24	42	310	368		5200	16200	26400	Singapour
Thailand					-	2	1		-		400	Thaïlande
UNALLOCATED	1343	1640	1957	1935	1933	1934	1939	..	556200	30100	56100	**NON ATTRIBUÉS**
WORLD	*12795*	*15655*	*18432*	*22771*	*26855*	*29933*	*34088*	..	*3472700*	*3518700*	*3013100*	**MONDE**
of which:												*dont:*
EUROPE (5)	3012	3637	4998	6347	7797	8823	10326		987800	1175500	875400	EUROPE (5)
EUROPEAN UNION	1748	2246	3367	4537	5462	6335	7687		750900	882900	689600	UNION EUROPÉENNE
NAFTA	6419	8096	8902	11000	12424	13504	15419		1850600	1867200	1765100	ALENA
ASEAN countries				33	51	322	378		5200	16300	33000	Pays de l'ASEAN

1. Direct investment positions for 1995 are not available.
2. Break in series as from 1996, see methodology in Part III.
3. Investment from foreign subsidiaries in Japan.
4. Excluding countries recorded under the OECD area above.
5. EUROPE = EU + EFTA + Other European Countries.

1. Les données d'encours de 1995 ne sont pas disponibles.
2. Rupture de série à partir de 1996, voir méthodologie en Partie III.
3. Investissements de filiales étrangères au Japon.
4. Ce montant exclut les pays figurant dans la zone OCDE mentionnée ci-dessus.
5. EUROPE = UE + AELE + Autres pays d'Europe.

JAPAN / JAPON

Table 8. DIRECT INVESTMENT ABROAD: OUTWARD POSITION BY COUNTRY
Tableau 8. ENCOURS D'INVESTISSEMENT DIRECT À L'ÉTRANGER: PAR PAYS
year-end - fin d'année

US$ million	1988	1989	1990	1991	1992	1993	1994	1995[1]	1996[2]	1997	1998 p	ZONE DE L'OCDE
OECD AREA	*118687*	*172378*	*218163*	*249586*	*273557*	*298986*	*325398*	..	*18082700*	*23780700*	*20667000*	*ZONE DE L'OCDE*
Australia	8138	12394	16063	18613	20763	22667	23932	:	1067500	1527600	974500	Australie
Austria	108	126	164	219	231	276	317	:	:	:	:	Autriche
Belgium-Luxembourg	6755	7735	8326	8814	8163	8342	9215	:	699700	567900	488900	Belgique-Luxembourg
Canada	3231	4593	5657	6454	7207	7769	8261	:	411200	613800	456600	Canada
Czech Republic	:	:	:	:	4	11	4	:	:	:	:	République Tchèque
Denmark	:	:	:	:	66	66	66	:	:	:	:	Danemark
Finland	:	:	:	:	25	26	30	:	:	:	:	Finlande
France	1763	2899	4156	4973	5429	5974	6392	:	175700	362200	352700	France
Germany	2365	3448	4690	5805	6574	7334	8061	:	489100	703100	542700	Allemagne
Greece	97	97	101	102	102	105	105	:	:	:	:	Grèce
Hungary	:	:	:	221	224	297	338	:	:	:	:	Hongrie
Iceland	:	:	:	:	7	8	8	:	:	:	:	Islande
Ireland	432	565	614	716	829	1298	1641	:	54900	90400	81600	Irlande
Italy	369	683	900	1222	1438	1626	1798	:	:	:	:	Italie
Korea	3248	3854	4138	4398	4623	4868	5268	:	401800	1147300	474600	Corée
Mexico	1670	1706	1874	2067	2127	2180	2793	:	:	132100	121000	Mexique
Netherlands	5525	10072	12816	14776	16222	18397	19447	:	978900	1053100	1069400	Pays-Bas
New Zealand	593	694	925	1161	1228	1262	1376	:	79500	90400	66900	Nouvelle-Zélande
Norway	230	510	648	817	903	990	1010	:	:	:	:	Norvège
Poland	:	:	:	:	5	12	15	:	:	:	:	Pologne
Portugal	40	114	182	192	204	261	263	:	:	:	:	Portugal
Spain	1046	1547	1867	2245	2577	2784	2968	:	111800	120600	112200	Espagne
Sweden	:	:	:	:	91	106	150	:	14200	13400	14700	Suède
Switzerland	1433	1830	2496	2558	2701	3128	3166	:	344100	322100	254400	Suisse
Turkey	126	166	224	254	307	440	515	:	:	:	:	Turquie
United Kingdom	7553	12792	19598	23186	29134	31661	33830	:	2356700	3741200	2857100	Royaume-Uni
United States	71860	104400	130528	148554	162373	177098	194429	:	10941100	13295500	12799700	Etats-Unis
OECD UNALLOCATED	2105	2153	2196	2239	-	-	-	:	-43500	:	:	OCDE NON ATTRIBUES
NON-OECD AREA	*68207*	*82058*	*93185*	*102806*	*112973*	*123569*	*138208*	..	*11915900*	*11553300*	*10549400*	*HORS ZONE-OCDE*
EUROPEAN COUNTRIES (3)	**215**	**234**	**288**	**299**	**357**	**379**	**408**	..	**22800**	**153300**	**116500**	**PAYS D'EUROPE (3)**
of which:												*dont:*
Baltic countries	-	:	:	-	-	:	:		:	:	:	Pays Baltes
Bulgaria	:	:	:	:	1	:	1		:	:	:	Bulgarie
Czechoslovakia	:	:	:	-	-	-	-		-	-	-	Tchécoslovaquie
Romania	:	:	:	:	-	:	:		:	:	:	Roumanie
Russia	-	:	:	:	9	9	9		:	121900	83500	Russie
Slovakia	-	:	:	:	344	366	386		:	:	:	Slovaquie
Slovenia	-	:	:	-	-	-	-		:	:	:	Slovénie
Ukraine	:	:	:	:	:	:	:		:	:	:	Ukraine
USSR	:	:	:	:	-	-	-		:	:	:	URSS

Millions de dollars des EU / *Japanese Yen million / Millions de yens japonais*

JAPAN / JAPON

Table 8. DIRECT INVESTMENT ABROAD: *OUTWARD POSITION BY COUNTRY*
Tableau 8. ENCOURS D'INVESTISSEMENT DIRECT À L'ÉTRANGER: *PAR PAYS*

year-end - fin d'année

US$ million / Millions de dollars des EU	1988	1989	1990	1991	1992	1993	1994	1995 [1]	Japanese Yen million / Millions de yens japonais 1996 [2]	1997	1998 p	
AFRICA	-54	-26	-6	35	1040	1076	1083	..	5600	33200	103800	**AFRIQUE**
of which:												*dont:*
Algeria	..	..	..	..	..	..	..	..	..	..	..	Algérie
Egypt	..	..	..	..	..	..	..	..	..	..	..	Égypte
Libya	..	..	..	..	..	..	..	..	..	..	..	Libye
Morocco	..	..	..	..	..	..	..	..	..	..	..	Maroc
South Africa	..	..	..	..	..	..	..	..	5600	33200	60100	Afrique du Sud
LATIN AMERICA-CARIBBEAN (3)	29948	35150	38610	41754	44420	47737	52284	..	60300	713700	1887000	**AMÉRIQUE LATINE-CARAÏBES (3)**
of which:												*dont:*
Argentina	215	218	431	471	490	524	787	..	..	..	..	Argentine
Brazil	5596	5945	6560	6731	7195	7614	8849	..	435600	713700	610400	Brésil
Chile	234	281	311	386	413	416	430	..	..	..	..	Chili
Colombia	..	..	..	..	..	..	..	..	..	..	..	Colombie
Costa Rica	..	..	..	..	..	..	..	..	..	..	..	Costa Rica
Netherlands Antilles	..	..	..	..	..	..	..	..	..	..	..	Antilles néerlandaises
Panama	..	..	..	..	..	..	..	..	..	..	..	Panama
Venezuela	..	..	..	..	..	..	..	..	..	..	..	Vénézuela
NEAR & MIDDLE EAST	3339	3405	3432	3522	4231	4447	4736	..	112100	161900	143200	**PROCHE & MOYEN ORIENT**
of which:												*dont:*
Gulf States	..	..	..	..	..	..	..	..	..	..	114600	Pays du Golfe
of which:												*dont:*
Kuwait	..	..	..	..	..	..	..	..	..	..	..	Koweit
Saudi Arabia	1383	1415	1441	1467	2035	2054	2151	..	..	..	..	Arabie Saoudite
United Arab Emirates	435	441	441	487	535	694	..	..	..	..	..	Émirats Arabes Unis
Iran	..	..	..	..	..	..	..	..	300	200	800	Iran
Israel	..	..	..	..	..	..	..	..	..	..	..	Israël
ASIAN COUNTRIES (3)	28970	36602	43371	49047	55257	61649	70951	..	8778200	8890000	7711500	**PAYS D'ASIE (3)**
of which:												*dont:*
China	2036	2474	2823	3402	4472	6163	8729	..	939200	2760600	2063500	Chine
Chinese Taipei	1790	2284	2730	3135	3427	3719	3997	..	469500	677900	490500	Taipei chinois
Hong Kong	6167	8065	9850	10775	11510	12748	13881	..	1090900	1077800	1061200	Hong Kong
India	62	80	110	124	332	367	462	..	91100	102000	113900	Inde
Indonesia	9804	10435	11540	12733	14409	15222	16981	..	1994000	1027300	1329700	Indonésie
Malaysia	1834	2507	3232	4112	4815	5615	6357	..	666900	611800	511300	Malaisie
Philippines	1120	1322	1580	1783	1943	2150	2817	..	332000	273700	277200	Philippines
Singapore	3813	5715	6555	7168	7837	8481	9535	..	1323300	1429100	1093800	Singapour
Thailand	1992	3268	4422	5229	5887	6465	7184	..	1826900	743500	658700	Thaïlande
UNALLOCATED	5789	6693	7490	8149	7668	8281	8746	..	2936900	1601200	587400	**NON ATTRIBUÉS**
WORLD	186894	254436	311348	352392	386530	422555	463606	..	29998600	35334000	31216400	**MONDE**
of which:												*dont:*
EUROPE (4)	29821	44571	58754	67864	74696	82382	88467	..	5534500	7381000	5979100	EUROPE (4)
EUROPEAN UNION	26053	40078	53414	62250	71085	78256	84283	..	4881000	6651900	5659700	UNION EUROPÉENNE
NAFTA	76761	110699	138059	157075	171707	187047	205483	..	11352300	14041400	13377300	ALENA
ASEAN countries	18563	23247	27329	31025	34891	37933	42874	..	6143100	4085400	3870700	Pays de l'ASEAN

1. Direct investment positions for 1995 are not available.
2. Break in series as from 1996, see methodology in Part III.
3. Excluding countries recorded under the OECD area above.
4. EUROPE = EU + EFTA + Other European Countries.

1. Les données d'encours de 1995 ne sont pas disponibles.
2. Rupture de série à partir de 1996, voir méthodologie en Partie III.
3. Ce montant exclut les pays figurant dans la zone OCDE mentionnée ci-dessus.
4. EUROPE = UE + AELE + Autres pays d'Europe.

KOREA - COREE

Chart 1. **Direct investment flows**
Graphique 1. **Flux d'investissement direct**

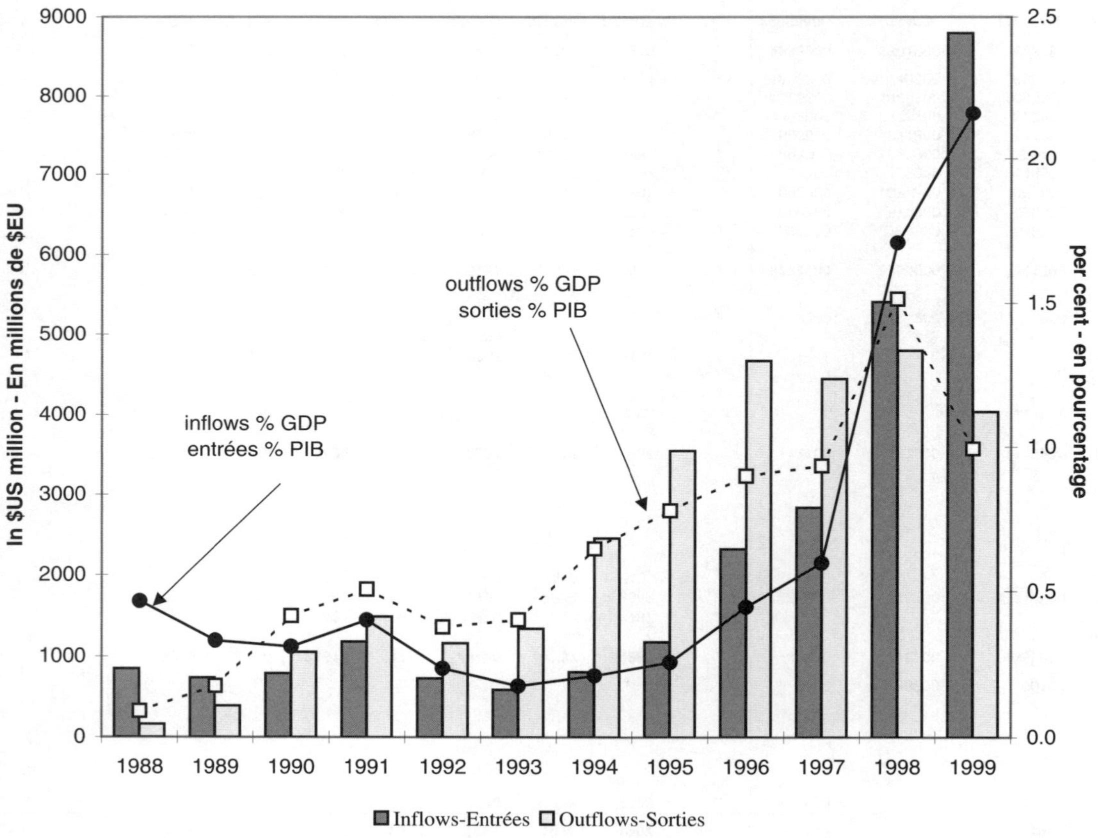

KOREA - COREE

Chart 2. **Direct investment from abroad:** *inflows by country*
Graphique 2. **Investissement direct de l'étranger:** *flux par pays*

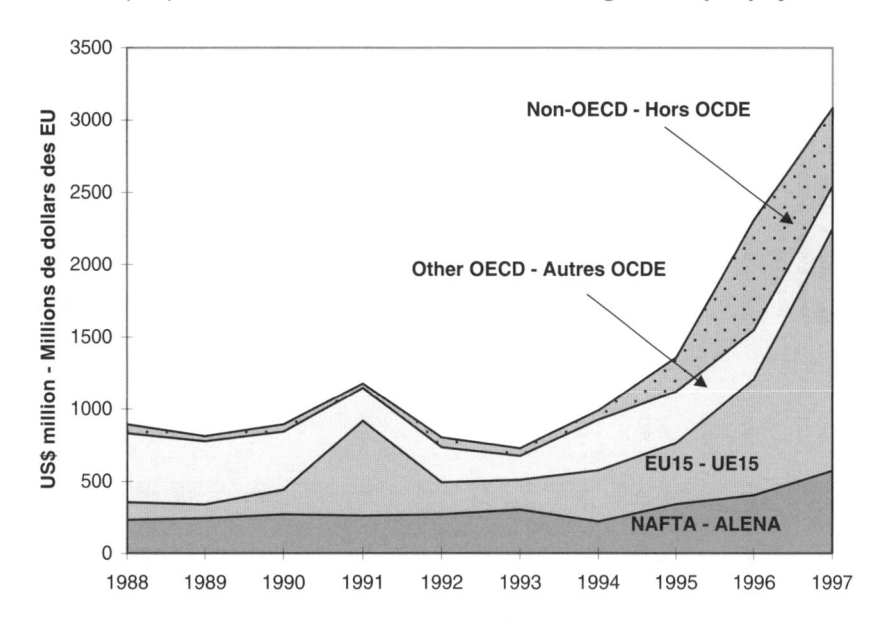

Chart 3. **Direct investment abroad:** *outflows by country*
Graphique 3. **Investissement direct à l'étranger:** *flux par pays*

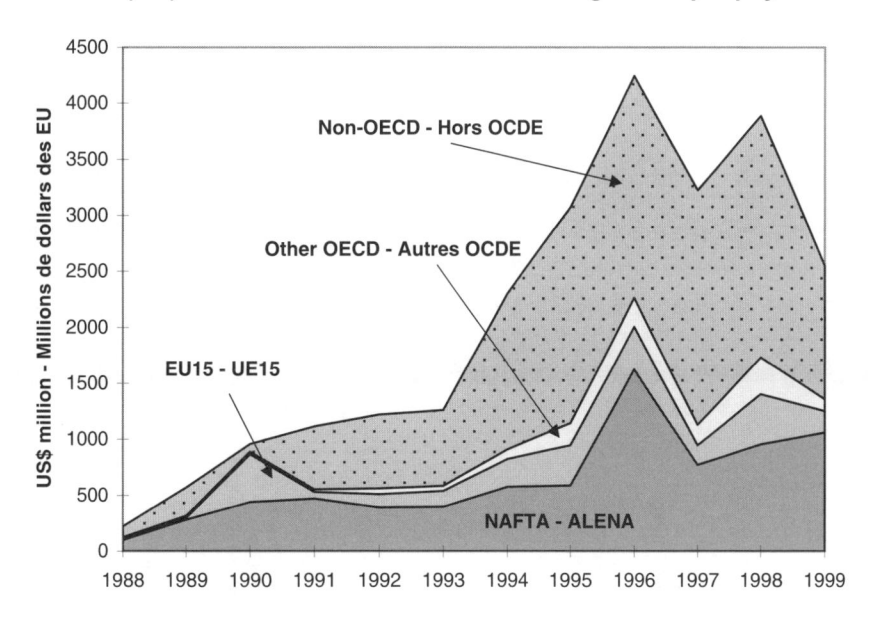

Note: Total OECD = EU15 + NAFTA + Other OECD. **Note**: Total OCDE = UE15 + ALENA + Autres OCDE.

KOREA   **COREE**

Table 1. DIRECT INVESTMENT FROM ABROAD: INFLOWS BY INDUSTRIAL SECTOR
Tableau 1. INVESTISSEMENT DIRECT DE L'ÉTRANGER: FLUX PAR SECTEUR INDUSTRIEL

US$ million   Millions de dollars des EU

	1988	1989	1990	1991	1992	1993	1994	1995	1996	1997	1998	1999 p	
Agriculture & fishing	5	-	5	-	-	-	-	1	-	35	163	..	**Agriculture & pêche**
Mining & quarrying	1	-	1	-	2	-	-	-	1	16	21	..	**Mines & exploitation**
of which: Extraction of petroleum and gas	..	..	..	..	..	..	..	..	..	..	..	..	dont: Extraction de pétrole et gaz
Manufacturing	565	507	596	941	605	492	351	586	1297	1833	2863	..	**Manufacture**
of which:													dont:
Food products	33	40	31	16	109	14	5	14	42	464	630	..	Produits alimentaires
Textile and wood activities	23	24	14	27	17	15	31	50	79	317		..	Activités du textile et du bois
Petroleum, chemical, rubber and plastic products	135	141	215	631	262	279	146	224	472	346	798	..	Pétrole, produits chimiques, caoutchouc et mat. plastiques
Metal and mechanical products	86	78	89	115	70	27	79	97	148	107	537	..	Produits métallurgiques et mécaniques
Office machinery, computers, radio, TV and communication equipment	222	110	88	108	57	26	37	138	281	219	256	..	Machines de bureau, ordinateurs, radio, téléviseurs et équipement de communication
Vehicles and other transport equipment	44	105	138	23	34	83	31	46	250	358	160	..	Véhicules et autres équipements de transport
Electricity, gas & water	-	..	-	-	-	-	26	-	-	-	-	..	**Electricité, gaz & eau**
Construction	-	..	-	2	-	-	7	12	32	48	5	..	**Construction**
Trade & repairs	7	22	29	57	66	90	119	166	441	452	779	..	**Commerce & réparation**
Hotels & restaurants	217	..	65	39	20	86	212	55	118	100	6	..	**Hôtels & restaurants**
Transport & communication	..	..	..	..	..	..	..	..	..	..	6	..	**Transport & communication**
of which:													dont:
Land, sea and air transport	1	..	5	2	1	1	2	3	120	30	6	..	Transport terrestre, maritime et aérien
Telecommunications	..	..	..	..	..	..	..	..	..	..	..	..	Télécommunications
Financial activities	86	49	157	72	46	33	203	356	178	302	544	..	**Activités financières**
of which:													dont:
Monetary institutions	..	..	..	..	..	..	..	..	..	..	..	..	Institutions monétaires
Other financial institutions	..	..	..	..	..	..	..	..	..	..	..	..	Autres institutions financières
of which: Financial holding companies	..	..	..	..	..	..	..	..	..	..	..	..	dont: Sociétés holding financières
Insurance & activities auxiliary to insurance	6	51	19	44	44	9	8	54	16	1	73	..	Assurances & activités auxiliaires
Other financial institutions and insurance activities	..	..	..	..	..	..	..	..	..	..	..	..	Autres activités d'institutions financières et d'assurances
Real estate & business activities	..	..	..	..	..	..	..	..	6	..	1	..	**Activités d'entreprise & immobilier**
of which: Real estate	..	..	..	..	..	..	..	..	..	..	..	..	dont: Immobilier
Other services	7	6	20	19	20	18	63	113	104	263	820	..	**Autres services**
Unallocated	7	230	23	45	45	10	10	68	132	37	-	..	Non attribués
TOTAL	894	812	895	1177	803	728	991	1357	2309	3086	5209	..	**TOTAL**
of which:													dont:
PRIMARY	6	-	6	-	2	-	-	1	1	51	184	..	PRIMAIRE
MANUFACTURING	565	507	596	941	605	492	351	586	1297	1833	2863	..	MANUFACTURE
SERVICES	316	76	271	190	151	226	630	703	879	1165	2162	..	SERVICES

KOREA / CORÉE

Table 2. **DIRECT INVESTMENT ABROAD:** *OUTFLOWS BY INDUSTRIAL SECTOR*
Tableau 2. **INVESTISSEMENT DIRECT À L'ÉTRANGER:** *FLUX PAR SECTEUR INDUSTRIEL*

US$ million / *Millions de dollars des EU*

	1988	1989	1990	1991	1992	1993	1994	1995	1996	1997	1998	1999 p	
Agriculture & fishing	14	73	33	15	28	..	..	16	11	14	13	6	**Agriculture & pêche**
Mining & quarrying	65	76	152	123	150	145	112	75	222	212	95	118	**Mines & exploitation**
of which: Extraction of petroleum and gas	..	..	..	..	..	12	10	..	..	..	..	..	*dont*: Extraction de pétrole et gaz
Manufacturing	82	279	482	603	651	549	1485	1991	2237	1431	1744	1323	**Manufacture**
of which:													*dont:*
Food products	5	10	65	11	32	14	34	95	127	31	35	68	Produits alimentaires
Textile and wood activities	30	47	..	121	148	122	230	268	238	200	111	190	Activités du textile et du bois
Petroleum, chemical, rubber and plastic products	15	29	79	63	106	59	106	135	151	110	144	195	Pétrole, produits chimiques, caoutchouc et mat. plastiques
Metal and mechanical products	28	173	206	288	273	..	..	1169	1396	938	1269	462	Produits métallurgiques et mécaniques
Office machinery, computers, radio, TV and communication equipment	..	..	..	..	..	..	..	..	..	..	..	330	Machines de bureau, ordinateurs, radio, téléviseurs et équipement de communication
Vehicles and other transport equipment	..	..	..	..	..	..	..	..	..	..	..	78	Véhicules et autres équipements de transport
Electricity, gas & water	..	..	..	..	..	..	..	..	..	..	..	..	**Electricité, gaz & eau**
Construction	6	13	5	13	-	20	64	80	86	77	86	44	**Construction**
Trade & repairs	42	61	230	228	303	402	492	295	..	441	1601	772	**Commerce & réparation**
Hotels & restaurants	..	..	..	..	..	..	..	..	945	..	..	59	**Hôtels & restaurants**
Transport & communication	1	2	2	3	10	6	11	36	15	76	18	78	**Transport & communication**
of which:													*dont:*
Land, sea and air transport	..	..	..	..	..	..	..	..	..	..	..	53	Transport terrestre, maritime et aérien
Telecommunications	..	..	..	..	..	..	..	..	..	..	..	25	Télécommunications
Financial activities	..	..	..	..	..	..	..	..	..	..	..	..	**Activités financières**
of which:													*dont:*
Monetary institutions	..	..	..	..	..	..	..	..	..	..	..	..	Institutions monétaires
Other financial institutions	..	..	..	..	..	..	..	..	..	..	..	..	Autres institutions financières
of which: Financial holding companies	..	..	..	..	..	..	..	..	..	..	..	..	*dont*: Sociétés holding financières
Insurance & activities auxiliary to insurance	..	..	..	..	..	..	..	..	..	..	..	..	Assurances & activités auxiliaires
Other financial institutions and insurance activities	..	..	..	..	..	..	..	..	..	..	..	..	Autres activités d'institutions financières et d'assurances
Real estate & business activities	7	..	..	..	37	..	..	..	..	..	..	149	**Activités d'entreprise & immobilier**
of which: Real estate	7	..	..	..	37	..	..	..	..	..	..	..	*dont*: Immobilier
Other services	5	66	55	124	75	128	125	579	729	974	331	-	**Autres services**
Unallocated	-	-	-	6	-35	12	10	-	-	-1	-	2	Non attribués
TOTAL	223	570	959	1115	1219	1262	2299	3071	4246	3224	3887	2549	**TOTAL**
of which:													*dont:*
PRIMARY	79	149	185	138	178	145	112	91	233	226	108	124	**PRIMAIRE**
MANUFACTURING	82	279	482	603	651	549	1485	1991	2237	1431	1744	1323	**MANUFACTURE**
SERVICES	62	142	291	368	425	556	693	990	1775	1568	2036	1101	**SERVICES**

KOREA

COREE

Table 3. **DIRECT INVESTMENT FROM ABROAD:** *INFLOWS BY COUNTRY*
Tableau 3. **INVESTISSEMENT DIRECT DE L'ÉTRANGER:** *FLUX PAR PAYS*

US$ million

Millions de dollars des EU

	1988	1989	1990	1991	1992	1993	1994	1995	1996	1997	1998 p	
OECD AREA	***833***	***777***	***844***	***1146***	***736***	***675***	***928***	***1122***	***1547***	***2547***	..	***ZONE DE L'OCDE***
Australia	-	-	-	-	-	1	-	2	7	5	..	Australie
Austria	-	-	-	1	1	-	-	1	-	1	..	Autriche
Belgium-Luxembourg	1	1	2	5	5	3	6	22	-	2	..	Belgique-Luxembourg
Canada	1	1	7	1	3	2	-	1	10	183	..	Canada
Czech Republic	-	-	-	-	-	-	-	-	-	-	..	République Tchèque
Denmark	4	-	4	3	2	15	7	17	1	10	..	Danemark
Finland	-	-	3	6	-	-	-	2	-	3	..	Finlande
France	30	11	18	42	50	44	54	33	90	501	..	France
Germany	30	43	80	102	67	35	49	46	47	397	..	Allemagne
Greece	-	-	-	-	-	-	-	2	-	-	..	Grèce
Hungary	-	-	-	-	-	-	-	-	-	-	..	Hongrie
Iceland	-	-	-	-	-	-	-	-	-	-	..	Islande
Ireland	-	-	-	-	-	-	-	-	-	-	..	Irlande
Italy	-	2	4	-	2	1	124	116	359	331	..	Italie
Japan	443	399	366	204	174	157	345	337	277	10	..	Japon
Mexico	-	-	-	-	-	-	-	-	3	275	..	Mexique
Netherlands	40	17	19	426	71	58	91	124	252	316	..	Pays-Bas
New Zealand	-	2	5	-	1	-	-	2	2	-	..	Nouvelle-Zélande
Norway	-	-	1	-	1	-	-	-	1	1	..	Norvège
Poland	-	-	-	-	-	-	-	-	-	-	..	Pologne
Portugal	..	-	-	..	-	-	-	:	-	-	..	Portugal
Spain	:	-	-	:	-	1	-	:	-	-	..	Espagne
Sweden	3	3	4	14	10	3	-	11	5	14	..	Suède
Switzerland	33	35	29	22	68	8	6	12	50	53	..	Suisse
Turkey	-	-	-	-	-	-	-	-	-	-	..	Turquie
United Kingdom	13	17	37	58	13	44	22	50	48	94	..	Royaume-Uni
United States	234	244	265	262	268	303	223	342	393	391	..	Etats-Unis
OECD UNALLOCATED	-	-	1	1	-1	-2	-	2	2	-40	..	OCDE NON ATTRIBUES
NON-OECD AREA	***61***	***35***	***51***	***31***	***67***	***53***	***63***	***235***	***762***	***539***	..	***HORS ZONE-OCDE***
EUROPEAN COUNTRIES (1)	-	-	-	-	-	-	-	-	-	-	..	**PAYS D'EUROPE (1)**
of which:												*dont:*
Baltic countries	-	:	:	:	:	:	:	:	:	:	..	Pays Baltes
Bulgaria	:	:	:	:	:	:	:	:	:	:	..	Bulgarie
Czechoslovakia	:	:	:	:	:	:	:	:	:	:	..	Tchécoslovaquie
Romania	:	:	:	:	:	:	:	:	:	:	..	Roumanie
Russia	:	:	:	:	:	:	:	:	:	:	..	Russie
Slovakia	:	:	:	:	:	:	:	:	:	:	..	Slovaquie
Slovenia	:	:	:	:	:	:	:	:	:	:	..	Slovénie
Ukraine	:	:	:	:	:	:	:	:	:	:	..	Ukraine
USSR	:	:	:	:	:	:	:	:	:	:	..	URSS

KOREA / CORÉE

Table 3. **DIRECT INVESTMENT FROM ABROAD:** *INFLOWS BY COUNTRY*
Tableau 3. **INVESTISSEMENT DIRECT DE L'ÉTRANGER:** *FLUX PAR PAYS*

US$ million / Millions de florins

	1988	1989	1990	1991	1992	1993	1994	1995	1996	1997	1998 p	
AFRICA	-	1	-	-	-	-	-	-	-	-	..	**AFRIQUE**
of which:												*dont:*
Algeria	..	..	..	..	..	..	..	..	..	..	..	Algérie
Egypt	..	..	..	..	..	..	..	..	..	..	..	Egypte
Libya	..	..	..	..	..	..	..	..	..	..	..	Libye
Morocco	..	..	..	..	..	..	..	..	..	..	..	Maroc
South Africa	..	..	..	..	..	..	..	..	..	..	..	Afrique du Sud
LATIN AMERICA-CARIBBEAN (1)	9	-	-	10	44	1	6	8	-	-	..	**AMÉRIQUE LATINE-CARAÏBES (1)**
of which:												*dont:*
Argentina	..	..	..	..	..	..	..	..	..	..	..	Argentine
Brazil	..	..	..	..	..	..	..	..	..	..	..	Brésil
Chile	..	..	..	..	..	..	..	5	..	..	..	Chili
Colombia	..	..	..	..	..	..	..	..	..	..	..	Colombie
Costa Rica	..	..	..	..	..	..	..	..	..	..	..	Costa Rica
Netherlands Antilles	..	..	..	..	..	..	..	..	..	..	..	Antilles néerlandaises
Panama	..	..	..	..	..	..	..	..	..	..	..	Panama
Venezuela	..	..	..	..	..	..	..	..	..	..	..	Vénézuela
NEAR & MIDDLE EAST	4	1	-	3	4	-	10	-	1	3	..	**PROCHE & MOYEN ORIENT**
of which:												*dont:*
Gulf States	..	..	..	..	..	..	..	..	..	..	..	Pays du Golfe
of which:												*dont:*
Kuwait	..	..	..	..	..	..	10	..	..	..	..	Koweït
Saudi Arabia	1	..	..	..	..	..	..	..	..	..	..	Arabie Saoudite
United Arab Emirates	..	..	..	..	..	..	..	..	..	..	..	Émirats Arabes Unis
Iran	..	..	..	..	..	..	..	..	..	..	..	Iran
Israel	..	..	..	..	..	..	..	..	..	..	..	Israël
ASIAN COUNTRIES (1)	19	19	33	10	14	11	39	228	726	501	..	**PAYS D'ASIE (1)**
of which:												*dont:*
China	-	-	-	1	3	2	2	7	-	2	..	Chine
Chinese Taipei	-	1	1	-	-	-	1	8	4	1	..	Taipei chinois
Hong Kong	19	13	19	6	9	6	13	23	15	24	..	Hong Kong
India	-	-	-	-	-	-	-	-	1	4	..	Inde
Indonesia	-	-	-	-	-	-	-	-	-	-	..	Indonésie
Malaysia	-	-	-	-	-	-	5	120	666	431	..	Malaisie
Philippines	-	-	-	-	-	-	-	-	-	-	..	Philippines
Singapore	5	5	13	3	2	3	7	70	40	39	..	Singapour
Thailand	-	-	-	-	-	-	-	-	-	-	..	Thaïlande
UNALLOCATED	29	13	18	8	5	41	8	-1	35	35	..	**NON ATTRIBUÉS**
WORLD	**894**	**812**	**895**	**1177**	**803**	**728**	**991**	**1357**	**2309**	**3086**	..	**MONDE**
of which:												*dont:*
EUROPE (2)	156	130	200	678	291	251	360	436	862	1734	..	EUROPE (2)
EUROPEAN UNION	121	95	171	656	221	205	354	424	805	1679	..	UNION EUROPÉENNE
NAFTA	235	245	272	263	271	305	223	343	403	574	..	ALENA
ASEAN countries	5	5	13	3	2	3	12	190	707	474	..	Pays de l'ASEAN

1. Excluding countries recorded under the OECD area above.
2. EUROPE = EU + EFTA + Other European Countries.

1. Ce montant exclut les pays figurant dans la zone OCDE mentionnée ci-dessus.
2. EUROPE = UE + AELE + Autres pays d'Europe.

KOREA / COREE

Table 4. DIRECT INVESTMENT ABROAD: *OUTFLOWS BY COUNTRY*
Tableau 4. INVESTISSEMENT DIRECT À L'ÉTRANGER: *FLUX PAR PAYS*

US$ million / Millions de dollars des EU

	1988	1989	1990	1991	1992	1993	1994	1995	1996	1997	1998	1999 p	
OECD AREA	**126**	**317**	**889**	**554**	**563**	**586**	**909**	**1143**	**2265**	**1129**	**1732**	**1356**	**ZONE DE L'OCDE**
Australia	1	5	15	9	16	32	18	31	52	64	100	25	Australie
Austria	..	..	..	..	..	..	..	..	..	..	..	-	Autriche
Belgium-Luxembourg	..	..	..	..	..	..	..	..	..	..	..	33	Belgique-Luxembourg
Canada	3	114	92	68	44	6	42	12	19	10	36	19	Canada
Czech Republic	-	-	-	-	..	..	..	..	..	..	..	..	République Tchèque
Denmark	-	-	..	..	..	..	..	..	..	..	..	..	Danemark
Finland	-	-	..	..	..	..	..	..	..	..	..	..	Finlande
France	2	1	3	7	30	35	46	52	13	11	34	14	France
Germany	2	2	4	14	32	77	123	66	83	93	19	29	Allemagne
Greece	..	..	..	..	..	..	..	..	..	..	..	..	Grèce
Hungary	-	1	-	3	4	7	5	20	1	9	..	5	Hongrie
Iceland	..	..	..	..	..	..	..	..	..	..	..	..	Islande
Ireland	5	..	..	..	..	..	..	..	..	..	..	..	Irlande
Italy	-	-	-	5	1	5	46	12	4	2	37	16	Italie
Japan	7	10	7	12	28	6	58	105	81	64	23	48	Japon
Mexico	..	-	-	11	..	5	9	40	38	33	47	8	Mexique
Netherlands	..	..	402	1	8	-	6	159	63	11	46	6	Pays-Bas
New Zealand	..	..	..	..	4	-	-	2	6	3	2	1	Nouvelle-Zélande
Norway	..	..	..	..	..	..	..	..	..	..	..	..	Norvège
Poland	..	..	..	1	-	1	5	38	121	45	204	8	Pologne
Portugal	..	4	..	..	..	..	..	..	..	..	..	6	Portugal
Spain	..	..	..	..	..	..	..	..	..	..	..	1	Espagne
Sweden	..	..	..	..	..	..	..	..	..	..	..	..	Suède
Switzerland	..	3	..	..	..	..	..	..	..	..	..	3	Suisse
Turkey	..	..	..	..	..	..	..	..	..	..	..	15	Turquie
United Kingdom	11	8	19	33	49	27	26	71	218	56	311	87	Royaume-Uni
United States	96	169	346	391	347	384	525	535	1568	729	874	1033	Etats-Unis
OECD UNALLOCATED	1	-	-	1	-	1	-	-	-	-	-	-1	OCDE NON ATTRIBUÉS
NON-OECD AREA	**97**	**253**	**70**	**561**	**656**	**676**	**1390**	**1928**	**1981**	**2095**	**2155**	**1193**	**HORS ZONE-OCDE**
EUROPEAN COUNTRIES (1)	**-**	**-**	**-**	**27**	**-4**	**-8**	**171**	**226**	**158**	**229**	**369**	**..**	**PAYS D'EUROPE (1)**
of which:													*dont:*
Baltic countries	..	..	..	..	..	..	..	..	..	..	..	..	Pays Baltes
Bulgaria	..	..	..	..	..	..	..	..	..	..	..	3	Bulgarie
Czechoslovakia	..	..	..	..	..	..	..	..	..	..	..	..	Tchécoslovaquie
Romania	-	-	-	-	..	..	51	106	-	53	-	25	Roumanie
Russia	-	-	-	17	3	3	12	31	41	8	35	1	Russie
Slovakia	-	-	-	-	..	..	..	..	..	..	..	..	Slovaquie
Slovenia	-	-	-	-	..	..	..	..	..	..	..	..	Slovénie
Ukraine	-	-	-	-	..	..	..	..	..	..	..	2	Ukraine
USSR	..	..	..	..	..	..	..	..	..	..	..	-	URSS

KOREA / COREE

Table 4. **DIRECT INVESTMENT ABROAD:** *OUTFLOWS BY COUNTRY*
Tableau 4. **INVESTISSEMENT DIRECT À L'ÉTRANGER:** *FLUX PAR PAYS*

US$ million / Millions de dollars des EU

	1988	1989	1990	1991	1992	1993	1994	1995	1996	1997	1998	1999 p	
AFRICA	1	8	27	18	29	31	114	42	12	109	81	18	**AFRIQUE**
of which:													*dont:*
Algeria	::	::	10	15	21	20	5	::	-	31	10	1	Algérie
Egypt	::	-	15	3	6	9	8	20	8	19	8	-	Egypte
Libya	::	::	::	::	::	::	::	::	::	::	::	::	Libye
Morocco	::	1	::	::	::	::	::	::	::	::	::	::	Maroc
South Africa	::	::	::	::	::	::	::	::	::	::	::	::	Afrique du Sud
LATIN AMERICA-CARIBBEAN (1)	14	55	67	31	37	39	40	79	219	225	158	::	**AMÉRIQUE LATINE-CARAIBES (1)**
of which:													*dont:*
Argentina	1	4	-	4	10	16	7	11	9	3	38	12	Argentine
Brazil	::	::	-	-	::	::	-	19	50	48	35	27	Brésil
Chile	1	-	::	::	::	::	::	::	::	::	::	1	Chili
Colombia	::	2	::	::	::	::	::	::	::	::	::	::	Colombie
Costa Rica	::	::	::	::	::	::	::	::	::	::	::	::	Costa Rica
Netherlands Antilles	::	::	::	::	::	::	::	::	::	::	::	::	Antilles néerlandaises
Panama	::	::	7	11	16	6	9	17	7	4	18	19	Panama
Venezuela	::	::	-	::	::	1	-	-	8	43	-	-	Vénézuela
NEAR & MIDDLE EAST	41	32	40	59	75	86	38	32	26	69	6	1	**PROCHE & MOYEN ORIENT**
of which:													*dont:*
Gulf States	::	::	::	::	::	::	::	::	::	::	::	::	Pays du Golfe
of which:													*dont:*
Kuwait	::	::	::	::	::	::	::	::	::	::	::	::	Koweit
Saudi Arabia	::	::	::	::	-	::	1	1	-	-	1	1	Arabie Saoudite
United Arab Emirates	::	::	::	::	::	::	1	1	::	::	::	::	Émirats Arabes Unis
Iran	::	::	::	::	::	::	::	::	::	::	::	::	Iran
Israel	::	::	::	::	::	::	::	::	::	::	::	::	Israël
ASIAN COUNTRIES (1)	38	119	290	416	492	-6	1023	1548	1558	1440	1525	1024	**PAYS D'ASIE (1)**
of which:													*dont:*
China	::	6	16	42	141	264	632	824	836	633	630	308	Chine
Chinese Taipei	::	-	2	4	5	1	5	3	13	8	3	5	Taipei chinois
Hong Kong	4	13	5	13	44	31	46	86	98	52	278	223	Hong Kong
India	-	1	1	3	3	1	43	14	150	105	113	14	Inde
Indonesia	20	75	164	170	164	59	68	200	154	178	75	97	Indonésie
Malaysia	1	3	18	::	24	24	20	114	44	17	21	14	Malaisie
Philippines	1	3	32	48	20	14	45	57	49	31	65	60	Philippines
Singapore	-	-	3	5	13	4	4	22	55	11	128	170	Singapour
Thailand	10	9	13	32	26	37	27	22	24	186	93	7	Thaïlande
UNALLOCATED	2	38	-354	11	28	534	4	2	8	24	16	150	**NON ATTRIBUÉS**
WORLD	***223***	***570***	***959***	***1115***	***1219***	***1262***	***2299***	***3071***	***4246***	***3224***	***3887***	***2549***	***MONDE***
of which:													*dont:*
EUROPE (2)	19	20	429	90	144	190	428	644	661	456	1020	253	EUROPE (2)
EUROPEAN UNION	19	15	429	60	120	144	247	360	381	173	447	192	UNION EUROPÉENNE
NAFTA	99	283	438	470	391	395	576	587	1624	772	957	1060	ALENA
ASEAN countries	32	90	229	256	248	138	254	594	423	533	431	::	Pays de l'ASEAN

1. Excluding countries recorded under the OECD area above.
2. EUROPE = EU + EFTA + Other European Countries.

1. Ce montant exclut les pays figurant dans la zone OCDE mentionnée ci-dessus.
2. EUROPE = UE + AELE + Autres pays d'Europe.

KOREA - COREE [1]

Chart 5. **Outward direct investment position**
Graphique 5. **Encours d'investissement direct à l'étranger**

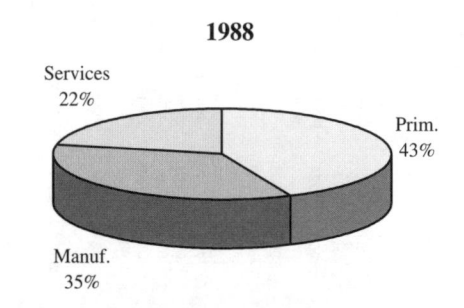

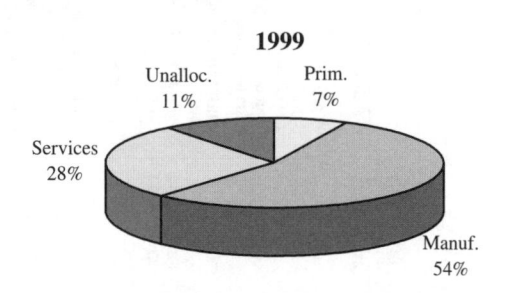

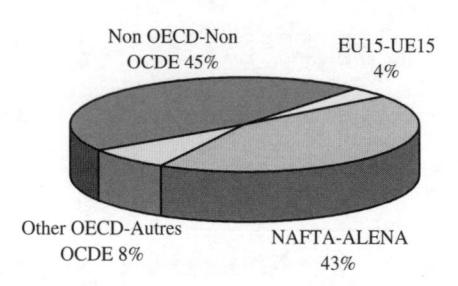

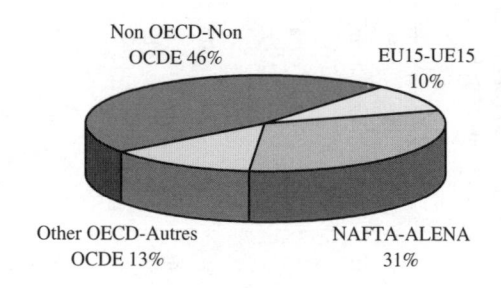

1988

Services 22%
Prim. 43%
Manuf. 35%

Non OECD-Non OCDE 45%
EU15-UE15 4%
Other OECD-Autres OCDE 8%
NAFTA-ALENA 43%

1999

Unalloc. 11%
Prim. 7%
Services 28%
Manuf. 54%

Non OECD-Non OCDE 46%
EU15-UE15 10%
Other OECD-Autres OCDE 13%
NAFTA-ALENA 31%

1. Inward direct investment positions are not available.
Note: Prim. = primary sector, **Manuf.** = manufacturing.

1. Les encours en provenance de l'étranger ne sont pas disponibles.
Note: Prim. = secteur primaire, **Manuf.** = manufacture.

KOREA

COREE

Table 6. **DIRECT INVESTMENT ABROAD:** *OUTWARD POSITION BY INDUSTRIAL SECTOR*
Tableau 6. **ENCOURS D'INVESTISSEMENT DIRECT À L'ÉTRANGER:** *PAR SECTEUR INDUSTRIEL*

year-end - fin d'année

US$ million / Millions de dollars des EU

	1988	1989	1990	1991	1992	1993	1994	1995	1996	1997	1998	1999 p	
Agriculture & fishing	78	138	165	176	201	203	184	168	175	185	235	240	**Agriculture & pêche**
Mining & quarrying	411	407	447	510	580	635	676	701	906	1104	1213	1330	**Mines & exploitation**
of which: Extraction of petroleum and gas	..	..	..	..	..	..	..	..	..	..	..	..	*dont:* Extraction de pétrole et gaz
Manufacturing	396	595	1061	1647	2274	2951	4160	6012	7744	8784	11205	12272	**Manufacture**
of which:													*dont:*
Food products	9	17	80	91	123	135	168	235	349	379	398	470	Produits alimentaires
Textile and wood activities	57	103	194	313	450	547	745	977	1121	1245	1419	1454	Activités du textile et du bois
Petroleum, chemical, rubber and plastic products	46	74	179	257	360	447	622	804	1101	1338	1589	1296	Pétrole, produits chimiques, caoutchouc et mat. plastiques
Metal and mechanical products	243	340	528	801	1066	1236	2058	3201	4488	4853	1453	1838	Produits métallurgiques et mécaniques
Office machinery, computers, radio, TV and communication equipment	..	..	..	..	..	..	..	..	..	..	4337	5233	Machines de bureau, ordinateurs, radio, téléviseurs et équipement de communication
Vehicles and other transport equipment	..	..	..	..	..	..	..	..	..	..	2009	1266	Véhicules et autres équipements de transport
Electricity, gas & water	..	..	..	..	..	..	..	..	..	..	..	..	**Electricité, gaz & eau**
Construction	37	50	52	63	61	81	138	211	299	367	424	467	**Construction**
Trade & repairs	134	191	413	643	941	1332	1758	1995	2819	3248	4448	5478	**Commerce & réparation**
Hotels & restaurants	..	..	..	..	..	..	..	..	..	..	..	..	**Hôtels & restaurants**
Transport & communication	3	5	7	15	24	30	41	77	98	165	874	243	**Transport & communication**
of which:													*of which:*
Land, sea and air transport	..	..	..	..	..	..	..	..	..	..	..	..	Transport terrestre, maritime et aérien
Telecommunications	..	..	..	..	..	..	..	..	..	..	..	..	Télécommunications
Financial activities	..	..	..	..	..	..	..	..	..	..	..	..	**Activités financières**
of which:													*dont:*
Monetary institutions	..	..	..	..	..	..	..	..	..	..	..	..	Institutions monétaires
Other financial institutions	..	..	..	..	..	..	..	..	..	..	..	..	Autres institutions financières
of which: Financial holding companies	..	..	..	..	..	..	..	..	..	..	..	..	*dont:* Sociétés holding financières
Insurance & activities auxiliary to insurance	..	..	..	..	..	..	..	..	..	..	..	..	Assurances & activités auxiliaires
Other financial institutions and insurance activities	..	..	..	..	..	..	..	..	..	..	..	..	Autres activités d'institutions financières et d'assurances
Real estate & business activities	34	34	38	48	85	146	153	272	283	285	..	..	**Activités d'entreprise & immobilier**
of which: Real estate	34	34	38	48	85	146	153	272	283	285	..	..	*dont:* Immobilier
Other services	36	101	155	273	343	411	514	1063	1763	2693	..	..	**Autres services**
Unallocated	-	-	-	-	-	-200	-	-	-291	-285	1889	2407	Non attribués
TOTAL	1130	1522	2339	3376	4510	5588	7623	10500	13796	16546	20288	22437	**TOTAL**
of which:													*dont:*
PRIMARY	489	546	612	686	782	838	861	869	1081	1289	1448	1570	PRIMAIRE
MANUFACTURING	396	595	1061	1647	2274	2951	4160	6012	7744	8784	11205	12272	MANUFACTURE
SERVICES	244	382	665	1042	1454	1999	2603	3619	5262	6758	5746	6188	SERVICES

247

KOREA / **COREE**

Table 8. **DIRECT INVESTMENT ABROAD:** *OUTWARD POSITION BY COUNTRY*
Tableau 8. **ENCOURS D'INVESTISSEMENT DIRECT À L'ÉTRANGER:** *PAR PAYS*
year-end - fin d'année

US$ million / Millions de dollars des EU

	1988	1989	1990	1991	1992	1993	1994	1995	1996	1997	1998	1999 p	
OECD AREA	**618**	**852**	**1353**	**1900**	**2482**	**3005**	**3846**	**4992**	**6571**	**7307**	**9260**	**12008**	**ZONE DE L'OCDE**
Australia	59	62	76	82	93	125	142	167	218	277	350	401	Australie
Austria	..	..	..	..	..	..	4	4	10	13	18	18	Autriche
Belgium-Luxembourg	..	..	..	..	..	..	..	..	22	23	23	44	Belgique-Luxembourg
Canada	92	206	299	366	404	409	433	445	269	279	313	331	Canada
Czech Republic	..	..	..	..	6	12	15	4	10	10	23	23	République Tchèque
Denmark	..	..	..	..	..	..	..	..	..	..	..	-	Danemark
Finland	..	..	..	..	..	..	..	..	..	..	..	-	Finlande
France	4	5	8	16	46	80	124	171	176	186	219	233	France
Germany	12	14	17	32	64	137	225	288	370	442	460	474	Allemagne
Greece	..	..	..	..	..	..	..	..	..	..	..	-	Grèce
Hungary	..	..	1	4	8	15	20	40	41	50	78	82	Hongrie
Iceland	..	..	..	..	..	..	..	..	..	..	..	-	Islande
Ireland	5	5	23	25	25	25	25	25	25	26	49	47	Irlande
Italy	..	..	1	5	6	11	21	31	35	37	69	70	Italie
Japan	30	40	51	65	128	177	233	451	299	361	383	419	Japon
Mexico	..	..	..	11	12	17	25	65	103	136	183	191	Mexique
Netherlands	..	..	1	..	9	9	15	174	237	248	294	288	Pays-Bas
New Zealand	..	..	..	..	4	1	2	4	9	12	13	13	Nouvelle-Zélande
Norway	..	..	..	..	..	..	..	..	..	..	..	-	Norvège
Poland	..	..	..	1	1	2	7	44	164	208	413	420	Pologne
Portugal	..	..	2	2	7	14	53	52	52	27	45	40	Portugal
Spain	..	4	4	7	8	13	36	46	47	56	100	100	Espagne
Sweden	..	..	..	..	1	1	2	3	3	2	9	10	Suède
Switzerland	..	..	..	..	..	..	1	3	4	13	14	15	Suisse
Turkey	1	3	19	20	21	18	18	18	40	44	44	60	Turquie
United Kingdom	18	26	41	74	123	149	176	247	372	427	737	821	Royaume-Uni
United States	398	486	810	1190	1517	1790	2271	2710	4065	4565	5423	6344	Etats-Unis
OECD UNALLOCATED	-1	-1	1	-1	1	..	1	..	..	-135	..	1564	OCDE NON ATTRIBUES
NON-OECD AREA	**512**	**670**	**986**	**1476**	**2028**	**2583**	**3777**	**5508**	**7225**	**9239**	**11028**	**10429**	**HORS ZONE-OCDE**
EUROPEAN COUNTRIES (1)	..	..	..	**18**	**23**	**41**	**175**	**383**	**281**	**358**	**566**	**582**	**PAYS D'EUROPE (1)**
of which:													dont:
Baltic countries	..	..	..	..	..	..	..	..	..	..	..	..	Pays Baltes
Bulgaria	..	..	..	..	..	..	..	..	..	..	..	..	Bulgarie
Czechoslovakia	..	..	..	..	..	..	..	..	..	22	24	26	Tchécoslovaquie
Romania	..	..	..	..	1	1	51	158	158	211	211	216	Roumanie
Russia	..	..	..	..	22	40	123	212	108	116	132	132	Russie
Slovakia	..	..	..	..	..	..	..	11	11	2	2	2	Slovaquie
Slovenia	..	..	..	..	..	..	..	..	..	..	..	-	Slovénie
Ukraine	..	..	..	18	..	..	..	..	4	7	197	199	Ukraine
USSR	..	..	..	..	..	..	..	..	..	..	..	-	URSS

248

KOREA / COREE

Table 8. DIRECT INVESTMENT ABROAD: OUTWARD POSITION BY COUNTRY
Tableau 8. ENCOURS D'INVESTISSEMENT DIRECT À L'ÉTRANGER: PAR PAYS
year-end - fin d'année

US$ million / Millions de dollars des EU

	1988	1989	1990	1991	1992	1993	1994	1995	1996	1997	1998	1999 p	
AFRICA	**13**	**21**	**45**	**61**	**89**	**117**	**229**	**266**	**274**	**361**	**433**	**461**	**AFRIQUE**
of which:													*dont:*
Algeria	:	:	:	:	:	:	:	:	:	:	:	:	Algérie
Egypt	-	1	13	14	20	27	32	50	59	78	84	84	Égypte
Libya	:	:	:	:	:	:	:	:	:	:	:	:	Libye
Morocco	-	1	2	2	2	2	2	2	2	14	37	37	Maroc
South Africa	:	:	:	:	2	3	4	9	10	11	43	54	Afrique du Sud
LATIN AMERICA-CARIBBEAN (1)	**30**	**86**	**152**	**197**	**222**	**238**	**269**	**334**	**566**	**810**	:	**977**	**AMÉRIQUE LATINE-CARAÏBES (1)**
of which:													*dont:*
Argentina	4	8	8	11	22	36	41	46	54	57	96	108	Argentine
Brazil	2	2	2	4	2	2	1	20	70	117	152	179	Brésil
Chile	4	4	4	4	4	6	8	26	11	14	23	24	Chili
Colombia	:	2	2	3	3	3	4	4	6	6	6	7	Colombie
Costa Rica	:	:	:	:	:	:	:	:	:	:	14	14	Costa Rica
Netherlands Antilles	:	:	:	:	:	:	:	:	:	:	:	:	Antilles néerlandaises
Panama	:	:	:	:	:	:	:	:	:	:	91	103	Panama
Venezuela	:	:	:	:	:	1	1	1	9	45	45	45	Vénézuela
NEAR & MIDDLE EAST	**176**	**129**	**56**	**58**	**70**	**89**	**73**	**103**	**128**	**195**	:	**202**	**PROCHE & MOYEN ORIENT**
of which:													*dont:*
Gulf States	:	:	:	:	:	:	:	:	:	:	:	:	Pays du Golfe
of which:													*dont:*
Kuwait	:	:	:	:	:	:	:	:	:	:	:	-	Koweït
Saudi Arabia	:	:	:	:	:	:	:	:	:	:	31	32	Arabie Saoudite
United Arab Emirates	:	:	:	:	:	:	:	:	:	:	7	7	Émirats Arabes Unis
Iran	-	-	-	-	-	:	-	-	-	13	13	13	Iran
Israel	-	:	:	:	:	:	-	-	-	-	:	-	Israël
ASIAN COUNTRIES (1)	**260**	**378**	**664**	**1076**	**1488**	**2016**	**2971**	**4385**	**6075**	**7492**	:	**9565**	**PAYS D'ASIE (1)**
of which:													*dont:*
China	:	6	22	65	205	476	1108	1918	2685	3292	3932	4135	Chine
Chinese Taipei	:	-	2	6	11	12	15	18	24	29	32	32	Taipei chinois
Hong Kong	16	29	33	46	90	119	161	242	331	378	655	857	Hong Kong
India	-	1	2	5	8	9	53	66	217	322	435	449	Inde
Indonesia	190	264	425	592	777	796	824	946	1071	1222	1293	1368	Indonésie
Malaysia	29	32	50	118	141	164	182	287	301	291	312	318	Malaisie
Philippines	3	6	38	86	106	118	160	215	257	287	322	376	Philippines
Singapore	5	5	8	13	26	31	35	56	110	120	249	402	Singapour
Thailand	12	21	34	65	87	122	145	156	174	355	447	451	Thaïlande
UNALLOCATED	**32**	**56**	**69**	**66**	**136**	**81**	**60**	**37**	**-99**	**23**	**10029**	**-1358**	**NON ATTRIBUÉS**
WORLD	***1130***	***1522***	***2339***	***3376***	***4510***	***5588***	***7623***	***10500***	***13796***	***16546***	***20288***	***22437***	***MONDE***
of which:													*dont:*
EUROPE (2)	42	61	152	243	386	567	955	1553	2108	2499	3166	3327	EUROPE (2)
EUROPEAN UNION	40	54	96	162	288	440	680	1041	1349	1487	2023	2148	UNION EUROPÉENNE
NAFTA	490	692	1109	1567	1932	2216	2730	3220	4437	4980	5919	6878	ALENA
ASEAN countries	239	327	553	875	1139	1231	1347	1661	2319	2767	2623	3469	Pays de l'ASEAN

1. Excluding countries recorded under the OECD area above.
2. EUROPE = EU + EFTA + Other European Countries.

1. Ce montant exclut les pays figurant dans la zone OCDE mentionnée ci-dessus.
2. EUROPE = UE + AELE + Autres pays d'Europe.

MEXICO - MEXIQUE

Chart 1. **Direct investment flows**
Graphique 1. **Flux d'investissement direct**

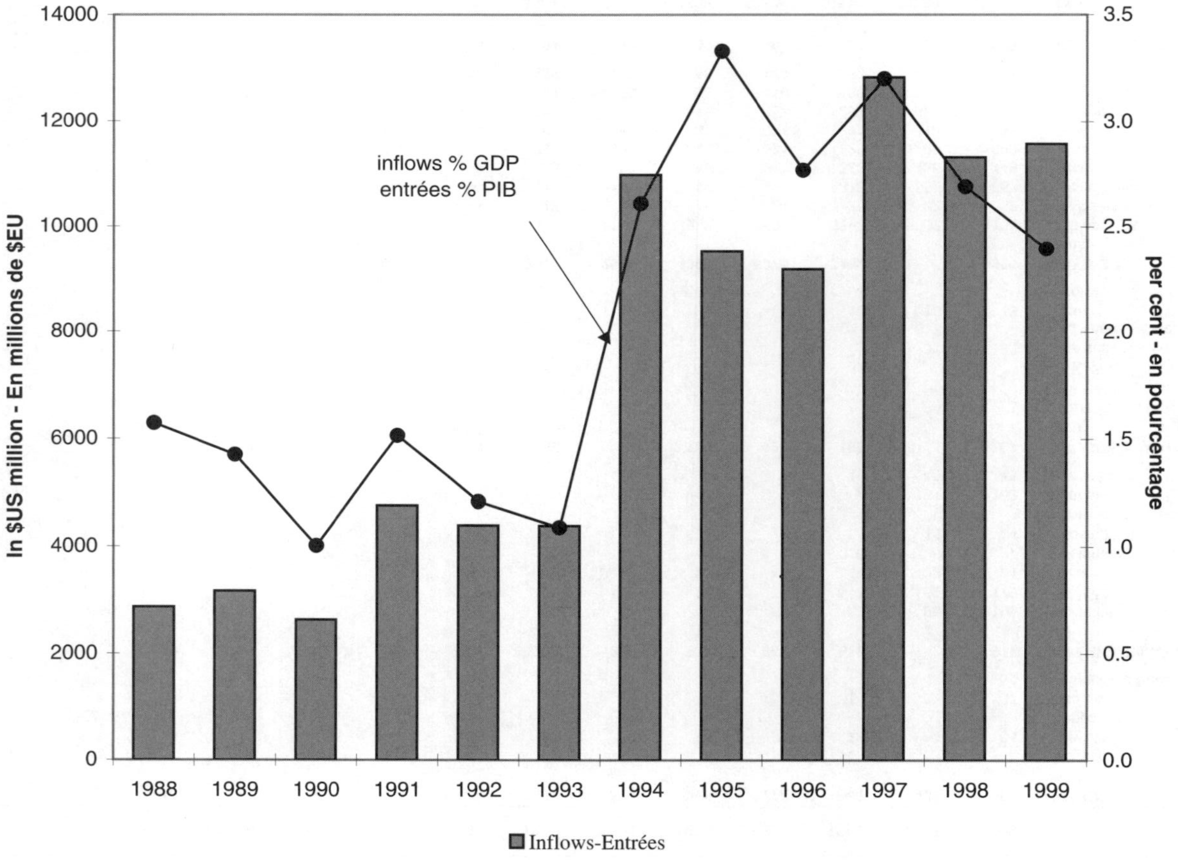

MEXICO - MEXIQUE [1]

Chart 2. **Direct investment from abroad:** *inflows by country*
Graphique 2. **Investissement direct de l'étranger:** *flux par pays*

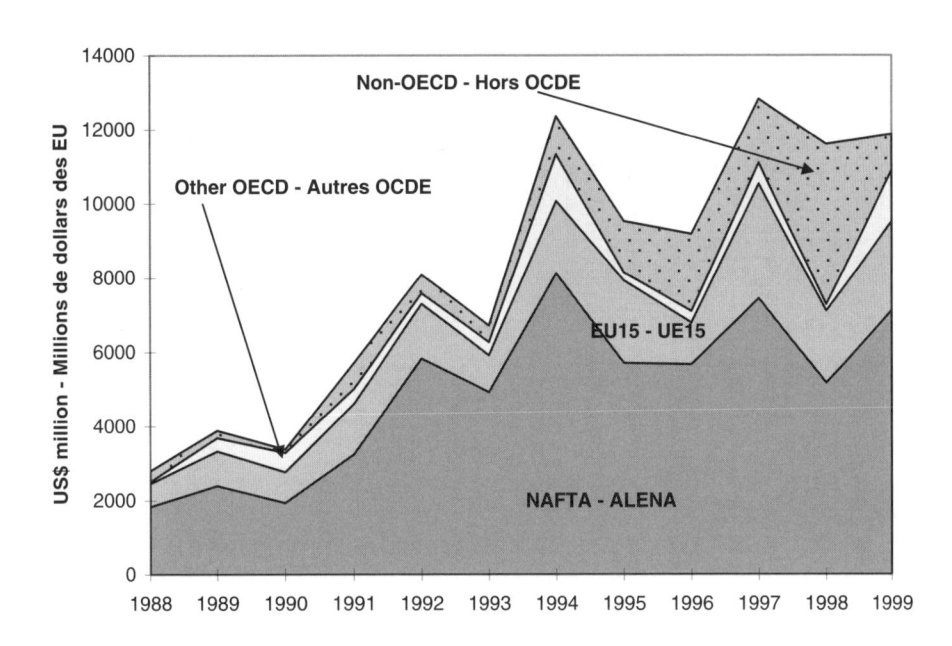

1. Data on outflows by country are not available.
Note: Total OECD = EU15 + NAFTA + Other OECD.

1. Les sorties de flux par pays ne sont pas disponibles.
Note: Total OCDE = UE15 + ALENA + Autres OCDE.

MEXICO   MEXIQUE

Table 1. **DIRECT INVESTMENT FROM ABROAD: INFLOWS BY INDUSTRIAL SECTOR**
Tableau 1. **INVESTISSEMENT DIRECT DE L'ÉTRANGER: FLUX PAR SECTEUR INDUSTRIEL**

US$ million   Millions de dollars des EU

	1988	1989	1990	1991	1992	1993	1994	1995	1996	1997	1998	1999 p	
Agriculture & fishing	-18	-2	79	55	25	32	30	84	32	11	28	77	**Agriculture & pêche**
Mining & quarrying	48	279	151	77	132	85	94	62	84	130	42	106	**Mines & exploitation**
of which: Extraction of petroleum and gas	-	-	-	-	-	-	-	-	-	-	-	-	*dont*: Extraction de pétrole et gaz
Manufacturing	1875	2829	1912	2854	3178	1837	5446	3918	4681	7228	4866	8081	**Manufacture**
of which:													*dont*:
Food products	125	151	577	411	436	680	700	680	500	2954	725	1041	Produits alimentaires
Textile and wood activities	45	22	54	25	47	87	151	171	285	396	392	503	Activités du textile et du bois
Petroleum, chemical, rubber and plastic products	394	492	619	713	800	718	871	1083	1191	804	1139	994	Pétrole, produits chimiques, caoutchouc et mat. plastiques
Metal and mechanical products	109	179	180	138	500	174	339	378	1295	978	1066	1808	Produits métallurgiques et mécaniques
Office machinery, computers, radio, TV and communication equipment	48	3	55	321	163	46	165	319	571	655	651	921	Machines de bureau, ordinateurs, radio, téléviseurs et équipement de communication
Vehicles and other transport equipment	243	286	272	1072	802	-229	2754	417	659	1176	504	2098	Véhicules et autres équipements de transport
Electricity, gas & water	-	-	-	-	-10	7	5	1	1	5	27	138	**Electricité, gaz & eau**
Construction	18	13	7	17	14	98	26	17	26	110	65	110	**Construction**
Trade & repairs	312	235	177	446	400	801	1120	1013	719	1853	865	899	**Commerce & réparation**
Hotels & restaurants	93	84	-152	153	164	96	239	23	167	483	181	267	**Hôtels & restaurants**
Transport & communication	5	258	129	258	1742	1069	1165	451	428	673	327	146	**Transport & communication**
of which:													*dont*:
Land, sea and air transport	-	-	-	-37	-25	11	150	95	2	319	54	57	Transport terrestre, maritime et aérien
Telecommunications	3	252	129	295	1767	1055	1014	349	426	351	351	269	Télécommunications
Financial activities	207	328	559	1124	1745	1652	3158	2056	1105	912	588	334	**Activités financières**
of which:													*dont*:
Monetary institutions	207	324	544	955	1992	1600	2868	1904	300	672	404	296	Institutions monétaires
Other financial institutions	-	4	17	33	46	9	147	51	382	7	1	12	Autres institutions financières
of which: Financial holding companies	:	:	:	136	39	19	144	101	424	234	182	:	*dont*: Sociétés holding financières
Insurance & activities auxiliary to insurance	:	:	:	169	85	28	291	152	:	:	:	26	Assurances & activités auxiliaires
Other financial institutions and insurance activities	:	:	:	:	:	:	:	:	:	:	:	:	Autres activités d'institutions financières et d'assurances
Real estate & business activities	226	306	335	705	636	959	898	554	378	362	384	858	**Activités d'entreprise & immobilier**
of which: Real estate	143	-	252	-	186	-	224	-	61	17	28	70	*dont*: Immobilier
Other services	33	-449	129	-30	11	8	153	261	30	21	187	181	**Autres services**
Unallocated	2	1	47	34	57	72	27	1087	1536	1040	4043	674	Non attribués
TOTAL (1)	2802	3883	3374	5705	8093	6715	12361	9526	9186	12830	11603	11869	**TOTAL (1)**
of which:													*dont*:
PRIMARY	30	277	230	132	157	117	124	146	116	141	71	183	**PRIMAIRE**
MANUFACTURE	1875	2829	1912	2854	3178	1837	5446	3918	4681	7228	4866	8081	**MANUFACTURE**
SERVICES	895	776	1185	2685	4701	4689	6764	4375	2853	4420	2624	2931	**SERVICES**

1. Including In-bond industries as from 1995.   1. Y compris les industries maquiladoras à partir de 1995.

MEXICO / MEXIQUE

Table 3. **DIRECT INVESTMENT FROM ABROAD: INFLOWS BY COUNTRY**
Tableau 3. **INVESTISSEMENT DIRECT DE L'ÉTRANGER: FLUX PAR PAYS**

US$ million / Millions de dollars des EU

	1988	1989	1990	1991	1992	1993	1994	1995	1996	1997	1998	1999 p	
OECD AREA	*2509*	*3690*	*3286*	*5004*	*7582*	*6260*	*11326*	*8139*	*7099*	*11104*	*7276*	*10898*	**ZONE DE L'OCDE**
Australia	..	..	..	..	..	1	11	-1	5	1	4	6	Australie
Austria	..	..	..	..	1	..	1	..	..	1	6	2	Autriche
Belgium-Luxembourg	70	57	268	133	53	77	497	420	16	40	39	18	Belgique-Luxembourg
Canada	71	87	54	148	114	200	490	393	516	224	181	602	Canada
Czech Republic					1			-1	4	1			République Tchèque
Denmark	9	16	25	9	-8	24	14	16	18	19	47	174	Danemark
Finland		-1	4	-1	-1		3	14		1	2	28	Finlande
France	-280	228	89	155	119	60	159	98	119	60	128	158	France
Germany	154	426	80	551	248	243	328	877	196	480	137	781	Allemagne
Greece							:	:					Grèce
Hungary							:	:					Hongrie
Iceland	:	:	:	:		:	:	:		1	1		Islande
Ireland	2	2	:	-3	-3	:	3	4	20	4	-2	1	Irlande
Italy	1	8	17	62	1	23	9	18	18	29	16	48	Italie
Japan	-84	259	343	190	90	149	1032	-326	139	350	98	1227	Japon
Korea	-1	5	1		1	11	29	113	86	190	50	44	Corée
Netherlands	13	90	65	195	130	183	205	396	487	307	1052	895	Pays-Bas
New Zealand		1	1	-1									Nouvelle-Zélande
Norway	-32	26		1	1								Norvège
Poland		1											Pologne
Portugal					1	1				1	3	4	Portugal
Spain	32	24	56	59	600	185	468	-6	71	310	264	404	Espagne
Sweden	119	10	76	79	62	27	57	56	97	7	60	113	Suède
Switzerland	170	46	161	203	177	179	151	407	77	29	18	99	Suisse
Turkey													Turquie
United Kingdom	495	66	147	121	271	168	208	328	79	1830	184	-221	Royaume-Uni
United States	1767	2310	1887	3090	5712	4716	7633	5311	5151	7222	4990	6515	Etats-Unis
OECD UNALLOCATED	3	26	11	14	11	13	27	21					OCDE NON ATTRIBUES
NON-OECD AREA	*292*	*192*	*91*	*701*	*511*	*455*	*1037*	*1387*	*2087*	*1725*	*4326*	*970*	**HORS ZONE-OCDE**
EUROPEAN COUNTRIES (1)		**-1**	**3**	**2**				**-1**	**5**	**7**	**3**	**6**	**PAYS D'EUROPE (1)**
of which:													dont:
Baltic countries						:				:	:	:	Pays Baltes
Bulgaria						:				:	:	:	Bulgarie
Czechoslovakia	:	:	2	2		:				:	:	:	Tchécoslovaquie
Romania						:				:	:	:	Roumanie
Russia						:				:	:	:	Russie
Slovakia						:				:	:	:	Slovaquie
Slovenia						:				:	:	:	Slovénie
Ukraine	:	:				:				:	:	:	Ukraine
USSR	:	:				:				:	:	:	URSS

MEXICO

Table 3. **DIRECT INVESTMENT FROM ABROAD: INFLOWS BY COUNTRY**
Tableau 3. **INVESTISSEMENT DIRECT DE L'ÉTRANGER: FLUX PAR PAYS**

US$ million / Millions de dollars des EU

	1988	1989	1990	1991	1992	1993	1994	1995	1996	1997	1998	1999 p	
AFRICA	2	1	23	-2	-	-	-	-	-	1	-	-	**AFRIQUE**
of which:													dont:
Algeria	..	..	..	..	..	..	..	..	..	..	..	..	Algérie
Egypt	..	..	..	..	..	..	..	..	..	..	..	..	Egypte
Libya	..	..	..	..	..	..	..	..	..	..	..	..	Libye
Morocco	..	..	..	..	..	..	..	..	..	..	..	..	Maroc
South Africa	..	..	..	..	..	..	..	..	..	..	..	..	Afrique du Sud
LATIN AMERICA-CARIBBEAN (1)	-	9	98	384	66	360	1048	144	188	611	201	202	**AMÉRIQUE LATINE-CARAÏBES (1)**
of which:													dont:
Argentina	..	8	19	1	-	-	1	1	4	4	2	1	Argentine
Brazil	..	1	1	1	-	1	1	2	1	2	-3	5	Brésil
Chile	..	..	-	-	2	1	9	-	3	40	4	6	Chili
Colombia	..	..	-	-	2	1	-	4	1	3	1	3	Colombie
Costa Rica	..	..	-	-	-	-	-	-	-	3	-	5	Costa Rica
Netherlands Antilles	..	..	4	291	11	235	781	9	63	9	6	12	Antilles néerlandaises
Panama	..	..	75	91	50	114	253	125	18	17	18	-17	Panama
Venezuela	..	..	-	-	2	9	2	2	1	-	-	21	Vénézuela
NEAR & MIDDLE EAST	-	-	-	-	-	3	-	2	6	1	1	2	**PROCHE & MOYEN ORIENT**
of which:													dont:
Gulf States	..	..	..	..	..	..	..	..	..	..	..	..	Pays du Golfe
of which:													dont:
Kuwait	..	..	..	..	..	..	..	..	..	..	..	..	Koweït
Saudi Arabia	..	..	..	7	..	..	..	..	..	..	..	..	Arabie Saoudite
United Arab Emirates	..	..	..	-	..	..	..	..	..	..	..	..	Émirats Arabes Unis
Iran	2	2	..	..	..	1	..	..	..	..	..	2	Iran
Israel	..	..	..	..	..	2	..	2	6	1	1	-	Israël
ASIAN COUNTRIES (1)	-3	-	1	1	330	6	35	97	350	65	79	87	**PAYS D'ASIE (1)**
of which:													dont:
China	..	-	1	1	1	-	-	-	10	5	11	3	Chine
Chinese Taipei	..	-	-	-	-	-	-	1	3	7	27	19	Taipei chinois
Hong Kong	-3	-	-	-	-	-	-	-	7	1	6	2	Hong Kong
India	..	-	-	-	-	-	-	-	-	-	-	-	Inde
Indonesia	..	-	-	-	329	4	34	86	286	29	-	-	Indonésie
Malaysia	..	-	-	-	-	-	-	-	-	-	-	-	Malaisie
Philippines	..	-	-	-	-	-	-	-	-	-	-	-	Philippines
Singapore	..	-	-	-	1	-	-	11	29	4	-7	-4	Singapour
Thailand	..	-	-	-	-	-	-	-	17	20	41	66	Thaïlande
UNALLOCATED	293	183	-34	315	115	87	-47	1146	1537	1040	4043	674	**NON ATTRIBUÉS**
WORLD (2)	*2801*	*3882*	*3374*	*5705*	*8094*	*6715*	*12363*	*9526*	*9186*	*12830*	*11603*	*11869*	**MONDE (2)**
of which:													dont:
EUROPE (3)	740	910	924	1370	1523	987	1898	2232	1207	3124	1957	2511	EUROPE (3)
EUROPEAN UNION	616	928	825	1358	1475	990	1951	2222	1121	3087	1935	2405	UNION EUROPÉENNE
NAFTA	1838	2397	1941	3238	5826	4916	8124	5704	5667	7445	5170	7117	ALENA
ASEAN countries	-88	263	344	191	422	165	1096	-116	45	34	62		Pays de l'ASEAN

1. Excluding countries recorded under the OECD area above.
2. Including In-bond industries as from 1995.
3. EUROPE = EU + EFTA + Other European Countries.

1. Ce montant exclut les pays figurant dans la zone OCDE mentionnée ci-dessus.
2. Y compris les entreprises maquiladoras, à partir de 1995.
3. EUROPE = UE + AELE + Autres pays d'Europe.

MEXICO - MEXIQUE [1]

Chart 3. **Inward direct investment position**
Graphique 3. **Encours d'investissement direct de l'étranger**

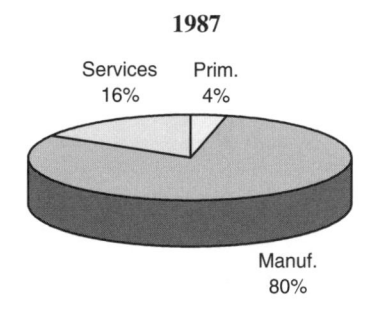

1987

Services 16%   Prim. 4%
Manuf. 80%

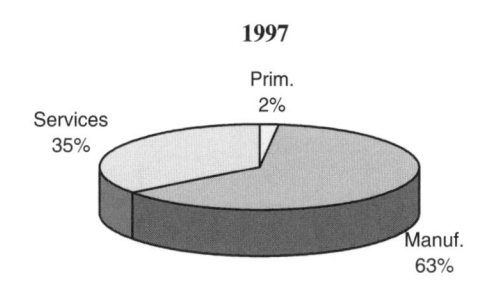

1997

Prim. 2%
Services 35%
Manuf. 63%

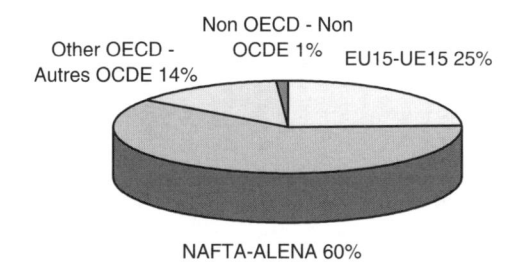

Other OECD - Autres OCDE 14%   Non OECD - Non OCDE 1%   EU15-UE15 25%
NAFTA-ALENA 60%

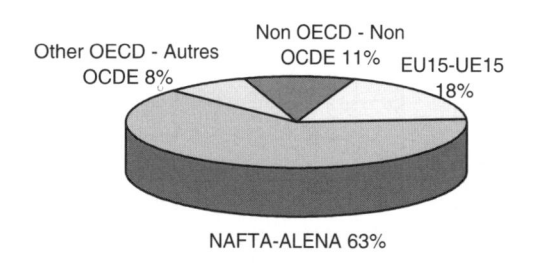

Other OECD - Autres OCDE 8%   Non OECD - Non OCDE 11%   EU15-UE15 18%
NAFTA-ALENA 63%

1. Outward direct investment positions are not available.
Note: Prim. = primary sector, **Manuf.** = manufacturing.

1. Les encours d'investissement direct à l'étranger ne sont pas disponibles.
Note: Prim. = secteur primaire, **Manuf.** = manufacture.

MEXICO / MEXIQUE

Table 5. **DIRECT INVESTMENT FROM ABROAD:** *INWARD POSITION BY INDUSTRIAL SECTOR*
Tableau 5. **ENCOURS D'INVESTISSEMENT DIRECT DE L'ÉTRANGER:** *PAR SECTEUR INDUSTRIEL*
year-end - fin d'année

US$ million / Millions de dollars des EU

	1987	1988	1989	1990	1991	1992	1993	1994	1995	1996	1997 p	
Agriculture & fishing	35	44	83	213	249	210	93	131	186	358	327	**Agriculture & pêche**
Mining & quarrying	308	777	786	371	417	420	474	399	786	1348	777	**Mines & exploitation**
of which: Extraction of petroleum and gas	..	..	..	..	..	..	..	..	..	..	..	*dont:* Extraction de pétrole et gaz
Manufacturing	7536	11488	12331	14194	16848	16209	17889	14359	19276	20889	35065	**Manufacture**
of which:												*dont:*
Food products	573	1298	1312	2255	2862	2892	3433	2498	3123	4049	8329	Produits alimentaires
Textile and wood activities	120	147	139	158	210	209	269	265	397	540	1832	Activités du textile et du bois
Petroleum, chemical, rubber and plastic products	1838	2974	2708	3840	4555	4679	6009	4143	4578	5658	8290	Pétrole, produits chimiques, caoutchouc et mat. plastiques
Metal and mechanical products	674	556	692	975	985	1292	1415	1927	2399	2997	4383	Produits métallurgiques et mécaniques
Office machinery, computers, radio, TV and communication equipment	255	190	163	534	700	500	469	340	774	500	1527	Machines de bureau, ordinateurs, radio, téléviseurs et équipement de communication
Vehicles and other transport equipment	2098	2007	2727	3535	4297	3347	2690	2613	4065	2288	8435	Véhicules et autres équipements de transport
Electricity, gas & water	-	-	1	-	13	-4	6	8	3	40	69	**Electricité, gaz & eau**
Construction	102	117	93	126	91	140	179	72	126	1112	372	**Construction**
Trade & repairs	468	853	850	986	1312	1085	2244	1302	3119	3080	4880	**Commerce & réparation**
Hotels & restaurants	170	486	679	573	1017	999	1361	853	1114	1114	2286	**Hôtels & restaurants**
Transport & communication	37	129	923	1187	1625	4825	5454	5481	5327	6448	1557	**Transport & communication**
of which:												*dont:*
Land, sea and air transport	1	1	15	22	17	22	41	16	25	148	17	Transport terrestre, maritime et aérien
Telecommunications	-	121	901	40	32	26	31	47	292	258	1191	Télécommunications
Financial activities	423	781	1162	3231	6035	8334	9737	8222	9305	8971	4425	**Activités financières**
of which:												*dont:*
Monetary institutions	409	785	1167	3170	5969	9050	9253	7881	8979	8003	3062	Institutions monétaires
Other financial institutions	14	-4	-4	87	76	251	257	224	161	276	531	Autres institutions financières
of which: Financial holding companies	..	..	..	..	..	..	..	..	..	..	531	*dont:* Sociétés holding financières
Insurance & activities auxiliary to insurance	..	..	..	13	142	130	127	169	147	692	833	Assurances & activités auxiliaires
Other financial institutions and insurance activities	..	..	..	100	218	381	384	393	308	967	1363	Autres activités d'institutions financières et d'assurances
Real estate & business activities	347	726	1367	1441	2652	3039	2857	2056	2206	2597	5595	**Activités d'entreprise & immobilier**
of which: Real estate	219	469	454	1058		1340		1735		1327	1047	*dont:* Immobilier
Other services	2	258	-1449	-51	308	210	139	257	725	3	457	**Autres services**
Unallocated	-	-	-	-1	1				1		-	Non attribués
TOTAL	9427	15660	16825	22424	30790	35680	40600	33198	41130	46912	55810	**TOTAL**
of which:												*dont:*
PRIMARY	343	821	869	585	666	630	568	530	972	1706	1104	PRIMAIRE
MANUFACTURING	7536	11488	12331	14194	16848	16209	17889	14359	19276	20889	35065	MANUFACTURE
SERVICES	1548	3351	3625	7646	13275	18841	22143	18309	20881	24317	19641	SERVICES

MEXICO / MEXIQUE

Table 7. DIRECT INVESTMENT FROM ABROAD: INWARD POSITION BY COUNTRY
Tableau 7. ENCOURS D'INVESTISSEMENT DIRECT DE L'ÉTRANGER: PAR PAYS

year-end - fin d'année

US$ million / Millions de dollars des EU

	1987	1988	1989	1990	1991	1992	1993	1994	1995	1996	1997	
OECD AREA	**9321**	**1507**	**16313**	**20186**	**26988**	**35352**	**37097**	**33027**	**37225**	**40906**	**49886**	**ZONE DE L'OCDE**
Australia	-	-	-	1	1	-	-	14	3	11	22	Australie
Austria	-	-	1	1	1	2	2	2	-	3	14	Autriche
Belgium-Luxembourg	228	347	321	747	891	957	695	707	287	585	169	Belgique-Luxembourg
Canada	190	328	300	381	435	565	558	651	713	1659	1778	Canada
Czech Republic	-	-	-	-	-	-	-	-	-	-	2	République Tchèque
Denmark	19	28	27	59	61	67	65	62	86	114	106	Danemark
Finland	3	4	5	10	12	9	9	7	8	10	5	Finlande
France	227	416	532	518	870	772	635	563	659	585	799	France
Germany	710	1063	1360	1612	1681	1756	1613	1376	1838	1558	2015	Allemagne
Greece	:	:	:	:	.	.	.	.	.	.	.	Grèce
Hungary	.	.	.	.	.	.	.	.	.	.	.	Hongrie
Iceland	.	.	.	.	.	.	.	.	.	1	1	Islande
Ireland	-2	8	11	-5	3	.	4	3	8	22	4	Irlande
Italy	23	30	29	4	162	73	79	35	45	71	451	Italie
Japan	479	481	563	5	-1	1469	1553	1584	754	839	1306	Japon
Korea	4	-5	5	1	.	1	13	32	138	26	120	Corée
Netherlands	149	200	432	839	1084	1136	1064	952	1560	1889	3055	Pays-Bas
New Zealand	-	3	2	2	3	.	.	.	.	1	.	Nouvelle-Zélande
Norway	22	-7	14	7	8	9	2	1	2	.	7	Norvège
Poland	.	.	1	.	1	1	1	1	1	.	.	Pologne
Portugal	.	.	.	.	.	3	2	.	.	.	3	Portugal
Spain	70	117	130	293	404	1162	1169	750	1636	1561	1079	Espagne
Sweden	344	361	327	386	560	498	364	353	387	499	780	Suède
Switzerland	330	720	805	1029	1372	1500	1639	1186	1953	2195	2979	Suisse
Turkey	.	.	.	.	.	.	.	.	.	.	.	Turquie
United Kingdom	539	1427	1019	910	1147	1299	1343	1214	978	1223	1780	Royaume-Uni
United States	5508	9103	9867	13317	18206	23969	26183	23467	26079	27941	33411	Etats-Unis
OECD UNALLOCATED	477	483	563	69	89	106	106	68	89	114	.	OCDE NON ATTRIBUES
NON-OECD AREA	**107**	**554**	**512**	**2238**	**3802**	**328**	**3504**	**171**	**3905**	**6006**	**5924**	**HORS ZONE-OCDE**
EUROPEAN COUNTRIES (1)	**7**	**8**	**9**	**19**	**7**	**11**	**10**	**2**	.	**3**	**20**	**PAYS D'EUROPE (1)**
of which:												*dont:*
Baltic countries	.	.	.	.	.	.	.	.	.	.	.	Pays Baltes
Bulgaria	.	.	.	.	.	10	10	2	.	2	.	Bulgarie
Czechoslovakia	.	.	.	.	.	.	.	.	.	.	:	Tchécoslovaquie
Romania	.	.	.	.	.	.	.	.	.	.	.	Roumanie
Russia	.	.	.	.	.	1	.	.	.	.	.	Russie
Slovakia	.	.	.	.	.	.	.	.	.	.	.	Slovaquie
Slovenia	.	.	.	.	.	.	.	.	.	.	:	Slovénie
Ukraine	.	.	.	.	.	.	.	.	.	.	:	Ukraine
USSR	.	.	.	1	1	.	.	.	.	.	.	URSS

MEXICO / MEXIQUE

Table 7. DIRECT INVESTMENT FROM ABROAD: *INWARD POSITION BY COUNTRY*
Tableau 7. ENCOURS D'INVESTISSEMENT DIRECT DE L'ÉTRANGER: *PAR PAYS*
year-end - fin d'année

US$ million / Millions de dollars des EU

	1987	1988	1989	1990	1991	1992	1993	1994	1995	1996	1997	
AFRICA	-	-	-	-	-	-	-	-	-	-	1	**AFRIQUE**
of which:												*dont:*
Algeria	..	..	..	..	..	..	..	..	..	..	..	Algérie
Egypt	..	..	..	..	..	..	..	..	..	..	..	Egypte
Libya	-	-	-	-	-	-	-	-	-	-	-	Libye
Morocco	-	-	-	-	-	-	-	-	-	-	-	Maroc
South Africa	-	-	-	-	-	-	-	-	-	-	-	Afrique du Sud
LATIN AMERICA-CARIBBEAN (1)	1	3	9	466	931	1088	1645	1585	850	972	4094	**AMÉRIQUE LATINE-CARAIBES (1)**
of which:												*dont:*
Argentina	1	2	8	21	9	10	11	9	5	12	31	Argentine
Brazil	-	1	1	4	11	2	3	-	3	4	35	Brésil
Chile	-	-	-	2	3	4	4	7	7	6	38	Chili
Colombia	-	-	-	1	1	12	2	1	3	5	5	Colombie
Costa Rica	-	-	-	-	-	-	-	-	-	-	-	Costa Rica
Netherlands Antilles	..	..	..	20	332	459	652	783	56	36	..	Antilles néerlandaises
Panama	..	..	..	418	576	600	967	784	775	909	..	Panama
Venezuela	-	-	-	-	-	2	6	1	1	-	1	Vénézuela
NEAR & MIDDLE EAST	2	-	-	-	-	4	2	-	2	1	3	**PROCHE & MOYEN ORIENT**
of which:												*dont:*
Gulf States	..	..	..	..	..	..	..	..	..	..	..	Pays du Golfe
of which:												*dont:*
Kuwait	..	..	..	..	..	..	..	..	..	..	..	Koweit
Saudi Arabia	..	..	..	..	..	..	..	..	..	..	..	Arabie Saoudite
United Arab Emirates	..	..	..	..	..	..	..	..	..	..	..	Émirats Arabes Unis
Iran	-	-	-	-	-	4	1	-	-	-	-	Iran
Israel	2	-	-	-	-	-	2	-	2	1	1	Israël
ASIAN COUNTRIES (1)	43	32	-	1	3	467	1060	1499	1554	2194	602	**PAYS D'ASIE (1)**
of which:												*dont:*
China	-	-	-	-	1	1	-	-	-	-	3	Chine
Chinese Taipei	-	-	-	-	1	1	-	-	-	2	16	Taipei chinois
Hong Kong	43	33	-	1	1	-	-	-1	-	2	130	Hong Kong
India	-	-	-	-	-	464	1018	1444	1552	2176	205	Inde
Indonesia	-	-	-	-	-	-	41	55	-	-	-	Indonésie
Malaysia	-	-	-	-	-	-	-	-	1	-	-	Malaisie
Philippines	-	-	-	-	-	-	-	-	-	15	3	Philippines
Singapore	-	-	-	1	1	1	1	-	1	2	75	Singapour
Thailand	-	-	-	-	-	-	-	-	-	-	-	Thaïlande
UNALLOCATED	54	510	493	1752	2861	-1242	787	-2915	1499	2836	1204	**NON ATTRIBUÉS**
WORLD	*9427*	*15660*	*16825*	*22424*	*30790*	*35680*	*40600*	*33198*	*41130*	*46912*	*55810*	**MONDE**
of which:												*dont:*
EUROPE (2)	2667	4725	5023	6431	8264	9253	8695	7212	9447	10319	13423	EUROPE (2)
EUROPEAN UNION	2311	4001	4194	5375	6875	7733	7043	6023	7491	8120	10260	UNION EUROPÉENNE
NAFTA	5698	9431	10167	13698	18641	24533	26740	24118	26792	29600	35189	ALENA
ASEAN countries	526	509	568	7	2	1937	2626	3115	2446	3059	78	Pays de l'ASEAN

1. Excluding countries recorded under the OECD area above.
2. EUROPE = EU + EFTA + Other European Countries.

1. Ce montant exclut les pays figurant dans la zone OCDE mentionnée ci-dessus.
2. EUROPE = UE + AELE + Autres pays d'Europe.

NETHERLANDS - PAYS-BAS

Chart 1. **Direct investment flows**
Graphique 1. **Flux d'investissement direct**

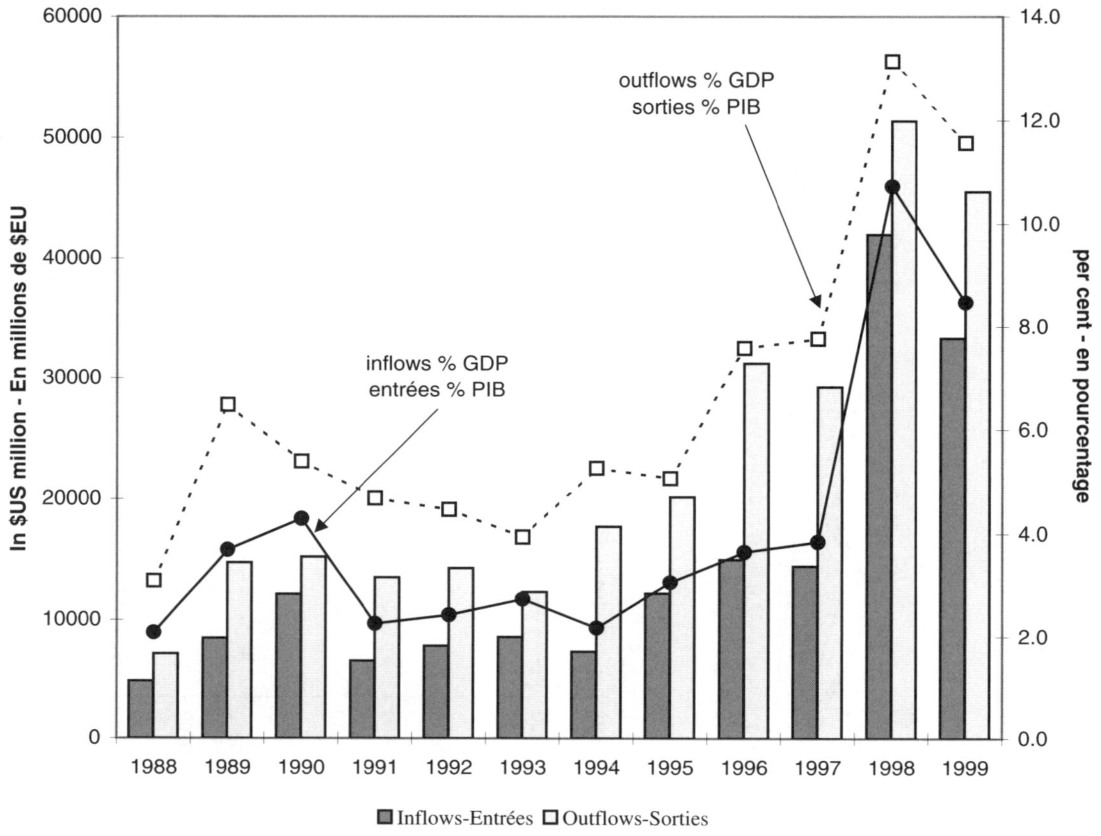

NETHERLANDS - PAYS-BAS

Chart 2. **Direct investment from abroad:** *inflows by country*
Graphique 2. **Investissement direct de l'étranger:** *flux par pays*

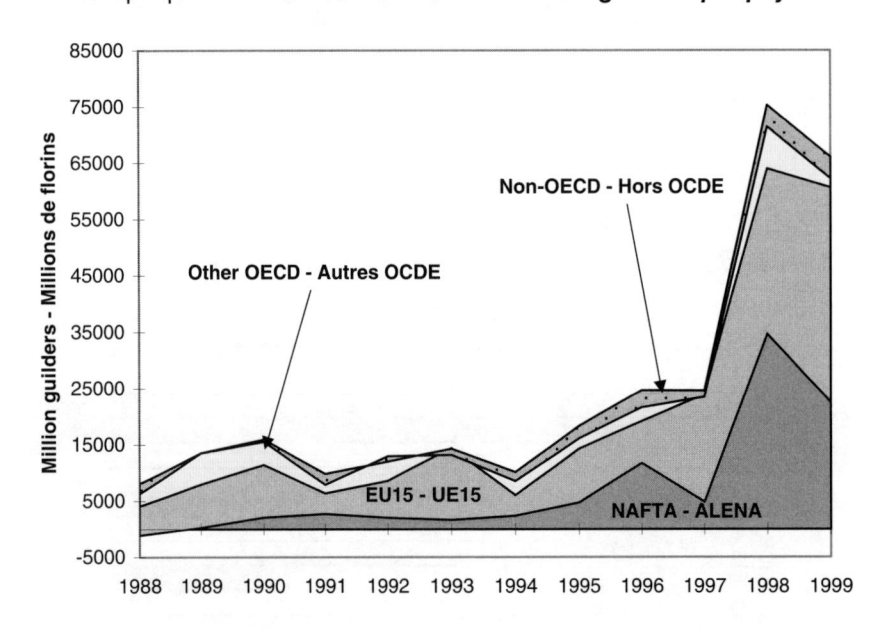

Chart 3. **Direct investment abroad:** *outflows by country*
Graphique 3. **Investissement direct à l'étranger:** *flux par pays*

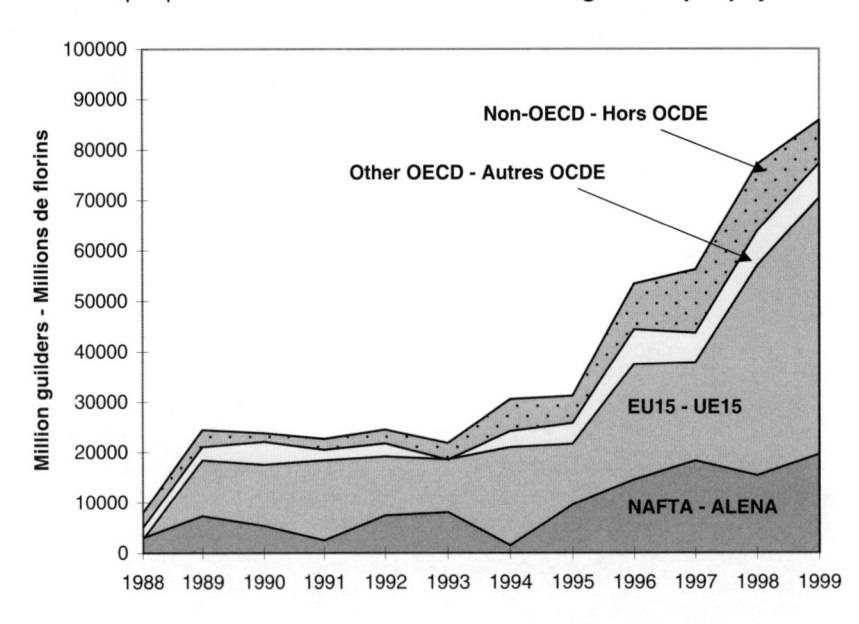

Note: Total OECD = EU15 + NAFTA + Other OECD. **Note**: Total OCDE = UE15 + ALENA + Autres OCDE.

NETHERLANDS / **PAYS-BAS**

Table 1. **DIRECT INVESTMENT FROM ABROAD: INFLOWS BY INDUSTRIAL SECTOR**
Tableau 1. **INVESTISSEMENT DIRECT DE L'ÉTRANGER: FLUX PAR SECTEUR INDUSTRIEL**

Million guilders / Millions de florins

	1988	1989	1990	1991	1992	1993	1994	1995	1996	1997	1998	1999 p	
Agriculture & fishing	4	-9	32	29	-5	-118	44	-26	9	421	60	62	**Agriculture & pêche**
Mining & quarrying	..	..	..	872	-418	957	1568	83	-260	1067	-20	1847	**Mines & exploitation**
of which: Extraction of petroleum and gas	..	..	..	..	..	471	1150	55	-253	705	474	1357	*dont*: Extraction de pétrole et gaz
Manufacturing	3295	8068	7689	1891	4059	3123	4325	2653	14093	9086	37362	15673	**Manufacture**
of which:													*dont*:
Food products	58	2171	1292	778	1041	686	-21	1234	1131	2047	5115	4253	Produits alimentaires
Textile and wood activities				-262	885	2208	-175	923	392	196	2647	734	Activités du textile et du bois
Petroleum, chemical, rubber and plastic products				146	517	-1043	2918	-330	9941	1192	4775	6131	Pétrole, produits chimiques, caoutchouc et mat. plastiques
Metal and mechanical products				350	502	342	443	265	524	1756	2946	800	Produits métallurgiques et mécaniques
Office machinery, computers, radio, TV and communication equipment				765	909	103	446	376	1238	3541	21272	2682	Machines de bureau, ordinateurs, radio, téléviseurs et équipement de communication
Vehicles and other transport equipment				36	56	688	478	72	1064	540	533	278	Véhicules et autres équipements de transport
Electricity, gas & water				-	..	-8	-21	180	218	108	381	293	**Electricité, gaz & eau**
Construction	410	209	-205	30	32	345	-12	181	840	225	-256	121	**Construction**
Trade & repairs	1820	1599	1345	3290	1876	2087	1160	2490	4407	4275	8204	6296	**Commerce & réparation**
Hotels & restaurants	..	..	..	-24	247	102	269	95	167	73	-192	167	**Hôtels & restaurants**
Transport & communication	..	..	..	181	496	382	283	993	450	1622	2788	4487	**Transport & communication**
of which:													*dont*:
Land, sea and air transport	238	363	77	315	286	178	95	316	77	174	286	769	Transport terrestre, maritime et aérien
Telecommunications				..	113	179	70	509	273	1287	2296	3499	Télécommunications
Financial activities	2292	3279	6958	1637	4410	6600	323	9139	2076	3711	21647	30385	**Activités financières**
of which:													*dont*:
Monetary institutions				116	89	-51	139	135	104	256	3737	436	Institutions monétaires
Other financial institutions				1335	3289	6423	-23	7601	1549	3182	17306	25210	Autres institutions financières
of which: Financial holding companies				351	881	433	498	1446	1216	2462	9438	5031	*dont*: Sociétés holding financières
Insurance & activities auxiliary to insurance				186	1032	228	207	1403	423	273	602	4736	Assurances & activités auxiliaires
Other financial institutions and insurance activities				1521	4320	6651	184	9004	1972	3458	17907	29946	Autres activités d'institutions financières et d'assurances
Real estate & business activities	..	..	..	1699	1063	755	2081	2130	1305	2922	3667	5476	**Activités d'entreprise & immobilier**
of which: Real estate				1226	634	411	973	834	921	2067	2153	3416	*dont*: Immobilier
Other services	..	..	..	26	48	-8	39	290	1298	868	1175	591	**Autres services**
Unallocated	238	364	77	190	144	34	21	93	22	212	465	635	Non attribués
TOTAL	8059	13510	15896	9821	11952	14251	10080	18301	24624	24589	75281	66032	**TOTAL**
of which:													*dont*:
PRIMARY	4	-9	32	901	-423	839	1612	57	-251	1488	40	1908	PRIMAIRE
MANUFACTURING	3295	8068	7689	1891	4059	3123	4325	2653	14093	9086	37362	15673	MANUFACTURE
SERVICES	4522	5087	8098	6839	8172	10255	4122	15498	10761	13804	37415	47816	SERVICES

NETHERLANDS / **PAYS-BAS**

Table 2. **DIRECT INVESTMENT ABROAD:** *OUTFLOWS BY INDUSTRIAL SECTOR*
Tableau 2. **INVESTISSEMENT DIRECT À L'ÉTRANGER:** *FLUX PAR SECTEUR INDUSTRIEL*

Million guilders / Millions de florins

	1988	1989	1990	1991	1992	1993	1994	1995	1996	1997	1998	1999 p	
Agriculture & fishing	28	-33	-8	49	10	-3	26	36	20	249	77	128	**Agriculture & pêche**
Mining & quarrying	..	..	..	1030	130	127	2824	-3958	1080	840	710	1245	**Mines & exploitation**
of which: Extraction of petroleum and gas	..	..	..	..	..	185	1695	-3974	1069	778	897	1234	*dont:* Extraction de pétrole et gaz
Manufacturing	3241	13441	9847	9884	12092	7576	15426	11819	26892	21266	22614	33596	**Manufacture**
of which:													*dont:*
Food products	194	3622	3751	1077	3507	3152	4690	3317	4507	7495	9207	12361	Produits alimentaires
Textile and wood activities	..	..	..	877	1770	4576	1659	1909	3464	807	6962	4211	Activités du textile et du bois
Petroleum, chemical, rubber and plastic products	..	..	..	3287	2711	946	7147	4254	12605	10073	-3497	8628	Pétrole, produits chimiques, caoutchouc et mat. plastiques
Metal and mechanical products	..	..	..	745	750	-234	77	-153	1020	320	2287	2032	Produits métallurgiques et mécaniques
Office machinery, computers, radio, TV and communication equipment	..	..	..	3817	2778	-1743	1412	2042	4502	2243	7096	5732	Machines de bureau, ordinateurs, radio, téléviseurs et équipement de communication
Vehicles and other transport equipment	..	..	..	-87	351	553	194	379	527	183	447	430	Véhicules et autres équipements de transport
Electricity, gas & water	..	..	..	20	..	21	20	27	37	119	165	110	**Electricité, gaz & eau**
Construction	-142	51	191	361	-92	-55	224	289	324	-24	405	399	**Construction**
Trade & repairs	1383	1733	2893	2353	1899	4519	2526	3477	8385	4271	11294	9115	**Commerce & réparation**
Hotels & restaurants	..	..	..	97	48	-109	245	112	-	13	-31	-320	**Hôtels & restaurants**
Transport & communication	..	..	..	541	795	241	285	2498	2036	2763	-1329	4703	**Transport & communication**
of which:													*dont:*
Land, sea and air transport	327	1215	389	371	778	-54	25	643	-450	800	-282	1457	Transport terrestre, maritime et aérien
Telecommunications	..	..	..	29	7	141	188	1600	1893	1792	-1183	3070	Télécommunications
Financial activities	3213	8027	10515	5392	7525	8038	6103	14875	12376	23489	35191	25369	**Activités financières**
of which:													*dont:*
Monetary institutions	..	..	..	1063	1937	967	4157	5628	3270	4678	7640	8436	Institutions monétaires
Other financial institutions	..	..	..	1805	3447	4486	-58	5861	4925	7105	10177	8498	Autres institutions financières
of which: Financial holding companies	..	..	..	429	795	437	677	969	2354	1997	3264	998	*dont:* Sociétés holding financières
Insurance & activities auxiliary to insurance	..	..	..	2524	2140	2585	2004	3386	4180	11708	17374	8436	Assurances & activités auxiliaires
Other financial institutions and insurance activities	..	..	..	4329	5588	7071	1947	9247	9106	18817	27551	16933	Autres activités d'institutions financières et d'assurances
Real estate & business activities	..	..	..	2526	1653	431	1622	1401	1153	2495	6197	7834	**Activités d'entreprise & immobilier**
of which: Real estate	..	..	..	1552	811	-165	1260	638	628	1607	2025	2038	*dont:* Immobilier
Other services	..	..	..	51	202	507	29	181	509	386	608	476	**Autres services**
Unallocated	327	1215	389	367	262	590	1217	410	613	350	1159	3127	Non attribués
TOTAL	8050	24434	23827	22671	24524	21883	30547	31167	53425	56217	77062	85782	**TOTAL**
of which:													*dont:*
PRIMARY	28	-33	-8	1079	140	124	2850	-3922	1100	1089	787	1373	PRIMAIRE
MANUFACTURING	3241	13441	9847	9884	12092	7576	15426	11819	26892	21266	22614	33596	MANUFACTURE
SERVICES	4454	9811	13599	11341	12030	13593	11054	22860	24820	33512	52501	47686	SERVICES

NETHERLANDS / **PAYS-BAS**

Table 3. **DIRECT INVESTMENT FROM ABROAD: *INFLOWS BY COUNTRY***
Tableau 3. **INVESTISSEMENT DIRECT DE L'ÉTRANGER: *FLUX PAR PAYS***

Million guilders / Millions de florins

	1988	1989	1990	1991	1992	1993	1994	1995	1996	1997	1998	1999 p	
OECD AREA	*6301*	*13483*	*15501*	*7903*	*12940*	*13161*	*8487*	*16053*	*21592*	*23474*	*71405*	*62224*	*ZONE DE L'OCDE*
Australia	..	..	..	61	216	-64	10	17	44	24	26	88	Australie
Austria	..	..	..	60	170	96	250	-272	42	183	33	179	Autriche
Belgium-Luxembourg	1540	3321	3280	2435	3769	1396	789	29	3001	1305	10095	8749	Belgique-Luxembourg
Canada	-	-	-	..	..	129	-1	218	-154	88	19538	170	Canada
Czech Republic	-	-	-	..	..	..	..	..	..	..	..	26	République Tchèque
Denmark	..	..	..	161	241	-57	-16	521	262	238	-245	734	Danemark
Finland	..	..	..	..	..	-100	170	98	134	1133	-454	1056	Finlande
France	243	789	1957	369	1122	1011	-802	28	1256	2358	2785	5069	France
Germany	-74	1070	1598	678	427	5126	1984	3340	-51	4621	5776	6554	Allemagne
Greece	..	..	..	..	..	..	..	..	11	9	-7	4	Grèce
Hungary	..	..	..	..	..	..	..	..	..	24	24	24	Hongrie
Iceland	..	..	..	..	..	..	..	..	..	..	..	..	Islande
Ireland	-17	-91	39	170	270	386	163	4258	251	1525	2821	7552	Irlande
Italy	685	564	521	28	286	32	2	239	247	156	295	423	Italie
Japan	..	..	..	832	230	29	-79	321	670	549	855	185	Japon
Korea	..	..	..	..	..	22	..	..	15	..	84	-22	Corée
Mexico	..	..	..	..	..	..	..	-2	..	4	..	22	Mexique
New Zealand	..	..	..	-39	128	118	99	249	366	500	344	256	Nouvelle-Zélande
Norway	..	..	..	..	..	..	..	..	..	-15	24	9	Norvège
Poland	..	..	..	..	..	..	..	..	31	216	190	-13	Pologne
Portugal	..	..	..	..	..	126	68	171	-163	361	293	62	Portugal
Spain	..	..	..	4	44	242	-580	933	-275	641	170	637	Espagne
Sweden	1007	1966	1539	191	418	-1374	2396	1200	1316	-1640	5902	1007	Suède
Switzerland	..	..	..	679	3693	46	13	10	57	68	143	..	Suisse
Turkey	..	..	..	..	..	4450	1650	74	2702	6349	7598	7182	Turquie
United Kingdom	3520	2584	2440	-473	-240	1497	2371	4481	11832	4714	15111	22271	Royaume-Uni
United States	-1142	281	2108	2747	1922	50	..	140	-2	62	2	..	Etats-Unis
OECD UNALLOCATED	539	2999	2019	..	244	..	..	..	..	..	..	..	OCDE NON ATTRIBUÉS
NON-OECD AREA	*1758*	*27*	*395*	*1918*	*-988*	*1090*	*1593*	*2248*	*3032*	*1115*	*3876*	*3808*	*HORS ZONE-OCDE*
EUROPEAN COUNTRIES (1)	**4**	**..**	**1**	**8**	**17**	**12**	**41**	**36**	**148**	**104**	**15**	**1311**	**PAYS D'EUROPE (1)**
of which:													*dont:*
Baltic countries	..	..	..	..	..	..	1	..	..	..	4	2	Pays Baltes
Bulgaria	..	..	..	..	..	1	1	..	..	..	..	..	Bulgarie
Czechoslovakia	..	..	..	..	..	..	..	..	..	..	..	..	Tchécoslovaquie
Romania	..	..	..	..	..	..	..	..	..	..	..	..	Roumanie
Russia	..	..	..	..	..	-1	15	22	29	62	4	-18	Russie
Slovakia	..	..	..	..	..	..	..	..	..	..	..	..	Slovaquie
Slovenia	..	..	..	..	..	..	..	..	..	..	..	..	Slovénie
Ukraine	..	..	..	..	..	..	..	..	..	..	..	..	Ukraine
USSR	..	..	..	..	..	..	..	..	..	..	..	..	URSS

NETHERLANDS / **PAYS-BAS**

Table 3. **DIRECT INVESTMENT FROM ABROAD:** *INFLOWS BY COUNTRY*
Tableau 3. **INVESTISSEMENT DIRECT DE L'ÉTRANGER:** *FLUX PAR PAYS*

Million guilders / Millions de florins

	1988	1989	1990	1991	1992	1993	1994	1995	1996	1997	1998	1999 p	
AFRICA	**-15**	**-1**	**8**	**6**	**3**	**71**	**23**	**-3**	**300**	**-207**	**51**	**4**	**AFRIQUE**
of which:													*dont:*
Algeria	..	..	..	..	..	..	..	..	..	..	..	..	Algérie
Egypt	..	..	..	..	..	..	..	..	..	..	..	..	Egypte
Libya	..	..	..	..	..	..	..	..	..	..	..	..	Libye
Morocco	..	..	..	..	..	..	..	..	..	..	..	..	Maroc
South Africa	..	..	..	..	..	3	4	-2	..	..	29	7	Afrique du Sud
LATIN AMERICA-CARIBBEAN (1)	**860**	**514**	**1656**	**2075**	**-200**	**433**	**1186**	**2349**	**2327**	**615**	**2636**	**1827**	**AMÉRIQUE LATINE-CARAIBES (1)**
of which:													*dont:*
Argentina	..	..	..	98	-62	27	53	129	4	..	..	..	Argentine
Brazil	..	..	..	19	-44	-1	23	8	13	-13	18	258	Brésil
Chile	..	..	..	..	..	..	..	..	..	..	..	..	Chili
Colombia	..	..	..	..	..	..	98	..	..	..	..	..	Colombie
Costa Rica	..	..	..	..	..	..	..	..	..	..	..	..	Costa Rica
Netherlands Antilles	734	634	1813	..	..	..	..	..	..	..	..	..	Antilles néerlandaises
Panama	..	..	..	..	..	..	..	..	..	..	..	..	Panama
Venezuela	..	..	..	..	..	..	11	..	..	..	..	..	Vénézuela
NEAR & MIDDLE EAST	**253**	**7**	**-709**	**40**	**28**	**113**	**195**	**-8**	**42**	**216**	**520**	**258**	**PROCHE & MOYEN ORIENT**
of which:													*dont:*
Gulf States	..	..	..	..	..	82	122	-22	9	121	86	134	Pays du Golfe
of which:													*dont:*
Kuwait	..	..	..	..	..	..	..	..	..	..	..	..	Koweit
Saudi Arabia	..	..	..	..	..	..	..	..	..	..	..	..	Arabie Saoudite
United Arab Emirates	..	..	..	..	..	..	..	..	..	..	..	..	Émirats Arabes Unis
Iran	..	..	..	..	..	..	..	..	..	..	..	..	Iran
Israel	..	..	..	..	..	30	72	-	33	97	..	..	Israël
ASIAN COUNTRIES (1)	**59**	**44**	**161**	**604**	**196**	**476**	**158**	**-162**	**280**	**421**	**555**	**291**	**PAYS D'ASIE (1)**
of which:													*dont:*
China	..	..	..	..	..	3	5	76	37	37	20	84	Chine
Chinese Taipei	..	..	..	..	..	32	44	..	68	..	29	-264	Taipei chinois
Hong Kong	..	..	..	..	..	100	3	4	..	..	..	..	Hong Kong
India	..	..	..	..	-	..	20	14	214	2	..	Inde
Indonesia	..	..	..	..	..	13	..	18	2	-26	..	..	Indonésie
Malaysia	..	..	..	..	..	..	..	..	..	..	..	..	Malaisie
Philippines	..	..	..	..	..	..	..	..	..	..	..	..	Philippines
Singapore	..	..	..	..	..	299	51	-299	44	71	507	472	Singapour
Thailand	..	..	..	..	..	..	..	..	..	..	..	..	Thaïlande
UNALLOCATED	**597**	**-537**	**-722**	**-815**	**-1032**	**-14**	**-10**	**37**	**-64**	**-33**	**99**	**117**	**NON ATTRIBUÉS**
WORLD	***8059***	***13510***	***15896***	***9821***	***11952***	***14251***	***10080***	***18301***	***24624***	***24589***	***75281***	***66032***	***MONDE***
of which:													*dont:*
EUROPE (2)	6718	12321	12880	4241	10459	11574	6198	11059	9331	18161	35837	40817	EUROPE (2)
EUROPEAN UNION	5212	7673	9314	3623	6507	12765	3652	9560	7444	19095	29349	38184	UNION EUROPÉENNE
NAFTA	-1142	281	2108	2747	2052	1626	2370	4699	11677	4802	34649	22462	ALENA
ASEAN countries	..	..	..	..	-	312	71	-267	46	258	506	467	Pays de l'ASEAN

1. Excluding countries recorded under the OECD area above.
2. EUROPE = EU + EFTA + Other European Countries.

1. Ce montant exclut les pays figurant dans la zone OCDE mentionnée ci-dessus.
2. EUROPE = UE + AELE + Autres pays d'Europe.

NETHERLANDS   PAYS-BAS

Table 4. DIRECT INVESTMENT ABROAD: *OUTFLOWS BY COUNTRY*
Tableau 4. INVESTISSEMENT DIRECT À L'ÉTRANGER: *FLUX PAR PAYS*

Million guilders / Millions de florins

	1988	1989	1990	1991	1992	1993	1994	1995	1996	1997	1998	1999 p	
OECD AREA	*5112*	*21106*	*22085*	*20503*	*21802*	*18575*	*24239*	*25779*	*44374*	*43673*	*63903*	*77324*	*ZONE DE L'OCDE*
Australia	..	..	..	301	400	130	444	139	469	1450	397	-364	Australie
Austria	..	..	..	299	140	384	197	160	386	97	15	66	Autriche
Belgium-Luxembourg	764	3297	4325	3125	3373	2566	2271	4853	4683	4079	16889	3579	Belgique-Luxembourg
Canada	..	..	..	-105	330	328	562	822	1465	-937	1071	509	Canada
Czech Republic	-	-	-	..	380	192	84	1139	399	386	635	928	République Tchèque
Denmark	..	..	..	-33	616	173	156	979	260	597	165	978	Danemark
Finland	438	..	..	..	..	-29	65	-19	31	260	223	915	Finlande
France	151	1683	1930	1513	2843	-69	1985	547	5589	3923	2168	2587	France
Germany	..	1497	1604	1377	-10	889	1260	52	1750	1919	6272	4716	Allemagne
Greece	..	..	..	251	185	94	90	165	487	179	-22	273	Grèce
Hungary	..	..	..	153	272	270	211	284	553	707	1058	399	Hongrie
Iceland	..	..	..	..	..	..	..	..	..	..	..	..	Islande
Ireland	-539	233	542	62	374	403	1522	1845	1291	1380	5472	9397	Irlande
Italy	145	-486	301	368	596	362	1108	667	1424	-112	1375	3508	Italie
Japan	..	..	..	353	-6	-2710	48	969	361	1023	-388	225	Japon
Korea	..	..	..	353	..	45	105	159	88	-123	480	813	Corée
Mexico	..	..	..	..	180	3	-2	380	134	683	1225	498	Mexique
New Zealand	..	..	..	..	..	..	..	..	..	..	..	..	Nouvelle-Zélande
Norway	..	..	..	-8	175	317	410	360	79	379	478	15	Norvège
Poland	..	..	..	121	70	210	349	521	862	829	1745	2814	Pologne
Portugal	..	..	..	305	363	101	206	264	247	540	383	348	Portugal
Spain	..	..	..	1338	1377	1585	619	872	1532	2151	602	1919	Espagne
Sweden	..	..	..	297	410	365	4518	-295	586	994	621	1395	Suède
Switzerland	435	634	1645	439	951	1246	1519	1545	3978	930	1935	1948	Suisse
Turkey	..	..	..	..	..	71	-56	4	115	355	573	119	Turquie
United Kingdom	-1040	4355	3782	6997	1446	3685	5555	1905	4619	3451	7398	21189	Royaume-Uni
United States	3030	7375	5388	2646	6966	7772	932	8448	12978	18553	13114	18562	Etats-Unis
OECD UNALLOCATED	1728	2518	2568	351	371	192	81	-986	9	-18	18	-13	OCDE NON ATTRIBUES
NON-OECD AREA	*2938*	*3328*	*1742*	*2168*	*2722*	*3308*	*6308*	*5388*	*9051*	*12544*	*13158*	*8458*	*HORS ZONE-OCDE*
EUROPEAN COUNTRIES (1)	**8**	**23**	**12**	**59**	**429**	**309**	**21**	**223**	**467**	**2173**	**866**	**1386**	PAYS D'EUROPE (1)
of which:													*dont:*
Baltic countries	-	-	-	-	..	1	5	7	9	18	15	37	Pays Baltes
Bulgaria	-	-	-	-	..	..	..	..	..	..	20	22	Bulgarie
Czechoslovakia	..	..	..	21	..	..	-	-	-	-	-	-	Tchécoslovaquie
Romania	-	-	-	-	..	..	3	69	44	42	48	64	Roumanie
Russia	-	-	-	-	..	-28	-25	64	119	1210	242	584	Russie
Slovakia	-	-	-	-	..	..	9	44	48	90	44	170	Slovaquie
Slovenia	-	-	-	-	..	..	..	..	15	40	..	26	Slovénie
Ukraine	-	-	-	-	..	..	..	6	13	37	53	51	Ukraine
USSR	..	..	..	..	..	..	..	..	..	..	..	..	URSS

265

NETHERLANDS / PAYS-BAS

Table 4. DIRECT INVESTMENT ABROAD: *OUTFLOWS BY COUNTRY*
Tableau 4. **INVESTISSEMENT DIRECT À L'ÉTRANGER:** *FLUX PAR PAYS*

Million guilders / *Millions de florins*

	1988	1989	1990	1991	1992	1993	1994	1995	1996	1997	1998	1999 p	
AFRICA	**35**	**229**	**100**	**352**	**226**	**7**	**-57**	**294**	**1208**	**978**	**890**	**-2702**	**AFRIQUE**
of which:													*dont:*
Algeria	..	..	..	..	..	..	..	..	..	..	..	..	Algérie
Egypt	..	..	..	..	..	..	..	..	..	..	..	..	Egypte
Libya	..	..	..	..	..	..	..	..	..	..	..	..	Libye
Morocco	..	..	..	..	..	10	-25	46	-	37	-11	-22	Maroc
South Africa	..	..	..	..	..	-36	30	92	245	31	165	494	Afrique du Sud
LATIN AMERICA-CARIBBEAN (1)	**1006**	**1059**	**1563**	**1191**	**2018**	**1869**	**3456**	**1741**	**3414**	**6325**	**9513**	**6054**	**AMÉRIQUE LATINE-CARAÏBES (1)**
of which:													*dont:*
Argentina	..	..	..	1	425	73	471	531	284	77	582	580	Argentine
Brazil	..	..	..	379	345	779	966	-245	908	2585	7376	4469	Brésil
Chile	..	..	..	-28	40	-	100	194	344	558	1651	315	Chili
Colombia	..	..	..	..	64	64	225	195	4	2	51	126	Colombie
Costa Rica	..	..	..	..	..	..	..	..	..	..	..	..	Costa Rica
Netherlands Antilles	679	241	795	..	..	..	..	..	..	..	..	..	Antilles néerlandaises
Panama	..	..	..	..	..	..	..	..	..	..	..	..	Panama
Venezuela	..	..	..	..	104	5	155	365	86	271	-1012	-408	Vénézuela
NEAR & MIDDLE EAST	**26**	**228**	**54**	**46**	**-45**	**150**	**-40**	**68**	**-42**	**386**	**245**	**399**	**PROCHE & MOYEN ORIENT**
of which:													*dont:*
Gulf States	..	..	..	..	..	182	-73	30	-18	282	42	183	Pays du Golfe
of which:													*dont:*
Kuwait	..	..	..	..	..	..	..	..	..	..	..	..	Koweït
Saudi Arabia	..	..	..	..	..	..	..	..	..	..	..	..	Arabie Saoudite
United Arab Emirates	..	..	..	..	..	..	..	..	..	..	..	..	Émirats Arabes Unis
Iran	..	..	..	..	..	..	..	..	..	..	..	..	Iran
Israel	..	..	..	..	..	18	16	50	82	71	..	..	Israël
ASIAN COUNTRIES (1)	**295**	**1347**	**613**	**1044**	**476**	**1383**	**2998**	**2106**	**3998**	**2708**	**1604**	**3321**	**PAYS D'ASIE (1)**
of which:													*dont:*
China	..	..	..	12	-56	-30	332	169	324	410	-42	608	Chine
Chinese Taipei	..	..	..	..	..	289	567	596	1075	-1238	701	721	Taipei chinois
Hong Kong	..	..	..	-22	132	255	287	457	214	183	-231	88	Hong Kong
India	..	..	..	..	..	77	73	54	77	115	234	456	Inde
Indonesia	..	..	..	..	..	121	375	99	890	564	159	115	Indonésie
Malaysia	..	..	..	..	..	158	-29	67	174	-1307	282	46	Malaisie
Philippines	..	..	..	..	..	61	1119	68	322	185	293	350	Philippines
Singapore	..	..	..	-25	52	-108	238	312	516	2845	-778	-253	Singapour
Thailand	..	..	..	84	99	67	92	444	518	829	630	899	Thaïlande
UNALLOCATED	**1568**	**442**	**-600**	**-524**	**-382**	**-410**	**-70**	**956**	**7**	**-26**	**40**	**-**	**NON ATTRIBUÉS**
WORLD	**8050**	**24434**	**23827**	**22671**	**24524**	**21883**	**30547**	**31167**	**53425**	**56217**	**77062**	**85782**	**MONDE**
of which:													*dont:*
EUROPE (2)	1337	12987	16062	16681	14070	13117	22104	16058	29340	25213	48869	58495	EUROPE (2)
EUROPEAN UNION	-226	11065	12183	15899	11713	10509	19552	11996	22883	19454	41562	50870	UNION EUROPÉENNE
NAFTA	3030	7375	5388	2541	7476	8103	1492	9650	14578	18300	15411	19569	ALENA
ASEAN countries	..	..	..	59	327	265	1738	936	2258	3160	612	1188	Pays de l'ASEAN

1. Excluding countries recorded under the OECD area above.
2. EUROPE = EU + EFTA + Other European Countries.

1. Ce montant exclut les pays figurant dans la zone OCDE mentionnée ci-dessus.
2. EUROPE = UE + AELE + Autres pays d'Europe.

NETHERLANDS - PAYS-BAS

Chart 4. Inward direct investment position
Graphique 4. Encours d'investissement direct de l'étranger

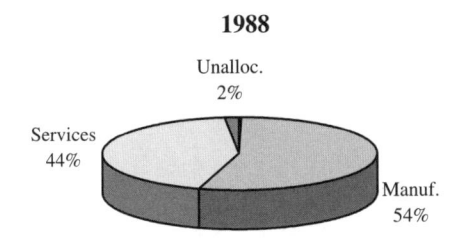

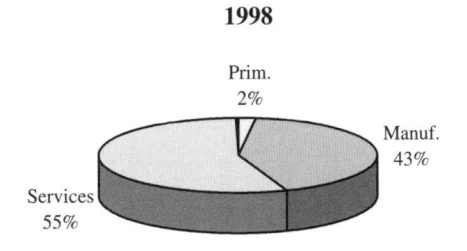

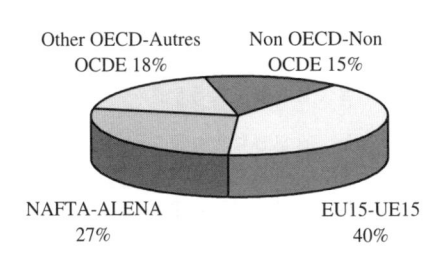

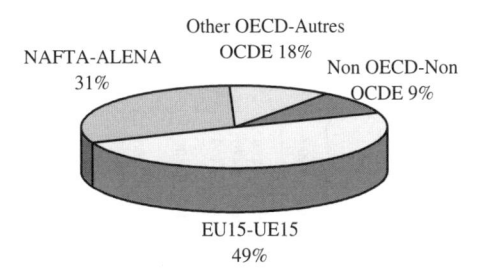

1988
- Unalloc. 2%
- Services 44%
- Manuf. 54%

1998
- Prim. 2%
- Manuf. 43%
- Services 55%

1988
- Other OECD-Autres OCDE 18%
- Non OECD-Non OCDE 15%
- NAFTA-ALENA 27%
- EU15-UE15 40%

1998
- NAFTA-ALENA 31%
- Other OECD-Autres OCDE 18%
- Non OECD-Non OCDE 9%
- EU15-UE15 49%

Chart 5. Outward direct investment position
Graphique 5. Encours d'investissement direct à l'étranger

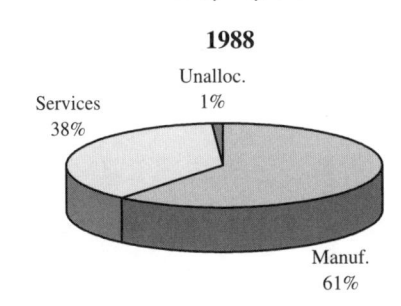

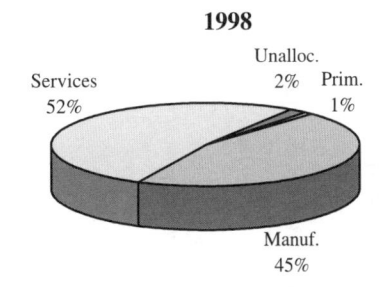

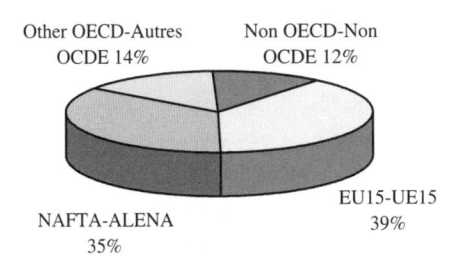

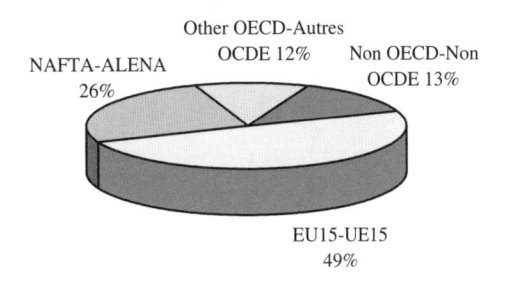

1988
- Unalloc. 1%
- Services 38%
- Manuf. 61%

1998
- Unalloc. 2%
- Prim. 1%
- Services 52%
- Manuf. 45%

1988
- Other OECD-Autres OCDE 14%
- Non OECD-Non OCDE 12%
- NAFTA-ALENA 35%
- EU15-UE15 39%

1998
- NAFTA-ALENA 26%
- Other OECD-Autres OCDE 12%
- Non OECD-Non OCDE 13%
- EU15-UE15 49%

Note: Prim. = primary sector, **Manuf.** = manufacturing.

Note: Prim. = secteur primaire, **Manuf.** = manufacture.

NETHERLANDS **PAYS-BAS**

Table 5. **DIRECT INVESTMENT FROM ABROAD:** *INWARD POSITION BY INDUSTRIAL SECTOR*
Tableau 5. **ENCOURS D'INVESTISSEMENT DIRECT DE L'ÉTRANGER:** *PAR SECTEUR INDUSTRIEL*
year-end - fin d'année

Million guilders *Millions de florins*

	1988	1989	1990	1991	1992	1993	1994	1995	1996	1997	1998	
Agriculture & fishing	189	214	246	198	193	133	120	73	119	260	311	**Agriculture & pêche**
Mining & quarrying	..	..	..	..	..	5504	6662	7633	5196	5470	5965	**Mines & exploitation**
of which: Extraction of petroleum and gas	..	..	..	..	..	5234	5674	4433	4302	4440	5329	*dont:* Extraction de pétrole et gaz
Manufacturing	48891	57020	67601	71760	75195	70110	80867	79662	100333	109809	135879	**Manufacture**
of which:												*dont:*
Food products	6811	9390	11000	11061	13363	13496	12818	14141	15706	17398	21660	Produits alimentaires
Textile and wood activities						6875	8635	9946	9710	9998	12270	Activités du textile et du bois
Petroleum, chemical, rubber and plastic products						34805	40055	36157	51479	52733	53625	Pétrole, produits chimiques, caoutchouc et mat. plastiques
Metal and mechanical products						5147	5398	6192	6155	8297	10269	Produits métallurgiques et mécaniques
Office machinery, computers, radio, TV and communication equipment						6380	6924	6431	9163	13002	28311	Machines de bureau, ordinateurs, radio, téléviseurs et équipement de communication
Vehicles and other transport equipment						857	3619	3508	4485	5071	5049	Véhicules et autres équipements de transport
Electricity, gas & water	..	..	..	..	..	140	193	342	655	762	1168	**Electricité, gaz & eau**
Construction	964	1224	1055	1221	1178	830	1374	1402	2257	2433	2149	**Construction**
Trade & repairs	13557	15480	17705	21865	24194	24899	28440	31822	34816	40872	49773	**Commerce & réparation**
Hotels & restaurants	..	..	..	..	..	2133	2679	2745	2988	3039	2993	**Hôtels & restaurants**
Transport & communication	..	..	..	..	..	3299	3079	3498	4310	8885	10807	**Transport & communication**
of which:												*dont:*
Land, sea and air transport	1515	1953	2030	2746	2995	2244	1529	1766	1430	4930	3973	Transport terrestre, maritime et aérien
Telecommunications						263	594	785	1518	2730	5267	Télécommunications
Financial activities	24693	29423	35302	37080	43687	38713	34767	44064	49057	52257	68661	**Activités financières**
of which:												*dont:*
Monetary institutions						5439	4660	4856	4965	5055	5948	Institutions monétaires
Other financial institutions						24129	21544	28729	33796	35552	48532	Autres institutions financières
of which: Financial holding companies						4394	3423	4392	9469	10009	20647	*dont:* Sociétés holding financiers
Insurance & activities auxiliary to insurance						9145	8563	10480	10296	11647	14181	Assurances & activités auxiliaires
Other financial institutions and insurance activities						33273	30107	39208	44092	47199	62173	Autres activités d'institutions financières et d'assurances
Real estate & business activities						15119	21480	23462	25283	28377	35035	**Activités d'entreprise & immobilier**
of which: Real estate						12232	17018	18047	20759	23095	28948	*dont:* Immobilier
Other services	..	..	..	..	..	289	507	687	3566	4383	5452	**Autres services**
Unallocated	1515	1953	2030	2747	2997	282	262	299	86	513	789	Non attribués
TOTAL	89809	105314	123939	134871	147444	161451	180430	195689	228666	257061	318980	**TOTAL**
of which:												*dont:*
PRIMARY	189	214	246	198	193	5637	6782	7706	5315	5730	6276	PRIMAIRE
MANUFACTURING	48891	57020	67601	71760	75195	70110	80867	79662	100333	109809	135879	MANUFACTURE
SERVICES	39214	46127	54062	60166	69059	85422	92519	108022	122932	141009	176037	SERVICES

NETHERLANDS   **PAYS-BAS**

Table 6. **DIRECT INVESTMENT ABROAD:** *OUTWARD POSITION BY INDUSTRIAL SECTOR*
Tableau 6. **ENCOURS D'INVESTISSEMENT DIRECT À L'ÉTRANGER:** *PAR SECTEUR INDUSTRIEL*

year-end - fin d'année

Million guilders   *Millions de florins*

	1988	1989	1990	1991	1992	1993	1994	1995	1996	1997	1998	
Agriculture & fishing	175	163	193	239	239	181	166	176	227	469	366	**Agriculture & pêche**
Mining & quarrying	..	..	..	..	..	1384	1846	4840	3235	3984	3004	**Mines & exploitation**
of which: Extraction of petroleum and gas	..	..	..	..	..	959	432	3518	1908	2499	2332	*dont*: Extraction de pétrole et gaz
Manufacturing	89609	100885	103948	113231	121032	128008	129152	138961	174421	205161	198017	**Manufacture**
of which:												*dont*:
Food products	11763	12102	16326	18926	22553	25339	25954	27127	30208	38285	43819	Produits alimentaires
Textile and wood activities	..	..	..	..	..	6728	7411	12435	19201	21314	24761	Activités du textile et du bois
Petroleum, chemical, rubber and plastic products	..	..	..	..	..	70455	68605	69956	87860	102226	86079	Pétrole, produits chimiques, caoutchouc et mat. plastiques
Metal and mechanical products	..	..	..	..	..	7312	6374	7152	7678	8176	12026	Produits métallurgiques et mécaniques
Office machinery, computers, radio, TV and communication equipment	..	..	..	..	..	16113	18041	19746	25808	31242	26791	Machines de bureau, ordinateurs, radio, téléviseurs et équipement de communication
Vehicles and other transport equipment	..	..	..	..	..	1319	1427	1547	1986	1959	2197	Véhicules et autres équipements de transport
Electricity, gas & water	..	..	..	..	..	91	78	137	163	196	450	**Electricité, gaz & eau**
Construction	453	592	594	1127	1090	1660	1671	1986	2140	2173	2636	**Construction**
Trade & repairs	8754	10539	12786	15761	17666	21685	26552	27923	31238	34697	38713	**Commerce & réparation**
Hotels & restaurants	..	..	..	..	..	864	1219	1203	1362	1135	747	**Hôtels & restaurants**
Transport & communication	..	..	..	..	..	3886	4057	4743	8859	13894	12328	**Transport & communication**
of which:												*dont*:
Land, sea and air transport	1638	2774	2701	3229	3860	2377	2335	2842	2924	6124	5214	Transport terrestre, maritime et aérien
Telecommunications	..	..	..	..	..	207	239	407	3978	5578	4974	Télécommunications
Financial activities	46377	54067	62900	71810	79323	62590	68515	77630	93700	116444	128650	**Activités financières**
of which:												*dont*:
Monetary institutions	..	..	..	..	..	12223	14406	17597	20818	26112	32157	Institutions monétaires
Other financial institutions	..	..	..	..	..	23857	24118	29662	35685	42930	44017	Autres institutions financières
of which: Financial holding companies	..	..	..	..	..	2966	3599	3325	10042	9672	13716	*dont*: Sociétés holding financières
Insurance & activities auxiliary to insurance	..	..	..	..	..	26511	29990	30372	37196	47400	52477	Assurances & activités auxiliaires
Other financial institutions and insurance activities	..	..	..	..	..	50367	54108	60034	72881	90330	96494	Autres activités d'institutions financières et d'assurances
Real estate & business activities	..	..	..	..	..	25533	26289	27186	30920	35539	40286	**Activités d'entreprise & immobilier**
of which: Real estate	..	..	..	..	..	21975	22754	23047	26299	30184	31905	*dont*: Immobilier
Other services	..	..	..	..	..	578	829	928	1620	1840	2265	**Autres services**
Unallocated	1639	2772	2701	3229	3860	600	815	610	6499	7259	8449	Non attribués
TOTAL	147007	169018	183122	205397	223210	247060	261189	286323	354383	422793	435909	**TOTAL**
of which:												*dont*:
PRIMARY	175	163	193	239	239	1565	2012	5016	3462	4454	3369	PRIMAIRE
MANUFACTURING	89609	100885	103948	113231	121032	128008	129152	138961	174421	205161	198017	MANUFACTURE
SERVICES	55584	65198	76280	88698	98079	116887	129210	141736	170001	205919	226074	SERVICES

NETHERLANDS / **PAYS-BAS**

Table 7. **DIRECT INVESTMENT FROM ABROAD: INWARD POSITION BY COUNTRY**
Tableau 7. **ENCOURS D'INVESTISSEMENT DIRECT DE L'ÉTRANGER: PAR PAYS**
year-end - fin d'année

Million guilders / Millions de florins

	1988	1989	1990	1991	1992	1993	1994	1995	1996	1997	1998	
OECD AREA	**76504**	**91314**	**108314**	**117231**	**129239**	**142297**	**160787**	**174437**	**203475**	**229574**	**289731**	**ZONE DE L'OCDE**
Australia	..	..	..	..	..	404	414	499	458	496	1179	Australie
Austria	..	..	..	..	..	685	1173	923	1346	1593	1216	Autriche
Belgium-Luxembourg	7342	10881	13666	16908	20673	22006	23384	22893	26359	27075	35429	Belgique-Luxembourg
Canada	..	..	..	..	..	746	1015	1185	1016	1155	20091	Canada
Czech Republic	..	..	..	..	..	..	7	5	13	13	20	République Tchèque
Denmark	309	460	695	845	1099	1019	879	1368	1558	1567	1393	Danemark
Finland	..	..	..	..	..	1180	1505	1663	1785	3647	2530	Finlande
France	3198	4530	6018	6238	6834	7934	7075	6979	7958	9621	12464	France
Germany	7591	8819	10723	11623	12199	17280	21035	23865	26709	30839	32428	Allemagne
Greece	12	12	14	16	..	15	17	15	26	40	31	Grèce
Hungary	..	..	..	..	..	5	6	7	7	35	37	Hongrie
Iceland	..	..	..	..	..	..	..	..	..	..	..	Islande
Ireland	499	683	706	890	1161	1575	1525	5984	6181	6770	10816	Irlande
Italy	121	129	207	123	315	443	495	619	822	1245	1254	Italie
Japan	3106	3858	4717	6193	6336	6443	5931	5932	8605	9359	9820	Japon
Korea	..	..	..	..	..	..	21	17	15	20	117	Corée
Mexico	..	..	..	..	..	..	8	9	9	71	9	Mexique
New Zealand	..	..	..	..	..	..	..	..	..	..	..	Nouvelle-Zélande
Norway	..	..	..	..	..	1224	1333	1452	2202	2748	2561	Norvège
Poland	-3	-1	-2	..	..	..	4	..	2	-18	11	Pologne
Portugal	..	..	..	..	..	77	111	241	355	798	511	Portugal
Spain	198	158	179	171	212	382	496	489	436	804	972	Espagne
Sweden	..	..	..	..	..	6735	9495	10647	11347	12325	10794	Suède
Switzerland	9023	10901	13181	13913	17732	16896	19870	20220	19009	16272	20609	Suisse
Turkey	..	..	..	..	..	72	74	101	143	212	278	Turquie
United Kingdom	16707	17936	20223	19126	19041	21772	27655	28873	32137	43816	47860	Royaume-Uni
United States	24150	27085	30384	32772	34235	35382	37263	40450	54943	59040	77271	Etats-Unis
OECD UNALLOCATED	4251	5863	7603	8413	9402	15	-3	2	33	31	31	OCDE NON ATTRIBUÉS
NON-OECD AREA	**13305**	**14000**	**15625**	**17640**	**18205**	**19154**	**19643**	**21252**	**25191**	**27487**	**29250**	**HORS ZONE-OCDE**
EUROPEAN COUNTRIES (1)	**20**	**15**	**18**	**22**	**..**	**55**	**123**	**100**	**701**	**815**	**1496**	**PAYS D'EUROPE (1)**
of which:												dont:
Baltic countries	..	..	..	..	..	1	..	..	..	..	2	Pays Baltes
Bulgaria	..	..	..	..	..	..	..	..	..	..	..	Bulgarie
Czechoslovakia	..	..	..	..	..	..	..	..	..	..	..	Tchécoslovaquie
Romania	..	..	..	..	..	..	..	..	..	..	..	Roumanie
Russia	..	..	..	..	..	-2	60	18	44	126	75	Russie
Slovakia	..	..	..	..	..	..	..	..	..	..	..	Slovaquie
Slovenia	..	..	..	..	..	..	..	..	..	..	..	Slovénie
Ukraine	..	..	..	..	..	..	..	..	..	..	..	Ukraine
USSR	..	..	..	..	..	..	..	..	..	..	..	URSS

NETHERLANDS / **PAYS-BAS**

Table 7. DIRECT INVESTMENT FROM ABROAD: *INWARD POSITION BY COUNTRY*
Tableau 7. **ENCOURS D'INVESTISSEMENT DIRECT DE L'ÉTRANGER:** *PAR PAYS*
year-end - *fin d'année*

Million guilders / *Millions de florins*

	1988	1989	1990	1991	1992	1993	1994	1995	1996	1997	1998	
AFRICA	89	86	83	101	103	172	153	140	452	286	198	**AFRIQUE**
of which:												*dont:*
Algeria	..	..	..	..	..	..	..	..	..	..	..	Algérie
Egypt	..	..	..	..	..	..	..	..	..	..	..	Egypte
Libya	..	..	..	..	..	..	..	..	..	..	..	Libye
Morocco	..	..	..	..	..	..	..	..	..	..	..	Maroc
South Africa	..	..	..	..	..	..	20	13	18	20	51	Afrique du Sud
LATIN AMERICA-CARIBBEAN (1)	11906	12669	14704	15633	15920	16382	17130	18857	21488	23577	24344	**AMÉRIQUE LATINE-CARAIBES (1)**
of which:												*dont:*
Argentina	..	..	..	..	..	-93	..	..	..	..	..	Argentine
Brazil	..	..	..	..	..	43	107	103	84	79	9	Brésil
Chile	..	..	..	..	..	..	..	..	..	..	..	Chili
Colombia	..	..	..	..	..	..	..	..	..	..	..	Colombie
Costa Rica	..	..	..	..	..	..	99	97	..	..	..	Costa Rica
Netherlands Antilles	8668	9577	11787	12008	13213	..	..	..	..	..	..	Antilles néerlandaises
Panama	..	..	..	..	..	..	..	..	..	..	..	Panama
Venezuela	..	..	..	..	..	11	23	20	18	18	..	Vénézuela
NEAR & MIDDLE EAST	812	848	139	184	..	374	418	453	553	478	1106	**PROCHE & MOYEN ORIENT**
of which:												*dont:*
Gulf States	..	..	..	..	..	242	213	187	205	108	333	Pays du Golfe
of which:												*dont:*
Kuwait	..	..	..	..	..	..	..	..	..	..	..	Koweit
Saudi Arabia	..	..	..	..	..	..	..	..	..	..	..	Arabie Saoudite
United Arab Emirates	..	..	..	..	..	..	..	..	..	..	..	Émirats Arabes Unis
Iran	..	..	..	..	..	7	7	6	..	..	..	Iran
Israel	..	..	..	..	..	123	195	246	328	353	..	Israël
ASIAN COUNTRIES (1)	451	525	649	1225	1129	1711	1677	1493	1732	2030	1719	**PAYS D'ASIE (1)**
of which:												*dont:*
China	..	..	..	..	..	22	28	30	40	-57	46	Chine
Chinese Taipei	..	..	..	..	..	80	123	126	106	137	132	Taipei chinois
Hong Kong	..	..	..	..	..	..	348	402	443	588	469	Hong Kong
India	..	..	..	..	..	..	..	..	4	4	9	Inde
Indonesia	..	..	..	..	..	264	284	306	328	558	350	Indonésie
Malaysia	..	..	..	..	..	23	61	87	93	22	31	Malaisie
Philippines	..	..	..	..	..	3	..	..	2	..	..	Philippines
Singapore	..	..	..	..	..	904	760	465	584	591	635	Singapour
Thailand	..	..	..	..	..	17	..	..	20	..	..	Thailande
UNALLOCATED	27	-143	32	475	1053	460	142	209	264	300	386	**NON ATTRIBUÉS**
WORLD	89809	105314	123939	134871	147444	161451	180430	195689	228666	257061	318980	**MONDE**
of which:												*dont:*
EUROPE (2)	49047	59942	72806	78087	88632	99618	116347	126526	139279	160421	182952	EUROPE (2)
EUROPEAN UNION	35974	43607	52429	55944	61534	81102	94845	104557	117021	140136	157699	UNION EUROPÉENNE
NAFTA	24150	27085	30384	32772	34235	36128	38286	41644	55970	60265	97371	ALENA
ASEAN countries	..	..	..	..	..	1214	1166	926	1133	1351	1044	Pays de l'ASEAN

1. Excluding countries recorded under the OECD area above.
2. EUROPE = EU + EFTA + Other European Countries.

1. Ce montant exclut les pays figurant dans la zone OCDE mentionnée ci-dessus.
2. EUROPE = UE + AELE + Autres pays d'Europe.

NETHERLANDS / PAYS-BAS

Table 8. DIRECT INVESTMENT ABROAD: OUTWARD POSITION BY COUNTRY
Tableau 8. ENCOURS D'INVESTISSEMENT DIRECT À L'ÉTRANGER: PAR PAYS
year-end - fin d'année

Million guilders / Millions de florins

	1988	1989	1990	1991	1992	1993	1994	1995	1996	1997	1998	
OECD AREA	*130030*	*149422*	*162055*	*178874*	*189258*	*214998*	*224110*	*243605*	*303621*	*361444*	*378190*	**ZONE DE L'OCDE**
Australia	..	..	..	..	..	1871	2010	1913	2962	3905	3907	Australie
Austria	..	..	..	..	..	2105	2267	2363	2893	3127	2660	Autriche
Belgium-Luxembourg	12670	17155	21382	24649	26391	28918	30868	37679	47523	53268	61937	Belgique-Luxembourg
Canada	..	..	..	..	..	6165	5798	6106	8850	9366	7790	Canada
Czech Republic	..	..	..	..	..	328	476	667	2479	2655	3541	République Tchèque
Denmark	739	985	1348	1227	1677	1900	1938	3206	3599	4141	4222	Danemark
Finland	..	..	..	..	..	410	535	510	498	822	919	Finlande
France	9243	11935	14188	15219	17120	17391	19269	18861	25766	29964	31019	France
Germany	13701	15043	17479	20043	20372	19306	22832	22114	23760	25094	28263	Allemagne
Greece	486	541	575	823	..	879	931	1031	1626	1867	1624	Grèce
Hungary	..	..	..	..	..	300	630	766	1144	2038	2453	Hongrie
Iceland	..	..	..	..	..	..	..	..	..	..	..	Islande
Ireland	869	1173	1046	1183	1566	1759	3186	5047	6272	7186	12621	Irlande
Italy	2057	2256	2705	2177	2436	3121	3695	3861	6091	6309	7951	Italie
Japan	1642	1447	1677	2296	2301	971	1293	2351	2221	3546	3455	Japon
Korea	..	..	..	..	..	1015	1071	1138	1203	520	998	Corée
Mexico	..	..	..	..	..	743	479	371	575	802	1450	Mexique
New Zealand	..	..	..	..	..	..	..	..	..	..	..	Nouvelle-Zélande
Norway	..	..	..	..	..	705	1184	1533	2155	2213	2356	Norvège
Poland	..	..	..	..	..	440	658	1033	2087	2708	3841	Pologne
Portugal	313	383	518	868	..	1003	1011	1138	1695	2109	2025	Portugal
Spain	3808	4526	5632	6864	7269	8155	8269	9044	11863	13941	14824	Espagne
Sweden	..	..	..	..	..	1392	3076	3337	4106	4606	3682	Suède
Switzerland	9518	10094	12847	13553	14597	15453	18031	20761	24585	27438	28027	Suisse
Turkey	..	..	..	..	..	928	728	556	767	1007	1734	Turquie
United Kingdom	12868	16436	18846	22025	19593	24154	28845	31183	32141	41370	43406	Royaume-Uni
United States	52042	56246	53666	57599	66694	75044	67166	69764	86469	111164	103239	Etats-Unis
OECD UNALLOCATED	10074	11202	10146	10348	9242	542	-2136	-2728	291	278	242	OCDE NON ATTRIBUÉS
NON-OECD AREA	*16977*	*19596*	*21067*	*26523*	*33952*	*32062*	*37079*	*42718*	*50762*	*61349*	*57720*	**HORS ZONE-OCDE**
EUROPEAN COUNTRIES (1)	**8**	**19**	**23**	**298**	**506**	**128**	**134**	**389**	**1012**	**2215**	**3907**	**PAYS D'EUROPE (1)**
of which:												*dont:*
Baltic countries	-	-	-	-	-	1	21	6	46	62	73	Pays Baltes
Bulgaria	-	-	-	-	-	..	..	..	68	123	..	Bulgarie
Czechoslovakia	-	-	-	-	-	..	..	..	..	..	..	Tchécoslovaquie
Romania	-	-	-	-	-	..	-13	16	46	46	183	Roumanie
Russia	-	-	-	-	-	-2	-92	87	141	375	1635	Russie
Slovakia	-	-	-	-	-	15	19	68	117	212	267	Slovaquie
Slovenia	-	-	-	-	-	..	15	16	24	86	..	Slovénie
Ukraine	-	-	-	-	-	..	..	..	18	48	..	Ukraine
USSR	-	-	-	-	-	..	..	..	..	..	-	URSS

NETHERLANDS   PAYS-BAS

Table 8. **DIRECT INVESTMENT ABROAD:** *OUTWARD POSITION BY COUNTRY*
Tableau 8. **ENCOURS D'INVESTISSEMENT DIRECT À L'ÉTRANGER:** *PAR PAYS*
year-end - fin d'année

Million guilders / *Millions de florins*

	1988	1989	1990	1991	1992	1993	1994	1995	1996	1997	1998	
AFRICA	:	:	:	:	:	:	:	:	:	:	:	**AFRIQUE**
of which:												*dont:*
Algeria	:	:	:	:	:	:	:	:	:	:	:	Algérie
Egypt	:	:	:	:	:	:	:	:	:	:	:	Egypte
Libya	:	:	:	:	:	:	:	:	:	:	:	Libye
Morocco	:	:	:	:	:	145	194	190	194	231	223	Maroc
South Africa	:	:	:	:	:	364	294	315	540	584	551	Afrique du Sud
LATIN AMERICA-CARIBBEAN (1)	10254	10801	12020	14080	15138	17598	17956	19487	24410	29904	28029	**AMÉRIQUE LATINE-CARAIBES (1)**
of which:												*dont:*
Argentina	:	:	:	:	:	1135	1439	2038	2376	2827	2863	Argentine
Brazil	:	:	:	:	:	2733	3290	3436	4467	4879	7706	Brésil
Chile	:	:	:	:	:	333	375	439	699	1201	1203	Chili
Colombia	:	:	:	:	:	187	209	281	309	300	278	Colombie
Costa Rica	:	:	:	:	:	:	:	:	:	:	:	Costa Rica
Netherlands Antilles	5809	6042	7547	9211	10056	:	:	:	:	:	:	Antilles néerlandaises
Panama	:	:	:	:	:	:	:	:	:	:	:	Panama
Venezuela	:	:	:	:	:	219	282	778	796	1053	79	Vénézuela
NEAR & MIDDLE EAST	1345	1719	1734	1915	-	2294	2127	2177	1999	2589	2490	**PROCHE & MOYEN ORIENT**
of which:												*dont:*
Gulf States	:	:	:	:	:	646	584	713	712	1031	1155	Pays du Golfe
of which:												*dont:*
Kuwait	:	:	:	:	:	:	:	:	:	:	:	Koweit
Saudi Arabia	:	:	:	:	:	:	:	:	:	:	:	Arabie Saoudite
United Arab Emirates	:	:	:	:	:	:	:	:	:	:	:	Émirats Arabes Unis
Iran	:	:	:	:	:	:	:	7	26	:	:	Iran
Israel	:	:	:	:	:	64	79	134	260	361	:	Israël
ASIAN COUNTRIES (1)	4079	5405	5439	7018	8159	9739	12354	14046	19351	20913	16702	**PAYS D'ASIE (1)**
of which:												*dont:*
China	:	:	:	:	:	56	433	528	994	1607	1538	Chine
Chinese Taipei	:	:	:	:	:	1243	1715	2128	3378	3925	1591	Taipei chinois
Hong Kong	:	:	:	:	:	1234	1467	1604	1792	1994	1787	Hong Kong
India	:	:	:	:	:	163	214	355	324	403	529	Inde
Indonesia	:	:	:	:	:	695	860	1068	1261	1485	1166	Indonésie
Malaysia	:	:	:	:	:	1735	1644	1710	1919	1131	1133	Malaisie
Philippines	:	:	:	:	:	361	1541	1677	1772	2010	2563	Philippines
Singapore	:	:	:	:	:	2447	2615	2895	5879	5699	3901	Singapour
Thailand	:	:	:	:	:	986	1113	1223	1571	1851	1340	Thaïlande
UNALLOCATED	38	-12	12	1179	7928	-15	2388	3404	99	84	183	**NON ATTRIBUÉS**
WORLD	*147007*	*169018*	*183122*	*205397*	*223210*	*247060*	*261189*	*286323*	*354383*	*422793*	*435909*	***MONDE***
of which:												*dont:*
EUROPE (2)	68858	83627	99604	112958	118306	128785	148593	165097	202113	234127	261076	EUROPE (2)
EUROPEAN UNION	56754	70433	83719	95078	96424	110493	126722	139375	167832	193801	215155	UNION EUROPÉENNE
NAFTA	52042	56246	53666	57599	66694	81952	73443	76242	95894	121332	112480	ALENA
ASEAN countries	:	:	:	:	:	6348	7816	8851	12503	12314	10254	Pays de l'ASEAN

1. Excluding countries recorded under the OECD area above.
2. EUROPE = EU + EFTA + Other European Countries.

1. Ce montant exclut les pays figurant dans la zone OCDE mentionnée ci-dessus.
2. EUROPE = UE + AELE + Autres pays d'Europe.

NEW-ZEALAND - NOUVELLE-ZELANDE

Chart 1. **Direct investment flows**
Graphique 1. **Flux d'investissement direct**

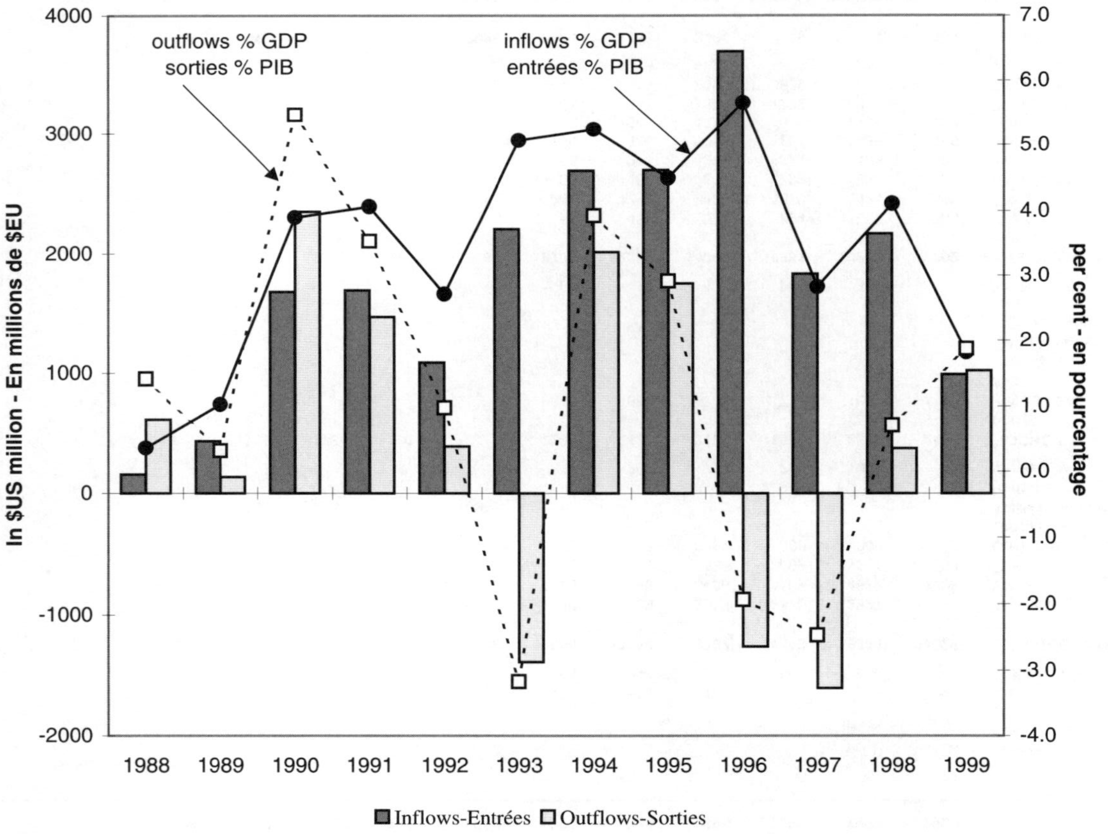

■ Inflows-Entrées □ Outflows-Sorties

NEW-ZEALAND - NOUVELLE-ZELANDE

Chart 2. **Direct investment from abroad:** *inflows by country*
Graphique 2. **Investissement direct de l'étranger:** *flux par pays*

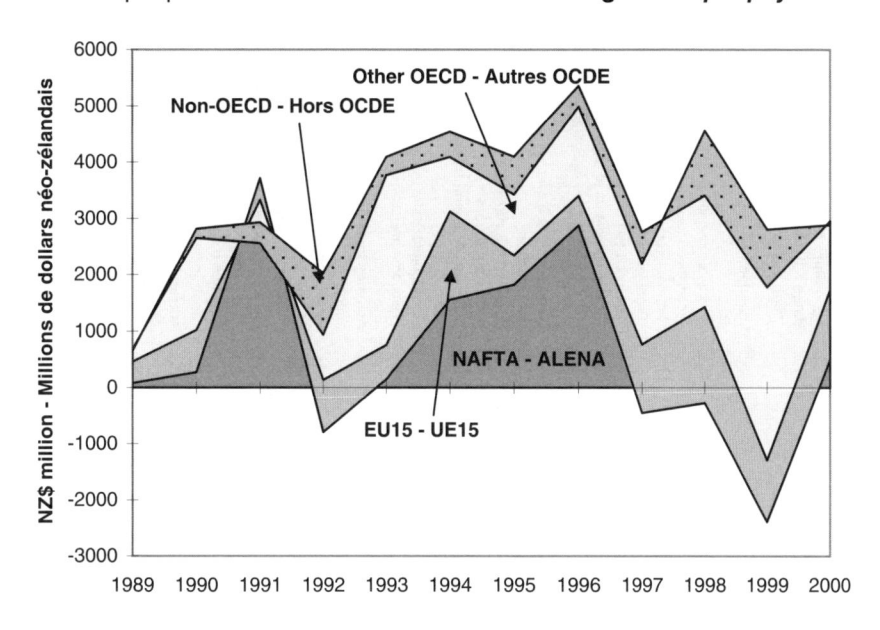

Chart 3. **Direct investment abroad:** *outflows by country*
Graphique 3. **Investissement direct à l'étranger:** *flux par pays*

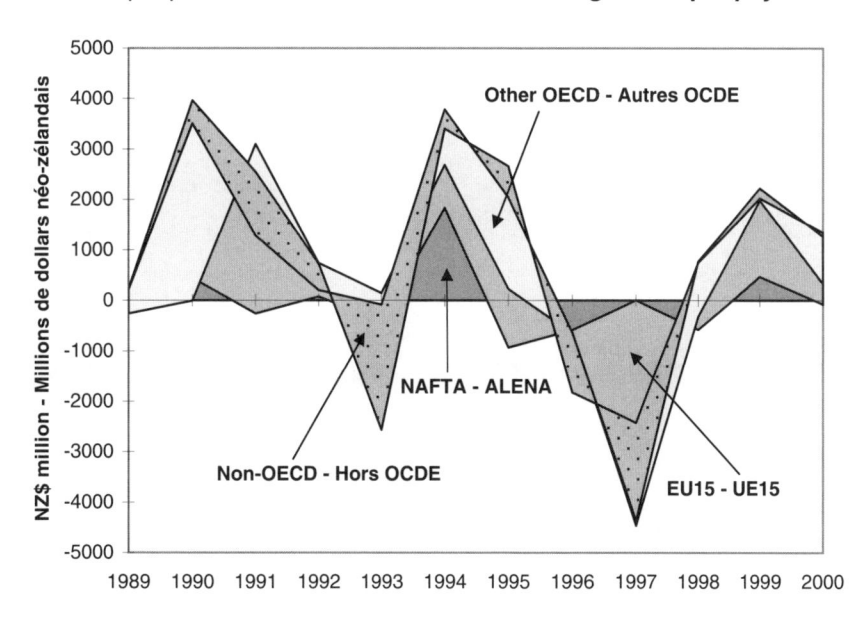

Note: Total OECD = EU15 + NAFTA + Other OECD. **Note**: Total OCDE = UE15 + ALENA + Autres OCDE.

NEW-ZEALAND / NOUVELLE-ZÉLANDE

Table 1. DIRECT INVESTMENT FROM ABROAD: INFLOWS BY INDUSTRIAL SECTOR
Tableau 1. INVESTISSEMENT DIRECT DE L'ÉTRANGER : *FLUX PAR SECTEUR INDUSTRIEL*

NZ$ million / *Millions de dollars néo-zélandais*

	1989	1990[1]	1991	1992	1993	1994	1995	1996	1997	1998	1999	2000 p	
Agriculture & fishing	1	..	..	..	..	..	..	..	..	..	..	..	**Agriculture & pêche**
Mining & quarrying	-68	..	..	..	..	..	..	..	..	..	..	..	**Mines & exploitation**
of which: Extraction of petroleum and gas	..	..	..	..	..	..	..	..	..	..	..	..	*dont*: Extraction de pétrole et gaz
Manufacturing	264	..	..	..	..	..	..	..	..	..	..	..	**Manufacture**
of which:													*dont*:
Food products	17	..	..	..	..	..	..	..	..	..	..	..	Produits alimentaires
Textile and wood activities	104	..	..	..	..	..	..	..	..	..	..	..	Activités du textile et du bois
Petroleum, chemical, rubber and plastic products	40	..	..	..	..	..	..	..	..	..	..	..	Pétrole, produits chimiques, caoutchouc et mat. plastiques
Metal and mechanical products	111	..	..	..	..	..	..	..	..	..	..	..	Produits métallurgiques et mécaniques
Office machinery, computers, radio, TV and communication equipment	..	..	..	..	..	..	..	..	..	..	-	..	Machines de bureau, ordinateurs, radio, téléviseurs et équipement de communication
Vehicles and other transport equipment	..	..	..	..	..	..	..	..	..	..	-	..	Véhicules et autres équipements de transport
Electricity, gas & water	..	..	..	..	..	..	..	..	..	..	..	..	**Electricité, gaz & eau**
Construction	32	..	..	..	..	..	..	..	..	..	..	..	**Construction**
Trade & repairs	195	..	..	..	..	..	..	..	..	..	..	..	**Commerce & réparation**
Hotels & restaurants	..	..	..	..	..	..	..	..	..	..	..	..	**Hôtels & restaurants**
Transport & communication	..	..	..	..	..	..	..	..	..	..	..	..	**Transport & communication**
of which:													*dont*:
Land, sea and air transport	9	..	..	..	..	..	..	..	..	..	..	..	Transport terrestre, maritime et aérien
Telecommunications	..	..	..	..	..	..	..	..	..	..	..	..	Télécommunications
Financial activities	206	..	..	..	..	..	..	..	..	..	..	..	**Activités financières**
of which:													*dont*:
Monetary institutions	..	..	..	..	..	..	..	..	..	..	..	..	Institutions monétaires
Other financial institutions	..	..	..	..	..	..	..	..	..	..	..	..	Autres institutions financières
of which: Financial holding companies	..	..	..	..	..	..	..	..	..	..	..	..	*dont*: Sociétés holding financières
Insurance & activities auxiliary to insurance	..	..	..	..	..	..	..	..	..	..	..	..	Assurances & activités auxiliaires
Other financial institutions and insurance activities	..	..	..	..	..	..	..	..	..	..	..	..	Autres activités d'institutions financières et d'assurances
Real estate & business activities	..	..	..	..	..	..	..	..	..	..	..	..	**Activités d'entreprise & immobilier**
of which: Real estate	..	..	..	..	..	..	..	..	..	..	..	..	*dont*: Immobilier
Other services	87	..	..	..	..	..	..	..	..	..	..	..	**Autres services**
Unallocated	-	..	..	..	..	..	..	..	..	..	..	..	Non attribués
TOTAL	725	2823	2932	2026	4093	4538	4100	5360	2766	3411	1779	2964	**TOTAL**
of which:													*dont*:
PRIMARY	-67	..	..	..	..	..	..	..	..	..	..	..	**PRIMAIRE**
MANUFACTURING	264	..	..	..	..	..	..	..	..	..	..	..	**MANUFACTURE**
SERVICES	528	..	..	..	..	..	..	..	..	..	..	..	**SERVICES**

1. As from 1990, breakdowns by industrial sector are not available.

1. A partir de 1990, les ventilations par secteur industriel ne sont pas disponibles.

NEW-ZEALAND / NOUVELLE-ZELANDE

Table 2. DIRECT INVESTMENT ABROAD: OUTFLOWS BY INDUSTRIAL SECTOR
Tableau 2. INVESTISSEMENT DIRECT À L'ÉTRANGER: FLUX PAR SECTEUR INDUSTRIEL

NZ$ million / Millions de dollars néo-zélandais

	1989	1990	1991	1992	1993	1994	1995	1996	1997	1998	1999	2000 p	
Agriculture & fishing	..	..	..	..	..	..	..	..	..	..	..	..	**Agriculture & pêche**
Mining & quarrying	..	..	..	..	..	..	..	..	..	..	..	..	**Mines & exploitation**
of which: Extraction of petroleum and gas	..	..	..	..	..	..	..	..	..	..	..	..	*dont*: Extraction de pétrole et gaz
Manufacturing	..	..	..	..	..	..	..	..	..	..	..	..	**Manufacture**
of which:													*dont*:
Food products	..	..	..	..	..	..	..	..	..	..	..	..	Produits alimentaires
Textile and wood activities	..	..	..	..	..	..	..	..	..	..	..	..	Activités du textile et du bois
Petroleum, chemical, rubber and plastic products	..	..	..	..	..	..	..	..	..	..	..	..	Pétrole, produits chimiques, caoutchouc et mat. plastiques
Metal and mechanical products	..	..	..	..	..	..	..	..	..	..	..	..	Produits métallurgiques et mécaniques
Office machinery, computers,	..	..	..	..	..	..	..	..	..	..	..	..	Machines de bureau, ordinateurs,
radio, TV and communication equipment	..	..	..	..	..	..	..	..	..	..	-	-	radio, téléviseurs et équipement de communication
Vehicles and other transport equipment	..	..	..	..	..	..	..	..	..	..	-	-	Véhicules et autres équipements de transport
Electricity, gas & water	..	..	..	..	..	..	..	..	..	..	..	..	**Electricité, gaz & eau**
Construction	..	..	..	..	..	..	..	..	..	..	..	..	**Construction**
Trade & repairs	..	..	..	..	..	..	..	..	..	..	..	..	**Commerce & réparation**
Hotels & restaurants	..	..	..	..	..	..	..	..	..	..	..	..	**Hôtels & restaurants**
Transport & communication	..	..	..	..	..	..	..	..	..	..	..	..	**Transport & communication**
of which:													*dont*:
Land, sea and air transport	..	..	..	..	..	..	..	..	..	..	..	..	Transport terrestre, maritime et aérien
Telecommunications	..	..	..	..	..	..	..	..	..	..	..	..	Télécommunications
Financial activities	..	..	..	..	..	..	..	..	..	..	..	..	**Activités financières**
of which:													*dont*:
Monetary institutions	..	..	..	..	..	..	..	..	..	..	..	..	Institutions monétaires
Other financial institutions	..	..	..	..	..	..	..	..	..	..	..	..	Autres institutions financières
of which: Financial holding companies	..	..	..	..	..	..	..	..	..	..	..	..	*dont*: Sociétés holding financières
Insurance & activities auxiliary to insurance	..	..	..	..	..	..	..	..	..	..	..	..	Assurances & activités auxiliaires
Other financial institutions and insurance activities	..	..	..	..	..	..	..	..	..	..	..	..	Autres activités d'institutions financières et d'assurances
Real estate & business activities	..	..	..	..	..	..	..	..	..	..	..	..	**Activités d'entreprise & immobilier**
of which: Real estate	..	..	..	..	..	..	..	..	..	..	..	..	*dont*: Immobilier
Other services	..	..	..	..	..	..	..	..	..	..	..	..	**Autres services**
Unallocated	..	..	..	..	..	..	..	..	..	..	..	..	Non attribués
TOTAL	226	3960	2547	728	-2565	3400	2662	-1827	-2424	750	2029	1342	**TOTAL**
of which:													*dont*:
PRIMARY	..	..	..	..	..	..	..	..	..	..	..	..	PRIMAIRE
MANUFACTURING	..	..	..	..	..	..	..	..	..	..	..	..	MANUFACTURE
SERVICES	..	..	..	..	..	..	..	..	..	..	..	..	SERVICES

Breakdowns by industrial sector are not available.

Les ventilations par secteur industriel ne sont pas disponibles.

NEW-ZEALAND / NOUVELLE-ZÉLANDE

Table 3. DIRECT INVESTMENT FROM ABROAD: *INFLOWS BY COUNTRY*
Tableau 3. INVESTISSEMENT DIRECT DE L'ÉTRANGER: *FLUX PAR PAYS*

NZ$ million / Millions de dollars néo-zélandais

	1989	1990	1991	1992	1993	1994	1995	1996	1997	1998	1999	2000 p		
OECD AREA	**682**	**2655**	**2566**	**936**	**3770**	**4090**	**3428**	**4987**	**2196**	**4557**	**2811**	**2889**	**ZONE DE L'OCDE**	
Australia	343	1237	-728	879	3096	878	1018	1402	1214	3085	2506	1527	Australie	
Austria	..	..	..	-3	6	13	-2	21	1	1	22	-4	Autriche	
Belgium-Luxembourg	..	..	..	-3	6	13	5	21	15	..	..	-8	Belgique-Luxembourg	
Canada	10	-26	3	39	305	169	244	574	-472	158	-391	-37	Canada	
Czech Republic	..	..	..	..	..	..	..	..	..	..	..	1	République Tchèque	
Denmark	..	..	1	7	-1	3	8	4	-5	-3	9	-5	Danemark	
Finland	..	..	..	2	1	..	2	2	-1	5	19	5	Finlande	
France	..	..	31	-11	-31	-8	-5	150	2	15	6	..	France	
Germany	..	..	11	6	17	33	34	54	-3	48	-79	199	Allemagne	
Greece	..	..	..	..	..	..	-1	-1	-1	1	-1	..	Grèce	
Hungary	..	..	..	..	..	..	..	..	..	..	..	..	Hongrie	
Iceland	..	..	..	..	..	..	..	..	..	..	..	..	Islande	
Ireland	..	..	7	1	-9	2	7	-3	..	228	-31	134	Irlande	
Italy	..	..	1	..	..	-3	..	3	..	-1	-1	..	Italie	
Japan	-31	379	107	11	-46	53	-50	46	177	26	1513	-135	Japon	
Korea	..	..	..	2	-1	..	..	..	..	..	-1	1	Corée	
Mexico	..	..	..	..	..	..	..	..	..	..	..	..	Mexique	
Netherlands	..	..	99	118	-66	999	32	-275	-37	-60	663	-123	Pays-Bas	
Norway	..	..	..	13	-8	..	..	..	..	..	-4	-5	Norvège	
Poland	..	..	..	..	..	..	..	..	..	..	..	..	Pologne	
Portugal	..	..	..	..	..	..	..	..	..	..	..	..	Portugal	
Spain	..	..	-1	..	..	..	..	..	..	..	..	..	Espagne	
Sweden	..	..	10	3	-2	21	16	15	4	..	1	9	Suède	
Switzerland	..	..	-2	63	-20	21	107	48	21	14	84	-259	Suisse	
Turkey	..	..	..	..	..	..	..	..	..	..	..	..	Turquie	
United Kingdom	306	735	-537	761	694	509	450	553	1122	1463	501	1119	Royaume-Uni	
United States	69	297	3713	-835	-162	1384	1574	2310	16	-440	-1994	531	Etats-Unis	
OECD UNALLOCATED	-15	33	-149	-120	-3	16	-11	84	143	17	-10	-61	OCDE NON ATTRIBUÉS	
NON-OECD AREA	***-32***	***168***	***366***	***1090***	***323***	***448***	***672***	***373***	***570***	***-1146***	***-1032***	***75***	**HORS ZONE-OCDE**	
EUROPEAN COUNTRIES (1)	..	..	..	..	..	..	..	..	..	..	..	..	PAYS D'EUROPE (1)	
of which:													*dont:*	
Baltic countries	..	..	..	..	..	..	..	..	..	..	..	..	Pays Baltes	
Bulgaria	..	..	..	..	..	..	..	..	..	..	..	..	Bulgarie	
Czechoslovakia	..	..	..	..	..	..	..	..	..	..	..	..	Tchécoslovaquie	
Romania	..	..	..	..	..	..	..	..	..	..	..	..	Roumanie	
Russia	..	..	..	..	..	..	..	..	..	..	..	..	Russie	
Slovakia	..	..	..	..	..	..	..	..	..	..	..	..	Slovaquie	
Slovenia	..	..	..	..	..	..	..	..	..	..	..	..	Slovénie	
Ukraine	..	..	..	..	..	..	..	..	..	..	..	..	Ukraine	
USSR	..	..	..	..	..	..	..	..	..	..	..	..	URSS	

NEW-ZEALAND / NOUVELLE-ZELANDE

Table 3. **DIRECT INVESTMENT FROM ABROAD: INFLOWS BY COUNTRY**
Tableau 3. **INVESTISSEMENT DIRECT DE L'ÉTRANGER: FLUX PAR PAYS**

NZ$ million / Millions de dollars néo-zélandais

	1989	1990	1991	1992	1993	1994	1995	1996	1997	1998	1999	2000 p	
AFRICA	..	..	-5	2	.	..	..	..	..	..	..	..	**AFRIQUE**
of which:													*dont:*
Algeria		:	:	:	:	:	:	:	:	:	:	:	Algérie
Egypt		:	:	:	:	:	:	:	:	:	:	:	Egypte
Libya		:	:	:	:	:	:	:	:	:	:	:	Libye
Morocco		:	:	:	:	:	:	:	:	:	:	:	Maroc
South Africa		:	-5	2	.	:	:	:	:	:	:	:	Afrique du Sud
LATIN AMERICA-CARIBBEAN (1)	-5	29	58	2	-1	-1	1	1	-1	-4	-2	..	**AMÉRIQUE LATINE-CARAIBES (1)**
of which:													*dont:*
Argentina		:	:	:	:	-1	1	4	-1	-2	1	:	Argentine
Brazil		:	-1	2	.	.	.	.	.	.	.	:	Brésil
Chile		:	:	.	.	.	.	.	.	.	.	:	Chili
Colombia		:	:	:	:	:	:	:	:	:	:	:	Colombie
Costa Rica		:	:	:	:	:	:	:	:	:	:	:	Costa Rica
Netherlands Antilles		:	:	:	:	:	:	-3	.	.	.	:	Antilles néerlandaises
Panama		:	:	:	:	:	:	.	.	-2	1	:	Panama
Venezuela		:	:	:	:	:	:	.	.	.	-4	:	Vénézuela
NEAR & MIDDLE EAST	..	..	3	..	1	..	:	..	..	..	..	..	**PROCHE & MOYEN ORIENT**
of which:													*dont:*
Gulf States		:	:	:	:	:	:	:	:	:	:	:	Pays du Golfe
of which:													*dont:*
Kuwait		:	:	:	:	:	:	:	:	:	:	:	Koweit
Saudi Arabia		:	3	:	:	:	:	:	:	:	:	:	Arabie Saoudite
United Arab Emirates		:	:	:	:	:	:	:	:	:	:	:	Émirats Arabes Unis
Iran		:	:	:	:	:	:	:	:	:	:	:	Iran
Israel		:	:	:	:	1	:	:	:	:	:	:	Israël
ASIAN COUNTRIES (1)	-27	110	233	901	297	155	684	-240	-40	843	-736	230	**PAYS D'ASIE (1)**
of which:													*dont:*
China		:	2	.	-2	.	:	2	.	.	5	89	Chine
Chinese Taipei		:	6	.	5	:	:	5	:	13	-2	3	Taipei chinois
Hong Kong		:	274	42	35	-56	375	-512	-63	720	-95	179	Hong Kong
India		:	:	.	.	.	.	.	.	.	.	:	Inde
Indonesia		:	:	134	.	:	:	:	:	:	2	:	Indonésie
Malaysia		:	-4	40	4	-2	:	4	13	-110	56	-12	Malaisie
Philippines		:	:	1	.	.	.	.	.	.	.	-1	Philippines
Singapore		:	-45	684	255	210	310	261	11	218	-702	-27	Singapour
Thailand		:	:	.	.	3	-1	:	-1	2	.	-1	Thaïlande
UNALLOCATED	-	29	77	185	26	294	-13	612	611	-1985	-294	-155	**NON ATTRIBUÉS**
WORLD	725	2823	2932	2026	4093	4538	4100	5360	2766	3411	1779	2964	**MONDE**
of which:													*dont:*
EUROPE (2)	381	751	-389	1004	580	1592	640	568	1242	1723	1177	977	EUROPE (2)
EUROPEAN UNION	381	751	-387	928	608	1571	533	520	1221	1709	1097	1240	UNION EUROPÉENNE
NAFTA	79	271	3716	-796	143	1553	1818	2884	-456	-282	-2386	495	ALENA
ASEAN countries	..	:	-49	859	259	210	329	260	23	110	-643	-18	Pays de l'ASEAN

1. Excluding countries recorded under the OECD area above.
2. EUROPE = EU + EFTA + Other European Countries.

1. Ce montant exclut les pays figurant dans la zone OCDE mentionnée ci-dessus.
2. EUROPE = UE + AELE + Autres pays d'Europe.

NEW-ZEALAND / NOUVELLE-ZELANDE

Table 4. DIRECT INVESTMENT ABROAD: OUTFLOWS BY COUNTRY
Tableau 4. INVESTISSEMENT DIRECT À L'ÉTRANGER: FLUX PAR PAYS

NZ$ million / Millions de dollars néo-zélandais

	1989	1990	1991	1992	1993	1994	1995	1996	1997	1998	1999	2000 p		
OECD AREA	**217**	**3502**	**1287**	**204**	**-85**	**3784**	**2040**	**-631**	**-4370**	**775**	**2223**	**1265**	**ZONE DE L'OCDE**	
Australia	517	3402	-539	305	-255	1115	1806	45	89	1105	227	906	Australie	
Austria	..	..	..	..	..	..	..	..	..	..	..	..	Autriche	
Belgium-Luxembourg	..	..	-1	-3	-2	3	-3	1	1	..	..	..	Belgique-Luxembourg	
Canada	-98	408	150	36	-318	1894	-1029	-671	-19	-638	320	-182	Canada	
Czech Republic	..	..	..	..	..	..	..	..	..	..	3	..	République Tchèque	
Denmark	..	..	..	..	..	..	..	2	-2	5	..	..	Danemark	
Finland	..	..	..	..	..	..	..	..	..	..	..	..	Finlande	
France	..	..	-1	-4	-1	..	1	..	..	100	33	13	France	
Germany	..	..	-1	-1	-1	2	..	..	..	18	-3	..	Allemagne	
Greece	..	..	..	..	..	..	..	..	..	..	..	..	Grèce	
Hungary	..	..	..	..	..	..	..	..	..	..	..	..	Hongrie	
Iceland	..	..	..	..	..	..	..	..	..	..	..	..	Islande	
Ireland	..	..	..	..	..	..	..	..	..	..	..	..	Irlande	
Italy	..	..	..	..	..	..	..	..	..	..	..	1	Italie	
Japan	-48	16	5	-6	24	-25	3	-21	3	-18	13	39	Japon	
Korea	..	..	..	..	-1	1	..	..	..	1	..	3	Corée	
Mexico	..	..	..	-2	-5	..	..	..	-1	2	12	-2	Mexique	
Netherlands	..	..	1283	848	601	902	921	-224	-4007	1002	229	267	Pays-Bas	
Norway	..	..	..	..	..	..	..	..	..	..	..	..	Norvège	
Poland	..	..	..	..	..	..	..	..	..	..	..	..	Pologne	
Portugal	..	..	..	..	..	..	..	..	..	..	1	..	Portugal	
Spain	..	..	..	..	..	..	..	..	..	..	..	..	Espagne	
Sweden	..	..	..	..	..	..	..	..	..	..	..	..	Suède	
Switzerland	..	..	-1	1	..	..	..	..	5	2	3	-12	Suisse	
Turkey	..	..	..	..	..	..	..	..	..	..	..	..	Turquie	
United Kingdom	-84	-361	2082	-174	-37	-58	533	142	-463	-869	1251	117	Royaume-Uni	
United States	-70	37	-410	42	-90	-57	100	85	25	62	138	107	Etats-Unis	
OECD UNALLOCATED	..	..	-1280	-838	..	7	-292	10	-1	3	-4	8	OCDE NON ATTRIBUÉS	
NON-OECD AREA	**9**	**458**	**1260**	**524**	**-2480**	**-384**	**622**	**-1196**	**1946**	**-25**	**-194**	**77**	**HORS ZONE-OCDE**	
EUROPEAN COUNTRIES (1)	..	..	..	**-1**	..	..	..	..	..	..	..	**-47**	**PAYS D'EUROPE (1)**	
of which:													*dont:*	
Baltic countries	..	..	..	..	..	..	..	..	..	..	..	..	Pays Baltes	
Bulgaria	..	..	..	..	..	..	..	..	..	..	..	..	Bulgarie	
Czechoslovakia	..	..	..	..	..	..	..	..	..	..	..	..	Tchécoslovaquie	
Romania	..	..	..	..	..	..	..	..	..	..	..	..	Roumanie	
Russia	..	..	..	..	..	..	..	..	..	..	..	-47	Russie	
Slovakia	..	..	..	..	..	..	..	..	..	..	..	..	Slovaquie	
Slovenia	..	..	..	..	..	..	..	..	..	..	..	..	Slovénie	
Ukraine	..	..	..	..	..	..	..	..	..	..	..	..	Ukraine	
USSR	..	..	..	..	..	..	..	..	..	..	..	..	URSS	

NEW-ZEALAND / NOUVELLE-ZÉLANDE

Table 4. DIRECT INVESTMENT ABROAD: OUTFLOWS BY COUNTRY
Tableau 4. INVESTISSEMENT DIRECT À L'ÉTRANGER : FLUX PAR PAYS

NZ$ million / Millions de dollars néo-zélandais

	1989	1990	1991	1992	1993	1994	1995	1996	1997	1998	1999	2000 p	
AFRICA	..	..	..	..	..	..	..	..	..	..	..	**4**	**AFRIQUE**
of which:													*dont:*
Algeria													Algérie
Egypt												3	Egypte
Libya													Libye
Morocco													Maroc
South Africa												1	Afrique du Sud
LATIN AMERICA-CARIBBEAN (1)	**2**	**-146**	**-645**	**2**	**251**	..	..	**51**	**-1**	**5**	**-41**	**19**	**AMÉRIQUE LATINE-CARAÏBES (1)**
of which:													*dont:*
Argentina				-	-			48			-13	19	Argentine
Brazil			3	-1	-2				-1	1	2	7	Brésil
Chile			2	3	3							-7	Chili
Colombia													Colombie
Costa Rica													Costa Rica
Netherlands Antilles								3		3	2		Antilles néerlandaises
Panama												11	Panama
Venezuela										1	-32	-11	Vénézuela
NEAR & MIDDLE EAST	..	..	..	..	..	..	..	..	..	..	..	..	**PROCHE & MOYEN ORIENT**
of which:													*dont:*
Gulf States													Pays du Golfe
of which:													*dont:*
Kuwait													Koweït
Saudi Arabia												-1	Arabie Saoudite
United Arab Emirates												1	Émirats Arabes Unis
Iran													Iran
Israel													Israël
ASIAN COUNTRIES (1)	**16**	**689**	**97**	**-1411**	**-1575**	**24**	**-3**	**5447**	**-463**	**-277**	**-673**	**16**	**PAYS D'ASIE (1)**
of which:													*dont:*
China				-	-6			5360			-6	-3	Chine
Chinese Taipei				4				2			3	1	Taipei chinois
Hong Kong			81	-1433	-1693	434		30	-488	-543	-706	117	Hong Kong
India				-	-		774			2	3		Inde
Indonesia			1	1	7		1	2	-6	177	93	5	Indonésie
Malaysia			6	-1	5	10			-	-12	12	-43	Malaisie
Philippines			-1		-1						1		Philippines
Singapore			10	16	105	6	29	53	31	99	-73	-53	Singapour
Thailand				3	1							-8	Thaïlande
UNALLOCATED	**-9**	**-85**	**1808**	**1934**	**-1156**	**-408**	**625**	**-6694**	**2410**	**247**	**520**	**85**	**NON ATTRIBUÉS**
WORLD	***226***	***3960***	***2547***	***728***	***-2565***	***3400***	***2662***	***-1827***	***-2424***	***750***	***2029***	***1342***	***MONDE***
of which:													*dont:*
EUROPE (2)	-94	-449	3360	664	560	848	1154	-79	-4466	261	1515	395	EUROPE (2)
EUROPEAN UNION	-94	-449	3361	664	560	848	1154	-58	-4471	259	1512	407	UNION EUROPÉENNE
NAFTA	-168	445	-260	76	-413	1837	-929	-586	5	-574	470	-77	ALENA
ASEAN countries	..	..	16	21	118	16	60	69	40	264	-11	-105	Pays de l'ASEAN

1. Excluding countries recorded under the OECD area above.
2. EUROPE = EU + EFTA + Other European Countries.

1. Ce montant exclut les pays figurant dans la zone OCDE mentionnée ci-dessus.
2. EUROPE = UE + AELE + Autres pays d'Europe.

NEW-ZEALAND - NOUVELLE-ZELANDE [1,2]

Chart 4. **Inward direct investment position**
Graphique 4. **Encours d'investissement direct de l'étranger**

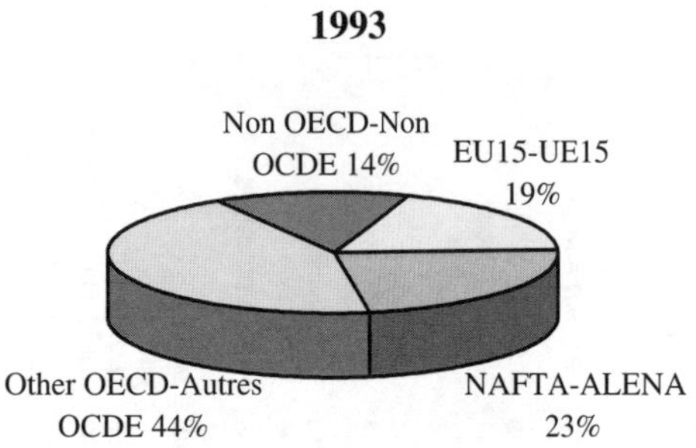

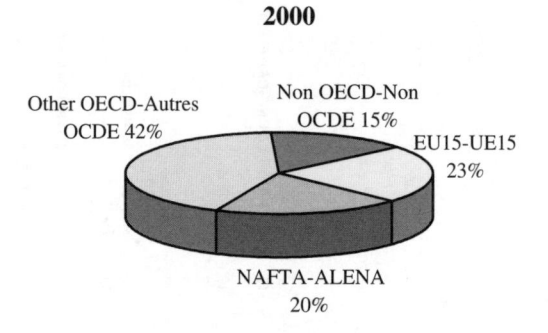

1993

- Non OECD-Non OCDE 14%
- EU15-UE15 19%
- NAFTA-ALENA 23%
- Other OECD-Autres OCDE 44%

2000

- Other OECD-Autres OCDE 42%
- Non OECD-Non OCDE 15%
- EU15-UE15 23%
- NAFTA-ALENA 20%

Chart 5. **Outward direct investment position**
Graphique 5. **Encours d'investissement direct à l'étranger**

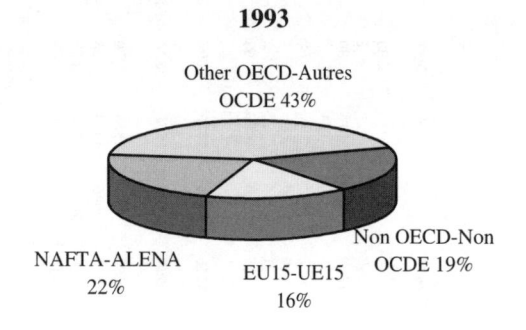

1993

- Other OECD-Autres OCDE 43%
- NAFTA-ALENA 22%
- EU15-UE15 16%
- Non OECD-Non OCDE 19%

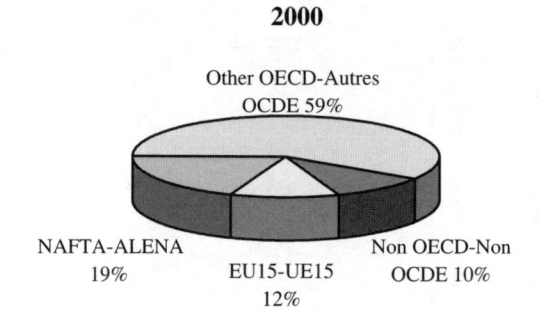

2000

- Other OECD-Autres OCDE 59%
- NAFTA-ALENA 19%
- EU15-UE15 12%
- Non OECD-Non OCDE 10%

1. Direct investment positions by industrial sector are not available.
2. Direct investment positions by country are not available prior to 1993.
Note: Prim. = primary sector, **Manuf.** = manufacturing.

1. Les données d'encours par secteur industriel ne sont pas disponibles.
2. Les encours d'investissement direct par pays ne sont disponibles qu'à partir de 1993.
Note: Prim. = secteur primaire, **Manuf.** = manufacture.

NEW-ZEALAND / NOUVELLE-ZELANDE

Table 7. **DIRECT INVESTMENT FROM ABROAD:** *INWARD POSITION BY COUNTRY*
Tableau 7. **ENCOURS D'INVESTISSEMENT DIRECT DE L'ÉTRANGER:** *PAR PAYS*
year-end - fin d'année

NZ$ million / Millions de dollars néo-zélandais

	1989	1990	1991	1992	1993	1994	1995	1996	1997	1998	1999	2000 p	
OECD AREA	..	..	..	..	*23920*	*30124*	*33916*	*41055*	*43750*	*50323*	*52944*	*54348*	***ZONE DE L'OCDE***
Australia	..	..	..	..	10341	11574	13124	14717	15713	19626	23074	24571	Australie
Austria	..	..	..	..	..	3	1	..	2	..	..	..	Autriche
Belgium-Luxembourg	..	..	..	..	15	..	..	..	..	40	..	..	Belgique-Luxembourg
Canada	..	..	..	..	499	658	1118	1894	965	1600	968	995	Canada
Czech Republic	..	-	..	..	..	..	..	..	..	..	..	1	République Tchèque
Denmark	..	..	..	..	21	23	26	26	14	6	46	43	Danemark
Finland	..	..	..	..	..	..	..	..	..	..	..	..	Finlande
France	..	..	..	..	107	216	79	227	209	203	203	192	France
Germany	..	..	..	..	147	176	202	250	243	265	241	590	Allemagne
Greece	..	..	..	..	..	..	..	..	..	..	-1	-1	Grèce
Hungary	..	..	..	..	..	..	..	..	..	..	..	..	Hongrie
Iceland	..	..	..	..	..	..	..	..	..	..	..	..	Islande
Ireland	..	..	..	..	7	..	..	..	..	..	..	941	Irlande
Italy	..	..	..	..	8	4	..	4	4	2	1	..	Italie
Japan	..	..	..	..	1607	1626	1512	1598	1690	1227	2327	2025	Japon
Korea	..	..	..	..	-1	3	..	..	..	1	2	..	Corée
Mexico	..	..	..	..	..	..	..	..	..	..	-1	..	Mexique
Netherlands	..	..	..	..	543	1890	1689	1345	1371	1345	3622	3353	Pays-Bas
Norway	..	..	..	..	..	..	..	..	..	..	..	..	Norvège
Poland	..	..	..	..	..	..	..	..	..	..	..	..	Pologne
Portugal	..	..	..	..	..	..	..	..	1	-	..	..	Portugal
Spain	..	..	..	..	..	1	2	..	1	..	1	1	Espagne
Sweden	..	..	..	..	80	101	99	137	142	127	201	212	Suède
Switzerland	..	..	..	..	246	255	346	390	477	379	315	363	Suisse
Turkey	..	..	..	..	..	..	..	..	..	..	..	..	Turquie
United Kingdom	..	..	..	..	4233	4317	4595	5894	6894	8509	8586	9242	Royaume-Uni
United States	..	..	..	..	6033	9148	11034	14407	14955	15809	12452	11601	Etats-Unis
OECD UNALLOCATED	..	..	..	..	34	129	89	164	1069	1184	907	219	OCDE NON ATTRIBUÉS
NON-OECD AREA	..	..	..	..	*3918*	*5131*	*6160*	*8479*	*10414*	*12669*	*10205*	*9481*	***HORS ZONE-OCDE***
EUROPEAN COUNTRIES (1)	..	..	..	..	..	..	..	..	..	..	..	..	**PAYS D'EUROPE (1)**
of which:													*dont:*
Baltic countries	..	-	..	..	-	..	..	..	..	..	..	..	Pays Baltes
Bulgaria	..	-	..	..	-	..	..	..	..	..	..	..	Bulgarie
Czechoslovakia	..	-	..	..	-	..	..	..	..	..	..	..	Tchécoslovaquie
Romania	..	-	..	..	-	..	..	..	..	..	..	..	Roumanie
Russia	..	-	..	..	-	..	..	..	..	..	..	..	Russie
Slovakia	..	-	..	..	-	..	..	..	..	..	..	..	Slovaquie
Slovenia	..	-	..	..	-	..	..	..	..	..	..	..	Slovénie
Ukraine	..	-	..	..	-	..	..	..	..	..	..	..	Ukraine
USSR	..	-	..	..	-	..	..	..	..	..	..	..	URSS

NEW-ZEALAND / NOUVELLE-ZELANDE

Table 7. DIRECT INVESTMENT FROM ABROAD: *INWARD POSITION BY COUNTRY*
Tableau 7. ENCOURS D'INVESTISSEMENT DIRECT DE L'ÉTRANGER: *PAR PAYS*
year-end - fin d'année

NZ$ million — Millions de dollars néo-zélandais

	1989	1990	1991	1992	1993	1994	1995	1996	1997	1998	1999	2000 p
AFRICA	..	..	..	..	..	1	2	4	1	-1	-1	..
of which:												
Algeria												
Egypt												
Libya												
Morocco						1			1	-1		
South Africa							2	4	1		-1	
LATIN AMERICA-CARIBBEAN (1)	..	..	..	..	13	4	22	108	3	-	1	1
of which:												
Argentina							-4			-2		
Brazil												
Chile								108				
Colombia												
Costa Rica												
Netherlands Antilles									3		1	1
Panama						4	26			2		
Venezuela												
NEAR & MIDDLE EAST	..	..	..	..	-	1	2	1	1	1	..	..
of which:												
Gulf States												
of which:												
Kuwait												
Saudi Arabia						1	2	1	1	1		
United Arab Emirates												
Iran												
Israël												
ASIAN COUNTRIES (1)	..	..	..	..	2670	3415	4208	4788	3932	3305	2075	2362
of which:												
China					14							247
Chinese Taipei						44		73	30	23	21	23
Hong Kong					999	1153	1612	1439	1355	1117	875	1067
India												
Indonesia											2	
Malaysia												
Philippines							1	-2		3		2
Singapore					1657	215	2595	3277	2547	2162	1177	1023
Thailand					-	3	1	1				
UNALLOCATED	..	..	..	..	1235	1710	1926	3578	6477	9364	8130	7118
WORLD	..	..	..	..	*27838*	*35255*	*40076*	*49534*	*54164*	*62992*	*63149*	*63829*
of which:												
EUROPE (2)					5419	7082	7107	8330	10299	12006	14072	15083
EUROPEAN UNION					5173	6827	6761	7940	9822	11627	13757	14719
NAFTA					6532	9806	12152	16301	15920	17409	13419	12596
ASEAN countries					1874	2425	2842	3517	3635	2986	1830	1494

AFRIQUE
dont: Algérie, Egypte, Libye, Maroc, Afrique du Sud

AMÉRIQUE LATINE-CARAIBES (1)
dont: Argentine, Brésil, Chili, Colombie, Costa Rica, Antilles néerlandaises, Panama, Vénézuela

PROCHE & MOYEN ORIENT
dont: Pays du Golfe
dont: Koweit, Arabie Saoudite, Émirats Arabes Unis, Iran, Israël

PAYS D'ASIE (1)
dont: Chine, Taipei chinois, Hong Kong, Inde, Indonésie, Malaisie, Philippines, Singapour, Thailande

NON ATTRIBUÉS

MONDE
dont: EUROPE (2), UNION EUROPÉENNE, ALENA, Pays de l'ASEAN

1. Excluding countries recorded under the OECD area above.
2. EUROPE = EU + EFTA + Other European Countries.

1. Ce montant exclut les pays figurant dans la zone OCDE mentionnée ci-dessus.
2. EUROPE = UE + AELE + Autres pays d'Europe.

NEW-ZEALAND / NOUVELLE-ZELANDE

Table 8. **DIRECT INVESTMENT ABROAD: *OUTWARD POSITION BY COUNTRY***
Tableau 8. **ENCOURS D'INVESTISSEMENT DIRECT À L'ÉTRANGER: *PAR PAYS***

year-end - fin d'année

NZ$ million / Millions de dollars néo-zélandais

	1989	1990	1991	1992	1993	1994	1995	1996	1997	1998	1999	2000 p	
OECD AREA	..	..	..	..	*6387*	*8700*	*11093*	*12798*	*7839*	*7985*	*10417*	*11934*	**ZONE DE L'OCDE**
Australia	..	..	..	..	3314	4000	6437	6037	5774	7146	9438	10404	Australie
Austria	..	..	..	..	..	3	..	..	..	..	..	..	Autriche
Belgium-Luxembourg	..	..	..	..	2	5	..	..	..	..	..	..	Belgique-Luxembourg
Canada	..	..	..	..	1469	2729	2082	2671	2446	1959	2917	2833	Canada
Czech Republic	..	..	..	..	-	..	..	..	..	..	..	..	République Tchèque
Denmark	..	..	..	..	..	..	..	2	..	5	..	8	Danemark
Finland	..	..	..	..	..	..	..	..	..	..	..	..	Finlande
France	..	..	..	..	..	1	..	..	3	..	..	296	France
Germany	..	..	..	..	..	20	..	..	32	44	46	45	Allemagne
Greece	..	..	..	..	..	..	..	..	..	..	..	..	Grèce
Hungary	..	..	..	..	..	..	..	..	..	..	..	..	Hongrie
Iceland	..	..	..	..	..	..	..	..	..	..	..	..	Islande
Ireland	..	..	..	..	..	..	..	..	..	..	..	..	Irlande
Italy	..	..	..	..	..	4	..	..	..	..	..	13	Italie
Japan	..	..	..	..	412	88	65	84	90	88	116	167	Japon
Korea	..	..	..	..	..	1	..	1	1	2	2	6	Corée
Mexico	..	..	..	..	..	..	..	..	..	..	..	15	Mexique
Netherlands	..	..	..	..	-1388	-535	..	1403	-2704	-2162	-4163	-3851	Pays-Bas
Norway	..	..	..	..	..	..	..	..	..	..	..	..	Norvège
Poland	..	..	..	..	..	..	..	..	..	..	..	..	Pologne
Portugal	..	..	..	..	..	..	..	..	..	..	1	1	Portugal
Spain	..	..	..	..	..	..	..	..	..	..	..	..	Espagne
Sweden	..	..	..	..	..	101	..	..	..	..	1	1	Suède
Switzerland	..	..	..	..	..	..	..	..	..	..	-9	-21	Suisse
Turkey	..	..	..	..	..	..	..	..	..	..	..	..	Turquie
United Kingdom	..	..	..	..	2653	2153	2237	2285	1911	355	1260	1318	Royaume-Uni
United States	..	..	..	..	238	230	285	283	279	327	457	590	Etats-Unis
OECD UNALLOCATED	..	..	..	..	-313	-100	-13	32	7	221	351	109	OCDE NON ATTRIBUÉS
NON-OECD AREA	..	..	..	..	*1489*	*477*	*655*	*365*	*1868*	*2436*	*3041*	*1844*	**HORS ZONE-OCDE**
EUROPEAN COUNTRIES (1)	..	..	..	..	..	..	..	..	..	..	..	**58**	**PAYS D'EUROPE (1)**
of which:													*dont:*
Baltic countries	..	..	..	..	..	..	..	..	..	..	..	..	Pays Baltes
Bulgaria	..	..	..	..	..	..	..	..	..	..	..	..	Bulgarie
Czechoslovakia	..	..	..	..	..	..	..	..	..	..	..	..	Tchécoslovaquie
Romania	..	..	..	..	..	..	..	..	..	..	..	..	Roumanie
Russia	..	..	..	..	..	..	..	..	..	..	..	58	Russie
Slovakia	..	..	..	..	..	..	..	..	..	..	..	..	Slovaquie
Slovenia	..	..	..	..	..	..	..	..	..	..	..	..	Slovénie
Ukraine	..	..	..	..	..	..	..	..	..	..	..	..	Ukraine
USSR	..	..	..	..	..	..	..	..	..	..	..	..	URSS

NEW-ZEALAND / NOUVELLE-ZELANDE

Table 8. **DIRECT INVESTMENT ABROAD:** *OUTWARD POSITION BY COUNTRY*
Tableau 8. **ENCOURS D'INVESTISSEMENT DIRECT À L'ÉTRANGER:** *PAR PAYS*
year-end - fin d'année

NZ$ million / Millions de dollars néo-zélandais

	1989	1990	1991	1992	1993	1994	1995	1996	1997	1998	1999	2000 p	
AFRICA	..	..	..	..	..	..	1	1	1	..	13	17	**AFRIQUE**
of which:													*dont:*
Algeria	..	..	..	..	..	..	..	..	..	..	..	..	Algérie
Egypt	..	..	..	..	..	..	..	..	..	..	3	5	Egypte
Libya	..	..	..	..	..	..	..	..	..	..	3	..	Libye
Morocco	..	..	..	..	..	..	..	..	..	..	..	..	Maroc
South Africa	..	..	..	..	..	..	1	1	1	..	10	12	Afrique du Sud
LATIN AMERICA-CARIBBEAN (1)	..	..	..	..	1765	4	72	108	100	..	..	87	**AMÉRIQUE LATINE-CARAIBES (1)**
of which:													*dont:*
Argentina	..	..	..	..	..	..	..	..	..	..	..	2	Argentine
Brazil	..	..	..	..	..	..	..	108	..	..	..	..	Brésil
Chile	..	..	..	..	..	..	72	..	100	..	..	39	Chili
Colombia	..	..	..	..	..	..	..	..	..	..	..	..	Colombie
Costa Rica	..	..	..	..	..	..	..	..	..	..	..	..	Costa Rica
Netherlands Antilles	..	..	..	..	..	..	..	..	..	..	..	..	Antilles néerlandaises
Panama	..	..	..	..	..	4	..	..	..	..	..	26	Panama
Venezuela	..	..	..	..	..	..	1	..	..	..	..	20	Vénézuela
NEAR & MIDDLE EAST	..	..	..	..	..	..	1	1	1	3	3	4	**PROCHE & MOYEN ORIENT**
of which:													*dont:*
Gulf States	..	..	..	..	..	..	..	..	..	..	..	..	Pays du Golfe
of which:													*dont:*
Kuwait	..	..	..	..	..	..	..	..	..	..	..	..	Koweit
Saudi Arabia	..	..	..	..	..	..	1	1	1	1	..	..	Arabie Saoudite
United Arab Emirates	..	..	..	..	..	..	..	..	..	2	3	4	Émirats Arabes Unis
Iran	..	..	..	..	..	..	..	..	..	..	..	..	Iran
Israel	..	..	..	..	..	..	..	..	..	..	..	..	Israël
ASIAN COUNTRIES (1)	..	..	..	..	-745	-609	329	63	-390	-690	-1236	232	**PAYS D'ASIE (1)**
of which:													*dont:*
China	..	..	..	..	..	..	..	..	..	..	96	101	Chine
Chinese Taipei	..	..	..	..	..	..	..	..	1	-	2	1	Taipei chinois
Hong Kong	..	..	..	..	-852	-743	175	-112	-678	-1086	-1632	-583	Hong Kong
India	..	..	..	..	..	..	..	..	..	1	3	..	Inde
Indonesia	..	..	..	..	..	..	..	..	..	..	..	427	Indonésie
Malaysia	..	..	..	..	..	37	..	..	107	91	..	90	Malaisie
Philippines	..	..	..	..	..	..	..	..	..	..	2	..	Philippines
Singapore	..	..	..	..	107	97	154	175	176	301	288	193	Singapour
Thailand	..	..	..	..	..	..	..	..	4	3	5	1	Thailande
UNALLOCATED	..	..	..	..	469	1082	252	192	2156	3123	4261	1446	**NON ATTRIBUÉS**
WORLD	..	..	..	..	7876	9177	11748	13163	9707	10421	13458	13778	**MONDE**
of which:													*dont:*
EUROPE (2)	..	..	..	..	1280	1644	2208	3736	-741	-1531	-2531	-2023	EUROPE (2)
EUROPEAN UNION	..	..	..	..	1280	1644	2208	3736	-741	-1531	-2522	-2060	UNION EUROPÉENNE
NAFTA	..	..	..	..	1707	2959	2367	2954	2725	2286	3374	3438	ALENA
ASEAN countries	..	..	..	..	151	150	240	279	295	585	785	692	Pays de l'ASEAN

1. Excluding countries recorded under the OECD area above.
2. EUROPE = EU + EFTA + Other European Countries.

1. Ce montant exclut les pays figurant dans la zone OCDE mentionnée ci-dessus.
2. EUROPE = UE + AELE + Autres pays d'Europe.

NORWAY - NORVEGE

Chart 1. **Direct investment flows**
Graphique 1. **Flux d'investissement direct**

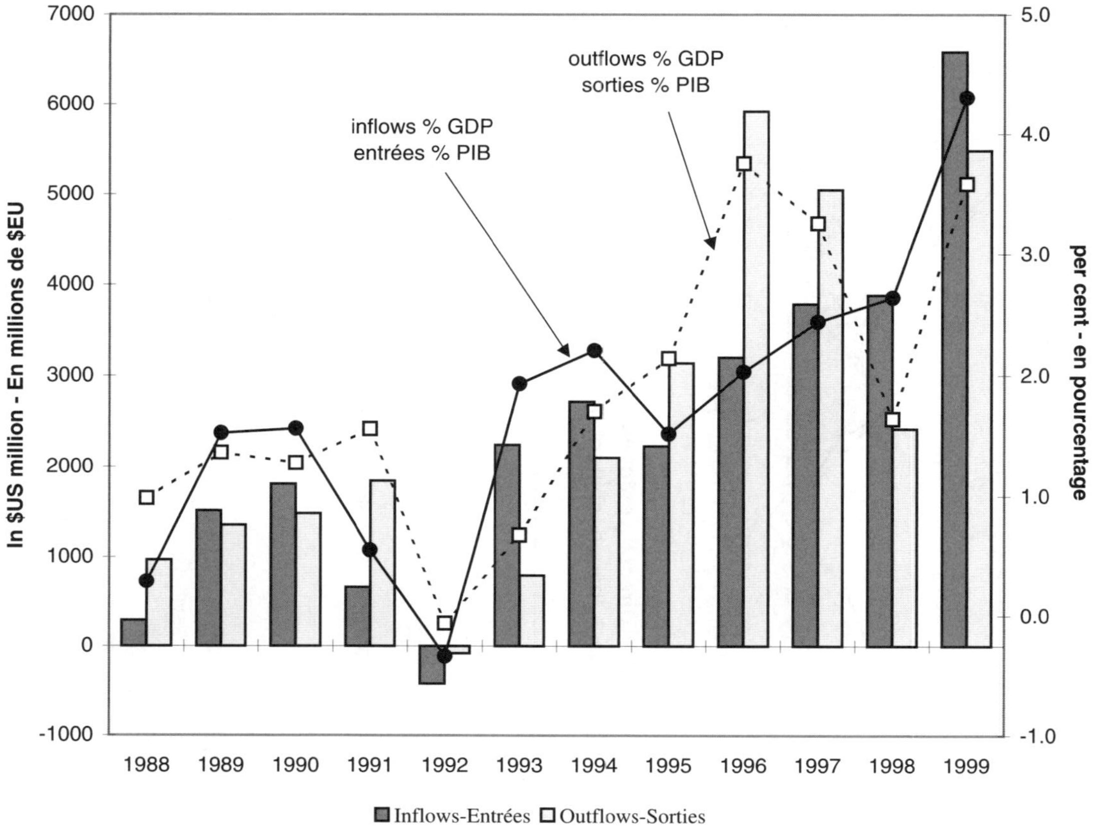

NORWAY - NORVEGE

Chart 2. **Direct investment from abroad:** *inflows by country*
Graphique 2. **Investissement direct de l'étranger:** *flux par pays*

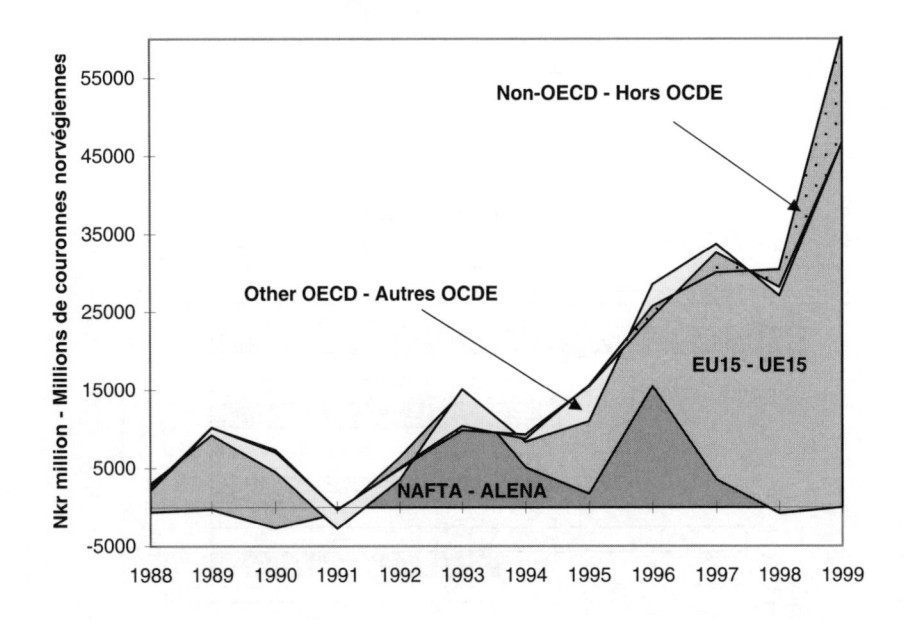

Chart 3. **Direct investment abroad:** *outflows by country*
Graphique 3. **Investissement direct à l'étranger:** *flux par pays*

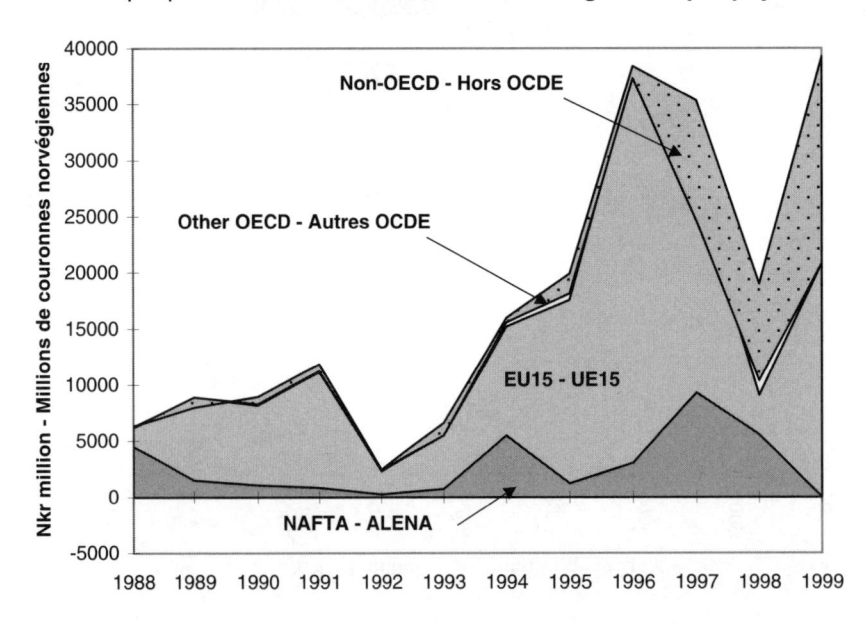

Note: Total OECD = EU15 + NAFTA + Other OECD. **Note**: Total OCDE = UE15 + ALENA + Autres OCDE.

NORWAY / NORVEGE

Table 1. **DIRECT INVESTMENT FROM ABROAD: INFLOWS BY INDUSTRIAL SECTOR**
Tableau 1. **INVESTISSEMENT DIRECT DE L'ÉTRANGER: FLUX PAR SECTEUR INDUSTRIEL**

Nkr million / *Millions de couronnes norvégiennes*

	1988	1989	1990	1991	1992	1993	1994	1995	1996	1997	1998	1999 p	
Agriculture & fishing	..	..	..	..	..	..	23	..	..	..	..	..	**Agriculture & pêche**
Mining & quarrying	..	..	..	..	..	..	6875	5154	1152	-189	7081	4121	**Mines & exploitation**
of which: Extraction of petroleum and gas	..	..	..	..	..	..	6856	5215	1231	-249	7081	4121	*dont:* Extraction de pétrole et gaz
Manufacturing	..	..	..	..	..	..	272	4827	5194	20029	5792	7573	**Manufacture**
of which:													*dont:*
Food products	..	..	..	..	..	..	92	3114	-481	438	1167	..	Produits alimentaires
Textile and wood activities	..	..	..	..	..	..	5	243	-205	365	290	1617	Activités du textile et du bois
Petroleum, chemical, rubber and plastic products	..	..	..	..	..	..	-172	219	-228	16920	4091	2535	Pétrole, produits chimiques, caoutchouc et mat. plastiques
Metal and mechanical products	..	..	..	..	..	..	246	834	439	854	928	1063	Produits métallurgiques et mécaniques
Office machinery, computers, radio, TV and communication equipment	..	..	..	..	..	..	-161	..	..	..	..	..	Machines de bureau, ordinateurs, radio, téléviseurs et équipement de communication
Vehicles and other transport equipment	..	..	..	..	..	..	-1	..	..	..	..	..	Véhicules et autres équipements de transport
Electricity, gas & water	..	..	..	..	..	..	5	..	..	..	..	..	**Electricité, gaz & eau**
Construction	..	..	..	..	..	..	-905	..	..	-386	500	217	**Construction**
Trade & repairs	..	..	..	..	..	..	771	1984	1972	2134	4916	3108	**Commerce & réparation**
Hotels & restaurants	..	..	..	..	..	..	35	..	..	..	..	..	**Hôtels & restaurants**
Transport & communication	..	..	..	..	..	..	47	585	1774	2605	1698	5799	**Transport & communication**
of which:													*dont:*
Land, sea and air transport	..	..	..	..	..	..	-336	637	579	2465	..	5491	Transport terrestre, maritime et aérien
Telecommunications	..	..	..	..	..	..	..	..	..	..	..	..	Télécommunications
Financial activities	..	..	..	..	..	..	-326	2744	3339	756	872	7333	**Activités financières**
of which:													*dont:*
Monetary institutions	..	..	..	..	..	..	-138	..	..	..	..	..	Institutions monétaires
Other financial institutions	..	..	..	..	..	..	-234	1979	2731	..	..	..	Autres institutions financières
of which: Financial holding companies	..	..	..	..	..	..	-151	618	518	..	..	..	*dont:* Sociétés holding financières
Insurance & activities auxiliary to insurance	..	..	..	..	..	..	-385	2597	3249	..	..	..	Assurances & activités auxiliaires
Other financial institutions and insurance activities	..	..	..	..	..	..	-501	-921	897	-665	4508	7328	Autres activités d'institutions financières et d'assurances
Real estate & business activities	..	..	..	..	..	..	-405	-553	-171	-651	-237	9041	**Activités d'entreprise & immobilier**
of which: Real estate	..	..	..	..	..	..	41	-76	-136	8	154	490	*dont:* Immobilier
Other services	..	..	..	..	..	..						1081	**Autres services**
Unallocated	2155	10189	7364	-317	5036	10363	2383	1317	11583	5772	4907	20299	Non attribués
TOTAL	2155	10189	7364	-317	5036	10363	8720	15614	25775	30064	30428	58572	**TOTAL**
of which:													*dont:*
PRIMARY	..	..	..	..	..	..	6898	5154	1152	-189	7081	4121	**PRIMAIRE**
MANUFACTURING	..	..	..	..	..	..	272	4827	5194	20029	5792	7573	**MANUFACTURE**
SERVICES	..	..	..	..	..	..	-833	4316	7846	4452	12648	26579	**SERVICES**

NORWAY / NORVEGE

Table 2. **DIRECT INVESTMENT ABROAD:** *OUTFLOWS BY INDUSTRIAL SECTOR*
Tableau 2. **INVESTISSEMENT DIRECT À L'ÉTRANGER:** *FLUX PAR SECTEUR INDUSTRIEL*

Nkr million / Millions de couronnes norvégiennes

	1988	1989	1990	1991	1992	1993	1994	1995	1996	1997	1998	1999 p	
Agriculture & fishing	..	..	..	..	..	..	30	..	..	..	..	..	**Agriculture & pêche**
Mining & quarrying	..	..	..	..	..	..	3304	2552	8712	5015	1965	1973	**Mines & exploitation**
of which: Extraction of petroleum and gas	..	..	..	..	..	..	3301	2595	8707	4884	1852	1951	*dont:* Extraction de pétrole et gaz
Manufacturing	..	..	..	..	..	..	4733	4119	11298	2630	1057	12577	**Manufacture**
of which:													*dont:*
Food products	..	..	..	..	..	..	186	-530	-7	936	326	..	Produits alimentaires
Textile and wood activities	..	..	..	..	..	..	-20	..	..	..	1487	1815	Activités du textile et du bois
Petroleum, chemical, rubber and plastic products	..	..	..	..	..	..	3881	4670	8515	1671	3264	5900	Pétrole, produits chimiques, caoutchouc et mat. plastiques
Metal and mechanical products	..	..	..	..	..	..	-590	-1574	24	132	493	365	Produits métallurgiques et mécaniques
Office machinery, computers, radio, TV and communication equipment	..	..	..	..	..	..	31	..	..	..	734	..	Machines de bureau, ordinateurs, radio, téléviseurs et équipement de communication
Vehicles and other transport equipment	..	..	..	..	..	..	42	..	..	..	-5395	4621	Véhicules et autres équipements de transport
Electricity, gas & water	..	..	..	..	..	..	1882	1844	-553	282	646	-591	**Electricité, gaz & eau**
Construction	..	..	..	..	..	..	1	..	..	3834	..	..	**Construction**
Trade & repairs	..	..	..	..	..	..	640	407	1842	597	1067	1242	**Commerce & réparation**
Hotels & restaurants	..	..	..	..	..	..	-332	..	579	599	-354	..	**Hôtels & restaurants**
Transport & communication	..	..	..	..	..	..	1899	929	9394	7160	2832	2316	**Transport & communication**
of which:													*dont:*
Land, sea and air transport	..	..	..	..	..	..	1885	..	..	..	..	-249	Transport terrestre, maritime et aérien
Telecommunications	..	..	..	..	..	..	..	..	..	..	..	2298	Télécommunications
Financial activities	..	..	..	..	..	..	3232	1587	-530	9223	668	7982	**Activités financières**
of which:													*dont:*
Monetary institutions	..	..	..	..	..	..	-177	..	..	..	..	..	Institutions monétaires
Other financial institutions	..	..	..	..	..	..	3343	1389	-29	9398	..	..	Autres institutions financières
of which: Financial holding companies	..	..	..	..	..	..	-266	128	-465	..	..	..	*dont:* Sociétés holding financières
Insurance & activities auxiliary to insurance	..	..	..	..	..	..	3077	1517	-494	..	..	..	Assurances & activités auxiliaires
Other financial institutions and insurance activities	..	..	..	..	..	..	470	1241	1125	1392	5048	7981	Autres activités d'institutions financières et d'assurances
Real estate & business activities	..	..	..	..	..	..	30	734	-442	-567	905	5642	**Activités d'entreprise & immobilier**
of which: Real estate	..	..	..	..	..	..	84	-11	..	..	..	1754	*dont:* Immobilier
Other services	..	..	..	..	..	..	..	..	..	..	..	1555	**Autres services**
Unallocated	6308	7972	8959	11824	2450	6619	23	7238	6541	4582	6045	10350	Non attribués
TOTAL	6308	7972	8959	11824	2450	6619	15966	19906	38408	35314	18974	43046	**TOTAL**
of which:													*dont:*
PRIMARY	..	..	..	..	..	..	3334	2552	8712	5015	1965	1973	**PRIMAIRE**
MANUFACTURING	..	..	..	..	..	..	4733	4119	11298	2630	1057	12577	**MANUFACTURE**
SERVICES	..	..	..	..	..	..	7876	5997	11857	23087	9907	18146	**SERVICES**

NORWAY / NORVEGE

Table 3. **DIRECT INVESTMENT FROM ABROAD: INFLOWS BY COUNTRY**
Tableau 3. **INVESTISSEMENT DIRECT DE L'ÉTRANGER: FLUX PAR PAYS**

Nkr million / Millions de couronnes norvégiennes

	1988	1989	1990	1991	1992	1993	1994	1995	1996	1997	1998	1999 p	
OECD AREA	*2537*	*10209*	*7037*	*-290*	*4912*	*9855*	*9324*	*15477*	*24404*	*32597*	*28184*	*44667*	**ZONE DE L'OCDE**
Australia	..	.	.	..	.	.	72	..	.	..	..	..	Australie
Austria	..	.	.	..	.	.	4	..	.	..	..	..	Autriche
Belgium-Luxembourg	37	262	-5	293	-25	-105	122	3809	-917	..	..	..	Belgique-Luxembourg
Canada	2	4	13	9	19	..	-59	23	351	100	..	..	Canada
Czech Republic							8						République Tchèque
Denmark	191	104	-189	357	374	232	1814	746	39	948	3744	7768	Danemark
Finland	304	529	1597	1127	-495	117	252	943	2388	-238	1922	1236	Finlande
France	61	-19	2395	-701	-1200	548	335	-888	2879	-93	2066	2817	France
Germany	105	341	363	408	247	-141	351	269	4340	445	528	496	Allemagne
Greece	..	.	.	..	.	.	-5	..	.	..	..	..	Grèce
Hungary													Hongrie
Iceland	..	.	175	..	.	.	.	..	.	..	..	..	Islande
Ireland	..	.	.	11	.	.	2	..	.	..	..	..	Irlande
Italy	..	.	.	76	25	75	-96	..	.	..	..	..	Italie
Japan	86	771	1018	742	795	-3448	517	980	1102	..	..	..	Japon
Korea													Corée
Mexico													Mexique
Netherlands	809	37	507	-268	283	284	1078	2127	-70	5796	10711	3438	Pays-Bas
New Zealand													Nouvelle-Zélande
Poland													Pologne
Portugal	..	.	.	..	.	.	1	..	.	..	..	..	Portugal
Spain	-13	43	10	-6	36	5	3	..	.	..	..	..	Espagne
Sweden	957	6664	2740	3630	-161	-695	-1953	5204	4125	2769	2337	18393	Suède
Switzerland	-526	209	1499	1693	568	-1786	357	3517	-5247	550	1796	-358	Suisse
Turkey													Turquie
United Kingdom	1152	1546	-414	-6837	-1949	111	1347	-2868	179	20536	6560	11543	Royaume-Uni
United States	-628	-282	-2672	-824	6395	14658	5174	1704	15160	3436	-763	-1553	Etats-Unis
OECD UNALLOCATED								-89	75	-1652	-717	887	OCDE NON ATTRIBUES
NON-OECD AREA	*-382*	*-20*	*327*	*-27*	*124*	*508*	*-604*	*137*	*1371*	*-2533*	*2244*	*13905*	**HORS ZONE-OCDE**
EUROPEAN COUNTRIES (1)	..	.	.	..	.	.	-70	..	.	..	..	839	**PAYS D'EUROPE (1)**
of which:													*dont:*
Baltic countries													Pays Baltes
Bulgaria													Bulgarie
Czechoslovakia													Tchécoslovaquie
Romania													Roumanie
Russia													Russie
Slovakia													Slovaquie
Slovenia													Slovénie
Ukraine													Ukraine
USSR													URSS

NORWAY / NORVEGE

Table 3. DIRECT INVESTMENT FROM ABROAD: INFLOWS BY COUNTRY
Tableau 3. INVESTISSEMENT DIRECT DE L'ÉTRANGER: FLUX PAR PAYS

Nkr million / Millions de couronnes norvégiennes

	1988	1989	1990	1991	1992	1993	1994	1995	1996	1997	1998	1999 p	
AFRICA	..	..	..	..	..	..	5	..	..	..	..	..	**AFRIQUE**
of which:													*dont:*
Algeria													Algérie
Egypt													Egypte
Libya													Libye
Morocco													Maroc
South Africa													Afrique du Sud
LATIN AMERICA-CARIBBEAN (1)	-	-	-	-	-	-	-387	343	1223	-3332	-2214	910	**AMÉRIQUE LATINE-CARAIBES (1)**
of which:													*dont:*
Argentina													Argentine
Brazil							-76						Brésil
Chile													Chili
Colombia													Colombie
Costa Rica													Costa Rica
Netherlands Antilles													Antilles néerlandaises
Panama													Panama
Venezuela													Vénézuela
NEAR & MIDDLE EAST	..	..	-	..	..	-	-	-	-	-	-	-	**PROCHE & MOYEN ORIENT**
of which:													*dont:*
Gulf States													Pays du Golfe
of which:													*dont:*
Kuwait													Koweit
Saudi Arabia													Arabie Saoudite
United Arab Emirates													Émirats Arabes Unis
Iran													Iran
Israel													Israël
ASIAN COUNTRIES (1)	-	-	-	-	-	-	-168	-276	26	-607	-781	4358	**PAYS D'ASIE (1)**
of which:													*dont:*
China													Chine
Chinese Taipei													Taipei chinois
Hong Kong							3						Hong Kong
India													Inde
Indonesia													Indonésie
Malaysia													Malaisie
Philippines													Philippines
Singapore							-170						Singapour
Thailand													Thaïlande
UNALLOCATED	-382	-20	327	-27	124	508	16	70	122	1406	5239	7798	**NON ATTRIBUÉS**
WORLD	2155	10189	7364	-317	5036	10363	8720	15614	25775	30064	30428	58572	**MONDE**
of which:													*dont:*
EUROPE (2)	3077	9716	8678	-217	-2297	-1355	3550	12818	7786	29506	29660	47202	EUROPE (2)
EUROPEAN UNION	3603	9507	7179	-1910	-2865	431	3255	9287	13050	30163	27826	46720	UNION EUROPÉENNE
NAFTA	-626	-278	-2659	-815	6414	14658	5115	1727	15511	3536	-763	..	ALENA
ASEAN countries							-170						Pays de l'ASEAN

1. Excluding countries recorded under the OECD area above.
2. EUROPE = EU + EFTA + Other European Countries.

1. Ce montant exclut les pays figurant dans la zone OCDE mentionnée ci-dessus.
2. EUROPE = UE + AELE + Autres pays d'Europe.

NORWAY NORVEGE

Table 4. **DIRECT INVESTMENT ABROAD:** *OUTFLOWS BY COUNTRY*
Tableau 4. **INVESTISSEMENT DIRECT À L'ÉTRANGER:** *FLUX PAR PAYS*

Nkr million *Millions de couronnes norvégiennes*

	1988	1989	1990	1991	1992	1993	1994	1995	1996	1997	1998	1999 p	
OECD AREA	**6263**	**8890**	**8300**	**11230**	**2398**	**5482**	**15565**	**18120**	**37321**	**24593**	**10381**	**24598**	**ZONE DE L'OCDE**
Australia	96	12	87	5	45	29	66	..	..	..	..	..	Australie
Austria	-2	24	664	196	-38	-11	16	1112	362	39	170	..	Autriche
Belgium-Luxembourg	182	-4	-185	111	866	-150	-206	182	661	1073	2145	5831	Belgique-Luxembourg
Canada	2827	1233	-1313	-936	91	128	271	442	2069	145	761	1350	Canada
Czech Republic							44						République Tchèque
Denmark	211	2551	3356	2341	1260	843	3471	1702	628	1076	1246	-94	Danemark
Finland	199	117	114	831	366	174	1630	-602	386	1329	-371	2357	Finlande
France	28	508	1284	68	-14	775	-25	1497	759	1099	985	-995	France
Germany	194	280	630	836	525	218	161	-1059	40	458	-2419	2797	Allemagne
Greece							10						Grèce
Hungary							38						Hongrie
Iceland							6						Islande
Ireland	4	4	65	4	275	93	295	1040	1333	1888	295	1219	Irlande
Italy	6	64	-27	-31	63	52	185	324	611	351	289	-335	Italie
Japan							10						Japon
Korea							2						Corée
Mexico							-40						Mexique
Netherlands	91	531	1468	-407	-134	-45	964	1520	4938	2075	598	-68	Pays-Bas
New Zealand							6						Nouvelle-Zélande
Poland							84						Pologne
Portugal	33	17	33	96	7	-1	4						Portugal
Spain	315	1956	-3082	29	418	21	49	192	1	113	314		Espagne
Sweden	-151	665	928	5068	-929	1228	2020	6614	8645	5939	3451	8831	Suède
Switzerland	-18	2	10	76	46	-47	74	138	19	386	-70		Suisse
Turkey							-29						Turquie
United Kingdom	588	636	1848	1152	-614	1548	1132	3536	16679	2689	-3182	1288	Royaume-Uni
United States	1661	280	2380	1791	150	618	5260	781	962	9153	4779	1753	Etats-Unis
OECD UNALLOCATED	-1	14	40		15	9	67	701	-772	-3220	1390	664	OCDE NON ATTRIBUÉS
NON-OECD AREA	**45**	**-918**	**659**	**594**	**52**	**1137**	**401**	**1786**	**1087**	**10721**	**8593**	**18448**	**HORS ZONE-OCDE**
EUROPEAN COUNTRIES (1)	..	..	..	..	..	..	**98**	**-414**	**622**	**1059**	**2556**	**8352**	**PAYS D'EUROPE (1)**
of which:													*dont:*
Baltic countries							2						Pays Baltes
Bulgaria													Bulgarie
Czechoslovakia													Tchécoslovaquie
Romania													Roumanie
Russia							3						Russie
Slovakia							95						Slovaquie
Slovenia													Slovénie
Ukraine													Ukraine
USSR													URSS

293

NORWAY / NORVEGE

Table 4. DIRECT INVESTMENT ABROAD: OUTFLOWS BY COUNTRY
Tableau 4. INVESTISSEMENT DIRECT À L'ÉTRANGER: FLUX PAR PAYS

Nkr million / Millions de couronnes norvégiennes

	1988	1989	1990	1991	1992	1993	1994	1995	1996	1997	1998	1999 p	
AFRICA	487	-456	401	74	-86	252	298	418	331	35	338	406	**AFRIQUE**
of which:													*dont:*
Algeria	..	..	..	..	..	..	..	..	..	..	..	..	Algérie
Egypt	-	-	-	-	-	-	-5	-	-	-	-	-	Egypte
Libya	..	..	..	..	..	..	..	..	..	..	..	..	Libye
Morocco	..	..	..	..	..	..	5	..	..	..	..	..	Maroc
South Africa	..	..	..	..	..	..	5	..	..	..	-	-	Afrique du Sud
LATIN AMERICA-CARIBBEAN (1)	-70	91	192	245	-200	637	517	583	993	3870	69	617	**AMÉRIQUE LATINE-CARAÏBES (1)**
of which:													*dont:*
Argentina	..	..	..	..	..	..	-14	..	..	..	..	..	Argentine
Brazil	..	..	..	..	..	..	213	..	..	..	..	..	Brésil
Chile	..	..	..	..	..	..	47	..	..	..	..	..	Chili
Colombia	..	..	..	..	..	..	..	..	..	..	..	..	Colombie
Costa Rica	..	..	..	..	..	..	..	..	..	..	..	..	Costa Rica
Netherlands Antilles	..	..	..	..	..	..	..	..	..	..	..	..	Antilles néerlandaises
Panama	..	..	..	..	..	..	..	..	..	..	..	..	Panama
Venezuela	..	..	..	..	..	..	-3	..	-	..	..	..	Vénézuela
NEAR & MIDDLE EAST	..	..	..	..	..	..	104	..	..	..	..	..	**PROCHE & MOYEN ORIENT**
of which:													*dont:*
Gulf States	..	..	..	..	..	..	104	..	..	..	..	..	Pays du Golfe
of which:													*dont:*
Kuwait	..	..	..	..	..	..	..	..	..	..	..	..	Koweit
Saudi Arabia	..	..	..	..	..	..	..	..	..	..	..	..	Arabie Saoudite
United Arab Emirates	..	..	..	..	..	..	..	..	..	..	..	..	Émirats Arabes Unis
Iran	..	..	..	..	..	..	..	..	-	..	..	..	Iran
Israel	..	..	..	..	..	..	-	-	-	-	-	-	Israël
ASIAN COUNTRIES (1)	-386	-507	11	-88	118	142	-468	1126	1069	963	723	3521	**PAYS D'ASIE (1)**
of which:													*dont:*
China	..	..	..	..	..	..	41	..	..	..	..	..	Chine
Chinese Taipei	..	..	..	..	..	..	-2	..	..	..	-	-	Taipei chinois
Hong Kong	70	122	-44	-96	3	85	30	..	..	..	..	..	Hong Kong
India	..	..	..	..	..	..	-738	..	..	..	..	..	Inde
Indonesia	..	..	..	..	..	..	5	..	..	..	..	..	Indonésie
Malaysia	..	..	..	..	..	..	-28	..	..	..	..	..	Malaisie
Philippines	..	-629	55	..	..	..	..	..	..	..	..	..	Philippines
Singapore	-456	..	..	8	115	57	295	..	..	..	..	..	Singapour
Thailand	..	..	..	..	..	..	-100	..	..	..	..	..	Thaïlande
UNALLOCATED	14	-46	55	363	220	106	-148	73	-1928	4794	4907	5552	**NON ATTRIBUÉS**
WORLD	*6308*	*7972*	*8959*	*11824*	*2450*	*6619*	*15966*	*19906*	*38408*	*35314*	*18974*	*43046*	***MONDE***
of which:													*of which:*
EUROPE (2)	1679	7365	7146	10370	2112	4707	10021	16085	35684	19574	6010	29172	EUROPE (2)
EUROPEAN UNION	1698	7349	7096	10294	2051	4745	9706	16345	35043	18129	3522	20815	UNION EUROPÉENNE
NAFTA	4488	1513	1067	855	241	746	5491	1223	3031	9298	5540	..	ALENA
ASEAN countries	-456	-629	55	8	115	57	172	838	1212	851	189	2397	Pays de l'ASEAN

1. Excluding countries recorded under the OECD area above.
2. EUROPE = EU + EFTA + Other European Countries.

1. Ce montant exclut les pays figurant dans la zone OCDE mentionnée ci-dessus.
2. EUROPE = UE + AELE + Autres pays d'Europe.

NORWAY - NORVEGE

Chart 4. **Inward direct investment position**
Graphique 4. **Encours d'investissement direct de l'étranger**

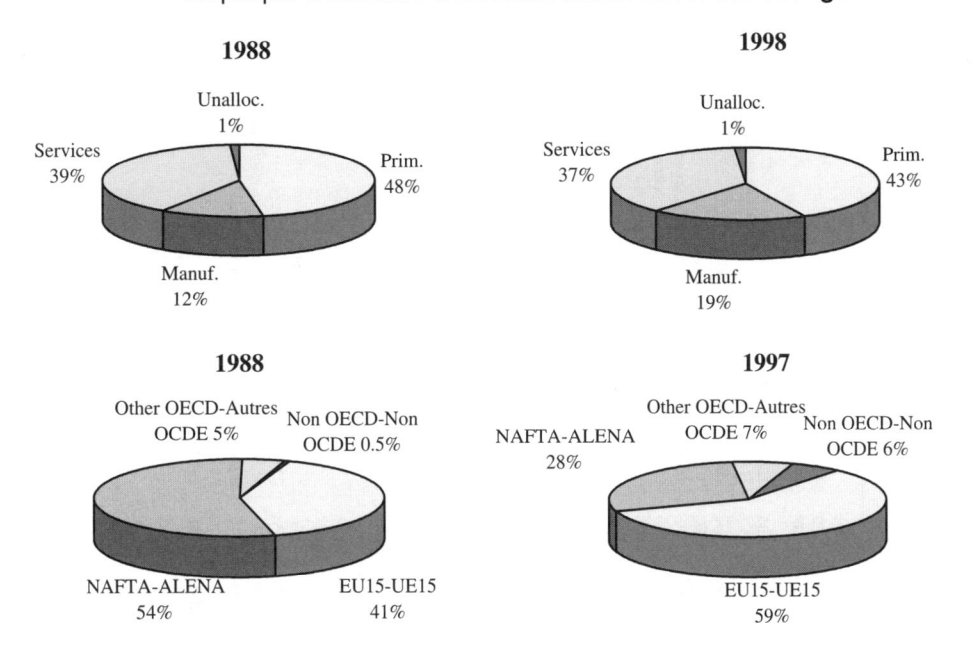

1988
- Prim. 48%
- Manuf. 12%
- Services 39%
- Unalloc. 1%

1998
- Prim. 43%
- Manuf. 19%
- Services 37%
- Unalloc. 1%

1988
- NAFTA-ALENA 54%
- EU15-UE15 41%
- Other OECD-Autres OCDE 5%
- Non OECD-Non OCDE 0.5%

1997
- NAFTA-ALENA 28%
- EU15-UE15 59%
- Other OECD-Autres OCDE 7%
- Non OECD-Non OCDE 6%

Chart 5. **Outward direct investment position (1)**
Graphique 5. **Encours d'investissement direct à l'étranger (1)**

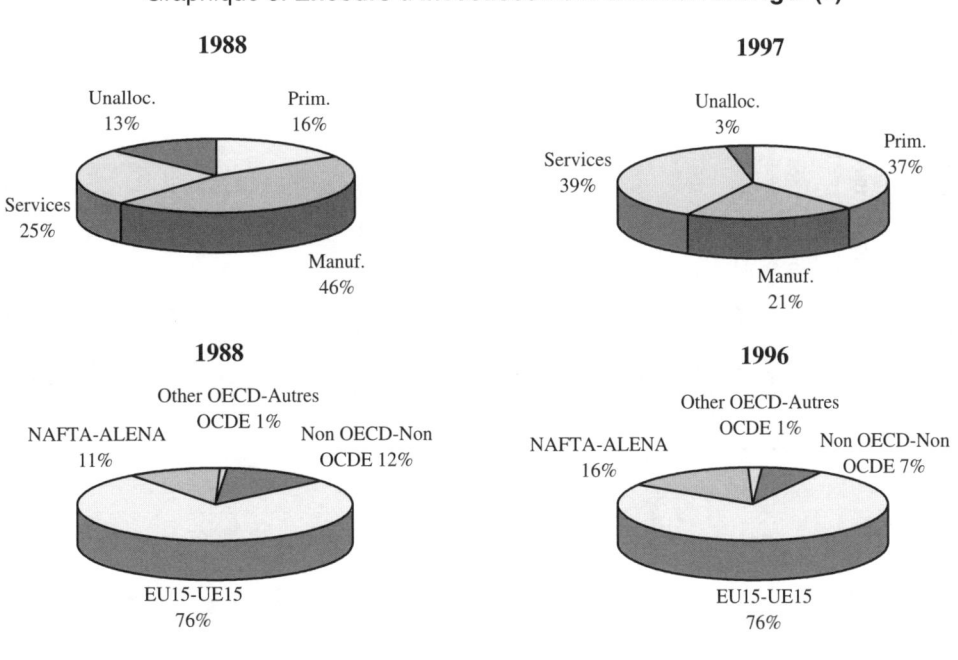

1988
- Prim. 16%
- Manuf. 46%
- Services 25%
- Unalloc. 13%

1997
- Prim. 37%
- Manuf. 21%
- Services 39%
- Unalloc. 3%

1988
- NAFTA-ALENA 11%
- EU15-UE15 76%
- Other OECD-Autres OCDE 1%
- Non OECD-Non OCDE 12%

1996
- NAFTA-ALENA 16%
- EU15-UE15 76%
- Other OECD-Autres OCDE 1%
- Non OECD-Non OCDE 7%

1. Outward positions for 1998 are not available.

Note: Prim. = primary sector, **Manuf.** = manufacturing.

1. Les données d'encours à l'étranger, pour 1998 ne sont pas disponibles

Note: Prim. = secteur primaire, **Manuf.** = manufacture.

NORWAY   **NORVEGE**

Table 5. **DIRECT INVESTMENT FROM ABROAD:** *INWARD POSITION BY INDUSTRIAL SECTOR*
Tableau 5. **ENCOURS D'INVESTISSEMENT DIRECT DE L'ÉTRANGER:** *PAR SECTEUR INDUSTRIEL*

year-end - fin d'année

Nkr million   Millions de couronnes norvégiennes

	1988	1989	1990	1991	1992	1993	1994	1995	1996	1997	1998 p	
Agriculture & fishing	-	-	-	-	-	-	31	..	..	..	..	**Agriculture & pêche**
Mining & quarrying	26900	30400	35600	36109	30631	34843	46087	48911	51896	52662	84982	**Mines & exploitation**
of which: Extraction of petroleum and gas	26900	30400	35600	35999	30521	34409	45607	..	51400	52023	84339	*dont:* Extraction de pétrole et gaz
Manufacturing	6900	7200	7700	9927	11396	12587	12739	13494	14593	18385	37305	**Manufacture**
of which:												*dont:*
Food products	700	500	800	1004	857	2180	2062	2325	2403	2588	2034	Produits alimentaires
Textile and wood activities	600	800	900	1259	1444	1852	1785	1892	1543	1688	1013	Activités du textile et du bois
Petroleum, chemical, rubber and plastic products							2630	2437	2883	3135	25518	Pétrole, produits chimiques, caoutchouc et mat. plastiques
Metal and mechanical products	2300	1800	2100	3200	4046	3625	3678	3963	4315	4790	6332	Produits métallurgiques et mécaniques
Office machinery, computers, radio, TV and communication equipment	1100	700	700	835	1087	1521	1094	1029	1188	818	-32	Machines de bureau, ordinateurs, radio, téléviseurs et équipement de communication
Vehicles and other transport equipment	..	..	..	..	563	461	506	672	788	811	775	Véhicules et autres équipements de transport
Electricity, gas & water	..	..	..	..	..	..	21	..	..	..	..	**Electricité, gaz & eau**
Construction	1100	1400	1100	2508	2268	2919	2904	3233	6261	14469	2972	**Construction**
Trade & repairs	9300	10400	13000	21031	22845	24230	21675	24912	25493	27742	22343	**Commerce & réparation**
Hotels & restaurants	..	..	..	..	..	..	750	477	324	216	540	**Hôtels & restaurants**
Transport & communication	..	..	..	..	..	..	1822	2219	3105	5300	5379	**Transport & communication**
of which:												*dont:*
Land, sea and air transport	700	1000	700	1808	2200	2876	1596	1719	2539	4323	4501	Transport terrestre, maritime et aérien
Telecommunications	-	-	-	-	-	-	10	..	88	422	..	Télécommunications
Financial activities	11700	13800	15100	22000	23470	23130	18578	19936	20064	21281	9841	**Activités financières**
of which:												*dont:*
Monetary institutions	..	..	..	..	..	..	1549	1346	954	642	..	Institutions monétaires
Other financial institutions	..	..	..	..	..	..	16101	17479	17552	18567	7456	Autres institutions financières
of which: Financial holding companies	..	..	..	..	..	..	-	1112	1557	2072	2119	*dont:* Sociétés holding financières
Insurance & activities auxiliary to insurance	..	..	..	..	..	..	929	1112	1557	2072	2119	Assurances & activités auxiliaires
Other financial institutions and insurance activities	..	..	..	..	..	..	17030	18591	19109	20639	9575	Autres activités d'institutions financières et d'assurances
Real estate & business activities	..	..	..	..	..	..	7618	9518	7911	7375	29374	**Activités d'entreprise & immobilier**
of which: Real estate	..	..	..	..	..	..	1424	1967	1417	1219	2865	*dont:* Immobilier
Other services	300	100	100	1226	1261	1191	1343	1545	1511	1005	2694	**Autres services**
Unallocated	693	950	665	1973	2623	3675	1496	1061	1727	3024	2757	Non attribués
TOTAL	56893	64250	73265	94774	94494	102575	115064	125306	132885	151459	198187	**TOTAL**
of which:												*dont:*
PRIMARY	26900	30400	35600	36109	30631	34843	46118	48911	51896	52662	84982	**PRIMAIRE**
MANUFACTURING	6900	7200	7700	9927	11396	12587	12739	13494	14593	18385	37305	**MANUFACTURE**
SERVICES	22400	25700	29300	46765	49844	51470	54711	61840	64669	77388	73143	**SERVICES**

NORWAY / **NORVEGE**

Table 6. **DIRECT INVESTMENT ABROAD: OUTWARD POSITION BY INDUSTRIAL SECTOR**
Tableau 6. **ENCOURS D'INVESTISSEMENT DIRECT À L'ÉTRANGER: PAR SECTEUR INDUSTRIEL**
year-end - fin d'année

Nkr million / Millions de couronnes norvégiennes

	1988	1989	1990	1991	1992	1993	1994	1995	1996	1997	1998 p	
Agriculture & fishing	-	-	226	201	77	-13	105	128	..	..	..	**Agriculture & pêche**
Mining & quarrying	4300	4800	7663	9277	11230	16963	26952	29378	35734	75408	..	**Mines & exploitation**
of which: Extraction of petroleum and gas	4300	4800	7632	9246	11199	16933	26920	..	..	..	..	*dont:* Extraction de pétrole et gaz
Manufacturing	11900	15800	36803	39353	49311	55710	62848	75575	84174	41580	..	**Manufacture**
of which:												*dont:*
Food products	300	500	1093	2343	3503	3684	3877	3280	3511	1770	..	Produits alimentaires
Textile and wood activities	800	700	2093	2503	2152	2130	3026	4845	4828	5143	..	Activités du textile et du bois
Petroleum, chemical, rubber and plastic products	8200	9600	28593	28208	33128	35437	41074	50275	53051	28030	..	Pétrole, produits chimiques, caoutchouc et mat. plastiques
Metal and mechanical products	800	2900	4183	5127	9409	13438	12380	14707	6812	3566	..	Produits métallurgiques et mécaniques
Office machinery, computers, radio, TV and communication equipment	100	200	555	598	331	427	957	1070	1100	892	..	Machines de bureau, ordinateurs, radio, téléviseurs et équipement de communication
Vehicles and other transport equipment	100	100	44	74	84	60	162	335	10611	483	..	Véhicules et autres équipements de transport
Electricity, gas & water	..	..	..	..	..	..	134	..	..	3210	..	**Electricité, gaz & eau**
Construction	400	300	678	647	514	642	-18	-72	..	..	..	**Construction**
Trade & repairs	800	900	4351	6589	5528	4166	3875	6912	8774	7325	..	**Commerce & réparation**
Hotels & restaurants	..	..	..	..	..	..	4095	2861	3052	3457	..	**Hôtels & restaurants**
Transport & communication	..	..	..	..	..	..	8242	8445	9820	9804	..	**Transport & communication**
of which:												*dont:*
Land, sea and air transport	2800	3500	4405	6386	5981	7522	8013	7636	9318	9266	..	Transport terrestre, maritime et aérien
Telecommunications	..	..	..	..	..	..	..	..	..	..	..	Télécommunications
Financial activities	5400	7900	8472	8590	7839	9059	8820	13845	13571	1897	..	**Activités financières**
of which:												*dont:*
Monetary institutions	..	..	..	..	..	..	1894	1288	839	640	..	Institutions monétaires
Other financial institutions	..	..	..	..	..	..	4071	9152	11517	232	..	Autres institutions financières
of which: Financial holding companies	..	..	..	..	..	..	..	..	..	..	..	*dont:* Sociétés holding financières
Insurance & activities auxiliary to insurance	..	..	..	..	..	..	2855	3404	1216	954	..	Assurances & activités auxiliaires
Other financial institutions and insurance activities	..	..	..	..	..	..	6926	12556	12733	1186	..	Autres activités d'institutions financières et d'assurances
Real estate & business activities	..	..	..	..	..	..	2467	3455	6561	51362	..	**Activités d'entreprise & immobilier**
of which: Real estate	..	..	..	..	..	..	273	323	616	886	..	*dont:* Immobilier
Other services	-	-	-	-	-	-	505	606	..	145	..	**Autres services**
Unallocated	3391	3964	6126	7918	7180	9095	1299	1133	2226	6942	..	Non attribués
TOTAL	26191	33664	64319	72575	81679	95622	119324	142266	163912	201130	..	**TOTAL**
of which:												*dont:*
PRIMARY	4300	4800	7889	9478	11307	16950	27057	29506	35734	75408	..	**PRIMAIRE**
MANUFACTURING	11900	15800	36803	39353	49311	55710	62848	75575	84174	41580	..	**MANUFACTURE**
SERVICES	6600	9100	13501	15826	13881	13867	28120	36052	41778	77200	..	**SERVICES**

Outward positions for 1998 are not available. / Les données d'encours à l'étranger, pour 1998 ne sont pas disponibles.

NORWAY / **NORVEGE**

Table 7. **DIRECT INVESTMENT FROM ABROAD: INWARD POSITION BY COUNTRY**
Tableau 7. **ENCOURS D'INVESTISSEMENT DIRECT DE L'ÉTRANGER: PAR PAYS**
year-end - fin d'année

Nkr million / Millions de couronnes norvégiennes

	1988	1989	1990	1991	1992	1993	1994	1995	1996	1997	1998 p	ZONE DE L'OCDE
OECD AREA	*56623*	*63328*	*72289*	*89737*	*86867*	*90412*	*103904*	*115719*	*123889*	*142558*	*192504*	
Australia	7	3	2	2	-3	:	100	:	:	:	:	Australie
Austria	-195	5	5	35	25	32	56	-56	43	18	:	Autriche
Belgium-Luxembourg	504	564	352	1788	2128	651	2509	6048	5879	5477	4163	Belgique-Luxembourg
Canada	70	436	499	90	101	143	168	93	94	145	848	Canada
Czech Republic	-	-	-	-	-	-	43	:	:	:	:	République Tchèque
Denmark	1415	1992	1557	2338	3146	4245	5365	6383	6500	7090	9272	Danemark
Finland	462	566	2378	2847	2551	2394	2456	2637	4680	4579	6942	Finlande
France	6890	5201	7260	10921	7709	8086	8041	8140	12115	10324	11612	France
Germany	1513	3031	3284	4163	3722	3828	4093	4576	4786	4759	5599	Allemagne
Greece	:	:	-	-	:	:	-3	:	:	:	:	Grèce
Hungary	:	:	:	:	:	:	:	:	:	:	:	Hongrie
Iceland	:	:	:	:	:	:	:	:	:	:	:	Islande
Ireland	:	:	56	496	181	506	208	192	360	376	221	Irlande
Italy	10	89	63	26	-4	145	51	97	117	957	120	Italie
Japan	50	2184	3267	3900	4914	4858	4804	4757	4665	4004	3463	Japon
Korea	-	-	-	-	:	:	:	:	:	:	:	Corée
Mexico	-	-	-	-	:	:	:	:	:	:	:	Mexique
Netherlands	2921	3473	3621	5006	5981	6599	5161	10341	9428	18582	50257	Pays-Bas
New Zealand	:	:	:	:	:	:	-6	:	:	:	:	Nouvelle-Zélande
Poland	-	-	-	:	-11	-4	-40	:	:	:	:	Pologne
Portugal	:	:	:	8	-184	132	124	257	303	291	327	Portugal
Spain	25	9	5	-66	16996	18020	15857	20681	20009	23233	28238	Espagne
Sweden	7788	10020	12496	19465	12298	11132	10795	10749	6285	6679	6666	Suède
Switzerland	2678	2719	4346	9165	3986	5468	14600	8580	10784	13426	19143	Suisse
Turkey	:	:	:	:	:	:	:	:	:	:	:	Turquie
United Kingdom	1741	172	-294	5105	23331	24177	29522	32244	37841	42618	45352	Royaume-Uni
United States	30744	32864	33392	24448								Etats-Unis
OECD UNALLOCATED	-	-	-	-	-	-	-	-	-	-	281	OCDE NON ATTRIBUÉS
NON-OECD AREA	*270*	*922*	*976*	*5037*	*7627*	*12163*	*11160*	*9587*	*8996*	*8901*	*5683*	**HORS ZONE-OCDE**
EUROPEAN COUNTRIES (1)	:	:	:	:	:	:	*266*	*174*	*155*	*1144*	*652*	**PAYS D'EUROPE (1)**
of which:												*dont:*
Baltic countries	:	:	:	:	:	:	:	:	:	:	:	Pays Baltes
Bulgaria	:	:	:	:	:	:	4	:	:	:	:	Bulgarie
Czechoslovakia	:	:	:	:	:	:	:	:	:	:	:	Tchécoslovaquie
Romania	:	:	:	:	:	:	:	:	:	:	:	Roumanie
Russia	:	:	:	:	:	:	12	:	:	:	:	Russie
Slovakia	:	:	:	:	:	:	:	:	:	:	:	Slovaquie
Slovenia	:	:	:	:	:	:	:	:	:	:	:	Slovénie
Ukraine	:	:	:	:	:	:	:	:	:	:	:	Ukraine
USSR	:	:	:	:	:	:	:	:	:	:	:	URSS

NORWAY

Table 7. **DIRECT INVESTMENT FROM ABROAD:** *INWARD POSITION BY COUNTRY*
Tableau 7. **ENCOURS D'INVESTISSEMENT DIRECT DE L'ÉTRANGER:** *PAR PAYS*
year-end - fin d'année

NORVEGE

Nkr million *Millions de couronnes norvégiennes*

	1988	1989	1990	1991	1992	1993	1994	1995	1996	1997	1998 p		
AFRICA	1	8	16	52	84	54	12	68	151	-2	..	**AFRIQUE**	
of which:												*dont:*	
Algeria	..	..	..	..	..	..	..	..	..	..	..	Algérie	
Egypt	..	..	..	..	..	..	..	..	..	..	..	Egypte	
Libya	..	..	..	..	..	..	..	..	..	..	..	Libye	
Morocco	..	..	..	..	..	..	..	..	..	..	..	Maroc	
South Africa	..	..	..	..	..	..	-16	..	..	..	..	Afrique du Sud	
LATIN AMERICA-CARIBBEAN (1)	122	850	824	4757	7326	11778	10954	9334	8522	7328	4864	**AMÉRIQUE LATINE-CARAIBES (1)**	
of which:												*dont:*	
Argentina	-	-	-	-	-	-	-	-	-	-	-	Argentine	
Brazil	-	-	-	-	-	-	22	-	-	-	-	Brésil	
Chile	-	-	-	-	-	-	-	-	-	-	-	Chili	
Colombia	..	..	..	..	..	..	..	..	..	..	..	Colombie	
Costa Rica	..	..	..	..	..	..	..	..	..	..	..	Costa Rica	
Netherlands Antilles	..	..	..	..	..	..	..	..	..	..	..	Antilles néerlandaises	
Panama	..	..	..	..	..	..	..	..	..	..	..	Panama	
Venezuela	..	..	..	..	..	..	..	..	..	..	..	Vénézuela	
NEAR & MIDDLE EAST	..	..	..	..	..	..	4	-4	7	..	..	**PROCHE & MOYEN ORIENT**	
of which:												*dont:*	
Gulf States	..	..	..	..	..	..	4	..	..	..	..	Pays du Golfe	
of which:												*dont:*	
Kuwait	..	..	..	..	..	..	..	..	..	..	..	Koweit	
Saudi Arabia	..	..	..	..	..	..	..	..	..	..	..	Arabie Saoudite	
United Arab Emirates	..	..	..	..	..	..	..	..	..	..	..	Émirats Arabes Unis	
Iran	-	-	-	-	-	-	-	-	-	-	-	Iran	
Israel	-	-	-	-	-	-	-	-	-	-	-	Israël	
ASIAN COUNTRIES (1)	-	1	-5	82	79	162	-75	-101	43	141	115	**PAYS D'ASIE (1)**	
of which:												*dont:*	
China	-	-	-	-	-	-2	-	-	-	-	-	Chine	
Chinese Taipei	-	-	-	1	-2	-	-	-	-	-	-	Taipei chinois	
Hong Kong	-	-	-5	-4	7	6	31	-	-	-	-	Hong Kong	
India	-	1	-	-	-	-	-	-	-	-	-	Inde	
Indonesia	..	..	..	..	..	..	..	..	..	..	..	Indonésie	
Malaysia	..	..	..	..	..	..	-4	..	..	..	..	Malaisie	
Philippines	-	-	-	-	-	-	-	-	-	-	-	Philippines	
Singapore	-	-	-	85	74	158	-82	-108	5	..	..	Singapour	
Thailand	-	-	-	-	-	-	-19	..	..	..	..	Thailande	
UNALLOCATED	147	63	141	146	138	169	-1	116	118	290	52	**NON ATTRIBUÉS**	
WORLD	*56893*	*64250*	*73265*	*94774*	*94494*	*102575*	*115064*	*125306*	*132885*	*151459*	*198187*	**MONDE**	
of which:												*dont:*	
EUROPE (2)	25752	27841	35129	61297	58524	61234	69576	78799	81444	96935	143313	EUROPE (2)	
EUROPEAN UNION	23074	25122	30783	52132	46226	50102	58478	67876	75004	89112	135898	UNION EUROPÉENNE	
NAFTA	30814	33300	33891	24538	23432	24320	29690	32337	37935	42763	..	ALENA	
ASEAN countries	-	-	-	85	74	158	-105	-108	5	77	202	Pays de l'ASEAN	

1. Excluding countries recorded under the OECD area above.
2. EUROPE = EU + EFTA + Other European Countries.

1. Ce montant exclut les pays figurant dans la zone OCDE mentionnée ci-dessus.
2. EUROPE = UE + AELE + Autres pays d'Europe.

NORWAY / NORVEGE

Table 8. DIRECT INVESTMENT ABROAD: *OUTWARD POSITION BY COUNTRY*
Tableau 8. ENCOURS D'INVESTISSEMENT DIRECT À L'ÉTRANGER: *PAR PAYS*
year-end - fin d'année

Nkr million / Millions de couronnes norvégiennes

	1988	1989	1990	1991	1992	1993	1994	1995	1996	1997	1998 p		
OECD AREA	**22920**	**29995**	**61363**	**67994**	**76170**	**86813**	**110303**	**130117**	**151999**	**186868**	..		**ZONE DE L'OCDE**
Australia	161	167	281	228	288	527	845	728	560	912	::		Australie
Austria	7	28	486	539	681	810	798	1600	1780	1609	::		Autriche
Belgium-Luxembourg	1103	908	2627	2975	4267	4183	5921	5541	8062	10438	::		Belgique-Luxembourg
Canada	148	493	2184	2144	2129	1495	2457	2580	2199	2977	::		Canada
Czech Republic						96	123	150					République Tchèque
Denmark	2721	5081	11358	12624	12827	14840	26669	29665	27892	27159	::		Danemark
Finland	166	188	238	1370	1432	2674	4845	5671	6368	5793	::		Finlande
France	515	569	4728	4348	4550	4327	4826	7068	7969	9337	::		France
Germany	1064	1221	1387	2858	7824	7801	8771	7786	6774	7667	::		Allemagne
Greece	::	::	7	13	8	12	21	28	::	::			Grèce
Hungary	::	::					14		::	::			Hongrie
Iceland	55	54	65	44	28	15	21	45	::	::			Islande
Ireland	107	124	131	444	545	447	1301	1409	3825	4834	::		Irlande
Italy	158	229	333	375	408	473	626	551	962	1075	::		Italie
Japan	7	10	7	29	231	101	210	89	200	185	::		Japon
Korea	::	::	8	9	20	29	41	42	::	::			Corée
Mexico	::	::	44	47	64	62	36		::	::			Mexique
Netherlands	3935	4677	8445	8399	8121	8475	8693	11974	14265	19765	::		Pays-Bas
New Zealand	::	::	-1	13	17	61	81	122	211	232	::		Nouvelle-Zélande
Poland				4	17	66	141	329	1108	1245	::		Pologne
Portugal	63	63	94	103	251	205	743	1736	2665	1953	::		Portugal
Spain	734	875	517	487	448	438	520	566	581		::		Espagne
Sweden	4500	5224	8953	9668	11038	14551	15156	19661	23811	29176	::		Suède
Switzerland	-13	-53	163	168	130	151	323	447	363	1074	::		Suisse
Turkey	::	::	18	28	42	60	54	93	::	::			Turquie
United Kingdom	4802	6180	8771	9360	8134	11131	10631	12023	18990	20816	::		Royaume-Uni
United States	2687	3957	10519	11717	12574	13756	16409	20182	23414	39917	::		Etats-Unis
OECD UNALLOCATED										704			OCDE NON ATTRIBUÉS
NON-OECD AREA	**3271**	**3669**	**2956**	**4581**	**5509**	**8809**	**9021**	**12149**	**11913**	**14262**	..		**HORS ZONE-OCDE**
EUROPEAN COUNTRIES (1)	::	::	::	::	**71**	**129**	**103**	**204**	**783**	**2411**	..		**PAYS D'EUROPE (1)**
of which:													*dont:*
Baltic countries	-	-	-	-	::	::	69	85	207	326	::		Pays Baltes
Bulgaria	-	-	-	-	::	::	-	-	-	::	::		Bulgarie
Czechoslovakia	::	::	::	::	-	-	-	-	-	::	::		Tchécoslovaquie
Romania	-	-	-	-	-	::	-	-	-	::	::		Roumanie
Russia	-	-	-	-	::	::	14	116	::	::	::		Russie
Slovakia	-	-	-	-	-	::	-	-	-	::	::		Slovaquie
Slovenia	-	-	-	-	-	::	100	::	::	::	::		Slovénie
Ukraine	-	-	-	-	-	::	-	::	::	::	::		Ukraine
USSR	::	::	::	::	-	-	-	-	-	::	::		URSS

NORWAY

Table 8. **DIRECT INVESTMENT ABROAD: *OUTWARD POSITION BY COUNTRY***
Tableau 8. **ENCOURS D'INVESTISSEMENT DIRECT À L'ÉTRANGER:** *PAR PAYS*
year-end - fin d'année

Nkr million / Millions de couronnes norvégiennes

	1988	1989	1990	1991	1992	1993	1994	1995	1996	1997	1998 p	
AFRICA	220	242	384	427	817	737	1615	1565	1004	1171	..	**AFRIQUE**
of which:												*dont:*
Algeria	..	..	..	..	..	..	..	..	..	..	..	Algérie
Egypt	..	..	..	..	..	..	4	..	..	..	..	Egypte
Libya	..	..	..	..	..	..	..	..	..	..	..	Libye
Morocco	..	..	..	..	..	..	..	..	..	..	..	Maroc
South Africa	..	..	..	..	..	..	47	..	..	..	..	Afrique du Sud
LATIN AMERICA-CARIBBEAN (1)	2198	2748	1680	3040	3044	5157	4099	5955	5907	6924	..	**AMÉRIQUE LATINE-CARAIBES (1)**
of which:												*dont:*
Argentina	..	..	34	42	42	51	10	56	..	..	..	Argentine
Brazil	259	392	510	697	729	855	1110	1048	1194	1266	..	Brésil
Chile	63	99	59	63	76	17	125	205	331	961	..	Chili
Colombia	..	..	..	..	..	..	..	..	..	..	..	Colombie
Costa Rica	..	..	..	..	..	..	..	..	..	..	..	Costa Rica
Netherlands Antilles	..	..	..	..	..	..	..	..	..	..	..	Antilles néerlandaises
Panama	..	..	..	..	..	..	..	..	..	..	..	Panama
Venezuela	..	..	..	..	..	..	31	40	..	..	..	Vénézuela
NEAR & MIDDLE EAST	23	58	257	313	399	477	625	1202	880	1028	..	**PROCHE & MOYEN ORIENT**
of which:												*dont:*
Gulf States	..	..	..	..	..	..	625	1202	880	1028	..	Pays du Golfe
of which:												*dont:*
Kuwait	..	..	..	..	..	..	..	..	..	..	..	Koweit
Saudi Arabia	..	..	..	..	..	..	..	..	..	..	..	Arabie Saoudite
United Arab Emirates	..	..	..	..	..	..	..	..	..	..	..	Émirats Arabes Unis
Iran	..	..	..	..	..	..	..	..	..	..	..	Iran
Israel	-	-	-	-	-	-	-	-	-	-	..	Israël
ASIAN COUNTRIES (1)	796	568	650	826	1286	2443	2580	3222	3279	3665	..	**PAYS D'ASIE (1)**
of which:												*dont:*
China	..	..	..	..	..	43	19	50	..	..	..	Chine
Chinese Taipei	..	..	..	..	..	..	..	..	..	..	..	Taipei chinois
Hong Kong	121	189	84	68	326	364	276	558	555	484	..	Hong Kong
India	..	..	..	..	..	617	224	..	..	..	..	Inde
Indonesia	..	..	..	25	3	49	41	..	..	..	..	Indonésie
Malaysia	32	39	37	54	71	102	110	111	124	133	..	Malaisie
Philippines	..	..	-5	3	6	8	..	78	..	..	..	Philippines
Singapore	475	155	398	453	484	742	1380	1451	1471	2000	..	Singapour
Thailand	..	..	115	198	370	518	509	834	677	508	..	Thaïlande
UNALLOCATED	34	53	-15	-25	-108	-134	-1	1	60	-937	..	**NON ATTRIBUÉS**
WORLD	**26191**	**33664**	**64319**	**72575**	**81679**	**95622**	**119324**	**142266**	**163912**	**201130**	..	**MONDE**
of which:												*dont:*
EUROPE (2)	19917	25368	48321	53807	60918	70911	90327	106578	126198	144057	..	EUROPE (2)
EUROPEAN UNION	19875	25367	48075	53563	60534	70367	89521	105279	123944	140396	..	UNION EUROPÉENNE
NAFTA	2835	4450	12747	13908	14767	15313	18902	22762	25613	..	..	ALENA
ASEAN countries	507	194	545	733	934	1419	2040	2474	2272	..	..	Pays de l'ASEAN

1. Excluding countries recorded under the OECD area above.
2. EUROPE = EU + EFTA + Other European Countries.
Outward positions for 1998 are not available.

1. Ce montant exclut les pays figurant dans la zone OCDE mentionnée ci-dessus.
2. EUROPE = UE + AELE + Autres pays d'Europe.
Les données d'encours à l'étranger, pour 1998 ne sont pas disponibles.

POLAND - POLOGNE

Chart 1. **Direct investment flows**
Graphique 1. **Flux d'investissement direct**

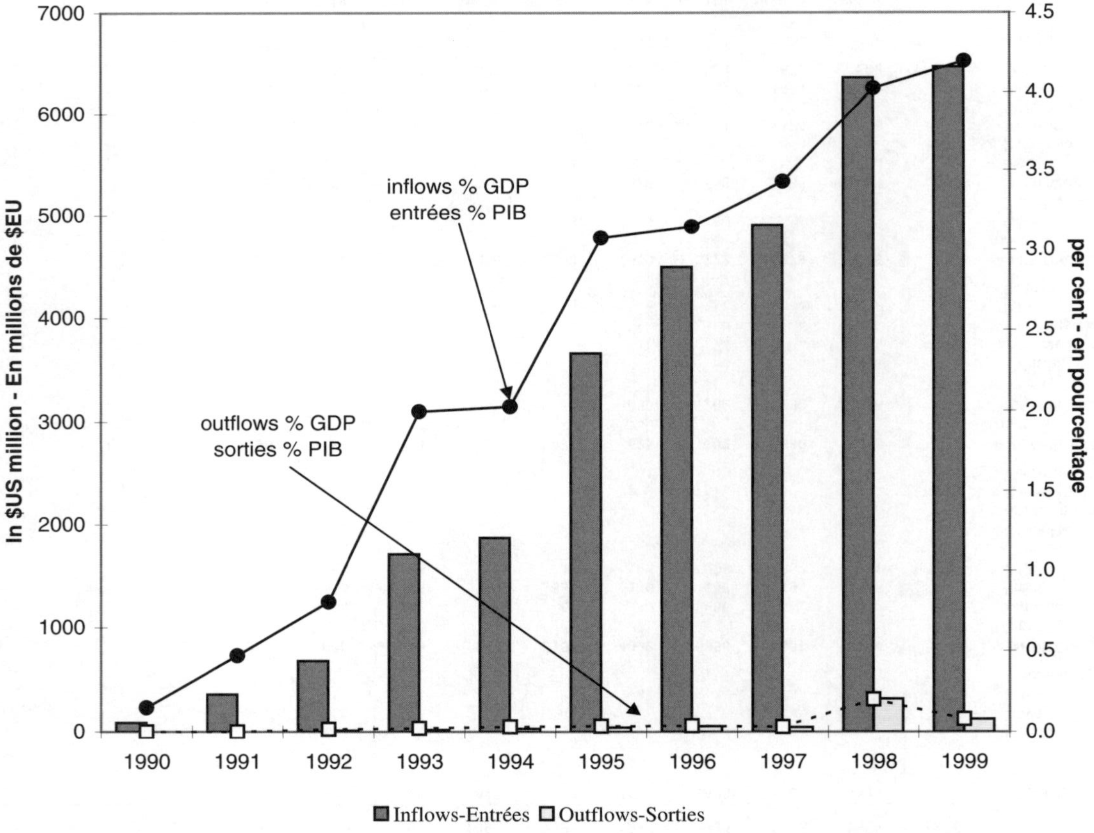

■ Inflows-Entrées ☐ Outflows-Sorties

inflows % GDP
entrées % PIB

outflows % GDP
sorties % PIB

in $US million - En millions de $EU

POLAND - POLOGNE

Chart 2. **Direct investment from abroad:** *inflows by country*
Graphique 2. **Investissement direct de l'étranger:** *flux par pays*

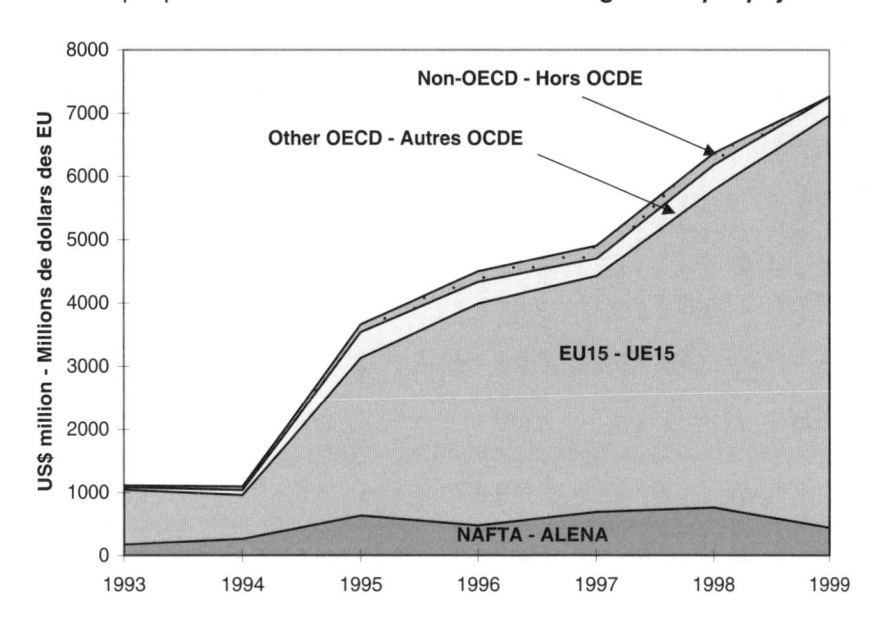

Chart 3. **Direct investment abroad:** *outflows by country*
Graphique 3. **Investissement direct à l'étranger:** *flux par pays*

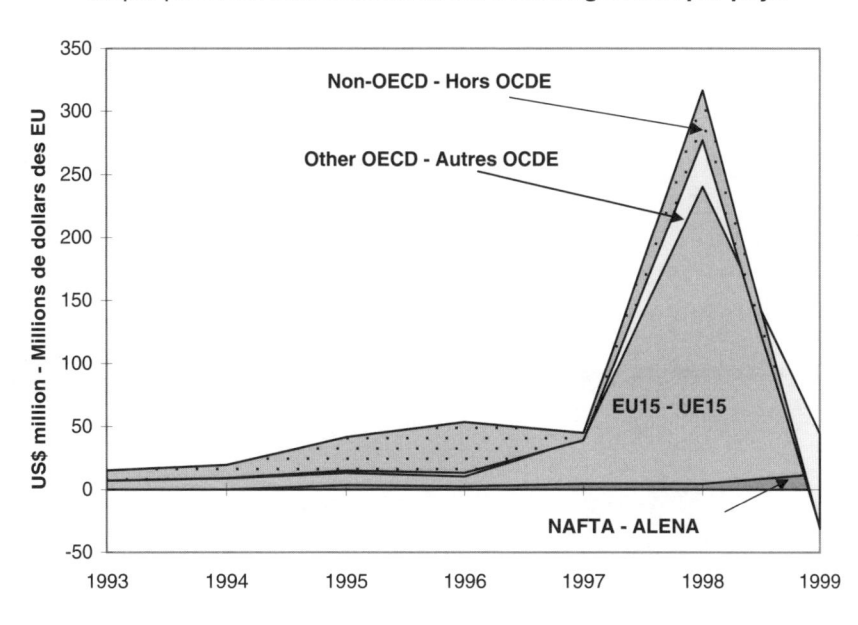

Note: Total OECD = EU15 + NAFTA + Other OECD. **Note**: Total OCDE = UE15 + ALENA + Autres OCDE.

POLAND   POLOGNE

Table 1. DIRECT INVESTMENT FROM ABROAD: INFLOWS BY INDUSTRIAL SECTOR
Tableau 1. INVESTISSEMENT DIRECT DE L'ÉTRANGER: FLUX PAR SECTEUR INDUSTRIEL

US$ million / Millions de dollars des EU

	1988	1989	1990	1991	1992	1993	1994	1995	1996	1997	1998	1999 p	
Agriculture & fishing	..	..	..	..	..	..	3	12	4	5	8	57	**Agriculture & pêche**
Mining & quarrying	..	..	..	..	..	..	4	17	8	18	18	3	**Mines & exploitation**
of which: Extraction of petroleum and gas	..	..	..	..	..	..	-	12	13	-	-	-1	dont: Extraction de pétrole et gaz
Manufacturing	..	..	..	..	..	..	725	1779	1815	1488	2177	1750	**Manufacture**
of which:													dont:
Food products	..	..	..	..	..	..	315	642	597	361	720	176	Produits alimentaires
Textile and wood activities	..	..	..	..	..	..	92	249	41	244	171	283	Activités du textile et du bois
Petroleum, chemical, rubber and plastic products	..	..	..	..	..	..	69	422	257	294	295	338	Pétrole, produits chimiques, caoutchouc et mat. plastiques
Metal and mechanical products	..	..	..	..	..	..	30	141	136	126	85	273	Produits métallurgiques et mécaniques
Office machinery, computers, radio, TV and communication equipment	..	..	..	..	..	..	29	45	47	54	53	29	Machines de bureau, ordinateurs, radio, téléviseurs et équipement de communication
Vehicles and other transport equipment	..	..	..	..	..	..	74	63	350	195	447	309	Véhicules et autres équipements de transport
Electricity, gas & water	..	..	..	..	..	..	-	-	5	-2	28	44	**Electricité, gaz & eau**
Construction	..	..	..	..	..	..	25	64	48	20	89	1	**Construction**
Trade & repairs	..	..	..	..	..	..	161	512	612	433	782	834	**Commerce & réparation**
Hotels & restaurants	..	..	..	..	..	..	17	10	3	-14	6	27	**Hôtels & restaurants**
Transport & communication	..	..	..	..	..	..	36	49	150	50	4	1834	**Transport & communication**
of which:													dont:
Land, sea and air transport	..	..	..	..	..	..	14	19	6	14	-9	22	Transport terrestre, maritime et aérien
Telecommunications	..	..	..	..	..	..	13	7	133	25	7	1790	Télécommunications
Financial activities	..	..	..	..	..	..	75	436	608	896	1019	2342	**Activités financières**
of which:													dont:
Monetary institutions	..	..	..	..	..	..	40	286	502	721	728	2194	Institutions monétaires
Other financial institutions	..	..	..	..	..	..	25	128	66	120	145	24	Autres institutions financières
of which: Financial holding companies	..	..	..	..	..	..	..	..	20	..	..	..	dont: Sociétés holding financières
Insurance & activities auxiliary to insurance	..	..	..	..	..	..	9	13	30	35	127	84	Assurances & activités auxiliaires
Other financial institutions and insurance activities	..	..	..	..	..	..	34	141	97	155	272	108	Autres activités d'institutions financières et d'assurances
Real estate & business activities	..	..	..	..	..	..	28	97	157	245	206	286	**Activités d'entreprise & immobilier**
of which: Real estate	..	..	..	..	..	..	1	5	50	45	27	144	dont: Immobilier
Other services	..	..	..	..	..	..	22	18	-11	3	6	86	**Autres services**
Unallocated	..	..	..	..	..	1109	-	666	1098	1767	2024	7	Non attribués
TOTAL	..	..	..	..	..	1109	1096	3659	4498	4908	6365	7270	**TOTAL**
of which:													dont:
PRIMARY	..	..	..	..	..	..	6	29	12	23	26	60	**PRIMAIRE**
MANUFACTURING	..	..	..	..	..	..	725	1779	1815	1488	2177	1750	**MANUFACTURE**
SERVICES	..	..	..	..	..	..	364	1186	1573	1631	2139	5453	**SERVICES**

POLAND / **POLOGNE**

Table 2. **DIRECT INVESTMENT ABROAD: *OUTFLOWS BY INDUSTRIAL SECTOR***
Tableau 2. **INVESTISSEMENT DIRECT À L'ÉTRANGER: *FLUX PAR SECTEUR INDUSTRIEL***

US$ million / Millions de dollars des EU

	1988	1989	1990	1991	1992	1993	1994	1995	1996	1997	1998	1999 p	
Agriculture & fishing	..	..	..	..	..	..	-	-	-	-	..	5	**Agriculture & pêche**
Mining & quarrying	..	..	..	..	..	..	-	-	-	-	16	-3	**Mines & exploitation**
of which: Extraction of petroleum and gas	..	..	..	..	..	..	..	..	-	-	..	-3	*dont*: Extraction de pétrole et gaz
Manufacturing	..	..	..	..	..	..	4	3	7	9	69	4	**Manufacture**
of which:													*dont*:
Food products	..	..	..	..	..	..	-	1	3	1	-	-	Produits alimentaires
Textile and wood activities	..	..	..	..	..	..	-	-	-	-	-	-1	Activités du textile et du bois
Petroleum, chemical, rubber and plastic products	..	..	..	..	..	..	-	-	1	-	-	-	Pétrole, produits chimiques, caoutchouc et mat. plastiques
Metal and mechanical products	..	..	..	..	..	..	-	1	4	6	4	1	Produits métallurgiques et mécaniques
Office machinery, computers, radio, TV and communication equipment	..	..	..	..	..	..	-	-	-	..	..	..	Machines de bureau, ordinateurs, radio, téléviseurs et équipement de communication
Vehicles and other transport equipment	..	..	..	..	..	..	-	-	-	1	65	4	Véhicules et autres équipements de transport
Electricity, gas & water	..	..	..	..	..	..	-	1	-1	-	-6	9	**Electricité, gaz & eau**
Construction	..	..	..	..	..	..	1	1	2	5	-3	5	**Construction**
Trade & repairs	..	..	..	..	..	..	6	18	15	7	-17	5	**Commerce & réparation**
Hotels & restaurants	..	..	..	..	..	..	-	-	-	-3	-	-1	**Hôtels & restaurants**
Transport & communication	..	..	..	..	..	..	6	17	2	-3	8	-9	**Transport & communication**
of which:													*dont*:
Land, sea and air transport	..	..	..	..	..	..	5	16	2	-3	5	4	Transport terrestre, maritime et aérien
Telecommunications	..	..	..	..	..	..	-	-	-	..	..	-3	Télécommunications
Financial activities	..	..	..	..	..	..	-	-	6	5	3	-57	**Activités financières**
of which:													*dont*:
Monetary institutions	..	..	..	..	..	..	-	-	6	4	1	11	Institutions monétaires
Other financial institutions	..	..	..	..	..	..	-	-	-	-	2	-4	Autres institutions financières
of which: Financial holding companies	..	..	..	..	..	..	..	..	..	..	..	..	*dont*: Sociétés holding financières
Insurance & activities auxiliary to insurance	..	..	..	..	..	..	..	..	..	..	-4	:	Assurances & activités auxiliaires
Other financial institutions and insurance activities	..	..	..	..	..	..	..	..	..	..	-3	4	Autres activités d'institutions financières et d'assurances
Real estate & business activities	..	..	..	..	..	..	3	2	1	1	15	13	**Activités d'entreprise & immobilier**
of which: Real estate	..	..	..	..	..	..	..	..	..	..	..	..	*dont*: Immobilier
Other services	..	..	..	..	..	..	..	..	..	1	..	-1	**Autres services**
Unallocated	..	..	..	..	..	15	-	-	20	24	231	-	Non attribués
TOTAL	..	..	..	..	..	15	19	41	53	45	317	-31	**TOTAL**
of which:													*dont*:
PRIMARY	..	..	..	..	..	..	-	-	-	-	16	2	**PRIMAIRE**
MANUFACTURING	..	..	..	..	..	..	4	3	7	9	69	4	**MANUFACTURE**
SERVICES	..	..	..	..	..	..	15	38	26	13	-	-37	**SERVICES**

POLAND / POLOGNE

US$ million / Millions de dollars des EU

Table 3. **DIRECT INVESTMENT FROM ABROAD:** *INFLOWS BY COUNTRY*
Tableau 3. **INVESTISSEMENT DIRECT DE L'ÉTRANGER:** *FLUX PAR PAYS*

	1988	1989	1990	1991	1992	1993	1994	1995	1996	1997	1998	1999 p	ZONE DE L'OCDE
OECD AREA	..	..	..	..	..	*1085*	*1042*	*3536*	*4332*	*4701*	*6177*	*7261*	**ZONE DE L'OCDE**
Australia	:	:	:	:	:	:	1	134	24	8	1	1	Australie
Austria	:	:	:	:	:	33	20	110	110	151	161	274	Autriche
Belgium-Luxembourg	:	:	:	:	:	35	14	88	105	69	255	67	Belgique-Luxembourg
Canada	:	:	:	:	:	9	6	13	21	-5	13	18	Canada
Czech Republic	-	-	-	-	-	-	:	5	16	16	8	2	République Tchèque
Denmark	:	:	:	:	:	7	16	73	221	189	132	145	Danemark
Finland	:	:	:	:	:	9	7	16	24	32	45	39	Finlande
France	:	:	:	:	:	15	53	429	370	406	467	1604	France
Germany	:	:	:	:	:	223	282	766	1093	1016	1366	1227	Allemagne
Greece	:	:	:	:	:	:	:	3	-9	:	:	-1	Grèce
Hungary	:	:	:	:	:	:	4	1	:	1	10	-2	Hongrie
Iceland	:	:	:	:	:	:	:	-	2	:	:	-1	Islande
Ireland	:	:	:	:	:	2	1	43	99	76	71	109	Irlande
Italy	:	:	:	:	:	324	49	73	125	33	28	1134	Italie
Japan	:	:	:	:	:	2	3	9	8	7	99	-3	Japon
Korea	-	-	-	-	-	-	6	34	202	89	165	152	Corée
Mexico	:	:	:	:	:	:	:	:	:	:	:	:	Mexique
Netherlands	:	:	:	:	:	92	165	651	1138	1485	2040	1206	Pays-Bas
New Zealand	:	:	:	:	:	:	:	:	:	:	:	:	Nouvelle-Zélande
Norway	:	:	:	:	:	20	10	38	-10	44	25	16	Norvège
Portugal	:	:	:	:	:	:	:	5	2	2	4	68	Portugal
Spain	:	:	:	:	:	25	1	2	4	-14	-4	234	Espagne
Sweden	:	:	:	:	:	9	41	93	96	86	256	207	Suède
Switzerland	:	:	:	:	:	19	57	182	96	89	56	130	Suisse
Turkey	:	:	:	:	:	1	:	3	9	28	25	1	Turquie
United Kingdom	:	:	:	:	:	94	44	144	132	197	207	208	Royaume-Uni
United States	:	:	:	:	:	166	262	621	457	698	748	427	Etats-Unis
OECD UNALLOCATED	:	:	:	:	:	:	:	:	:	:	-1	:	OCDE NON ATTRIBUÉS
NON-OECD AREA	..	..	..	..	..	*24*	*54*	*123*	*166*	*207*	*188*	*8*	**HORS ZONE-OCDE**
EUROPEAN COUNTRIES (1)	..	..	..	..	..	**5**	**-1**	**27**	**59**	**107**	**104**	**109**	**PAYS D'EUROPE (1)**
of which:													*dont:*
Baltic countries	-	-	-	-	-	-	-3	:	1	:	-1	:	Pays Baltes
Bulgaria	:	:	:	:	:	:	:	:	:	-1	-1	-1	Bulgarie
Czechoslovakia	:	:	:	:	:	:	:	:	:	:	:	:	Tchécoslovaquie
Romania	:	:	:	:	:	:	:	:	:	:	1	:	Roumanie
Russia	-	-	-	-	-	1	:	6	6	-2	-5	-5	Russie
Slovakia	-	-	-	-	-	:	:	:	:	1	2	1	Slovaquie
Slovenia	-	-	-	-	-	:	:	:	:	3	4	1	Slovénie
Ukraine	-	-	-	-	-	4	:	10	1	2	1	-1	Ukraine
USSR	:	:	:	:	:	:	:	:	:	:	:	:	URSS

POLAND   POLOGNE

Table 3. **DIRECT INVESTMENT FROM ABROAD:** *INFLOWS BY COUNTRY*
Tableau 3. **INVESTISSEMENT DIRECT DE L'ÉTRANGER:** *FLUX PAR PAYS*

US$ million   Millions de dollars des EU

	1988	1989	1990	1991	1992	1993	1994	1995	1996	1997	1998	1999 p	
AFRICA	..	..	..	..	..	..	..	-	1	3	-2	-1	**AFRIQUE**
of which:													*dont:*
Algeria	..	..	..	..	..	..	..	..	..	..	..	..	Algérie
Egypt	..	..	..	..	..	..	..	..	..	..	..	-	Egypte
Libya	..	..	..	..	..	..	..	..	..	..	..	-	Libye
Morocco	..	..	..	..	..	..	..	-	-	-	-	-	Maroc
South Africa	..	..	..	..	..	..	..	-	-	3	-1	-	Afrique du Sud
LATIN AMERICA-CARIBBEAN (1)	..	..	..	..	..	-	..	10	4	10	1	-11	**AMÉRIQUE LATINE-CARAIBES** (1)
of which:													*dont:*
Argentina	..	..	..	..	..	..	..	5	-	1	2	-2	Argentine
Brazil	..	..	..	..	..	..	..	-	-	-	-	2	Brésil
Chile	..	..	..	..	..	..	..	..	..	..	..	..	Chili
Colombia	..	..	..	..	..	..	..	..	..	..	..	..	Colombie
Costa Rica	..	..	..	..	..	..	..	..	..	..	..	..	Costa Rica
Netherlands Antilles	..	..	..	..	..	..	..	..	..	..	..	..	Antilles néerlandaises
Panama	..	..	..	..	..	..	..	4	..	..	..	..	Panama
Venezuela	..	..	..	..	..	..	..	-	..	..	..	..	Vénézuela
NEAR & MIDDLE EAST	..	..	..	..	..	7	4	3	38	6	1	-3	**PROCHE & MOYEN ORIENT**
of which:													*dont:*
Gulf States	..	..	..	..	..	..	..	..	..	..	1	-	Pays du Golfe
of which:													*dont:*
Kuwait	..	..	..	..	..	..	..	..	..	..	..	..	Koweit
Saudi Arabia	..	..	..	..	..	..	..	..	..	..	..	..	Arabie Saoudite
United Arab Emirates	..	..	..	..	..	..	..	..	..	..	..	..	Émirats Arabes Unis
Iran	..	..	..	..	..	7	4	3	3	6	-	-	Iran
Israel	..	..	..	..	..	7	4	3	3	6	-1	-3	Israël
ASIAN COUNTRIES (1)	..	..	..	..	..	3	5	39	21	-5	-5	-3	**PAYS D'ASIE** (1)
of which:													*dont:*
China	..	..	..	..	..	1	1	2	-	-2	-	1	Chine
Chinese Taipei	..	..	..	..	..	-	-	-	-	-	-	1	Taipei chinois
Hong Kong	..	..	..	..	..	-	3	2	3	-3	-7	-1	Hong Kong
India	..	..	..	..	..	-	-	2	1	-	-1	-	Inde
Indonesia	..	..	..	..	..	..	..	..	..	..	..	..	Indonésie
Malaysia	..	..	..	..	..	..	-	29	18	1	2	-	Malaisie
Philippines	..	..	..	..	..	..	..	-	1	-	-	-	Philippines
Singapore	..	..	..	..	..	3	1	4	-1	-	-	1	Singapour
Thailand	..	..	..	..	..	..	..	..	..	..	..	..	Thaïlande
UNALLOCATED	..	..	..	..	..	9	46	44	44	86	89	-83	**NON ATTRIBUÉS**
WORLD	..	..	..	..	..	*1109*	*1096*	*3659*	*4498*	*4908*	*6365*	*7270*	**MONDE**
of which:													*dont:*
EUROPE (2)	..	..	..	..	..	908	759	2716	3681	4024	5219	6777	EUROPE (2)
EUROPEAN UNION	..	..	..	..	..	868	693	2496	3509	3726	5028	6521	UNION EUROPÉENNE
NAFTA	..	..	..	..	..	175	268	634	477	693	760	444	ALENA
ASEAN countries	..	..	..	..	..	3	1	34	18	1	2	2	Pays de l'ASEAN

1. Excluding countries recorded under the OECD area above.
2. EUROPE = EU + EFTA + Other European Countries.

1. Ce montant exclut les pays figurant dans la zone OCDE mentionnée ci-dessus.
2. EUROPE = UE + AELE + Autres pays d'Europe.

POLAND / POLOGNE

Table 4. DIRECT INVESTMENT ABROAD: OUTFLOWS BY COUNTRY
Tableau 4. INVESTISSEMENT DIRECT À L'ÉTRANGER: FLUX PAR PAYS

US$ million / Millions de dollars des EU

	1988	1989	1990	1991	1992	1993	1994	1995	1996	1997	1998	1999 p	
OECD AREA	..	..	..	..	..	7	9	15	13	39	277	-30	**ZONE DE L'OCDE**
Australia						-	-	-	-	-	-	-	Australie
Austria						-	-	-	-	-	16	-	Autriche
Belgium-Luxembourg						2	2	-	3	1	167	12	Belgique-Luxembourg
Canada						-	-	-	1	-	-	-	Canada
Czech Republic	-	-	-	-	-	-	-	1	2	-	-	-3	République Tchèque
Denmark						-	-	-	-	-	-	-	Danemark
Finland						-	-	-	-	-	-	-	Finlande
France						-	-	1	-	-5	-6	9	France
Germany						4	1	3	3	32	-2	9	Allemagne
Greece						-	-	-	-	-	-	-	Grèce
Hungary						-	-	1	-	-2	-	-1	Hongrie
Iceland						-	-	-	-	-	-	-	Islande
Ireland						-	-	-	-	-	-	-	Irlande
Italy						-	-	1	-	-	1	-	Italie
Japan						-	-	-	-	-	-	-	Japon
Korea						-	-	-	-	-	-	-	Corée
Mexico						-	-	-	-	-	-	-	Mexique
Netherlands						-	-	-	-	-	13	11	Pays-Bas
New Zealand						-	-	-	-	-	-	-	Nouvelle-Zélande
Norway						-	-	-	-	-	-	-	Norvège
Portugal						-	-	-	-	-	-	-	Portugal
Spain						-	-	-	-	-	-	-	Espagne
Sweden						-	-	-	-	1	-	1	Suède
Switzerland						-	-	-	1	-	-	-64	Suisse
Turkey						-	-	-	-	-	37	-8	Turquie
United Kingdom						1	5	3	1	6	47	-9	Royaume-Uni
United States						-	-	3	3	5	4	12	Etats-Unis
OECD UNALLOCATED						-	1	2	-	1	-	1	OCDE NON ATTRIBUES
NON-OECD AREA	..	..	..	..	..	8	10	26	40	6	40	-1	**HORS ZONE-OCDE**
EUROPEAN COUNTRIES (1)	..	..	..	..	..	7	9	10	14	9	53	-14	**PAYS D'EUROPE (1)**
of which:													dont:
Baltic countries						1	-	-	3	1	1	-3	Pays Baltes
Bulgaria						-	-	-	-	1	-	-	Bulgarie
Czechoslovakia	-	-	-	-	-	-	-	-	-	-	-	-	Tchécoslovaquie
Romania						-	-	-	-	-1	-	-2	Roumanie
Russia	-	-	-	-	-	1	1	1	2	-	-8	1	Russie
Slovakia	-	-	-	-	-	-	-	-	-	-	-	-	Slovaquie
Slovenia	-	-	-	-	-	-	-	-	-	-	-	-	Slovénie
Ukraine	-	-	-	-	-	1	2	3	7	8	2	-3	Ukraine
USSR						-	-	-	-	-	-	-	URSS

POLAND / POLOGNE

Table 4. DIRECT INVESTMENT ABROAD: OUTFLOWS BY COUNTRY
Tableau 4. INVESTISSEMENT DIRECT À L'ÉTRANGER: FLUX PAR PAYS

US$ million / Millions de dollars des EU

	1988	1989	1990	1991	1992	1993	1994	1995	1996	1997	1998	1999 p		
AFRICA	..	..	..	..	..	..	-	-	1	-	17	2	**AFRIQUE**	
of which:													*dont:*	
Algeria													Algérie	
Egypt								1	-	-	-	-	Egypte	
Libya							1	1	-	-	-	-	Libye	
Morocco													Maroc	
South Africa													Afrique du Sud	
LATIN AMERICA-CARIBBEAN (1)	..	..	..	..	..	..	-	-	-	-	-	1	**AMÉRIQUE LATINE-CARAIBES (1)**	
of which:													*dont:*	
Argentina													Argentine	
Brazil													Brésil	
Chile													Chili	
Colombia													Colombie	
Costa Rica													Costa Rica	
Netherlands Antilles													Antilles néerlandaises	
Panama													Panama	
Venezuela													Vénézuela	
NEAR & MIDDLE EAST	..	..	..	..	..	..	-	-	1	-5	4	1	**PROCHE & MOYEN ORIENT**	
of which:													*dont:*	
Gulf States													Pays du Golfe	
of which:													*dont:*	
Kuwait													Koweit	
Saudi Arabia													Arabie Saoudite	
United Arab Emirates													Émirats Arabes Unis	
Iran									1	-5	-	-	Iran	
Israel										-	4	1	Israël	
ASIAN COUNTRIES (1)	..	..	..	..	..	-	-	4	4	-	-1	-3	**PAYS D'ASIE (1)**	
of which:													*dont:*	
China								1	1	1	-	-	Chine	
Chinese Taipei													Taipei chinois	
Hong Kong													Hong Kong	
India													Inde	
Indonesia													Indonésie	
Malaysia													Malaisie	
Philippines													Philippines	
Singapore								-	2	1	-	-	Singapour	
Thailand								4	-	-1	-	-	Thaïlande	
UNALLOCATED	..	..	..	..	..	1	1	-	21	2	-34	13	**NON ATTRIBUÉS**	
WORLD	..	..	..	..	..	15	19	41	53	45	317	-31	**MONDE**	
of which:													*dont:*	
EUROPE (2)						15	18	22	25	43	295	-45	EUROPE (2)	
EUROPEAN UNION						7	9	9	8	36	236	32	UNION EUROPÉENNE	
NAFTA						-	-	4	3	4	4	12	ALENA	
ASEAN countries						-	-	4	2	-	-	-	Pays de l'ASEAN	

1. Excluding countries recorded under the OECD area above.
2. EUROPE = EU + EFTA + Other European Countries.

1. Ce montant exclut les pays figurant dans la zone OCDE mentionnée ci-dessus.
2. EUROPE = UE + AELE + Autres pays d'Europe.

POLAND - POLOGNE

Chart 4. **Inward direct investment position**
Graphique 4. **Encours d'investissement direct de l'étranger**

1994

Services 36%
Prim. 1%
Manuf. 63%

NAFTA-ALENA 24%
Other OECD-Autres OCDE 8%
Non OECD-Non OCDE 5%
EU15-UE15 63%

1998

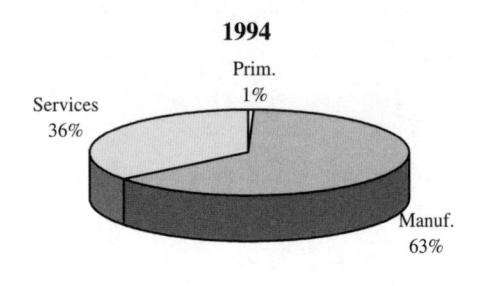

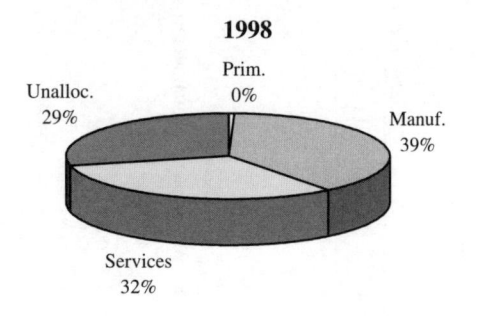

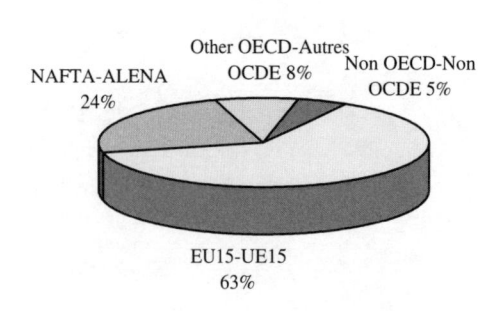

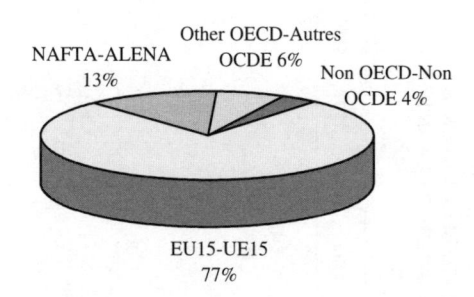

Unalloc. 29%
Prim. 0%
Manuf. 39%
Services 32%

NAFTA-ALENA 13%
Other OECD-Autres OCDE 6%
Non OECD-Non OCDE 4%
EU15-UE15 77%

Chart 5. **Outward direct investment position**
Graphique 5. **Encours d'investissement direct à l'étranger**

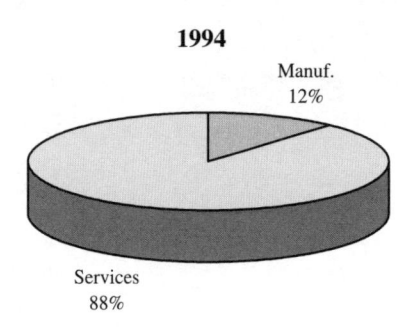

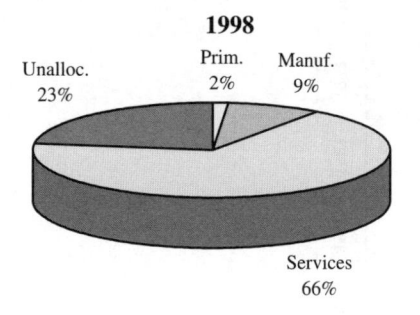

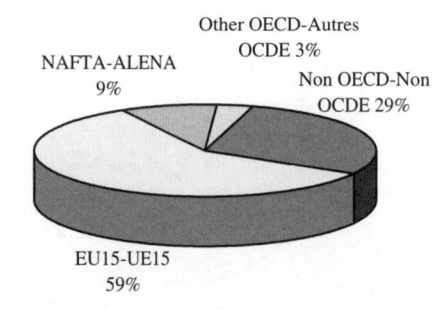

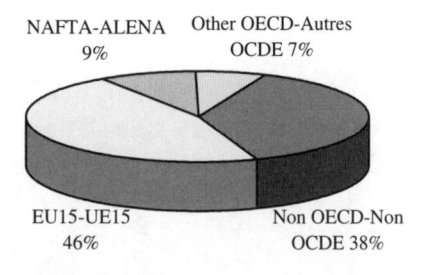

1994

Manuf. 12%
Services 88%

NAFTA-ALENA 9%
Other OECD-Autres OCDE 3%
Non OECD-Non OCDE 29%
EU15-UE15 59%

1998

Unalloc. 23%
Prim. 2%
Manuf. 9%
Services 66%

NAFTA-ALENA 9%
Other OECD-Autres OCDE 7%
EU15-UE15 46%
Non OECD-Non OCDE 38%

Note: Prim. = primary sector, **Manuf.** = manufacturing.   **Note: Prim.** = secteur primaire, **Manuf.** = manufacture.

POLAND / POLOGNE

Table 5. DIRECT INVESTMENT FROM ABROAD: INWARD POSITION BY INDUSTRIAL SECTOR
Tableau 5. ENCOURS D'INVESTISSEMENT DIRECT DE L'ÉTRANGER: PAR SECTEUR INDUSTRIEL

year-end - fin d'année

US$ million / Millions de dollars des EU

	1988	1989	1990	1991	1992	1993	1994	1995	1996	1997	1998	
Agriculture & fishing	..	..	..	..	..	..	6	19	23	23	33	**Agriculture & pêche**
Mining & quarrying	..	..	..	..	..	..	13	21	45	45	64	**Mines & exploitation**
of which: Extraction of petroleum and gas	..	..	..	..	..	..	1	6	22	..	6	dont: Extraction de pétrole et gaz
Manufacturing	..	..	..	..	..	..	1808	3831	5160	5641	8748	**Manufacture**
of which:												dont:
Food products	..	..	..	..	..	..	519	1007	1258	1390	2476	Produits alimentaires
Textile and wood activities	..	..	..	..	..	..	353	793	680	735	952	Activités du textile et du bois
Petroleum, chemical, rubber and plastic products	..	..	..	..	..	..	283	759	897	975	1324	Pétrole, produits chimiques, caoutchouc et mat. plastiques
Metal and mechanical products	..	..	..	..	..	..	172	377	468	477	670	Produits métallurgiques et mécaniques
Office machinery, computers, radio, TV and communication equipment	..	..	..	..	..	..	15	84	106	141	202	Machines de bureau, ordinateurs, radio, téléviseurs et équipement de communication
Vehicles and other transport equipment	..	..	..	..	..	..	120	147	827	861	1563	Véhicules et autres équipements de transport
Electricity, gas & water	..	..	..	..	..	..	2	2	7	4	31	**Electricité, gaz & eau**
Construction	..	..	..	..	..	..	94	152	178	182	323	**Construction**
Trade & repairs	..	..	..	..	..	..	446	885	1335	1704	2767	**Commerce & réparation**
Hotels & restaurants	..	..	..	..	..	..	33	40	43	35	55	**Hôtels & restaurants**
Transport & communication	..	..	..	..	..	..	117	172	276	254	279	**Transport & communication**
of which:												dont:
Land, sea and air transport	..	..	..	..	..	..	43	52	48	56	57	Transport terrestre, maritime et aérien
Telecommunications	..	..	..	..	..	..	19	63	168	144	162	Télécommunications
Financial activities	..	..	..	..	..	..	211	803	1270	1796	3053	**Activités financières**
of which:												dont:
Monetary institutions	..	..	..	..	..	..	140	527	924	1419	2336	Institutions monétaires
Other financial institutions	..	..	..	..	..	..	51	241	279	307	497	Autres institutions financières
of which: Financial holding companies	..	..	..	..	..	..	..	..	52	..	..	dont: Sociétés holding financières
Insurance & activities auxiliary to insurance	..	..	..	..	..	..	14	25	50	77	215	Assurances & activités auxiliaires
Other financial institutions and insurance activities	..	..	..	..	..	..	65	266	329	384	712	Autres activités d'institutions financières et d'assurances
Real estate & business activities	..	..	..	..	..	..	80	176	331	408	664	**Activités d'entreprise & immobilier**
of which: Real estate	..	..	..	..	..	..	-3	6	60	92	153	dont: Immobilier
Other services	..	..	..	..	..	..	30	29	21	36	48	**Autres services**
Unallocated	..	..	..	..	..	..	-	1713	2776	4459	6415	Non attribués
TOTAL	..	..	..	..	..	..	2840	7843	11463	14587	22479	**TOTAL**
of which:												dont:
PRIMARY	..	..	..	..	..	..	19	40	68	68	96	**PRIMAIRE**
MANUFACTURING	..	..	..	..	..	..	1808	3831	5160	5641	8748	**MANUFACTURE**
SERVICES	..	..	..	..	..	..	1013	2259	3459	4419	7221	**SERVICES**

POLAND   POLOGNE

Table 6. **DIRECT INVESTMENT ABROAD: *OUTWARD POSITION BY INDUSTRIAL SECTOR***
Tableau 6. **ENCOURS D'INVESTISSEMENT DIRECT À L'ÉTRANGER: *PAR SECTEUR INDUSTRIEL***
year-end - fin d'année

US$ million   *Millions de dollars des EU*

	1988	1989	1990	1991	1992	1993	1994	1995	1996	1997	1998	
Agriculture & fishing	..	..	..	..	..	..	-	2	-	-	1	**Agriculture & pêche**
Mining & quarrying	..	..	..	..	..	..	-	-	-	-	17	**Mines & exploitation**
of which: Extraction of petroleum and gas	..	..	..	..	..	..	-	..	-	-	..	*dont*: Extraction de pétrole et gaz
Manufacturing	..	..	..	..	..	..	14	11	17	24	101	**Manufacture**
of which:												*dont*:
Food products							3	5	4	1	2	Produits alimentaires
Textile and wood activities							-	1	1	1	3	Activités du textile et du bois
Petroleum, chemical, rubber and plastic products							-	1	1	1	2	Pétrole, produits chimiques, caoutchouc et mat. plastiques
Metal and mechanical products							1	2	6	13	21	Produits métallurgiques et mécaniques
Office machinery, computers, radio, TV and communication equipment							-	..	..	-	..	Machines de bureau, ordinateurs, radio, téléviseurs et équipement de communication
Vehicles and other transport equipment							..	-	-	4	71	Véhicules et autres équipements de transport
Electricity, gas & water	..	..	..	..	..	..	-	6	4	-	-	**Electricité, gaz & eau**
Construction	..	..	..	..	..	..	2	4	33	10	33	**Construction**
Trade & repairs	..	..	..	..	..	..	82	136	117	94	100	**Commerce & réparation**
Hotels & restaurants	..	..	..	..	..	..	-	-	-	-6	8	**Hôtels & restaurants**
Transport & communication	..	..	..	..	..	..	19	51	204	199	294	**Transport & communication**
of which:												*dont*:
Land, sea and air transport							14	48	203	197	287	Transport terrestre, maritime et aérien
Telecommunications							..	..	..	-	..	Télécommunications
Financial activities	..	..	..	..	..	..	-	109	336	308	322	**Activités financières**
of which:												*dont*:
Monetary institutions							..	107	333	211	219	Institutions monétaires
Other financial institutions							..	-	-	96	102	Autres institutions financières
of which: Financial holding companies							..	..	..	..	..	*dont*: Sociétés holding financières
Insurance & activities auxiliary to insurance							..	..	..	..	..	Assurances & activités auxiliaires
Other financial institutions and insurance activities							-	-	-	96	102	Autres activités d'institutions financières et d'assurances
Real estate & business activities	..	..	..	..	..	..	3	9	4	6	21	**Activités d'entreprise & immobilier**
of which: Real estate							..	..	..	-	..	*dont*: Immobilier
Other services	..	..	..	..	..	..	1	1	1	1	2	**Autres services**
Unallocated	..	..	..	..	..	..	-	-1	20	43	267	Non attribués
TOTAL	..	..	..	..	..	..	121	328	735	678	1165	**TOTAL**
of which:												*dont*:
PRIMARY	..	..	..	..	..	..	-	2	-	-	18	**PRIMAIRE**
MANUFACTURING	..	..	..	..	..	..	14	11	17	24	101	**MANUFACTURE**
SERVICES	..	..	..	..	..	..	107	316	698	611	780	**SERVICES**

POLAND **POLOGNE**

Table 7. **DIRECT INVESTMENT FROM ABROAD:** *INWARD POSITION BY COUNTRY*
Tableau 7. **ENCOURS D'INVESTISSEMENT DIRECT DE L'ÉTRANGER:** *PAR PAYS*
year-end - fin d'année

US$ million / Millions de dollars des EU

	1988	1989	1990	1991	1992	1993	1994	1995	1996	1997	1998	
OECD AREA	..	..	..	..	..	..	**2698**	**7593**	**10791**	**13953**	**21654**	**ZONE DE L'OCDE**
Australia							25	189	140	24	11	Australie
Austria							124	384	461	553	693	Autriche
Belgium-Luxembourg							61	198	280	263	592	Belgique-Luxembourg
Canada							25	39	51	40	51	Canada
Czech Republic							1	6	20	21	36	République Tchèque
Denmark							54	150	342	470	602	Danemark
Finland							22	41	69	85	124	Finlande
France							105	432	1027	1332	1798	France
Germany							632	1518	2459	3151	4815	Allemagne
Greece							14	22	8	6	5	Grèce
Hungary							7	4	4	4	15	Hongrie
Iceland									2	2	4	Islande
Ireland							1	43	99	154	234	Irlande
Italy							166	263	706	600	605	Italie
Japan							8	15	20	23	119	Japon
Korea							6	42	227	263	640	Corée
Mexico												Mexique
Netherlands							371	1338	2162	3659	6422	Pays-Bas
New Zealand								1			1	Nouvelle-Zélande
Norway							28	71	62	92	119	Norvège
Portugal								5	7	6	10	Portugal
Spain							16	28	30	6	22	Espagne
Sweden							76	218	271	268	542	Suède
Switzerland							154	378	444	410	459	Suisse
Turkey							1	4	12	36	57	Turquie
United Kingdom							148	321	332	550	811	Royaume-Uni
United States							653	1883	1555	1938	2867	Etats-Unis
OECD UNALLOCATED												OCDE NON ATTRIBUES
NON-OECD AREA	..	..	..	..	..	..	**142**	**250**	**673**	**634**	**825**	**HORS ZONE-OCDE**
EUROPEAN COUNTRIES (1)							**27**	**69**	**142**	**132**	**340**	**PAYS D'EUROPE** (1)
of which:												*dont:*
Baltic countries									1	1	1	Pays Baltes
Bulgaria							1	3	1	1	1	Bulgarie
Czechoslovakia												Tchécoslovaquie
Romania												Roumanie
Russia							22	30	33	22	16	Russie
Slovakia								1	1	1	3	Slovaquie
Slovenia								2	1	3	12	Slovénie
Ukraine							3	18	17	-15	5	Ukraine
USSR												URSS

POLAND / POLOGNE

Table 7. **DIRECT INVESTMENT FROM ABROAD:** *INWARD POSITION BY COUNTRY*
Tableau 7. **ENCOURS D'INVESTISSEMENT DIRECT DE L'ÉTRANGER:** *PAR PAYS*
year-end - fin d'année

US$ million / Millions de dollars des EU

	1988	1989	1990	1991	1992	1993	1994	1995	1996	1997	1998	
AFRICA	..	..	..	..	..	..	-	-	1	4	3	**AFRIQUE**
of which:												*dont:*
Algeria	..	..	..	..	..	..	..	..	..	..	..	Algérie
Egypt	..	..	..	..	..	..	..	..	..	..	..	Egypte
Libya	..	..	..	..	..	..	..	..	-	-	-	Libye
Morocco	..	..	..	..	..	..	..	..	-	-	-	Maroc
South Africa	..	..	..	..	..	..	..	..	-	3	3	Afrique du Sud
LATIN AMERICA-CARIBBEAN (1)	..	..	..	..	..	..	16	27	53	47	24	**AMÉRIQUE LATINE-CARAIBES (1)**
of which:												*dont:*
Argentina	..	..	..	..	..	..	2	5	5	4	5	Argentine
Brazil	..	..	..	..	..	..	..	..	..	..	-1	Brésil
Chile	..	..	..	..	..	..	..	..	..	..	..	Chili
Colombia	..	..	..	..	..	..	..	..	..	..	..	Colombie
Costa Rica	..	..	..	..	..	..	..	..	..	..	..	Costa Rica
Netherlands Antilles	..	..	..	..	..	..	..	..	..	..	..	Antilles néerlandaises
Panama	..	..	..	..	..	..	..	20	..	..	..	Panama
Venezuela	..	..	..	..	..	..	..	-	-	..	..	Venezuela
NEAR & MIDDLE EAST	..	..	..	..	..	..	10	9	49	51	16	**PROCHE & MOYEN ORIENT**
of which:												*dont:*
Gulf States	..	..	..	..	..	..	-	..	39	35	1	Pays du Golfe
of which:												*dont:*
Kuwait	..	..	..	..	..	..	..	..	..	..	..	Koweit
Saudi Arabia	..	..	..	..	..	..	..	..	..	..	..	Arabie Saoudite
United Arab Emirates	..	..	..	..	..	..	..	..	..	..	..	Émirats Arabes Unis
Iran	..	..	..	..	..	..	10	7	9	15	13	Iran
Israel	..	..	..	..	..	..	..	..	..	..	..	Israël
ASIAN COUNTRIES (1)	..	..	..	..	..	..	21	70	100	23	23	**PAYS D'ASIE (1)**
of which:												*dont:*
China	..	..	..	..	..	..	1	3	2	5	4	Chine
Chinese Taipei	..	..	..	..	..	..	..	..	..	..	..	Taipei chinois
Hong Kong	..	..	..	..	..	..	13	13	16	10	4	Hong Kong
India	..	..	..	..	..	..	..	4	3	1	1	Inde
Indonesia	..	..	..	..	..	..	..	..	1	..	..	Indonésie
Malaysia	..	..	..	..	..	..	..	34	70	4	9	Malaisie
Philippines	..	..	..	..	..	..	..	..	..	..	..	Philippines
Singapore	..	..	..	..	..	..	7	13	8	1	3	Singapour
Thailand	..	..	..	..	..	..	..	..	1	..	..	Thaïlande
UNALLOCATED	..	..	..	..	..	..	68	75	328	378	419	**NON ATTRIBUÉS**
WORLD	..	..	..	..	..	..	2840	7843	11463	14587	22479	**MONDE**
of which:												*dont:*
EUROPE (2)	..	..	..	..	..	..	2008	5493	8940	11866	18263	EUROPE (2)
EUROPEAN UNION	..	..	..	..	..	..	1790	4961	8254	11101	17275	UNION EUROPÉENNE
NAFTA	..	..	..	..	..	..	678	1922	1606	1978	2919	ALENA
ASEAN countries	..	..	..	..	..	..	7	49	80	5	12	Pays de l'ASEAN

1. Excluding countries recorded under the OECD area above.
2. EUROPE = EU + EFTA + Other European Countries.

1. Ce montant exclut les pays figurant dans la zone OCDE mentionnée ci-dessus.
2. EUROPE = UE + AELE + Autres pays d'Europe.

POLAND POLOGNE

Table 8. DIRECT INVESTMENT ABROAD: *OUTWARD POSITION BY COUNTRY*
Tableau 8. ENCOURS D'INVESTISSEMENT DIRECT À L'ÉTRANGER: *PAR PAYS*
year-end - fin d'année

US$ million Millions de dollars des EU

	1988	1989	1990	1991	1992	1993	1994	1995	1996	1997	1998	
OECD AREA	..	..	..	..	..	..	**86**	**137**	**349**	**297**	**721**	**ZONE DE L'OCDE**
Australia								-1		-1	-1	Australie
Austria							4	5	15	12	29	Autriche
Belgium-Luxembourg							4	6	40	37	217	Belgique-Luxembourg
Canada									2	2	2	Canada
Czech Republic								-14	3	-2	17	République Tchèque
Denmark							1	1	1	1	1	Danemark
Finland												Finlande
France							7	6	60	46	45	France
Germany							23	32	93	76	100	Allemagne
Greece												Grèce
Hungary								1	1	-10	1	Hongrie
Iceland												Islande
Ireland											1	Irlande
Italy							2	36	2	2	2	Italie
Japan							1		1	1		Japon
Korea								..			..	Corée
Mexico								6				Mexique
Netherlands							2	1		1	14	Pays-Bas
New Zealand												Nouvelle-Zélande
Norway												Norvège
Portugal												Portugal
Spain												Espagne
Sweden								1	2	2	2	Suède
Switzerland							3	4	4	4	7	Suisse
Turkey									-2	2	55	Turquie
United Kingdom							28	36	76	76	127	Royaume-Uni
United States							11	16	50	50	103	Etats-Unis
OECD UNALLOCATED											1	OCDE NON ATTRIBUÉS
NON-OECD AREA	..	..	..	..	..	..	**35**	**191**	**386**	**381**	**444**	**HORS ZONE-OCDE**
EUROPEAN COUNTRIES (1)	..	..	..	..	..	..	**28**	**146**	**157**	**43**	**154**	**PAYS D'EUROPE (1)**
of which:												*dont:*
Baltic countries							1	3	4	2	10	Pays Baltes
Bulgaria										1		Bulgarie
Czechoslovakia												Tchécoslovaquie
Romania										1		Roumanie
Russia							2	109	107	3	-1	Russie
Slovakia									3			Slovaquie
Slovenia								..		..		Slovénie
Ukraine							2	6	21	16	16	Ukraine
USSR												URSS

POLAND POLOGNE

Table 8. **DIRECT INVESTMENT ABROAD:** *OUTWARD POSITION BY COUNTRY*
Tableau 8. **ENCOURS D'INVESTISSEMENT DIRECT À L'ÉTRANGER:** *PAR PAYS*
year-end - fin d'année

US$ million   Millions de dollars des EU

	1988	1989	1990	1991	1992	1993	1994	1995	1996	1997	1998		
AFRICA	..	..	..	..	..	..	4	15	17	17	30	**AFRIQUE**	
of which:												*dont:*	
Algeria	..	..	..	..	..	..	.	.	.	.	.	Algérie	
Egypt	..	..	..	..	..	..	4	4	4	4	4	Egypte	
Libya	..	..	..	..	..	..	.	.	.	.	.	Libye	
Morocco	..	..	..	..	..	..	.	.	.	.	.	Maroc	
South Africa	..	..	..	..	..	..	.	.	.	.	.	Afrique du Sud	
LATIN AMERICA-CARIBBEAN (1)	..	..	..	..	..	..	.	.	.	1	1	**AMÉRIQUE LATINE-CARAIBES (1)**	
of which:												*dont:*	
Argentina	..	..	..	..	..	..	.	.	.	.	.	Argentine	
Brazil	..	..	..	..	..	..	.	.	.	.	.	Brésil	
Chile	..	..	..	..	..	..	.	.	.	.	.	Chili	
Colombia	..	..	..	..	..	..	.	.	.	.	.	Colombie	
Costa Rica	..	..	..	..	..	..	.	.	.	.	.	Costa Rica	
Netherlands Antilles	..	..	..	..	..	..	.	.	.	.	.	Antilles néerlandaises	
Panama	..	..	..	..	..	..	.	.	.	.	.	Panama	
Venezuela	..	..	..	..	..	..	.	.	.	-1	.	Vénézuela	
NEAR & MIDDLE EAST	..	..	..	..	..	..	.	.	14	10	12	**PROCHE & MOYEN ORIENT**	
of which:												*dont:*	
Gulf States	..	..	..	..	..	..	.	.	.	.	.	Pays du Golfe	
of which:												*dont:*	
Kuwait	..	..	..	..	..	..	.	.	.	.	.	Koweit	
Saudi Arabia	..	..	..	..	..	..	.	.	.	.	.	Arabie Saoudite	
United Arab Emirates	..	..	..	..	..	..	.	.	.	.	.	Émirats Arabes Unis	
Iran	..	..	..	..	..	..	.	.	.	.	.	Iran	
Israel	..	..	..	..	..	..	.	.	14	10	.	Israël	
ASIAN COUNTRIES (1)	..	..	..	..	..	..	2	30	178	174	175	**PAYS D'ASIE (1)**	
of which:												*dont:*	
China	..	..	..	..	..	..	.	1	170	163	166	Chine	
Chinese Taipei	..	..	..	..	..	..	.	.	.	.	.	Taipei chinois	
Hong Kong	..	..	..	..	..	..	.	.	.	.	.	Hong Kong	
India	..	..	..	..	..	..	.	.	.	.	.	Inde	
Indonesia	..	..	..	..	..	..	.	.	.	.	.	Indonésie	
Malaysia	..	..	..	..	..	..	.	.	.	.	.	Malaisie	
Philippines	..	..	..	..	..	..	.	.	.	.	.	Philippines	
Singapore	..	..	..	..	..	..	2	3	5	6	6	Singapour	
Thailand	..	..	..	..	..	..	.	4	.	.	.	Thailande	
UNALLOCATED	..	..	..	..	..	..	1	.	20	137	72	**NON ATTRIBUÉS**	
WORLD	..	..	..	..	..	..	121	328	735	678	1165	**MONDE**	
of which:												*dont:*	
EUROPE (2)	..	..	..	..	..	..	102	261	453	287	703	EUROPE (2)	
EUROPEAN UNION	..	..	..	..	..	..	71	124	289	251	538	UNION EUROPÉENNE	
NAFTA	..	..	..	..	..	..	11	22	53	52	105	ALENA	
ASEAN countries	..	..	..	..	..	..	2	7	6	6	6	Pays de l'ASEAN	

1. Excluding countries recorded under the OECD area above.
2. EUROPE = EU + EFTA + Other European Countries.

1. Ce montant exclut les pays figurant dans la zone OCDE mentionnée ci-dessus.
2. EUROPE = UE + AELE + Autres pays d'Europe.

PORTUGAL - PORTUGAL

Chart 1. **Direct investment flows**
Graphique 1. **Flux d'investissement direct**

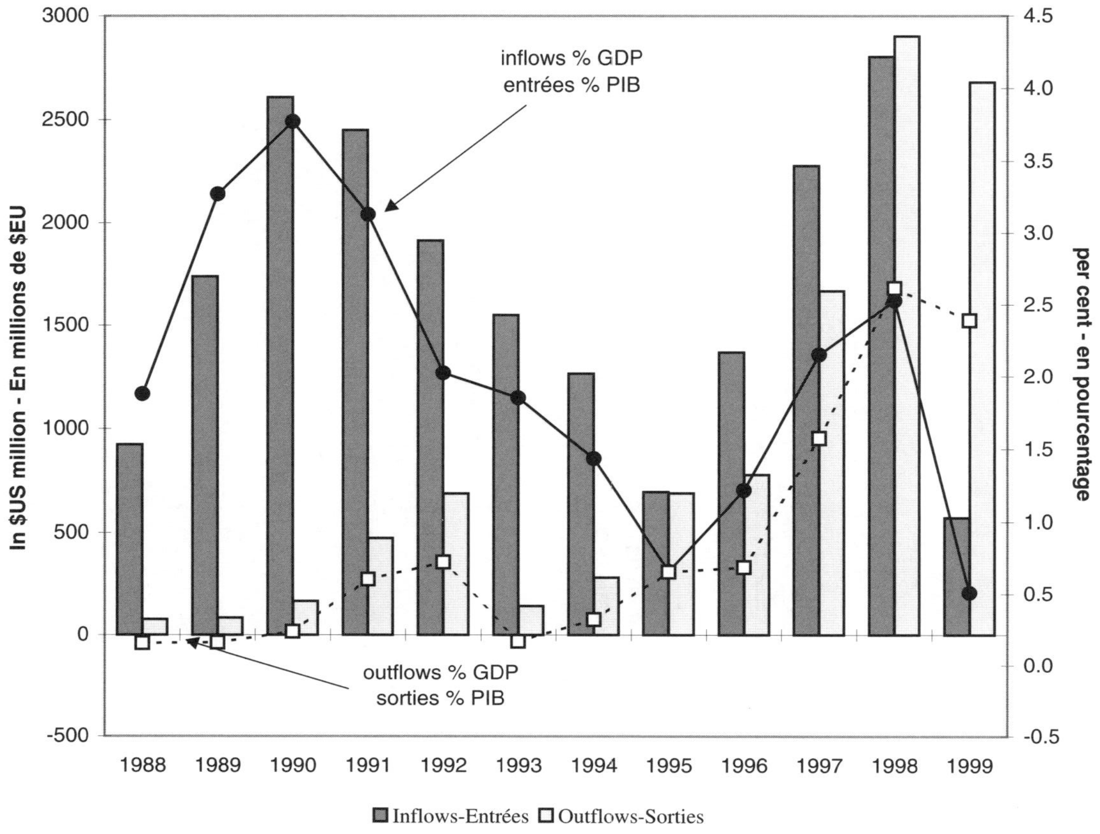

PORTUGAL

Chart 2. **Direct investment from abroad:** *inflows by country*
Graphique 2. **Investissement direct de l'étranger:** *flux par pays*

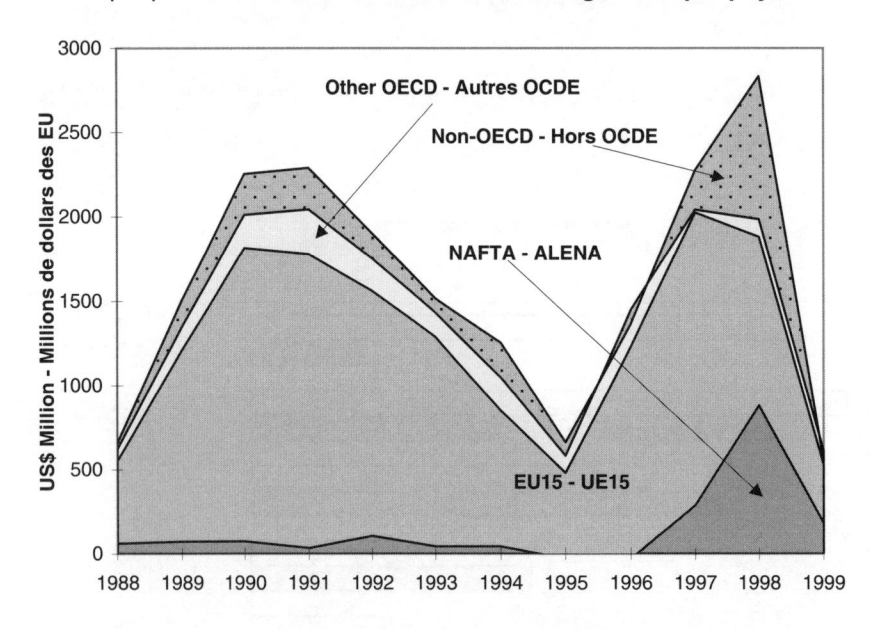

Chart 3. **Direct investment abroad:** *outflows by country*
Graphique 3. **Investissement direct à l'étranger:** *flux par pays*

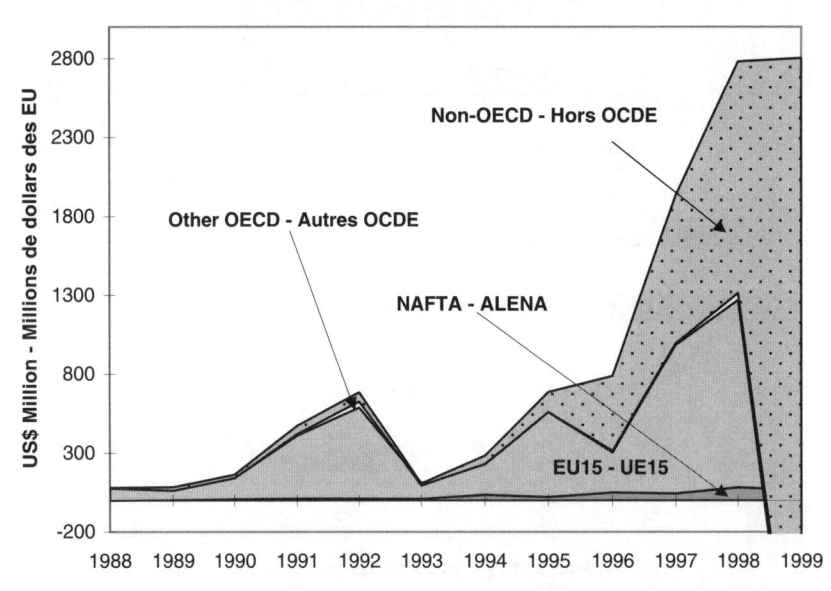

Note: Total OECD = EU15 + NAFTA + Other OECD. **Note**: Total OCDE = UE15 + ALENA + Autres OCDE.

PORTUGAL

Table 1. **DIRECT INVESTMENT FROM ABROAD:** *INFLOWS BY INDUSTRIAL SECTOR*
Tableau 1. **INVESTISSEMENT DIRECT DE L'ÉTRANGER:** *FLUX PAR SECTEUR INDUSTRIEL*

$US million	Millions de dollars des EU								Escudos million					Millions d'Escudos
	1988	1989	1990	1991	1992	1993	1994	1995[1]	1995	1996	1997	1998	1999 p	
Agriculture & fishing	24	22	25	21	17	15	3	1	149	1804	601	1002	1203	**Agriculture & pêche**
Mining & quarrying	19	25	11	7	15	6	1	4	598	-1604	-2005	-2205	-2005	**Mines & exploitation**
of which: Extraction of petroleum and gas	..	..	..	..	1	..	..	..	..	..	..	..	..	*dont:* Extraction de pétrole et gaz
Manufacturing	222	304	428	384	269	422	574	256	38249	14034	14435	-54531	-5012	**Manufacture**
of which:														*dont:*
Food products	..	..	..	..	..	..	51	-49	-7321	2807	-9423	-47113	1002	Produits alimentaires
Textile and wood activities	..	..	..	..	..	..	78	115	17182	1403	-10826	3809	200	Activités du textile et du bois
Petroleum, chemical, rubber and plastic products	..	..	..	..	..	..	115	-88	-13148	12029	20449	-802	2807	Pétrole, produits chimiques, caoutchouc et mat. plastiques
Metal and mechanical products	..	..	..	..	..	..	18	41	6126	10425	10425	8420	7017	Produits métallurgiques et mécaniques
Office machinery, computers, radio, TV and communication equipment	..	..	..	..	..	29	58	84	12550	-2205	13232	-6415	-30674	Machines de bureau, ordinateurs, radio, téléviseurs et équipement de communication
Vehicles and other transport equipment	..	..	..	..	..	..	250	25	3735	-17843	-9222	9022	-16039	Véhicules et autres équipements de transport
Electricity, gas & water	..	..	..	..	..	..	11	275	41088	-12430	-17041	53529	-9222	**Electricité, gaz & eau**
Construction	29	108	152	161	134	44	20	32	4781	6816	3408	6415	9222	**Construction**
Trade & repairs	119	275	136	246	-75	110	43	176	26296	63954	144347	41700	33080	**Commerce & réparation**
Hotels & restaurants	..	..	..	..	..	..	95	9	1345	601	3208	2406	-5012	**Hôtels & restaurants**
Transport & communication	..	..	..	..	..	..	24	..	..	13833	108260	15237	44106	**Transport & communication**
of which:														*dont:*
Land, sea and air transport	6	17	-1	59	29	11	12	-1	-149	2005	200	401	601	Transport terrestre, maritime et aérien
Telecommunications	..	..	..	..	..	5	1	1	149	10225	106255	9623	43906	Télécommunications
Financial activities	223	717	1476	1355	1450	855	240	-362	-54086	7819	63753	48717	#####	**Activités financières**
of which:														*dont:*
Monetary institutions	..	..	..	..	..	..	239	-133	-19872	12630	42302	21251	#####	Institutions monétaires
Other financial institutions	..	..	..	..	..	..	207	-265	-39594	-16039	18444	24258	-1604	Autres institutions financières
of which: Financial holding companies	..	..	..	..	..	..	..	..	..	-25060	5012	10425	8621	*dont:* Sociétés holding financières
Insurance & activities auxiliary to insurance	..	..	..	..	..	..	..	36	5379	11027	3208	3208	3208	Assurances & activités auxiliaires
Other financial institutions and insurance activities	..	..	..	..	..	..	207	-229	-34215	-5012	21652	27466	1604	Autres activités d'institutions financières et d'assurances
Real estate & business activities	..	..	..	..	..	..	132	146	21814	98838	64956	378911	142543	**Activités d'entreprise & immobilier**
of which: Real estate	..	..	..	..	..	..	58	71	10608	3007	16039	-13633	28067	*dont:* Immobilier
Other services	17	35	12	16	9	7	4	3	448	6014	2606	2205	4210	**Autres services**
Unallocated	6	18	15	101	85	57	107	122	18287	10826	12430	16841	27265	Non attribués
TOTAL	659	1504	2255	2291	1904	1516	1254	662	98969	210506	398959	510227	104050	**TOTAL**
of which:														*dont:*
PRIMARY	43	47	36	28	32	21	4	5	747	200	-1403	-1203	-802	PRIMAIRE
MANUFACTURING	222	304	428	384	269	422	574	256	38249	14034	14435	-54531	-5012	MANUFACTURE
SERVICES	388	1135	1776	1778	1518	1016	569	279	41686	185446	373498	549120	825999	SERVICES

1. As from 1995, data are in Escudos million.

1. À partir de 1995, les données sont en millions d'Escudos.

PORTUGAL

Table 2. DIRECT INVESTMENT ABROAD: *OUTFLOWS BY INDUSTRIAL SECTOR*
Tableau 2. INVESTISSEMENT DIRECT À L'ÉTRANGER: *FLUX PAR SECTEUR INDUSTRIEL*

$US million	Millions de dollars des EU								Escudos million					Millions d'Escudos
	1988	1989	1990	1991	1992	1993	1994	1995[1]	1995	1996	1997	1998	1999 p	
Agriculture & fishing	..	..	2	1	4	..	3	-	-	-	601	1203	-	**Agriculture & pêche**
Mining & quarrying	..	..	1	3	2	..	1	-	-	-	-1604	-1604	-1804	**Mines & exploitation**
of which: Extraction of petroleum and gas	.	.	.	.	.	.	.	.	.	.	.	.	.	*dont*: Extraction de pétrole et gaz
Manufacturing	8	29	8	20	318	7	76	66	9924	12630	20048	21853	32278	**Manufacture**
of which:														*dont*:
Food products	..	..	..	..	..	4	20	1	154	1604	1403	2606	802	Produits alimentaires
Textile and wood activities	..	..	..	..	..	-8	26	10	1479	3007	4411	5613	5213	Activités du textile et du bois
Petroleum, chemical, rubber and plastic products	..	..	..	..	..	..	28	21	3179	7819	9423	5613	17041	Pétrole, produits chimiques, caoutchouc et mat. plastiques
Metal and mechanical products	..	..	..	..	..	..	1	-1	-203	401	1604	1604	4812	Produits métallurgiques et mécaniques
Office machinery, computers, radio, TV and communication equipment	..	..	..	..	..	1	2	35	5303	.	.	.	.	Machines de bureau, ordinateurs, radio, téléviseurs et équipement de communication
Vehicles and other transport equipment	..	..	..	..	..	..	.	.	.	.	200	2205	-802	Véhicules et autres équipements de transport
Electricity, gas & water	..	..	..	..	..	..	2	112	16783	25862	-1804	125502	136127	**Electricité, gaz & eau**
Construction	..	3	5	1	1	5	5	7	1104	-601	-401	5613	13833	**Construction**
Trade & repairs	1	4	28	71	42	11	26	23	3493	3007	23256	8019	16640	**Commerce & réparation**
Hotels & restaurants	..	..	..	..	..	..	1	2	266	802	802	601	200	**Hôtels & restaurants**
Transport & communication	..	..	..	..	..	..	4	33	4911	1203	39294	-211108	207098	**Transport & communication**
of which:														*dont*:
Land, sea and air transport	-	9	17	8	16	1	2	2	299	-601	1804	.	-401	Transport terrestre, maritime et aérien
Telecommunications	..	..	..	..	.	5	2	31	4612	1804	37089	-211509	207298	Télécommunications
Financial activities	71	40	103	369	301	79	142	367	54798	43304	87611	67562	27266	**Activités financières**
of which:														*dont*:
Monetary institutions	..	..	..	..	..	..	.	204	30523	31676	44707	59142	11628	Institutions monétaires
Other financial institutions	..	..	..	..	..	..	104	144	21445	11227	42502	5413	15838	Autres institutions financières
of which: Financial holding companies	..	..	..	..	..	..	.	6	835	14234	22855	3007	2406	*dont*: Sociétés holding financières
Insurance & activities auxiliary to insurance	..	..	..	..	..	..	38	19	2830	401	401	3007	-401	Assurances & activités auxiliaires
Other financial institutions and insurance activities	..	..	..	..	..	..	142	162	24275	11628	42903	8420	15437	Autres activités d'institutions financières et d'assurances
Real estate & business activities	..	..	..	..	..	..	12	49	7354	20850	161989	479152	20650	**Activités d'entreprise & immobilier**
of which: Real estate	..	..	..	..	..	..	10	5	750	3809	1203	601	1804	*dont*: Immobilier
Other services	..	..	..	..	..	-1	1	1	200	10225	4010	601	8621	**Autres services**
Unallocated	2	9	18	8	16	6	11	26	3810	4210	4812	3408	66560	Non attribués
TOTAL	82	85	165	473	684	107	283	687	102643	121492	338614	500804	527468	**TOTAL**
of which:														*dont*:
PRIMARY	..	..	3	4	6	..	4	-	-	12630	-1002	-401	-1804	**PRIMAIRE**
MANUFACTURING	8	29	8	20	318	7	76	66	9924	12630	20048	21853	32278	**MANUFACTURE**
SERVICES	72	47	136	441	344	94	192	595	88909	104652	314757	475944	430435	**SERVICES**

1. As from 1995, data are in Escudos million.

1. A partir de 1995, les données sont en millions d'Escudos.

PORTUGAL

Table 3. DIRECT INVESTMENT FROM ABROAD: INFLOWS BY COUNTRY
Tableau 3. INVESTISSEMENT DIRECT DE L'ÉTRANGER: FLUX PAR PAYS

$US million	1988	1989	1990	1991	1992	1993	1994	1995[1]		1995	1996	1997	1998	1999 p	Millions d'Escudos	
OECD AREA	*623*	*1348*	*2012*	*2044*	*1754*	*1433*	*1048*	*583*		*87170*	*223337*	*357860*	*357459*	*115478*	**ZONE DE L'OCDE**	
Australia	:	:	:	:	:	:	:	:							Australie	
Austria	:	:	41	-13	:	8	:	14		2056	1804	1604	1604	1804	Autriche	
Belgium-Luxembourg	45	83	176	137	-86	108	33	-135		-20160	1804	30674	-5613	8220	Belgique-Luxembourg	
Canada	:	:	:	4	:	4	1	-48		-7106	-601	1002	401	3408	Canada	
Czech Republic	:	:	:	:	:	:	:	:							République Tchèque	
Denmark	8	17	18	94	13	9	13	112		16694	200	-802	1804	-9022	Danemark	
Finland	6	15	14	12	:	68	6	7		1118	1002	401	802	3609	Finlande	
France	74	228	428	329	318	216	141	148		22119	8420	15237	-28869	25060	France	
Germany	51	115	142	85	151	124	332	126		18827	10024	57538	39294	-16840	Allemagne	
Greece	:	:	:	:	:	:	:	:						401	Grèce	
Hungary	:	:	:	:	:	:	:	:							Hongrie	
Iceland	3	:	:	1	:	:	:	:							Islande	
Ireland	2	1	2	47	35	:	26	-25		-3698	1804	29671	7418	9824	Irlande	
Italy	5	22	34	54	16	17	24	28		4219	802	31877	13633	6014	Italie	
Japan	6	12	69	34	10	4	16	13		1927	2205	1604	1804	2406	Japon	
Korea	:	:	:	:	:	:	26	:			-1203	-2005	1002	1403	Corée	
Mexico	:	:	:	:	:	:	:	:							Mexique	
Netherlands	52	80	109	154	190	-4	54	110		16444	40096	20650	42101	81396	Pays-Bas	
New Zealand	:	:	:	:	:	:	:	1		112					Nouvelle-Zélande	
Norway	6	6	6	7	:	4	2	4		598	200		601	1203	Norvège	
Poland	:	:	:	:	:	:	:	:					200	-1002	Pologne	
Spain	62	184	345	378	156	428	190	-145		-21657	98838	89415	82198	-98637	Espagne	
Sweden	16	40	88	39	6	-9	4	86		12863	-5613	-7017	-5012	3609	Suède	
Switzerland	46	93	87	132	63	136	152	86		12815	32478	3408	14635	11427	Suisse	
Turkey	:	:	:	:	:	:	:	:							Turquie	
United Kingdom	169	354	345	430	656	281	-17	183		27379	35285	34884	30874	50121	Royaume-Uni	
United States	60	71	73	30	106	39	43	17		2612	-4210	49519	157779	31476	Etats-Unis	
OECD UNALLOCATED	12	27	35	90	120	:	:	:		8		3408	802	-401	OCDE NON ATTRIBUÉS	
NON-OECD AREA	*36*	*156*	*243*	*247*	*150*	*83*	*206*	*79*		*11799*	*-12831*	*41099*	*152767*	*-11427*	**HORS ZONE-OCDE**	
EUROPEAN COUNTRIES (2)	:	:	:	:	:	:	**2**	**-20**		**-2930**	**1002**	**2606**	**-601**	-	**PAYS D'EUROPE (2)**	
of which:															*dont:*	
Baltic countries	:	:	:	:	:	:	:	:							Pays Baltes	
Bulgaria	:	:	:	:	:	:	:	:							Bulgarie	
Czechoslovakia	:	:	:	:	:	:	:	:							Tchécoslovaquie	
Romania	:	:	:	:	:	:	:	:							Roumanie	
Russia	:	:	:	:	:	:	:	:							Russie	
Slovakia	:	:	:	:	:	:	:	:							Slovaquie	
Slovenia	:	:	:	:	:	:	:	:			200	200	200	200	Slovénie	
Ukraine	:	:	:	:	:	:	:	:							Ukraine	
USSR	:	:	:	:	:	:	:	:							URSS	

PORTUGAL

Table 3. DIRECT INVESTMENT FROM ABROAD: INFLOWS BY COUNTRY
Tableau 3. INVESTISSEMENT DIRECT DE L'ÉTRANGER: FLUX PAR PAYS

$US million	Millions de dollars des EU								Escudos million					Millions d'Escudos
	1988	1989	1990	1991	1992	1993	1994	1995[1]	1995	1996	1997	1998	1999 p	
AFRICA	4	11	42	66	1	16	4	2	299	200	601	2606	200	**AFRIQUE**
of which:														*dont:*
Algeria	..	..	..	..	..	..	..	..	..	..	..	..	-	Algérie
Egypt	..	..	..	..	..	..	..	..	..	..	..	..	-	Egypte
Libya	..	..	..	..	..	..	..	..	..	..	..	..	-	Libye
Morocco	..	..	..	..	..	..	..	..	..	..	..	..	-	Maroc
South Africa	..	..	..	..	..	..	..	1	150	..	..	2406	-	Afrique du Sud
LATIN AMERICA-CARIBBEAN (2)	..	..	..	..	..	..	101	61	9183	-16840	37089	152366	-9423	**AMÉRIQUE LATINE-CARAIBES (2)**
of which:														*dont:*
Argentina	..	1	..	..	..	..	..	..	..	..	-200	..	..	Argentine
Brazil	16	69	68	34	16	34	87	..	..	2606	16640	4010	11227	Brésil
Chile	..	..	..	..	..	..	..	..	..	..	..	..	-10225	Chili
Colombia	..	..	..	..	..	..	..	..	..	200	200	200	..	Colombie
Costa Rica	..	..	..	..	..	..	..	..	..	..	..	..	..	Costa Rica
Netherlands Antilles	..	..	..	..	..	..	..	..	..	..	..	..	..	Antilles néerlandaises
Panama	..	..	..	..	..	..	..	..	..	..	..	..	..	Panama
Venezuela	..	..	..	..	..	..	..	..	..	..	..	200	200	Vénézuela
NEAR & MIDDLE EAST	1	..	2	1	28	..	..	5	678	1203	-802	-1002	-601	**PROCHE & MOYEN ORIENT**
of which:														*dont:*
Gulf States	..	..	..	..	..	..	..	3	429	1203	-802	-1203	-802	Pays du Golfe
of which:														*dont:*
Kuwait	..	..	..	..	..	..	..	..	..	..	..	..	..	Koweit
Saudi Arabia	..	..	..	..	..	..	..	..	..	..	..	..	..	Arabie Saoudite
United Arab Emirates	..	..	..	..	..	..	..	..	..	..	..	..	..	Émirats Arabes Unis
Iran	..	..	..	..	..	..	..	..	..	..	..	..	..	Iran
Israel	..	..	..	..	..	..	..	2	248	..	..	..	..	Israël
ASIAN COUNTRIES (2)	-6	-3	-48	38	81	6	90	12	1766	-401	200	-200	-1203	**PAYS D'ASIE (2)**
of which:														*dont:*
China	..	..	..	..	..	..	1	..	..	200	200	200	200	Chine
Chinese Taipei	..	..	..	..	..	..	..	..	..	..	..	..	..	Taipei chinois
Hong Kong	..	1	3	..	..	1	14	3	408	-401	..	..	200	Hong Kong
India	..	..	..	..	..	..	..	..	..	..	..	..	..	Inde
Indonesia	..	..	..	..	..	..	..	..	..	..	..	..	..	Indonésie
Malaysia	..	..	..	..	..	..	..	..	..	..	..	..	..	Malaisie
Philippines	..	..	..	..	..	..	..	..	..	..	..	..	..	Philippines
Singapore	..	..	..	..	1	..	..	3	388	..	..	..	..	Singapour
Thailand	..	..	..	..	..	..	..	..	..	..	..	..	..	Thaïlande
UNALLOCATED	37	148	247	142	40	61	9	19	2803	2005	1403	-401	-401	**NON ATTRIBUÉS**
WORLD	*659*	*1504*	*2255*	*2291*	*1904*	*1516*	*1254*	*662*	*98969*	*210506*	*398959*	*510227*	*104050*	***MONDE***
of which:														*dont:*
EUROPE (3)	557	1265	1870	1976	1638	1384	962	599	89510	228750	311349	195069	76785	EUROPE (3)
EUROPEAN UNION	490	1139	1742	1746	1455	1246	808	510	76193	194468	303931	180434	65157	UNION EUROPÉENNE
NAFTA	60	71	73	34	106	43	44	-30	-4494	-4812	50722	158381	34683	ALENA
ASEAN countries	..	..	..	1	..	..	..	3	388	200	200	..	..	Pays de l'ASEAN

1. As from 1995, data are in Escudos million.
2. Excluding countries recorded under the OECD area above.
3. EUROPE = EU + EFTA + Other European Countries.

1. A partir de 1995, les données sont en millions d'Escudos.
2. Ce montant exclut les pays figurant dans la zone OCDE mentionnée ci-dessus.
3. EUROPE = UE + AELE + Autres pays d'Europe.

PORTUGAL

Table 4. DIRECT INVESTMENT ABROAD: *OUTFLOWS BY COUNTRY*
Tableau 4. INVESTISSEMENT DIRECT À L'ÉTRANGER: *FLUX PAR PAYS*

$US million	1988	1989	1990	1991	1992	1993	1994	1995[1]	Escudos million 1995	1996	1997	1998	1999 p	Millions d'Escudos	
OECD AREA	**78**	**64**	**142**	**422**	**625**	**96**	**230**	**559**	**83520**	**48316**	**174419**	**236769**	**-312952**	**ZONE DE L'OCDE**	
Australia	:	:	:	:	:	:	:	:	:	:	:	200	601	Australie	
Austria	:	:	1	:	:	5	1	1	:	200	200	200	:	Autriche	
Belgium-Luxembourg	5	:	1	45	40	-9	44	68	121	:	17843	50521	6616	Belgique-Luxembourg	
Canada	:	:	5	5	:	1	4	8	10161	3408	401	200	2807	Canada	
Czech Republic	-	-	-	-	-	-	-	-	1221	401	-	200	-	République Tchèque	
Denmark	-	-	-	-	:	8	:	:	-	-	401	-200	-200	Danemark	
Finland	:	:	:	:	:	-5	:	:	-	-	-	-	-	Finlande	
France	43	8	19	88	71	15	21	79	11781	-1403	6014	2807	-3208	France	
Germany	:	1	1	1	:	-11	1	3	405	2205	200	11227	2205	Allemagne	
Greece	2	:	:	:	:	:	:	:	-	200	200	-	-	Grèce	
Hungary	:	:	:	:	:	2	:	:	-	200	-	200	-200	Hongrie	
Iceland	-	-	-	-	-	-	-	-	-	401	-	-	-	Islande	
Ireland	:	:	:	:	:	:	:	6	871	13232	58340	28869	8220	Irlande	
Italy	:	:	4	9	3	:	6	:	:	200	200	2205	1203	Italie	
Japan	:	:	:	:	:	:	:	:	:	:	:	:	:	Japon	
Korea	:	:	:	:	:	-30	:	:	-	-	-	-	-	Corée	
Mexico	:	:	:	:	:	:	:	:	-	802	1804	601	802	Mexique	
Netherlands	:	1	:	2	:	7	3	2	347	3208	22454	67763	-256216	Pays-Bas	
New Zealand	-	-	-	-	-	-	-	-	-	-	-	-	-	Nouvelle-Zélande	
Norway	-	-	-	-	-	-	-	-	-	-	-	-	200	Norvège	
Poland	-	-	-	-	-	-	-	-	-	200	1604	7017	25060	Pologne	
Spain	28	12	44	243	372	100	72	347	51836	14234	53729	50922	-122495	Espagne	
Sweden	:	1	:	:	:	-3	-4	:	:	200	:	:	:	Suède	
Switzerland	:	:	:	10	14	14	:	-1	-169	401	-200	401	2406	Suisse	
Turkey	-	-	-	-	-	-	-	-	-	-	-	-	-	Turquie	
United Kingdom	1	39	63	10	90	-6	51	30	4524	3408	5213	-401	9824	Royaume-Uni	
United States	-1	2	4	8	12	10	33	15	2216	6816	6014	13833	9623	Etats-Unis	
OECD UNALLOCATED	-	-	-	-	23	-2	-	1	206	-	-	-	-200	OCDE NON ATTRIBUÉS	
NON-OECD AREA	**4**	**21**	**23**	**51**	**59**	**11**	**53**	**128**	**19123**	**73176**	**164195**	**264035**	**840421**	**HORS ZONE-OCDE**	
EUROPEAN COUNTRIES (2)	:	:	:	:	:	**-2**	-	**8**	**1162**	**601**	**20650**	**-30874**	**1002**	**PAYS D'EUROPE (2)**	
of which:														dont:	
Baltic countries	-	-	-	-	-	-	-	-	-	-	-	-	-	Pays Baltes	
Bulgaria	-	-	-	-	-	-	-	-	-	-	-	-	-	Bulgarie	
Czechoslovakia	-	-	-	-	-	-	-	-	-	200	200	200	200	Tchécoslovaquie	
Romania	-	-	-	-	-	-	-	-	-	-	-	-	401	Roumanie	
Russia	-	-	-	-	-	-	-	-	-	-	-	-	-	Russie	
Slovakia	-	-	-	-	-	-	-	-	-	-	-	-	-	Slovaquie	
Slovenia	-	-	-	-	-	-	-	-	-	-	-	-	-	Slovénie	
Ukraine	-	-	-	-	-	-	-	-	-	-	-	-	-	Ukraine	
USSR	:	:	:	:	:	:	:	-	-	-	-	-	-	URSS	

PORTUGAL

Table 4. DIRECT INVESTMENT ABROAD: *OUTFLOWS BY COUNTRY*
Tableau 4. INVESTISSEMENT DIRECT À L'ÉTRANGER: *FLUX PAR PAYS*

$US million	Millions de dollars des EU								Escudos million					Millions d'Escudos	
	1988	1989	1990	1991	1992	1993	1994	1995[1]	1995	1996	1997	1998	1999 p		
AFRICA	2	6	5	13	19	16	29	33	4931	21452	18244	58140	27266	**AFRIQUE**	
of which:														*dont:*	
Algeria	..	..	..	..	..	..	..	..	..	..	..	..	..	Algérie	
Egypt	..	..	..	..	..	..	..	..	..	..	..	..	..	Egypte	
Libya	..	..	..	..	..	..	..	..	..	..	..	..	..	Libye	
Morocco	..	..	..	..	..	..	..	..	..	13031	802	2406	1002	Maroc	
South Africa	..	..	..	..	..	..	..	7	1025	401	3408	4010	601	Afrique du Sud	
LATIN AMERICA-CARIBBEAN (2)	..	..	..	..	..	..	20	44	6511	48316	122895	239175	808945	**AMÉRIQUE LATINE-CARAIBES (2)**	
of which:														*dont:*	
Argentina	..	..	..	..	..	..	..	2	342	..	1203	1604	2406	Argentine	
Brazil	..	6	7	1	..	-1	3	32	4750	38894	115678	691462	300523	Brésil	
Chile	..	..	..	..	..	..	..	..	..	..	..	..	200	Chili	
Colombia	..	..	..	..	..	..	..	..	..	..	..	..	..	Colombie	
Costa Rica	..	..	..	..	..	..	..	..	..	..	..	..	..	Costa Rica	
Netherlands Antilles	..	..	..	..	..	..	..	..	..	..	..	..	..	Antilles néerlandaises	
Panama	..	..	..	..	..	..	..	..	..	..	..	..	..	Panama	
Venezuela	..	..	..	..	..	..	..	..	..	..	..	401	..	Vénézuela	
NEAR & MIDDLE EAST	..	..	..	..	..	..	..	..	..	..	..	..	200	**PROCHE & MOYEN ORIENT**	
of which:														*dont:*	
Gulf States	..	..	..	..	..	..	..	..	..	..	..	..	..	Pays du Golfe	
of which:														*dont:*	
Kuwait	..	..	..	..	..	..	..	..	..	..	..	..	..	Koweit	
Saudi Arabia	..	..	..	..	..	..	..	..	..	..	..	..	..	Arabie Saoudite	
United Arab Emirates	..	..	..	..	..	..	..	..	..	..	..	..	..	Émirats Arabes Unis	
Iran	..	..	..	..	..	..	..	..	..	..	..	..	..	Iran	
Israel	..	..	..	..	..	..	..	..	..	..	..	..	200	Israël	
ASIAN COUNTRIES (2)	2	7	1	7	38	-4	3	44	6504	3007	2005	-2606	2807	**PAYS D'ASIE (2)**	
of which:														*dont:*	
China	..	..	..	..	..	..	..	1	121	..	..	..	..	Chine	
Chinese Taipei	..	..	..	..	..	..	..	..	..	..	..	..	..	Taipei chinois	
Hong Kong	..	..	..	..	..	..	..	..	..	..	..	..	200	Hong Kong	
India	..	..	..	..	..	..	..	..	..	..	..	200	..	Inde	
Indonesia	..	..	..	..	..	..	..	..	..	..	..	..	..	Indonésie	
Malaysia	..	..	..	..	..	..	..	..	..	..	..	..	..	Malaisie	
Philippines	..	..	..	..	..	..	..	..	..	..	..	..	..	Philippines	
Singapore	..	..	..	..	..	..	..	..	..	..	..	..	..	Singapour	
Thailand	..	..	..	..	..	..	..	..	..	..	..	..	..	Thailande	
UNALLOCATED	-	8	17	31	2	1	-	-	15	-200	401	200	200	**NON ATTRIBUÉS**	
WORLD	82	85	165	473	684	107	283	687	102643	121492	338614	500804	527468	**MONDE**	
of which:														*dont:*	
EUROPE (3)	79	62	133	409	613	113	193	544	81237	40698	187250	190859	-325583	EUROPE (3)	
EUROPEAN UNION	79	61	133	399	576	101	193	536	80145	39094	164596	213914	-354252	UNION EUROPÉENNE	
NAFTA	-1	2	9	13	12	11	37	23	3453	7819	8019	14836	13031	ALENA	
ASEAN countries	..	..	..	..	..	..	..	..	..	..	..	..	..	Pays de l'ASEAN	

1. As from 1995, data are in Escudos million.
2. Excluding countries recorded under the OECD area above.
3. EUROPE = EU + EFTA + Other European Countries.

1. A partir de 1995, les données sont en millions d'Escudos.
2. Ce montant exclut les pays figurant dans la zone OCDE mentionnée ci-dessus.
3. EUROPE = UE + AELE + Autres pays d'Europe.

PORTUGAL

Chart 4. **Inward direct investment position**
Graphique 4. **Encours d'investissement direct de l'étranger**

1995

- Prim. 2%
- Manuf. 35%
- Services 63%

- Other OECD-Autres OCDE 8%
- NAFTA-ALENA 6%
- Non OECD-Non OCDE 6%
- EU15-UE15 80%

1998

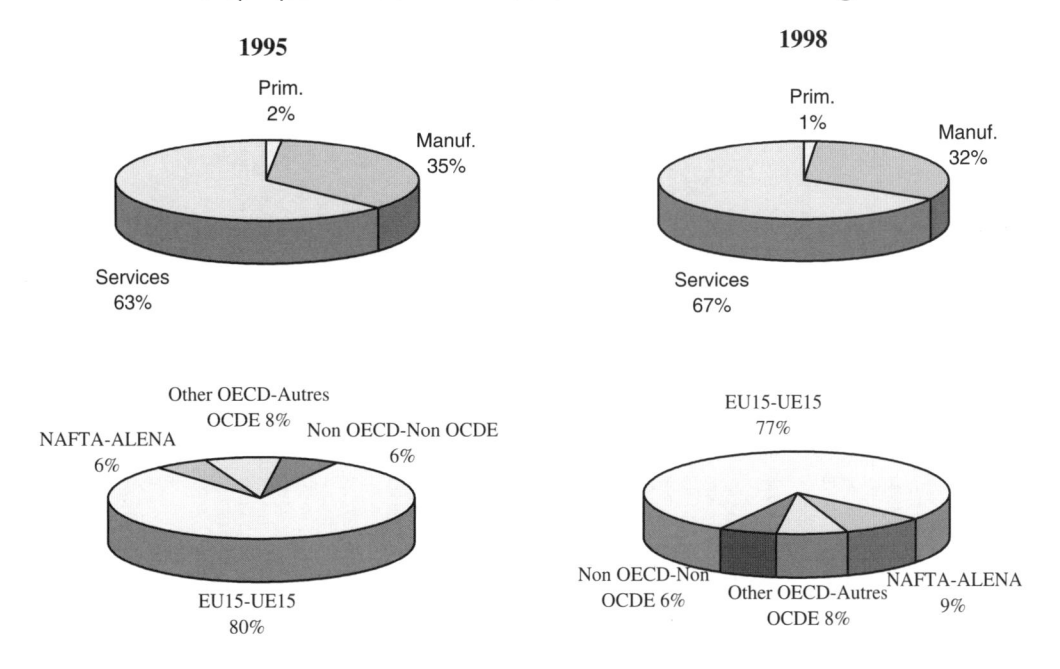

- Prim. 1%
- Manuf. 32%
- Services 67%

- EU15-UE15 77%
- Non OECD-Non OCDE 6%
- Other OECD-Autres OCDE 8%
- NAFTA-ALENA 9%

Chart 5. **Outward direct investment position**
Graphique 5. **Encours d'investissement direct à l'étranger**

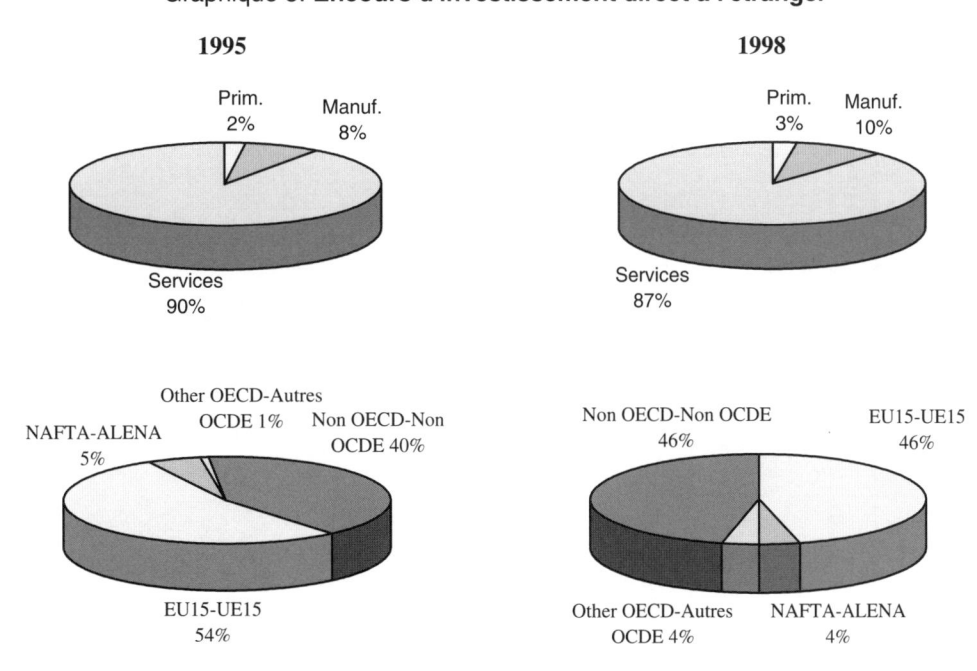

1995

- Prim. 2%
- Manuf. 8%
- Services 90%

- Other OECD-Autres OCDE 1%
- NAFTA-ALENA 5%
- Non OECD-Non OCDE 40%
- EU15-UE15 54%

1998

- Prim. 3%
- Manuf. 10%
- Services 87%

- Non OECD-Non OCDE 46%
- EU15-UE15 46%
- Other OECD-Autres OCDE 4%
- NAFTA-ALENA 4%

Note: Prim. = primary sector, **Manuf.** = manufacturing.

Note: Prim. = secteur primaire, **Manuf.** = manufacture.

PORTUGAL

Table 5. **DIRECT INVESTMENT FROM ABROAD: INWARD POSITION BY INDUSTRIAL SECTOR**
Tableau 5. **ENCOURS D'INVESTISSEMENT DIRECT DE L'ÉTRANGER: PAR SECTEUR INDUSTRIEL**
year-end - fin d'année

Escudos million / Millions d'Escudos

	1988	1989	1990	1991	1992	1993	1994	1995	1996	1997	1998	
Agriculture & fishing	..	..	..	..	..	..	..	5002	5658	6978	**7866**	**Agriculture & pêche**
Mining & quarrying	..	..	..	..	..	..	..	38305	36595	40815	**45410**	**Mines & exploitation**
of which: Extraction of petroleum and gas	..	..	..	..	..	..	..					*dont:* Extraction de pétrole et gaz
Manufacturing	..	..	..	..	..	..	..	959104	998777	1099733	**1175645**	**Manufacture**
of which:												*dont:*
Food products								122040	132227	145305	157227	Produits alimentaires
Textile and wood activities								58066	56284	61353	62967	Activités du textile et du bois
Petroleum, chemical, rubber and plastic products								118627	135800	151973	167851	Pétrole, produits chimiques, caoutchouc et mat. plastiques
Metal and mechanical products								131976	140235	153648	162809	Produits métallurgiques et mécaniques
Office machinery, computers, radio, TV and communication equipment								95342	84510	92396	97418	Machines de bureau, ordinateurs, radio, téléviseurs et équipement de communication
Vehicles and other transport equipment								168412	180106	197530	207059	Véhicules et autres équipements de transport
Electricity, gas & water	..	..	..	..	..	..	..	84078	86603	107249	**119092**	**Electricité, gaz & eau**
Construction	..	..	..	..	..	..	..	52772	59619	67289	**72868**	**Construction**
Trade & repairs	..	..	..	..	..	..	..	479661	510196	592113	**653051**	**Commerce & réparation**
Hotels & restaurants	..	..	..	..	..	..	..	41650	41406	45844	**49720**	**Hôtels & restaurants**
Transport & communication	..	..	..	..	..	..	..	28761	40722	45524	**49898**	**Transport & communication**
of which:												*dont:*
Land, sea and air transport								8374	12584	14544	16181	Transport terrestre, maritime et aérien
Telecommunications								13301	19758	21873	24427	Télécommunications
Financial activities	..	..	..	..	..	..	..	434800	502390	627034	**692138**	**Activités financières**
of which:												*dont:*
Monetary institutions								247556	264144	352322	376304	Institutions monétaires
Other financial institutions								127780	160426	192564	228984	Autres institutions financières
of which: Financial holding companies								20731	43027	49737	57838	*dont:* Sociétés holding financières
Insurance & activities auxiliary to insurance								59464	77819	82149	86849	Assurances & activités auxiliaires
Other financial institutions and insurance activities												Autres activités d'institutions financières et d'assurances
Real estate & business activities	..	..	..	..	..	..	..	575883	662978	748303	**826724**	**Activités d'entreprise & immobilier**
of which: Real estate								130847	130637	152011	168573	*dont:* Immobilier
Other services	..	..	..	..	..	..	..	14803	18001	20631	**21761**	**Autres services**
Unallocated	..	..	..	..	..	..	..	-	1	2	-	Non attribués
TOTAL	..	..	..	..	..	..	..	2714819	2962946	3401515	**3714173**	**TOTAL**
of which:												*dont:*
PRIMARY	..	..	..	..	..	..	..	43307	42253	47793	53276	PRIMAIRE
MANUFACTURING	..	..	..	..	..	..	..	959104	998777	1099733	1175645	MANUFACTURE
SERVICES	..	..	..	..	..	..	..	1712408	1921915	2253987	2485252	SERVICES

PORTUGAL

Table 6. DIRECT INVESTMENT ABROAD: OUTWARD POSITION BY INDUSTRIAL SECTOR
Tableau 6. ENCOURS D'INVESTISSEMENT DIRECT À L'ÉTRANGER: PAR SECTEUR INDUSTRIEL
year-end - fin d'année

Escudos million / Millions d'Escudos

	1988	1989	1990	1991	1992	1993	1994	1995	1996	1997	1998	
Agriculture & fishing	..	..	..	..	..	..	..	1691	2612	2908	4789	**Agriculture & pêche**
Mining & quarrying	..	..	..	..	..	..	..	12364	15149	22533	39107	**Mines & exploitation**
of which: Extraction of petroleum and gas	..	..	..	..	..	..	..	..	..	..	..	*dont*: Extraction de pétrole et gaz
Manufacturing	..	..	..	..	..	..	..	51779	58641	94012	164093	**Manufacture**
of which:												*dont*:
Food products	..	..	..	..	..	..	..	674	669	1756	3123	Produits alimentaires
Textile and wood activities	..	..	..	..	..	..	..	12781	11567	17124	20655	Activités du textile et du bois
Petroleum, chemical, rubber and plastic products	..	..	..	..	..	..	..	7494	11189	13351	22772	Pétrole, produits chimiques, caoutchouc et mat. plastiques
Metal and mechanical products	..	..	..	..	..	..	..	1537	1755	2680	4404	Produits métallurgiques et mécaniques
Office machinery, computers, radio, TV and communication equipment	..	..	..	..	..	..	..	101	105	175	269	Machines de bureau, ordinateurs, radio, téléviseurs et équipement de communication
Vehicles and other transport equipment	..	..	..	..	..	..	..	1547	787	2794	4907	Véhicules et autres équipements de transport
Electricity, gas & water	..	..	..	..	..	..	..	4865	7604	8965	15932	**Electricité, gaz & eau**
Construction	..	..	..	..	..	..	..	8169	14107	14622	24518	**Construction**
Trade & repairs	..	..	..	..	..	..	..	74316	121811	121072	225275	**Commerce & réparation**
Hotels & restaurants	..	..	..	..	..	..	..	337	514	594	1012	**Hôtels & restaurants**
Transport & communication	..	..	..	..	..	..	..	45559	35027	81777	139086	**Transport & communication**
of which:												*dont*:
Land, sea and air transport	..	..	..	..	..	..	..	18042	22807	31343	49387	Transport terrestre, maritime et aérien
Telecommunications	..	..	..	..	..	..	..	26920	11265	49390	88004	Télécommunications
Financial activities	..	..	..	..	..	..	..	342116	376207	530384	711387	**Activités financières**
of which:												*dont*:
Monetary institutions	..	..	..	..	..	..	..	97216	99782	135223	185013	Institutions monétaires
Other financial institutions	..	..	..	..	..	..	..	147585	156828	246419	305429	Autres institutions financières
of which: Financial holding companies	..	..	..	..	..	..	..	12738	23951	52399	58732	*dont*: Sociétés holding financières
Insurance & activities auxiliary to insurance	..	..	..	..	..	..	..	97315	119598	148742	220945	Assurances & activités auxiliaires
Other financial institutions and insurance activities	..	..	..	..	..	..	..	..	..	..	..	Autres activités d'institutions financières et d'assurances
Real estate & business activities	..	..	..	..	..	..	..	115327	107409	208539	360953	**Activités d'entreprise & immobilier**
of which: Real estate	..	..	..	..	..	..	..	863	1641	1406	2205	*dont*: Immobilier
Other services	..	..	..	..	..	..	..	2122	-76	2156	4996	**Autres services**
Unallocated	..	..	..	..	..	..	..	1	3	-1	-	Non attribués
TOTAL	..	..	..	..	..	..	..	658646	739008	1087561	1691148	**TOTAL**
of which:												*dont*:
PRIMARY	..	..	..	..	..	..	..	14055	17761	25441	43896	**PRIMAIRE**
MANUFACTURING	..	..	..	..	..	..	..	51779	58641	94012	164093	**MANUFACTURE**
SERVICES	..	..	..	..	..	..	..	592811	662603	968109	1483159	**SERVICES**

PORTUGAL

Table 7. DIRECT INVESTMENT FROM ABROAD: *INWARD POSITION BY COUNTRY*
Tableau 7. ENCOURS D'INVESTISSEMENT DIRECT DE L'ÉTRANGER: *PAR PAYS*
year-end - fin d'année

Escudos million / Millions d'Escudos

	1988	1989	1990	1991	1992	1993	1994	1995	1996	1997	1998	
OECD AREA	..	..	..	..	..	..	..	**2548801**	**2785884**	**3183389**	**3491706**	**ZONE DE L'OCDE**
Australia	:	:	:	:	:	:	:	2	17	13	67	Australie
Austria	:	:	:	:	:	:	:					Autriche
Belgium-Luxembourg	:	:	:	:	:	:	:	205459	226538	257645	251978	Belgique-Luxembourg
Canada	:	:	:	:	:	:	:	4197	4662	5706	6160	Canada
Czech Republic	:	:	:	:	:	:	:			30	31	République Tchèque
Denmark	:	:	:	:	:	:	:	72985	73083	72143	78207	Danemark
Finland	:	:	:	:	:	:	:	9263	8538	8938	9027	Finlande
France	:	:	:	:	:	:	:	425310	438230	453010	433745	France
Germany	:	:	:	:	:	:	:	280932	317118	374911	413226	Allemagne
Greece	:	:	:	:	:	:	:	285	422	447	469	Grèce
Hungary	:	:	:	:	:	:	:					Hongrie
Iceland	:	:	:	:	:	:	:	413	490	612	714	Islande
Ireland	:	:	:	:	:	:	:	17399	17470	47000	54261	Irlande
Italy	:	:	:	:	:	:	:	67985	79509	111424	125676	Italie
Japan	:	:	:	:	:	:	:	24798	30152	31802	33661	Japon
Korea	:	:	:	:	:	:	:	18767	6719	4954	5829	Corée
Mexico	:	:	:	:	:	:	:					Mexique
Netherlands	:	:	:	:	:	:	:					Pays-Bas
New Zealand	:	:	:	:	:	:	:				11	Nouvelle-Zélande
Norway	:	:	:	:	:	:	:	10649	11207	11269	11770	Norvège
Poland	:	:	:	:	:	:	:			54	303	Pologne
Spain	:	:	:	:	:	:	:	400173	511787	600928	688378	Espagne
Sweden	:	:	:	:	:	:	:	73099	72449	65345	57523	Suède
Switzerland	:	:	:	:	:	:	:	148842	158630	162142	221594	Suisse
Turkey	:	:	:	:	:	:	:				1	Turquie
United Kingdom	:	:	:	:	:	:	:	372483	361123	394554	429219	Royaume-Uni
United States	:	:	:	:	:	:	:	158101	172064	267191	322776	Etats-Unis
OECD UNALLOCATED	:	:	:	:	:	:	:	257659	295676	318271	347080	OCDE NON ATTRIBUÉS
NON-OECD AREA	..	..	..	..	..	..	..	**166018**	**177062**	**213126**	**222467**	**HORS ZONE-OCDE**
EUROPEAN COUNTRIES (1)	:	:	:	:	:	:	:	**10697**	**10998**	**17519**	**17904**	**PAYS D'EUROPE (1)**
of which:												*dont:*
Baltic countries	,	,	,	,	,	,	,					Pays Baltes
Bulgaria	:	:	:	:	:	:	:					Bulgarie
Czechoslovakia	:	:	:	:	:	:	:					Tchécoslovaquie
Romania	:	:	:	:	:	:	:					Roumanie
Russia	,	,	,	,	,	,	,					Russie
Slovakia	,	,	,	,	,	,	,					Slovaquie
Slovenia	:	:	:	:	:	:	:	225	342	545	757	Slovénie
Ukraine	,	,	,	,	,	,	,					Ukraine
USSR	:	:	:	:	:	:	:					URSS

PORTUGAL

Table 7. DIRECT INVESTMENT FROM ABROAD: INWARD POSITION BY COUNTRY
Tableau 7. ENCOURS D'INVESTISSEMENT DIRECT DE L'ÉTRANGER: PAR PAYS
year-end - fin d'année

Escudos million / Millions d'Escudos

	1988	1989	1990	1991	1992	1993	1994	1995	1996	1997	1998	
AFRICA	..	..	..	..	..	..	..	1216	1474	2137	4831	**AFRIQUE**
of which:												*dont:*
Algeria	..	..	..	..	..	..	..	..	..	..	..	Algérie
Egypt	..	..	..	..	..	..	..	..	..	..	7	Egypte
Libya	..	..	..	..	..	..	..	..	..	..		Libye
Morocco	..	..	..	..	..	..	..	..	..	18	57	Maroc
South Africa	..	..	..	..	..	..	..	3	-	84	2588	Afrique du Sud
LATIN AMERICA-CARIBBEAN (1)	..	..	..	..	..	..	..	128694	136411	165540	173090	**AMÉRIQUE LATINE-CARAÏBES (1)**
of which:												*dont:*
Argentina	..	..	..	..	..	..	..	..	..	-	-	Argentine
Brazil	..	..	..	..	..	..	..	48500	52610	69408	71402	Brésil
Chile	..	..	..	..	..	..	..	..	..	..	-16	Chili
Colombia	..	..	..	..	..	..	..	2039	2116	2228	2344	Colombie
Costa Rica	..	..	..	..	..	..	..	..	..	..	..	Costa Rica
Netherlands Antilles	..	..	..	..	..	..	..	..	..	..	..	Antilles néerlandaises
Panama	..	..	..	..	..	..	..	..	..	..	..	Panama
Venezuela	..	..	..	..	..	..	..	..	..	103	314	Vénézuela
NEAR & MIDDLE EAST	..	..	..	..	..	..	..	15584	16640	16552	16315	**PROCHE & MOYEN ORIENT**
of which:												*dont:*
Gulf States	..	..	..	..	..	..	..	15540	16635	15889	14746	Pays du Golfe
of which:												*dont:*
Kuwait	..	..	..	..	..	..	..	..	..	..	..	Koweït
Saudi Arabia	..	..	..	..	..	..	..	..	..	..	..	Arabie Saoudite
United Arab Emirates	..	..	..	..	..	..	..	..	..	..	..	Émirats Arabes Unis
Iran	..	..	..	..	..	..	..	..	..	..	..	Iran
Israel	..	..	..	..	..	..	..	43	5	11	44	Israël
ASIAN COUNTRIES (1)	..	..	..	..	..	..	..	9828	11538	11717	11506	**PAYS D'ASIE (1)**
of which:												*dont:*
China	..	..	..	..	..	..	..	2186	2217	2401	2591	Chine
Chinese Taipei	..	..	..	..	..	..	..	6	6	7	7	Taipei chinois
Hong Kong	..	..	..	..	..	..	..	2373	2086	1999	2022	Hong Kong
India	..	..	..	..	..	..	..	..	..	4	6	Inde
Indonesia	..	..	..	..	..	..	..	..	..	19	24	Indonésie
Malaysia	..	..	..	..	..	..	..	819	811	864	919	Malaisie
Philippines	..	..	..	..	..	..	..	..	..	..	..	Philippines
Singapore	..	..	..	..	..	..	..	921	969	993	1000	Singapour
Thailand	..	..	..	..	..	..	..	..	..	14	14	Thaïlande
UNALLOCATED	..	..	..	..	..	..	..	-1	1	-339	-1179	**NON ATTRIBUÉS**
WORLD	..	..	..	..	..	..	..	2714819	2962946	3401515	3714173	**MONDE**
of which:												*dont:*
EUROPE (2)	..	..	..	..	..	..	..	2353633	2583269	2896242	3141106	EUROPE (2)
EUROPEAN UNION	..	..	..	..	..	..	..	2171579	2390057	2691551	2876152	UNION EUROPÉENNE
NAFTA	..	..	..	..	..	..	..	162297	176726	272897	328937	ALENA
ASEAN countries	..	..	..	..	..	..	..	1740	1780	1889	1956	Pays de l'ASEAN

1. Excluding countries recorded under the OECD area above.
2. EUROPE = EU + EFTA + Other European Countries.

1. Ce montant exclut les pays figurant dans la zone OCDE mentionnée ci-dessus.
2. EUROPE = UE + AELE + Autres pays d'Europe.

PORTUGAL

Table 8. DIRECT INVESTMENT ABROAD: *OUTWARD POSITION BY COUNTRY*
Tableau 8. ENCOURS D'INVESTISSEMENT DIRECT À L'ÉTRANGER: *PAR PAYS*
year-end - fin d'année

Escudos million / *Millions d'Escudos*

	1988	1989	1990	1991	1992	1993	1994	1995	1996	1997	1998	
OECD AREA	..	..	..	..	..	..	..	*392144*	*426779*	*580330*	*907921*	**ZONE DE L'OCDE**
Australia	..	..	..	..	..	..	..	170	165	394	478	Australie
Austria	..	..	..	..	..	..	..	..	..	..	..	Autriche
Belgium-Luxembourg	..	..	..	..	..	..	..	27533	30318	63238	115033	Belgique-Luxembourg
Canada	..	..	..	..	..	..	..	2302	2505	3975	4609	Canada
Czech Republic	..	..	..	..	..	..	..	50	50	120	262	République Tchèque
Denmark	..	..	..	..	..	..	..	248	209	243	322	Danemark
Finland	..	..	..	..	..	..	..				-4	Finlande
France	..	..	..	..	..	..	..	44542	40542	38401	45016	France
Germany	..	..	..	..	..	..	..	-503	1227	1678	13896	Allemagne
Greece	..	..	..	..	..	..	..	229	229	229	364	Grèce
Hungary	..	..	..	..	..	..	..	286	448	1077	1317	Hongrie
Iceland	..	..	..	..	..	..	..	2834	3202	3202	3564	Islande
Ireland	..	..	..	..	..	..	..	33398	46012	72771	110647	Irlande
Italy	..	..	..	..	..	..	..	2557	2763	4540	7167	Italie
Japan	..	..	..	..	..	..	..				23	Japon
Korea	..	..	..	..	..	..	..					Corée
Mexico	..	..	..	..	..	..	..	14132	14142	23762	25595	Mexique
Netherlands	..	..	..	..	..	..	..					Pays-Bas
New Zealand	..	..	..	..	..	..	..	63	60	72	69	Nouvelle-Zélande
Norway	..	..	..	..	..	..	..	71	107	103	120	Norvège
Poland	..	..	..	..	..	..	..				7128	Pologne
Spain	..	..	..	..	..	..	..	169252	180485	267952	341106	Espagne
Sweden	..	..	..	..	..	..	..		139	108	94	Suède
Switzerland	..	..	..	..	..	..	..	2003	2512	2025	47174	Suisse
Turkey	..	..	..	..	..	..	..				20	Turquie
United Kingdom	..	..	..	..	..	..	..	32263	34115	38104	43508	Royaume-Uni
United States	..	..	..	..	..	..	..	18113	21627	22081	36091	Etats-Unis
OECD UNALLOCATED	..	..	..	..	..	..	..	42601	45922	36255	104322	OCDE NON ATTRIBUÉS
NON-OECD AREA	..	..	..	..	..	..	..	*266502*	*312229*	*507231*	*783227*	**HORS ZONE-OCDE**
EUROPEAN COUNTRIES (1)	..	..	..	..	..	..	..	*24479*	*24696*	*41017*	*12277*	**PAYS D'EUROPE (1)**
of which:												*dont:*
Baltic countries	-	-	-	-	-	-	..	..	..	..	..	Pays Baltes
Bulgaria	-	-	-	-	-	-	..	5	22	250	293	Bulgarie
Czechoslovakia	-	-	-	-	-	-	..	..	..	..	..	Tchécoslovaquie
Romania	-	-	-	-	-	-	..	5	6	5	7	Roumanie
Russia	-	-	-	-	-	-	..	..	..	..	..	Russie
Slovakia	-	-	-	-	-	-	..	..	..	..	..	Slovaquie
Slovenia	-	-	-	-	-	-	..	..	..	..	..	Slovénie
Ukraine	-	-	-	-	-	-	..	..	..	..	..	Ukraine
USSR	..	..	..	..	..	..	-	-	-	-	-	URSS

PORTUGAL

Table 8. DIRECT INVESTMENT ABROAD: OUTWARD POSITION BY COUNTRY
Tableau 8. ENCOURS D'INVESTISSEMENT DIRECT À L'ÉTRANGER: PAR PAYS
year-end - fin d'année

Escudos million / Millions d'Escudos

	1988	1989	1990	1991	1992	1993	1994	1995	1996	1997	1998	
AFRICA	..	..	..	..	..	..	..	125386	133196	150836	178558	**AFRIQUE**
of which:												*dont:*
Algeria	..	..	..	..	..	..	..	..	..	..	..	Algérie
Egypt	..	..	..	..	..	..	..	..	..	..	..	Égypte
Libya	..	..	..	..	..	..	..	..	..	..	..	Libye
Morocco	..	..	..	..	..	..	..	156	2052	13606	16862	Maroc
South Africa	..	..	..	..	..	..	..	80786	81032	84444	94708	Afrique du Sud
LATIN AMERICA-CARIBBEAN (1)	..	..	..	..	..	..	..	93438	127406	278610	551964	**AMÉRIQUE LATINE-CARAIBES (1)**
of which:												*dont:*
Argentina	..	..	..	..	..	..	..	1253	1274	1537	3132	Argentine
Brazil	..	..	..	..	..	..	..	3676	27768	142667	400601	Brésil
Chile	..	..	..	..	..	..	..	-	-	77	168	Chili
Colombia	..	..	..	..	..	..	..	6	8	8	18	Colombie
Costa Rica	..	..	..	..	..	..	..	..	..	..	..	Costa Rica
Netherlands Antilles	..	..	..	..	..	..	..	..	..	..	..	Antilles néerlandaises
Panama	..	..	..	..	..	..	..	..	..	..	..	Panama
Venezuela	..	..	..	..	..	..	..	9	16	385	744	Vénézuela
NEAR & MIDDLE EAST	..	..	..	..	..	..	..	29	14	14	15	**PROCHE & MOYEN ORIENT**
of which:												*dont:*
Gulf States	..	..	..	..	..	..	..	-	..	..	-	Pays du Golfe
of which:												*dont:*
Kuwait	..	..	..	..	..	..	..	..	..	..	..	Koweit
Saudi Arabia	..	..	..	..	..	..	..	..	..	..	..	Arabie Saoudite
United Arab Emirates	..	..	..	..	..	..	..	..	..	..	..	Émirats Arabes Unis
Iran	..	..	..	..	..	..	..	..	..	..	..	Iran
Israel	..	..	..	..	..	..	..	15	..	..	..	Israël
ASIAN COUNTRIES (1)	..	..	..	..	..	..	..	23171	26886	36723	40372	**PAYS D'ASIE (1)**
of which:												*dont:*
China	..	..	..	..	..	..	..	4125	4207	2796	3004	Chine
Chinese Taipei	..	..	..	..	..	..	..	..	..	..	..	Taipei chinois
Hong Kong	..	..	..	..	..	..	..	-	2	12	72	Hong Kong
India	..	..	..	..	..	..	..	-	..	..	141	Inde
Indonesia	..	..	..	..	..	..	..	..	..	..	..	Indonésie
Malaysia	..	..	..	..	..	..	..	..	..	..	-	Malaisie
Philippines	..	..	..	..	..	..	..	..	..	..	..	Philippines
Singapore	..	..	..	..	..	..	..	..	..	..	35	Singapour
Thailand	..	..	..	..	..	..	..	2	2	1	1	Thaïlande
UNALLOCATED	..	..	..	..	..	..	..	-1	31	31	41	**NON ATTRIBUÉS**
WORLD	..	..	..	..	..	..	..	*658646*	*739008*	*1087561*	*1691148*	***MONDE***
of which:												*dont:*
EUROPE (2)	..	..	..	..	..	..	..	381843	412976	571064	853332	EUROPE (2)
EUROPEAN UNION	..	..	..	..	..	..	..	352121	381961	523110	780870	UNION EUROPÉENNE
NAFTA	..	..	..	..	..	..	..	34547	38274	49818	66295	ALENA
ASEAN countries	..	..	..	..	..	..	..	2	2	1	36	Pays de l'ASEAN

1. Excluding countries recorded under the OECD area above.
2. EUROPE = EU + EFTA + Other European Countries.

1. Ce montant exclut les pays figurant dans la zone OCDE mentionnée ci-dessus.
2. EUROPE = UE + AELE + Autres pays d'Europe.

SPAIN - ESPAGNE

Chart 1. **Direct investment flows**
Graphique 1. **Flux d'investissement direct**

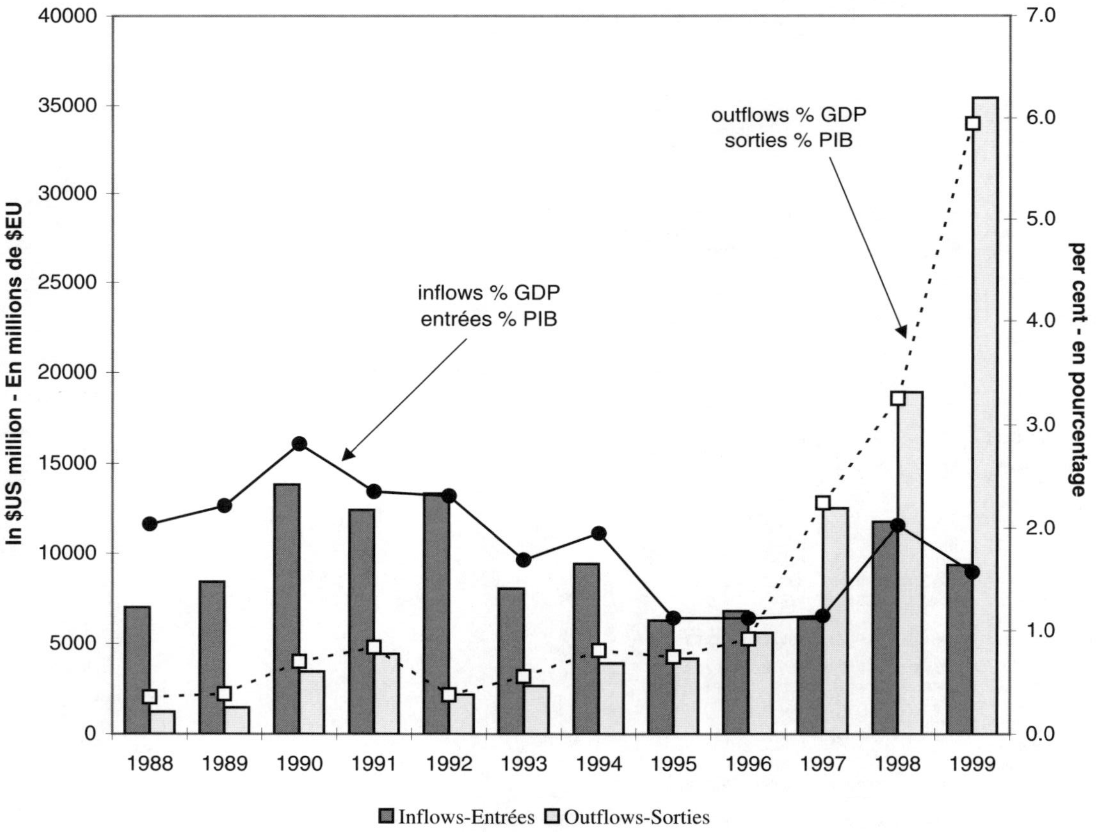

■ Inflows-Entrées   □ Outflows-Sorties

SPAIN - ESPAGNE [1]

Chart 2. Direct investment from abroad: *inflows by country*
Graphique 2. Investissement direct de l'étranger: *flux par pays*

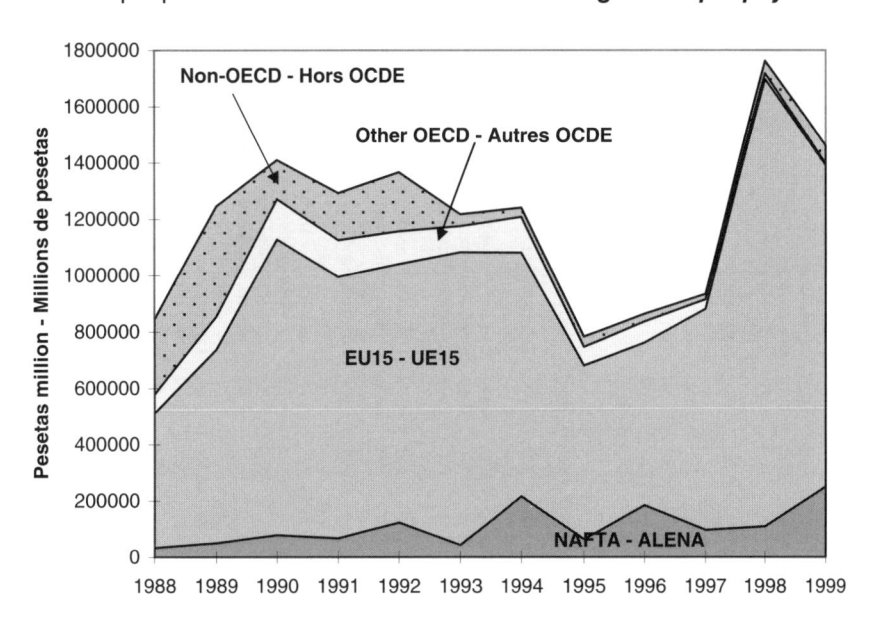

Chart 3. Direct investment abroad: *outflows by country*
Graphique 3. Investissement direct à l'étranger: *flux par pays*

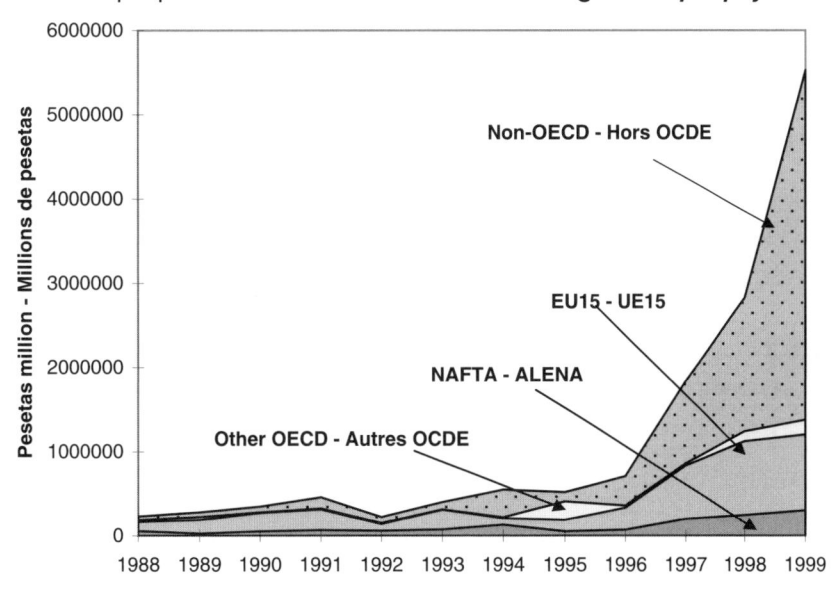

1. As from 90, data refer to Balance of Payments statistics from Banco de España, providing actual investment.

1. A partir de 90, il s'agit d'investissements réels enregistrés dans la balance des paiements de la banque d'Espagne.

Note: Total OECD = EU15 + NAFTA + Other OECD.
Note: Total OCDE = UE15 + ALENA + Autres OCDE.

SPAIN / ESPAGNE

Table 1. DIRECT INVESTMENT FROM ABROAD: INFLOWS BY INDUSTRIAL SECTOR
Tableau 1. INVESTISSEMENT DIRECT DE L'ÉTRANGER: FLUX PAR SECTEUR INDUSTRIEL

Pesetas million / Millions de pesetas

	1988	1989	1990[1]	1991	1992	1993	1994	1995	1996	1997	1998	1999 p	
Agriculture & fishing	10140	23827	17746	5031	7618	7321	3827	2496	4160	1664	3993	-3993	Agriculture & pêche
Mining & quarrying	17016	423	64109	15907	7729	8818	122294	3993	4160	8319	28785	-15973	Mines & exploitation
of which: Extraction of petroleum and gas	17016	423	64109	15907	7729	3660	106986	166	-	-	333	1664	dont: Extraction de pétrole et gaz
Manufacturing	311486	522656	637038	362802	449188	683181	683015	415965	406814	428444	615462	-46089	Manufacture
of which:													dont:
Food products	..	..	..	57158	60244	118134	173707	52578	59400	82860	63227	14642	Produits alimentaires
Textile and wood activities	..	..	..	55880	50251	75040	53909	35939	31114	27121	97336	75706	Activités du textile et du bois
Petroleum, chemical, rubber and plastic products	..	..	..	120481	110749	128783	159065	115638	149415	96504	213806	9318	Pétrole, produits chimiques, caoutchouc et mat. plastiques
Metal and mechanical products	..	..	..	26742	44202	44924	36272	27953	19634	26622	43593	14975	Produits métallurgiques et mécaniques
Office machinery, computers, radio, TV and communication equipment	..	..	..	18657	22809	37270	28286	16139	12146	10482	43760	-63726	Machines de bureau, ordinateurs, radio, téléviseurs et équipement de communication
Vehicles and other transport equipment	..	..	..	34339	23317	121628	158566	67719	66554	118467	87685	5990	Véhicules et autres équipements de transport
Electricity, gas & water	..	..	..	..	..	2995	15141	4492	998	166	20632	59899	Electricité, gaz & eau
Construction	4809	10997	40045	10611	9934	16971	5491	8985	7820	4825	44758	108151	Construction
Trade & repairs	104160	180086	188039	121303	114143	108317	87020	74208	118800	110647	271708	61729	Commerce & réparation
Hotels & restaurants	..	..	..	..	..	26955	20465	15640	25623	9318	17304	-1997	Hôtels & restaurants
Transport & communication	..	..	..	..	..	9151	10482	9983	13810	11314	25457	120796	Transport & communication
of which:													dont:
Land, sea and air transport	14414	17170	26929	14116	8605	5824	7155	8153	3660	2829	2329	54075	Transport terrestre, maritime et aérien
Telecommunications	..	..	..	..	..	2496	333	1497	8319	7155	18469	50581	Télécommunications
Financial activities	365487	464091	831632	526288	241498	171710	112144	122460	82195	81696	138600	44924	Activités financières
of which:													dont:
Monetary institutions	..	..	..	..	..	..	..	..	..	..	..	..	Institutions monétaires
Other financial institutions	..	..	..	..	..	..	..	..	..	..	..	..	Autres institutions financières
of which: Financial holding companies	..	..	..	..	..	..	..	..	..	..	..	..	dont: Sociétés holding financières
Insurance & activities auxiliary to insurance	..	..	..	..	..	..	..	..	..	..	..	..	Assurances & activités auxiliaires
Other financial institutions and insurance activities	..	..	..	..	..	..	..	..	..	..	..	..	Autres activités d'institutions financières et d'assurances
Real estate & business activities	..	..	..	..	..	173873	161394	116637	178865	251076	549407	1125435	Activités d'entreprise & immobilier
of which: Real estate	15741	25738	14312	..	..	95006	81196	40598	42262	65223	105156	56072	dont: Immobilier
Other services	..	..	..	4649	3952	8818	21297	8652	20798	27620	46588	8153	Autres services
Unallocated	14415	19464	-382168	246866	533036	-	-	-	-	-	-	-	Non attribués
TOTAL	843254	1247282	1410753	1293457	1367098	1218112	1242571	783512	864042	935089	1762693	1461035	TOTAL
of which:													dont:
PRIMARY	27156	24250	81855	20938	15347	16139	126121	6489	8319	9983	32778	-19966	PRIMAIRE
MANUFACTURING	311486	522656	637038	362802	449188	683181	683015	415965	406814	428444	615462	-46089	MANUFACTURE
SERVICES	490197	680912	1074028	662851	369527	518792	433436	361058	448909	496662	1114453	1527091	SERVICES

1. Break in series. Until 1989, data refer to received & approved applications from the Secretaría de Estado de Comercio, Ministerio de Industria, Comercio y Turismo. As from 1990, data refer to Balance of Payments statistics from Banco de España, providing actual investments.

1. Rupture dans les séries. Jusqu'en 1989, les données correspondent aux demandes reçues et acceptées provenant du Secretaria de Estado de Comercio, Ministerio de Industria, Comercio y Turismo. A partir de 1990, il s'agit d'investissements réels enregistrés dans la Balance des Paiements de la Banco de España.

SPAIN
ESPAGNE

Table 2. **DIRECT INVESTMENT ABROAD: OUTFLOWS BY INDUSTRIAL SECTOR**
Tableau 2. **INVESTISSEMENT DIRECT À L'ÉTRANGER: FLUX PAR SECTEUR INDUSTRIEL**

Pesetas million / Millions de pesetas

	1988	1989	1990	1990[1]	1992	1993	1994	1995	1996	1997	1998	1999 p	
Agriculture & fishing	3975	8471	4566	4667	4065	3328	2662	2329	2163	7820	16971	3328	**Agriculture & pêche**
Mining & quarrying	37395	12655	22701	27790	101772	8818	2163	6655	57736	28119	38102	2267009	**Mines & exploitation**
of which: Extraction of petroleum and gas	37395	12655	22701	27790	101772	499		6156	56904	24792	37770	2266011	*dont:* Extraction de pétrole et gaz
Manufacturing	38564	40536	77107	54268	11421	45257	36771	139099	191843	314969	550072	297332	**Manufacture**
of which:													*dont:*
Food products	..	..	..	6708	5518	21963	3827	4326	15640	90847	40598	16139	Produits alimentaires
Textile and wood activities	..	..	..	15301	2221	10981	7155	9817	24958	16971	56405	29118	Activités du textile et du bois
Petroleum, chemical, rubber and plastic products	..	..	..	4034	433	4160	2995	4992	11980	36938	17471	103159	Pétrole, produits chimiques, caoutchouc et mat. plastiques
Metal and mechanical products	..	..	..	909	760	1497	4326	18635	26289	29284	84025	27620	Produits métallurgiques et mécaniques
Office machinery, computers, radio, TV and communication equipment	..	..	..	19585	569	4825	6489	666	1165	20632	40765	-26622	Machines de bureau, ordinateurs, radio, téléviseurs et équipement de communication
Vehicles and other transport equipment	..	..	..	642	349		666	2163	2662	44758	11314	29783	Véhicules et autres équipements de transport
Electricity, gas & water						26455	5491	18802	20133	423120	292839	663381	**Electricité, gaz & eau**
Construction	740	5529	2064	4347	303	2829	6156	11481	5824	25291	65722	34775	**Construction**
Trade & repairs	16567	27901	32584	16682	9872	7321	6988	13311	68218	38602	70548	171544	**Commerce & réparation**
Hotels & restaurants	..	..	..	..	..	-	166	3660	16472	10981	76870	31447	**Hôtels & restaurants**
Transport & communication	..	..	..	..	..	19467	219630	52245	32944	179697	776523	742082	**Transport & communication**
of which:													*dont:*
Land, sea and air transport	2764	3201	6974	40902	78	14476	15973	39433	7987	11647	13144	832	Transport terrestre, maritime et aérien
Telecommunications	..	..	..	..	..		203490	11980	23960	164889	756557	651568	Télécommunications
Financial activities	128157	179365	306952	230260	59612	110647	103658	226119	221127	591336	753396	660885	**Activités financières**
of which:													*dont:*
Monetary institutions	..	..	..	..	..			..	..	..	..	..	Institutions monétaires
Other financial institutions	..	..	..	..	..			..	..	..	..	..	Autres institutions financières
of which: Financial holding companies	..	..	..	..	..			..	..	..	..	..	*dont:* Sociétés holding financières
Insurance & activities auxiliary to insurance	..	..	..	..	..			..	..	..	..	..	Assurances & activités auxiliaires
Other financial institutions and insurance activities	..	..	..	..	..			..	..	..	..	..	Autres activités d'institutions financières et d'assurances
Real estate & business activities	..	..	..	..	..	177201	166885	44591	91679	211144	185021	644579	**Activités d'entreprise & immobilier**
of which: Real estate	..	..	..	..	..	6822	2329	2995	2995	37270	9817	8486	*dont:* Immobilier
Other services	1546	2727	1862	1921	2408	2662	-	166	333	5990	2995	13644	**Autres services**
Unallocated	2764	3201	-96977	119898	32858							-	Non attribués
TOTAL	229708	280385	350859	459833	222311	403985	550571	518459	708472	1837068	2829061	5530005	**TOTAL**
of which:													*dont:*
PRIMARY	41370	21126	27267	32457	105837	12146	4825	8985	59899	35939	55074	2270337	PRIMAIRE
MANUFACTURING	38564	40536	77107	54268	11421	45257	36771	139099	191843	314969	550072	297332	MANUFACTURE
SERVICES	147010	215522	343462	253210	72195	346582	508975	370375	456730	1486160	2223915	2962336	SERVICES

1. Break in series. Until 1989, data refer to received & approved applications from the Secretaría de Estado de Comercio, Ministerio de Industria, Comercio y Turismo. As from 1990, data refer to Balance of Payments statistics from Banco de España, providing actual investments.

1. Rupture dans les séries. Jusqu'en 1989, les données correspondent aux demandes reçues et acceptées provenant du Secretaría de Estado de Comercio, Ministerio de Industria, Comercio y Turismo. A partir de 1990, il s'agit d'investissements réels enregistrés dans la Balance des Paiements de la Banco de España.

335

SPAIN
ESPAGNE

Table 3. **DIRECT INVESTMENT FROM ABROAD: *INFLOWS BY COUNTRY***
Tableau 3. **INVESTISSEMENT DIRECT DE L'ÉTRANGER: *FLUX PAR PAYS***

Pesetas million
Millions de pesetas

	1988	1989	1990 [1]	1991	1992	1993	1994	1995	1996	1997	1998	1999 p	
OECD AREA	*578034*	*854344*	*1272017*	*1126104*	*1158625*	*1176515*	*1209293*	*746907*	*837088*	*914957*	*1718767*	*1397143*	**ZONE DE L'OCDE**
Australia	24	73	667	251	139	1497	166	166			6655	8818	Australie
Austria	593	731	3503	-604	4457	2995	1497	4326	-1997	3328	6988	7654	Autriche
Belgium-Luxembourg	25271	22432	43785	81057	139813	134440	63726	83526	-51081	-9151	301658	181028	Belgique-Luxembourg
Canada	820	214	-8457	-2168	1043	-1664	-2329	832	2163	5158	1165	3827	Canada
Czech Republic					35	166		1165	166	832	333		République Tchèque
Denmark	3642	3479	3539	4787	9992	6655	7321	7654	6988	2496	-12479	-1997	Danemark
Finland	923	4159	9971	12355	11361	4659	2163	9318	-1830	-1664	1165	6323	Finlande
France	64763	160473	313913	240841	208308	187683	214638	49250	152742	94674	466214	9318	France
Germany	62842	83674	138562	111153	165591	149415	344752	271376	132942	206152	244255	161228	Allemagne
Greece	3	62	61	924	-112	166	333	1165	1331		166	832	Grèce
Hungary			47	1	113	333	166	333	166	166	499	1165	Hongrie
Iceland		10	58	48	51		166	166	166	166	166	1165	Islande
Ireland	356	536	3230	3073	10745	29450	25124	27620	-666	24958	115305	-37104	Irlande
Italy	9116	38470	44105	35967	44211	66887	126121	78867	73043	50748	41597	61396	Italie
Japan	13201	23475	43261	46254	38352	20632	29617	10150	39766	26455	-7654	-10482	Japon
Korea			422	100	463	666	1664	832	-3161	-2329	9318	166	Corée
Mexico			1996	6865	2016	2496	4492	1331	3328	7155	6489	9650	Mexique
Netherlands	186505	190425	215620	153411	77008	227450	28785	22462	204821	209480	225287	187184	Pays-Bas
New Zealand	1	1	2	17	1			166				166	Nouvelle-Zélande
Norway	2247	2997	4590	2310	-7388	-666	4326	10150	6988	5657	15141	18469	Norvège
Poland			61	62	78		166				166	499	Pologne
Portugal	1314	5143	8374	26152	49435	47087	15973	16306	17138	13644	30116	52412	Portugal
Sweden	10148	33619	36057	19068	4889	18136	2496	19467	-1997	6323	54408	23960	Suède
Switzerland	52020	90798	94777	80935	85704	72045	92677	43427	31114	2995	-3328	-14642	Suisse
Turkey	7	1	30	58	37				166	333	333	166	Turquie
United Kingdom	110569	142701	228750	240037	191831	163225	32612	25457	45423	181860	112311	488842	Royaume-Uni
United States	33669	50873	85624	63312	121145	43926	214472	62395	179198	85855	102327	237266	États-Unis
OECD UNALLOCATED		-2	-531	-162	-693	-1165	-1830	-998	166	-333	166	-166	OCDE NON ATTRIBUÉS
NON-OECD AREA	*265220*	*392938*	*138736*	*167353*	*208473*	*41597*	*33278*	*36605*	*26954*	*20132*	*43926*	*63892*	**HORS ZONE-OCDE**
EUROPEAN COUNTRIES (2)	*1907*	*5498*	*12865*	*12991*	*8059*	*4326*	*8818*	*12313*	*13311*	*12645*	*12812*	*18968*	**PAYS D'EUROPE** (2)
of which:													*dont:*
Baltic countries									998	333	333	333	Pays Baltes
Bulgaria			5	8	18								Bulgarie
Czechoslovakia													Tchécoslovaquie
Romania			42	3	5						166	166	Roumanie
Russia					427	666	2662	5990	6323	6655	4992	5324	Russie
Slovakia							-832				166		Slovaquie
Slovenia										166			Slovénie
Ukraine										166	333	666	Ukraine
USSR													URSS

336

SPAIN / ESPAGNE

Table 3. **DIRECT INVESTMENT FROM ABROAD:** *INFLOWS BY COUNTRY*
Tableau 3. **INVESTISSEMENT DIRECT DE L'ÉTRANGER:** *FLUX PAR PAYS*

Pesetas million / Millions de pesetas

	1988	1989	1990[1]	1991	1992	1993	1994	1995	1996	1997	1998	1999 p	
AFRICA	..	..	**1071**	**1770**	**1825**	**1165**	**2163**	**4492**	**832**	**5158**	**1830**	**2662**	**AFRIQUE**
of which:													*dont:*
Algeria													Algérie
Egypt			103	57	4			166	166			-166	Egypte
Libya													Libye
Morocco			528	1241	1162	333	1664	333	998	333	1830	998	Maroc
South Africa			19	21	36					166	333		Afrique du Sud
LATIN AMERICA-CARIBBEAN (2)	**46721**	**29906**	**21470**	**15814**	**13313**	**14642**	**11647**	**14309**	**6156**	**-3494**	**13976**	**31281**	**AMÉRIQUE LATINE-CARAIBES (2)**
of which:													*dont:*
Argentina			1050	1087	889	998	1664	1997	832	1165	166	666	Argentine
Brazil			469	933	776	333	499	832	1664	666		-666	Brésil
Chile			51	96	-2		166	166	499	-8652		-166	Chili
Colombia			315	331	1806	998	333	1497	333	499	1331	666	Colombie
Costa Rica													Costa Rica
Netherlands Antilles													Antilles néerlandaises
Panama													Panama
Venezuela			2595	3775	4440	4659	2163	3494	2662	499	1331	2829	Vénézuela
NEAR & MIDDLE EAST	..	..	**6642**	**2324**	**3619**	**998**	**3993**	**1664**	**3328**	**3827**	**7820**	**-4825**	**PROCHE & MOYEN ORIENT**
of which:													*dont:*
Gulf States			6085	1687	3542	1497	3660	1165	998	2662	2163	-499	Pays du Golfe
of which:													*dont:*
Kuwait													Koweit
Saudi Arabia													Arabie Saoudite
United Arab Emirates													Émirats Arabes Unis
Iran			69	47	6				-166	166		166	Iran
Israel			67	334	93	-666		333	499	832	5824	-4825	Israël
ASIAN COUNTRIES (2)	**-**	**-**	**5655**	**31**	**2653**	**1331**	**3328**	**499**	**2829**	**1165**	**5657**	**13976**	**PAYS D'ASIE (2)**
of which:													*dont:*
China			201	36	325	333		166			-832	166	Chine
Chinese Taipei			146	402	69				166	166	333		Taipei chinois
Hong Kong			4995	-1142	1912	333	3660	998	3328	499	1830	333	Hong Kong
India			30	26	84				333	333			Inde
Indonesia			93	2	57		666	166	-499	-166			Indonésie
Malaysia			31	11							2995	11980	Malaisie
Philippines			84	78	-6		166			166			Philippines
Singapore			30	485	129	166	-1331	-998	-666		166	333	Singapour
Thailand			7		4	166							Thailande
UNALLOCATED	**216592**	**357534**	**91033**	**134423**	**179004**	**19135**	**3329**	**3328**	**499**	**831**	**1830**	**1830**	**NON ATTRIBUÉS**
WORLD	*843254*	*1247282*	*1410753*	*1293457*	*1367098*	*1218112*	*1242571*	*783512*	*864042*	*935089*	*1762693*	*1461035*	**MONDE**
of which:													*dont:*
EUROPE (3)	532226	785208	1161950	1024658	1004218	1114953	973025	687008	629605	806307	1614443	1168196	EUROPE (3)
EUROPEAN UNION	476045	685904	1049470	928221	917529	1038415	865540	616793	577027	782846	1587156	1141242	UNION EUROPÉENNE
NAFTA	34489	51087	79163	68009	124204	44591	216801	64558	184688	98001	110148	250910	ALENA
ASEAN countries	..	..	245	576	184	499	-499	-665	-998		3161	12479	Pays de l'ASEAN

1. Break in series. Until 1989, data refer to received & approved applications from the Secretaría de Estado de Comercio, Ministerio de Industria, Comercio y Turismo. As from 1990, data refer to Balance of Payments statistics from Banco de España, providing actual investments.
2. Excluding countries recorded under the OECD area above.
3. EUROPE = EU + EFTA + Other European Countries.

1. Rupture dans les séries. Jusqu'en 1989, les données correspondent aux demandes reçues et acceptées provenant du Secretaría de Estado de Comercio, Ministerio de Industria, Comercio y Turismo. A partir de 1990, il s'agit d'investissements réels enregistrés dans la Balance des Paiements de la Banco de España.
2. Ce montant exclut les pays figurant dans la zone OCDE mentionnée ci-dessus.
3. EUROPE = UE + AELE + Autres pays d'Europe.

SPAIN
ESPAGNE

Table 4. DIRECT INVESTMENT ABROAD: *OUTFLOWS BY COUNTRY*
Tableau 4. INVESTISSEMENT DIRECT À L'ÉTRANGER: *FLUX PAR PAYS*

Pesetas million
Millions de pesetas

	1988	1989	1990[1]	1991	1992	1993	1994	1995	1996	1997	1998	1999 p	
OECD AREA	*189561*	*223607*	*280979*	*328096*	*152618*	*316300*	*218465*	*410308*	*361723*	*860382*	*1242737*	*1376012*	**ZONE DE L'OCDE**
Australia	578	724	374	291	155	-166		333		2329	39933	-38602	Australie
Austria			498	300	1247	166	166	499	333	1997	-1165	20798	Autriche
Belgium–Luxembourg	35993	15405	25316	8315	9734	56738	45257	-10981	8985	58401	90680	808802	Belgique–Luxembourg
Canada			784	479	209	1331	1331	5324	333	1997	104490	-38934	Canada
Czech Republic					41		333	1165	4492	333	2163	-166	République Tchèque
Denmark	22	515	104	66	-1604	998	-499	333	333	166	499	46089	Danemark
Finland				33	253	166		166		-499		2163	Finlande
France	23496	8656	44744	59211	14285	20798	-4659	47420	17970	29617	155238	302823	France
Germany	6881	2306	20270	7050	19527	6655	-998	40099	41097	110647	194006	79200	Allemagne
Greece	82	55	807	91	182	166	499	832	333	-1165	499	499	Grèce
Hungary			46	120	139		666		333	1165	499	4825	Hongrie
Iceland			2										Islande
Ireland	3	1013	336	822	4157	4825	-4326	333	32279	44259	38768	8319	Irlande
Italy	4817	19869	10206	17793	12408	5324	20133	-6655	18136	1997	164556	23960	Italie
Japan	407	30	2026	835	1674	8153	166	998	166	2163	-333	2995	Japon
Korea			2	1	6							2329	Corée
Mexico	2143	1291	3722	1511	2161	5824	24792	26955	12146	36938	41929	158732	Mexique
Netherlands	8309	36744	18514	41665	-23313	39600	17304	998	29284	171378	-113808	-512469	Pays-Bas
New Zealand												333	Nouvelle-Zélande
Norway			299	545	1282	1997	166		333	166	666	9650	Norvège
Poland			43	123	140	998	832	333	333	666	4492	21131	Pologne
Portugal	14181	55544	32347	63612	23299	25124	31281	6988	86188	137435	148583	-19800	Portugal
Sweden			69	409	1917	1830	-1165	2662		1331	-832	13477	Suède
Switzerland	9174	28309	5301	11058	9736	-4992	9484	219297	19301	16306	67885	166719	Suisse
Turkey			517	-379	231	166	-166		1997	998	2829	4659	Turquie
United Kingdom	18690	21398	67801	48835	16689	74042	-27786	53077	27620	79200	199330	123292	Royaume-Uni
United States	53063	25604	46940	65552	58388	67553	107485	21131	59733	162559	101828	185520	Etats-Unis
OECD UNALLOCATED	11722	6144	-89	-242	-325	-998	-1830	-998				-333	OCDE NON ATTRIBUÉS
NON-OECD AREA	*40147*	*56778*	*69880*	*131737*	*69693*	*87685*	*332106*	*108151*	*346749*	*976686*	*1586324*	*4153993*	**HORS ZONE-OCDE**
EUROPEAN COUNTRIES (2)			*942*	*1773*	*850*	*499*	*3161*	*998*	*2496*	*2662*	*6822*	*4659*	**PAYS D'EUROPE (2)**
of which:													*dont:*
Baltic countries					1								Pays Baltes
Bulgaria			18	34	-11								Bulgarie
Czechoslovakia								166	333	3494	6489		Tchécoslovaquie
Romania			18	32	40		166	166	166	166	166	1664	Roumanie
Russia					214	166	166	-333	499	666	832	166	Russie
Slovakia							166			166	-3494	499	Slovaquie
Slovenia							666	499				-832	Slovénie
Ukraine											166		Ukraine
USSR													URSS

SPAIN / ESPAGNE

Table 4. DIRECT INVESTMENT ABROAD: OUTFLOWS BY COUNTRY
Tableau 4. INVESTISSEMENT DIRECT À L'ÉTRANGER: FLUX PAR PAYS

Pesetas million / Millions de pesetas

	1988	1989	1990[1]	1991	1992	1993	1994	1995	1996	1997	1998	1999 p	
AFRICA	..	..	3311	3019	4464	4992	10649	-2329	7820	11813	41430	8319	**AFRIQUE**
of which:													*dont:*
Algeria													Algérie
Egypt			60	64	70	998	1830	-2662	-4160	-7155	22961	1497	Egypte
Libya													Libye
Morocco			1747	1265	3288	5158	5491	5657	4825	4160	333	6489	Maroc
South Africa			419	109	2	-5990			166		2163	1331	Afrique du Sud
LATIN AMERICA-CARIBBEAN (2)	32855	50747	34047	55447	29613	50748	307980	99000	330942	943908	1524928	4127038	**AMÉRIQUE LATINE-CARAIBES (2)**
of which:													*dont:*
Argentina	3853	3278	8859	1920	8117	38269	37437	70880	83359	202825	214472	2535556	Argentine
Brazil	1651	741	1523	5305	1760		3660	9151	67553	90514	1023108	581020	Brésil
Chile	8625	12617	872	3804	3269	998	12645	-2995	10316	212641	78201	815624	Chili
Colombia			332	997	850	3494	3328	3660	47586	200162	48751	1331	Colombie
Costa Rica													Costa Rica
Netherlands Antilles													Antilles néerlandaises
Panama													Panama
Venezuela			426	10082	764	-3328	-2329	6323	5491	155405	-11314	3161	Vénézuela
NEAR & MIDDLE EAST	..	..	390	1649	152	666	3328	333	166	166	1830	998	**PROCHE & MOYEN ORIENT**
of which:													*dont:*
Gulf States			168	1457	147	666	3494	333		166	998	-	Pays du Golfe
of which:													*dont:*
Kuwait													Koweit
Saudi Arabia													Arabie Saoudite
United Arab Emirates													Émirats Arabes Unis
Iran			9	7	9								Iran
Israel			1	27	19					166	333	832	Israël
ASIAN COUNTRIES (2)	-	-	2591	766	2049	1664	1165	7654	4825	17637	10316	13311	**PAYS D'ASIE (2)**
of which:													*dont:*
China			775	105	211	166	333	499	1997	2829	2829	4326	Chine
Chinese Taipei			142	163	92	166	166	166	166	166	-166	-	Taipei chinois
Hong Kong			616	957	502	998	1830	4492	666	832	3494	4160	Hong Kong
India			1	4					333		166	333	Inde
Indonesia			256	-1081	132		-2329	1165	166	-166	-499	499	Indonésie
Malaysia			4		1					1497			Malaisie
Philippines			44	336	954	166	-499	998	1331	11813	3494	2662	Philippines
Singapore			206	150	123	166	1664	166	166	166	499	333	Singapour
Thailand				104	13			166				333	Thailande
UNALLOCATED	7292	6031	28599	69083	32565	29117	5823	2496	500	499	998	-333	**NON ATTRIBUÉS**
WORLD	*229708*	*280385*	*350859*	*459833*	*222311*	*403985*	*550571*	*518459*	*708472*	*1837068*	*2829061*	*5530005*	**MONDE**
of which:													*dont:*
EUROPE (3)	121648	189814	228169	261511	91200	235436	91679	358895	292174	657391	962543	1108796	EUROPE (3)
EUROPEAN UNION	112474	161505	221012	248202	78781	236435	75373	134773	262723	634763	876189	896987	UNION EUROPÉENNE
NAFTA	55206	26895	51446	67542	60758	74707	133608	53410	72212	201327	248248	305318	ALENA
ASEAN countries			510	-491	1223	333	-1331	2662	1664	13477	3827	4160	Pays de l'ASEAN

1. Break in series. Until 1989, data refer to received & approved applications from the Secretaria de Estado de Comercio, Ministerio de Industria, Comercio y Turismo. As from 1990, data refer to Balance of Payments statistics from Banco de España, providing actual investments.
2. Excluding countries recorded under the OECD area above.
3. EUROPE = EU + EFTA + Other European Countries.

1. Rupture dans les séries. Jusqu'en 1989, les données correspondent aux demandes reçues et acceptées provenant du Secretaria de Estado de Comercio, Ministerio de Industria, Comercio y Turismo. A partir de 1990, il s'agit d'investissements réels enregistrés dans la Balance des Paiements de la Banco de España.
2. Ce montant exclut les pays figurant dans la zone OCDE mentionnée ci-dessus.
3. EUROPE = UE + AELE + Autres pays d'Europe.

SWEDEN - SUEDE

Chart 1. **Direct investment flows**
Graphique 1. **Flux d'investissement direct**

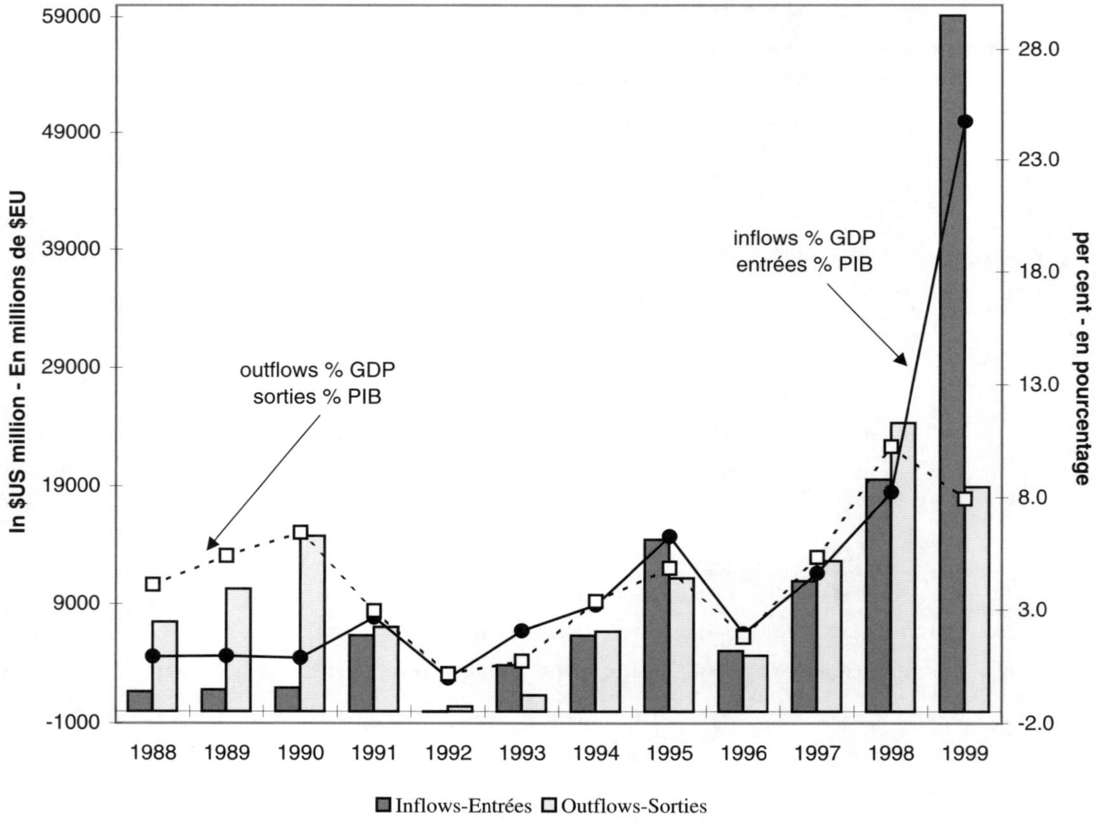

SWEDEN - SUEDE

Chart 2. **Direct investment from abroad:** *inflows by country*
Graphique 2. **Investissement direct de l'étranger:** *flux par pays*

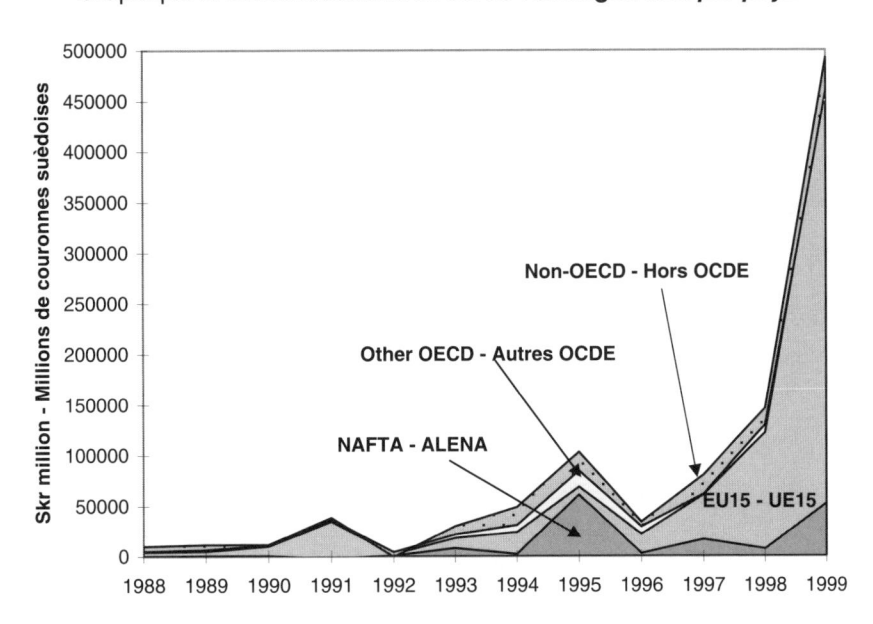

Chart 3. **Direct investment abroad:** *outflows by country*
Graphique 3. **Investissement direct à l'étranger:** *flux par pays*

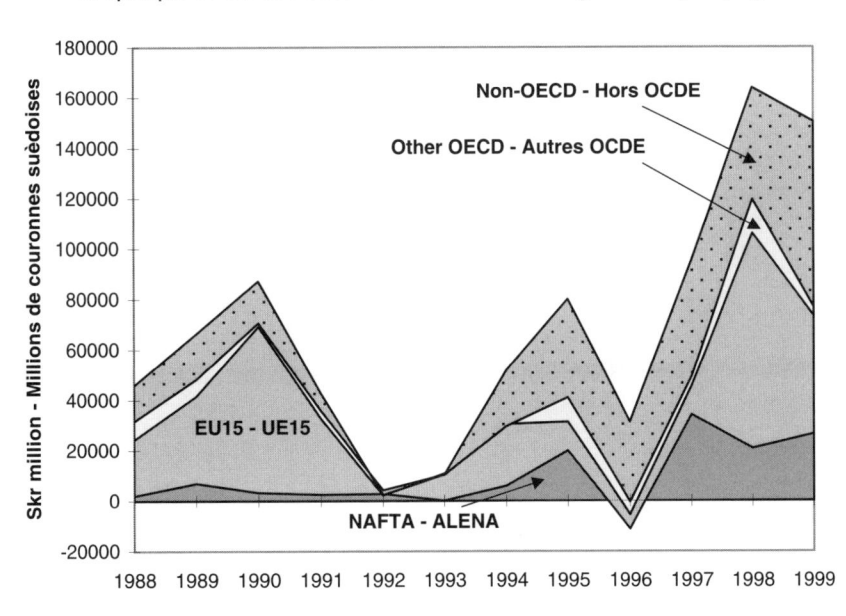

Note: Total OECD = EU15 + NAFTA + Other OECD. **Note**: Total OCDE = UE15 + ALENA + Autres OCDE.

SWEDEN / SUEDE

Table 1. DIRECT INVESTMENT FROM ABROAD: INFLOWS BY INDUSTRIAL SECTOR
Tableau 1. INVESTISSEMENT DIRECT DE L'ÉTRANGER: FLUX PAR SECTEUR INDUSTRIEL

Skr million / Millions de couronnes suédoises

	1988	1989	1990	1991	1992	1993	1994	1995	1996	1997	1998	1999 p	
Agriculture & fishing	..	1	1	-	-	-	-	2	..	-14	98	1610	**Agriculture & pêche**
Mining & quarrying	..	1	-	2	13	75	4	95	-324	-102	-568	-2912	**Mines & exploitation**
of which: Extraction of petroleum and gas												-	*dont:* Extraction de pétrole et gaz
Manufacturing	..	1948	8070	26645	-3000	13976	26027	76565	7684	33547	50178	401983	**Manufacture**
of which:													*dont:*
Food products		63	337	449	4	2867	268	9086	341	3530	2125	3976	Produits alimentaires
Textile and wood activities		-82	439	526	-21	1722	3767			1193	28967	-902	Activités du textile et du bois
Petroleum, chemical, rubber and plastic products		1257	958	857	2100	4789	18707	61884	2288	5166	1544	325357	Pétrole, produits chimiques, caoutchouc et mat. plastiques
Metal and mechanical products (1)		707	6336	24809	-5132	4553	-94			9125	3635	6937	Produits métallurgiques et mécaniques (1)
Office machinery, computers, radio, TV and communication equipment										19	556	-631	Machines de bureau, ordinateurs, radio, téléviseurs et équipement de communication
Vehicles and other transport equipment										13563	10429	46745	Véhicules et autres équipements de transport
Electricity, gas & water	..	1	15	1938	1490	682	13	1494	13693	10516	-653	2396	**Electricité, gaz & eau**
Construction	..	18	-5	239	71	938	190	545	56	96	-406	-122	**Construction**
Trade & repairs (2)	..	1062	2094	1609	1910	2851	7455	2854	2164	9903	644	6080	**Commerce & réparation (2)**
Hotels & restaurants	..									70	889	661	**Hôtels & restaurants**
Transport & communication	..	205	-270	415	455	1225	1663	1571	3208	4559	6430	9281	**Transport & communication**
of which:													*dont:*
Land, sea and air transport										3295	2590	-1300	Transport terrestre, maritime et aérien
Telecommunications										984	1025	3455	Télécommunications
Financial activities	..	2647	1140	3610	1200	84	1099	-410	462	2932	69653	7279	**Activités financières**
of which:													*dont:*
Monetary institutions										257	22	6	Institutions monétaires
Other financial institutions		2094	1131	83	-773	1993	1075			250	481	2711	Autres institutions financières
of which: Financial holding companies										30	-15	572	*dont:* Sociétés holding financières
Insurance & activities auxiliary to insurance		553	9	3526	1974	-1909	23			-320	1524	4565	Assurances & activités auxiliaires
Other financial institutions and insurance activities		2647	1140	3609	1201	84	1098			-70	2005	7276	Autres activités d'institutions financières et d'assurances
Real estate & business activities	..	740	-86	2552	1585	1471	1007	1636	2515	6335	-2075	14348	**Activités d'entreprise & immobilier**
of which: Real estate										5664	-2820	2886	*dont:* Immobilier
Other services	..	221	32	-23	516	239	49	113	198	774	614	154	**Autres services**
Unallocated	10179	4812	676	1434	-4479	8393	11487	18598	4390	11711	21146	51906	Non attribués
TOTAL	10179	11656	11667	38421	-239	29934	48994	103063	34046	80327	145950	492664	**TOTAL**
of which:													*dont:*
PRIMARY	..	2	1	2	13	75	4	97	-324	-116	-470	-1302	PRIMAIRE
MANUFACTURING	..	1948	8070	26645	-3000	13976	26027	76565	7684	33547	50178	401983	MANUFACTURE
SERVICES	..	4894	2920	10340	7227	7490	11476	7803	22296	35185	75096	40077	SERVICES

1. Including electric & electronic equipment, when not separately reported.
2. Including hotels & restaurants, when not separately reported.

1. Y compris le matériel électrique & électronique, lorsque le montant n'est pas reporté séparément.
2. Y compris les hôtels & restaurants, lorsque le montant n'est pas reporté séparément.

SWEDEN / SUEDE

Table 2. DIRECT INVESTMENT ABROAD: OUTFLOWS BY INDUSTRIAL SECTOR
Tableau 2. INVESTISSEMENT DIRECT À L'ÉTRANGER: FLUX PAR SECTEUR INDUSTRIEL

Skr million / Millions de couronnes suédoises

	1988	1989	1990	1991	1992	1993	1994	1995	1996	1997	1998	1999 p	
Agriculture & fishing	..	79	29	13	81	10	-1	21	5	37	69	-10	**Agriculture & pêche**
Mining & quarrying	..	321	212	-115	7	-3	-21	358	40	139	9	-1299	**Mines & exploitation**
of which: Extraction of petroleum and gas	..	..	..	..	..	..	..	..	..	-31	-63	-2	dont: Extraction de pétrole et gaz
Manufacturing	..	18044	37221	20951	-8480	4093	14298	35007	7467	56259	39021	45636	**Manufacture**
of which:													dont:
Food products	..	142	-19	214	104	827	229	1153	68	191	2424	4863	Produits alimentaires
Textile and wood activities	..	5476	23039	625	-6918	1430	3421			9535	2858	1804	Activités du textile et du bois
Petroleum, chemical, rubber and plastic products	..	4778	4821	-2086	-3918	-434	6805	-8585	-335	5582	-8051	3050	Pétrole, produits chimiques, caoutchouc et mat. plastiques
Metal and mechanical products (1)	..	7645	9281	22199	2228	2263	3817			22744	859	2359	Produits métallurgiques et mécaniques (1)
Office machinery, computers, radio, TV and communication equipment	..	..	..	..	..	..	..	..	..	-508	10186	6661	Machines de bureau, ordinateurs, radio, téléviseurs et équipement de communication
Vehicles and other transport equipment	..	..	..	..	..	..	..	..	..	9176	27672	21607	Véhicules et autres équipements de transport
Electricity, gas & water	..	1	1	..	-	26	71	1554	1194	5403	1547	6316	**Electricité, gaz & eau**
Construction	..	3691	2859	1985	596	-1535	-782	252	615	-419	783	5201	**Construction**
Trade & repairs (2)	..	1848	946	-560	720	550	874	2177	-883	4202	3077	1929	**Commerce & réparation (2)**
Hotels & restaurants	..	..	..	..	..	..	..	..	..	31	697	54	**Hôtels & restaurants**
Transport & communication	..	1271	1602	592	879	736	683	2463	-2817	106	247	5177	**Transport & communication**
of which:													dont:
Land, sea and air transport	..	..	..	..	..	..	..	..	..	-2126	-3064	-1716	Transport terrestre, maritime et aérien
Telecommunications	..	..	..	..	..	..	..	..	..	741	2713	7758	Télécommunications
Financial activities	..	13927	22324	12786	8834	8813	53	1526	-5019	-7359	79874	12002	**Activités financières**
of which:													dont:
Monetary institutions	..	..	..	..	..	..	..	..	..	839	69713	8990	Institutions monétaires
Other financial institutions	..	8942	12092	-75	211	11075	-1498	..	..	-260	5591	4301	Autres institutions financières
of which: Financial holding companies	..	..	..	..	..	..	..	..	..	-434	5245	1100	dont: Sociétés holding financières
Insurance & activities auxiliary to insurance	..	4985	10232	12861	8623	-2262	1551	..	..	830	4324	-1717	Assurances & activités auxiliaires
Other financial institutions and insurance activities	..	13927	22324	12786	8834	8813	53	..	..	570	9915	2584	Autres activités d'institutions financières et d'assurances
Real estate & business activities	..	7523	4542	51	2153	-417	12905	-463	1829	1351	6625	9314	**Activités d'entreprise & immobilier**
of which: Real estate	..	..	..	..	-25	-4	30	61	15	145	-641	68	dont: Immobilier
Other services	..	180	202	51	..	..	..	..	..	33	224	166	**Autres services**
Unallocated	45775	19431	17342	6909	-2385	-1699	23596	37047	28787	35435	31588	65897	Non attribués
TOTAL	45775	66316	87280	42663	2380	10570	51706	80003	31233	95218	163761	150383	**TOTAL**
of which:													dont:
PRIMARY	..	400	241	-102	88	7	-22	379	45	176	78	-1309	PRIMAIRE
MANUFACTURING	..	18044	37221	20951	-8480	4093	14298	35007	7467	56259	39021	45636	MANUFACTURE
SERVICES	..	28441	32476	14905	13157	8169	13834	7570	-5066	3348	93074	40159	SERVICES

1. Including electric & electronic equipment, when not separately reported.
2. Including hotels & restaurants, when not separately reported.

1. Y compris le matériel électrique & électronique, lorsque le montant n'est pas reporté séparément.
2. Y compris les hôtels & restaurants, lorsque le montant n'est pas reporté séparément.

SWEDEN   SUEDE

Table 3. DIRECT INVESTMENT FROM ABROAD: INFLOWS BY COUNTRY
Tableau 3. INVESTISSEMENT DIRECT DE L'ÉTRANGER: FLUX PAR PAYS

Skr million / Millions de couronnes suédoises

	1988	1989	1990	1991	1992	1993	1994	1995	1996	1997	1998	1999 p	
OECD AREA	**5165**	**6721**	**10908**	**37031**	**4384**	**21805**	**30796**	**84594**	**29218**	**61642**	**129725**	**459685**	**ZONE DE L'OCDE**
Australia	5	2	..	..	..	..	..	..	1	-41	-96	-196	Australie
Austria	11	4	..	936	439	-100	2	-35	209	26	362	5123	Autriche
Belgium-Luxembourg	78	-106	-5	117	87	106	65	-1048	103	4267	3536	10735	Belgique-Luxembourg
Canada	2	2	..	..	33	24	5	12	369	2	1773	821	Canada
Czech Republic										-13	227	-48	République Tchèque
Denmark	66	641	250	4073	1182	2434	-168	1374	4437	6299	1594	3546	Danemark
Finland	2855	3191	1800	1673	1969	2948	-143	2936	6120	8297	96489	139	Finlande
France	79	162	1505	12507	2318	479	-8467	1924	1696	2144	1408	1307	France
Germany	215	104	2346	4341	3297	1860	3534	1756	2451	5546	3910	63074	Allemagne
Greece	..	..	..	..	..	..	..	..	..	..	-11	-14	Grèce
Hungary	..	..	..	..	..	..	..	..	..	..	4	4	Hongrie
Iceland	1	..	..	..	..	..	..	..	1	4	1	20	Islande
Ireland	..	..	2	3	2	-19	18	26	-33	-482	-31	-668	Irlande
Italy	4	3	64	106	83	3	26	56	39	-19	258	2784	Italie
Japan	-8	13	6	60	131	44	632	61	101	251	-814	-1275	Japon
Korea	..	..	..	..	5	..	..	7	7	..	72	1	Corée
Mexico	..	..	..	..	..	..	..	..	..	..	..	-40	Mexique
Netherlands	614	166	1266	11928	-10988	2624	23055	2177	-688	9856	1877	12481	Pays-Bas
New Zealand	..	..	..	..	..	..	..	..	..	-2	-4	16	Nouvelle-Zélande
Norway	-528	-37	750	2094	1732	1362	-685	9267	7829	6272	2521	3228	Norvège
Poland	..	..	..	1	..	..	..	..	5	1	-73	-19	Pologne
Portugal	..	..	..	..	4	2	..	..	..	3	-67	38	Portugal
Spain	..	-4	-2	..	55	1	..	..	2	-146	671	-194	Espagne
Switzerland	1307	1655	21	314	55	1970	6813	6419	-346	-5625	6007	-9672	Suisse
Turkey	..	..	..	..	..	1	..	1	..	1	3	-1	Turquie
United Kingdom	116	148	2298	1016	3147	-31	3840	-1202	4436	8264	4468	316761	Royaume-Uni
United States	345	777	602	-2140	895	8097	2243	60870	2489	16740	5639	51735	Etats-Unis
OECD UNALLOCATED	3	..	5	2	-7	..	26	-7	-10	-3	..	-1	OCDE NON ATTRIBUES
NON-OECD AREA	**5014**	**4935**	**759**	**1390**	**-4623**	**8129**	**18198**	**18469**	**4828**	**18685**	**16225**	**32979**	**HORS ZONE-OCDE**
EUROPEAN COUNTRIES (1)	**3**	**.**	**-19**	**4**	**103**	**74**	**6008**	**534**	**577**	**2917**	**-1**	**23**	**PAYS D'EUROPE (1)**
of which:													dont:
Baltic countries	..	..	..	..	..	..	11	2	..	-8	14	-10	Pays Baltes
Bulgaria	..	..	..	..	..	..	..	..	..	..	4	4	Bulgarie
Czechoslovakia	3	..	..	..	..	..	..	..	..	..	..	..	Tchécoslovaquie
Romania	..	..	..	..	..	..	..	..	67	..	..	..	Roumanie
Russia	..	..	..	..	29	31	-293	..	..	4	-4	-9	Russie
Slovakia	..	..	..	..	..	..	..	..	..	-1	..	..	Slovaquie
Slovenia	..	..	..	..	..	..	..	..	..	-1	-19	..	Slovénie
Ukraine	..	..	..	..	..	..	..	..	..	..	-10	..	Ukraine
USSR	..	..	..	..	..	..	..	..	..	..	..	..	URSS

SWEDEN / SUEDE

Table 3. **DIRECT INVESTMENT FROM ABROAD:** *INFLOWS BY COUNTRY*
Tableau 3. **INVESTISSEMENT DIRECT DE L'ÉTRANGER:** *FLUX PAR PAYS*

Skr million / Millions de couronnes suédoises

	1988	1989	1990	1991	1992	1993	1994	1995	1996	1997	1998	1999 p	
AFRICA	-	-	-	-	18	4	-	11	-	-	263	-116	**AFRIQUE**
of which:													*dont:*
Algeria	..	..	..	..	..	..	..	..	..	..	..	..	Algérie
Egypt	..	..	..	..	..	..	..	..	..	..	..	..	Egypte
Libya	..	..	..	..	..	..	..	..	..	..	..	..	Libye
Morocco	..	..	..	..	..	..	..	..	..	-	274	-167	Maroc
South Africa	..	..	..	..	..	..	..	..	..	-	-19	45	Afrique du Sud
LATIN AMERICA-CARIBBEAN (1)	-	..	-	16	12	7	43	6	146	4258	-671	-2720	**AMÉRIQUE LATINE-CARAIBES (1)**
of which:													*dont:*
Argentina	-	-	-	-	-	-	-	-	-	1	-160	141	Argentine
Brazil	-	-	-	-	-	-	-	-	-	-11	-4	-30	Brésil
Chile	-	-	-	-	-	-	-	-	-	1	-65	86	Chili
Colombia	-	-	-	-	-	-	-	-	-	1	5	..	Colombie
Costa Rica	..	..	..	..	..	..	..	..	..	..	..	..	Costa Rica
Netherlands Antilles	..	..	..	..	..	..	..	..	..	..	..	..	Antilles néerlandaises
Panama	..	..	..	..	..	..	..	..	..	..	..	..	Panama
Venezuela	..	..	..	..	..	..	..	..	..	..	..	..	Vénézuela
NEAR & MIDDLE EAST	11	..	1	..	..	14	13	626	2	109	356	399	**PROCHE & MOYEN ORIENT**
of which:													*dont:*
Gulf States	..	..	..	..	..	14	8	625	..	91	357	381	Pays du Golfe
of which:													*dont:*
Kuwait	..	..	..	..	..	..	..	..	..	..	..	..	Koweit
Saudi Arabia	..	..	..	..	..	14	13	625	..	..	..	..	Arabie Saoudite
United Arab Emirates	..	..	..	..	..	..	..	..	..	..	..	..	Émirats Arabes Unis
Iran	..	..	..	..	..	..	..	..	2	12	-1	5	Iran
Israel	11	..	1	..	..	..	..	..	-	1	-1	2	Israël
ASIAN COUNTRIES (1)	5	4	277	-	3	67	645	118	7	25	-754	-347	**PAYS D'ASIE (1)**
of which:													*dont:*
China	-	1	-	-	1	1	-	..	1	6	-9	13	Chine
Chinese Taipei	-	2	-	-	-	..	..	1	2	6	8	8	Taipei chinois
Hong Kong	5	-	1	-	2	56	2	116	4	11	-59	-133	Hong Kong
India	-	-	-	-	-	-	-	-	-	-	-	-	Inde
Indonesia	-	-	-	-	-	-	-	-	-	33	-6	6	Indonésie
Malaysia	-	-	-	-	-	-	-	-	-	-	..	..	Malaisie
Philippines	-	-	-	-	-	-	-	-	-	2	..	..	Philippines
Singapore	-	1	-	-	-	2	628	-	-	-40	-690	-246	Singapour
Thailand	-	-	-	-	-	-	-	-	-	-	-12	-8	Thaïlande
UNALLOCATED	4995	4931	500	1370	-4759	7963	11489	17174	4096	11376	17032	35740	**NON ATTRIBUÉS**
WORLD	*10179*	*11656*	*11667*	*38421*	*-239*	*29934*	*48994*	*103063*	*34046*	*80327*	*145950*	*492664*	***MONDE***
of which:													*dont:*
EUROPE (2)	4821	5936	9434	38859	3264	14863	27903	24186	26839	47599	123141	418325	EUROPE (2)
EUROPEAN UNION	4038	4309	9525	36701	1536	10309	21788	7964	18774	44054	114465	415112	UNION EUROPÉENNE
NAFTA	347	779	602	-2140	928	8121	2248	60882	2858	16742	7412	52515	ALENA
ASEAN countries	..	..	..	..	..	2	632	..	1	-3	-707	-239	Pays de l'ASEAN

1. Excluding countries recorded under the OECD area above.
2. EUROPE = EU + EFTA + Other European Countries.

1. Ce montant exclut les pays figurant dans la zone OCDE mentionnée ci-dessus.
2. EUROPE = UE + AELE + Autres pays d'Europe.

SWEDEN / SUEDE

Skr million / Millions de couronnes suédoises

Table 4. DIRECT INVESTMENT ABROAD: OUTFLOWS BY COUNTRY
Tableau 4. INVESTISSEMENT DIRECT À L'ÉTRANGER: FLUX PAR PAYS

	1988	1989	1990	1991	1992	1993	1994	1995	1996	1997	1998	1999 p	ZONE DE L'OCDE
OECD AREA	*31526*	*48136*	*70627*	*35825*	*4319*	*10407*	*29523*	*40916*	*-444*	*49097*	*119581*	*76796*	**ZONE DE L'OCDE**
Australia	195	48	376	-224	78	.	129	-792	210	415	630	-387	Australie
Austria	78	83	42	127	10	478	1448	129	83	122	-463	-65	Autriche
Belgium-Luxembourg	1216	1694	1660	-46	1155	-2355	172	899	1289	4229	-2657	6587	Belgique-Luxembourg
Canada	-39	-396	125	-135	61	-107	-292	-1499	36	1255	1222	-1122	Canada
Czech Republic					1	218	92	732	70	1285	195	1056	République Tchèque
Denmark	2088	1841	681	744	1298	2966	-66	1951	-4491	-1399	704	9255	Danemark
Finland	-844	1585	1220	-584	946	4163	3622	4381	707	7062	77146	-8744	Finlande
France	3683	1886	2482	18857	-1058	1907	235	-161	5079	-3033	-1256	2625	France
Germany	452	1215	16162	1044	-7237	-1741	-3276	-369	-2940	4881	3953	4526	Allemagne
Greece	9	5	8	11	18	36	57	29	8	-36	-26	2	Grèce
Hungary	4	35	16	52	71	156	102	283	-278	252	-5	91	Hongrie
Iceland	4	1		15	3	9	10	1	-58	1	7	-27	Islande
Ireland	512	4467	10665	44	-731	-2015	-3531	902	911	-3234	4905	4304	Irlande
Italy	724	215	-238	148	29	5516	221	-173	573	520	-1807	2382	Italie
Japan	82	11	-73	70	75	93	309	78	422	-256	179	-54	Japon
Korea	10	22	37	32	-39	.	.	22	59	61	2814	-1126	Corée
Mexico	-183			-55	-35	197	90	230	20	-94	641	535	Mexique
Netherlands	8641	10688	10432	5281	-6488	-2158	23693	6579	1500	-1008	-327	7479	Pays-Bas
New Zealand	-94	-9	32	-21	-22	32	-29	3	52	-78	10	3	Nouvelle-Zélande
Norway	589	4418	1868	2538	1505	-743	-992	9417	4034	-219	4348	8848	Norvège
Poland	4	-1	63	38	19	110	184	228	467	662	2172	1866	Pologne
Portugal	69	280	434	130	-91	-34	46	47	-37	50	-244	233	Portugal
Spain	817	2360	-860	-275	-1145	85	369	84	584	-76	1121	277	Espagne
Switzerland	6537	2071	-826	789	429	-154	-400	159	373	1568	3009	-7764	Suisse
Turkey	-16	23	1	-2	5	12	13	39	26	-8	286	984	Turquie
United Kingdom	4776	8213	21472	4041	12761	3999	1365	-2967	2379	3211	4102	17923	Royaume-Uni
United States	2212	7381	3245	2777	2750	3	6235	21218	-11274	32964	18925	27113	Etats-Unis
OECD UNALLOCATED	.	.	1603	429	-49	-266	-283	-534	-248	.	-3	-4	OCDE NON ATTRIBUES
NON-OECD AREA	*14249*	*18180*	*16653*	*6838*	*-1939*	*163*	*22183*	*39087*	*31677*	*46121*	*44180*	*73587*	**HORS ZONE-OCDE**
EUROPEAN COUNTRIES (1)	.	**1**	**1**	**12**	**389**	**208**	**318**	**433**	**579**	**1224**	**6173**	**3155**	**PAYS D'EUROPE (1)**
of which:													*dont:*
Baltic countries	.	.	.	.	5	122	205	199	78	311	5578	2670	Pays Baltes
Bulgaria	.	1	.	.	.	.	.	.	7	17	18	13	Bulgarie
Czechoslovakia	.	.	.	:	.	.	.	.	.	.	.	.	Tchécoslovaquie
Romania	.	.	.	1	.	.	.	1	9	117	71	197	Roumanie
Russia	.	.	.	.	2	8	-135	72	173	48	502	-10	Russie
Slovakia	.	.	.	.	.	7	16	.	5	690	-14	10	Slovaquie
Slovenia	.	.	.	.	:	:	:	:	12	1	9	55	Slovénie
Ukraine	.	.	.	.	:	:	:	:	9	26	121	151	Ukraine
USSR	.	.	.	2	.	.	.	.	.	.	.	.	URSS

346

SWEDEN / SUEDE

Table 4. **DIRECT INVESTMENT ABROAD: OUTFLOWS BY COUNTRY**
Tableau 4. **INVESTISSEMENT DIRECT À L'ÉTRANGER: FLUX PAR PAYS**

Skr million / Millions de couronnes suédoises

	1988	1989	1990	1991	1992	1993	1994	1995	1996	1997	1998	1999 p	
AFRICA	..	6	34	-12	18	472	153	33	39	2903	510	191	**AFRIQUE**
of which:													*dont:*
Algeria	:	:	:	:	:	:	:	:	:	:	:	:	Algérie
Egypt	-	6	-	-	:	:	:	:	:	:	:	:	Egypte
Libya	:	:	:	:	:	1	:	:	:	:	:	:	Libye
Morocco	:	:	:	:	:	:	:	38	-	2868	273	52	Maroc
South Africa	:	:	:	:	:	:	23	45	36	40	176	113	Afrique du Sud
LATIN AMERICA-CARIBBEAN (1)	70	-35	761	18	-22	627	26	20	1151	2450	4591	5301	**AMÉRIQUE LATINE-CARAIBES (1)**
of which:													*dont:*
Argentina	12	56	75	-15	210	15	106	-127	14	1	232	-23	Argentine
Brazil	31	-118	29	40	-69	78	106	-127	936	2278	4573	3993	Brésil
Chile	27	27	136	-16	7		-75	-4	4	129	1	44	Chili
Colombia	:	:	:	:	:	:	:	:	-	-20	169	65	Colombie
Costa Rica	:	:	:	:	:	:	:	:	:	:	:	:	Costa Rica
Netherlands Antilles	:	:	:	:	:	:	:	:	:	:	:	:	Antilles néerlandaises
Panama	:	:	:	:	:	:	:	:	:	:	:	:	Panama
Venezuela	:	:	:	:	:	-	:	17	9	-31	13	25	Vénézuela
NEAR & MIDDLE EAST	-9	-2	-23	2	21	2	..	20	28	62	59	-50	**PROCHE & MOYEN ORIENT**
of which:													*dont:*
Gulf States	:	:	:	:	:	:	:	19	2	15	26	-74	Pays du Golfe
of which:													*dont:*
Kuwait	:	:	:	:	:	:	:	:	:	:	:	:	Koweit
Saudi Arabia	-9	-2	-23	:	:	:	:	:	:	:	:	:	Arabie Saoudite
United Arab Emirates	:	:	:	:	:	:	:	:	:	:	:	:	Émirats Arabes Unis
Iran	:	:	:	:	:	:	:	:	:	-	56	1	Iran
Israel	-	-	-	2	:	-	:	:	27	50	-2	19	Israël
ASIAN COUNTRIES (1)	19	92	116	-13	182	49	398	1032	675	1100	1166	2870	**PAYS D'ASIE (1)**
of which:													*dont:*
China	:	8	2	-9	21	84	261	327	220	228	79	240	Chine
Chinese Taipei	5	-9	9	:	2	:	:	:	16	48	27	-87	Taipei chinois
Hong Kong	14	31	6	-23	-20	-101	17	12	2	59	178	3136	Hong Kong
India	1	15	5	2	17	29	42	233	173	199	169	308	Inde
Indonesia	8	-6	-	3	:	:	:	7	47	131	-104	-6	Indonésie
Malaysia	5	10	1	3	:	3	:	:	:	:	:	:	Malaisie
Philippines	18	4	-	:	:	:	:	340	5	-3	187	-140	Philippines
Singapore	-33	30	62	-79	63	-18	4	18	59	-215	1417	-460	Singapour
Thailand	1	9	31	90	89	37	62	-	11	642	-495	-153	Thaïlande
UNALLOCATED	14169	18118	15764	6831	-2527	-1195	21288	37549	29205	38382	31681	62120	**NON ATTRIBUÉS**
WORLD	*45775*	*66316*	*87280*	*42663*	*2380*	*10570*	*51706*	*80003*	*31233*	*95218*	*163761*	*150383*	***MONDE***
of which:													*dont:*
EUROPE (2)	29351	41080	65297	32964	1900	10690	23682	22623	10858	16054	101338	105909	EUROPE (2)
EUROPEAN UNION	22221	34532	65879	30072	-532	10847	24354	11329	5645	11290	85149	46783	UNION EUROPÉENNE
NAFTA	1990	6985	3370	2587	2776	93	6034	19949	-11218	34125	20787	26525	ALENA
ASEAN countries	-1	47	94	17	153	23	75	388	128	577	717	-631	Pays de l'ASEAN

1. Excluding countries recorded under the OECD area above.
2. EUROPE = EU + EFTA + Other European Countries.

1. Ce montant exclut les pays figurant dans la zone OCDE mentionnée ci-dessus.
2. EUROPE = UE + AELE + Autres pays d'Europe.

SWEDEN - SUEDE

Chart 4. **Inward direct investment position**
Graphique 4. **Encours d'investissement direct de l'étranger**

1988

- Unalloc. 16%
- Manuf. 30%
- Services 54%

1998

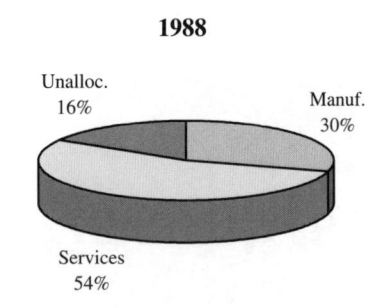

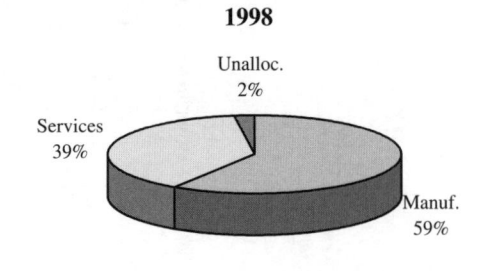

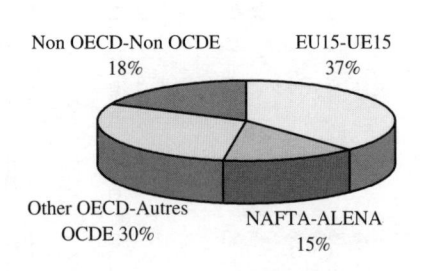

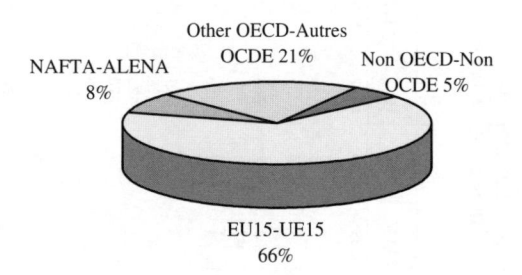

- Unalloc. 2%
- Services 39%
- Manuf. 59%

- Non OECD-Non OCDE 18%
- EU15-UE15 37%
- Other OECD-Autres OCDE 30%
- NAFTA-ALENA 15%

- Other OECD-Autres OCDE 21%
- NAFTA-ALENA 8%
- Non OECD-Non OCDE 5%
- EU15-UE15 66%

Chart 5. **Outward direct investment position**
Graphique 5. **Encours d'investissement direct à l'étranger**

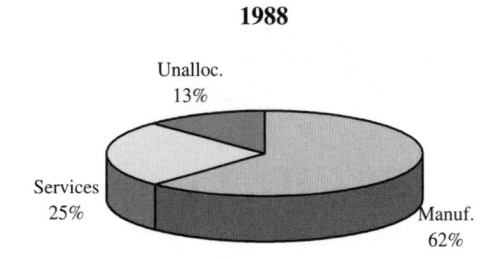

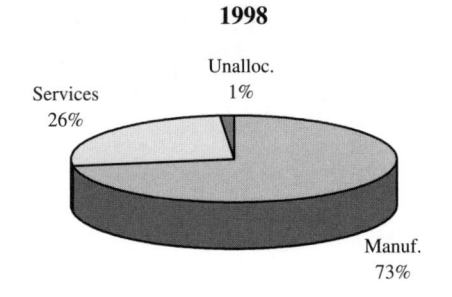

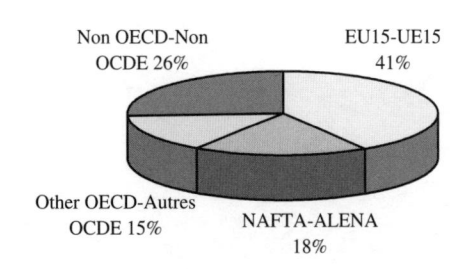

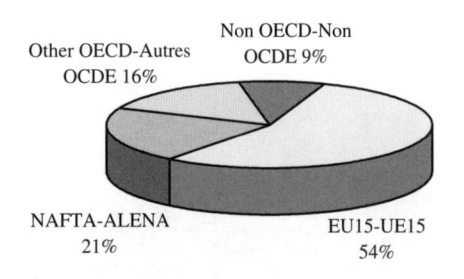

1988

- Unalloc. 13%
- Services 25%
- Manuf. 62%

1998

- Unalloc. 1%
- Services 26%
- Manuf. 73%

- Non OECD-Non OCDE 26%
- EU15-UE15 41%
- Other OECD-Autres OCDE 15%
- NAFTA-ALENA 18%

- Other OECD-Autres OCDE 16%
- Non OECD-Non OCDE 9%
- NAFTA-ALENA 21%
- EU15-UE15 54%

Note: Prim. = primary sector, **Manuf.** = manufacturing.

Note: Prim. = secteur primaire, **Manuf.** = manufacture.

SWEDEN / SUEDE

Table 5. **DIRECT INVESTMENT FROM ABROAD:** *INWARD POSITION BY INDUSTRIAL SECTOR*
Tableau 5. **ENCOURS D'INVESTISSEMENT DIRECT DE L'ÉTRANGER:** *PAR SECTEUR INDUSTRIEL*
year-end - fin d'année

Skr million / Millions de couronnes suédoises

	1988	1989	1990	1991	1992	1993	1994	1995	1996	1997	1998	
Agriculture & fishing	..	..	..	..	..	..	..	..	..	..	..	**Agriculture & pêche**
Mining & quarrying	..	..	..	..	..	..	..	..	..	..	..	**Mines & exploitation**
of which: Extraction of petroleum and gas	..	..	..	..	..	..	..	..	..	..	..	*dont*: Extraction de pétrole et gaz
Manufacturing	18000	21000	25000	43000	46000	52000	96000	128000	140000	188000	246000	**Manufacture**
of which:												*dont*:
Food products	..	..	..	..	..	..	..	14000	16000	17000	25000	Produits alimentaires
Textile and wood activities	..	..	..	..	..	..	..	8000	8000	22000	42000	Activités du textile et du bois
Petroleum, chemical, rubber and plastic products	..	..	..	..	..	..	..	38000	41000	42000	46000	Pétrole, produits chimiques, caoutchouc et mat. plastiques
Metal and mechanical products	..	..	..	..	..	..	..	..	..	..	..	Produits métallurgiques et mécaniques
Office machinery, computers, radio, TV and communication equipment	..	..	..	..	..	..	..	54000	58000	75000	98000	Machines de bureau, ordinateurs, radio, téléviseurs et équipement de communication
Vehicles and other transport equipment	..	..	..	..	..	..	..	..	..	..	..	Véhicules et autres équipements de transport
Electricity, gas & water	..	..	..	..	..	..	..	..	..	..	..	**Electricité, gaz & eau**
Construction	..	..	..	..	..	..	..	..	16000	26000	29000	**Construction**
Trade & repairs	23000	25000	17000	18000	..	..	..	37000	38000	52000	61000	**Commerce & réparation**
Hotels & restaurants	..	..	..	..	..	..	..	..	..	..	..	**Hôtels & restaurants**
Transport & communication	..	..	..	..	..	..	..	..	..	..	..	**Transport & communication**
of which:												*dont*:
Land, sea and air transport	1000	3000	3000	4000	..	..	..	..	..	..	..	Transport terrestre, maritime et aérien
Telecommunications	..	..	..	..	..	..	..	..	..	..	..	Télécommunications
Financial activities	5000	2000	7000	10000	6000	2000	1000	2000	2000	3000	22000	**Activités financières**
of which:												*dont*:
Monetary institutions	..	..	..	..	..	..	..	..	..	..	..	Institutions monétaires
Other financial institutions	..	..	..	..	..	..	..	..	..	..	..	Autres institutions financières
of which: Financial holding companies	..	..	..	..	..	..	..	..	..	..	..	*dont*: Sociétés holding financières
Insurance & activities auxiliary to insurance	..	..	..	..	..	..	..	..	..	..	..	Assurances & activités auxiliaires
Other financial institutions and insurance activities	..	..	..	..	..	..	..	..	..	..	..	Autres activités d'institutions financières et d'assurances
Real estate & business activities	..	..	..	..	..	..	..	5000	..	11000	7000	**Activités d'entreprise & immobilier**
of which: Real estate	..	..	..	..	..	..	..	..	..	..	..	*dont*: Immobilier
Other services	5000	8000	10000	9000	42000	52000	75000	23000	29000	38000	42000	**Autres services**
Unallocated	10000	12000	12000	20000	3000	2000	-6000	8000	10000	12000	9000	Non attribués
TOTAL	61000	68000	71000	100000	97000	108000	166000	203000	235000	330000	416000	**TOTAL**
of which:												*dont*:
PRIMARY	..	..	..	..	..	..	..	..	..	..	..	**PRIMAIRE**
MANUFACTURING	18000	21000	25000	43000	46000	52000	96000	128000	140000	188000	246000	**MANUFACTURE**
SERVICES	33000	35000	34000	37000	48000	54000	76000	67000	85000	130000	161000	**SERVICES**

SWEDEN / SUEDE

Table 6. DIRECT INVESTMENT ABROAD: OUTWARD POSITION BY INDUSTRIAL SECTOR
Tableau 6. ENCOURS D'INVESTISSEMENT DIRECT À L'ÉTRANGER: PAR SECTEUR INDUSTRIEL
year-end - fin d'année

Skr million / Millions de couronnes suédoises

	1988	1989	1990	1991	1992	1993	1994	1995	1996	1997	1998	
Agriculture & fishing	..	..	..	..	..	..	..	..	..	..	..	**Agriculture & pêche**
Mining & quarrying	..	..	..	..	..	..	..	..	..	..	..	**Mines & exploitation**
of which: Extraction of petroleum and gas	..	..	..	..	..	..	..	..	..	..	..	*dont:* Extraction de pétrole et gaz
Manufacturing	109000	144000	169000	175000	218000	217000	288000	325000	349000	425000	528000	**Manufacture**
of which:												*dont:*
Food products	..	..	..	..	..	..	..	6000	5000	6000	7000	Produits alimentaires
Textile and wood activities	..	..	..	..	..	..	..	46000	56000	60000	74000	Activités du textile et du bois
Petroleum, chemical, rubber and plastic products	..	..	..	..	..	..	..	45000	48000	50000	48000	Pétrole, produits chimiques, caoutchouc et mat. plastiques
Metal and mechanical products	..	..	..	..	..	..	..	..	..	..	..	Produits métallurgiques et mécaniques
Office machinery, computers,	..	..	..	..	..	..	..	..	..	..	..	Machines de bureau, ordinateurs,
radio, TV and communication equipment	..	..	..	..	..	..	..	197000	204000	262000	346000	radio, téléviseurs et équipement de communication
Vehicles and other transport equipment	..	..	..	..	..	..	..	..	..	..	..	Véhicules et autres équipements de transport
Electricity, gas & water	..	..	..	..	..	..	..	..	1000	8000	6000	**Electricité, gaz & eau**
Construction (1)	..	..	..	..	..	..	..	23000	21000	22000	26000	**Construction (1)**
Trade & repairs	7000	9000	10000	6000	..	..	..	13000	14000	21000	23000	**Commerce & réparation**
Hotels & restaurants	..	..	..	..	..	..	..	..	..	..	..	**Hôtels & restaurants**
Transport & communication	..	..	..	..	..	..	..	..	..	..	..	**Transport & communication**
of which:												*dont:*
Land, sea and air transport	4000	15000	10000	11000	..	..	..	..	..	..	..	Transport terrestre, maritime et aérien
Telecommunications	..	..	..	..	..	..	..	..	..	..	..	Télécommunications
Financial activities	18000	11000	19000	32000	38000	45000	36000	36000	26000	36000	61000	**Activités financières**
of which:												*dont:*
Monetary institutions	..	..	..	..	..	..	..	..	..	..	..	Institutions monétaires
Other financial institutions	..	..	..	..	..	..	..	9000	4000	5000	26000	Autres institutions financières
of which: Financial holding companies	..	..	..	..	..	..	..	..	..	..	..	*dont:* Sociétés holding financières
Insurance & activities auxiliary to insurance	..	..	..	..	..	..	..	27000	22000	31000	35000	Assurances & activités auxiliaires
Other financial institutions and insurance activities	..	..	..	..	..	..	..	36000	26000	36000	61000	Autres activités d'institutions financières et d'assurances
Real estate & business activities	..	..	..	..	..	..	..	8000	10000	..	..	**Activités d'entreprise & immobilier**
of which: Real estate	..	..	..	..	..	..	..	..	..	..	..	*dont:* Immobilier
Other services	19000	31000	59000	54000	69000	99000	111000	72000	63000	71000	73000	**Autres services**
Unallocated	22000	43000	25000	29000	11000	9000	7000	2000	3000	9000	10000	Non attribués
TOTAL	175000	238000	282000	296000	336000	370000	442000	479000	487000	592000	727000	**TOTAL**
of which:												*dont:*
PRIMARY	..	..	..	..	..	..	..	..	..	..	..	**PRIMAIRE**
MANUFACTURING	109000	144000	169000	175000	218000	217000	288000	325000	349000	425000	528000	**MANUFACTURE**
SERVICES	44000	51000	88000	92000	107000	144000	147000	152000	135000	158000	189000	**SERVICES**

1. From 1997, including real estate activities.

1. A partir de 1997, y compris les activités immobilières.

SWEDEN SUEDE

Table 7. DIRECT INVESTMENT FROM ABROAD: INWARD POSITION BY COUNTRY
Tableau 7. ENCOURS D'INVESTISSEMENT DIRECT DE L'ÉTRANGER: PAR PAYS
year-end - fin d'année

Skr million — Millions de couronnes suédoises

	1988	1989	1990	1991	1992	1993	1994	1995	1996	1997	1998	
OECD AREA	**50000**	**64000**	**67000**	**93000**	**96000**	**107000**	**157000**	**194000**	**225000**	**306000**	**394000**	**ZONE DE L'OCDE**
Australia	..	..	..	..	..	..	..	..	..	..	..	Australie
Austria	..	..	..	..	..	..	..	..	..	..	..	Autriche
Belgium-Luxembourg	..	..	..	..	..	..	..	..	..	16000	13000	Belgique-Luxembourg
Canada	..	..	..	..	..	..	..	..	..	..	..	Canada
Czech Republic	..	..	..	..	..	..	..	..	..	..	..	République Tchèque
Denmark	1000	4000	6000	4000	5000	3000	9000	13000	12000	21000	23000	Danemark
Finland	8000	11000	9000	8000	8000	13000	17000	14000	19000	31000	81000	Finlande
France	1000	1000	1000	10000	11000	10000	3000	4000	8000	9000	12000	France
Germany	4000	4000	4000	5000	9000	8000	12000	14000	16000	28000	27000	Allemagne
Greece	..	..	..	..	..	..	..	..	..	..	..	Grèce
Hungary	..	..	..	..	..	..	..	..	..	..	..	Hongrie
Iceland	..	..	..	..	..	..	..	..	..	..	..	Islande
Ireland	..	..	..	..	..	..	..	..	..	5000	9000	Irlande
Italy	..	..	..	..	..	..	..	..	..	..	..	Italie
Japan	..	..	..	..	..	..	..	..	..	..	..	Japon
Korea	..	..	..	..	..	..	..	..	..	..	..	Corée
Mexico	..	..	..	..	..	..	..	..	..	..	..	Mexique
Netherlands	10000	7000	8000	22000	16000	20000	44000	42000	46000	53000	79000	Pays-Bas
New Zealand	..	..	..	..	..	..	..	..	..	..	..	Nouvelle-Zélande
Norway	8000	8000	7000	12000	11000	15000	14000	21000	26000	33000	36000	Norvège
Poland	..	..	..	..	..	..	..	..	..	..	..	Pologne
Portugal	..	..	..	..	..	..	..	..	..	..	..	Portugal
Spain	..	..	..	..	..	..	..	..	..	..	..	Espagne
Switzerland	9000	15000	16000	17000	17000	16000	26000	35000	37000	37000	51000	Suisse
Turkey	..	..	..	..	..	..	..	..	..	..	..	Turquie
United Kingdom	..	..	..	..	7000	7000	13000	13000	15000	25000	26000	Royaume-Uni
United States	9000	10000	7000	11000	11000	13000	16000	37000	44000	48000	34000	Etats-Unis
OECD UNALLOCATED	-	4000	9000	4000	1000	2000	3000	1000	2000	-	3000	OCDE NON ATTRIBUES
NON-OECD AREA	**11000**	**4000**	**4000**	**7000**	**1000**	**1000**	**9000**	**9000**	**10000**	**24000**	**22000**	**HORS ZONE-OCDE**
EUROPEAN COUNTRIES (1)												**PAYS D'EUROPE (1)**
of which:												*dont:*
Baltic countries	..	..	..	..	..	..	..	..	..	..	..	Pays Baltes
Bulgaria	..	..	..	..	..	..	..	..	..	..	..	Bulgarie
Czechoslovakia	..	..	..	..	..	..	..	..	..	..	..	Tchécoslovaquie
Romania	..	..	..	..	..	..	..	..	..	..	..	Roumanie
Russia	..	..	..	..	..	..	..	..	..	..	..	Russie
Slovakia	..	..	..	..	..	..	..	..	..	..	..	Slovaquie
Slovenia	..	..	..	..	..	..	..	..	..	..	..	Slovénie
Ukraine	..	..	..	..	..	..	..	..	..	..	..	Ukraine
USSR	..	..	..	..	..	..	..	..	..	..	..	URSS

SWEDEN / SUÈDE

Table 7. DIRECT INVESTMENT FROM ABROAD: *INWARD POSITION BY COUNTRY*
Tableau 7. ENCOURS D'INVESTISSEMENT DIRECT DE L'ÉTRANGER: *PAR PAYS*
year-end - fin d'année

Skr million / Millions de couronnes suédoises

	1988	1989	1990	1991	1992	1993	1994	1995	1996	1997	1998	
AFRICA	..	..	..	..	..	..	..	..	..	..	..	**AFRIQUE**
of which:												*dont:*
Algeria												Algérie
Egypt												Egypte
Libya												Libye
Morocco												Maroc
South Africa												Afrique du Sud
LATIN AMERICA-CARIBBEAN (1)	..	..	..	..	..	..	..	..	..	..	..	**AMÉRIQUE LATINE-CARAIBES (1)**
of which:												*dont:*
Argentina												Argentine
Brazil												Brésil
Chile												Chili
Colombia												Colombie
Costa Rica												Costa Rica
Netherlands Antilles												Antilles néerlandaises
Panama												Panama
Venezuela												Vénézuela
NEAR & MIDDLE EAST	..	..	..	..	..	..	..	..	..	..	..	**PROCHE & MOYEN ORIENT**
of which:												*dont:*
Gulf States												Pays du Golfe
of which:												*dont:*
Kuwait												Koweit
Saudi Arabia												Arabie Saoudite
United Arab Emirates												Émirats Arabes Unis
Iran												Iran
Israel												Israël
ASIAN COUNTRIES (1)	..	..	..	..	..	..	..	..	3000	3000	..	**PAYS D'ASIE (1)**
of which:												*dont:*
China												Chine
Chinese Taipei												Taipei chinois
Hong Kong												Hong Kong
India												Inde
Indonesia												Indonésie
Malaysia												Malaisie
Philippines												Philippines
Singapore												Singapour
Thailand												Thaïlande
UNALLOCATED	11000	4000	4000	7000	1000	1000	9000	9000	7000	21000	22000	**NON ATTRIBUÉS**
WORLD	*61000*	*68000*	*71000*	*100000*	*97000*	*108000*	*166000*	*203000*	*235000*	*330000*	*416000*	***MONDE***
of which:												*dont:*
EUROPE (2)	48000	57000	59000	87000	84000	92000	147000	149000	175000	258000	358000	EUROPE (2)
EUROPEAN UNION	23000	23000	27000	50000	49000	48000	81000	101000	118000	188000	271000	UNION EUROPÉENNE
NAFTA	9000	10000	7000	11000	11000	13000	16000	37000	44000	48000	34000	ALENA
ASEAN countries												Pays de l'ASEAN

1. Excluding countries recorded under the OECD area above.
2. EUROPE = EU + EFTA + Other European Countries.

1. Ce montant exclut les pays figurant dans la zone OCDE mentionnée ci-dessus.
2. EUROPE = UE + AELE + Autres pays d'Europe.

SWEDEN / SUEDE

Table 8. **DIRECT INVESTMENT ABROAD: *OUTWARD POSITION BY COUNTRY***
Tableau 8. **ENCOURS D'INVESTISSEMENT DIRECT À L'ÉTRANGER: *PAR PAYS***
year-end - fin d'année

Skr million / Millions de couronnes suédoises

	1988	1989	1990	1991	1992	1993	1994	1995	1996	1997	1998	
OECD AREA	***130000***	***212000***	***247000***	***268000***	***313000***	***341000***	***378000***	***404000***	***436000***	***547000***	***664000***	***ZONE DE L'OCDE***
Australia	..	..	..	..	..	..	..	..	5000	5000	5000	Australie
Austria	..	..	..	..	..	..	..	..	7000	8000	8000	Autriche
Belgium-Luxembourg	..	..	..	..	..	..	19000	22000	23000	10000	8000	Belgique-Luxembourg
Canada	..	..	..	..	..	..	..	..	6000	12000	12000	Canada
Czech Republic	..	..	..	..	..	..	..	..	..	..	4000	République Tchèque
Denmark	13000	15000	12000	9000	12000	18000	15000	20000	17000	21000	33000	Danemark
Finland	..	..	..	..	..	..	..	16000	18000	25000	57000	Finlande
France	8000	8000	14000	20000	18000	22000	20000	29000	36000	32000	37000	France
Germany	10000	9000	15000	14000	22000	14000	21000	32000	33000	42000	48000	Allemagne
Greece	..	..	..	..	..	..	..	..	..	..	..	Grèce
Hungary	..	..	..	..	..	..	..	..	..	2000	2000	Hongrie
Iceland	..	..	..	..	..	..	..	..	..	..	..	Islande
Ireland	..	..	..	..	21000	23000	20000	24000	20000	20000	22000	Irlande
Italy	..	..	..	..	..	..	13000	17000	16000	18000	16000	Italie
Japan	..	..	..	..	..	..	..	..	4000	4000	5000	Japon
Korea	..	..	..	..	..	..	..	..	..	..	..	Corée
Mexico	..	..	..	..	..	..	..	..	3000	4000	3000	Mexique
Netherlands	21000	35000	59000	92000	86000	107000	94000	78000	71000	94000	99000	Pays-Bas
New Zealand	..	..	..	..	..	..	..	..	..	..	..	Nouvelle-Zélande
Norway	7000	17000	15000	20000	13000	17000	18000	21000	26000	34000	38000	Norvège
Poland	..	..	..	..	..	..	..	..	2000	3000	4000	Pologne
Portugal	..	..	..	..	..	..	..	..	3000	3000	4000	Portugal
Spain	..	..	..	..	..	..	..	..	8000	8000	11000	Espagne
Switzerland	19000	19000	22000	18000	22000	22000	24000	29000	30000	22000	51000	Suisse
Turkey	..	..	..	..	..	..	..	..	..	..	..	Turquie
United Kingdom	20000	16000	34000	26000	32000	40000	41000	50000	48000	67000	56000	Royaume-Uni
United States	32000	48000	41000	37000	49000	45000	58000	59000	60000	108000	137000	Etats-Unis
OECD UNALLOCATED	-	45000	35000	32000	38000	33000	35000	7000	-	5000	4000	OCDE NON ATTRIBUÉS
NON-OECD AREA	***45000***	***26000***	***35000***	***28000***	***23000***	***29000***	***64000***	***75000***	***51000***	***45000***	***63000***	***HORS ZONE-OCDE***
EUROPEAN COUNTRIES (1)	..	..	..	..	..	..	..	..	**5000**	**7000**	**10000**	**PAYS D'EUROPE (1)**
of which:												*dont:*
Baltic countries	-	-	-	-	..	..	..	..	1000	3000	4000	Pays Baltes
Bulgaria	-	-	-	-	..	..	..	..	..	..	..	Bulgarie
Czechoslovakia	-	-	-	-	..	..	..	..	..	..	-	Tchécoslovaquie
Romania	-	-	-	-	..	..	..	..	..	..	..	Roumanie
Russia	-	-	-	-	..	..	..	..	..	..	..	Russie
Slovakia	-	-	-	-	..	..	..	..	..	..	..	Slovaquie
Slovenia	-	-	-	-	..	..	..	..	..	..	..	Slovénie
Ukraine	-	-	-	-	..	..	..	..	..	..	..	Ukraine
USSR	..	..	..	..	-	-	-	-	-	-	-	URSS

SWEDEN / **SUEDE**

Table 8. **DIRECT INVESTMENT ABROAD:** *OUTWARD POSITION BY COUNTRY*
Tableau 8. **ENCOURS D'INVESTISSEMENT DIRECT À L'ÉTRANGER:** *PAR PAYS*
year-end - fin d'année

Skr million / *Millions de couronnes suédoises*

	1988	1989	1990	1991	1992	1993	1994	1995	1996	1997	1998	
AFRICA	..	..	..	..	..	..	..	..	..	..	..	**AFRIQUE**
of which:												*dont:*
Algeria												Algérie
Egypt												Egypte
Libya												Libye
Morocco												Maroc
South Africa												Afrique du Sud
LATIN AMERICA-CARIBBEAN (1)	..	..	..	..	..	..	..	..	15000	17000	23000	**AMÉRIQUE LATINE-CARAIBES (1)**
of which:												*dont:*
Argentina												Argentine
Brazil							12000	9000	12000	12000	15000	Brésil
Chile												Chili
Colombia												Colombie
Costa Rica												Costa Rica
Netherlands Antilles												Antilles néerlandaises
Panama												Panama
Venezuela												Vénézuela
NEAR & MIDDLE EAST	..	..	..	..	..	..	..	..	..	..	..	**PROCHE & MOYEN ORIENT**
of which:												*dont:*
Gulf States												Pays du Golfe
of which:												*dont:*
Kuwait												Koweit
Saudi Arabia												Arabie Saoudite
United Arab Emirates												Émirats Arabes Unis
Iran												Iran
Israel												Israël
ASIAN COUNTRIES (1)	..	..	..	..	..	..	..	..	11000	15000	20000	**PAYS D'ASIE (1)**
of which:												*dont:*
China									2000	3000	4000	Chine
Chinese Taipei												Taipei chinois
Hong Kong												Hong Kong
India												Inde
Indonesia												Indonésie
Malaysia												Malaisie
Philippines												Philippines
Singapore									4000	6000	7000	Singapour
Thailand												Thaïlande
UNALLOCATED	45000	26000	35000	28000	23000	29000	64000	75000	20000	6000	10000	**NON ATTRIBUÉS**
WORLD	*175000*	*238000*	*282000*	*296000*	*336000*	*370000*	*442000*	*479000*	*487000*	*592000*	*727000*	***MONDE***
of which:												*dont:*
EUROPE (2)	98000	153000	192000	222000	250000	281000	297000	345000	360000	408000	498000	EUROPE (2)
EUROPEAN UNION	72000	117000	155000	184000	215000	242000	255000	295000	302000	347000	399000	UNION EUROPÉENNE
NAFTA	32000	48000	41000	37000	49000	45000	58000	59000	69000	127000	152000	ALENA
ASEAN countries									4000	6000	7000	Pays de l'ASEAN

1. Excluding countries recorded under the OECD area above.
2. EUROPE = EU + EFTA + Other European Countries.

1. Ce montant exclut les pays figurant dans la zone OCDE mentionnée ci-dessus.
2. EUROPE = UE + AELE + Autres pays d'Europe.

SWITZERLAND - SUISSE

Chart 1. **Direct investment flows**
Graphique 1. **Flux d'investissement direct**

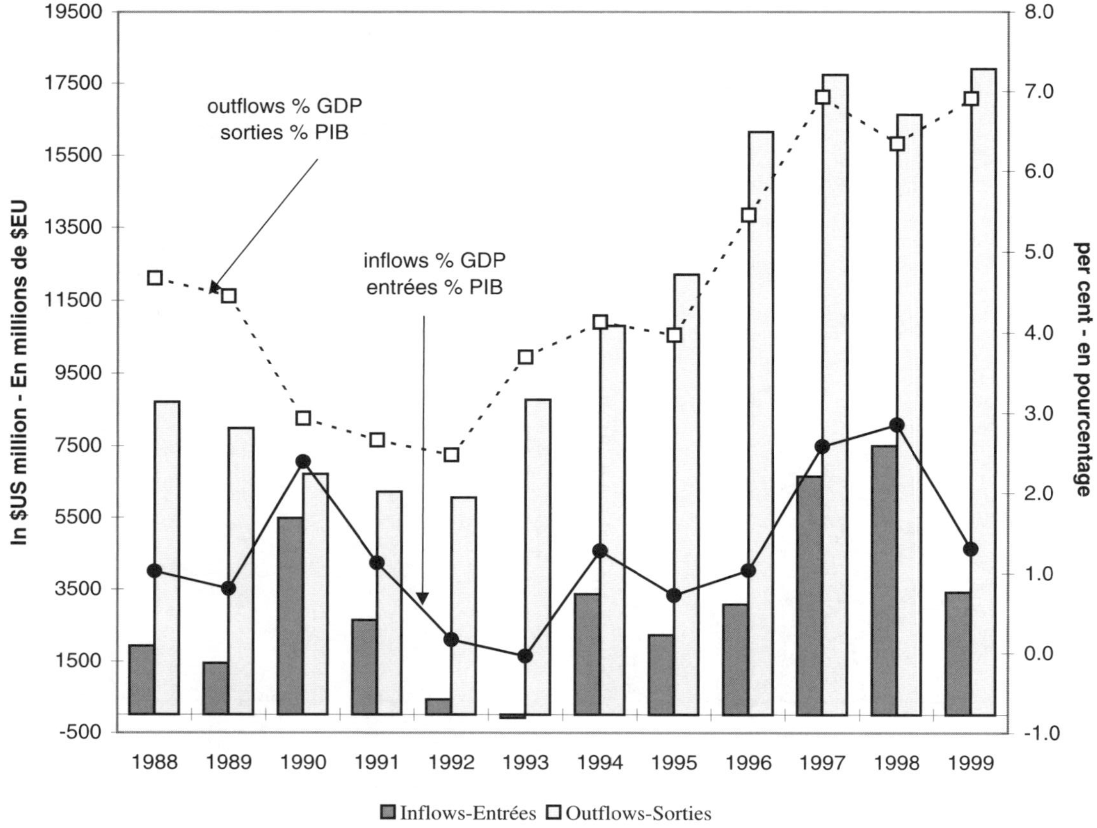

SWITZERLAND - SUISSE

Chart 2. **Direct investment from abroad:** *inflows by country*
Graphique 2. **Investissement direct de l'étranger:** *flux par pays*

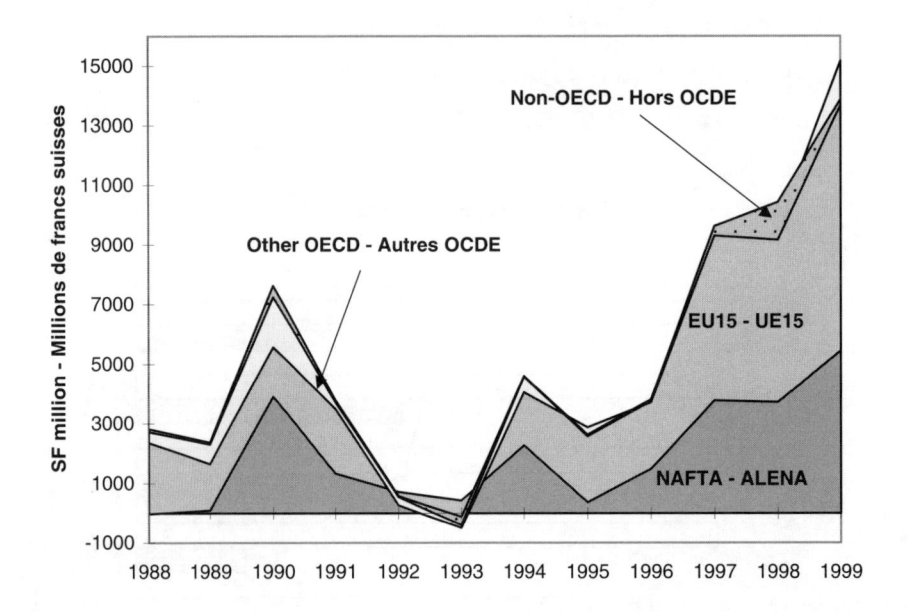

Chart 3. **Direct investment abroad:** *outflows by country*
Graphique 3. **Investissement direct à l'étranger:** *flux par pays*

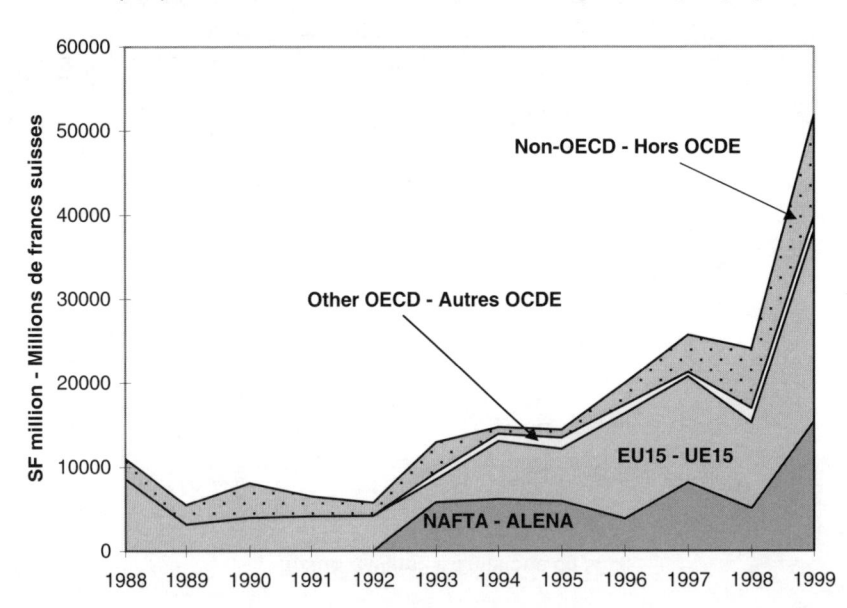

Note: Total OECD = EU15 + NAFTA + Other OECD. **Note**: Total OCDE = UE15 + ALENA + Autres OCDE.

SWITZERLAND / SUISSE

Table 1. **DIRECT INVESTMENT FROM ABROAD: INFLOWS BY INDUSTRIAL SECTOR**
Tableau 1. **INVESTISSEMENT DIRECT DE L'ÉTRANGER: FLUX PAR SECTEUR INDUSTRIEL**

SF million / Millions de francs suisses

	1988	1989	1990	1991	1992	1993	1994	1995	1996	1997	1998	1999 p	
Agriculture & fishing	..	..	..	..	..	..	..	..	..	..	..	..	**Agriculture & pêche**
Mining & quarrying	..	..	..	..	..	..	..	..	..	..	..	..	**Mines & exploitation**
of which: Extraction of petroleum and gas	..	..	..	..	..	..	..	..	..	..	..	..	*dont*: Extraction de pétrole et gaz
Manufacturing (1)	694	899	3875	622	273	-3	1074	1415	2184	4264	283	1468	**Manufacture (1)**
of which:													*dont*:
Food products													Produits alimentaires
Textile and wood activities						19	64	26	18	10	-22	59	Activités du textile et du bois
Petroleum, chemical, rubber and plastic products (2)						122	378	231	946	2362	242	412	Pétrole, produits chimiques, caoutchouc et mat. Plastiques (2)
Metal and mechanical products (3)						-82	-82	499	983	1895	-28	131	Produits métallurgiques et mécaniques (3)
Office machinery, computers,													Machines de bureau, ordinateurs,
radio, TV and communication equipment													radio, téléviseurs et équipement de communication
Vehicles and other transport equipment													Véhicules et autres équipements de transport
Electricity, gas & water	..	..	..	..	..	..	..	..	..	..	..	..	**Electricité, gaz & eau**
Construction	..	..	..	..	..	..	..	..	..	..	..	..	**Construction**
Trade & repairs	..	..	..	..	..	24	820	289	380	362	971	1289	**Commerce & réparation**
Hotels & restaurants	..	..	..	..	..	..	..	..	..	..	..	..	**Hôtels & restaurants**
Transport & communication	..	..	..	..	..	32	193	-33	82	-5	66	1929	**Transport & communication**
of which:													*dont*:
Land, sea and air transport													Transport terrestre, maritime et aérien
Telecommunications													Télécommunications
Financial activities	..	..	..	..	..	-296	2420	1060	915	4378	8185	8152	**Activités financières**
of which:													*dont*:
Monetary institutions						75	556	83	763	558	2253	-226	Institutions monétaires
Other financial institutions													Autres institutions financières
of which: Financial holding companies						-406	1741	-1005	21	3551	4711	3516	*dont*: Sociétés holding financières
Insurance & activities auxiliary to insurance						35	123	1983	131	269	1220	4863	Assurances & activités auxiliaires
Other financial institutions and insurance activities													Autres activités d'institutions financières et d'assurances
Real estate & business activities	..	..	..	..	..	119	97	-103	245	631	925	1046	**Activités d'entreprise & immobilier**
of which: Real estate						1		1	-1	1			*dont*: Immobilier
Other services (4)	2122	1470	3743	3168	305	-123							**Autres services (4)**
Unallocated					578							-	Non attribués
TOTAL	2816	2369	7618	3790		-123	4604	2629	3805	9631	10430	13884	**TOTAL**
of which:													*dont*:
PRIMARY	..	..	..	..	..	..	..	..	..	..	..	..	PRIMAIRE
MANUFACTURING	694	899	3875	622	273	-3	1074	1415	2184	4264	283	1468	MANUFACTURE
SERVICES	..	..	..	..	..	-121	3530	1213	1622	5366	10147	12417	SERVICES

1. Including Electricity, gas and water, and Construction.
2. Including petroleum products.
3. Including electric machinery, instrument and watches, motor vehicles and other transport equipment.
4. Including Hotels and restaurants, Real estate and business activities.

1. Y compris Electricité, gaz & eau.
2. Y compris les produits pétroliers.
3. Y compris les machines de bureau, ordinateurs, télés, équipement de communication les véhicules et autres équipements de transport.
4. Y compris Les Hôtels & restaurants, l'Immobilier et les activités d'entreprise.

SWITZERLAND / SUISSE

Table 2. DIRECT INVESTMENT ABROAD: OUTFLOWS BY INDUSTRIAL SECTOR
Tableau 2. INVESTISSEMENT DIRECT À L'ÉTRANGER: FLUX PAR SECTEUR INDUSTRIEL

SF million / Millions de francs suisses

	1988	1989	1990	1991	1992	1993	1994	1995	1996	1997	1998	1999 p	
Agriculture & fishing	..	..	..	..	..	..	..	..	..	..	..	..	**Agriculture & pêche**
Mining & quarrying	..	..	..	..	..	..	..	..	..	..	..	..	**Mines & exploitation**
of which: Extraction of petroleum and gas	..	..	..	..	..	..	..	..	..	..	..	..	*dont*: Extraction de pétrole et gaz
Manufacturing (1)	8888	7721	5108	4718	7127	6814	10043	8838	8551	15804	6567	10598	**Manufacture (1)**
of which:													*dont*:
Food products													Produits alimentaires
Textile and wood activities						21	-8	43	-8	118	623	524	Activités du textile et du bois
Petroleum, chemical, rubber and plastic products (2)						2876	4916	3273	2074	8373	2083	6725	Pétrole, produits chimiques, caoutchouc et mat. Plastiques (2)
Metal and mechanical products (3)						1205	2491	2509	3685	6070	532	2419	Produits métallurgiques et mécaniques (3)
Office machinery, computers, radio, TV and communication equipment													Machines de bureau, ordinateurs, radio, téléviseurs et équipement de communication
Vehicles and other transport equipment													Véhicules et autres équipements de transport
Electricity, gas & water	..	..	..	..	..	..	..	..	..	..	..	..	**Electricité, gaz & eau**
Construction	..	..	..	..	..	..	..	..	..	..	..	..	**Construction**
Trade & repairs	..	..	..	..	..	1807	605	1269	-4	517	2376	3623	**Commerce & réparation**
Hotels & restaurants	..	..	..	..	..	..	..	..	..	..	..	..	**Hôtels & restaurants**
Transport & communication	..	..	..	..	..	-23	429	499	940	214	859	3524	**Transport & communication**
of which:													*dont*:
Land, sea and air transport													Transport terrestre, maritime et aérien
Telecommunications													Télécommunications
Financial activities	..	..	..	..	..	4307	3361	3476	10205	8213	13295	30349	**Activités financières**
of which:													*dont*:
Monetary institutions						417	1494	1308	551	1796	-321	10054	Institutions monétaires
Other financial institutions						1695	380	-42	2057	5083	5582	10381	Autres institutions financières
of which: Financial holding companies													*dont*: Sociétés holding financières
Insurance & activities auxiliary to insurance						2194	1487	2209	7597	1334	8034	9915	Assurances & activités auxiliaires
Other financial institutions and insurance activities													Autres activités d'institutions financières et d'assurances
Real estate & business activities	..	..	..	..	..	..	..	..	..	..	..	..	**Activités d'entreprise & immobilier**
of which: Real estate													*dont*: Immobilier
Other services (4)	..	..	..	..	..	44	323	356	272	987	1010	3762	**Autres services (4)**
Unallocated	3857	5335	4209	4188	1377	-	-	-	-	-1	-	-	Non attribués
TOTAL	12745	13056	9317	8906	8504	12949	14761	14438	19964	25734	24107	51856	**TOTAL**
of which:													*dont*:
PRIMARY	..	..	..	..	..	..	..	..	..	..	..	..	**PRIMAIRE**
MANUFACTURING	8888	7721	5108	4718	7127	6814	10043	8838	8551	15804	6567	10598	**MANUFACTURE**
SERVICES						6135	4718	5600	11413	9931	17540	41258	**SERVICES**

1. Including Electricity, gas and water, and Construction.
2. Including petroleum products.
3. Including electric machinery, instrument and watches, motor vehicles and other transport equipment.
4. Including Hotels and restaurants, Real estate and business activities.

1. Y compris Electricité, gaz & eau.
2. Y compris les produits pétroliers.
3. Y compris les machines de bureau, ordinateurs, télés, équipement de communication les véhicules et autres équipements de transport.
4. Y compris Les Hôtels & restaurants, l'immobilier et les activités d'entreprise.

SWITZERLAND / **SUISSE**

Table 3. **DIRECT INVESTMENT FROM ABROAD: *INFLOWS BY COUNTRY***
Tableau 3. **INVESTISSEMENT DIRECT DE L'ÉTRANGER: *FLUX PAR PAYS***

SF million / Millions de francs suisses

	1988	1989	1990	1991	1992	1993	1994	1995	1996	1997	1998	1999 p	
OECD AREA	*2724*	*2299*	*7233*	*3721*	*544*	*-400*	*4579*	*2569*	*3745*	*9307*	*9169*	*13690*	**ZONE DE L'OCDE**
Australia	..	..	..	..	..	..	..	..	..	..	..	..	Australie
Austria	..	..	..	..	..	50	-13	30	1	68	38	21	Autriche
Belgium-Luxembourg	..	..	..	..	..	-1	421	202	387	1679	455	670	Belgique-Luxembourg
Canada	40	135	28	2	-10	122	-177	16	-50	-46	-55	30	Canada
Czech Republic	-	..	..	..	..	..	..	..	..	..	..	..	République Tchèque
Denmark	..	..	..	..	..	-19	-2	..	9	21	27	-43	Danemark
Finland	..	..	..	..	..	..	..	..	..	..	..	..	Finlande
France	..	..	..	..	..	44	232	-33	571	517	-393	161	France
Germany	..	..	..	..	..	-194	777	441	1308	2871	2708	3184	Allemagne
Greece	..	..	..	..	..	..	..	..	..	..	..	..	Grèce
Hungary	..	..	..	..	..	..	..	..	..	..	..	..	Hongrie
Iceland	..	..	..	..	..	..	..	..	..	..	..	..	Islande
Ireland	..	..	..	..	..	..	..	..	..	..	..	..	Irlande
Italy	..	..	..	..	..	-436	22	-65	..	111	1584	316	Italie
Japan	..	..	..	..	..	16	-23	-315	-807	..	-457	-1507	Japon
Korea	..	..	..	..	..	..	..	..	..	..	..	..	Corée
Mexico	..	..	..	..	..	..	..	..	..	..	..	..	Mexique
Netherlands	..	..	..	..	..	-246	406	1884	381	498	1612	-340	Pays-Bas
New Zealand	..	..	..	..	..	..	..	..	..	..	..	..	Nouvelle-Zélande
Norway	..	..	..	..	..	..	..	..	..	..	..	..	Norvège
Poland	..	..	..	..	..	..	..	..	..	..	..	..	Pologne
Portugal	..	..	..	..	..	..	..	..	..	..	..	..	Portugal
Spain	..	..	..	..	..	1	6	7	10	18	-113	475	Espagne
Sweden	..	..	..	..	..	45	543	374	337	165	75	1	Suède
Turkey	..	..	..	..	..	8	5	12	30	2	22	23	Turquie
United Kingdom	..	..	..	..	..	-76	-68	126	-170	-161	-118	5244	Royaume-Uni
United States	-59	-42	3869	1329	730	306	2450	346	1526	3824	3778	5417	Etats-Unis
OECD UNALLOCATED	2743	2206	3336	2390	-176	-20	-	-456	212	-260	7	39	OCDE NON ATTRIBUÉS
NON-OECD AREA	*92*	*70*	*385*	*69*	*34*	*277*	*25*	*60*	*60*	*324*	*1261*	*194*	**HORS ZONE-OCDE**
EUROPEAN COUNTRIES (1)	**60**	**36**	**352**	**5**	**44**	**2**	**-7**	**30**	**6**	**22**	**-10**	**1**	**PAYS D'EUROPE (1)**
of which:													dont:
Baltic countries	..	..	..	..	..	..	..	..	..	..	..	..	Pays Baltes
Bulgaria	..	..	..	..	..	..	..	..	..	..	..	..	Bulgarie
Czechoslovakia	..	..	..	..	..	..	..	..	..	..	..	..	Tchécoslovaquie
Romania	..	..	..	..	..	..	..	..	..	..	..	..	Roumanie
Russia	..	..	..	..	..	..	..	..	..	..	..	..	Russie
Slovakia	..	..	..	..	..	..	..	..	..	..	..	..	Slovaquie
Slovenia	..	..	..	..	..	..	..	..	..	..	..	..	Slovénie
Ukraine	..	..	..	..	..	..	..	..	..	..	..	..	Ukraine
USSR	..	..	..	..	..	..	..	..	..	..	..	..	URSS

SWITZERLAND / SUISSE

Table 3. DIRECT INVESTMENT FROM ABROAD: INFLOWS BY COUNTRY
Tableau 3. INVESTISSEMENT DIRECT DE L'ÉTRANGER: FLUX PAR PAYS

SF million / *Millions de francs suisses*

	1988	1989	1990	1991	1992	1993	1994	1995	1996	1997	1998	1999 p	
AFRICA	7	3	2	2	3	2	2	2	2	222	74	48	**AFRIQUE**
of which:													*dont:*
Algeria	:	:	:	:	:	:	:	:	:	:	:	:	Algérie
Egypt	:	:	:	:	:	:	:	:	:	:	:	:	Egypte
Libya	:	:	:	:	:	:	:	:	:	:	:	:	Libye
Morocco	:	:	:	:	:	:	:	:	:	:	:	:	Maroc
South Africa	:	:	:	:	:	:	:	:	:	:	71	45	Afrique du Sud
LATIN AMERICA-CARIBBEAN (1)	-15	8	33	19	8	3	-5	-2	34	33	1255	108	**AMÉRIQUE LATINE-CARAIBES (1)**
of which:													*dont:*
Argentina	:	:	:	:	:	:	:	:	:	:	:	:	Argentine
Brazil	:	:	:	:	:	:	:	:	:	:	:	:	Brésil
Chile	:	:	:	:	:	:	:	:	:	:	:	:	Chili
Colombia	:	:	:	:	:	:	:	:	:	:	:	:	Colombie
Costa Rica	:	:	:	:	:	:	:	:	:	:	:	:	Costa Rica
Netherlands Antilles	:	:	:	:	:	:	:	:	:	:	:	:	Antilles néerlandaises
Panama	:	:	:	:	:	:	:	:	:	:	:	:	Panama
Venezuela	:	:	:	:	:	:	:	:	:	:	:	:	Vénézuela
NEAR & MIDDLE EAST	19	67	15	44	-98	235	39	43	-45	28	-52	42	**PROCHE & MOYEN ORIENT**
of which:													*dont:*
Gulf States	:	:	:	:	:	:	:	:	:	5	-92	3	Pays du Golfe
of which:													*dont:*
Kuwait	:	:	:	:	:	:	:	:	:	:	:	:	Koweit
Saudi Arabia	:	:	:	:	:	:	:	:	:	:	:	:	Arabie Saoudite
United Arab Emirates	:	:	:	:	:	:	:	:	:	:	:	:	Émirats Arabes Unis
Iran	:	:	:	:	:	:	22	36	-46	18	36	:	Iran
Israel	:	:	:	:	:	34	:	:	:	:	:	36	Israël
ASIAN COUNTRIES (1,2)	312	232	1581	84	255	-84	-5	14	:	-387	-6	-5	**PAYS D'ASIE (1,2)**
of which:													*dont:*
China	:	:	:	:	:	:	:	:	:	:	:	:	Chine
Chinese Taipei	:	:	:	:	:	:	:	:	:	:	:	:	Taipei chinois
Hong Kong	:	:	:	:	:	:	:	:	:	:	:	:	Hong Kong
India	:	:	:	:	:	:	:	:	:	:	:	:	Inde
Indonesia	:	:	:	:	:	:	:	:	:	:	:	:	Indonésie
Malaysia	:	:	:	:	:	:	:	:	:	:	:	:	Malaisie
Philippines	:	:	:	:	:	:	:	:	:	:	:	:	Philippines
Singapore	:	:	:	:	:	:	:	:	:	:	:	:	Singapour
Thailand	:	:	:	:	:	:	:	:	:	:	:	:	Thaïlande
UNALLOCATED	-291	-276	-1598	-85	-178	119	1	-27	63	406	-1	1	**NON ATTRIBUÉS**
WORLD	2816	2369	7618	3790	578	-123	4604	2629	3805	9631	10430	13884	**MONDE**
of which:													*dont:*
EUROPE (3)	2488	1966	2084	2310	-311	-842	2322	2551	2269	5952	5890	9752	EUROPE (3)
EUROPEAN UNION	2378	1561	1666	2163	-456	-924	1784	2509	2233	5595	5878	9725	UNION EUROPÉENNE
NAFTA	-19	93	3897	1331	720	428	2273	362	1476	3778	3723	5447	ALENA
ASEAN countries	:	:	:	:	:	:	:	:	:	:	:	:	Pays de l'ASEAN

1. Excluding countries recorded under the OECD area above.
2. Including Oceania.
3. EUROPE = EU + EFTA + Other European Countries.

1. Ce montant exclut les pays figurant dans la zone OCDE mentionnée ci-dessus.
2. Y compris l'Océanie.
3. EUROPE = UE + AELE + Autres pays d'Europe.

SWITZERLAND / SUISSE

Table 4. **DIRECT INVESTMENT ABROAD: *OUTFLOWS BY COUNTRY***
Tableau 4. **INVESTISSEMENT DIRECT À L'ÉTRANGER: *FLUX PAR PAYS***

SF million / Millions de francs suisses

	1988	1989	1990	1991	1992	1993	1994	1995	1996	1997	1998	1999 p	
OECD AREA	*10371*	*10732*	*5194*	*6483*	*6893*	*9410*	*13960*	*13500*	*17421*	*21306*	*17009*	*39820*	**ZONE DE L'OCDE**
Australia	..	..	..	..	..	275	-6	609	401	153	572	273	Australie
Austria	..	..	..	..	..	246	557	89	-252	343	344	479	Autriche
Belgium-Luxembourg	..	..	..	..	..	1026	-139	1242	679	-1615	2080	1910	Belgique-Luxembourg
Canada	..	..	..	..	..	407	825	-166	335	368	1232	19	Canada
Czech Republic	..	..	..	..	..	54	34	573	61	-19	356	-70	République Tchèque
Denmark	..	..	..	..	..	-3	166	21	49	30	-31	267	Danemark
Finland	..	..	..	..	..	216	62	56	137	152	224	110	Finlande
France	..	..	..	..	..	1451	1287	127	338	213	333	1736	France
Germany	..	..	..	..	..	-245	784	1171	2629	4131	880	5439	Allemagne
Greece	..	..	..	..	..	26	95	79	109	116	205	4	Grèce
Hungary	..	..	..	..	..	34	52	31	62	-35	-76	83	Hongrie
Iceland	..	..	..	..	..	..	..	..	..	39	..	..	Islande
Ireland	..	..	..	..	..	215	191	324	342	317	-54	3363	Irlande
Italy	..	..	..	..	..	-281	148	424	769	1134	-197	-73	Italie
Japan	..	..	..	..	..	88	-268	-35	305	-203	124	662	Japon
Korea	..	..	..	..	..	12	29	19	66	-57	283	179	Corée
Mexico	..	..	..	..	..	122	84	-3	121	111	654	547	Mexique
Netherlands	..	..	..	..	..	-550	1078	1143	-193	2752	999	1893	Pays-Bas
New Zealand	..	..	..	..	..	-4	7	31	7	298	11	-214	Nouvelle-Zélande
Norway	..	..	..	..	..	..	..	..	..	142	..	..	Norvège
Poland	..	..	..	..	..	38	159	236	113	173	208	469	Pologne
Portugal	..	..	..	..	..	-22	34	27	91	311	-69	557	Portugal
Spain	..	..	..	..	..	-122	-81	572	118	35	377	-1000	Espagne
Sweden	..	..	..	..	..	69	535	85	539	632	844	-437	Suède
Turkey	..	..	..	..	..	41	-8	96	..	51	296	5	Turquie
United Kingdom	..	..	..	..	..	1202	3309	851	7170	4043	4283	8418	Royaume-Uni
United States	..	..	..	..	..	5315	5280	6144	3373	7690	3225	14852	Etats-Unis
OECD UNALLOCATED	10371	10732	5194	6483	6893	-200	-254	-246	52	1	-93	349	OCDE NON ATTRIBUES
NON-OECD AREA	*2374*	*2324*	*4123*	*2423*	*1611*	*3539*	*801*	*938*	*2543*	*4428*	*7098*	*12036*	**HORS ZONE-OCDE**
EUROPEAN COUNTRIES (1)	**88**	**139**	**59**	**-1**	**170**	**27**	**121**	**87**	**174**	**359**	**-58**	**1301**	**PAYS D'EUROPE (1)**
of which:													*dont:*
Baltic countries	..	..	..	..	..	..	..	1	..	..	..	..	Pays Baltes
Bulgaria	..	..	..	..	..	..	..	..	..	..	..	..	Bulgarie
Czechoslovakia	..	..	..	..	..	..	..	..	..	..	..	..	Tchécoslovaquie
Romania	..	..	..	..	..	..	..	..	..	..	..	..	Roumanie
Russia	..	..	..	..	..	-8	56	37	100	46	335	598	Russie
Slovakia	..	..	..	..	..	..	..	..	..	..	..	..	Slovaquie
Slovenia	..	..	..	..	..	..	..	..	..	..	..	..	Slovénie
Ukraine	..	..	..	..	..	..	..	..	..	..	..	..	Ukraine
USSR	..	..	..	..	..	..	..	..	..	..	..	..	URSS

SWITZERLAND / SUISSE

Table 4. DIRECT INVESTMENT ABROAD: OUTFLOWS BY COUNTRY
Tableau 4. INVESTISSEMENT DIRECT À L'ÉTRANGER: FLUX PAR PAYS

SF million / Millions de francs suisses

	1988	1989	1990	1991	1992	1993	1994	1995	1996	1997	1998	1999 p	
AFRICA	83	41	143	202	80	62	101	176	183	383	240	474	**AFRIQUE**
of which:													*dont:*
Algeria	..	..	..	..	..	..	..	..	..	..	..	..	Algérie
Egypt	..	..	..	..	..	12	33	34	18	92	57	89	Egypte
Libya	..	..	..	..	..	..	..	..	..	..	..	..	Libye
Morocco	..	..	..	..	..	6	-1	8	19	32	-12	1	Maroc
South Africa	..	..	..	..	..	37	48	151	93	154	138	180	Afrique du Sud
LATIN AMERICA-CARIBBEAN (1)	1952	1810	3513	1780	875	2351	-672	192	-129	617	2798	5595	**AMÉRIQUE LATINE-CARAIBES (1)**
of which:													*dont:*
Argentina	..	..	..	..	..	46	47	28	65	-10	321	-110	Argentine
Brazil	..	..	..	..	..	308	-54	127	-10	-338	446	804	Brésil
Chile	..	..	..	..	..	106	27	35	83	29	-178	24	Chili
Colombia	..	..	..	..	..	19	90	7	82	34	387	115	Colombie
Costa Rica	..	..	..	..	..	..	-16	45	..	..	..	..	Costa Rica
Netherlands Antilles	..	..	..	..	..	..	442	105	..	..	..	..	Antilles néerlandaises
Panama	..	..	..	..	..	46	-1	-5	121	97	61	11	Panama
Venezuela	..	..	..	..	..	..	..	..	..	..	..	..	Vénézuela
NEAR & MIDDLE EAST	120	270	-108	37	22	13	49	31	..	30	36	100	**PROCHE & MOYEN ORIENT**
of which:													*dont:*
Gulf States	..	..	..	..	..	5	58	11	..	53	-17	86	Pays du Golfe
of which:													*dont:*
Kuwait	..	..	..	..	..	..	33	..	..	..	..	..	Koweit
Saudi Arabia	..	..	..	..	..	..	..	1	..	..	..	..	Arabie Saoudite
United Arab Emirates	..	..	..	..	..	..	10	3	..	..	..	..	Émirats Arabes Unis
Iran	..	..	..	..	..	..	..	-	..	..	..	..	Iran
Israel	..	..	..	..	..	30	12	..	..	-26	51	26	Israël
ASIAN COUNTRIES (1)	38	298	646	328	940	823	926	166	2047	3057	4078	4559	**PAYS D'ASIE (1)**
of which:													*dont:*
China	..	..	..	..	..	32	168	342	378	255	123	-101	Chine
Chinese Taipei	..	..	..	..	..	70	93	61	22	45	121	59	Taipei chinois
Hong Kong	..	..	..	..	..	300	420	-547	21	236	447	646	Hong Kong
India	..	..	..	..	..	56	31	13	370	160	29	-52	Inde
Indonesia	..	..	..	..	..	21	15	46	177	134	90	55	Indonésie
Malaysia	..	..	..	..	..	104	8	17	233	82	102	307	Malaisie
Philippines	..	..	..	..	..	74	14	-8	39	50	1169	57	Philippines
Singapore	..	..	..	..	..	127	110	175	542	1879	1444	3611	Singapour
Thailand	..	..	..	..	..	23	86	41	224	148	395	-82	Thailande
UNALLOCATED	93	-234	-130	77	-476	263	276	286	268	-18	3	7	**NON ATTRIBUÉS**
WORLD	*12745*	*13056*	*9317*	*8906*	*8504*	*12949*	*14761*	*14438*	*19964*	*25734*	*24107*	*51856*	***MONDE***
of which:													*dont:*
EUROPE (2)	8986	4605	4363	4979	4661	3485	8405	7273	12986	13305	10851	24803	EUROPE (2)
EUROPEAN UNION	8612	3149	3957	4128	4174	2697	6873	6210	12522	12596	10183	22666	UNION EUROPÉENNE
NAFTA	..	..	..	..	..	5844	6189	5975	3830	8169	5111	15418	ALENA
ASEAN countries	..	..	..	..	..	350	233	272	1242	2313	3189	3938	Pays de l'ASEAN

1. Excluding countries recorded under the OECD area above.
2. EUROPE = EU + EFTA + Other European Countries.

1. Ce montant exclut les pays figurant dans la zone OCDE mentionnée ci-dessus.
2. EUROPE = UE + AELE + Autres pays d'Europe.

SWITZERLAND - SUISSE

Chart 4. **Inward direct investment position**
Graphique 4. **Encours d'investissement direct de l'étranger**

1993

Manuf. 11%
Services 89%

NAFTA-ALENA 24%
Other OECD-Autres OCDE 12%
Non OECD-Non OCDE 2%
EU15-UE15 62%

1998

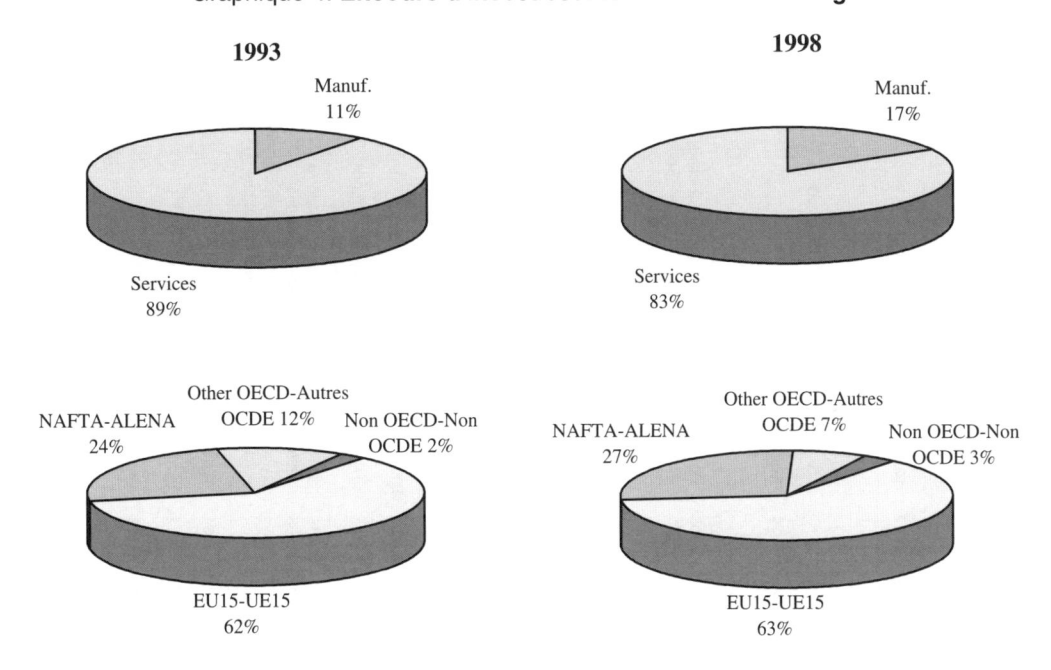

Manuf. 17%
Services 83%

NAFTA-ALENA 27%
Other OECD-Autres OCDE 7%
Non OECD-Non OCDE 3%
EU15-UE15 63%

Chart 5. **Outward direct investment position**
Graphique 5. **Encours d'investissement direct à l'étranger**

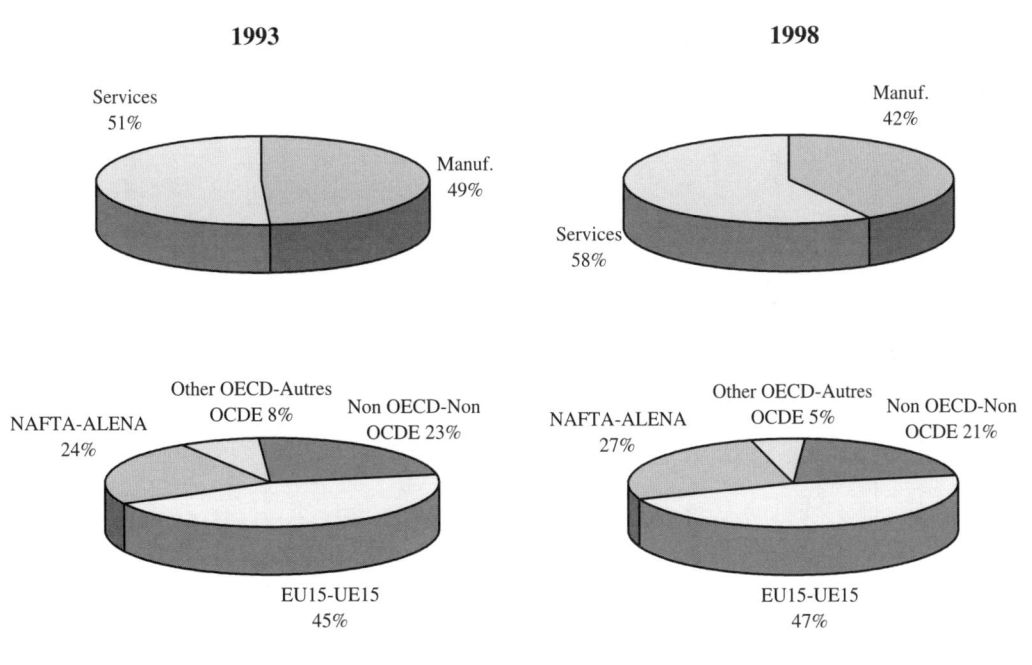

1993

Services 51%
Manuf. 49%

NAFTA-ALENA 24%
Other OECD-Autres OCDE 8%
Non OECD-Non OCDE 23%
EU15-UE15 45%

1998

Manuf. 42%
Services 58%

NAFTA-ALENA 27%
Other OECD-Autres OCDE 5%
Non OECD-Non OCDE 21%
EU15-UE15 47%

Note: Prim. = primary sector, **Manuf.** = manufacturing.

Note: Prim. = secteur primaire, **Manuf.** = manufacture.

SWITZERLAND / SUISSE

Table 5. DIRECT INVESTMENT FROM ABROAD: INWARD POSITION BY INDUSTRIAL SECTOR
Tableau 5. ENCOURS D'INVESTISSEMENT DIRECT DE L'ÉTRANGER: PAR SECTEUR INDUSTRIEL

year-end - fin d'année

SF million / Millions de francs suisses

	1988	1989	1990	1991	1992	1993	1994	1995	1996	1997	1998	
Agriculture & fishing	..	..	..	..	..	..	..	..	..	..	..	**Agriculture & pêche**
Mining & quarrying	..	..	..	..	..	..	..	..	..	..	..	**Mines & exploitation**
of which: Extraction of petroleum and gas	..	..	..	..	..	..	..	..	..	..	..	*dont*: Extraction de pétrole et gaz
Manufacturing (1)	6376	6889	9488	9763	10108	6070	8457	9404	10156	15389	16250	**Manufacture (1)**
of which:												*dont*:
Food products	..	..	..	..	..	320	336	334	326	309	282	Produits alimentaires
Textile and wood activities	..	..	..	..	..	1065	2447	2372	2333	5108	5641	Activités du textile et du bois
Petroleum, chemical, rubber and plastic products	..	..	..	..	..	4063	4874	5419	6151	8625	8894	Pétrole, produits chimiques, caoutchouc et mat. plastiques
Metal and mechanical products (2)	..	..	..	..	..	..	..	..	..	..	..	Produits métallurgiques et mécaniques (2)
Office machinery, computers, radio, TV and communication equipment	..	..	..	..	..	..	..	..	..	..	-	Machines de bureau, ordinateurs, radio, téléviseurs et équipement de communication
Vehicles and other transport equipment	..	..	..	..	..	..	..	..	..	..	..	Véhicules et autres équipements de transport
Electricity, gas & water	..	..	..	..	..	..	..	..	..	..	..	**Electricité, gaz & eau**
Construction	..	..	..	..	..	..	..	..	..	..	..	**Construction**
Trade & repairs	..	..	..	..	..	8787	10995	9110	9708	12120	12402	**Commerce & réparation**
Hotels & restaurants	..	..	..	..	..	..	..	..	..	..	..	**Hôtels & restaurants**
Transport & communication	..	..	..	..	..	166	329	300	235	216	642	**Transport & communication**
of which:												*dont*:
Land, sea and air transport	..	..	..	..	..	..	..	..	..	..	..	Transport terrestre, maritime et aérien
Telecommunications	..	..	..	..	..	..	..	..	..	..	..	Télécommunications
Financial activities	..	..	..	..	..	41334	42863	44154	48491	51959	59031	**Activités financières**
of which:												*dont*:
Monetary institutions	..	..	..	..	..	14042	15421	13968	14731	15276	16781	Institutions monétaires
Other financial institutions	..	..	..	..	..	26863	26891	28929	32368	34445	38591	Autres institutions financières
of which: Financial holding companies	..	..	..	..	..	..	..	..	..	..	..	*dont*: Sociétés holding financières
Insurance & activities auxiliary to insurance	..	..	..	..	..	429	552	1257	1392	2238	3659	Assurances & activités auxiliaires
Other financial institutions and insurance activities	..	..	..	..	..	..	..	..	..	..	..	Autres activités d'institutions financières et d'assurances
Real estate & business activities	..	..	..	..	..	..	..	..	..	..	..	**Activités d'entreprise & immobilier**
of which: Real estate	..	..	..	..	..	..	..	..	..	..	..	*dont*: Immobilier
Other services (3)	..	..	..	..	..	919	1184	2682	4006	6934	7598	**Autres services (3)**
Unallocated	31569	32809	34876	38695	37925	1	-1	1	..	..	-1	Non attribués
TOTAL	37945	39698	44364	48458	48033	57277	63827	65651	72596	86618	95922	**TOTAL**
of which:												*dont*:
PRIMARY	..	..	..	..	..	..	..	..	..	..	..	PRIMAIRE
MANUFACTURING	6376	6889	9488	9763	10108	6070	8457	9404	10156	15389	16250	MANUFACTURE
SERVICES	..	..	..	..	..	51206	55371	56246	62440	71229	79673	SERVICES

1. Including Electricity, gas and water, and Construction.
2. Including electric machinery, instrument and watches, motor vehicles and other transport equipment.
3. Including Hotels and restaurants, Real estate and business activities.

1. Y compris Electricité, gaz & eau.
2. Y compris les machines de bureau, ordinateurs, télés, équipement de communication, les véhicules et autres équipements de transport.
3. Y compris Les Hôtels & restaurants, l'immobilier et les activités d'entreprise.

SWITZERLAND / SUISSE

Table 6. DIRECT INVESTMENT ABROAD: OUTWARD POSITION BY INDUSTRIAL SECTOR
Tableau 6. ENCOURS D'INVESTISSEMENT DIRECT À L'ÉTRANGER: PAR SECTEUR INDUSTRIEL

year-end - fin d'année

SF million / Millions de francs suisses

	1988	1989	1990	1991	1992	1993	1994	1995	1996	1997	1998	
Agriculture & fishing	..	..	..	..	..	..	..	..	..	..	..	**Agriculture & pêche**
Mining & quarrying	..	..	..	..	..	..	..	..	..	..	..	**Mines & exploitation**
of which: Extraction of petroleum and gas	..	..	..	..	..	..	..	..	..	..	..	*dont:* Extraction de pétrole et gaz
Manufacturing (1)	45627	50289	50543	59543	62268	66593	70857	82087	87266	99617	104871	**Manufacture (1)**
of which:												*dont:*
Food products	..	..	..	..	..	..	..	..	..	..	1771	Produits alimentaires
Textile and wood activities	..	..	..	..	..	648	830	885	845	724		Activités du textile et du bois
Petroleum, chemical, rubber and plastic products	..	..	..	..	..	25614	25481	31794	30270	34551	42721	Pétrole, produits chimiques, caoutchouc et mat. plastiques
Metal and mechanical products (2)	..	..	..	..	..	45355	24302	26759	28948	34631	36205	Produits métallurgiques et mécaniques (2)
Office machinery, computers, radio, TV and communication equipment	..	..	..	..	..	..	..	..	..	..	-	Machines de bureau, ordinateurs, radio, téléviseurs et équipement de communication
Vehicles and other transport equipment	..	..	..	..	..	..	..	..	..	..	..	Véhicules et autres équipements de transport
Electricity, gas & water	..	..	..	..	..	..	..	..	..	..	..	**Electricité, gaz & eau**
Construction	..	..	..	..	..	..	..	..	..	..	..	**Construction**
Trade & repairs	..	..	..	..	..	8460	9321	8355	6358	7031	8930	**Commerce & réparation**
Hotels & restaurants	..	..	..	..	..	..	..	..	..	..	..	**Hôtels & restaurants**
Transport & communication	..	..	..	..	..	1627	1968	2410	3519	3000	3253	**Transport & communication**
of which:												*dont:*
Land, sea and air transport	..	..	..	..	..	..	..	..	..	..	..	Transport terrestre, maritime et aérien
Telecommunications	..	..	..	..	..	..	..	..	..	..	..	Télécommunications
Financial activities	..	..	..	..	..	56170	62452	68070	89606	123542	124713	**Activités financières**
of which:												*dont:*
Monetary institutions	..	..	..	..	..	10815	13293	14072	16398	23733	18645	Institutions monétaires
Other financial institutions	..	..	..	..	..	27658	29989	30436	33088	45609	50401	Autres institutions financières
of which: Financial holding companies	..	..	..	..	..	..	..	..	..	..	..	*dont:* Sociétés holding financières
Insurance & activities auxiliary to insurance	..	..	..	..	..	17697	19170	23562	40120	54200	55667	Assurances & activités auxiliaires
Other financial institutions and insurance activities	..	..	..	..	..	..	..	..	..	..	..	Autres activités d'institutions financières et d'assurances
Real estate & business activities	..	..	..	..	..	..	..	..	..	..	..	**Activités d'entreprise & immobilier**
of which: Real estate	..	..	..	..	..	..	..	..	..	..	..	*dont:* Immobilier
Other services (3)	..	..	..	..	..	2629	3059	3000	3889	7466	8118	**Autres services (3)**
Unallocated	27929	34194	35072	43318	46078	-	-1	-	-	-1	-1	Non attribués
TOTAL	73556	84483	85615	102861	108346	135479	147656	163922	190638	240655	249884	**TOTAL**
of which:												*dont:*
PRIMARY	..	..	..	..	..	..	..	..	..	..	..	PRIMAIRE
MANUFACTURING	45627	50289	50543	59543	62268	66593	70857	82087	87266	99617	104871	MANUFACTURE
SERVICES	..	..	..	..	..	68886	76800	81835	103372	141039	145014	SERVICES

1. Including Electricity, gas and water, and Construction.
2. Including electric machinery, instrument and watches, motor vehicles and other transport equipment.
3. Including Hotels and restaurants, Real estate and business activities.

1. Y compris Electricité, gaz & eau.
2. Y compris les machines de bureau, ordinateurs, télés, équipement de communication, les véhicules et autres équipements de transport.
3. Y compris Les Hôtels & restaurants, l'immobilier et les activités d'entreprise.

SWITZERLAND / SUISSE

Table 7. DIRECT INVESTMENT FROM ABROAD: INWARD POSITION BY COUNTRY
Tableau 7. ENCOURS D'INVESTISSEMENT DIRECT DE L'ÉTRANGER : PAR PAYS
year-end - fin d'année

SF million / *Millions de francs suisses*

	1988	1989	1990	1991	1992	1993	1994	1995	1996	1997	1998	ZONE DE L'OCDE
OECD AREA	**36723**	**38405**	**42643**	**47562**	**47168**	**55851**	**62593**	**64541**	**70909**	**84126**	**92641**	**ZONE DE L'OCDE**
Australia	..	..	..	..	..	..	..	..	..	..	..	Australie
Austria	..	..	..	..	..	211	211	357	327	370	350	Autriche
Belgium-Luxembourg	..	..	..	..	..	801	2035	2309	2508	4118	5373	Belgique-Luxembourg
Canada	..	..	..	..	..	446	330	333	285	252	197	Canada
Czech Republic	..	..	..	..	..	..	..	..	..	..	..	République Tchèque
Denmark	..	..	..	..	..	185	165	153	169	207	329	Danemark
Finland	..	..	..	..	..	..	..	..	..	..	..	Finlande
France	..	..	..	..	..	10160	9532	9894	10483	10306	11879	France
Germany	..	..	..	..	..	6601	7948	7801	9474	14497	15489	Allemagne
Greece	..	..	..	..	..	..	..	..	..	..	..	Grèce
Hungary	..	..	..	..	..	..	..	..	..	..	..	Hongrie
Iceland	..	..	..	..	..	..	..	..	..	..	..	Islande
Ireland	..	..	..	..	..	..	..	..	..	..	..	Irlande
Italy	..	..	..	..	..	5920	5550	5481	4686	4564	5762	Italie
Japan	..	..	..	..	..	3538	3600	3259	..	..	..	Japon
Korea	..	..	..	..	..	..	..	..	..	..	..	Corée
Mexico	..	..	..	..	..	..	..	..	..	..	..	Mexique
Netherlands	..	..	..	..	..	8133	11033	11769	15549	19852	19013	Pays-Bas
New Zealand	..	..	..	..	..	..	..	..	..	..	..	Nouvelle-Zélande
Norway	..	..	..	..	..	..	..	..	..	..	..	Norvège
Poland	..	..	..	..	..	..	..	..	..	..	..	Pologne
Portugal	..	..	..	..	..	..	..	..	..	..	..	Portugal
Spain	..	..	..	..	..	240	177	183	245	254	162	Espagne
Sweden	..	..	..	..	..	2783	3157	3503	3867	4010	4089	Suède
Turkey	..	..	..	..	..	68	78	79	110	112	128	Turquie
United Kingdom	..	..	..	..	..	2860	2696	3073	2260	2092	1773	Royaume-Uni
United States	..	..	..	..	..	13530	15526	16056	17383	20225	25773	Etats-Unis
OECD UNALLOCATED	36723	38405	42643	47562	47168	375	555	291	3563	3267	2324	OCDE NON ATTRIBUÉS
NON-OECD AREA	**1222**	**1293**	**1721**	**896**	**865**	**1426**	**1234**	**1110**	**1687**	**2492**	**3281**	**HORS ZONE-OCDE**
EUROPEAN COUNTRIES (1)	**343**	**369**	**774**	**128**	**172**	**94**	**74**	**116**	**138**	**154**	**205**	**PAYS D'EUROPE (1)**
of which:												*dont:*
Baltic countries	..	..	..	..	..	..	..	..	..	..	..	Pays Baltes
Bulgaria	..	..	..	..	..	..	..	..	..	..	..	Bulgarie
Czechoslovakia	..	..	..	..	..	..	..	..	..	..	..	Tchécoslovaquie
Romania	..	..	..	..	..	..	..	..	..	..	..	Roumanie
Russia	..	..	..	..	..	..	..	..	..	..	..	Russie
Slovakia	..	..	..	..	..	..	..	..	..	..	..	Slovaquie
Slovenia	..	..	..	..	..	..	..	..	..	..	..	Slovénie
Ukraine	..	..	..	..	..	..	..	..	..	..	..	Ukraine
USSR	..	..	..	..	..	..	..	..	..	..	..	URSS

SWITZERLAND / SUISSE

Table 7. **DIRECT INVESTMENT FROM ABROAD: *INWARD POSITION BY COUNTRY***
Tableau 7. **ENCOURS D'INVESTISSEMENT DIRECT DE L'ÉTRANGER: *PAR PAYS***

year-end - fin d'année

SF million / Millions de francs suisses

	1988	1989	1990	1991	1992	1993	1994	1995	1996	1997	1998	
AFRICA	57	60	61	54	57	59	59	61	61	1018	1092	**AFRIQUE**
of which:												*dont:*
Algeria	:	:	:	:	:	:	:	:	:	:	:	Algérie
Egypt	:	:	:	:	:	:	:	:	:	:	:	Egypte
Libya	:	:	:	:	:	:	:	:	:	:	:	Libye
Morocco	:	:	:	:	:	:	:	:	:	:	:	Maroc
South Africa	:	:	:	:	:	:	:	:	:	:	:	Afrique du Sud
LATIN AMERICA-CARIBBEAN (1)	102	111	150	120	118	448	362	280	251	637	1341	**AMÉRIQUE LATINE-CARAIBES (1)**
of which:												*dont:*
Argentina	:	:	:	:	:	:	:	:	:	:	:	Argentine
Brazil	:	:	:	:	:	:	:	:	:	:	:	Brésil
Chile	:	:	:	:	:	:	:	:	:	:	:	Chili
Colombia	:	:	:	:	:	:	:	:	:	:	:	Colombie
Costa Rica	:	:	:	:	:	:	:	:	:	:	:	Costa Rica
Netherlands Antilles	:	:	:	:	:	:	:	:	:	:	:	Antilles néerlandaises
Panama	:	:	:	:	:	:	:	:	:	:	:	Panama
Venezuela	:	:	:	:	:	:	:	:	:	:	:	Vénézuela
NEAR & MIDDLE EAST	598	632	650	508	432	663	598	554	471	557	494	**PROCHE & MOYEN ORIENT**
of which:												*dont:*
Gulf States	:	:	:	:	:	:	:	:	:	171	83	Pays du Golfe
of which:												*dont:*
Kuwait	:	:	:	:	:	:	:	:	:	:	:	Koweit
Saudi Arabia	:	:	:	:	:	:	:	:	:	:	:	Arabie Saoudite
United Arab Emirates	:	:	:	:	:	:	:	:	:	:	:	Émirats Arabes Unis
Iran	:	:	:	:	:	363	306	397	286	332	:	Iran
Israel	:	:	:	:	:	:	:	:	:	:	354	Israël
ASIAN COUNTRIES (1)	1386	1612	2799	2837	3303	163	141	100	:	2883	2231	**PAYS D'ASIE (1)**
of which:												*dont:*
China	:	:	:	:	:	:	:	:	:	:	:	Chine
Chinese Taipei	:	:	:	:	:	:	:	:	:	:	:	Taipei chinois
Hong Kong	:	:	:	:	:	:	:	:	:	:	:	Hong Kong
India	:	:	:	:	:	:	:	:	:	:	:	Inde
Indonesia	:	:	:	:	:	:	:	:	:	:	:	Indonésie
Malaysia	:	:	:	:	:	:	:	:	:	:	:	Malaisie
Philippines	:	:	:	:	:	:	:	:	:	:	:	Philippines
Singapore	:	:	:	:	:	:	:	:	:	:	:	Singapour
Thailand	:	:	:	:	:	:	:	:	:	:	:	Thailande
UNALLOCATED	-1264	-1491	-2713	-2751	-3217	-1	-	-1	766	-2757	-2082	**NON ATTRIBUÉS**
WORLD	37945	39698	44364	48458	48033	57277	63827	65651	72596	86618	95922	**MONDE**
of which:												*dont:*
EUROPE (2)	24433	27277	29608	33186	32358	38430	43211	45009	50151	60989	64775	EUROPE (2)
EUROPEAN UNION	22215	24624	26384	30481	29550	34925	39333	44794	49887	56208	59829	UNION EUROPÉENNE
NAFTA	:	:	:	:	:	13976	15856	16389	17668	20477	25970	ALENA
ASEAN countries	:	:	:	:	:	:	:	:	1	:	:	Pays de l'ASEAN

1. Excluding countries recorded under the OECD area above.
2. EUROPE = EU + EFTA + Other European Countries.

1. Ce montant exclut les pays figurant dans la zone OCDE mentionnée ci-dessus.
2. EUROPE = UE + AELE + Autres pays d'Europe.

SWITZERLAND
SUISSE

SF million
Millions de francs suisses

Table 8. DIRECT INVESTMENT ABROAD: *OUTWARD POSITION BY COUNTRY*
Tableau 8. ENCOURS D'INVESTISSEMENT DIRECT À L'ÉTRANGER: *PAR PAYS*
year-end - *fin d'année*

	1988	1989	1990	1991	1992	1993	1994	1995	1996	1997	1998	
OECD AREA	*60986*	*68601*	*69154*	*81461*	*86558*	*103817*	*117997*	*132090*	*157762*	*190130*	*197113*	**ZONE DE L'OCDE**
Australia	..	..	..	..	..	1964	2102	2467	3548	2619	3147	Australie
Austria	..	..	..	..	..	2312	2526	2482	2439	2886	3124	Autriche
Belgium-Luxembourg	..	..	..	..	..	6246	6494	7345	10532	7519	8585	Belgique-Luxembourg
Canada	..	..	..	..	..	3283	4320	3455	5029	5471	6279	Canada
Czech Republic	..	..	..	..	..	234	198	831	964	1144	1648	République Tchèque
Denmark	..	..	..	..	..	498	799	551	613	693	637	Danemark
Finland	..	..	..	..	..	634	914	868	1162	1373	1387	Finlande
France	..	..	..	..	..	12593	12849	12542	12806	13923	13525	France
Germany	..	..	..	..	..	12214	12436	13495	13938	18311	19009	Allemagne
Greece	..	..	..	..	..	316	402	417	517	573	423	Grèce
Hungary	..	..	..	..	..	137	193	205	228	285	328	Hongrie
Iceland	..	..	..	..	..					112	140	Islande
Ireland	..	..	..	..	..	1596	1748	2569	4385	6494	5478	Irlande
Italy	..	..	..	..	..	5370	4957	5313	6617	7754	7625	Italie
Japan	..	..	..	..	..	3974	4154	3597	4371	3975	3730	Japon
Korea	..	..	..	..	..	187	213	215	323	342	692	Corée
Mexico	..	..	..	..	..	1872	1448	1437	1863	2343	2761	Mexique
Netherlands	..	..	..	..	..	7929	9149	11558	10903	16407	16821	Pays-Bas
New Zealand	..	..	..	..	..	163	173	168	139	452	125	Nouvelle-Zélande
Norway	..	..	..	..	..					1253	1342	Norvège
Poland	..	..	..	..	..	128	276	485	569	670	1055	Pologne
Portugal	..	..	..	..	..	449	579	663	785	961	995	Portugal
Spain	..	..	..	..	..	2788	2672	3216	3572	4344	3892	Espagne
Sweden	..	..	..	..	..	2158	2030	3044	3439	3304	3396	Suède
Turkey	..	..	..	..	..	308	271	414	359	392	726	Turquie
United Kingdom	..	..	..	..	..	11134	14506	14463	19682	29239	32567	Royaume-Uni
United States	..	..	..	..	..	27205	32647	40481	47549	57290	57676	Etats-Unis
OECD UNALLOCATED	60986	68601	69154	81461	86558	-1875	-59	-191	1430	1	-	OCDE NON ATTRIBUÉS
NON-OECD AREA	*12570*	*15882*	*16461*	*21400*	*21788*	*31662*	*29659*	*31832*	*32876*	*50525*	*52771*	**HORS ZONE-OCDE**
EUROPEAN COUNTRIES (1)	231	489	372	688	775	280	602	522	737	1351	1769	**PAYS D'EUROPE** (1)
of which:												*dont:*
Baltic countries	-	..	-	-	..	..	..	..	..	..	..	Pays Baltes
Bulgaria	-	..	-	-	..	..	..	..	..	..	..	Bulgarie
Czechoslovakia	-	..	-	-	..	..	..	-	-	-	-	Tchécoslovaquie
Romania	-	..	-	-	..	..	..	..	..	..	..	Roumanie
Russia	-	..	-	-	..	10	6	62	132	410	735	Russie
Slovakia	-	..	-	-	..	..	..	..	..	..	..	Slovaquie
Slovenia	-	..	-	-	..	..	..	..	..	..	..	Slovénie
Ukraine	-	..	-	-	..	..	..	..	..	..	..	Ukraine
USSR	..	..	..	..	..	..	..	..	..	..	..	URSS

SWITZERLAND   SUISSE

Table 8. **DIRECT INVESTMENT ABROAD:** *OUTWARD POSITION BY COUNTRY*
Tableau 8. **ENCOURS D'INVESTISSEMENT DIRECT À L'ÉTRANGER:** *PAR PAYS*
year-end - fin d'année

SF million   *Millions de francs suisses*

	1988	1989	1990	1991	1992	1993	1994	1995	1996	1997	1998	
AFRICA	1073	1187	1185	1920	1858	1960	1913	2061	2343	2688	2483	**AFRIQUE**
of which:												*dont:*
Algeria	..	..	..	..	..	..	..	..	..	..	..	Algérie
Egypt	..	..	..	..	..	114	139	157	193	326	354	Egypte
Libya	..	..	..	..	..	..	..	..	..	..	..	Libye
Morocco	..	..	..	..	..	197	230	263	240	321	330	Maroc
South Africa	..	..	..	..	..	817	761	883	1053	1081	873	Afrique du Sud
LATIN AMERICA-CARIBBEAN (1)	9731	12274	12828	16037	16207	22275	20332	22303	23883	30216	30038	**AMÉRIQUE LATINE-CARAIBES (1)**
of which:												*dont:*
Argentina	..	..	..	..	..	443	443	491	570	722	1085	Argentine
Brazil	..	..	..	..	..	4214	4605	4385	4926	4387	4375	Brésil
Chile	..	..	..	..	..	413	846	903	1170	1442	686	Chili
Colombia	..	..	..	..	..	414	439	552	471	684	974	Colombie
Costa Rica	..	..	..	..	..	..	..	..	..	..	..	Costa Rica
Netherlands Antilles	..	..	..	..	..	..	..	..	..	..	..	Antilles néerlandaises
Panama	..	..	..	..	..	..	..	..	..	..	..	Panama
Venezuela	..	..	..	..	..	315	217	232	374	732	621	Vénézuela
NEAR & MIDDLE EAST	166	412	295	364	379	466	490	472	727	935	917	**PROCHE & MOYEN ORIENT**
of which:												*dont:*
Gulf States	..	..	..	..	..	323	362	308	280	376	390	Pays du Golfe
of which:												*dont:*
Kuwait	..	..	..	..	..	..	..	..	..	..	..	Koweit
Saudi Arabia	..	..	..	..	..	..	..	..	..	..	..	Arabie Saoudite
United Arab Emirates	..	..	..	..	..	..	..	..	..	..	..	Émirats Arabes Unis
Iran	..	..	..	..	..	..	..	..	..	..	..	Iran
Israel	..	..	..	..	..	..	..	..	..	391	381	Israël
ASIAN COUNTRIES (1)	3938	4166	4365	5713	6699	4117	5434	5558	7318	15313	17536	**PAYS D'ASIE (1)**
of which:												*dont:*
China	..	..	..	..	..	80	263	474	876	1322	1319	Chine
Chinese Taipei	..	..	..	..	..	381	523	541	281	355	480	Taipei chinois
Hong Kong	..	..	..	..	..	1485	2214	1819	1524	2162	2060	Hong Kong
India	..	..	..	..	..	168	195	173	566	746	448	Inde
Indonesia	..	..	..	..	..	201	201	261	366	302	297	Indonésie
Malaysia	..	..	..	..	..	341	382	384	857	1192	901	Malaisie
Philippines	..	..	..	..	..	213	255	254	393	324	1281	Philippines
Singapore	..	..	..	..	..	606	749	911	1443	8044	9729	Singapour
Thailand	..	..	..	..	..	404	509	523	692	509	631	Thaïlande
UNALLOCATED	-2569	-2646	-2584	-3322	-4130	2564	888	916	-2132	22	28	**NON ATTRIBUÉS**
WORLD	*73556*	*84483*	*85615*	*102861*	*108346*	*135479*	*147656*	*163922*	*190638*	*240655*	*249884*	***MONDE***
of which:												*dont:*
EUROPE (2)	39642	43685	46136	53412	57724	68007	74422	81698	95679	118989	124471	EUROPE (2)
EUROPEAN UNION	34880	38183	40423	46670	51482	61133	66589	78524	91387	113781	117464	UNION EUROPÉENNE
NAFTA	..	..	..	..	..	32360	38415	45373	54440	65104	66717	ALENA
ASEAN countries	..	..	..	..	..	1767	2097	2389	3882	10527	12965	Pays de l'ASEAN

1. Excluding countries recorded under the OECD area above.
2. EUROPE = EU + EFTA + Other European Countries.

1. Ce montant exclut les pays figurant dans la zone OCDE mentionnée ci-dessus.
2. EUROPE = UE + AELE + Autres pays d'Europe.

TURKEY - TURQUIE

Chart 1. **Direct investment flows**
Graphique 1. **Flux d'investissement direct**

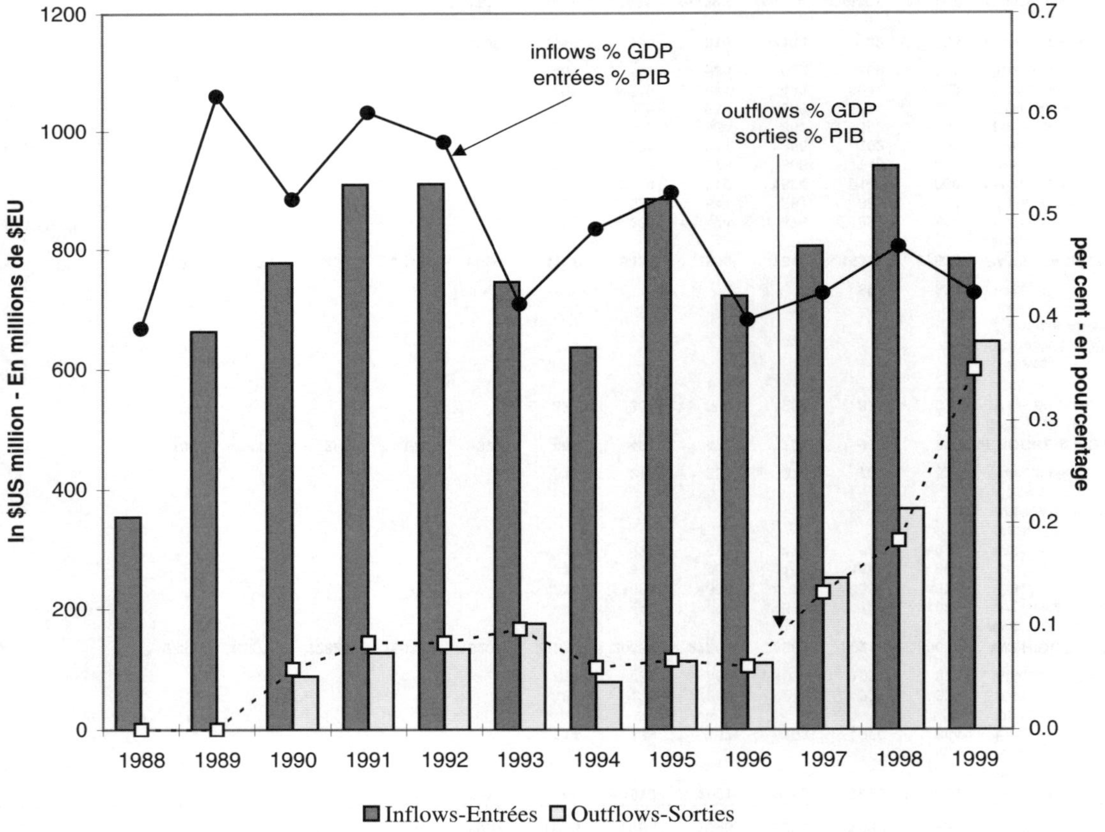

TURKEY - TURQUIE [1]

Chart 2. **Direct investment from abroad:** *inflows by country*
Graphique 2. **Investissement direct de l'étranger:** *flux par pays*

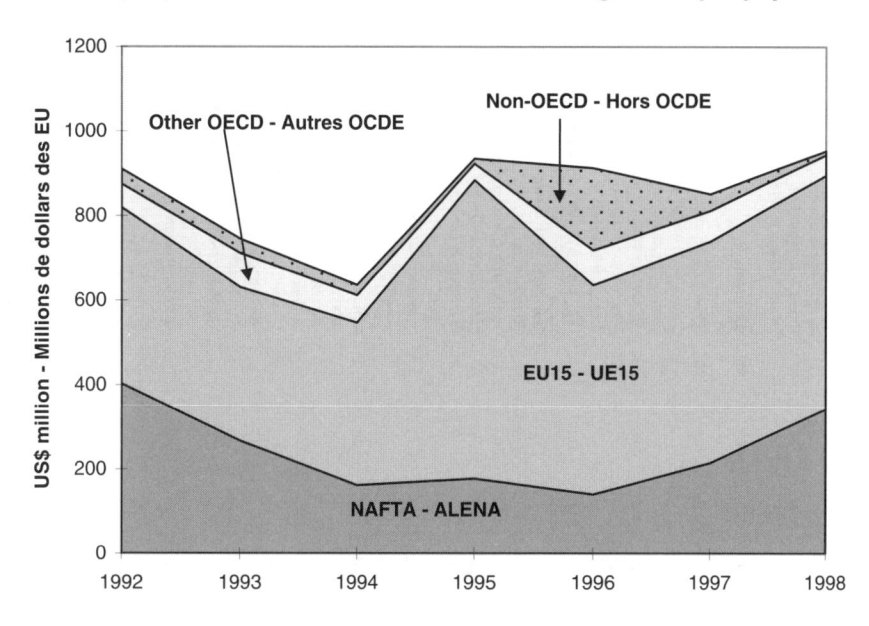

1. Data for NAFTA and EU15 aggregates are not available in 1999.

1. Les données pour les agrégats ALENA et UE1 ne sont pas disponibles en 1999.

Note: Total OECD = EU15 + NAFTA + Other OECD. **Note**: Total OCDE = UE15 + ALENA + Autres OCDE.

TURKEY / TURQUIE

Table 1. DIRECT INVESTMENT FROM ABROAD: INFLOWS BY INDUSTRIAL SECTOR
Tableau 1. INVESTISSEMENT DIRECT DE L'ÉTRANGER: FLUX PAR SECTEUR INDUSTRIEL

US$ million / Millions de dollars des EU

	1988	1989	1990	1991	1992	1993	1994	1995	1996	1997	1998	1999 p	
Agriculture & fishing	..	..	..	..	-	-	-	-	-	-	-	-	**Agriculture & pêche**
Mining & quarrying	..	..	..	..	16	14	19	12	23	47	38	13	**Mines & exploitation**
of which: Extraction of petroleum and gas	..	..	..	..	-	-	-	-	-	-	-	..	*dont*: Extraction de pétrole et gaz
Manufacturing	..	..	..	..	550	477	401	389	423	349	553	353	**Manufacture**
of which:													*dont*:
Food products	..	..	..	..	88	74	4	-	-	-	45	39	Produits alimentaires
Textile and wood activities	..	..	..	..	3	-	-	-	-	-	..	4	Activités du textile et du bois
Petroleum, chemical, rubber and plastic products	..	..	..	..	31	3	-	-	-	-	..	11	Pétrole, produits chimiques, caoutchouc et mat. plastiques
Metal and mechanical products	..	..	..	..	424	400	397	389	423	349	416	..	Produits métallurgiques et mécaniques
Office machinery, computers, radio, TV and communication equipment	..	..	..	..	..	..	..	..	..	..	..	..	Machines de bureau, ordinateurs, radio, téléviseurs et équipement de communication
Vehicles and other transport equipment	..	..	..	..	..	..	..	..	..	..	..	..	Véhicules et autres équipements de transport
Electricity, gas & water	..	..	..	..	..	..	..	..	..	..	..	..	**Electricité, gaz & eau**
Construction	..	..	..	..	..	..	..	..	..	..	..	..	**Construction**
Trade & repairs	..	..	..	..	214	130	157	211	253	214	262	232	**Commerce & réparation**
Hotels & restaurants	..	..	..	..	-	-	-	-	-	-	-	31	**Hôtels & restaurants**
Transport & communication	..	..	..	..	1	1	..	..	..	..	3	2	**Transport & communication**
of which:													*dont*:
Land, sea and air transport	..	..	..	..	..	..	..	..	..	..	..	..	Transport terrestre, maritime et aérien
Telecommunications	..	..	..	..	..	..	..	..	..	..	..	..	Télécommunications
Financial activities	..	..	..	..	36	60	15	13	24	71	38	3	**Activités financières**
of which:													*dont*:
Monetary institutions	..	..	..	..	..	..	..	..	..	..	..	3	Institutions monétaires
Other financial institutions	..	..	..	..	..	..	..	..	..	..	..	..	Autres institutions financières
of which: Financial holding companies	..	..	..	..	..	..	..	..	..	..	..	..	*dont*: Sociétés holding financières
Insurance & activities auxiliary to insurance	..	..	..	..	..	..	..	..	..	..	..	..	Assurances & activités auxiliaires
Other financial institutions and insurance activities	..	..	..	..	..	..	..	..	..	..	..	..	Autres activités d'institutions financières et d'assurances
Real estate & business activities	..	..	..	..	..	..	..	..	..	..	..	..	**Activités d'entreprise & immobilier**
of which: Real estate	..	..	..	..	..	..	..	..	..	..	..	..	*dont*: Immobilier
Other services	..	..	..	..	94	64	44	310	190	171	59	..	**Autres services**
Unallocated	354	663	788	910	-	-	-	-	-	-	-	179	Non attribués
TOTAL	354	663	788	910	911	746	636	935	913	852	953	813	**TOTAL**
of which:													*dont*:
PRIMARY	..	..	..	..	16	14	19	12	23	47	38	13	**PRIMAIRE**
MANUFACTURING	..	..	..	..	550	477	401	389	423	349	553	353	**MANUFACTURE**
SERVICES	..	..	..	..	345	255	216	534	467	456	362	268	**SERVICES**

TURKEY / TURQUIE

Table 2. DIRECT INVESTMENT ABROAD: OUTFLOWS BY INDUSTRIAL SECTOR (1)
Tableau 2. INVESTISSEMENT DIRECT À L'ÉTRANGER: FLUX PAR SECTEUR INDUSTRIEL (1)

US$ million / Millions de dollars des EU

	1988	1989	1990	1991	1992	1993	1994	1995	1996	1997	1998	1999 p	
Agriculture & fishing	..	..	..	..	..	..	..	..	..	..	..	1	**Agriculture & pêche**
Mining & quarrying	..	..	..	..	..	..	..	..	..	..	..	-	**Mines & exploitation**
of which: Extraction of petroleum and gas													*dont*: Extraction de pétrole et gaz
Manufacturing	..	..	..	..	..	..	..	..	..	..	..	146	**Manufacture**
of which:													*dont*:
Food products												26	Produits alimentaires
Textile and wood activities												7	Activités du textile et du bois
Petroleum, chemical, rubber and plastic products												1	Pétrole, produits chimiques, caoutchouc et mat. plastiques
Metal and mechanical products												..	Produits métallurgiques et mécaniques
Office machinery, computers, radio, TV and communication equipment												..	Machines de bureau, ordinateurs, radio, téléviseurs et équipement de communication
Vehicles and other transport equipment												..	Véhicules et autres équipements de transport
Electricity, gas & water	..	..	..	..	..	..	..	..	..	..	..	..	**Electricité, gaz & eau**
Construction	..	..	..	..	..	..	..	..	..	..	..	..	**Construction**
Trade & repairs	..	..	..	..	..	..	..	..	..	..	..	140	**Commerce & réparation**
Hotels & restaurants	..	..	..	..	..	..	..	..	..	..	..	1	**Hôtels & restaurants**
Transport & communication	..	..	..	..	..	..	..	..	..	..	..	2	**Transport & communication**
of which:													*dont*:
Land, sea and air transport												..	Transport terrestre, maritime et aérien
Telecommunications												..	Télécommunications
Financial activities	..	..	..	..	..	..	..	..	..	..	..	177	**Activités financières**
of which:													*dont*:
Monetary institutions												177	Institutions monétaires
Other financial institutions												..	Autres institutions financières
of which: Financial holding companies												..	*dont*: Sociétés holding financières
Insurance & activities auxiliary to insurance												..	Assurances & activités auxiliaires
Other financial institutions and insurance activities												..	Autres activités d'institutions financières et d'assurances
Real estate & business activities	..	..	..	..	..	..	..	..	..	..	..	..	**Activités d'entreprise & immobilier**
of which: Real estate												..	*dont*: Immobilier
Other services	..	..	..	..	..	..	..	..	..	..	..	..	**Autres services**
Unallocated	..	..	..	..	..	..	..	..	..	..	..	188	Non attribués
TOTAL	..	..	..	..	..	..	..	..	..	..	..	655	**TOTAL**
of which:													*dont*:
PRIMARY	..	..	..	..	..	..	..	..	..	..	..	1	**PRIMAIRE**
MANUFACTURING	..	..	..	..	..	..	..	..	..	..	..	146	**MANUFACTURE**
SERVICES	..	..	..	..	..	..	..	..	..	..	..	320	**SERVICES**

1. Direct investment outflows by industrial sector are reported for the first time in this edition of the year book.

1. Les flux d'investissements directs à l'étranger par secteur industriel sont rapportés pour la première fois dans cette édition.

TURKEY / **TURQUIE**

Table 3. **DIRECT INVESTMENT FROM ABROAD:** *INFLOWS BY COUNTRY*
Tableau 3. **INVESTISSEMENT DIRECT DE L'ÉTRANGER:** *FLUX PAR PAYS*

US$ million / Millions de dollars des EU

	1988	1989	1990	1991	1992	1993	1994	1995	1996	1997	1998	1999 p	
OECD AREA	..	..	..	..	**875**	**712**	**612**	**923**	**719**	**812**	**944**	**649**	**ZONE DE L'OCDE**
Australia						-	-	-	-	-	3	..	Australie
Austria					2	-	-	1	4	5	3	7	Autriche
Belgium-Luxembourg					-	-	-	2	17	34	19	11	Belgique-Luxembourg
Canada					..	..	..	..	..	..	..	..	Canada
Czech Republic					..	..	..	..	..	..	..	..	République Tchèque
Denmark					-	-	-	-	-	-	4	..	Danemark
Finland					-	-	-	1	-	-	-	..	Finlande
France					189	233	136	136	35	54	118	46	France
Germany					67	39	166	196	134	128	187	208	Allemagne
Greece					-	-	-	-	-	-	-	1	Grèce
Hungary					..	..	..	..	..	..	..	..	Hongrie
Iceland					..	..	..	..	..	..	..	..	Islande
Ireland					-	-	1	11	22	-	-	..	Irlande
Italy					29	34	10	17	32	7	43	40	Italie
Japan					20	20	24	19	24	37	15	9	Japon
Korea					..	..	..	..	..	..	..	..	Corée
Mexico					..	..	..	..	..	..	..	..	Mexique
Netherlands					104	41	64	325	189	254	116	24	Pays-Bas
New Zealand					..	..	..	..	..	..	..	..	Nouvelle-Zélande
Norway					-	-	-	-	-	-	-	1	Norvège
Poland					..	..	..	..	..	..	..	..	Pologne
Portugal					-	-	-	-	-	-	-	-	Portugal
Spain					-	-	-	-	8	-	-	1	Espagne
Sweden					-	-	-	-	-	-	4	6	Suède
Switzerland					32	30	36	13	33	13	18	8	Suisse
United Kingdom					26	17	8	17	54	43	59	33	Royaume-Uni
United States					403	267	162	178	141	215	343	254	Etats-Unis
OECD UNALLOCATED					3	31	5	7	26	22	12	-	OCDE NON ATTRIBUES
NON-OECD AREA	..	..	..	..	**36**	**34**	**24**	**12**	**194**	**40**	**9**	**164**	**HORS ZONE-OCDE**
EUROPEAN COUNTRIES (1)	..	..	..	..	..	..	..	..	..	..	..	**3**	**PAYS D'EUROPE (1)**
of which:													*dont:*
Baltic countries	-	-	-	-	-	-	-	-	-	-	..	..	Pays Baltes
Bulgaria	-	-	-	-	-	-	-	-	-	-	..	..	Bulgarie
Czechoslovakia	-	-	-	-	-	-	-	-	-	-	..	..	Tchécoslovaquie
Romania	-	-	-	-	-	-	-	-	-	-	..	2	Roumanie
Russia	-	-	-	-	-	-	-	-	-	-	..	2	Russie
Slovakia	-	-	-	-	-	-	-	-	-	-	..	..	Slovaquie
Slovenia	-	-	-	-	-	-	-	-	-	-	..	..	Slovénie
Ukraine	-	-	-	-	-	-	-	-	-	-	..	-	Ukraine
USSR	-	-	-	-	-	-	-	-	-	-	-	-	URSS

TURKEY / TURQUIE

Table 3. **DIRECT INVESTMENT FROM ABROAD:** *INFLOWS BY COUNTRY*
Tableau 3. **INVESTISSEMENT DIRECT DE L'ÉTRANGER:** *FLUX PAR PAYS*

US$ million / Millions de dollars des EU

	1988	1989	1990	1991	1992	1993	1994	1995	1996	1997	1998	1999 p	
AFRICA	..	..	..	..	..	..	..	..	4	4	..	1	**AFRIQUE**
of which:													*dont:*
Algeria	..	..	..	..	..	..	..	..	..	..	..	..	Algérie
Egypt	..	..	..	..	..	..	-	-	-	2	..	..	Egypte
Libya	..	..	..	..	..	..	-	-	-	2	..	..	Libye
Morocco	..	..	..	..	..	..	-	2	4	..	..	..	Maroc
South Africa	..	..	..	..	..	..	..	..	..	..	..	..	Afrique du Sud
LATIN AMERICA-CARIBBEAN (1)	..	..	..	..	..	..	..	..	..	..	..	..	**AMÉRIQUE LATINE-CARAIBES (1)**
of which:													*dont:*
Argentina	..	..	..	..	..	..	..	..	..	..	..	..	Argentine
Brazil	..	..	..	..	..	..	..	..	..	..	..	..	Brésil
Chile	..	..	..	..	..	..	..	..	..	..	..	..	Chili
Colombia	..	..	..	..	..	..	..	..	..	..	..	..	Colombie
Costa Rica	..	..	..	..	..	..	..	..	..	..	..	..	Costa Rica
Netherlands Antilles	..	..	..	..	..	..	..	..	..	..	..	..	Antilles néerlandaises
Panama	..	..	..	..	..	..	..	..	..	..	..	..	Panama
Venezuela	..	..	..	..	..	..	..	..	..	..	..	..	Vénézuela
NEAR & MIDDLE EAST	17	11	5	44	16	26	8	3	27	12	3	155	**PROCHE & MOYEN ORIENT**
of which:													*dont:*
Gulf States	..	..	..	..	..	..	..	..	..	..	..	148	Pays du Golfe
of which:													*dont:*
Kuwait	..	..	..	..	-	2	-	-	1	3	..	..	Koweit
Saudi Arabia	..	..	..	..	-	9	6	3	7	8	2	..	Arabie Saoudite
United Arab Emirates	..	..	..	..	-	-	-	-	-	-	-	..	Émirats Arabes Unis
Iran	..	..	..	..	-	-	-	-	1	1	1	..	Iran
Israel	..	..	..	..	-	-	-	-	-	-	-	1	Israël
ASIAN COUNTRIES (1)	..	..	..	..	-	-	-	-	-	-	..	3	**PAYS D'ASIE (1)**
of which:													*dont:*
China	..	..	..	..	..	..	..	..	..	..	..	-	Chine
Chinese Taipei	..	..	..	..	..	..	..	..	..	..	..	..	Taipei chinois
Hong Kong	..	..	..	..	..	..	..	..	..	..	..	..	Hong Kong
India	..	..	..	..	..	..	..	..	..	..	..	..	Inde
Indonesia	..	..	..	..	..	..	..	..	..	..	..	..	Indonésie
Malaysia	..	..	..	..	..	..	..	..	..	..	..	..	Malaisie
Philippines	..	..	..	..	..	..	..	..	..	..	..	..	Philippines
Singapore	..	..	..	..	..	..	..	..	..	..	..	-	Singapour
Thailand	..	..	..	..	..	..	..	..	..	..	..	-	Thailande
UNALLOCATED	..	..	..	..	20	8	16	7	163	24	6	2	**NON ATTRIBUÉS**
WORLD	*354*	*663*	*778*	*910*	*911*	*746*	*636*	*935*	*913*	*852*	*953*	*813*	***MONDE***
of which:													*dont:*
EUROPE (2)	..	..	..	..	452	425	426	726	554	560	571	385	EUROPE (2)
EUROPEAN UNION	..	..	..	..	417	364	385	706	495	525	553	..	UNION EUROPÉENNE
NAFTA	..	..	..	..	403	267	162	178	141	215	343	..	ALENA
ASEAN countries	..	..	..	..	..	..	..	..	..	..	..	..	Pays de l'ASEAN

1. Excluding countries recorded under the OECD area above.
2. EUROPE = EU + EFTA + Other European Countries.

1. Ce montant exclut les pays figurant dans la zone OCDE mentionnée ci-dessus.
2. EUROPE = UE + AELE + Autres pays d'Europe.

TURKEY / TURQUIE

Table 4. **DIRECT INVESTMENT ABROAD:** *OUTFLOWS BY COUNTRY (1)*
Tableau 4. **INVESTISSEMENT DIRECT À L'ÉTRANGER:** *FLUX PAR PAYS (1)*

US$ million / Millions de dollars des EU

	1988	1989	1990	1991	1992	1993	1994	1995	1996	1997	1998	1999 p	
OECD AREA	..	..	..	..	..	..	..	..	..	..	..	***509***	***ZONE DE L'OCDE***
Australia	..	..	..	..	..	..	..	..	..	..	..	..	Australie
Austria	..	..	..	..	..	..	..	..	..	..	..	11	Autriche
Belgium-Luxembourg	..	..	..	..	..	..	..	..	..	..	..	15	Belgique-Luxembourg
Canada	..	..	..	..	..	..	..	..	..	..	..	..	Canada
Czech Republic	..	..	..	..	..	..	..	..	..	..	..	..	République Tchèque
Denmark	..	..	..	..	..	..	..	..	..	..	..	-	Danemark
Finland	..	..	..	..	..	..	..	..	..	..	..	..	Finlande
France	..	..	..	..	..	..	..	..	..	..	..	64	France
Germany	..	..	..	..	..	..	..	..	..	..	..	12	Allemagne
Greece	..	..	..	..	..	..	..	..	..	..	..	-	Grèce
Hungary	..	..	..	..	..	..	..	..	..	..	..	-	Hongrie
Iceland	..	..	..	..	..	..	..	..	..	..	..	6	Islande
Ireland	..	..	..	..	..	..	..	..	..	..	..	1	Irlande
Italy	..	..	..	..	..	..	..	..	..	..	..	..	Italie
Japan	..	..	..	..	..	..	..	..	..	..	..	1	Japon
Korea	..	..	..	..	..	..	..	..	..	..	..	..	Corée
Mexico	..	..	..	..	..	..	..	..	..	..	..	..	Mexique
Netherlands	..	..	..	..	..	..	..	..	..	..	..	56	Pays-Bas
New Zealand	..	..	..	..	..	..	..	..	..	..	..	..	Nouvelle-Zélande
Norway	..	..	..	..	..	..	..	..	..	..	..	..	Norvège
Poland	..	..	..	..	..	..	..	..	..	..	..	-	Pologne
Portugal	..	..	..	..	..	..	..	..	..	..	..	-	Portugal
Spain	..	..	..	..	..	..	..	..	..	..	..	-	Espagne
Sweden	..	..	..	..	..	..	..	..	..	..	..	-	Suède
Switzerland	..	..	..	..	..	..	..	..	..	..	..	4	Suisse
United Kingdom	..	..	..	..	..	..	..	..	..	..	..	104	Royaume-Uni
United States	..	..	..	..	..	..	..	..	..	..	..	233	Etats-Unis
OECD UNALLOCATED	..	..	..	..	..	..	..	..	..	..	..	2	OCDE NON ATTRIBUES
NON-OECD AREA	..	..	..	..	..	..	..	..	..	..	..	***146***	***HORS ZONE-OCDE***
EUROPEAN COUNTRIES (2)	..	..	..	..	..	..	..	..	..	..	..	***41***	***PAYS D'EUROPE (2)***
of which:													*dont:*
Baltic countries	-	-	-	-	-	-	-	-	-	-	-	-	Pays Baltes
Bulgaria	-	-	-	-	-	-	-	-	-	-	-	3	Bulgarie
Czechoslovakia	-	-	-	-	-	-	-	-	-	-	-	-	Tchécoslovaquie
Romania	-	-	-	-	-	-	-	-	-	-	-	-	Roumanie
Russia	-	-	-	-	-	-	-	-	-	-	-	29	Russie
Slovakia	-	-	-	-	-	-	-	-	-	-	-	..	Slovaquie
Slovenia	-	-	-	-	-	-	-	-	-	-	-	..	Slovénie
Ukraine	-	-	-	-	-	-	-	-	-	-	-	-	Ukraine
USSR	-	-	-	-	-	-	-	-	-	-	-	-	URSS

TURKEY / TURQUIE

Table 4. DIRECT INVESTMENT ABROAD: OUTFLOWS BY COUNTRY (1)
Tableau 4. INVESTISSEMENT DIRECT À L'ÉTRANGER: FLUX PAR PAYS (1)

US$ million / Millions de dollars des EU

	1988	1989	1990	1991	1992	1993	1994	1995	1996	1997	1998	1999 p	
AFRICA	..	..	..	..	..	..	..	..	..	..	..	**2**	**AFRIQUE**
of which:													*dont:*
Algeria													Algérie
Egypt													Egypte
Libya													Libye
Morocco													Maroc
South Africa												2	Afrique du Sud
LATIN AMERICA-CARIBBEAN (2)	..	..	..	..	..	..	..	..	..	..	..	**3**	**AMÉRIQUE LATINE-CARAIBES (2)**
of which:													*dont:*
Argentina													Argentine
Brazil												3	Brésil
Chile													Chili
Colombia													Colombie
Costa Rica													Costa Rica
Netherlands Antilles													Antilles néerlandaises
Panama													Panama
Venezuela													Vénézuela
NEAR & MIDDLE EAST	..	..	..	..	..	..	..	..	..	..	..	**6**	**PROCHE & MOYEN ORIENT**
Gulf States												-	Pays du Golfe
of which:													*dont:*
Kuwait													Koweit
Saudi Arabia													Arabie Saoudite
United Arab Emirates													Émirats Arabes Unis
Iran													Iran
Israel													Israël
ASIAN COUNTRIES (2)	..	..	..	..	..	..	..	..	..	..	..	**36**	**PAYS D'ASIE (2)**
of which:													*dont:*
China													Chine
Chinese Taipei													Taipei chinois
Hong Kong												1	Hong Kong
India													Inde
Indonesia													Indonésie
Malaysia													Malaisie
Philippines													Philippines
Singapore													Singapour
Thailand													Thailande
UNALLOCATED	..	..	..	..	..	..	..	..	..	..	..	**58**	**NON ATTRIBUÉS**
WORLD	..	..	..	..	..	..	..	..	..	..	..	***655***	***MONDE***
of which:													*dont:*
EUROPE (3)												275	EUROPE (3)
EUROPEAN UNION													UNION EUROPÉENNE
NAFTA													ALENA
ASEAN countries													Pays de l'ASEAN

1. Direct investment outflows by country are reported for the first time in this edition of the year book.
2. Excluding countries recorded under the OECD area above.
3. EUROPE = EU + EFTA + Other European Countries.

1. Les flux d'investissements directs à l'étranger par pays sont rapportés pour la première fois dans cette édition.
2. Ce montant exclut les pays figurant dans la zone OCDE mentionnée ci-dessus.
3. EUROPE = UE + AELE + Autres pays d'Europe.

UNITED KINGDOM - ROYAUME-UNI

Chart 1. **Direct investment flows**
Graphique 1. **Flux d'investissement direct**

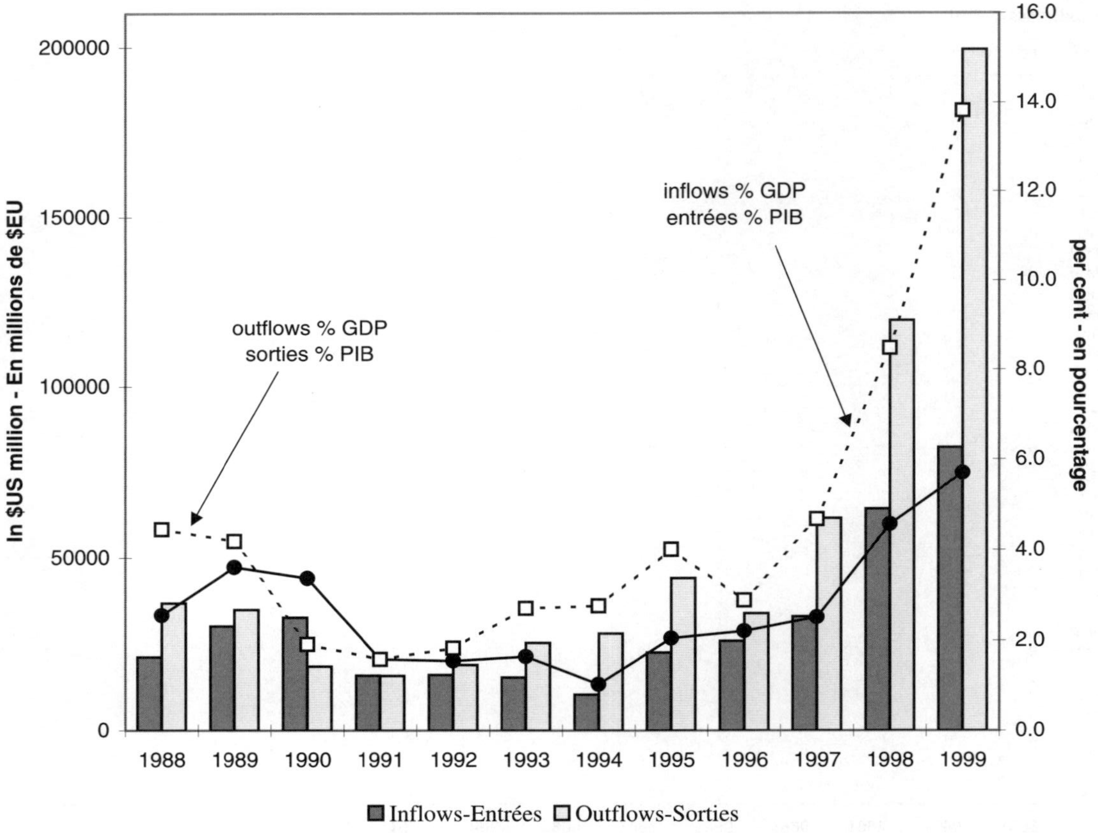

UNITED KINGDOM - ROYAUME-UNI

Chart 2. **Direct investment from abroad:** *inflows by country*
Graphique 2. **Investissement direct de l'étranger:** *flux par pays*

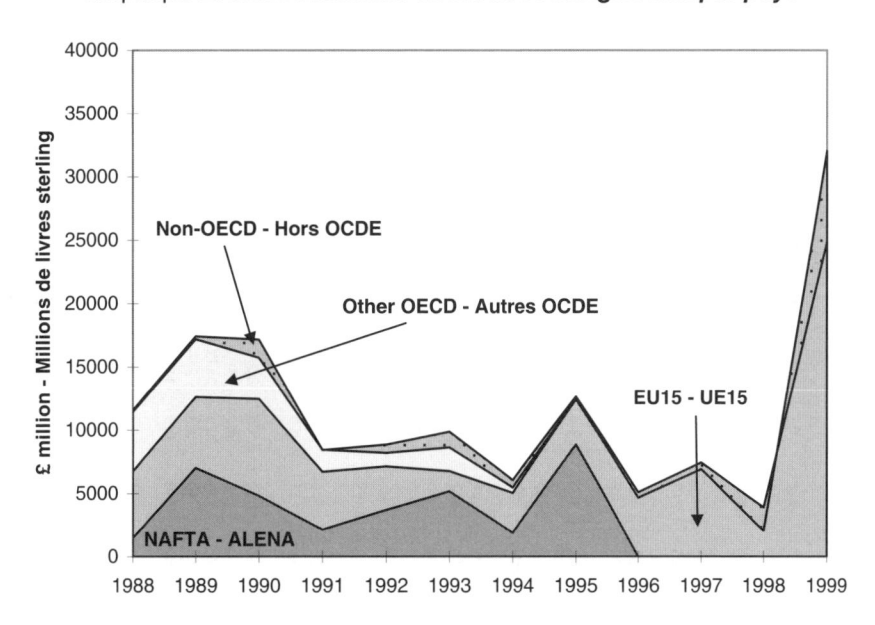

Chart 3. **Direct investment abroad:** *outflows by country*
Graphique 3. **Investissement direct à l'étranger:** *flux par pays*

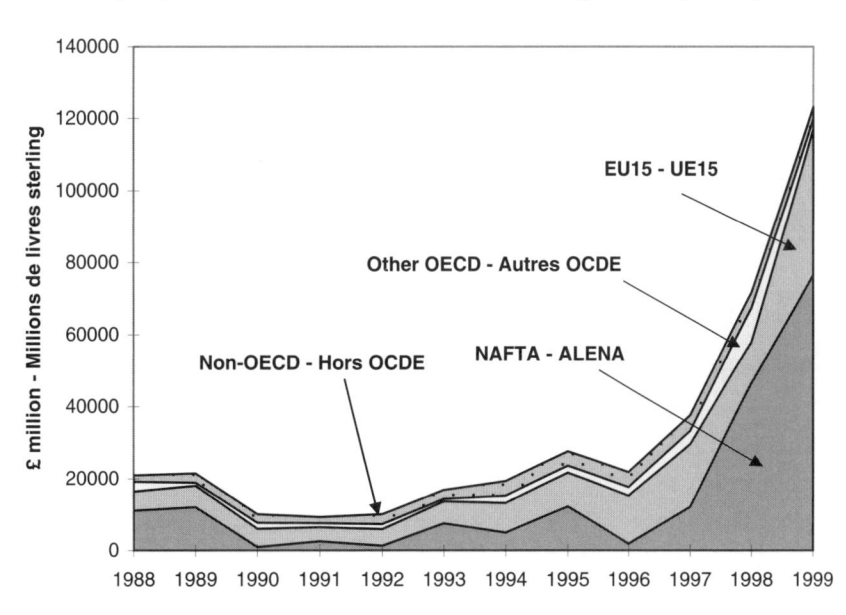

Note: Total OECD = EU15 + NAFTA + Other OECD. **Note**: Total OCDE = UE15 + ALENA + Autres OCDE.

UNITED KINGDOM / ROYAUME-UNI

Table 1. DIRECT INVESTMENT FROM ABROAD: INFLOWS BY INDUSTRIAL SECTOR
Tableau 1. INVESTISSEMENT DIRECT DE L'ÉTRANGER : FLUX PAR SECTEUR INDUSTRIEL

£ million / Millions de livres sterling

	1988	1989	1990	1991	1992	1993	1994	1995	1996	1997	1998	1999 p	
Agriculture & fishing	24	14	19	7	45	-15	16	7	5	6	6	60	**Agriculture & pêche**
Mining & quarrying	2692	2250	3103	2114	2540	1327	2194	-173	2560	873	94	3531	**Mines & exploitation**
of which: Extraction of petroleum and gas	2692	2250	3103	2114	2540	1327	2189	-192	2559	874	116	3534	*dont* : Extraction de pétrole et gaz
Manufacturing	4229	7644	3247	3016	2329	3345	2400	4172	4272	5760	9920	20617	**Manufacture**
of which:													*dont* :
Food products	1687	226	-350	1307	1282	230	436	-291	51	1098	961	1310	Produits alimentaires
Textile and wood activities	..	..	..	..	238	1780	430	566	1125	743	1481	3555	Activités du textile et du bois
Petroleum, chemical, rubber and plastic products	..	..	..	..	..	301	577	533	1800	1705	2817	2220	Pétrole, produits chimiques, caoutchouc et mat. plastiques
Metal and mechanical products	606	552	1309	33	298	-106	301	327	-54	1086	1581	1631	Produits métallurgiques et mécaniques
Office machinery, computers, radio, TV and communication equipment	476	1645	-514	287	599	238	371	937	1102	33	-247	6095	Machines de bureau, ordinateurs, radio, téléviseurs et équipement de communication
Vehicles and other transport equipment	-546	2076	991	-245	151	616	-124	-284	-90	540	2399	4654	Véhicules et autres équipements de transport
Electricity, gas & water	..	..	..	..	..	101	-106	2288	540	2142	3604	1963	**Electricité, gaz & eau**
Construction	150	2	28	-62	-12	141	-98	-264	995	159	-24	958	**Construction**
Trade & repairs	683	1372	2480	1339	..	1307	720	1094	1108	2144	802	2257	**Commerce & réparation**
Hotels & restaurants	..	..	..	..	..	37	54	908	528	444	697	782	**Hôtels & restaurants**
Transport & communication	..	..	..	..	..	427	14	-241	10	517	2211	9821	**Transport & communication**
of which:													*dont* :
Land, sea and air transport	215	179	-85	19	586	61	2	41	241	155	102	636	Transport terrestre, maritime et aérien
Telecommunications	..	..	..	..	..	230	12	-88	-399	-262	1093	8193	Télécommunications
Financial activities	2514	3772	4013	526	1400	3225	430	3750	5046	4523	13934	4842	**Activités financières**
of which:													*dont* :
Monetary institutions	..	..	..	..	..	2074	..	..	2456	3370	1972	1399	Institutions monétaires
Other financial institutions	..	..	..	..	..	955	136	..	974	261	12069	761	Autres institutions financières
of which: Financial holding companies	..	..	..	..	..	..	..	..	..	..	..	-	*dont* : Sociétés holding financières
Insurance & activities auxiliary to insurance	..	..	..	..	..	196	-547	-143	1616	892	-106	2682	Assurances & activités auxiliaires
Other financial institutions and insurance activities	..	..	..	..	..	1151	-411	..	2590	1153	11963	3443	Autres activités d'institutions financières et d'assurances
Real estate & business activities	..	..	..	..	..	54	307	994	928	3369	7225	3942	**Activités d'entreprise & immobilier**
of which: Real estate	1056	2175	4350	1459	1333	6	30	584	11	-80	138	216	*dont* : Immobilier
Other services	..	..	..	..	..	-86	194	123	-330	360	165	1107	**Autres services**
Unallocated	214	176	-85	19	1215	-	-79	-4	.	-1	-1	-	Non attribués
TOTAL	11562	17405	17155	8418	8850	9863	6046	12654	15662	20296	38633	49880	**TOTAL**
of which:													*dont* :
PRIMARY	2716	2264	3122	2121	2585	1312	2210	-166	2565	879	100	3591	PRIMAIRE
MANUFACTURING	4229	7644	3247	3016	2329	3345	2400	4172	4272	5760	9920	20617	MANUFACTURE
SERVICES	4403	7321	10871	3262	2721	5206	1515	8652	8825	13658	28614	25672	SERVICES

UNITED KINGDOM   **ROYAUME-UNI**

Table 2. **DIRECT INVESTMENT ABROAD: OUTFLOWS BY INDUSTRIAL SECTOR**
Tableau 2. **INVESTISSEMENT DIRECT À L'ÉTRANGER: FLUX PAR SECTEUR INDUSTRIEL**

£ million   *Millions de livres sterling*

	1988	1989	1990	1991	1992	1993	1994	1995	1996	1997	1998	1999 p	
Agriculture & fishing	125	-1	128	85	103	20	90	102	-1209	36	36	89	**Agriculture & pêche**
Mining & quarrying	3101	1269	956	1405	-723	1406	1490	2039	3397	7374	31945	2651	**Mines & exploitation**
of which: Extraction of petroleum and gas	3101	1269	956	1405	-884	960	937	951	3120	5973	31415	1709	*dont*: Extraction de pétrole et gaz
Manufacturing	11774	11893	4302	5211	4008	4515	13194	11641	9540	11808	14168	48746	**Manufacture**
of which:													*dont:*
Food products	2933	4577	-276	1195	1604	1021	3561	903	1292	2103	3477	8892	Produits alimentaires
Textile and wood activities	..	..	..	..	557	780	2831	764	608	698	1668	1453	Activités du textile et du bois
Petroleum, chemical, rubber and plastic products	..	..	..	..	..	1971	3618	5937	3427	5392	2207	27554	Pétrole, produits chimiques, caoutchouc et mat. plastiques
Metal and mechanical products	852	688	530	545	271	162	905	627	605	798	901	2913	Produits métallurgiques et mécaniques
Office machinery, computers, radio, TV and communication equipment	1803	702	-495	32	-170	15	134	-90	224	319	-370	-180	Machines de bureau, ordinateurs, radio, téléviseurs et équipement de communication
Vehicles and other transport equipment	..	..	..	..	..	-558	248	726	974	1073	1264	1450	Véhicules et autres équipements de transport
Electricity, gas & water	..	..	..	..	..	..	88	-181	-27	314	2274	5760	**Electricité, gaz & eau**
Construction	17	548	-7	132	34	7	65	33	278	215	..	-212	**Construction**
Trade & repairs	2896	1259	1807	374	..	1513	-467	1500	2979	2454	3374	2875	**Commerce & réparation**
Hotels & restaurants	..	..	..	..	..	129	409	523	91	-559	1242	1700	**Hôtels & restaurants**
Transport & communication	..	..	..	..	..	-57	-618	1758	2225	3836	1274	50233	**Transport & communication**
of which:													*dont:*
Land, sea and air transport	447	1230	-7	978	296	-57	229	152	607	115	286	126	Transport terrestre, maritime et aérien
Telecommunications	..	..	..	..	..	..	-816	1382	1565	2580	297	49659	Télécommunications
Financial activities	675	1900	475	-1360	1433	6861	2643	5577	5451	9081	13783	8754	**Activités financières**
of which:													*dont:*
Monetary institutions	..	..	..	..	..	1467	..	1718	1800	-134	3677	1422	Institutions monétaires
Other financial institutions	..	..	..	..	..	3344	1697	..	2916	5879	9352	5866	Autres institutions financières
of which: Financial holding companies	..	..	..	..	..	..	..	85	..	..	..	..	*dont*: Sociétés holding financières
Insurance & activities auxiliary to insurance	..	..	..	..	..	2050	-246	2100	734	3337	754	1467	Assurances & activités auxiliaires
Other financial institutions and insurance activities	..	..	..	..	..	5394	1451	4232	3650	9216	10106	7333	Autres activités d'institutions financières et d'assurances
Real estate & business activities	1880	3395	2454	2478	4096	1815	2674	141	-434	2018	3011	1970	**Activités d'entreprise & immobilier**
of which: Real estate	..	..	..	..	1156	-131	356	373	143	-196	-428	-288	*dont*: Immobilier
Other services	..	1228	-5	981	..	652	-221	..	-464	1043	572	556	**Autres services**
Unallocated	447	1228	-5	981	..	..	-6	7	-4	-1	-1	..	Non attribués
TOTAL	20915	21491	10110	9306	10107	16861	19341	27604	21823	37619	71678	123122	**TOTAL**
of which:													*dont:*
PRIMARY	3226	1268	1084	1490	-620	1426	1580	2141	2188	7410	31981	2740	**PRIMAIRE**
MANUFACTURING	11774	11893	4302	5211	4008	4515	13194	11641	9540	11808	14168	48746	**MANUFACTURE**
SERVICES	5468	7102	4729	1624	5563	10920	4573	13815	10099	18402	25530	71636	**SERVICES**

UNITED KINGDOM

ROYAUME-UNI

Table 3. DIRECT INVESTMENT FROM ABROAD: INFLOWS BY COUNTRY
Tableau 3. INVESTISSEMENT DIRECT DE L'ÉTRANGER: FLUX PAR PAYS

£ million / Millions de livres sterling

	1988	1989	1990	1991	1992	1993	1994	1995	1996	1997	1998	1999 p		
OECD AREA	*11428*	*17179*	*15719*	*8443*	*8214*	*8626*	*5485*	*12416*	*15235*	*19758*	*36782*	*57049*	*ZONE DE L'OCDE*	
Australia	1575	846	957	937	340	996	261	-708	1096	721	940	1656	Australie	
Austria	8	1	62	11	-46	14	60	21	20	..	126	10	Autriche	
Belgium-Luxembourg	306	853	296	201	65	-426	357	520	6	174	1003	1812	Belgique-Luxembourg	
Canada	168	610	-265	264	-46	34	-245	-438	444	374	-123	1202	Canada	
Czech Republic	..	..	..	..	-10	..	..	..	..	..	..	..	République Tchèque	
Denmark	121	198	154	122	91	97	77	68	..	193	197	262	Danemark	
Finland	26	56	36	8	53	-41	32	-36	2	126	126	287	Finlande	
France	868	1870	1551	1333	802	-35	310	1004	1321	2647	-470	4657	France	
Germany	278	460	1610	396	1261	656	73	2090	835	1123	205	20637	Allemagne	
Greece	-5	-3	-2	-3	..	..	..	..	..	..	2	8	Grèce	
Hungary	..	-2	..	-1	1	..	..	..	..	..	..	..	Hongrie	
Iceland	..	..	..	..	..	..	..	..	..	..	..	..	Islande	
Ireland	121	230	229	137	-33	49	224	-35	221	1127	688	497	Irlande	
Italy	83	26	-43	45	-38	82	178	328	-184	-32	-1	156	Italie	
Japan	1130	1238	2091	48	-22	279	6	-379	209	288	56	1937	Japon	
Korea	..	..	-120	-22	105	34	3	85	..	-78	178	305	Corée	
Mexico	9	-12	-2	..	..	..	..	..	..	..	..	..	Mexique	
Netherlands	3142	1613	2085	2334	1135	1245	1914	-633	2610	1180	343	2515	Pays-Bas	
New Zealand	-46	144	-106	391	-18	1	128	60	-104	-6	-113	194	Nouvelle-Zélande	
Norway	218	-53	201	-72	-35	50	-131	124	1060	182	-122	583	Norvège	
Poland	1	1	1	1	1	..	..	..	..	..	..	..	Pologne	
Portugal	1	-3	-9	1	7	..	8	..	7	..	-1	11	Portugal	
Spain	49	130	3	-12	3	15	22	17	66	71	80	133	Espagne	
Sweden	284	185	1658	5	129	-55	120	184	-379	147	-233	1059	Suède	
Switzerland	1802	2363	229	399	710	504	-43	912	1151	1320	12366	1302	Suisse	
Turkey	..	13	10	20	9	..	..	..	..	..	..	..	Turquie	
United States	1287	6414	5094	1878	3748	5144	2137	9293	6742	10045	21533	17815	Etats-Unis	
OECD UNALLOCATED	1	1	-1	22	2	-17	-6	-61	112	282	2	11	OCDE NON ATTRIBUÉS	
NON-OECD AREA	*134*	*226*	*1436*	*-25*	*636*	*1237*	*561*	*238*	*427*	*538*	*1851*	*-7169*	*HORS ZONE-OCDE*	
EUROPEAN COUNTRIES (1)	**-26**	..	..	..	**-60**	**65**	**-124**	**36**	**47**	**-21**	**395**	**792**	**PAYS D'EUROPE (1)**	
of which:													*dont:*	
Baltic countries	..	..	..	..	..	..	..	..	..	..	..	..	Pays Baltes	
Bulgaria	..	..	..	..	..	..	..	..	..	..	..	..	Bulgarie	
Czechoslovakia	..	4	..	-1	..	..	..	..	..	..	..	..	Tchécoslovaquie	
Romania	..	..	..	..	..	..	..	..	..	..	..	..	Roumanie	
Russia	..	..	..	..	-68	50	..	19	61	19	..	..	Russie	
Slovakia	..	..	..	..	..	..	..	..	..	..	..	..	Slovaquie	
Slovenia	..	..	..	..	..	..	..	..	..	..	..	..	Slovénie	
Ukraine	..	..	..	..	..	..	..	..	..	..	..	..	Ukraine	
USSR	-25	28	-27	-12	..	..	..	..	..	..	..	..	URSS	

UNITED KINGDOM ROYAUME-UNI

Table 3. **DIRECT INVESTMENT FROM ABROAD:** *INFLOWS BY COUNTRY*
Tableau 3. **INVESTISSEMENT DIRECT DE L'ÉTRANGER:** *FLUX PAR PAYS*

£ million Millions de livres sterling

	1988	1989	1990	1991	1992	1993	1994	1995	1996	1997	1998	1999 p	
AFRICA	**22**	**3**	**4**	**-7**	**92**	**53**	**63**	**113**	**118**	**170**	**853**	**111**	**AFRIQUE**
of which:													*dont:*
Algeria	..	..	..	..	..	..	..	..	..	..	..	..	Algérie
Egypt	..	..	..	..	-	-	-	..	..	..	..	..	Egypte
Libya	..	..	..	..	-	-	-	..	..	..	..	..	Libye
Morocco	..	..	..	..	-	-	-	..	..	..	..	..	Maroc
South Africa	-31	61	38	30	84	59	50	125	109	149	603	173	Afrique du Sud
LATIN AMERICA-CARIBBEAN (1)	**203**	**24**	**1437**	**-246**	**16**	**819**	**454**	**-104**	**26**	**..**	**..**	**..**	**AMÉRIQUE LATINE-CARAIBES (1)**
of which:													*dont:*
Argentina	-	-	-	-	1	-	-	..	..	..	-	-	Argentine
Brazil	9	-10	-	-	-	-	-	..	..	..	-	-	Brésil
Chile	-	-	-	-	-	-	-	..	..	..	-	-	Chili
Colombia	-	-	-	-	-	-	-	..	..	..	-	-	Colombie
Costa Rica	-	-	-	-	-	-	-	..	..	..	-	-	Costa Rica
Netherlands Antilles	-	-	-	-	-	-	-	..	..	..	-	-	Antilles néerlandaises
Panama	-	-	-	-	-	-	-	..	..	..	-	-	Panama
Venezuela	-	-	-	-	-	-	-	..	..	..	-	-	Vénézuela
NEAR & MIDDLE EAST	**-50**	**191**	**-43**	**131**	**282**	**109**	**79**	**58**	**64**	**103**	**111**	**137**	**PROCHE & MOYEN ORIENT**
of which:													*dont:*
Gulf States	..	..	..	..	261	81	69	52	41	71	108	130	Pays du Golfe
of which:													*dont:*
Kuwait	..	..	..	..	..	..	..	..	..	..	..	..	Koweit
Saudi Arabia	..	..	..	..	..	..	..	..	..	..	..	..	Arabie Saoudite
United Arab Emirates	..	..	..	..	..	..	..	..	..	..	..	..	Émirats Arabes Unis
Iran	..	..	..	..	9	-	10	6	12	..	4	..	Iran
Israel	6	4	6	6	11	3	-	-	-	-	-	6	Israël
ASIAN COUNTRIES (1)	**-11**	**26**	**13**	**43**	**290**	**124**	**104**	**46**	**139**	**89**	**148**	**-8422**	**PAYS D'ASIE (1)**
of which:													*dont:*
China	20	6	-7	1	-8	-	-	..	..	..	..	..	Chine
Chinese Taipei	7	1	2	1	2	-	-	..	..	..	..	..	Taipei chinois
Hong Kong	..	10	10	53	280	105	47	-124	10	..	42	-8625	Hong Kong
India	-	1	1	1	2	21	-7	5	13	..	11	21	Inde
Indonesia	..	..	..	..	..	-	-	..	..	..	..	..	Indonésie
Malaysia	-156	2	-2	2	-2	-	-3	17	105	..	32	111	Malaisie
Philippines	..	..	..	..	..	-	-	..	..	..	..	..	Philippines
Singapore	8	4	9	7	9	13	2	40	1	41	..	..	Singapour
Thailand	-	-	-	-	-	-	1	1	..	..	..	..	Thailande
UNALLOCATED	**-4**	**-18**	**25**	**54**	**16**	**67**	**-15**	**89**	**33**	**197**	**344**	**213**	**NON ATTRIBUÉS**
WORLD	***11562***	***17405***	***17155***	***8418***	***8850***	***9863***	***6046***	***12654***	***15662***	***20296***	***38633***	***49880***	***MONDE***
of which:													*dont:*
EUROPE (2)	7304	7926	8060	4905	4106	2139	3066	4626	6931	8394	14705	34728	EUROPE (2)
EUROPEAN UNION	5282	5616	7630	4578	3429	1601	3156	3555	4673	6905	2061	32045	UNION EUROPÉENNE
NAFTA	1464	7012	4827	2142	3703	5175	1899	8855	118	51	77	192	ALENA
ASEAN countries	-148	6	7	9	8	13	-	156	118	51	77	192	Pays de l'ASEAN

1. Excluding countries recorded under the OECD area above. 1. Ce montant exclut les pays figurant dans la zone OCDE mentionnée ci-dessus.
2. EUROPE = EU + EFTA + Other European Countries. 2. EUROPE = UE + AELE + Autres pays d'Europe.

383

UNITED KINGDOM

ROYAUME-UNI

Table 4. DIRECT INVESTMENT ABROAD: *OUTFLOWS BY COUNTRY*
Tableau 4. INVESTISSEMENT DIRECT À L'ÉTRANGER: *FLUX PAR PAYS*

£ million

Millions de livres sterling

	1988	1989	1990	1991	1992	1993	1994	1995	1996	1997	1998	1999 p		
OECD AREA	*19191*	*18861*	*7729*	*7628*	*7373*	*14391*	*15247*	*23608*	*17619*	*33277*	*67462*	*119861*	***ZONE DE L'OCDE***	
Australia	1789	654	913	1120	989	658	615	2258	1472	737	215	489	Australie	
Austria	41	..	58	45	16	15	103	90	102	16	26	46	Autriche	
Belgium-Luxembourg	17	301	-211	310	-192	162	134	438	991	1536	-703	-122	Belgique-Luxembourg	
Canada	535	542	897	318	-107	5	-13	244	-159	823	582	945	Canada	
Czech Republic	-	-	-	-	7	6	41	16	105	112	107	105	République Tchèque	
Denmark	50	105	43	66	47	237	60	416	-176	47	-92	239	Danemark	
Finland	..	13	4	-2	7	11	26	112	28	-5	105	356	Finlande	
France	1821	1484	1156	489	628	472	419	1514	2375	2380	908	610	France	
Germany	505	797	191	155	536	1334	1260	1478	1184	1078	1409	95	Allemagne	
Greece	4	51	44	37	167	43	84	163	106	302	303	288	Grèce	
Hungary	..	3	1	13	51	14	79	8	29	44	..	..	Hongrie	
Iceland	..	1	..	..	9	-	1	..	2	..	..	..	Islande	
Ireland	56	299	144	391	895	1082	97	776	755	450	1135	1307	Irlande	
Italy	297	358	548	258	222	283	299	406	421	447	496	499	Italie	
Japan	102	230	235	-36	12	-48	246	169	378	383	21	1685	Japon	
Korea	3	27	4	20	37	44	27	47	32	-26	231	-8	Corée	
Mexico	57	-137	27	..	114	45	43	79	110	760	145	115	Mexique	
Netherlands	2011	1644	2258	985	1585	2437	4620	2953	6577	9804	7492	11641	Pays-Bas	
New Zealand	488	76	-25	66	110	73	264	67	244	255	-116	129	Nouvelle-Zélande	
Norway	-236	170	32	35	156	93	663	-255	96	1997	627	379	Norvège	
Poland	..	..	..	..	46	11	66	24	37	..	304	60	Pologne	
Portugal	109	202	157	61	236	27	173	159	56	112	-15	17	Portugal	
Spain	471	573	699	982	217	-27	459	431	735	864	-169	578	Espagne	
Sweden	-30	82	15	141	249	85	547	522	277	335	555	24962	Suède	
Switzerland	232	..	..	-75	-2	-176	-16	-338	-110	197	8016	-211	Suisse	
Turkey	391	13	33	14	17	30	21	68	42	38	129	128	Turquie	
United States	10472	11676	47	2235	1321	7475	4906	11899	1911	10573	45722	75489	Etats-Unis	
OECD UNALLOCATED	6	-303	459	-	-	-	23	-136	-1	18	29	40	OCDE NON ATTRIBUÉS	
NON-OECD AREA	*1724*	*2630*	*2381*	*1678*	*2734*	*2470*	*4094*	*3996*	*4204*	*4342*	*4216*	*3261*	***HORS ZONE-OCDE***	
EUROPEAN COUNTRIES (1)	-	-	**3**	**15**	**67**	**82**	**131**	**274**	**-310**	**208**	**2168**	**-1069**	**PAYS D'EUROPE (1)**	
of which:													*dont*:	
Baltic countries	..	..	..	..	..	..	..	..	27	8	17	20	Pays Baltes	
Bulgaria	..	..	..	1	3	5	7	-1	11	17	5	7	Bulgarie	
Czechoslovakia	..	..	..	1	-	-	-	-	-	-	-	-	Tchécoslovaquie	
Romania	..	..	..	..	1	7	-2	5	8	-3	-4	42	Roumanie	
Russia	..	..	..	..	-9	10	115	39	132	448	-170	-199	Russie	
Slovakia	..	..	..	..	..	..	..	4	4	1	1	-1	Slovaquie	
Slovenia	..	..	..	..	..	..	..	1	1	7	4	5	Slovénie	
Ukraine	..	..	..	-3	..	..	..	..	..	-7	5	4	Ukraine	
USSR	..	6	2	..	..	..	..	..	..	..	-	-	URSS	

384

UNITED KINGDOM
ROYAUME-UNI

Table 4. DIRECT INVESTMENT ABROAD: OUTFLOWS BY COUNTRY
Tableau 4. INVESTISSEMENT DIRECT À L'ÉTRANGER: FLUX PAR PAYS

£ million / Millions de livres sterling

	1988	1989	1990	1991	1992	1993	1994	1995	1996	1997	1998	1999 p	
AFRICA	86	1273	195	304	351	258	318	707	561	623	46	723	**AFRIQUE**
of which:													*dont:*
Algeria	:	:	:	:	:	:	:	:	:	:	:	:	Algérie
Egypt	:	:	:	:	-49	19	13	10	28	5	-19	-16	Egypte
Libya	:	:	:	:	:	:	:	:	:	:	:	:	Libye
Morocco	:	:	:	:	-4	-	69	-	-	4	6	6	Maroc
South Africa	:	:	:	:	72	316	171	466	-25	401	-210	378	Afrique du Sud
LATIN AMERICA-CARIBBEAN (1)	1064	919	1212	75	1324	645	1861	1243	1416	1796	2911	2572	**AMÉRIQUE LATINE-CARAÏBES (1)**
of which:													*dont:*
Argentina	45	19	10	14	55	103	49	29	88	95	403	238	Argentine
Brazil	260	269	210	89	121	41	292	473	692	337	322	879	Brésil
Chile	62	49	19	:	-23	102	77	220	89	168	171	-130	Chili
Colombia	:	:	:	:	5	-243	206	123	100	241	:	:	Colombie
Costa Rica	:	:	:	:	:	:	:	:	:	:	:	:	Costa Rica
Netherlands Antilles	:	:	:	:	:	:	:	:	:	:	:	:	Antilles néerlandaises
Panama	:	:	:	:	:	:	:	:	:	:	:	:	Panama
Venezuela	:	:	:	:	24	42	37	16	98	354	-650	-685	Vénézuela
NEAR & MIDDLE EAST	-82	-17	240	487	84	-238	269	153	28	350	1646	1212	**PROCHE & MOYEN ORIENT**
of which:													*dont:*
Gulf States	:	:	:	:	64	-236	262	102	30	260	1534	1503	Pays du Golfe
of which:													*dont:*
Kuwait	:	:	:	:	:	:	:	:	:	:	:	:	Koweit
Saudi Arabia	-8	5	-10	1	:	:	:	:	:	:	:	:	Arabie Saoudite
United Arab Emirates	:	:	:	:	:	:	:	:	:	:	:	:	Émirats Arabes Unis
Iran	:	:	:	:	5	-2	-6	2	:	:	:	:	Iran
Israel	:	21	34	:	18	4	14	40	17	:	:	:	Israël
ASIAN COUNTRIES (1)	555	513	396	335	867	1801	1505	1286	2384	1544	-2640	-478	**PAYS D'ASIE (1)**
of which:													*dont:*
China	:	6	:	17	20	21	8	51	204	71	-129	-125	Chine
Chinese Taipei	32	58	71	34	-49	-4	68	69	34	-32	42	32	Taipei chinois
Hong Kong	119	-162	-251	-246	-19	459	111	734	730	-359	1525	2241	Hong Kong
India	14	37	42	:	-28	140	88	61	110	171	208	396	Inde
Indonesia	24	32	-47	74	-60	69	91	-28	155	170	32	-65	Indonésie
Malaysia	94	-33	159	140	272	363	288	28	184	731	612	401	Malaisie
Philippines	15	29	10	2	74	75	84	38	57	65	76	69	Philippines
Singapore	191	509	344	232	569	529	584	-48	535	352	-5581	-3997	Singapour
Thailand	25	67	40	:	51	104	178	245	194	103	187	363	Thaïlande
UNALLOCATED	101	-58	335	462	41	-78	10	333	125	-179	85	301	**NON ATTRIBUÉS**
WORLD	20915	21491	10110	9306	10107	16861	19341	27604	21823	37619	71678	123122	**MONDE**
of which:													*dont:*
EUROPE (2)	5354	5777	5597	3878	4776	6078	9237	9183	13321	19964	22804	39921	EUROPE (2)
EUROPEAN UNION	5352	5909	5106	3918	4613	6161	8274	9457	13432	17368	11444	40517	UNION EUROPÉENNE
NAFTA	11064	12081	971	2553	1328	7525	4933	12169	1861	12156	46449	76549	ALENA
ASEAN countries	349	604	506	448	901	1139	1189	257	1171	1522	-4449	-3042	Pays de l'ASEAN

1. Excluding countries recorded under the OECD area above.
2. EUROPE = EU + EFTA + Other European Countries.

1. Ce montant exclut les pays figurant dans la zone OCDE mentionnée ci-dessus.
2. EUROPE = UE + AELE + Autres pays d'Europe.

UNITED KINGDOM - ROYAUME-UNI

Chart 4. **Inward direct investment position**
Graphique 4. **Encours d'investissement direct de l'étranger**

1988

- Prim. 27%
- Manuf. 33%
- Services 33%
- Unalloc. 7%

- EU15-UE15 33%
- NAFTA-ALENA 45%
- Other OECD-Autres OCDE 18%
- Non OECD-Non OCDE 4%

1999

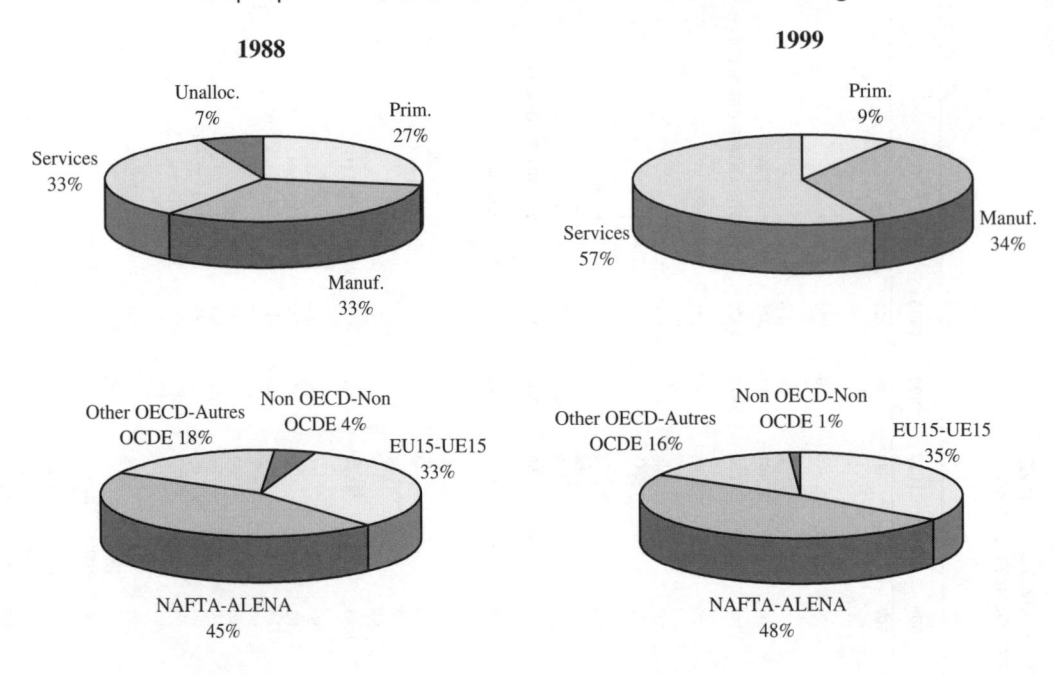

- Prim. 9%
- Manuf. 34%
- Services 57%

- EU15-UE15 35%
- NAFTA-ALENA 48%
- Other OECD-Autres OCDE 16%
- Non OECD-Non OCDE 1%

Chart 5. **Outward direct investment position**
Graphique 5. **Encours d'investissement direct à l'étranger**

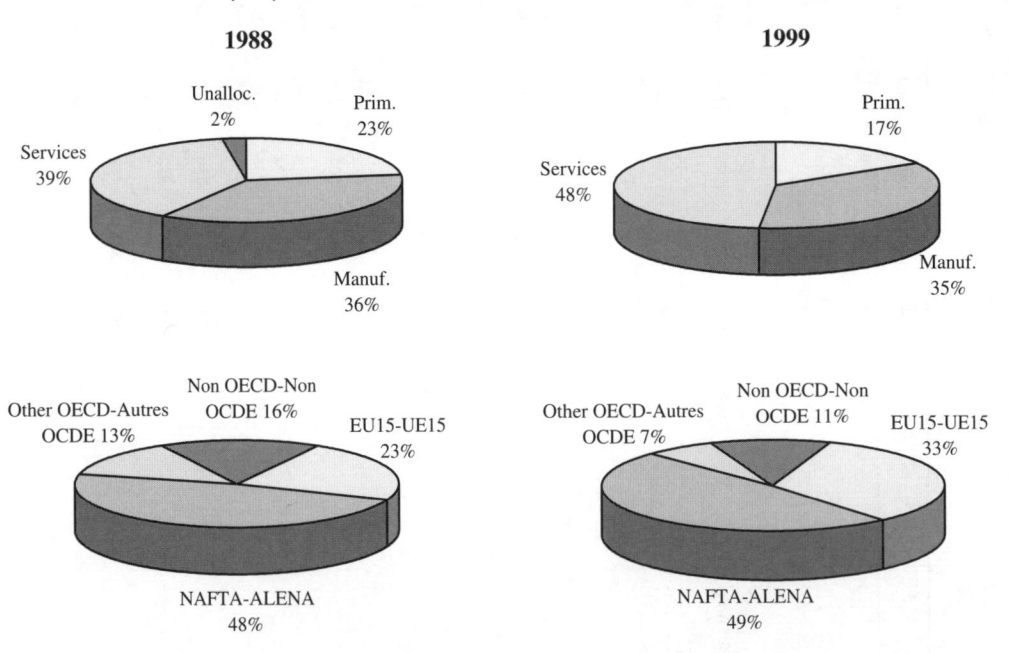

1988

- Prim. 23%
- Manuf. 36%
- Services 39%
- Unalloc. 2%

- EU15-UE15 23%
- NAFTA-ALENA 48%
- Other OECD-Autres OCDE 13%
- Non OECD-Non OCDE 16%

1999

- Prim. 17%
- Manuf. 35%
- Services 48%

- EU15-UE15 33%
- NAFTA-ALENA 49%
- Other OECD-Autres OCDE 7%
- Non OECD-Non OCDE 11%

Note: Prim. = primary sector, **Manuf.** = manufacturing.

Note: Prim. = secteur primaire, **Manuf.** = manufacture.

UNITED KINGDOM / **ROYAUME-UNI**

Table 5. **DIRECT INVESTMENT FROM ABROAD: INWARD POSITION BY INDUSTRIAL SECTOR**
Tableau 5. **ENCOURS D'INVESTISSEMENT DIRECT DE L'ÉTRANGER: PAR SECTEUR INDUSTRIEL**

year-end - fin d'année

£ million / Millions de livres sterling

	1988	1989	1990	1991	1992	1993	1994	1995	1996	1997	1998	1999 p	
Agriculture & fishing	139	160	156	168	211	94	69	64	62	58	52	115	**Agriculture & pêche**
Mining & quarrying	19494	21684	24176	26695	29060	30708	30344	28145	27861	20176	16874	20523	**Mines & exploitation**
of which: Extraction of petroleum and gas	19494	21684	24176	26695	29060	30708	30300	28087	27802	20124	16825	20483	*dont:* Extraction de pétrole et gaz
Manufacturing	23467	33090	37982	37697	39513	40255	39580	40571	39250	45749	58351	79573	**Manufacture**
of which:													*dont:*
Food products	2581	3666	4742	6046	7005	7397	6664	5510	5319	6202	5969	7328	Produits alimentaires
Textile and wood activities	..	..	..	..	..	..	9242	9567	8356	8097	9557	13229	Activités du textile et du bois
Petroleum, chemical, rubber and plastic products	..	..	..	..	..	..	6258	6465	7528	8705	12925	15263	Pétrole, produits chimiques, caoutchouc et mat. plastiques
Metal and mechanical products	..	..	..	..	..	5622	4114	4316	4992	6791	8086	9798	Produits métallurgiques et mécaniques
Office machinery, computers, radio, TV and communication equipment	4161	5499	5470	5723	5760	5425	6504	6680	7856	8081	8940	15153	Machines de bureau, ordinateurs, radio, téléviseurs et équipement de communication
Vehicles and other transport equipment	..	..	..	..	..	..	3118	2080	1940	2301	6446	11151	Véhicules et autres équipements de transport
Electricity, gas & water	..	..	..	..	..	..	558	2929	2547	7778	11794	13901	**Electricité, gaz & eau**
Construction	351	449	464	1280	402	403	494	-11	930	1203	1018	1991	**Construction**
Trade & repairs	5889	7045	8173	9106	9488	8881	11151	13013	12629	14568	14416	16791	**Commerce & réparation**
Hotels & restaurants	..	..	..	..	..	..	2379	2552	2909	3187	4503	5324	**Hôtels & restaurants**
Transport & communication	..	..	..	..	..	..	1589	1842	1820	1991	7811	17767	**Transport & communication**
of which:													*dont:*
Land, sea and air transport	238	266	550	588	1445	1241	356	349	478	437	2055	2709	Transport terrestre, maritime et aérien
Telecommunications	..	..	..	..	..	..	736	1349	1112	750	3251	11536	Télécommunications
Financial activities	13246	18234	19795	19920	20149	23221	24024	27774	35350	43323	48594	50927	**Activités financières**
of which:													*dont:*
Monetary institutions	..	..	..	..	..	..	..	..	17762	21257	21929	22522	Institutions monétaires
Other financial institutions	..	..	..	..	..	..	1113	..	10758	13023	17600	18210	Autres institutions financières
of which: Financial holding companies	..	..	..	..	..	..	..	..	..	..	..	-	*dont:* Sociétés holding financières
Insurance & activities auxiliary to insurance	..	..	..	..	..	..	..	3118	6830	9043	9065	10195	Assurances & activités auxiliaires
Other financial institutions and insurance activities	..	..	..	..	..	..	..	..	17588	22066	26665	28405	Autres activités d'institutions financières et d'assurances
Real estate & business activities	4228	6032	14465	15918	14139	15132	6319	6530	6849	10273	15425	19523	**Activités d'entreprise & immobilier**
of which: Real estate	..	..	..	..	..	..	190	750	669	941	1350	1581	*dont:* Immobilier
Other services	..	..	549	589	1447	2314	4829	5477	4448	4651	4705	5833	**Autres services**
Unallocated	4836	6860	..	..	..	..	-	-1	-1	-1	1	-	Non attribués
TOTAL	71650	93554	105760	111373	114409	121008	121336	128885	134654	152956	183544	232268	**TOTAL**
of which:													*dont:*
PRIMARY	19633	21844	24332	26863	29271	30802	30413	28209	27923	20234	16926	20638	PRIMAIRE
MANUFACTURING	23467	33090	37982	37697	39513	40255	39580	40571	39250	45749	58351	79573	MANUFACTURE
SERVICES	23714	31760	42897	46224	44178	47637	51343	60106	67482	86974	108266	132057	SERVICES

UNITED KINGDOM ROYAUME-UNI

Table 6. DIRECT INVESTMENT ABROAD: *OUTWARD POSITION BY INDUSTRIAL SECTOR*
Tableau 6. ENCOURS D'INVESTISSEMENT DIRECT À L'ÉTRANGER: *PAR SECTEUR INDUSTRIEL*
year-end - fin d'année

£ million / *Millions de livres sterling*

	1988	1989	1990	1991	1992	1993	1994	1995	1996	1997	1998	1999 p	
Agriculture & fishing	741	922	864	890	1038	948	432	481	413	294	360	441	**Agriculture & pêche**
Mining & quarrying	22919	24026	21862	22387	25900	26654	34033	29309	30189	34590	62817	66512	**Mines & exploitation**
of which: Extraction of petroleum and gas	22919	24026	21862	22387	25900	26654	30576	25584	25779	28587	58337	61193	*dont:* Extraction de pétrole et gaz
Manufacturing	36726	46809	46389	45208	54375	62463	66953	88075	81310	81385	95735	141486	**Manufacture**
of which:													*dont:*
Food products	8451	12793	8682	7424	11152	12496	16488	32430	22973	27497	23751	31978	Produits alimentaires
Textile and wood activities	..	..	..	..	..	..	14630	12215	9310	4714	9300	10539	Activités du textile et du bois
Petroleum, chemical, rubber and plastic products	..	..	..	..	..	..	14119	19810	22382	26441	31365	58437	Pétrole, produits chimiques, caoutchouc et mat. plastiques
Metal and mechanical products	..	..	..	..	..	..	476	3087	4480	4145	6142	8797	Produits métallurgiques et mécaniques
Office machinery, computers, radio, TV and communication equipment	4553	5408	4901	4809	5411	6350	..	559	2292	62	-87	-193	Machines de bureau, ordinateurs, radio, téléviseurs et autres équipements de communication
Vehicles and other transport equipment	..	..	..	..	..	..	1049	2827	4158	4165	5459	6593	Véhicules et autres équipements de transport
Electricity, gas & water	..	..	..	..	..	..	1	596	797	1310	3234	8857	**Electricité, gaz & eau**
Construction	1361	1917	1681	1507	1386	1265	1370	1976	3259	2872	3016	2737	**Construction**
Trade & repairs	9911	11589	10504	9954	13167	12233	9687	9810	11108	15281	20784	23226	**Commerce & réparation**
Hotels & restaurants	..	..	..	..	..	..	4198	8758	5477	5262	4263	5778	**Hôtels & restaurants**
Transport & communication	..	..	..	..	..	..	3019	1527	2930	6008	12750	62054	**Transport & communication**
of which:													*dont:*
Land, sea and air transport	1815	3701	2408	3084	5633	5240	3826	1348	2482	1840	1768	1856	Transport terrestre, maritime et aérien
Telecommunications	..	..	..	..	..	..	-908	-825	102	827	8339	57185	Télécommunications
Financial activities	12282	16298	14338	14373	16650	28327	29287	31994	34266	44830	61113	58816	**Activités financières**
of which:													*dont:*
Monetary institutions	..	..	..	..	..	..	..	..	4341	4192	21130	7291	Institutions monétaires
Other financial institutions	..	..	..	..	..	..	..	..	13827	19098	17954	27966	Autres institutions financières
of which: Financial holding companies	..	..	..	..	..	..	10474	15142	16097	21540	22030	23559	*dont:* Sociétés holding financières
Insurance & activities auxiliary to insurance	..	..	..	..	..	..	..	..	29924	40638	39984	51525	Assurances & activités auxiliaires
Other financial institutions and insurance activities	..	..	..	..	..	..	20039	18198	20713	20788	26404	27451	Autres activités d'institutions financières et d'assurances
Real estate & business activities	15770	21560	20889	26689	28465	28036	2478	2556	2096	2192	2403	2117	**Activités d'entreprise & immobilier**
of which: Real estate	..	..	..	..	..	..	7040	5962	4139	5542	5239	5611	*dont:* Immobilier
Other services	2505	-2174	2408	3085	5632	5906	-	1	-	-	1	1	**Autres services**
Unallocated													Non attribués
TOTAL	102215	120947	118935	124093	146613	165832	176059	196687	194601	218162	295716	402970	**TOTAL**
of which:													*dont:*
PRIMARY	23660	24948	22726	23277	26938	27602	34465	29790	30602	34884	63177	66953	PRIMAIRE
MANUFACTURING	36726	46809	46389	45208	54375	62463	66953	88075	81310	81385	95735	141486	MANUFACTURE
SERVICES	39324	51364	47412	52523	59668	69861	74641	78821	82689	101893	136803	194530	SERVICES

UNITED KINGDOM

Table 7. DIRECT INVESTMENT FROM ABROAD: INWARD POSITION BY COUNTRY
Tableau 7. ENCOURS D'INVESTISSEMENT DIRECT DE L'ÉTRANGER: PAR PAYS
year-end - fin d'année

£ million   Millions de livres sterling

	1988	1989	1990	1991	1992	1993	1994	1995	1996	1997	1998	1999 p	
OECD AREA	**68711**	**89073**	**101807**	**108148**	**110827**	**116081**	**116169**	**123651**	**128475**	**145336**	**173424**	**229456**	**ZONE DE L'OCDE**
Australia	5052	6081	6799	7655	8083	8598	7968	7021	6169	6003	5877	7523	Australie
Austria	37	40	104	103	-31	93	428	412	280	79			Autriche
Belgium-Luxembourg	1679	1357	1634	1812	1817	1801	2221	2170	1233	1856	2424	4166	Belgique-Luxembourg
Canada	3761	4935	4104	4427	4065	4101	4593	2652	3517	4129	3629	4866	Canada
Czech Republic						10							République Tchèque
Denmark	561	696	685	701	877	1339	1072	1127		444	557	842	Danemark
Finland	192	291	423	364	437	300	356	352	334				Finlande
France	3922	6148	7427	9000	8749	7880	7728	8289	9147	13880	13440	18051	France
Germany	1973	2543	4239	4597	5627	5921	5589	8854	9508	10078	10218	30885	Allemagne
Greece						4							Grèce
Hungary						2							Hongrie
Iceland						5							Islande
Ireland	276	491	1069	840	865	681	956	686	703	1837	2392	2890	Irlande
Italy	444	623	597	649	845	875	839	1223	988	824	982	1130	Italie
Japan	3082	3965	5648	5346	4929	5427	5105	5542	5888	6562	6624	8588	Japon
Korea				-44	-29	-3	-203	12	-206	-305	-99	203	Corée
Mexico											4	4	Mexique
Netherlands	12871	14571	14182	16547	16715	18477	18511	17173	18692	12131	14208	16844	Pays-Bas
New Zealand	52		912	832	824	844	1676	1506	1538	1351	1492	1680	Nouvelle-Zélande
Norway	705	725	748	661	647	701	506	665	1571	1866	1520	2080	Norvège
Poland													Pologne
Portugal				8	12	8	15		30	41			Portugal
Spain	143	194	318	329	356	346	178	164	78	247	338	460	Espagne
Sweden	1482	1732	3025	3058	3274	2542	2105	2908	1871	2521	2655	3688	Suède
Switzerland	4176	7521	6044	6375	6657	6519	6605	7523	10164	10422	15137	16332	Suisse
Turkey						74				62			Turquie
United States	28257	37093	43784	44434	46001	49537	49829	55129	55956	70270	90341	107236	Etats-Unis
OECD UNALLOCATED	46	67	65	454	107	-1	92	243	1014	1038	1685	1988	OCDE NON ATTRIBUÉS
NON-OECD AREA	**2939**	**4481**	**3953**	**3225**	**3582**	**4927**	**5167**	**5234**	**6179**	**7620**	**10120**	**2812**	**HORS ZONE-OCDE**
EUROPEAN COUNTRIES (1)						**194**	**172**	**463**	**348**	**669**	**1719**	**2490**	**PAYS D'EUROPE (1)**
of which:													*dont*:
Baltic countries													Pays Baltes
Bulgaria													Bulgarie
Czechoslovakia						3							Tchécoslovaquie
Romania										5			Roumanie
Russia						1	24	80	212				Russie
Slovakia						43							Slovaquie
Slovenia													Slovénie
Ukraine													Ukraine
USSR													URSS

UNITED KINGDOM / ROYAUME-UNI

Table 7. DIRECT INVESTMENT FROM ABROAD: INWARD POSITION BY COUNTRY
Tableau 7. ENCOURS D'INVESTISSEMENT DIRECT DE L'ÉTRANGER: PAR PAYS

year-end - fin d'année

£ million / Millions de livres sterling

	1988	1989	1990	1991	1992	1993	1994	1995	1996	1997	1998	1999 p	
AFRICA	241	..	263	51	63	677	859	773	766	991	1782	1895	**AFRIQUE**
of which:													*dont:*
Algeria	..	..	..	..	..	..	..	..	..	..	..	..	Algérie
Egypt	..	..	..	..	..	55	..	..	..	51	..	..	Egypte
Libya	..	..	..	..	..	..	..	..	..	..	..	..	Libye
Morocco	..	..	..	..	..	..	..	..	..	..	..	..	Maroc
South Africa	..	..	..	..	..	618	549	665	578	743	1220	1393	Afrique du Sud
LATIN AMERICA-CARIBBEAN (1)	1315	1563	1833	821	844	1553	1495	1625	2780	3009	3544	3721	**AMÉRIQUE LATINE-CARAÏBES (1)**
of which:													*dont:*
Argentina	..	..	..	..	..	5	..	..	..	3	..	..	Argentine
Brazil	..	..	..	..	..	-	..	..	..	..	..	..	Brésil
Chile	..	..	..	..	..	-	..	..	..	..	..	..	Chili
Colombia	..	..	..	..	..	-	..	..	..	..	..	..	Colombie
Costa Rica	..	..	..	..	..	-	..	..	..	..	..	-	Costa Rica
Netherlands Antilles	..	..	..	..	..	..	..	..	..	..	..	..	Antilles néerlandaises
Panama	..	..	..	..	..	..	..	..	..	..	..	..	Panama
Venezuela	..	..	..	..	..	..	..	..	..	..	..	..	Vénézuela
NEAR & MIDDLE EAST	..	..	..	1372	1099	1228	2027	1321	1274	1450	1406	1534	**PROCHE & MOYEN ORIENT**
of which:													*dont:*
Gulf States	..	..	..	..	..	1116	1881	1173	725	856	1221	1343	Pays du Golfe
of which:													*dont:*
Kuwait	..	..	..	80	88	55	..	..	..	..	..	..	Koweit
Saudi Arabia	..	..	..	..	..	..	..	..	..	..	..	..	Arabie Saoudite
United Arab Emirates	..	..	..	..	..	..	..	..	..	..	..	..	Émirats Arabes Unis
Iran	..	..	..	20	32	34	84	72	185	..	..	..	Iran
Israel	..	..	..	..	..	73	..	..	..	..	128	128	Israël
ASIAN COUNTRIES (1)	859	1764	1535	704	935	747	853	1055	1115	1458	1358	-7137	**PAYS D'ASIE (1)**
of which:													*dont:*
China	..	..	..	..	..	11	..	..	..	52	..	..	Chine
Chinese Taipei	..	..	..	..	..	-	..	..	..	..	..	..	Taipei chinois
Hong Kong	93	402	406	200	422	262	233	19	..	..	..	..	Hong Kong
India	..	..	..	17	19	37	26	40	30	..	..	..	Inde
Indonesia	..	..	..	..	..	-	..	..	7	80	136	247	Indonésie
Malaysia	..	..	..	..	..	11	9	36	81	10	..	..	Malaisie
Philippines	..	..	..	..	..	-	-	-	-	-	-	-	Philippines
Singapore	..	..	..	..	..	415	421	500	503	757	412	530	Singapour
Thailand	..	..	..	..	..	6	5	10	..	27	..	..	Thaïlande
UNALLOCATED	524	1154	322	277	641	528	-239	-3	-104	43	311	309	**NON ATTRIBUÉS**
WORLD	71650	93554	105760	111373	114409	121008	121336	128885	134654	152956	183544	232268	**MONDE**
of which:													*dont:*
EUROPE (2)	28507	36999	40560	45156	46954	47491	47281	52144	55856	58037	67241	101807	EUROPE (2)
EUROPEAN UNION	23580	28686	33703	38008	39543	40267	39998	43493	43774	44927	48789	80820	UNION EUROPÉENNE
NAFTA	32018	42028	47888	48861	50066	53638	54429	57781	..	93975	93975	112106	ALENA
ASEAN countries	..	..	..	..	..	432	435	925	991	1266	974	1166	Pays de l'ASEAN

1. Excluding countries recorded under the OECD area above.
2. EUROPE = EU + EFTA + Other European Countries.

1. Ce montant exclut les pays figurant dans la zone OCDE mentionnée ci-dessus.
2. EUROPE = UE + AELE + Autres pays d'Europe.

UNITED KINGDOM

ROYAUME-UNI

Table 8. **DIRECT INVESTMENT ABROAD:** *OUTWARD POSITION BY COUNTRY*
Tableau 8. **ENCOURS D'INVESTISSEMENT DIRECT À L'ÉTRANGER:** *PAR PAYS*
year-end - fin d'année

£ million   Millions de livres sterling

	1988	1989	1990	1991	1992	1993	1994	1995	1996	1997	1998	1999 p	
OECD AREA	*85626*	*100821*	*97760*	*100772*	*118800*	*136246*	*141813*	*158954*	*158118*	*176108*	*252123*	*357631*	**ZONE DE L'OCDE**
Australia	8544	9979	8924	9057	9605	10299	11025	11365	12213	10598	9585	9685	Australie
Austria	169	244	336	384	371	379	454	734	578	461	515	542	Autriche
Belgium-Luxembourg	1675	1814	1590	2505	3804	2687	3188	3172	5326	5701	4384	4153	Belgique-Luxembourg
Canada	5877	6516	6219	6253	6766	7162	4901	5395	4563	5748	5127	5838	Canada
Czech Republic	-	-	-	-	13	9	55	85	187	607	777	846	République Tchèque
Denmark	564	778	757	739	863	1301	1496	2803	2273	2123	2345	2477	Danemark
Finland	83	101	102	80	122	104	117	271	215	217	251	582	Finlande
France	4698	6173	6898	7290	8043	8619	10056	12913	13128	11368	10943	11082	France
Germany	3963	4303	4217	3998	3804	5974	8325	9215	8943	8328	9367	9048	Allemagne
Greece	81	189	159	156	288	294	203	500	465	366	653	891	Grèce
Hungary	..	..	..	26	84	59	237	161	180	513	496	503	Hongrie
Iceland	..	..	..	-	-	-	6	-	2	-	-	-	Islande
Ireland	1297	1659	2048	2743	3333	4169	4377	4587	6282	6182	7575	8608	Irlande
Italy	1462	1941	2093	2400	2427	2287	2467	2698	3196	3064	3148	3489	Italie
Japan	1205	1398	1591	1674	1998	1936	2599	2397	2437	1605	1716	3267	Japon
Korea	..	..	..	..	..	155	180	250	238	154	165	153	Corée
Mexico	324	314	405	428	504	419	334	350	553	1327	795	872	Mexique
Netherlands	6265	6442	8287	8369	11980	23189	26024	29906	37676	48240	53277	62744	Pays-Bas
New Zealand	889	1069	696	700	930	1445	1616	1670	1640	1663	1648	1710	Nouvelle-Zélande
Norway	385	549	522	542	736	804	1513	1244	1171	1116	393	721	Norvège
Poland	..	..	..	6	16	17	60	111	157	285	550	582	Pologne
Portugal	516	739	865	1032	1171	1195	932	1210	1190	1023	992	973	Portugal
Spain	1828	2737	3498	3796	3471	2820	3036	3399	3477	3748	3400	3832	Espagne
Sweden	565	707	761	821	942	894	1145	1401	1154	1250	1714	25703	Suède
Switzerland	1745	1943	1989	2003	2232	2500	2519	1279	988	415	10097	9612	Suisse
Turkey	645	53	83	78	125	152	127	201	251				Turquie
United States	42613	50933	45532	45367	54688	57377	54764	62797	49635	59757	121905	189293	Etats-Unis
OECD UNALLOCATED	233	240	188	325	484		57	-1160		249	305	425	OCDE NON ATTRIBUÉS
NON-OECD AREA	*16589*	*20126*	*21175*	*23321*	*27813*	*29586*	*34246*	*37733*	*36483*	*42054*	*43593*	*45339*	**HORS ZONE-OCDE**
EUROPEAN COUNTRIES (1)	-	-	-	**12**	**28**	**403**	**433**	**545**	**745**	**4253**	**8666**	**7467**	**PAYS D'EUROPE (1)**
of which:													*dont:*
Baltic countries	..	..	..	..	..	..	..	..	7	22	82	98	Pays Baltes
Bulgaria	..	..	..	1	6	8	5	3	13	..	..	..	Bulgarie
Czechoslovakia	..	..	..	1	-	-	-	-	-	-	-	-	Tchécoslovaquie
Romania	..	..	..	-	2	14	-	6	15	26	54	92	Roumanie
Russia	..	..	..	-	20	7	26	120	238	401	251	42	Russie
Slovakia	-	-	-	-	..	..	-	8	31	9	10	8	Slovaquie
Slovenia	-	-	-	-	..	..	-	1	2	31	15	19	Slovénie
Ukraine	-	-	-	-	..	..	-	..	..	..	4	7	Ukraine
USSR	..	..	..	10	-	-	-	..	-	-	-	-	URSS

UNITED KINGDOM

ROYAUME-UNI

Table 8. DIRECT INVESTMENT ABROAD: *OUTWARD POSITION BY COUNTRY*
Tableau 8. ENCOURS D'INVESTISSEMENT DIRECT À L'ÉTRANGER: *PAR PAYS*
year-end - fin d'année

£ million

Millions de livres sterling

	1988	1989	1990	1991	1992	1993	1994	1995	1996	1997	1998	1999 p	
AFRICA	3378	3887	3543	1381	1279	4574	5299	4956	4876	5873	4496	5009	**AFRIQUE**
of which:													*dont:*
Algeria	:	:	:	:	:	:	:	:	:	:	:	:	Algérie
Egypt	:	:	:	:	:	48	51	74	60	138	241	218	Egypte
Libya	:	:	:	:	:	:	:	:	:	:	:	:	Libye
Morocco	:	:	:	:	:	11	38	41	39	27	33	37	Maroc
South Africa	:	:	:	:	:	2622	2203	2827	2429	2527	1660	1968	Afrique du Sud
LATIN AMERICA-CARIBBEAN (1)	7084	8753	10225	10892	12910	11964	14760	14729	12840	13492	12444	14473	**AMÉRIQUE LATINE-CARAIBES (1)**
of which:													*dont:*
Argentina	177	119	172	127	256	266	380	455	479	749	944	1130	Argentine
Brazil	1289	1452	1250	1345	1880	1963	2028	2323	2421	2214	1592	2376	Brésil
Chile	190	252	207	363	416	481	439	666	670	970	1137	964	Chili
Colombia	:	:	:	:	:	839	1071	1207	1274	1197	1593	2495	Colombie
Costa Rica	:	:	:	:	:	:	:	:	:	:	:	:	Costa Rica
Netherlands Antilles	:	:	:	:	:	:	:	:	:	:	:	:	Antilles néerlandaises
Panama	:	:	:	:	:	:	:	:	:	:	:	:	Panama
Venezuela	:	:	:	:	:	152	122	135	188	544	233	-425	Vénézuela
NEAR & MIDDLE EAST	345	373	319	749	748	663	776	789	676	917	2938	3916	**PROCHE & MOYEN ORIENT**
of which:													*dont:*
Gulf States	:	:	:	:	:	581	682	1189	586	658	2583	3860	Pays du Golfe
of which:													*dont:*
Kuwait	:	:	:	:	:	:	:	:	:	:	:	:	Koweit
Saudi Arabia	3	19	-7	7	-4	158	:	:	:	:	:	:	Arabie Saoudite
United Arab Emirates	:	:	:	:	:	:	:	:	:	:	:	:	Émirats Arabes Unis
Iran	:	:	:	:	:	7	:	:	:	:	:	:	Iran
Israel	27	41	80	87	116	76	93	80	75	74	70	-302	Israël
ASIAN COUNTRIES (1)	5377	6225	6379	7210	9484	11288	12369	14603	16564	16713	14044	13308	**PAYS D'ASIE (1)**
of which:													*dont:*
China	:	:	:	80	104	183	118	174	458	469	340	215	Chine
Chinese Taipei	:	:	:	247	206	197	273	326	335	313	223	245	Taipei chinois
Hong Kong	2142	2059	1654	1895	2753	3568	3288	4033	4636	4406	5294	7226	Hong Kong
India	301	312	341	302	245	490	581	498	532	703	707	1062	Inde
Indonesia	213	281	364	316	222	272	294	418	391	801	622	530	Indonésie
Malaysia	709	690	706	845	1285	1750	2089	1813	2164	2411	2049	2360	Malaisie
Philippines	109	146	121	128	250	306	433	449	449	241	459	507	Philippines
Singapore	1469	2134	2449	2691	3516	3706	4417	5287	5822	5186	2508	-1128	Singapour
Thailand	92	138	205	253	359	404	505	920	1053	1009	748	1060	Thailande
UNALLOCATED	405	888	709	3077	3364	694	609	2111	782	806	1005	1166	**NON ATTRIBUÉS**
WORLD	*102215*	*120947*	*118935*	*124093*	*146613*	*165832*	*176059*	*196687*	*194601*	*218162*	*295716*	*402970*	**MONDE**
of which:													*dont:*
EUROPE (2)	25529	30559	34310	37183	44071	57218	66773	76434	87582	99263	119547	153876	EUROPE (2)
EUROPEAN UNION	23166	27827	31611	34313	40619	53912	61822	72808	83902	92072	98564	134126	UNION EUROPÉENNE
NAFTA	48814	57763	52156	52048	61958	64958	59999	67905	54752	66832	127828	196002	ALENA
ASEAN countries	2592	3389	3845	4233	5632	6452	7794	9021	9988	9987	6794	3894	Pays de l'ASEAN

1. Excluding countries recorded under the OECD area above.
2. EUROPE = EU + EFTA + Other European Countries.

1. Ce montant exclut les pays figurant dans la zone OCDE mentionnée ci-dessus.
2. EUROPE = UE + AELE + Autres pays d'Europe.

UNITED STATES - ETATS-UNIS

Chart 1. **Direct investment flows**
Graphique 1. **Flux d'investissement direct**

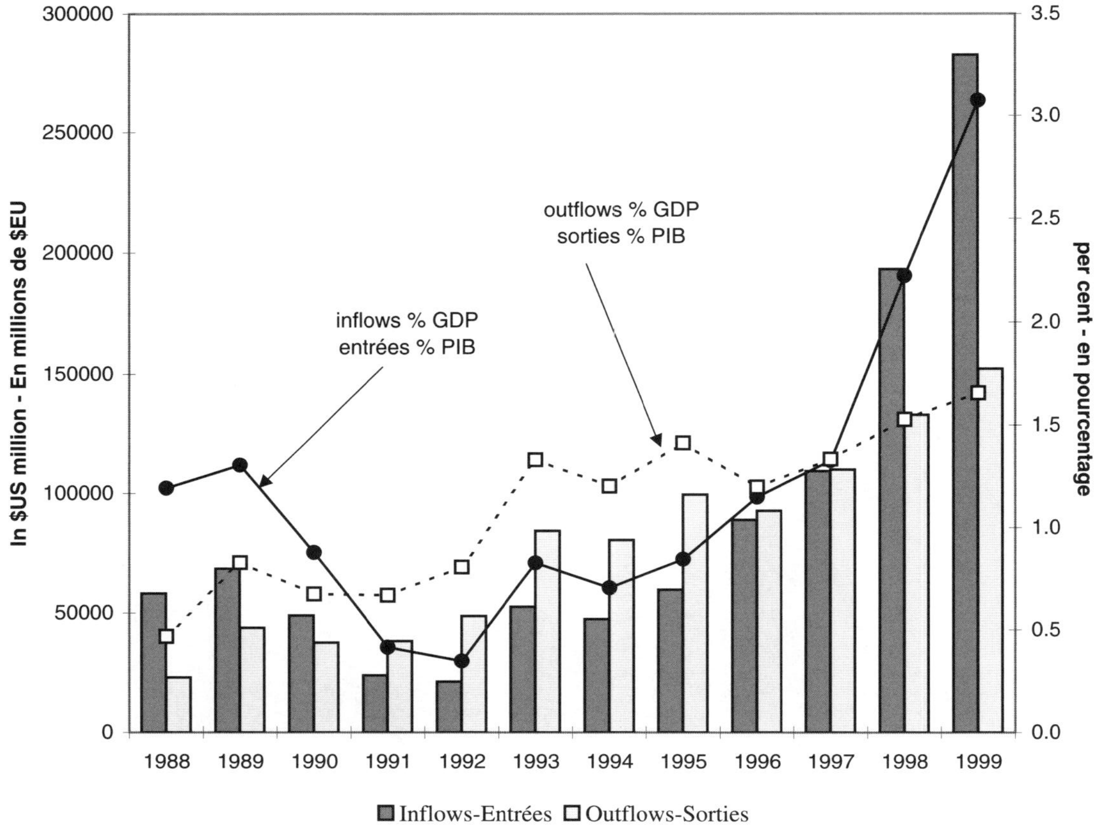

UNITED STATES - ETATS-UNIS

Chart 2. **Direct investment from abroad:** *inflows by country*
Graphique 2. **Investissement direct de l'étranger:** *flux par pays*

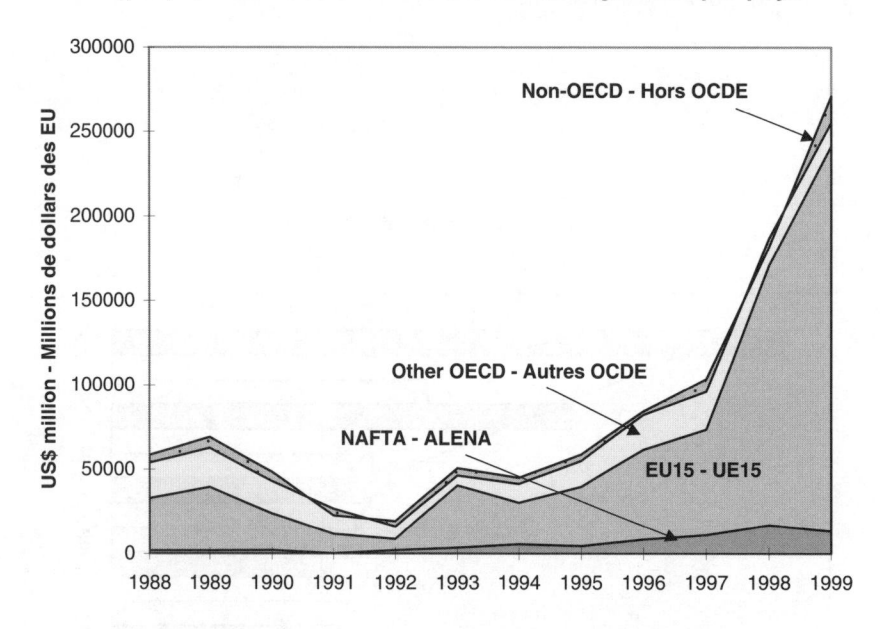

Chart 3. **Direct investment abroad:** *outflows by country*
Graphique 3. **Investissement direct à l'étranger:** *flux par pays*

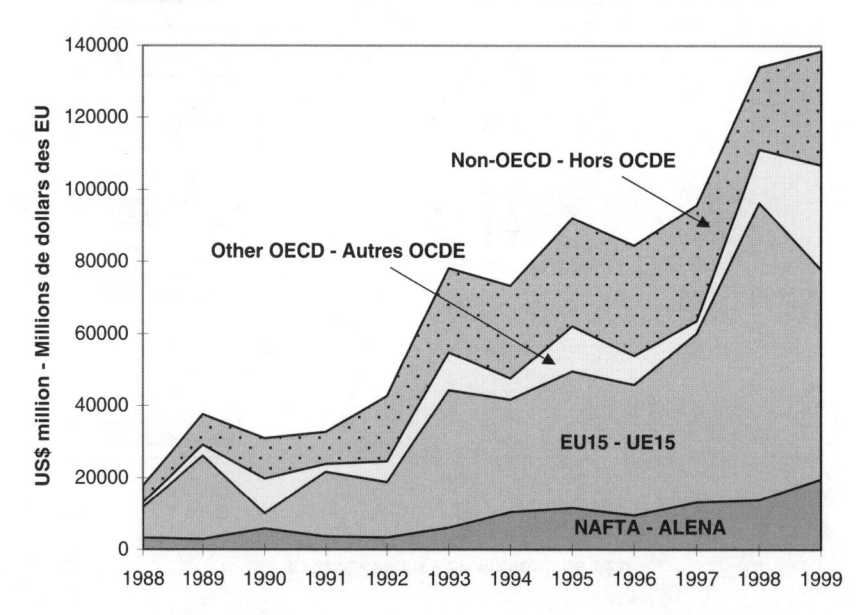

Note: Total OECD = EU15 + NAFTA + Other OECD. **Note**: Total OCDE = UE15 + ALENA + Autres OCDE.

UNITED STATES / **ETATS-UNIS**

Table 1. **DIRECT INVESTMENT FROM ABROAD: INFLOWS BY INDUSTRIAL SECTOR**
Tableau 1. **INVESTISSEMENT DIRECT DE L'ÉTRANGER: FLUX PAR SECTEUR INDUSTRIEL**

US$ million / Millions de dollars des EU

	1988	1989	1990	1991	1992	1993	1994[1]	1995	1996	1997	1998	1999 p	
Agriculture & fishing	-86	74	-45	-67	15	-159	104	-118	-36	218	35	-23	**Agriculture & pêche**
Mining & quarrying	213	1497	3499	-2921	40	1121	1444	2145	976	2440	-895	1802	**Mines & exploitation**
of which: Extraction of petroleum and gas	-2049	858	663	-3372	-784	-1213	306	1077	841	301	-1657	1015	dont: Extraction de pétrole et gaz
Manufacturing	31924	38604	17053	7287	7533	13905	21029	31212	41938	36659	146882	77529	**Manufacture**
of which:													dont:
Food products	418	7757	-897	1427	2008	150	-1375	5624	2168	-1850	-4610	-1478	Produits alimentaires
Textile and wood activities	6247	3678	1642	534	551	1902	1119	2348	10078	5270	5120	5126	Activités du textile et du bois
Petroleum, chemical, rubber and plastic products	7506	14311	9353	2663	3249	8960	11743	15167	15435	14869	71901	15651	Pétrole, produits chimiques, caoutchouc et mat. plastiques
Metal and mechanical products	6758	6597	3344	1075	417	934	3123	1873	6750	7173	11527	9755	Produits métallurgiques et mécaniques
Office machinery, computers, radio, TV and communication equipment	1647	4446	271	1837	110	1400	2685	2046	1515	6041	9001	15996	Machines de bureau, ordinateurs, radio, téléviseurs et équipement de communication
Vehicles and other transport equipment	768	1573	302	-97	108	33	890	885	3029	1500	37864	7371	Véhicules et autres équipements de transport
Electricity, gas & water	..	..	..	268	-17	418	-49	1050	1022	1310	660	25331	**Electricité, gaz & eau**
Construction	147	205	508	141	111	-92	376	-24	-517	1722	143	718	**Construction**
Trade & repairs	7334	2980	7769	3831	2253	6969	7317	8052	14303	16792	14804	12829	**Commerce & réparation**
Hotels & restaurants	..	..	..	1186	-207	-894	460	-490	-536	-595	797	5730	**Hôtels & restaurants**
Transport & communication	462	-1128	592	45	74	1292	4004	695	6958	6512	-2433	79501	**Transport & communication**
of which:													dont:
Land, sea and air transport	610	191	583	318	58	1216	183	168	144	2792	703	3445	Transport terrestre, maritime et aérien
Telecommunications	-148	-1319	9	-273	16	76	3821	527	6814	3720	-3136	76056	Télécommunications
Financial activities	10220	18643	2617	10338	7682	27092	8310	14695	13071	27518	12543	54138	**Activités financières**
of which:													dont:
Monetary institutions	..	..	..	2609	3269	2379	3800	6879	138	7626	4618	18331	Institutions monétaires
Other financial institutions	..	..	..	3287	2633	23815	1751	4009	6186	6970	2388	8793	Autres institutions financières
of which: Financial holding companies	..	..	..	1432	-87	-118	470	1250	1051	382			dont: Sociétés holding financières
Insurance & activities auxiliary to insurance	..	..	..	4442	1780	898	2759	3807	6747	12922	5537	27014	Assurances & activités auxiliaires
Other financial institutions and insurance activities	..	..	..	7729	4413	24713	4510	7816	12933	19892	7925	35807	Autres activités d'institutions financières et d'assurances
Real estate & business activities	..	..	..	345	-271	733	2209	-408	4891	9316	7464	8506	**Activités d'entreprise & immobilier**
of which: Real estate	..	..	..	..	-295	196	259	-639	2535	5149	2980	1341	dont: Immobilier
Other services	8357	8135	16429	2346	1673	278	-106	1958	-1824	1323	1852	4789	**Autres services**
Unallocated	-	-	-	-	336	-	-3	5	4209	298	-88	319	Non attribués
TOTAL	58571	69010	48422	22799	19222	50663	45095	58772	84455	103513	181764	271169	**TOTAL**
of which:													dont:
PRIMARY	127	1571	3454	-2988	55	962	1548	2027	940	2658	-860	1779	PRIMAIRE
MANUFACTURING	31924	38604	17053	7287	7533	13905	21029	31212	41938	36659	146882	77529	MANUFACTURE
SERVICES	26520	28835	27915	18500	11298	35796	22521	25228	37368	63898	35830	191542	SERVICES

1. Data reflect a discontinuity between 93 and 94 due to the reclassification, from direct investment to other investment accounts, of intercompany debt flows and associated income payments between parent companies and affiliates that are nondepository financial intermediaries.

1. Les données reflètent une discontinuité entre 93 et 94 dûe à une reclassification, de la catégorie "investissements directs" à la catégorie "autres investissements", des flux d'endettement inter-entreprises et des paiements connexes de revenus entre les sociétés mères et les filiales qui ne sont pas des intermédiaires financiers de dépôts.

UNITED STATES / **ETATS-UNIS**

Table 2. **DIRECT INVESTMENT ABROAD:** *OUTFLOWS BY INDUSTRIAL SECTOR*
Tableau 2. **INVESTISSEMENT DIRECT À L'ÉTRANGER:** *FLUX PAR SECTEUR INDUSTRIEL*

US$ million / *Millions de dollars des EU*

	1988	1989	1990	1991	1992	1993	1994	1995	1996	1997	1998	1999 p	
Agriculture & fishing	21	30	36	-19	101	-89	91	-201	-145	-158	-100	18	**Agriculture & pêche**
Mining & quarrying	-3000	-6996	4338	2318	471	5238	4608	912	10016	7749	9493	8223	**Mines & exploitation**
of which: Extraction of petroleum and gas	-2922	-7113	4107	2226	71	5539	1993	425	6904	8134	8348	7568	*dont:* Extraction de pétrole et gaz
Manufacturing	8077	17201	16536	12914	16868	18522	23596	43711	22941	28904	23564	36305	**Manufacture**
of which:													*dont:*
Food products	405	-169	6109	2205	3811	6088	2927	3813	2168	4151	2802	1806	Produits alimentaires
Textile and wood activities	230	4982	1012	1131	1767	-91	835	2099	835	832	3565	5339	Activités du textile et du bois
Petroleum, chemical, rubber and plastic products	4988	4859	3186	4378	5538	5420	7195	16911	4767	8815	7553	9022	Pétrole, produits chimiques, caoutchouc et mat. plastiques
Metal and mechanical products	1218	2689	3386	1324	-471	1507	3224	5978	8816	5191	4842	7513	Produits métallurgiques et mécaniques
Office machinery, computers, radio, TV and communication equipment	437	2917	1241	353	526	1052	2316	7060	3440	2727	1866	6231	Machines de bureau, ordinateurs, radio, téléviseurs et équipement de communication
Vehicles and other transport equipment	1143	1700	-552	1831	4316	1734	5214	5888	708	4667	-1190	4857	Véhicules et autres équipements de transport
Electricity, gas & water	..	..	..	253	38	317	1033	6223	4587	4871	13088	3063	**Electricité, gaz & eau**
Construction	89	102	90	250	51	62	-1	231	247	46	262	-25	**Construction**
Trade & repairs	3950	3468	2454	5650	6413	6118	8908	9925	8252	5615	7439	26504	**Commerce & réparation**
Hotels & restaurants	..	..	..	-115	141	24	1443	382	359	562	1114	2938	**Hôtels & restaurants**
Transport & communication	..	..	..	1952	1921	2089	3915	4017	684	3927	3822	278	**Transport & communication**
of which:													*dont:*
Land, sea and air transport	-24	286	369	435	1001	275	1817	..	..	1508	..	..	Transport terrestre, maritime et aérien
Telecommunications	30	146	2505	1517	920	1814	2887	3253	1211	1413	2298	-66	Télécommunications
Financial activities	8414	22029	2810	7050	14263	43171	24039	23446	33973	40565	63716	53687	**Activités financières**
of which:													*dont:*
Monetary institutions	..	..	..	-1157	1285	1673	1817	1032	2448	1508	2140	-920	Institutions monétaires
Other financial institutions	..	..	..	8011	12198	39788	19761	17163	27547	34418	54633	49504	Autres institutions financières
of which: Financial holding companies	..	..	..	6463	5000	13081	11395	10173	17801	26813	39611	30288	*dont:* Sociétés holding financières
Insurance & activities auxiliary to insurance	..	..	..	196	779	1710	2461	5251	3978	4639	6943	5103	Assurances & activités auxiliaires
Other financial institutions and insurance activities	..	..	..	..	..	41498	22222	22414	31525	39057	61576	54607	Autres activités d'institutions financières et d'assurances
Real estate & business activities	..	..	..	1760	924	884	3194	1717	2452	2158	7189	5995	**Activités d'entreprise & immobilier**
of which: Real estate	..	..	..	365	305	-140	420	-414	76	-57	585	-133	*dont:* Immobilier
Other services	308	1338	1844	821	1635	1252	2426	1711	1060	1528	4492	1524	**Autres services**
Unallocated	6	432	2874	-138	-179	576	..	..	..	2	4	-	Non attribués
TOTAL	17865	37604	30982	32696	42647	78164	73252	92074	84426	95769	134083	138510	**TOTAL**
of which:													*dont:*
PRIMARY	-2979	-6966	4374	2299	572	5149	4699	711	9871	7591	9393	8241	**PRIMAIRE**
MANUFACTURING	8077	17201	16536	12914	16868	18522	23596	43711	22941	28904	23564	36305	**MANUFACTURE**
SERVICES	12761	26937	7198	17621	25386	53917	44957	47652	51614	59272	101122	93964	**SERVICES**

UNITED STATES / **ETATS-UNIS**

Table 3. **DIRECT INVESTMENT FROM ABROAD:** *INFLOWS BY COUNTRY*
Tableau 3. **INVESTISSEMENT DIRECT DE L'ÉTRANGER:** *FLUX PAR PAYS*

US$ million / Millions de dollars des EU

	1988	1989	1990	1991	1992	1993	1994[1]	1995	1996	1997	1998	1999 p	
OECD AREA	*53975*	*62654*	*42978*	*26609*	*15996*	*46336*	*41359*	*55173*	*82276*	*96087*	*186779*	*255257*	**ZONE DE L'OCDE**
Australia	2741	-81	1279	-278	-110	312	960	2003	5321	1821	904	-2507	Australie
Austria	30	290	227	-114	12	32	121	248	175	105	205	419	Autriche
Belgium-Luxembourg	142	976	1966	-1943	792	-298	2074	3361	-1876	6918	18339	26933	Belgique-Luxembourg
Canada	1852	1793	1821	103	1335	3753	4584	4824	8590	10838	16012	12228	Canada
Czech Republic	-	-	-	-	-	-	-	-	-1	-1	-	-	République Tchèque
Denmark	84	47	165	-428	31	654	357	650	-420	521	449	1006	Danemark
Finland	123	998	386	27	259	-30	535	619	-47	655	688	888	Finlande
France	3122	2744	5987	4407	-105	6641	4394	2725	7244	10932	10371	19310	France
Germany	2245	3738	585	2160	1274	7802	6116	7908	19616	12186	42110	22701	Allemagne
Greece	9	-3	-2	-44	29	-8	6	25	27	29	19	25	Grèce
Hungary	:	-8	:	:	2	-2	-1	-1	-7	:	:	923	Hongrie
Iceland	:	:	:	:	:	:	:	:	-5	4	:	12	Islande
Ireland	295	1008	-138	20	307	2983	1430	1657	2544	4711	2554	2472	Irlande
Italy	-683	850	429	-70	76	475	143	197	333	-245	1044	1056	Italie
Japan	17205	18653	18754	12782	5871	2949	5486	8118	13337	10559	7563	9529	Japon
Korea	353	-821	-698	1848	33	-199	58	915	-760	610	57	423	Corée
Mexico	38	107	224	167	730	-110	1058	-263	-47	323	1057	1214	Mexique
Netherlands	6137	7323	7163	3631	2709	4063	-2006	-1526	12262	12710	9606	32845	Pays-Bas
New Zealand	-70	-47	56	-29	-35	32	40	-32	4	61	118	-9	Nouvelle-Zélande
Norway	-126	364	288	-33	200	-110	610	407	306	811	864	382	Norvège
Poland	-2	1	1	14	1	3	2	1	4	6	-1	-5	Pologne
Portugal	1	-12	-26	-4	13	-2	1	-5	-8	-4	-6	-10	Portugal
Spain	63	90	188	408	299	175	435	789	60	325	235	353	Espagne
Sweden	-95	587	443	-50	1987	226	942	2231	-1243	2213	2257	3476	Suède
Switzerland	831	5184	-633	502	1382	2881	3954	4066	2438	8611	6392	4930	Suisse
Turkey	-6	-28	-2	-7	-9	3	-3	1	25	-7	241	58	Turquie
United Kingdom	19617	18939	4519	3450	-1077	14109	10063	16255	14404	11395	65701	116605	Royaume-Uni
OECD UNALLOCATED	69	-38	-4	90	-10	2	:	:	:	:	:	:	OCDE NON ATTRIBUÉS
NON-OECD AREA	*4596*	*6356*	*5444*	*-3810*	*3226*	*4327*	*3736*	*3599*	*2179*	*7426*	*-5015*	*15912*	**HORS ZONE-OCDE**
EUROPEAN COUNTRIES (2)	*-4*	*-2*	*7*	*279*	*-36*	*-182*	*14*	*73*	*160*	*12*	*-334*	*144*	**PAYS D'EUROPE (2)**
of which:													*dont:*
Baltic countries	-	-	-	-	-	-	-	-	-	-	-	-	Pays Baltes
Bulgaria	-	-	-	-	-	-	-	-	-1	1	-	-	Bulgarie
Czechoslovakia	-	-	-	121	-	-	-	-	-	-	-	-	Tchécoslovaquie
Romania	-	-	-	-	-	-	-	-	-	-	-2	-3	Roumanie
Russia	-	-	-	-	-	-29	-1	21	179	-24	-	-	Russie
Slovakia	-	-	-	-	-	-	-	-	-	-	-1	-4	Slovaquie
Slovenia	-	-	-	-	-7	-5	-2	-5	:	:	-6	-2	Slovénie
Ukraine	-	-	-	-	-	-	-	-	-	-	-	-	Ukraine
USSR	-	-	-	-	-	-	-	-	-	-	-	-	URSS

UNITED STATES / ETATS-UNIS

Table 3. **DIRECT INVESTMENT FROM ABROAD: *INFLOWS BY COUNTRY***
Tableau 3. **INVESTISSEMENT DIRECT DE L'ÉTRANGER: *FLUX PAR PAYS***

US$ million / Millions de dollars des EU

	1988	1989	1990	1991	1992	1993	1994[1]	1995	1996	1997	1998	1999 p	
AFRICA	-41	55	-8	223	-34	61	44	-117	-101	434	-593	415	**AFRIQUE**
of which:													*dont:*
Algeria	..	-3	9	-4	6	-4	-59	-7	-1	-5	1	-1	Algérie
Egypt	..	..	..	-2	-13	-4	..	..	..	..	-23	-1	Egypte
Libya	..	..	..	-2	-13	-4	7	..	-4	-5	-6	-7	Libye
Morocco	..	..	..	..	-4	15	-9	1	-27	-17	154	111	Maroc
South Africa	..	..	..	-87									Afrique du Sud
LATIN AMERICA-CARIBBEAN (2)	2906	3962	4975	-4323	2772	3572	2491	3149	2037	3496	-3874	15573	**AMÉRIQUE LATINE-CARAIBES (2)**
of which:													*dont:*
Argentina	-14	79	50	-41	46	-25	37	354	160	2	98	22	Argentine
Brazil	-8	145	-46	111	4	191	..	116	-64	67	-70	18	Brésil
Chile	5	9	-35	21	15	-21	..	-4	..	14	40	-75	Chili
Colombia	..	..	..	-8	-5	-13	-8	-15	-6	-1	1	-1	Colombie
Costa Rica	..	..	..	5	-6	-1	-9	4	8	-19	8	-61	Costa Rica
Netherlands Antilles	..	..	..	-3883	882	-686	1190	-985	-1242	-2434	-2712	36	Antilles néerlandaises
Panama	..	..	..	576	250	-494	-210	329	860	328	1121	-124	Panama
Venezuela	..	..	..	11	-46	-835	135	111	146	-102	-93	371	Vénézuela
NEAR & MIDDLE EAST	1378	900	-613	599	-82	495	251	-360	496	768	509	371	**PROCHE & MOYEN ORIENT**
of which:													*dont:*
Gulf States	..	..	..	..	..	..	..	..	..	..	..	..	Pays du Golfe
of which:													*dont:*
Kuwait	..	..	..	214	7	60	53	72	308	262	..	..	Koweït
Saudi Arabia	1508	611	-613	-198	5	-53	81	..	187	169	..	..	Arabie Saoudite
United Arab Emirates	..	..	..	1	17	7	-42	1	-11	-11	-33	-27	Émirats Arabes Unis
Iran	..	..	..	..	..	..	..	-1	-7	..	..	..	Iran
Israel	-56	15	5	813	-99	498	199	-46	10	346	512	387	Israël
ASIAN COUNTRIES (2)	357	1640	1083	29	300	378	955	850	-409	2744	-711	-616	**PAYS D'ASIE (2)**
of which:													*dont:*
China	-61	98	37	11	-23	-49	170	79	-129	60	86	81	Chine
Chinese Taipei	131	421	356	329	48	354	114	619	-2	584	460	-258	Taipei chinois
Hong Kong	88	388	259	50	147	152	404	-134	57	47	153	-91	Hong Kong
India	-2	5	3	-5	16	13	6	26	1	31	3	34	Inde
Indonesia	26	17	-13	16	51	7	11	63	-4	53	-6	53	Indonésie
Malaysia	52	-	19	-9	32	187	154	-49	82	10	-225	-62	Malaisie
Philippines	5	6	-5	-27	8	-5	27	-4	11	5	10	14	Philippines
Singapore	119	471	370	-350	17	-336	115	232	-410	1931	-1013	-544	Singapour
Thailand	-6	28	55	-5	9	60	-48	12	..	-70	-97	95	Thaïlande
UNALLOCATED	-	-199	-	-617	306	3	-19	4	-4	-28	-12	25	**NON ATTRIBUÉS**
WORLD	**58571**	**69010**	**48422**	**22799**	**19222**	**50663**	**45095**	**58772**	**84455**	**103513**	**181764**	**271169**	**MONDE**
of which:													*dont:*
EUROPE (3)	31795	43123	21547	11861	8157	39421	29168	39686	55989	71860	160722	234548	EUROPE (3)
EUROPEAN UNION	31090	37575	21892	11450	6606	36822	24611	35134	53071	62451	153572	228079	UNION EUROPÉENNE
NAFTA	1890	1900	2045	270	2065	3643	5642	4561	8543	11161	17069	13442	ALENA
ASEAN countries	196	522	426	-375	117	-87	259	254	-321	1929	-1334	-444	Pays de l'ASEAN

1. Data reflect a discontinuity between 93 and 94 due to the reclassification, from direct investment to other investment accounts, of intercompany debt flows and associated income payments between parent companies and affiliates that are nondepository financial intermediaries.
2. Excluding countries recorded under the OECD area above.
3. EUROPE = EU + EFTA + Other European Countries.

1. Les données reflètent une discontinuité entre 93 et 94 dûe à une reclassification, de la catégorie "investissements directs" à la catégorie "autres investissements", des flux d'endettement interentreprises et des paiements connexes de revenus entre les sociétés mères et les filiales qui ne sont pas des intermédiaires financiers de dépôts.
2. Ce montant exclut les pays figurant dans la zone OCDE mentionnée ci-dessus.
3. EUROPE = UE + AELE + Autres pays d'Europe.

UNITED STATES / **ETATS-UNIS**

Table 4. DIRECT INVESTMENT ABROAD: *OUTFLOWS BY COUNTRY*
Tableau 4. INVESTISSEMENT DIRECT À L'ÉTRANGER: *FLUX PAR PAYS*

US$ million / Millions de dollars des EU

	1988	1989	1990	1991	1992	1993	1994	1995	1996	1997	1998	1999 p	
OECD AREA	*13148*	*29200*	*19741*	*23830*	*24550*	*54800*	*47589*	*62108*	*53952*	*63569*	*111131*	*106809*	***ZONE DE L'OCDE***
Australia	687	1997	794	1061	1437	1981	552	5537	3787	1209	4697	4063	Australie
Austria	-27	33	54	130	92	-6	744	513	105	-14	1122	20	Autriche
Belgium-Luxembourg	1077	734	617	1408	995	4361	2521	2273	2390	2398	4758	1247	Belgique-Luxembourg
Canada	2653	1268	3902	1337	2068	3584	6047	8602	7181	7642	9152	14268	Canada
Czech Republic						21	169	-7	-51	-44	72	73	République Tchèque
Denmark	162	..	..	219	-29	141	360	-95	454	14	337	1134	Danemark
Finland	29	..	..	-76	28	117	118	158	175	327	327	226	Finlande
France	1663	1584	1267	2737	3857	-495	2634	5196	4463	2971	3805	786	France
Germany	-1873	2522	1626	4832	1754	4263	2863	3349	1956	2464	3284	5875	Allemagne
Greece	49	-80	33	14	75	67	50	-24	92	69	3	-23	Grèce
Hungary	..	..	141	174	152	777	202	494	386	71	215	69	Hongrie
Iceland	..	2	6	5		4						-	Islande
Ireland	694	793	926	537	1191	1506	-337	695	1954	2266	5649	3436	Irlande
Italy	615	1657	1219	1508	1159	1427	2646	2506	416	123	-606	3211	Italie
Japan	1036	299	984	-203	683	1625	1867	2336	-280	-339	1394	10616	Japon
Korea	141	332	330	209	-101	293	390	1051	752	681	638	1194	Corée
Mexico	670	1652	1926	2321	1320	2516	4457	2983	2405	5596	4718	5355	Mexique
Netherlands	1391	3112	-2004	1654	-1562	1398	7605	9386	6308	12450	24034	7980	Pays-Bas
New Zealand	92	162	1962	-243	392	-443	749	765	1142	1530	-2412	16	Nouvelle-Zélande
Norway	410	-1029	-43	112	-374	1235	718	247	913	592	320	413	Norvège
Poland			1	29	178	195	262	168	140	420	316	380	Pologne
Portugal	56			193	175	140	252	137	245	86	5	99	Portugal
Spain	492	979	460	-29	1468	-759	1551	..	1183	204	1850	-910	Espagne
Sweden	16	-4	279	162	-17	652	603	..	20	591	1380	5306	Suède
Switzerland	-1083	1269	5314	930	3260	4566	940	1850	1264	-792	9418	11910	Suisse
Turkey	28	93	149	144	134	279	11	158	131	93	103	241	Turquie
United Kingdom	4170	11825	-202	4665	6215	25355	9615	13830	16421	22961	36552	29824	Royaume-Uni
OECD UNALLOCATED													OCDE NON ATTRIBUÉS
NON-OECD AREA	*4717*	*8404*	*11241*	*8866*	*18097*	*23364*	*25663*	*29966*	*30474*	*32200*	*22952*	*31701*	***HORS ZONE-OCDE***
EUROPEAN COUNTRIES (1)			2	216	179	672	851	531	1183	1068	863	792	PAYS D'EUROPE (1)
of which:													*dont:*
Baltic countries												:	Pays Baltes
Bulgaria					:		6	10	-1	3	-1	1	Bulgarie
Czechoslovakia				112									Tchécoslovaquie
Romania	2	2	1	8	9	17	22	-9	14	22	30	-14	Roumanie
Russia					19	222	165	535	167	385	-398	-44	Russie
Slovakia							14	-5	8	10	-3	12	Slovaquie
Slovenia					-1	-1	1	1	-1	3	118	4	Slovénie
Ukraine								..	5	-13	51	-12	Ukraine
USSR		4	2	..									URSS

399

UNITED STATES

ETATS-UNIS

Table 4. **DIRECT INVESTMENT ABROAD:** *OUTFLOWS BY COUNTRY*
Tableau 4. **INVESTISSEMENT DIRECT À L'ÉTRANGER:** *FLUX PAR PAYS*

US$ million
Millions de dollars des EU

	1988	1989	1990	1991	1992	1993	1994	1995	1996	1997	1998	1999 p	
AFRICA	-592	-554	-450	75	-84	837	762	352	1678	3436	3150	1302	**AFRIQUE**
of which:													*dont:*
Algeria	..	..	..	5	45	..	145	71	638	729	1406	-50	Algérie
Egypt	-85	42	-292	-28	65	-32	46	-1	118	259	585	197	Egypte
Libya	..	..	..	-2	-1	-2	6	28	23	-67	-61	21	Libye
Morocco	..	..	..	8	7	19	9	8	2	-7	-6	-47	Maroc
South Africa	..	..	..	110	118	72	260	289	194	1298	-91	949	Afrique du Sud
LATIN AMERICA-CARIBBEAN (1)	5366	7437	8215	4873	11431	14379	9654	12812	9362	12480	9198	6305	**AMÉRIQUE LATINE-CARAIBES (1)**
of which:													*dont:*
Argentina	115	59	379	367	558	1079	1455	2048	371	1701	1252	1740	Argentine
Brazil	2189	3014	876	890	2054	3263	3338	6954	4159	7138	4834	455	Brésil
Chile	221	583	520	174	106	198	1875	1291	1860	926	448	604	Chili
Colombia	..	..	..	33	406	4	336	164	120	746	21	450	Colombie
Costa Rica	..	..	..	-37	-147	38	194	271	362	316	599	-456	Costa Rica
Netherlands Antilles	..	..	..	-695	3572	2334	1112	43	751	-1176	-39	1	Antilles néerlandaises
Panama	..	..	..	527	677	668	773	781	920	354	718	1803	Panama
Venezuela	..	..	..	1245	692	555	1021	654	775	668	668	980	Vénézuela
NEAR & MIDDLE EAST	-270	-473	515	521	845	775	709	879	467	619	2150	1417	**PROCHE & MOYEN ORIENT**
of which:													*dont:*
Gulf States	..	..	..	483	229	576	..	..	..	..	..	..	Pays du Golfe
of which:													*dont:*
Kuwait	..	..	..	224	45	254	-8	45	-45	-41	174	51	Koweit
Saudi Arabia	-345	56	494	24	73	84	83	640	-206	332	335	-65	Arabie Saoudite
United Arab Emirates	..	..	..	537	..	..	-60	164	103	55	118	-150	Émirats Arabes Unis
Iran	..	..	..	..	..	..	..	1	-1	..	..	..	Iran
Israel	92	-33	-163	94	510	260	298	340	264	25	1248	1050	Israël
ASIAN COUNTRIES (1)	753	1325	2583	3055	4980	5439	10379	4653	9962	10652	4049	13473	**PAYS D'ASIE (1)**
of which:													*dont:*
China	98	100	30	40	74	556	1232	261	933	1250	1666	1207	Chine
Chinese Taipei	191	177	222	479	108	173	711	419	290	702	-717	519	Taipei chinois
Hong Kong	567	465	352	474	1914	1366	1979	631	1690	3759	1831	2596	Hong Kong
India	53	..	..	74	52	88	250	181	262	267	107	-212	Inde
Indonesia	-138	-65	691	413	806	475	2061	519	956	21	360	2404	Indonésie
Malaysia	133	50	175	270	-129	377	553	1037	1298	733	-603	33	Malaisie
Philippines	80	49	177	..	134	369	414	269	738	107	292	-101	Philippines
Singapore	-105	165	620	1067	1282	1743	1836	947	2760	3697	543	6274	Singapour
Thailand	127	384	316	228	516	285	703	686	849	-16	527	906	Thaïlande
UNALLOCATED	-540	669	376	126	746	1262	3308	10739	7822	3945	3542	8412	**NON ATTRIBUÉS**
WORLD	17865	37604	30982	32696	42647	78164	73252	92074	84426	95769	134083	136510	**MONDE**
of which:													*dont:*
EUROPE (2)	7854	23397	9909	19563	18287	43970	34380	52275	40148	48318	93805	72090	EUROPE (2)
EUROPEAN UNION	8514	23155	4275	17954	15401	38167	31225	37924	36182	46910	82500	58211	UNION EUROPÉENNE
NAFTA	3323	2920	5828	3658	3388	6100	10504	11585	9586	13238	13870	19623	ALENA
ASEAN countries	97	583	1979	1978	2609	3249	5583	3411	6657	4532	1089	9516	Pays de l'ASEAN

1. Excluding countries recorded under the OECD area above.
2. EUROPE = EU + EFTA + Other European Countries.

1. Ce montant exclut les pays figurant dans la zone OCDE mentionnée ci-dessus.
2. EUROPE = UE + AELE + Autres pays d'Europe.

UNITED STATES - ETATS-UNIS

Chart 4. **Inward direct investment position**
Graphique 4. **Encours d'investissement direct de l'étranger**

1988

- Unalloc. 1%
- Prim. 14%
- Services 46%
- Manuf. 39%

- NAFTA-ALENA 9%
- Other OECD-Autres OCDE 24%
- Non OECD-Non OCDE 6%
- EU15-UE15 61%

1999

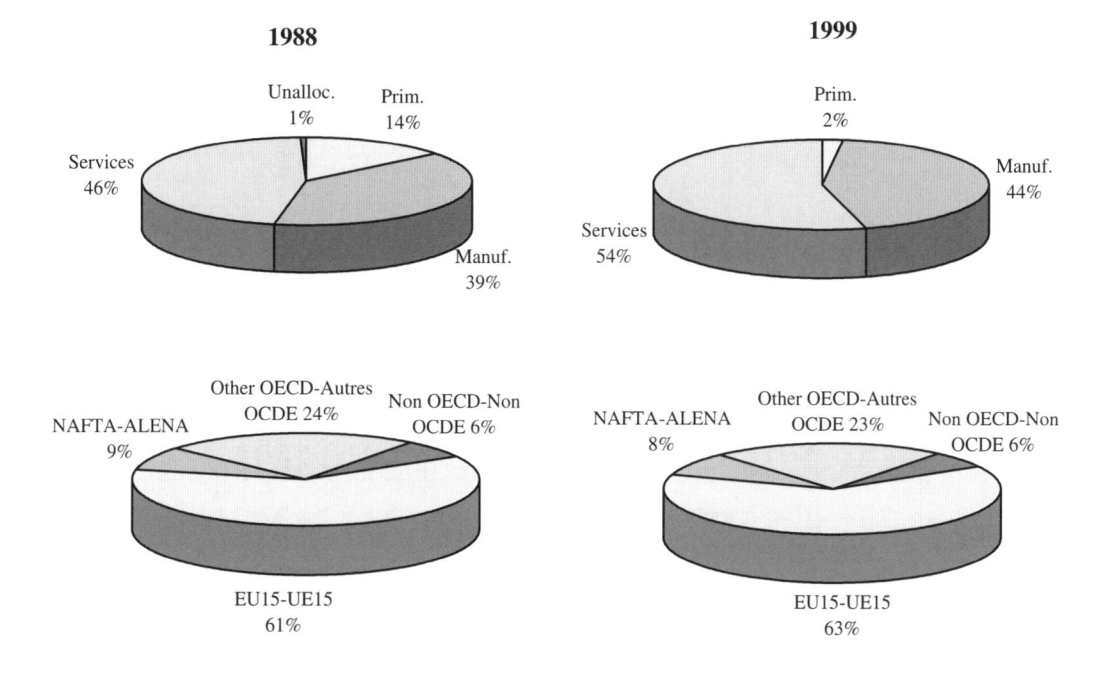

- Prim. 2%
- Manuf. 44%
- Services 54%

- NAFTA-ALENA 8%
- Other OECD-Autres OCDE 23%
- Non OECD-Non OCDE 6%
- EU15-UE15 63%

Chart 5. **Outward direct investment position**
Graphique 5. **Encours d'investissement direct à l'étranger**

1988

- Prim. 19%
- Services 40%
- Manuf. 41%

- Other OECD-Autres OCDE 17%
- Non OECD-Non OCDE 23%
- NAFTA-ALENA 20%
- EU15-UE15 40%

1999

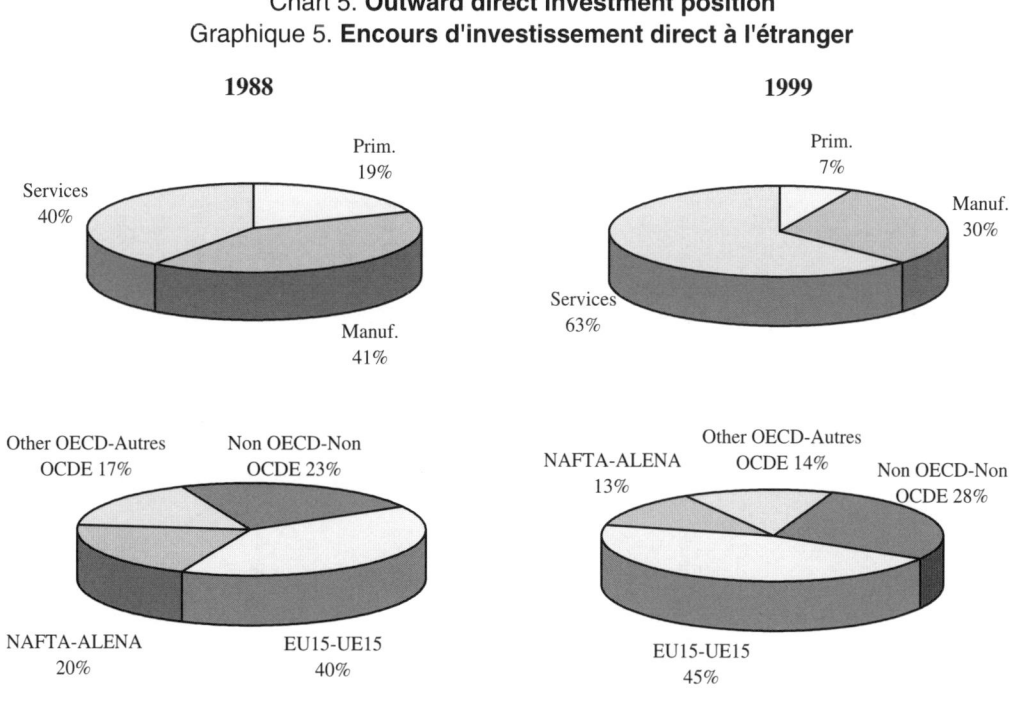

- Prim. 7%
- Manuf. 30%
- Services 63%

- NAFTA-ALENA 13%
- Other OECD-Autres OCDE 14%
- Non OECD-Non OCDE 28%
- EU15-UE15 45%

Note: Prim. = primary sector, **Manuf.** = manufacturing.

Note: Prim. = secteur primaire, **Manuf.** = manufacture.

UNITED STATES / ETATS-UNIS

Table 5. **DIRECT INVESTMENT FROM ABROAD:** *INWARD POSITION BY INDUSTRIAL SECTOR*
Tableau 5. **ENCOURS D'INVESTISSEMENT DIRECT DE L'ÉTRANGER:** *PAR SECTEUR INDUSTRIEL*

year-end - fin d'année

US$ million / Millions de dollars des EU

	1988	1989	1990	1991	1992	1993	1994 [1]	1995	1996	1997	1998	1999 p	
Agriculture & fishing	1116	1350	1457	1247	1206	1368	1613	1645	1633	1912	1888	1842	**Agriculture & pêche**
Mining & quarrying	43446	45086	51368	47959	46181	42341	35153	15284	15422	17663	15121	16319	**Mines & exploitation**
of which: Extraction of petroleum and gas	36006	40345	42882	40051	37555	32214	24598	4011	4875	5161	3052	4360	*dont:* Extraction de pétrole et gaz
Manufacturing	122582	150949	152805	157115	158873	168147	196889	238728	274143	299565	374781	434254	**Manufacture**
of which:													*dont:*
Food products	16458	23585	22643	23933	24185	22778	21411	26273	27585	25650	21873	17371	Produits alimentaires
Textile and wood activities	13584	15709	16447	15079	15341	18321	20705	23885	33830	35772	40788	46429	Activités du textile et du bois
Petroleum, chemical, rubber and plastic products	34929	42731	51326	54740	55933	72486	80347	104093	118040	124596	146359	158669	Pétrole, produits chimiques, caoutchouc et mat. plastiques
Metal and mechanical products	20146	27872	25240	24825	24238	22065	25985	29397	33940	40486	39454	49980	Produits métallurgiques et mécaniques
Office machinery, computers, radio, TV and communication equipment	13179	15077	16099	17560	17438	20662	23531	21894	23729	31673	41953	48411	Machines de bureau, ordinateurs, radio, téléviseurs et équipement de communication
Vehicles and other transport equipment	2792	4788	3648	4021	4302	4982	6955	11078	12425	13838	38103	45059	Véhicules et autres équipements de transport
Electricity, gas & water	..	..	..	2586	2496	2708	2249	3425	1707	2879	2558	25769	**Electricité, gaz & eau**
Construction	1519	2407	4110	3625	2226	2041	1960	1970	2171	4158	2855	3587	**Construction**
Trade & repairs	53590	54005	60152	65334	67888	75157	75649	83616	95250	110130	117222	136812	**Commerce & réparation**
Hotels & restaurants	..	..	..	12083	11732	11712	12791	13417	12198	11787	11238	17002	**Hôtels & restaurants**
Transport & communication	..	..	..	3621	3720	5471	7135	7636	16882	22937	25239	49142	**Transport & communication**
of which:													*dont:*
Land, sea and air transport	1994	2221	2285	2507	2388	2457	4058	3911	7172	9808	12194	15481	Transport terrestre, maritime et aérien
Telecommunications	52	-86	1062	1114	1332	1567	3077	2953	8895	12221	12176	32468	Télécommunications
Financial activities (2)	51499	66226	59728	109797	115807	102948	91099	119333	124919	154307	167484	214011	**Activités financières (2)**
of which:													*dont:*
Monetary institutions	..	..	..	24876	28367	24577	27139	33883	31264	38956	43804	60118	Institutions monétaires
Other financial institutions	..	..	..	11407	12946	38559	25127	34803	37531	44024	45895	52133	Autres institutions financières
of which: Financial holding companies	..	..	..	4378	4340	4457	4970	9851	7823	8260	..	10130	*dont:* Sociétés holding financières
Insurance & activities auxiliary to insurance	..	..	..	33341	35834	39812	38833	50647	56124	71327	77785	101760	Assurances & activités auxiliaires
Other financial institutions and insurance activities	..	..	..	44748	48780	78371	63960	85450	93655	115351	123680	153893	Autres activités d'institutions financières et d'assurances
Real estate & business activities	..	..	..	40173	38658	38466	39572	37064	41709	49632	59370	67878	**Activités d'entreprise & immobilier**
of which: Real estate	38956	46764	61944	33577	32406	32213	31613	30170	35169	38922	43558	44720	*dont:* Immobilier
Other services	..	..	..	30410	31665	17055	16295	7504	5902	14605	15686	19683	**Autres services**
Unallocated	2046	2137	3347	-54842	-52886	-2	262	5931	6085	259	306	369	Non attribués
TOTAL	314754	368924	394911	419108	427566	467412	480667	535553	598021	689834	793748	986668	**TOTAL**
of which:													*dont:*
PRIMARY	44562	46436	52825	49206	47387	43709	36766	16929	17055	19575	17009	18161	**PRIMAIRE**
MANUFACTURING	122582	150949	152805	157115	158873	168147	196889	238728	274143	299565	374781	434254	**MANUFACTURE**
SERVICES	145564	169402	185934	267629	274192	255558	246750	273965	300738	370435	401652	533884	**SERVICES**

1. Data reflect a discontinuity between 93 and 94 due to the reclassification, from direct investment to other investment accounts, of intercompany debt flows and associated income payments between parent companies and affiliates that are nondepository financial intermediaries.

2. Including real estate activities until 1992 (inclusive).

1. Les données reflètent une discontinuité entre 93 et 94 due à une reclassification, de la catégorie "investissements directs" à la catégorie "autres investissements", des flux d'endettement inter-entreprises et des paiements connexes de revenus entre les sociétés mères et les filiales qui ne sont pas des intermédiaires financiers de dépôts.

2. Jusqu'en 1992, y compris les activités immobilières.

UNITED STATES / **ETATS-UNIS**

Table 6. **DIRECT INVESTMENT ABROAD: OUTWARD POSITION BY INDUSTRIAL SECTOR**
Tableau 6. **ENCOURS D'INVESTISSEMENT DIRECT À L'ÉTRANGER: PAR SECTEUR INDUSTRIEL**
year-end - fin d'année

US$ million / Millions de dollars des EU

	1988	1989	1990	1991	1992	1993	1994	1995	1996	1997	1998	1999 p	
Agriculture & fishing	561	582	615	546	748	705	877	512	712	557	686	593	**Agriculture & pêche**
Mining & quarrying	62657	53042	57833	62998	64119	70178	45289	45805	56802	61719	72389	79214	**Mines & exploitation**
of which: Extraction of petroleum and gas	57807	48325	52826	57742	58537	64175	36910	36953	43751	50415	60071	66393	*dont:* Extraction de pétrole et gaz
Manufacturing	138725	147944	170164	179230	186285	192244	220981	263551	288604	297252	313929	338122	**Manufacture**
of which:													*dont:*
Food products	13281	11890	15570	17148	21141	25858	28724	32858	34905	36863	38479	39751	Produits alimentaires
Textile and wood activities	8510	12466	13318	15062	13983	16060	17869	19544	20431	19431	22029	24704	Activités du textile et du bois
Petroleum, chemical, rubber and plastic products	37443	39037	43767	65813	70109	73921	76230	90247	102469	104802	109625	113504	Pétrole, produits chimiques, caoutchouc et mat. plastiques
Metal and mechanical products	34591	34962	41395	41594	37258	36864	34868	41181	46645	46077	50124	56636	Produits métallurgiques et mécaniques
Office machinery, computers, radio, TV and communication equipment	10674	13303	15550	15383	15922	16842	19597	27514	31832	31308	32398	38449	Machines de bureau, ordinateurs, radio, téléviseurs et équipement de communication
Vehicles and other transport equipment	19148	21421	21522	23341	25423	22957	28019	34076	32092	35537	33939	36013	Véhicules et autres équipements de transport
Electricity, gas & water	..	..	1500	1747	1149	1641	2444	5995	10853	14348	24233	26014	**Electricité, gaz & eau**
Construction	1057	615	706	1214	1099	1145	922	1197	1612	1280	1389	1395	**Construction**
Trade & repairs	40430	44669	50677	58063	61519	66937	72713	83005	83209	91023	89250	107206	**Commerce & réparation**
Hotels & restaurants	..	..	1316	1428	1451	1269	6971	6636	7388	2640	11023	13381	**Hôtels & restaurants**
Transport & communication	1512	2182	5253	6431	8097	10186	14462	17142	18834	22845	27549	28747	**Transport & communication**
of which:													*dont:*
Land, sea and air transport	1432	1811	2328	2684	3612	4216	4557	4688	4075	5371	7334	6855	Transport terrestre, maritime et aérien
Telecommunications	80	371	2925	3747	4485	5970	7555	9862	12235	14842	17977	19277	Télécommunications
Financial activities	85986	125260	128451	139916	159404	200664	221816	246300	290226	334497	414771	474198	**Activités financières**
of which:													*dont:*
Monetary institutions	..	..	20670	21283	24653	27074	27444	29181	36807	37932	40582	39937	Institutions monétaires
Other financial institutions	..	..	89234	99745	115262	150152	168412	184352	216626	253931	324876	380181	Autres institutions financières
of which: Financial holding companies	..	..	65937	74968	83014	93042	103384	116217	140154	167510	222974	254447	*dont:* Sociétés holding financières
Insurance & activities auxiliary to insurance	..	..	18547	18888	19488	23439	25960	32767	36793	42634	49313	54080	Assurances & activités auxiliaires
Other financial institutions and insurance activities	..	..	107781	118633	134750	173591	194372	217119	253419	296565	374189	434261	Autres activités d'institutions financières et d'assurances
Real estate & business activities	..	..	7297	6455	10410	11125	15358	16237	22231	28506	37858	42303	**Activités d'entreprise & immobilier**
of which: Real estate	..	..	1876	1919	2435	1094	1507	1194	1320	1263	1777	1763	*dont:* Immobilier
Other services	4987	7487	6709	9816	7782	8190	11060	12633	14726	16650	20937	21449	**Autres services**
Unallocated	-	-	-	-	-	-1	-	2	-2	-1	-2	-	Non attribués
TOTAL	335915	381781	430521	467844	502063	564283	612893	699015	795195	871316	1014012	1132622	**TOTAL**
of which:													*dont:*
PRIMARY	63218	53624	58448	63544	64867	70883	46166	46317	57514	62276	73075	79807	PRIMAIRE
MANUFACTURING	138725	147944	170164	179230	186285	192244	220981	263551	288604	297252	313929	338122	MANUFACTURE
SERVICES	133972	180213	201909	225070	250911	301157	345746	389145	449079	511789	627010	714693	SERVICES

UNITED STATES / ETATS-UNIS

Table 7. DIRECT INVESTMENT FROM ABROAD: INWARD POSITION BY COUNTRY
Tableau 7. ENCOURS D'INVESTISSEMENT DIRECT DE L'ÉTRANGER: PAR PAYS

year-end - fin d'année

US$ million / Millions de dollars des EU

	1988	1989	1990	1991	1992	1993	1994[1]	1995	1996	1997	1998	1999 p	
OECD AREA	*294652*	*341987*	*366202*	*395255*	*401212*	*434092*	*444366*	*495574*	*557879*	*642672*	*753606*	*930268*	**ZONE DE L'OCDE**
Australia	7171	4962	6542	6011	6148	7089	8838	10356	14968	13977	12883	10818	Australie
Austria	392	386	625	573	594	638	769	1553	1784	1756	1969	2483	Autriche
Belgium-Luxembourg	3340	4206	6095	3962	4816	5053	6632	10153	8301	17830	37616	66342	Belgique-Luxembourg
Canada	26566	30370	29544	36834	37843	40373	41219	45618	54836	65144	74143	79716	Canada
Czech Republic									-1	-2		-2	République Tchèque
Denmark	588	656	819	448	445	1110	2429	3444	2626	2921	3312	4959	Danemark
Finland	452	1297	1504	1416	1629	1617	2016	2710	2950	3588	4106	4816	Finlande
France	13233	15365	18650	25078	24729	30304	32950	36167	43253	49515	58051	77622	France
Germany	25250	28386	28232	29335	29768	34987	39630	46017	61096	70901	94404	111138	Allemagne
Greece	99	96	94	52	80	73	78	106	115	150	160	159	Grèce
Hungary		7		-1		13	12	11	5		-111	812	Hongrie
Iceland					23						64	77	Islande
Ireland	725	1416	1340	1888	2211	4771	2974	4749	6437	10719	12484	17969	Irlande
Italy	752	1436	1524	3227	1380	2299	2904	3062	3158	3104	4143	4982	Italie
Japan	51126	67268	83091	95142	99628	100721	98513	104997	116144	126464	134590	148947	Japon
Korea	505	-307	-1009	800	920	-71	-73	692	-103	363	974	1520	Corée
Mexico	218	350	575	747	1289	1244	2069	1850	1641	3244	2432	3612	Mexique
Netherlands	48128	56734	64671	63113	69191	72893	66600	65116	75349	87584	98926	130703	Pays-Bas
New Zealand	154	166	157	92	111	123	179	149	170	205	337	329	Nouvelle-Zélande
Norway	220	576	773	721	888	1217	1616	2172	2286	3062	3833	4201	Norvège
Poland	27	28	29	41	42	46	45	47	51	58	57	52	Pologne
Portugal	18	7	-19	-15		-2	20	23	-20	-31	-36	-44	Portugal
Spain	511	601	792	1811	2103	1245	2430	3237	2007	2295	2285	2629	Espagne
Sweden	4713	5435	5484	5404	7367	7881	8803	9584	8826	11029	15139	17904	Suède
Switzerland	14372	18746	17674	18482	19048	21681	24936	27458	30363	37874	48403	55280	Suisse
Turkey	41	17	20	34	29	48	45	31	55	39	279	99	Turquie
United Kingdom	95698	103458	98676	100085	90931	98739	98732	116272	121582	130883	143165	183145	Royaume-Uni
OECD UNALLOCATED	353	325	319	-25	-1								OCDE NON ATTRIBUES
NON-OECD AREA	*20102*	*26937*	*28709*	*23853*	*21918*	*33320*	*36301*	*39979*	*40142*	*47162*	*40142*	*56400*	**HORS ZONE-OCDE**
EUROPEAN COUNTRIES (2)	**31**	**13**	**19**	**425**	**229**	**390**	**251**	**285**	**456**	**475**	**243**	**384**	**PAYS D'EUROPE** (2)
of which:													*dont:*
Baltic countries													Pays Baltes
Bulgaria									-1				Bulgarie
Czechoslovakia													Tchécoslovaquie
Romania										13	11	8	Roumanie
Russia					131	98	97	118	242	223		40	Russie
Slovakia					29		-1			-2	-3	-6	Slovaquie
Slovenia						26	26	20		19	13	8	Slovénie
Ukraine						2	2	2	2	1	1	1	Ukraine
USSR													URSS

UNITED STATES / ETATS-UNIS

Table 7. **DIRECT INVESTMENT FROM ABROAD: INWARD POSITION BY COUNTRY**
Tableau 7. **ENCOURS D'INVESTISSEMENT DIRECT DE L'ÉTRANGER: PAR PAYS**
year-end - fin d'année

US$ million / Millions de dollars des EU

	1988	1989	1990	1991	1992	1993	1994[1]	1995	1996	1997	1998	1999 p	
AFRICA	441	505	505	937	896	1264	1230	1113	994	1464	862	1545	**AFRIQUE**
of which:													dont:
Algeria	..	..	..	..	..	..	..	..	..	..	..	..	Algérie
Egypt	..	-8	1	8	14	37	6	-1	31	28	1	-16	Egypte
Libya	..	..	..	5	-8	-12	..	..	..	..	-4	..	Libye
Morocco	..	..	..	5	15	-11	-4	-10	-14	-19	-25	-32	Maroc
South Africa	..	..	..	-17	-20	5	-4	-3	-30	-33	121	427	Afrique du Sud
LATIN AMERICA-CARIBBEAN (2)	11025	15868	19593	13799	16184	20664	22457	26023	26361	29764	25422	40979	**AMÉRIQUE LATINE-CARAIBES (2)**
of which:													dont:
Argentina	291	370	420	407	419	297	335	673	438	438	519	541	Argentine
Brazil	286	428	377	634	544	653	..	750	697	703	635	651	Brésil
Chile	34	40	5	29	46	4	4	2	9	22	27	-40	Chili
Colombia	..	..	..	59	58	58	44	30	16	17	27	24	Colombie
Costa Rica	..	..	..	..	-4	-2	-12	-7	1	9	16	-45	Costa Rica
Netherlands Antilles	..	..	..	3	8680	8356	8951	8044	7993	5673	2844	2695	Antilles néerlandaises
Panama	..	..	..	7750	4556	4652	4253	4939	6014	5898	6504	5896	Panama
Venezuela	..	..	..	4500	475	-445	-312	-152	-4	-360	-529	-170	Vénézuela
				512									
NEAR & MIDDLE EAST	6570	7588	4425	4864	4797	6575	6608	5801	5812	6585	6346	7087	**PROCHE & MOYEN ORIENT**
of which:													dont:
Gulf States	..	..	..	..	..	..	..	..	..	..	..	..	Pays du Golfe
of which:													dont:
Kuwait	1826	2455	1811	1663	1640	2820	2821	2525	2640	2930	..	3391	Koweit
Saudi Arabia	..	..	..	1624	1671	..	..	1211	1398	1566	..	949	Arabie Saoudite
United Arab Emirates	..	..	..	74	91	116	97	98	87	76	43	16	Émirats Arabes Unis
Iran	..	..	..	..	5	-1	-1	-2	-4	-4	-5	-5	Iran
Israel	587	630	640	1391	1292	1886	1965	1883	1604	1929	2084	2680	Israël
ASIAN COUNTRIES (2)	2035	2963	4167	3828	4180	4427	5591	6580	6354	8748	7159	6270	**PAYS D'ASIE (2)**
of which:													dont:
China	-3	87	124	192	167	109	244	329	197	175	253	339	Chine
Chinese Taipei	329	476	836	1098	1165	1618	1574	2142	2133	2840	3144	2983	Taipei chinois
Hong Kong	895	1124	1511	1162	1358	1518	1505	1511	1711	1768	1578	1210	Hong Kong
India	21	26	30	..	..	37	44	66	54	86	88	122	Inde
Indonesia	41	39	25	30	45	69	68	159	199	255	219	276	Indonésie
Malaysia	42	29	56	57	89	292	464	400	481	287	100	-20	Malaisie
Philippines	73	82	77	63	67	50	76	75	78	82	93	116	Philippines
Singapore	510	934	1289	947	972	450	1375	1637	1246	2970	1561	1049	Singapour
Thailand	72	100	150	155	164	237	192	205	213	151	70	164	Thailande
UNALLOCATED	-	-	-	-	-4368	-	164	177	165	126	110	135	**NON ATTRIBUÉS**
WORLD	314754	368924	394911	419108	423130	467412	480667	535553	598021	689834	793748	986668	**MONDE**
of which:													dont:
EUROPE (3)	208844	239126	247253	256079	255503	285004	294035	332374	370843	433876	528601	685845	EUROPE (3)
EUROPEAN UNION	193899	219479	228487	236377	235244	261608	266967	302193	337464	392244	475724	624807	UNION EUROPÉENNE
NAFTA	26784	30720	30119	37581	39132	41617	43288	47468	56477	68388	76575	83328	ALENA
ASEAN countries	738	1184	1597	1252	1337	1098	2190	2445	2241	3745	2043	1585	Pays de l'ASEAN

1. Data reflect a discontinuity between 93 and 94 due to the reclassification, from direct investment to other investment accounts, of intercompany debt flows and associated income payments between parent companies and affiliates that are nondepository financial intermediaries.
2. Excluding countries recorded under the OECD area above.
3. EUROPE = EU + EFTA + Other European Countries.

1. Les données reflètent une discontinuité entre 93 et 94 due à une reclassification, de la catégorie "investissements directs" à la catégorie "autres investissements", des flux d'endettement inter-entreprises et des paiements connexes de revenus entre les sociétés mères et les filiales qui ne sont pas des intermédiaires financiers de dépôts.
2. Ce montant exclut les pays figurant dans la zone OCDE mentionnée ci-dessus.
3. EUROPE = UE + AELE + Autres pays d'Europe.

UNITED STATES / ETATS-UNIS

Table 8. **DIRECT INVESTMENT ABROAD:** *OUTWARD POSITION BY COUNTRY*
Tableau 8. **ENCOURS D'INVESTISSEMENT DIRECT À L'ÉTRANGER:** *PAR PAYS*
year-end - fin d'année

US$ million / Millions de dollars des EU

	1988	1989	1990	1991	1992	1993	1994	1995	1996	1997	1998	1999p	
OECD AREA	*258159*	*295999*	*337294*	*364671*	*379654*	*425770*	*447966*	*513309*	*570570*	*616205*	*732810*	*817356*	**ZONE DE L'OCDE**
Australia	12823	14368	15110	16072	16928	19047	20196	24328	30006	28404	31150	33662	Australie
Austria	669	962	1113	1268	1371	1312	2197	2829	2854	2646	3850	3696	Autriche
Belgium-Luxembourg	8342	9270	11161	12345	13412	17308	21024	24635	26493	27595	33161	32548	Belgique-Luxembourg
Canada	62656	63948	69508	70711	68690	69922	74221	83498	89592	96626	101871	111707	Canada
Czech Republic						157	487	526	511	409	498	501	République Tchèque
Denmark	1161	..	1726	1940	1676	1735	2030	2161	2554	2385	2854	3887	Danemark
Finland	408	..	544	386	343	414	761	965	1070	1311	1695	1355	Finlande
France	13041	16443	19164	21569	25157	24312	27322	33358	35200	36630	42067	39984	France
Germany	21832	23673	27609	32411	33003	36811	38878	44242	41281	40726	46405	49617	Allemagne
Greece	195	210	282	306	372	410	482	533	566	634	639	602	Grèce
Hungary		..	119	189	254	1053	1066	1487	1843	1168	1482	1425	Hongrie
Iceland	9	19	26	31	30	34					1	1	Islande
Ireland	5886	4665	5894	6471	7607	9019	7239	7996	10133	11339	16991	19823	Irlande
Italy	9496	11221	14063	15085	13015	12748	14808	17096	16193	15547	16008	17595	Italie
Japan	18009	19911	22599	25403	26590	31095	34117	37309	34578	33854	35633	47786	Japon
Korea	1501	2370	2695	2900	2912	3427	4334	5557	6508	6467	7395	8749	Corée
Mexico	5712	8264	10313	12501	13730	15221	16968	16873	19351	24050	28396	34265	Mexique
Netherlands	16145	19160	19120	20293	20700	20911	29889	42113	54118	68619	93592	106436	Pays-Bas
New Zealand	833	1062	3156	2949	3314	3064	3893	4601	5940	7160	6041	6080	Nouvelle-Zélande
Norway	4371	3447	4209	4318	3825	3757	5026	4741	5483	6633	7015	6601	Norvège
Poland			3	32	191	427	771	946	1011	1390	1694	1911	Pologne
Portugal	546	..	897	1034	1290	1264	1181	1413	1423	1399	1476	1478	Portugal
Spain	4966	6500	7868	8088	8757	6689	9572	10856	12252	11541	13676	12456	Espagne
Sweden	1119	1297	1787	2323	1881	2374	1905	6816	5248	3542	5339	9595	Suède
Switzerland	18734	21144	25099	25682	28698	33056	27908	31125	30744	30634	40144	51227	Suisse
Turkey	246	343	522	545	732	995	874	973	1059	1033	1074	1299	Turquie
United Kingdom	49459	67722	72707	79819	85176	109208	100817	106332	134559	154462	192663	213070	Royaume-Uni
OECD UNALLOCATED													OCDE NON ATTRIBUÉS
NON-OECD AREA	*77756*	*85782*	*93227*	*103173*	*122409*	*138513*	*164927*	*185706*	*224625*	*255111*	*281202*	*315266*	**HORS ZONE-OCDE**
EUROPEAN COUNTRIES (1)	*698*	*372*	*409*	*1030*	*1254*	*1740*	*2895*	*3453*	*4783*	*5497*	*5790*	*6684*	**PAYS D'EUROPE (1)**
of which:													*dont:*
Baltic countries	-	-	-	-	..	..	..	..	..	..	..	..	Pays Baltes
Bulgaria	-	-	-	-	..	..	10	20	18	22	21	22	Bulgarie
Czechoslovakia	-	-	-	-	..	..	..	..	..	..	..	-	Tchécoslovaquie
Romania	3	-2	-1	8	16	25	43	31	77	89	126	48	Roumanie
Russia	-	-	-	-	94	280	562	1115	1334	1371	412	509	Russie
Slovakia	-	-	-	-	..	..	41	36	45	61	65	70	Slovaquie
Slovenia	-	-	-	-	-3	-4	5	5	24	27	147	135	Slovénie
Ukraine	-	-	-	-	..	..	..	17	22	12	93	50	Ukraine
USSR	-	4	6	63	-	-	-	-	-	-	-	-	URSS

406

UNITED STATES / ETATS-UNIS

US$ million / Millions de dollars des EU

Table 8. DIRECT INVESTMENT ABROAD: OUTWARD POSITION BY COUNTRY
Tableau 8. ENCOURS D'INVESTISSEMENT DIRECT À L'ÉTRANGER : PAR PAYS
year-end - fin d'année

	1988	1989	1990	1991	1992	1993	1994	1995	1996	1997	1998	1999 p	
AFRICA	5471	3936	3650	4427	4469	5469	5760	6017	8162	11330	14241	15062	**AFRIQUE**
of which:													*dont:*
Algeria				6	52		153	224	1068	1890	3333	3106	Algérie
Egypt	1637	1541	1231	1246	1334	1510	1090	1093	1366	1603	2036	2213	Egypte
Libya	..	..	..	232	268	266	209	161	187	120	60	80	Libye
Morocco	..	..	..	57	77	81	93	106	102	83	87	34	Maroc
South Africa	..	..	..	868	879	900	1132	1422	1495	2499	2312	3258	Afrique du Sud
LATIN AMERICA-CARIBBEAN (1)	47816	53898	61100	65176	77577	85261	99510	114504	136574	156768	172081	188917	**AMÉRIQUE LATINE-CARAIBES (1)**
of which:													*dont:*
Argentina	2597	2215	2531	2831	3327	4442	5692	7660	7893	10980	12834	14187	Argentine
Brazil	12609	14025	14384	14997	16313	16772	17885	25002	29105	35778	38195	35003	Brésil
Chile	672	1412	1896	2069	2544	2749	5062	6216	8156	9148	9351	9886	Chili
Colombia	..	..	..	1876	3053	2930	3463	3506	3531	4097	3732	4029	Colombie
Costa Rica	..	..	..	417	274	298	607	921	1223	1529	2080	1646	Costa Rica
Netherlands Antilles	..	..	..	-5072	-1989	-62	6739	6835	7597	4415	4372	4377	Antilles néerlandaises
Panama	..	..	..	10484	11038	12043	11905	15123	16335	22016	25982	33429	Panama
Venezuela	..	..	..	1427	1972	2362	3087	3634	4474	5339	5729	6750	Vénézuela
NEAR & MIDDLE EAST	3806	3518	3959	4963	5759	6571	6367	7198	8294	8836	10632	11137	**PROCHE & MOYEN ORIENT**
of which:													*dont:*
Gulf States	..	..	..	..	..	..	..	..	..	..	..	..	Pays du Golfe
of which:													*dont:*
Kuwait	..	..	..	..	..	..	168	71	28	-60	111	163	Koweit
Saudi Arabia	1782	1655	1899	2303	2351	2587	2100	2741	3476	3821	4276	4231	Arabie Saoudite
United Arab Emirates	..	..	..	416	429	524	357	500	598	567	687	543	Émirats Arabes Unis
Iran	..	..	..	..	..	..	309	310	..	..	..	..	Iran
Israel	701	827	746	826	1335	1604	1483	1831	2045	2071	2922	3199	Israël
ASIAN COUNTRIES (1)	17027	17466	21156	24895	30217	36038	45988	50916	62516	68930	75145	89635	**PAYS D'ASIE (1)**
of which:													*dont:*
China	307	436	354	426	563	916	2557	2765	3848	5150	6481	7766	Chine
Chinese Taipei	1621	1968	2226	2666	2827	3113	3775	4293	4476	5007	6262	6860	Taipei chinois
Hong Kong	5240	5412	6055	6656	8693	10063	11092	11768	14391	17315	18421	20848	Hong Kong
India	436	..	372	415	485	599	1030	1105	1344	1563	1460	1189	Inde
Indonesia	2921	2771	3207	3826	4384	4864	6355	6777	8322	6729	7916	10504	Indonésie
Malaysia	1135	1263	1466	1774	1596	1975	3148	4237	5663	6530	5743	5989	Malaisie
Philippines	1513	1107	1355	1395	1666	1953	2484	2719	3541	3219	3930	3792	Philippines
Singapore	2311	2998	3975	5363	6715	8875	10940	12140	14912	18026	18427	24781	Singapour
Thailand	1132	1511	1790	2025	2595	2943	3585	4283	5000	4332	5383	6966	Thailande
UNALLOCATED	2938	6592	2953	2682	3133	3434	4407	3618	4296	3750	3313	3831	**NON ATTRIBUÉS**
WORLD	***335915***	***381781***	***430521***	***467844***	***502063***	***564283***	***612893***	***699015***	***795195***	***871316***	***1014012***	***1132622***	***MONDE***
of which:													*dont:*
EUROPE (2)	157077	186105	213673	233795	246313	281362	297133	344596	389378	425139	528113	581791	EUROPE (2)
EUROPEAN UNION	133265	161123	183935	203338	213760	244515	258105	301345	343944	378376	470416	512142	UNION EUROPÉENNE
NAFTA	68368	72212	79821	83212	82420	85143	91189	100371	108943	120676	130267	145972	ALENA
ASEAN countries	9012	9650	11793	14383	16956	20610	26527	30125	37462	38851	41384	52032	Pays de l'ASEAN

1. Excluding countries recorded under the OECD area above.
2. EUROPE = EU + EFTA + Other European Countries.

1. Ce montant exclut les pays figurant dans la zone OCDE mentionnée ci-dessus.
2. EUROPE = UE + AELE + Autres pays d'Europe.

PART III - PARTIE III

TECHNICAL NOTES - NOTES TECHNIQUES

Direct Investment Statistics in Australia

The Australian Bureau of Statistics (ABS) compiles international investment statistics from surveys of Australian enterprises known to have international investment activity. Under the current publication strategy, only certain aggregates are available for the current quarter for the financial account and international investment position, and these are presented in the publication *Balance of Payments and International Investment Position, Australia* (Cat No. 5302.0) with a lag of about 43 working days. The more detailed quarterly financial account and international investment position statistics are published with a one quarter lag. Detailed annual financial year data by country and by industry are available with a lag of about twelve months and are published in the annual publication also titled *Balance of Payments and International Investment Position, Australia* (Cat No. 5363.0).

International investment statistics provide information on the levels (stock) of foreign financial assets and liabilities at the end of the period, financial transactions (investment flows) resulting in increases and decreases in these assets and liabilities, other changes in value of these assets and liabilities (price changes, exchange rate changes and other adjustments) and income accrued on these assets and liabilities. Included as imputed transactions in foreign direct investment statistics are the **reinvested earnings** of resident direct investment enterprises attributable to their foreign direct investors and the reinvested earnings of foreign direct investment enterprises attributable to their Australian direct investors. A primary classification of financial account transactions and the international investment position is the type of investment (direct investment, portfolio investment, other investment and reserve assets).

Statistiques de l'investissement direct en Australie

L'Australian Bureau of Statistics (ABS) établit des statistiques d'investissement international à partir d'enquêtes auprès des entreprises australiennes connues pour effectuer des investissements internationaux. Les données relatives aux comptes financiers et à l'encours de l'investissement international sont disponibles chaque trimestre dans le bulletin *Balance of Payments and International Investment Position, Australia* (Cat n° 5302.0) moyennant un délai d'environ 43 jours ouvrables. Les statistiques financières annuelles détaillées sont disponibles sous douze mois environ dans la publication annuelle également intitulée *Balance of Payments and International Investment Position, Australia* (Cat n° 5363.0).

Les statistiques d'investissement international apportent des informations sur les niveaux (encours) des avoirs et engagements financiers en fin de période, sur les opérations financières (flux d'investissements) qui provoquent l'accroissement ou la diminution de ces avoirs et engagements, sur les autres variations de la valeur des ces avoirs et engagements (variations des prix, variations des cours de change et autres ajustements), enfin sur les revenus à percevoir ou à payer au titre de ces avoirs et engagements. Sont également inclus dans les statistiques d'investissement direct international, au titre d'imputations, les **bénéfices réinvestis** par les entreprises d'investissement direct résidentes imputables à leurs investisseurs directs étrangers et les revenus réinvestis par les entreprises d'investissement direct étrangères imputables à leurs investisseurs directs australiens. Le type d'investissement (investissement direct,

The definition of direct investment used in Australia is consistent with the recommendations of the fifth edition of the IMF *Balance of Payments Manual* (BPM5) and the third edition of the OECD *Benchmark Definition of Foreign Direct Investment* (BMD). The concept of direct investment is based on an investor resident in one economy (direct investor) obtaining a lasting interest in an enterprise resident in another economy (direct investment enterprise). The lasting interest implies the existence of a long-term relationship between the direct investor and the enterprise and a significant degree of influence in its management. Ownership of ten per cent or more of the ordinary shares or voting stock (or an equivalent equity interest) is regarded as indicative of significant influence by an investor and no exceptions to this rule are currently applied. Branches, subsidiaries, sub-subsidiaries and associates of the direct investor are included in direct investment relationship. According to BPM5 and BMD recommendations, only equity and permanent debt transactions between related financial intermediaries are included in direct investment. This aspect of the definition of direct investment was not adopted in the ABS implementation of BPM4. Its application under BPM5 has resulted in significant reclassifications from direct investment (other capital) to other investment.

The primary classification in direct investment statistics is the direction of investment. The direction of investment refers to the basic distinction between inward and outward investment. Broadly, *direct investment in Australia* is derived after netting claims by the Australian direct investment

investissement de portefeuille, autres investissements et avoirs de réserve) constitue l'un des premiers critères de classement des opérations des comptes financiers.

La définition de l'investissement direct utilisée en Australie est conforme aux recommandations de la 5e édition du *Manuel de la balance des paiements* du FMI (MBP5) et de la 3e édition de la *Définition de référence des investissements directs internationaux* de l'OCDE (la Définition de référence). Le concept d'investissement direct correspond à l'activité d'un investisseur résident (investisseur direct) consistant à obtenir un intérêt durable dans une entreprise résidant dans une autre économie (entreprise d'investissement direct). La notion d'intérêt durable implique d'existence d'une relation à long terme entre l'investisseur direct et l'entreprise et l'exercice d'une influence sensible dans sa gestion. On considère que le contrôle de dix pour cent ou plus des actions ordinaires ou des droits de vote (ou d'une participation équivalente) témoigne d'une influence sensible exercée par l'investisseur direct et aucune exception n'est actuellement faite à cette règle. Conformément aux recommandations du MBP5 et de la Définition de référence, seule les opérations portant sur le capital social ou des dettes/créances permanentes entre des intermédiaires financiers apparentés sont incluses dans l'investissement direct. Cet aspect de la définition de l'investissement direct n'avait pas été adopté lors de l'application du MBP4 par l'ABS. Son adoption dans le cadre du MBP5 s'est traduite par des reclassements importants de la rubrique 'investissement direct' (autres opérations en capital) vers celle des 'autres investissements'.

La première classification des statistiques d'investissement direct repose sur le sens de l'investissement, qui fait lui-même référence à la distinction fondamentale entre investissement de l'étranger et à l'étranger. De façon générale, *l'investissement direct en Australie* est calculé en

enterprises on their direct investors abroad against their liabilities to their direct investors abroad. Conversely, *Australian direct investment abroad* is derived by netting liabilities by the Australian direct investors on their direct investment enterprises abroad against claims on them. Within each direction of investment, separate data are collected for direct investment assets and liabilities.

Residents of Australia consist of those economic units which have a closer association with the territory of Australia than with any other territory. For enterprises, the country of residence is the country of operation of the enterprises, irrespective of whether the enterprise is incorporated or unincorporated in that country or whether it is locally or foreign owned and/or controlled. All enterprises engaged in the production of goods and services on a commercial or equivalent basis within the territory of Australia are regarded as residents.

Market price is the principle of valuation in international investment statistics. Foreign financial assets and liabilities should, in principle, be valued at their current market price at the reference date. In practice, this is not always possible and valuation guidelines are adopted in order to approximate market valuation. Shares (or corporate equities) are measured at market value, or where no market exists, at a recent transactions price, net asset value or director's valuation. For debt securities, the preferred method of valuation is traded price at the date specified. Where this is not available, data providers are asked to report in order of preference one of the following methods: yield to maturity,

établissant le solde des créances détenues par les entreprises d'investissement direct australiennes sur leurs investisseurs directs à l'étranger et de leurs engagements vis-à-vis de leurs investisseurs directs à l'étranger. A l'inverse, *l'investissement direct australien à l'étranger* est calculé en établissant le solde des engagements des investisseurs directs australiens vis-à-vis de leurs entreprises d'investissement direct à l'étranger et de leurs créances sur ces dernières. Pour chaque sens de l'investissement, on collecte des données distinctes sur les avoirs et engagements au titre de l'investissement direct.

Les **résidents** en Australie sont les unités économiques qui entretiennent avec le territoire de l'Australie un lien plus étroit qu'avec tout autre territoire. Pour les entreprises, le pays de résidence est le pays où elles exercent leur activité, qu'elles soient ou non constituées en société et qu'elles soient détenues et/ou contrôlées par des intérêts locaux ou étrangers. Toutes les entreprises se livrant à la production de biens et de services dans des conditions commerciales ou équivalentes sur le territoire de l'Australie sont considérées comme résidentes.

Le principe d'évaluation retenu dans les statistiques de l'investissement international est celui du **prix du marché**. Les avoirs et engagements financiers étrangers devraient en principe être évalués au prix du marché en vigueur à la date de référence. Dans la pratique, ce n'est pas toujours possible et on adopte des principes permettant de calculer par approximation les valeurs au prix du marché. Les actions (ou parts de capital social) sont évaluées au cours du marché ou, s'il n'y a pas de marché, à un prix récent des transactions, en fonction de la valeur d'actif net ou d'une évaluation de l'administrateur. Pour les titres de créances, la méthode d'évaluation préconisée est celle du prix négocié à la date de

discounted present value, face value less written value of discount, issue price plus amortisation of discount, or another mark to market method.

The **country** classification of statistics on FDI is based upon the country of residence of the foreign creditor or debtor holding Australia's foreign liabilities or financial assets. It does not necessarily reflect either the country of ultimate beneficial ownership of the investment, the country of immediate source of funds, or the country from which amounts borrowed will in fact be repaid.

Relationship to the Balance of Payments: Financial transactions measured in international investment statistics are equivalent to the transactions measured in the balance of payments financial account. Therefore, financial transactions arising from foreign investment in Australia less financial transactions arising from Australian investment abroad, equals the balance on financial account recorded in the balance of payments. Foreign direct investment statistics contribute to this total, in conjunction with financial transactions in reserve assets, portfolio investment and other investment. The income on foreign financial assets and liabilities is included in the balance of payments current account.

Source: Australian Bureau of Statistics, *Balance of Payments and International Investment Position, Australia: Concepts Sources and Methods* (Cat No. 5331.0), 1998.

référence. Si cette information n'est pas disponible, on demande aux personnes qui fournissent les données de faire état de l'une de ces méthodes, dans un ordre de préférence : taux de rendement actuariel, valeur actualisée, valeur nominale moins valeur actualisée, prix d'émission plus amortissement de la prime, ou autre méthode d'évaluation au prix du marché.

La classification **par pays** des statistiques d'investissements directs étrangers se réfère au pays de résidence du créancier ou du débiteur étranger détenteur d'engagements ou d'avoirs financiers en Australie. Elle ne reflète pas nécessairement le pays du bénéficiaire réel final de l'investissement, ni le pays de la source immédiate des fonds, ni le pays où les sommes empruntées seront effectivement remboursées.

Relation avec la balance des paiements: Les transactions financières mesurées dans les statistiques de l'investissement international sont équivalentes aux transactions mesurées dans le compte financier de la balance des paiements. Par conséquent, les transactions financières liées à des investissements étrangers en Australie, nettes des transactions financières liées à des investissements australiens à l'étranger, sont égales au solde du compte financier figurant dans la balance des paiements. Les chiffres de l'investissement direct étranger contribuent à ce total, de même que les transactions financières portant sur les avoirs de réserve, les investissements de portefeuille et autres investissements. Les revenus des avoirs et engagements financiers étrangers figurent dans le compte des opérations courantes de la balance des paiements.

Source : Australian Bureau of Statistics, *Balance of Payments and International Investment Position, Australia: Concepts Sources and Methods* (Cat No. 5331.0), 1998.

Australian Bureau of Statistics, *Balance of Payments and International Investment Position, Australia* (Cat No. 5302.0), issued quarterly.

Australian Bureau of Statistics, *Balance of Payments and International Investment Position, Australia* (Cat No. 5363.0), issued annually.

Australian Bureau of Statistics, *International Investment Position, Australia: Supplementary Country Statistics* (Cat No. 5352.0), issued annually.

Australian Bureau of Statistics, *Balance of Payments and International Investment Position, Australia* (Cat No. 5302.0), publication trimestrielle.

Australian Bureau of Statistics, *Balance of Payments and International Investment Position, Australia* (Cat No. 5363.0), publication annuelle.

Australian Bureau of Statistics, *International Investment Position, Australia: Supplementary Country Statistics* (Cat No. 5352.0), publication annuelle.

Direct Investment Statistics in Austria

The Oesterreichische Nationalbank (Austrian National Bank) collects data for the balance of payments statistics and conducts surveys of Austria's foreign direct investment position. A breakdown by economic sector of the resident enterprise is available for **direct investment flows** only from 1997 onwards. Figures on geographical distribution of flows follow the "first counterpart" principle.

Surveys of foreign direct investment position in Austria have been conducted by Austria's National Bank since 1969, surveys of Austrian direct investment abroad since 1974. Surveys since 1990 are conducted annually. Results are not available before 18 months after the end of calendar year. The breakdown of positions by economic activity follows the resident's activity for inward and the non-resident's activity for outward stocks. The regional classification of FDI stocks abroad follows the partner country principle, inward stocks are published according to the concept of "ultimate beneficial ownership", but a "first counterpart" allocation is available too.

The definition of **direct investment** is essentially in line with the concept applied by IMF and OECD. Accordingly, Austrian FDI is understood to mean capital investment by non-residents for the purpose

Statistiques de l'investissement direct en Autriche

La Oesterreichische Nationalbank (Banque Nationale d'Autriche) collecte les données pour l'établissement des statistiques de la balance des paiements et mène des enquêtes pour connaître la position de l'Autriche en matière d'investissement international. Les **flux d'investissements directs** ventilés par secteur économique ne sont disponibles qu'à partir de 1997 pour les entreprises résidentes. Les montants concernant la répartition géographique sont basés sur le principe du "pays d'accueil / d'investissement immédiat".

La Banque Nationale d'Autriche enquête sur la situation de l'investissement direct étranger en Autriche depuis 1969 et sur les investissements directs réalisés par l'Autriche à l'étranger depuis 1974. Depuis 1990, les enquêtes sont effectuées annuellement, mais les résultats ne sont disponibles que 18 mois après la fin de l'année civile. Les encours par secteur sont répartis selon l'activité économique de l'entité résidente pour les stocks entrants et l'activité économique de l'entité non - résidente pour les stocks sortants. Le classement par région des encours d'investissement direct détenus à l'étranger suit le principe du pays – partenaire ; les encours en provenance de l'étranger sont répartis selon le pays d'investissement final, néanmoins une ventilation selon le principe du «pays d'investissement immédiat» est également disponible.

La définition des **investissements directs** est conforme, pour l'essentiel, à celle appliquée par le FMI et l'OCDE. Ainsi, l'investissement direct étranger en Autriche recouvre les

of establishing and maintaining lasting economic relations with a domestic enterprise with the intention of exercising an effective influence on its management. The surveys carried out by the Austrian National Bank cover only companies of which non residents own at least ten per cent and the nominal value of the share has to be at least 1 million Austrian schillings.

Until 1994, the **industry classification** is based on the definition of professional group members established by the Austrian Federal Economic Chamber. From 1995 onwards the classification by economic sector follows the "ÖNACE 1995", the Austrian version of "Statistical Classification of Economic Activities in the European Community" (NACE Rev.1).

The **country classification** of FDI statistics is based on the "immediate level of ownership" except the stock data on Austrian Direct Investment Abroad which is compiled according to the concept of "ultimate beneficial owner".

Source: Oesterreichische Nationalbank, Annual report, various issues.

investissements en capital effectués par des non-résidents dans le but d'établir et de maintenir des relations économiques durables avec une entreprise autrichienne, dans l'intention d'exercer une influence effective sur sa gestion. Les enquêtes effectuées par la Banque Nationale d'Autriche couvrent seulement les entreprises dans lesquelles des non-résidents possèdent au moins dix pour cent du capital, et la valeur nominale de la participation doit atteindre au moins 1 million de schillings autrichiens.

Jusqu'en 1994, la classification par **branche d'activité** repose sur la définition des membres du groupe professionnel établie par la Chambre Economique Fédérale d'Autriche. A partir de 1995, la classification par branche d'activité suit la "ÖNACE 1995", version autrichienne de la "Classification Statistique des Activités Economiques dans la Communautée Européenne" (NACE Rev.1).

La **classification par pays** des statistiques d'investissements directs étrangers est basée sur le concept du "pays du propriétaire immédiat" à l'exception des données d'encours d'investissement direct à l'étranger qui sont recueillies sur la base du "pays du bénéficiaire final".

Source : Oesterreichische Nationalbank, divers Rapports annuels.

Direct Investment Statistics in Belgium-Luxembourg

The Belgian-Luxembourg Exchange Institute collects data for the BLEU (Belgo-Luxembourg Economic Union) balance of payments statistics produced by the National Bank of Belgium.

Statistics on international direct investment for the Belgo-Luxembourg Economic Union are based on balance of payments data. The main source of data is therefore the records of flows of international payments declared by resident banks and by enterprises when payments are not made through resident banks.

The distribution between direct investment and other investment relates to the description provided by the resident respondent.

A distinction is now made when compiling data between direct investment flows in the form of new equity issues or acquisitions and in the form of loans. Direct investment statistics therefore do not include reinvested earnings, listed loan stocks, trade credits, non cash acquisitions of equity or bonus issues of equity stock without payments. Direct investment is distinguished from other investment on the basis of the description supplied by the resident making the declaration. Outside sources were used to record operations which do not result in financial flows.

The definition of the direct investment relationship used in practice is based on IMF and OECD guidelines but without adopting the directional principle to describe the direction of investment. Nevertheless, there is no formal threshold other

Statistiques de l'investissement direct en Belgique-Luxembourg

La collecte des données pour l'établissement par la Banque Nationale de Belgique des statistiques de la balance des paiements de l'UEBL est confiée à l'Institut belgo-luxembourgeois du Change.

Les statistiques sur les flux d'investissement direct avec l'étranger de l'Union économique belgo-luxembourgeoise avec le reste du monde sont basées sur les données collectées aux fins de l'établissement de la balance des paiements. La principale source de données est donc constituée par l'enregistrement des flux de paiements internationaux déclarés par les banques résidentes et par les entreprises lorsqu'elles ne font pas appel aux banques résidentes pour l'exécution de leurs paiements.

La répartition entre investissements directs et les autres investissements se réfère à la description fournie par le déclarant résident.

Dans la collecte des informations de base, la distinction est établie entre les flux d'investissement direct sous la forme d'une part d'une augmentation de capital ou d'une prise de participation, et d'autre part de prêts et dépôts. Les statistiques d'investissement direct ne comprennent dès lors pas les revenus réinvestis, les instruments d'emprunt cotés, les crédits commerciaux, les acquisitions d'actions non réglées au comptant ou les émissions d'actions gratuites. Des sources de données externes ont été utilisées afin d'enregistrer les opérations n'ayant pas donné lieu à un flux financier.

La définition de la relation d'investissement direct retenue dans la pratique s'inspire des recommandations du FMI et de l'OCDE sans toutefois épouser le principe directionnel pour qualifier le sens de l'investissement. Toutefois,

than the ten per cent participation applied to identify the existence of a foreign direct investment relationship. Transactions by holding companies are recorded in the same way as other enterprises and are, therefore, included in foreign direct investment statistics.

Regarding banks, only equity transactions are recorded.

The geographical breakdown is based on the country of the non-resident party to the transaction and therefore does not necessarily reflect the country of the non-resident investor or beneficiary of the investment. The **industry classification** is available since 1999.

A new data collection system for use in compiling balance of payments statistics has been operational since 1995.

In parallel, a foreign direct investment survey was established including the data on both flows and stocks. This survey covers a population of around 2500 enterprises. It relates to the reference methodology in line with recordings for balance of payments, which includes income, trade credits and both direct and indirect investment relationships.

At the present time, the results are not yet published.

Statistics on foreign assets and liabilities are derived from a special study of the National Bank of Belgium and from reports to the IMF.

Source: Banque Nationale de Belgique, Annual report, various issues.

aucun seuil minimum n'est fixé formellement pour définir l'investissement direct, si ce n'est le taux de participation de dix pour cent utilisé comme présomption de l'existence d'une relation d'investissement direct. Les opérations des sociétés-holdings sont enregistrées de la même manière que celles des autres entreprises et par conséquent, inclues dans les statistiques d'investissements directs.

Pour les banques, seules les opérations en capital social sont enregistrées.

La ventilation géographique est pratiquée en fonction du pays de la contrepartie non - résidente au paiement et ne correspond donc pas nécessairement au pays de l'investisseur non résident ou du bénéficiaire de l'investissement. La classification par **branche d'activité** est disponible depuis 1999.

Un nouveau système de collecte des données pour établir les statistiques de balance des paiements est opérationnel depuis 1995.

Parallèlement une enquête sur les investissements directs avec l'étranger a été mise en place recouvrant à la fois les données d'encours et de flux. Cette enquête couvre une population d'environ 2500 entreprises. L'enquête se réfère à la méthodologie de référence, à l'instar du recensement pour la balance des paiements, en y incluant les revenus et les créances commerciales et vise à recenser tant les liens directs et indirects.

A l'heure actuelle les résultats n'ont pas encore été publiés.

Les statistiques concernant les avoirs et engagements étrangers sont extraites d'une étude spéciale de la Banque Nationale de Belgique et de rapports destinés au FMI.

Source: Banque Nationale de Belgique, divers Rapports annuels.

Direct Investment Statistics in Canada

Capital flows of foreign direct investment in Canada are contained in the quarterly publication, *Canada's Balance of International Payments*, while data on stock are from the annual publication, *Canada's International Investment Position*. In addition to publications, Statistics Canada also offers standard and special tabulations on request.

Direct investment is one of the major components in the capital account of the balance of payments. Direct investment represents investment which allows the investor, on a continuing basis, to influence or to have a voice in the management of an enterprise. For operational purposes direct investment is usually identified by ownership of at least **ten per cent** of the equity in an enterprise, and covers claims intended to remain outstanding for more than one year. Enterprises in which there is direct investment are classified as direct investment enterprises, and can be incorporated or unincorporated entities. The direct investment flows include reinvested earnings of direct investors. Short term transactions by direct investors are also included in these series.

The direct investment flows are largely compiled from surveys of Canadian enterprises. There is an annual survey with a population of over 4,500 enterprises and a sample survey which covers 400 of the larger enterprises on a quarterly basis.

Canada's international investment position is the balance sheet of Canada's external assets and

Statistiques de l'investissement direct au Canada

Les flux de capitaux sous forme d'investissements directs étrangers au Canada figurent dans la publication trimestrielle *Balance canadienne des paiements internationaux*, alors que les données concernant les encours sont tirées de la publication annuelle *Bilan des investissements internationaux du Canada*. Outre ses publications, Statistique Canada propose également sur demande des présentations normalisées ou spéciales.

L'investissement direct est l'une des principales composantes du compte de capital de la balance des paiements. Il représente un type d'investissement qui permet à l'investisseur, sur une base permanente, d'influencer ou d'avoir un pouvoir de décision dans la gestion d'une entreprise. Pour des raisons fonctionnelles, l'investissement direct est habituellement défini par une participation d'au moins **dix pour cent** dans le capital d'une entreprise, et couvre des créances à plus d'un an. Les entreprises bénéficiant d'investissement direct sont classées dans la catégorie des entreprises d'investissement direct, et peuvent être constituées ou non en sociétés. Les flux d'investissement direct comprennent les bénéfices réinvestis des investisseurs directs. Ces séries incluent également les transactions à court-terme des investisseurs directs.

Les flux d'investissement direct sont en grande partie établis à partir d'enquêtes menées auprès des entreprises canadiennes. Il existe une enquête annuelle qui porte sur plus de 4 500 entreprises, et une autre, effectuée auprès d'un échantillon de 400 entreprises parmi les plus importantes, sur une base trimestrielle.

La position d'investissement international du Canada correspond au bilan des avoirs et

external liabilities (**stock**). These data reveal the extent to which Canada has been both a recipient from and a supplier to the rest of the world of real and financial resources.

Relationship to the Balance of Payments: While the international investment position is closely related to the capital movement shown in the balance of payments, it is a substantially more comprehensive statement. It reflects many other influences in addition to capital flows. These include exchange rate fluctuations, write-offs and revaluations of assets, effects of migrations and inheritances, dilutionary effects on equity ownership as a result of new issues of shares by corporations, etc.

Stock data for Canadian direct investment abroad are compiled largely from an annual survey of over 1,500 Canadian companies with direct investments abroad. An annual survey with a coverage of over 6,000 enterprises is used mainly to compile position data on foreign direct investment and foreign portfolio investment in Canadian corporations.

The survey coverage for Canadian direct investment abroad is believed to be reasonably complete and the data to be good. These series are measured from the books of foreign affiliates and, as such, do not compare readily with capital flows which are obtained from the books of the Canadian investor company. The survey coverage for inward foreign direct investment is believed to be relatively accurate and the data to be good.

engagements de ce pays vis-à-vis de l'extérieur (**encours**). Ces données révèlent jusqu'à quel point le Canada a été à la fois bénéficiaire et fournisseur au reste du monde de ressources réelles et financières.

Relation avec la balance des paiements : La position d'investissement international est étroitement liée aux mouvements de capitaux qui apparaissent dans la balance des paiements, mais elle fournit une source d'information plus complète. Elle met en évidence beaucoup d'autres influences que les seuls flux de capitaux. Parmi celles-ci, citons les fluctuations de taux de change, la liquidation et la réévaluation d'actifs, les effets des migrations et des héritages, les effets de dilution de l'actionnariat à la suite d'émissions d'actions nouvelles par les sociétés, etc.

Les données d'encours de l'investissement direct canadien à l'étranger résultent en grande partie de la compilation d'une enquête annuelle portant sur plus de 1 500 entreprises canadiennes ayant effectué des investissements directs à l'étranger. Une enquête annuelle, réalisée auprès de plus de 6 000 entreprises, est utilisée principalement pour compiler des données sur la situation des investissements étrangers directs et de portefeuille dans les sociétés canadiennes.

La couverture de l'enquête concernant l'investissement direct canadien à l'étranger est jugée suffisamment complète et les données fiables. Ces séries sont mesurées à partir des livres des sociétés affiliées étrangères et ne peuvent donc pas être comparées facilement avec les flux de capitaux qui sont obtenus à partir des livres de l'investisseur canadien. La couverture de l'enquête relative à l'investissement direct de l'étranger semble relativement précise et les données fiables.

A number of significant changes have been introduced and, therefore, data from 1983 onwards are not strictly comparable.

There has been a conceptual change to direct investment position estimates. Short-term transactions by direct investors have been included with both the inward and outward direct investment series. This conceptual change has been carried back to 1983 to the position series. For direct investment capital flows, this conceptual change has been carried back to 1984.

Two major modifications have been made to the series for Canadian direct investment abroad. Firstly, commencing in 1983, the equity investment in banks abroad are included in the outward direct investment flows. By the end of 1987, the banks accounted for as much as 12 per cent of total Canadian direct investment abroad. Such direct investment activities are represented very strongly in the developing countries of the Caribbean and Asia.

The second change pertains to the inclusion of foreign branches of Canadian insurance companies. This revision added $8 billion to Canadian direct investment abroad at the end of 1996 (when first introduced) and was carried back to 1961.

Source: Statistics Canada, *Canada's International Investment Position*, several issues.

Un certain nombre de changements significatifs ont été effectués, de sorte que les données postérieures à 1983 ne sont pas exactement comparables.

Une modification a été apportée aux estimations d'encours d'investissement direct. Les transactions à court terme des investisseurs directs ont été incluses dans les séries d'investissement direct de l'étranger et à l'étranger. Cette modification a été reportée jusqu'en 1983 sur les séries d'encours. Cette modification du concept apportée aux flux de capitaux d'investissement direct a été reportée jusqu'en 1984.

Deux modifications majeures ont été apportées aux séries sur l'investissement direct canadien à l'étranger. Premièrement, et ce depuis 1983, l'investissement en actions des banques à l'étranger apparaît maintenant sous la rubrique des flux sortants d'investissement direct. A la fin de 1987, 12 pour cent du total des investissements directs canadiens à l'étranger étaient imputables aux banques. Ces activités d'investissement direct étaient particulièrement bien représentées dans les pays en développement des Caraïbes et d'Asie.

Le deuxième changement concerne l'intégration des succursales à l'étranger des compagnies d'assurance canadiennes. Ce changement a ajouté 8 milliards de dollars d'investissement direct canadien à l'étranger à la fin de 1996 (date d'introduction de cette révision) et a été appliqué à toutes les années depuis 1961.

Source : Statistique Canada, *Bilan des investissements internationaux du Canada*, divers numéros.

Direct Investment Statistics in the Czech Republic

In the Czech Republic, data on direct investment flows are collected by the Czech National Bank (CNB) as part of the statistics used for the compilation of the balance of payments. Under the Foreign Exchange Act, the CNB is entitled to require statements on foreign direct investment financial transactions (flows of equity) from companies. Both inward and outward transactions are reported, without a value threshold. The statements also contain information on country of origin and economic sector of the investment.

This system is the source of inward and outward data, which are made public quarterly through the media. On a half-year basis, they are published in a *Report on the Development of the Balance of Payments of the Czech Republic*.

The final data on foreign direct investment are collected yearly through a survey of companies involved in direct investment. The reported data are based on audited balances of enterprises and cover inward as well as outward stocks and flows, including equity capital, reinvested earnings and other capital, in territorial and sectoral breakdowns. Currently, this survey is the source of final stock data, which are published yearly in a special publication dedicated to foreign direct investment.

The data follow the OECD's *Benchmark Definition of foreign Direct Investment*, including

Statistiques de l'investissement direct en République tchèque

En République tchèque, les données sur les flux d'investissement direct sont collectées par la Banque nationale de la République tchèque dans le cadre des statistiques utilisées pour l'établissement de la balance des paiements. Aux termes de la loi sur les changes, la Banque nationale tchèque est autorisée à demander aux sociétés des déclarations de leurs opérations financières d'investissements directs étrangers (flux de fonds propres). Toutes les opérations sont recensées, qu'elles soient faites de l'étranger ou vers l'étranger, sans valeur de seuil. Les déclarations donnent également des informations sur le pays d'origine et le secteur économique de l'investissement.

Ce système permet de disposer de données sur les investissements de, et vers l'étranger, données qui sont rendues publiques chaque trimestre par le biais des médias. Tous les semestres, elles sont publiées dans un *Rapport sur l'évolution de la balance des paiements de la République tchèque*.

Les données finales sur l'investissement direct étranger sont collectées chaque année à partir d'une enquête menée auprès des entreprises concernées par l'investissement direct. Ces données sont basées sur les comptes vérifiés des entreprises et couvrent les stocks et les flux en provenance de l'étranger et vers l'étranger, notamment le capital social, les bénéfices réinvestis et les autres formes de capital, ventilés par pays et par secteur. A l'heure actuelle, cette enquête est la source qui permet de réunir des données finales sur les stocks, publiées chaque année dans une publication spéciale consacrée à l'investissement direct étranger.

Les données suivent la *Définition de référence de l'OCDE des investissements directs*

the ten per cent rule of ownership interests or voting power rights.

Calculation of reinvested earnings
Reinvested earnings (year n) = profits/losses (n) minus distributed dividends (n)

Source: Czech National Bank.

internationaux, et tiennent compte de la règle de dix pour cent de détention des actions ordinaires ou des droits de vote.

Calcul des bénéfices réinvestis
Bénéfices réinvestis (année n) = profits/pertes (n) moins dividendes distribués (n)

Source : Banque nationale de la République tchèque.

Direct Investment Statistics in Denmark

Direct investment flows for Denmark are collected by Danmarks Nationalbank as part of the statistics on payments between residents and non-residents used for the compilation of the balance of payments. Data are published on a quarterly basis by the Bank in the publication *NYT* and in the *Monthly Financial Statistics*.

The statistics are compiled mainly on the basis of the recommendations in the OECD's *Benchmark Definition of Foreign Direct Investment*, including the **ten per cent** rule of ownership interests or voting rights.

Until 1992, the statistics deviated from the *Benchmark definition* as inter-company loans and acquisition of real property for non-business purposes were not included in the published figures. As from 1992, inter-company loans and acquisition of real property for non-business purposes are included in the flow figures. Reinvested earnings are not incorporated in foreign direct investment statistics.

Compilation of **stock** figures is undertaken by Danmarks Nationalbank on the basis of a questionnaire to survey total external assets and liabilities of the private sector. Surveys cover positions at end-1991, end-1994, end -1996 and end-1998. In the future, surveys will be conducted annually. The survey for end-1999 will be published at end-October 2000. For a more

Statistiques de l'investissement direct au Danemark

Les flux d'investissements directs spour le Danemark sont collectées dans le cadre des statistiques des paiements entre les résidents et les non-résidents, lesquelles sont utilisées pour établir la balance des paiements. Les données sont publiées par la Banque sur une base trimestrielle dans un rapport spécial sur l'investissement direct, ainsi que dans la publication trimestrielle *Monetary Review* et dans le rapport annuel de la Banque.

Les données sont essentiellement calculées selon les recommandations de la *Définition de Référence des Investissements Directs Internationaux* de l'OCDE, incluant la règle des **dix pour cent** de détention des actions ordinaires ou des droits de vote.

Jusqu'en 1992, les statistiques s'écartaient de la *définition de référence* car les prêts à l'intérieur d'un groupe et les acquisitions de propriété à des fins non commerciales n'étaient pas inclus dans les chiffres publiés. Depuis 1992, les prêts entre sociétés d'un même groupe et les acquisitions de propriété à des fins non commerciales sont inclus dans les données de flux. Les bénéfices réinvestis ne sont pas inclus dans les données d'investissement direct étranger.

Le calcul des données **d'encours** est entrepris à la Banque Nationale du Danemark à partir d'une enquête portant sur le total des actifs et des dettes extérieurs du secteur privé. Les enquêtes portent sur les encours à la fin de 1991, 1994, 1996, et 1998. A l'avenir, les enquêtes seront réalisées annuellement. L'enquête pour les encours à la fin de 1999 sera publiée à la fin du mois d'octobre

detailed description see *Danmarks Nationalbank, Special Reports No. 1*, 3rd December 1999.

Stock data, including information on reinvested earnings, are compiled in accordance with the *Benchmark definition*.

The **industry** breakdown is based on the NACE classification of the resident for both inward and outward direct investments.

The mentioned publications are available via the INTERNET on the address:
http://www.nationalbanken.dk

Source: Danmarks Nationalbank

2000. Pour plus de détails, voir *Danmarks Nationalbank, Special Reports No. 1*, 3 décembre 1999.

Les données **d'encours** y compris l'information relative aux bénéfices réinvestis sont conformes à la *définition de référence*.

La ventilation par **branche d'activité** se réfère à la classification NACE du résident pour les investissements directs entrants et sortants.

Les publications mentionnées sont disponibles sur INTERNET à l'adresse :
http://www.nationalbanken.dk

Source: Danmarks Nationalbank

Direct Investment Statistics in Finland

Statistics on direct investment are included in the balance of payments statistics compiled by the Bank of Finland. The compilation of these statistics is based largely on guidelines given in the IMF *Balance of Payments Manual* and the OECD's *Benchmark Definition of Foreign Direct Investment*. A direct investment denotes a foreign investment made in an enterprise in Finland or a Finnish investment made in an enterprise abroad for the purpose of acquiring a lasting interest in the enterprise and an effective voice in its management. A condition for treating an investment as a direct investment is that the investment must raise the investor's (direct + indirect) shareholding or voting power in the enterprise to at least ten per cent of the total. A direct investment enterprise can be a subsidiary, associate or branch of the direct investor. So-called special purpose entities are defined as direct investment enterprises. The acquisition of a dwelling or real estate is also treated as a direct investment.

Direct investment capital transactions are recorded on a directional basis. The components of direct investment capital are equity capital, reinvested earnings and inter-company loans (incl. reverse loans granted by a direct investment enterprise to a direct investor). All loans between the foreign and Finnish units of a direct investor's group are regarded as direct investment. As from 1999, inter-company trade credits are also included in direct investment capital. Direct investment flows are based on market values; direct investment stocks are based on balance sheet values. Direct investment earnings consist of dividends and

Statistiques de l'investissement direct en Finlande

Les données d'investissement direct figurent dans les statistiques de la balance des paiements établies par la Banque de Finlande. Le calcul de ces statistiques repose, pour une large part, sur les directives du *Manuel de la balance des paiements* du FMI et sur la *Définition de référence* de l'OCDE *pour les investissements directs internationaux*. Un investissement direct est un investissement étranger réalisé dans une entreprise située en Finlande ou un investissement finlandais réalisé dans une entreprise située à l'étranger dans le but d'acquérir un intérêt durable dans l'entreprise et d'influer effectivement sur sa gestion. Pour être classé dans les investissements directs, l'investissement réalisé doit conférer à l'investisseur une participation directe et indirecte ou des droits de vote dans l'entreprise d'au moins dix pour cent. Une entreprise d'investissement direct peut être une filiale, une société affiliée ou une succursale de l'investisseur direct. Les entités dites à objet particulier sont définies comme des entreprises d'investissement direct. Entre également dans les investissements directs l'acquisition d'un logement ou de biens immobiliers.

Les opérations d'investissements directs sont enregistrées sur une base directionnelle. Les composantes du capital d'investissement directs sont : les prises de participation, les bénéfices réinvestis et prêts interentreprises (y compris les prêts en sens inverse accordés par une entreprise d'investissement direct à un investisseur direct). Tous les prêts consentis entre les unités étrangères et finlandaises du groupe d'un investisseur direct sont considérés comme des investissements directs. A partir de 1999, les crédits commerciaux entre affiliés sont également inclus dans le capital d'investissement direct. Les flux d'investissement direct sont évalués sur la base

interest as well as earnings reinvested in direct investment enterprises. Dividends and interest are recorded as of the year they are paid and reinvested earnings in the year earned. As from 1998, direct investment enterprises' reinvested earnings are calculated according to the current operating performance concept, i.e. excluding capital gains and losses. For the previous years, profit is defined in the all-inclusive sense, including capital gains and losses. As from 1999, interest on inter-company loans are recorded on an accruals basis.

Investments in the form of equity capital include investments in share capital, group contributions and other transfers of equity capital. Direct investment loans comprise promissory note loans, leasing credits, subordinated loans equivalent to equity and those deposits in inter-company accounts that the direct investor/direct investment enterprise in its own accounting classifies as inter-company assets and liabilities. If both the direct investor and the direct investment enterprise are deposit banks or investment firms (securities broking firms), direct investment loans between them comprise only permanent loans, which are not normally repaid as long as the dependant relationship exists.

Annual data on direct investment flows, income and stocks by economic activity and by country are published with a delay of about ten months. Preliminary annual data on flows and income by economic activity and by country are available

des valeurs au prix du marché et les encours d'investissement direct sur la base des valeurs comptables. Les revenus des investissements directs se composent des dividendes et intérêts ainsi que des bénéfices réinvestis dans des entreprises d'investissement direct. Les dividendes et intérêts sont comptabilisés l'année où leur versement est dû et les bénéfices réinvestis l'année où ils ont été réalisés. A partir de 1998, les bénéfices réinvestis des entreprises d'investissement direct sont calculés selon le concept de performance réelle, i.e. à l'exclusion des pertes et gains en capital. Pour les années précédentes, les profits sont définis au sens le plus large, y compris les pertes et gains en capital. A partir de 1999, les intérêts des prêts entre entreprises affiliées sont enregistrés sur la base des intérêts courus.

Les investissements sous forme de prises de participation comprennent les investissements dans le capital actions, les contributions des différents membres d'un groupe et les autres transferts de fonds propres. Les prêts incluent les prêts sous forme de billet simple, le crédit-bail pour les opérations financières, les prêts participatifs équivalents à des actions et les dépôts dans les comptes interentreprises que l'investisseur direct/l'entreprise d'investissement direct dans ses propres comptes classe dans les actifs et passifs interentreprises. Si l'investisseur direct et l'entreprise d'investissement direct sont tous deux des banques de dépôts ou des sociétés d'investissement (sociétés de courtage en bourse), ils ne peuvent alors s'accorder que des prêts permanents qui ne sont généralement pas remboursés tant que la relation de dépendance existe.

Les données annuelles sur les flux, les encours et les revenus d'investissement direct par secteur économique et par pays sont publiées avec un délai d'environ dix mois. Des données préliminaires de flux et de revenus par secteur économique et par

with a delay of about six months. In the monthly Statistical Bulletin of Finland's Balance of Payments, aggregate data on direct investment flows are published with a delay of six weeks. In the quarterly Statistical Bulletin of Finland's Balance of Payments, aggregate data on direct investment flows and stocks are published with a delay of about 12 weeks. In the preliminary monthly and quarterly figures, information on reinvested earnings and stocks of equity assets are based on the estimates of the Bank of Finland.

Through 1991, data on outward direct investment are classified according to the economic activity of the foreign direct investment enterprise; from 1992, according to the economic activity of the Finnish direct investor. Data on inward direct investment are classified according to the economic activity of the direct investment enterprise located in Finland. In the country tables, the data on outward investment are reported by ultimate host country through 1991 and by immediate host country from 1992. Through 1991, data on inward investment are reported by ultimate investing country; from 1992, by immediate investing country.

Data sources employed in compiling direct investment statistics are the following: the monthly survey on foreign assets and liabilities, publicly available information on individual international mergers and acquisitions not covered by the monthly survey and the annual direct investment survey for direct investment abroad and direct investment in Finland. The collection of settlement data was ceased as from the beginning of 1999, and the data requests based on publicly

pays sont disponibles avec un délai de six mois. Le Bulletin Statistique mensuel de la Balance des Paiements finlandaise fournit des données agrégées sur les flux d'investissement direct avec un délai de six semaines. Dans le Bulletin Statistique trimestriel de la Balance des Paiements finlandaise, des données agrégées sur les flux et encours d'investissement direct sont fournies avec un délai d'environ 12 semaines. Dans les chiffres préliminaires mensuels et trimestriels, l'information sur les bénéfices réinvestis et sur les encours d'actions en actifs est basée sur les estimations de la Banque de Finlande.

Jusqu'en 1991, les données sur les investissements directs à l'étranger sont classées en fonction de la branche d'activité de l'entreprise étrangère d'investissement direct et à compter de 1992 en fonction de la branche d'activité de l'investisseur direct finlandais. Les données sur les investissements directs de l'étranger sont classées en fonction de la branche d'activité de l'entreprise d'investissement direct située en Finlande. Dans les tableaux par pays, les données sur les investissements à l'étranger sont présentées par pays d'accueil final pour 1991 et par pays d'accueil immédiat à partir de 1992. Enfin, jusqu'en 1991, les données sur les investissements de l'étranger sont présentées par pays d'investissement final et à compter de 1992 par pays d'investissement immédiat.

Les sources de données utilisées pour établir les statistiques de l'investissement direct sont les suivantes : l'étude mensuelle sur les créances et engagements extérieurs des entreprises finlandaises, l'information disponible publiquement sur les fusions et acquisitions non couvertes par l'enquête mensuelle et l'étude annuelle sur les investissements directs des investisseurs directs et entreprises d'investissement direct finlandais. Depuis le début de 1999, les données d'installation ne sont plus collectées et sont

available information on mergers and acquisitions have replaced the settlement data.

The significant deviation from the IMF Manual (5th edition) is as follow: stocks of equity assets are based on the balance sheets of direct investment enterprises, which are generally reported on a historical cost basis.

Source: Suomen Pankki - Finlands Bank, *Annual Report*, various issues.

remplacées par les informations disponibles publiquement sur les fusions acquisitions.

Le principal écart par rapport aux directives figurant dans le Manuel de Balance des Paiements du FMI (5ème édition) porte sur le point suivant : les stocks de fonds propres sont évalués sur la base des bilans des entreprises d'investissement direct, qui sont généralement établis selon la méthode du coût historique .

Source : Suomen Pankki - Banque de Finlande, *Annual Report*, divers numéros.

Direct Investment Statistics in France

Frequency and sources of statistics[1]: *Data on flows* of outward and inward French foreign direct investment (FDI) are compiled exhaustively by the Banque de France on a monthly basis. These figures are included in the balance of payments, published in:

- the Bank's monthly Bulletin;
- in press releases by the Ministry of the Economy, Finance and Industry.

In addition, annual flows are published each year in an annual report on the French balance of payments and international investment position issued jointly by the Banque de France and the Ministry of the Economy, Finance and Industry.

---

1. Only the Banque de France compiles statistics on flows and stocks of direct investment between France and the rest of the world,. However, other government agencies also publish some information.

    - DATAR (Delegation for Land-Use and Regional Initiatives), through its Invest in France network, catalogues instances of foreign investment that have contributed to the expansion of production and employment in France.

    - SESSI (Service of Industrial Statistics of the Ministry of the Economy, Finance and Industry) regularly produces studies on industrial globalisation.

    - DREE (Directorate for Foreign Economic Relations of the Ministry of the Economy, Finance and Industry), through its 170 economic expansion posts abroad, carries out an annual survey of the economic activity of foreign-based subsidiaries of French companies (e.g. workforce, turnover, line of business).

Statistiques de l'investissement direct en France

Périodicité et sources statistiques[1] : *Les données sur les flux* d'investissement direct français à l'étranger et étrangers en France sont recensées de manière exhaustive, par la Banque de France, sur une base mensuelle . Elles figurent dans la balance des paiements qui est publiée chaque mois :

- par la Banque de France, dans son Bulletin mensuel;
- par le Ministère de l'Economie et des Finances, sous forme d'un "Communiqué de Presse".

En outre, les flux annuels sont publiés dans le Rapport annuel sur la Balance des Paiements et la position extérieure de la France, diffusé sous le double timbre de la Banque de France et du Ministère de l'Economie, des Finances et de l'Industrie.

---

1. Seule la Banque de France collecte des statistiques sur le montant des flux et encours d'investissements directs entre la France et l'étranger. Cependant, d'autres administrations publient également des informations:

    - La DATAR (délégation à l'aménagement du territoire et à l'action régionale) recense, par l'intermédiaire de son réseau Data-Invest in France, les investissements étrangers qui ont contribué à l'accroissement de la production et de l'emploi en France.

    - Le SESSI (Service des Statistiques Industrielles du Ministère de l'Economie, des Finances et de l'Industrie) produit des études régulières sur la mondialisation industrielles.

    - La DREE (Direction des Relations Economiques extérieures du Ministère de l'Economie, des Finances et de l'Industrie) effectue, par l'intermédiaire de ses cent-soixante-dix postes d'expansion économique à l'étranger, une enquête annuelle relative à l'activité économique des filiales d'entreprises françaises implantées à l'étranger (effectif employé, chiffres d'affaires réalisé, secteur d'activité des filiales).

Data on stocks of outward and inward French foreign direct investment are compiled annually by the Banque de France based on the information obtained from enterprise surveys. They are included in the French international investment position published in the Annual report on Balance of Payments and International Investment Position.

FDI stocks (outward and inward) are reviewed once a year in the monthly Bulletin of the Banque de France.

Data on monthly flows are published within two months after the end of the month under review. These are provisional data which are subsequently revised. Stocks of French direct investment abroad are published with a time lag of 15 to 18 months after the closing date. The first statistics on stocks of French direct investment abroad relate to end-1987 (published in 1989), while inward FDI position data refer to end-1989 (published in 1992).

Methodology

The definition of foreign direct investment used by the Banque de France complies with IMF and OECD guidelines (with the exception of directional principle). As from 1988, figures include share capital, reinvested earnings and other transactions (deposits, loans and borrowings—irrespective of maturity—between affiliates). In line with international recommendations, foreign direct investment refers to a transaction carried out by an investor in order to acquire, expand or divest an influence (or the potential for such influence) in the management of an enterprise located in another economy. The concept of direct investment is therefore broader than that of control. It is

Les données sur les encours d'investissement direct français à l'étranger et étranger en France sont recensées chaque année par la Banque de France, au moyen d'enquêtes auprès des entreprises. Elles figurent dans la position extérieure de la France qui est publiée chaque année dans le Rapport annuel sur la Balance des paiements et la position extérieure.

Les stocks (français à l'étranger et étrangers en France) font l'objet d'études annuelles publiées dans le Bulletin Mensuel de la Banque de France.

Les flux mensuels sont publiés sous un délai de deux mois après la fin du mois sous revue. Il s'agit de chiffres provisoires qui sont ensuite révisés. Les encours d'investissement direct français à l'étranger sont publiés avec un délai de 15 à 18 mois après la date d'arrêté. Les premières données statistiques sur l'encours des investissements directs français à l'étranger concernent les stocks arrêtés à la fin de 1987 (publiés en 1989). Les premières données sur les encours d'investissement direct étranger en France concernent les stocks arrêtés à fin 1989 (et publiés en 1992).

Méthodologie

La définition de l'investissement direct utilisée par la Banque de France est conforme aux directives du FMI et de l'OCDE (sauf en ce qui concerne le principe directionnel). Les chiffres incluent le capital social, les bénéfices réinvestis et les autres opérations (dépôts, prêts et emprunts quelle que soit leur échéance entre affiliés). Conformément aux recommandations internationales, l'investissement direct désigne l'opération effectuée par un investisseur afin d'acquérir, d'accroître ou de liquider une influence dans la gestion d'une entreprise implantée dans une autre économie ou la capacité de l'exercer. La notion

conventionally assumed that a direct investment has been constituted if the direct investor owns at least ten per cent of the equity of the direct investment enterprise[2]. Once this threshold has been reached, all financial transactions (loans, deposits and borrowings) between the direct investor and the direct investment enterprises, as well as those between direct investment enterprises, are considered direct investments.

Valuation

Flows are recorded at their market value at the time of the direct investment transaction; balance of payments figures incorporate amounts paid to or received from non-residents at the time direct investment transactions are settled.

Stocks are reported at book value, and it is these book values that are published.

In addition, the Banque de France prepares and publishes a market value valuation of aggregate equity[3] (equity of non-resident direct investment enterprises regarding French direct investment abroad; equity of resident direct investment enterprises regarding foreign direct investment in France). This market value valuation is in the aggregate, no such figures being available by firm, by country or by sector of the economy. Loans continue to be recorded at book value.

---

2. As regards flows, the threshold was 20 per cent until 31 December 1992, but the fact that this was lowered to ten per cent has not substantially altered the volume of the amounts recorded. As for stocks, the threshold has always been set at ten per cent.

d'investissement direct est donc plus large que celle de contrôle. Par convention, un investissement direct est présumé constitué lorsque l'investisseur direct détient au moins dix pour cent du capital de l'entreprise direct[2]. A partir du moment où ce seuil est atteint, toutes les transactions financières (prêts, dépôts, et emprunts) entre l'investisseur direct et les entreprises d'investissement direct, ainsi que toute transaction entre entreprises d'investissement direct, sont considérées comme des investissements directs.

Valorisation

Les flux sont valorisés à leur valeur de marché, au moment de l'opération d'investissement direct : sont comptabilisés dans la balance des paiements les montants versés (à) ou reçus des non-résidents au moment du règlement des transactions d'investissements directs.

Les stocks sont déclarés en valeur comptable. Cette valeur comptable est publiée.

En outre, la Banque de France élabore et publie une valorisation en valeur de marché en ce qui concerne la valeur globale de l'ensemble des fonds propres[3] (fonds propres des entreprises d'investissement direct non-résidents, en ce qui concerne les investissements directs français à l'étranger et fonds propres des entreprises d'investissement direct résidentes en ce qui concerne les investissements directs étrangers en France). La valorisation en valeur de marché est globale ; aucune valeur de marché n'étant disponible par entreprise, par pays ou par secteur économique. Les prêts demeurent recensés à la valeur comptable.

---

2. Pour les flux, le seuil était de 20 pour cent jusqu'au 31 décembre 1992, mais son abaissement à dix pour cent n'a pas modifié sensiblement l'importance des montants recensés. Pour les stocks, le seuil a toujours été fixé à dix pour cent.

Classification of inward and outward investments

Flows: The distinction between inward and outward foreign direct investment, apart from long-term loans, is made according to the "assets/liabilities" principle, under which the parent company or subsidiary status of a firm in a direct investment relationship is irrelevant. In contrast, long-term loans (i.e. those having an initial maturity of over one year) are classified as either French or foreign investment according to the directional principle, which requires knowledge of whether a firm is a parent or a subsidiary.

Stocks: The classification of FDI stocks as French investment abroad or foreign investment in France is based entirely on the assets/liabilities principle. At present, stock figures do not include loans from subsidiaries to their parent companies.

The classification of direct investment flows and stocks **by country** is based on the first country of destination or origin of the funds, which does not necessarily reflect the ultimate owner's country of residence. This is especially true in the case of successive investment: for example, if a US parent company owns a British firm that in turn acquires a French firm, the flows and stocks between the British and French firms will be allocated to the United Kingdom, even though the parent company's home country is the United States.

---

3. Share capital and other shareholders' equity, including reinvested earnings.

Ventilation entre investissements directs français à l'étranger et investissements directs étrangers en France.

Flux : La ventilation entre investissements directs français ou étrangers s'effectue, sauf pour les prêts à long terme, selon le principe "créances/engagements". Ce principe n'implique pas que soit connu le statut de maison mère ou de filiale des entreprises en relation d'investissement direct. En revanche, les prêts à long terme (c'est-à-dire à plus d'un an d'échéance initiale) sont ventilés entre les investissements français et étrangers selon le principe directionnel, qui repose sur la connaissance du statut de maison mère ou de filiale des entreprises apparentées.

Stocks : La ventilation des stocks entre investissements français à l'étranger et étrangers en France est entièrement fondée sur le principe créances/engagements. Actuellement, il n'est pas tenu compte, dans le calcul des stocks, des prêts des filiales à leurs maisons mères.

La classification par pays des flux et des stocks d'investissement direct repose sur le premier pays de provenance ou de destination des fonds. Celui-ci ne reflète pas nécessairement le pays de résidence dudernier détenteur réel de l'investissement. Ceci est particulièrement vrai en cas d'investissement en cascade. Par exemple, si une maison mère américaine détient une entreprise britannique qui acquiert elle-même une firme française, les flux et les stocks entre les entreprises britannique et française seront alloués au Royaume-Uni, bien que le pays de ma maison mère soit les Etats-Unis.

---

3. Capital social et autres fonds propres, ces derniers incluent les bénéfices réinvestis.

Sectoral classification is carried out according to the NAF (*Nomenclature d'Activités Française*) scheme, which was developed from a harmonised European system which itself was derived from the international system.

French direct investment abroad: Flows and stocks are classified according to the economic sector to which the resident direct investor belongs. A breakdown by economic sector of the (non-resident) direct investment enterprise is also prepared, but only for stocks.

Foreign direct investment in France: Flows are classified according to the economic sector of the resident direct investment enterprise.

Source: Banque de France.

La classification sectorielle est effectuée selon la "Nomenclature d'Activités Française (NAF), qui a été élaborée en fonction d'un système européen harmonisé, qui dérive lui-même du système international.

Investissements directs français à l'étranger : Les flux et les stocks sont sectorisés selon le secteur économique d'appartenance de l'investisseur direct résident. Par ailleurs, mais uniquement pour les stocks, une sectorisation selon le secteur économique d'appartenance de l'entreprise (non résidente) d'investissement direct est élaborée.

Investissements directs étrangers en France : Les flux sont sectorisés selon le secteur économique d'appartenance de l'entreprise d'investissement direct résidente.

Source : Banque de France.

Direct Investment Statistics in Germany

The Deutsche Bundesbank publishes the German balance of payments, including direct investment flows, on a monthly basis via a press release as well as in the *Deutsche Bundesbank Monthly Report* and in the *Deutsche Bundesbank Balance of Payments Statistics 2000, Supplement to Monthly Report 3*. In addition, annual data on FDI flows with regional breakdown are published in the *Deutsche Bundesbank Balance of Payments by Region, Special Statistical Publication No.11* every year in July. Stocks are published in the context of the German International Investment Position in the *Deutsche Bundesbank Balance of Payments Statistics 2000, Supplement to Monthly Report 3* and – in a more detailed presentation – in the *Deutsche Bundesbank International Capital Links, Special Statistical Publication No.10* every year in May. The latter is available with a 16-month time lag.

Foreign direct investment is the category of international investment that reflects the objective of obtaining a lasting interest by a resident entity ("direct investor") in one economy in an entity resident in an economy other than that of the investor ("direct investment enterprise"). The lasting interest implies (i) the existence of a long-term relationship between the investor and the enterprise, and (ii) a significant degree of influence on the management of that enterprise. Direct investment comprises not only the initial transaction establishing the relationship between the investor and the enterprise but also all subsequent capital and credit transactions between them and among affiliated enterprises, both incorporated and unincorporated.

A direct investment enterprise is defined as an

Statistiques de l'investissement direct en Allemagne

La Deutsche Bundesbank publie chaque mois dans un communiqué de presse, dans son "Rapport mensuel de la Deutsche Bundesbank" ainsi que dans "Statistiques 2000 de la balance des paiements de la Deutsche Bundesbank, le Supplément statistique au Rapport mensuel n°3", les chiffres de la balance des paiements de l'Allemagne, y compris des données sur les flux d'investissement direct. Des statistiques annuelles des flux d'investissements directs étrangers, ventilées par région, sont en outre publiées chaque année au mois de juillet dans "Balance des paiements par région de la Deutsche Bundesbank, Publication statistique spéciale n° 11". Des données sur les stocks sont publiées dans le cadre de la Position des investissements internationaux de l'Allemagne dans le Supplément statistique n° 3 au Rapport mensuel "Statistiques de la balance des paiements", et – de manière plus détaillée – dans la Publication statistique n° 10 "Liens internationaux en matière de capitaux" qui paraît chaque année au mois de mai. Ce dernier document est disponible avec un décalage de 16 mois.

L'investissement direct étranger est la catégorie d'investissement international qui traduit l'objectif d'une entité résidant dans une économie ("investisseur direct") d'acquérir un intérêt durable dans une entité résidant dans une économie autre que celle de l'investisseur ("entreprise d'investissement direct"). La notion d'intérêt durable implique (i) l'existence d'une relation à long terme entre l'investisseur et l'entreprise, et (ii) l'exercice d'une influence notable sur la gestion de l'entreprise. L'investissement direct comprend non seulement l'opération initiale qui crée la relation entre l'investisseur et l'entreprise, mais aussi toutes les opérations ultérieures en capital et de crédit entre les deux entités et entre les entreprises affiliées, qu'elles soient ou non constituées en société.

Une entreprise d'investissement direct est une

incorporated or unincorporated enterprise in which a foreign investor owns ten per cent or more (until end of 1989 "25 per cent or more", until end of 1998 "more than 20 per cent") of the ordinary shares or voting power of the enterprise. In most cases, this influence is exercised through acquiring a participating interest by domestic enterprises or investors in foreign corporations. The same applies, as appropriate, to participating interests by non-residents in domestic public limited companies.

Participating interests of ten per cent or more (until end of 1989 "25 per cent or more", until end of 1998 "more than 20 per cent") in enterprises in a legal form other than that of a public limited company - e.g. private limited companies, cooperatives, limited and general partnerships, silent participating interests in sole proprietorships or their equivalent abroad - are likewise treated as direct investment. In the balance of payments, branches, permanent establishments and land used for commercial or non-commercial purposes are treated as direct investment.

Direct investment in the German balance of payments includes purchases and sales of shares in the nominal capital (in the case of branches and permanent establishments, the provision of endowment capital or grants from the parent company); the investor's share in the undistributed profits/losses; transfers of outside funds to the reserves; dissolution of profits brought forward; grants to cover losses brought forward; the granting and repayment of long-term financial credits between the associated enterprises; and finally, the purchase and sale of real estate (either business or nonbusiness real estate).

Even though a key-term in the definition of direct

entreprise ayant ou non la personnalité morale dans laquelle un investisseur étranger détient au moins dix pour cent ou plus (jusqu'à la fin de 1989 "25 pour cent ou plus", jusqu'à la fin de 1998 "plus de 20 pour cent") des actions ordinaires ou des droits de vote. Dans la plupart des cas, cette influence s'exerce par l'acquisition par les entreprises ou les investisseurs locaux d'une participation dans la société étrangère. La même définition s'applique, le cas échéant, aux participations de non-résidents dans des sociétés anonymes nationales.

Les participations de dix pour cent ou plus (jusqu'à la fin de 1989 "25 pour cent ou plus", jusqu'à la fin de 1998 "plus de 20 pour cent") dans des entreprises d'une autre forme juridique que la société anonyme – par exemple SARL, coopératives, sociétés en commandite simple, sociétés en nom collectif, commandite d'entreprises individuelles ou leur équivalent à l'étranger – sont également considérées comme des investissements directs. Dans la balance des paiements, les succursales, les établissements permanents et les terrains à usage commercial ou non commercial sont considérés comme des investissements directs.

Dans la balance des paiements de l'Allemagne, l'investissement direct couvre les achats et cessions de parts du capital nominal (dans le cas de succursales et d'établissements permanents, les dotations au capital ou les aides de la société mère), la part de l'investisseur dans les profits non distribués/pertes, les affectations de fonds d'origine externe aux réserves, la liquidation de bénéfices reportés sur un (des) exercice(s) ultérieur(s), les aides destinées à compenser des pertes reportées sur un (des) exercice(s) ultérieur(s), l'octroi et le remboursement de crédits financiers à long terme entre les entreprises associées, et enfin l'achat et la cession de biens immobiliers (qu'ils soient commerciaux ou non commerciaux).

Bien que l'un des mots clé de la définition de

investment is "lasting", short-term financial and trade credits are also included in the direct investment statistics.

All credit transactions since 1996 are presented according to the so-called "directional principle", that is, all credit operations are classified according to the direction of the direct investment. Consequently, credits granted by subsidiaries to their parent company (reverse flows) are regarded as returns of funds which the parent company had already placed at the subsidiaries' disposal (disinvestment). The data referring to before-1996 are presented according to the assets/liabilities principle and do not include any short-term credit relations.

In the balance of payments, direct investment is allocated to the country in which the investment is primarily made (German investment abroad) or in the country of the primary non-resident investor (foreign investment in Germany). Reinvested profits are also allocated to the country in which the investment is made, or to the country of the non-resident owner of the resident enterprise.

All earnings arising from enterprises' participating interests (i.e. including re-invested earnings) are allocated to the year in which the earnings arose (accrual principle).

The statistics on the "International capital links" of enterprises are based on an annual stock survey which has been carried out since 1976. It is based on the balance sheets of enterprises with international participating interests. The reporting requirements were amended slightly in 1989 to comply with the new directives of EC Annual Accounts. Accordingly, a reporting obligation exists if a resident holds ten per cent or more (until end of 1989 "25 per cent or more", until end of 1998 "more than 20 per cent") of the shares or voting power in a foreign enterprise or if a non-resident holds ten per cent or more (until end of

l'investissement direct soit "durable", les crédits financiers et commerciaux à court terme sont également comptabilisés dans les statistiques de l'investissement direct.

Depuis 1996, toutes les opérations de crédit sont présentées sur la base du "principe directionnel", en ce sens que toutes les opérations de crédit sont classées selon la destination de l'investissement direct. En conséquence, les crédits accordés par des filiales à leur société mère (flux en sens inverse) sont considérés comme le rendement de fonds que la société mère avait déjà mis à la disposition des filiales (désinvestissement). Les données antérieures à 1996 sont présentées selon le principe créances/engagements et ne couvrent aucune relation de crédit à court terme.

Dans la balance des paiements, l'investissement direct est attribué au pays dans lequel il est effectué à l'origine (investissement allemand à l'étranger) ou au pays de l'investisseur non résident de premier rang (investissement étranger en Allemagne). Les bénéfices réinvestis sont eux aussi attribués au pays dans lequel l'investissement est effectué, ou au pays du propriétaire non résident de l'entreprise résidente.

Tous les revenus découlant de participations d'entreprise (par exemple les bénéfices réinvestis) sont attribués à l'année au cours de laquelle le revenu a été dégagé (principe du fait générateur).

Les statistiques des "Liens internationaux de capitaux" entre les entreprises reposent sur l'enquête annuelle sur les encours, qui est menée depuis 1976. Cette enquête s'appuie sur les bilans des entreprises ayant des participations étrangères. Les conditions de déclaration ont été légèrement modifiées en 1989 pour se conformer aux nouvelles directives de la CE sur les Comptes annuels des sociétés. En conséquence, il existe une obligation de déclaration pour tout résident détenant dix pour cent ou plus (jusqu'à la fin de 1989 "25 pour cent ou plus", jusqu'à la fin de 1998 "plus de 20 pour cent") des actions ou

1989 "25 per cent or more", until end of 1998 "more than 20 per cent") of the shares or voting power in a domestic enterprise.

The definition of **stock** is that of international capital links between enterprises: the direct participating interest of a resident in a foreign enterprise or the direct participating interest of a non-resident in a domestic enterprise. Such direct ownership, plus the direct claims from loans which the parties involved have granted to their wholly or partly owned enterprises, forms the stock of primary direct investment or the primary corporate assets. If the primary cross-border participating interest concerns a majority holding in an enterprise, and if this subsidiary in turn holds participating interest of ten per cent or more (until end of 1989 "25 per cent or more", until end of 1998 "more than 20 per cent") these assets are only indirectly owned by the investors (in the most important cases of such linkage the subsidiary is a holding company). The secondary direct investment assets held via a majority-owned holding company are referred to as secondary corporate assets.

The balance of payments statistics through mid-1990 cover transactions of the Federal Republic of Germany (FRG) including Berlin (West), with the rest of the world. On October 3, 1990, the former German Democratic Republic (GDR) became part of the FRG. The statistics cover unified Germany for both flow and stock data as from July 1990 and end-1990, respectively.

Source: Deutsche Bundesbank
International Capital Links, Deutsche Bundesbank, Special Statistical Publication 10 May 1999.

droits de vote d'une entreprise étrangère ou pour tout non-résident détenant dix pour cent ou plus (jusqu'à la fin de 1989 "25 pour cent ou plus", jusqu'à la fin de 1998 "plus de 20 pour cent") des actions ou droits de vote d'une entreprise nationale.

La définition de l'**encours** est celle des liens internationaux de capitaux entre entreprises, à savoir la participation directe d'un résident dans une entreprise étrangère ou la participation directe d'un non-résident dans une entreprise nationale. Ces participations directes, auxquelles s'ajoutent les créances directes nées de prêts que les parties concernées ont accordés aux entreprises qu'elles détiennent en partie ou en totalité, constituent l'encours des investissements directs de premier rang ou les actifs de premier rang détenus dans des sociétés. Si la participation transnationale initiale constitue une part majoritaire dans une entreprise et si cette filiale détient elle-même une participation de dix pour cent ou plus (jusqu'à la fin de 1989 "25 pour cent ou plus", jusqu'à la fin de 1998 "plus de 20 pour cent"), ces actifs ne sont détenus qu'indirectement par les investisseurs (dans le cas le plus important de tels liens, la filiale est une société holding). Les actifs détenus à titre d'investissement direct de second rang via une société holding dont l'investisseur détient la majorité sont désignés sous le terme d'actifs de second rang détenus dans des sociétés.

Jusqu'au milieu des années 90, les statistiques de la balance des paiements couvrent les transactions de la République fédérale d'Allemagne (RFA), Berlin (Ouest) compris, avec le reste du monde. Le 3 octobre 1990, l'ex-République démocratique d'Allemagne (RDA) est devenue partie intégrante de la RFA. Les données couvrent l'Allemagne unifiée à partir de juillet 1990 pour les données de flux et à partir de la fin de 1990 pour les données d'encours.

Source : Deutsche Bundesbank
Les Relations Internationales du Capital, Deutsche Bundesbank, publication statistique spéciale du 10 juin 1999.

Direct Investment Statistics in Greece

Until 1999, there were two sources of data on direct investment inflows to Greece. One was the *Balance of Payments* on a cash basis and the other was the *authorisations data* on an approval basis.

The data from the *Balance of Payments* is collected through the obligation of commercial banks, since 1955, to report to the central bank all transactions in foreign currency converted to drachma. Such data cover not only direct investment flows but also include inflows generated from every cross-border transaction in foreign currency between domestic and foreign private firms channelled through the banking sector. It thus includes portfolio investment as well as transactions such as loans which are not necessarily direct investments. Furthermore, since there were no surveys conducted for foreign direct investment, there were no available data for reinvested profits and stocks of foreign direct investment. Finally, data for liquidation and repatriation of foreign capital as well as for outward foreign investment were not available.

The data collection system did not provide a breakdown of foreign investment by sector of economic activity, while the available information on the country of origin of the investor is distorted to the extent that reporting banks utilise the currency criterion rather than the country itself.

Authorisation data are based on the foreign direct investment applications authorised by the relevant services of the Bank of Greece (for non-EU

Statistiques de l'investissement direct en Grèce

Jusqu'en 1999, il existait deux sources de données sur l'investissement direct en Grèce. L'une était la *balance des paiements* sur la base des règlements et l'autre les *données d'autorisations* sur la base des approbations.

Les données de *balance des paiements* sont collectées selon l'obligation faite aux banques commerciales, depuis 1955, de déclarer à la Banque centrale toutes leurs opérations en devises, converties en drachmas. Ces données couvrent non seulement les flux d'investissement direct, mais comprennent aussi les entrées que génèrent toutes les transactions transfrontières en devises entre sociétés privées, domestiques et étrangères, passant par le canal du secteur bancaire. Elles comprennent donc les investissements de portefeuille ainsi que des opérations, comme les prêts, qui ne sont pas nécessairement des investissements directs. De plus, comme il n'y avait pas d'enquêtes sur l'investissement direct étranger, nous ne disposions pas de données sur les revenus réinvestis et les encours d'investissements directs étrangers. Enfin, les données concernant la liquidation et le rapatriement de capitaux étrangers ainsi que celles sur les encours d'investissement à l'étranger n'étaient pas disponibles.

Le système de collecte des données ne permettait pas une ventilation des investissements étrangers par secteur d'activité économique. Quant aux informations disponibles sur le pays d'origine de l'investisseur, elles étaient faussées à tel point que les banques déclarantes utilisaient le critère de la monnaie plutôt que celui du pays lui-même.

Les données d'*autorisations* sont fondées sur les demandes d'investissement direct étranger approuvées par les services compétents de la

residents) and the Ministry of National Economy (for EU residents). Such data, which start in 1987 and end in 1992, describe only planned and not realised investments. Available data can be broken down by country of origin and branch of economic activity.

Since January 1999, the Bank of Greece has implemented a new Balance of Payments collection system. This new system, based on the conceptual framework of the Fifth Edition of the *IMF Balance of Payments Manual,* provides data on inward and outward direct investment flows as part of the general reporting scheme of transactions between residents and non-residents. These data comply with the OECD *Benchmark Definition* and the *IMF* recommendations such as the ten per cent participation criterion and the directional principle. Statistical breakdowns by geographical distribution and by economic sector are also available. Furthermore, the new system has been supplemented with surveys on enterprises to collect data on inward and outward FDI position and reinvested profits. Data for foreign direct investment for 1999 based on the new system are estimated to be available during the second half of 2000.

Source: Ministry of National Economy, Bank of Greece.

Banque de Grèce (pour les résidents de pays extérieurs à la UE) et du Ministère de l'Économie nationale (pour les résidents de la UE). Ces données, qui couvrent les années de 1987 à 1992, décrivent seulement les investissements prévus et non réalisés. Les données disponibles peuvent être ventilées par pays d'origine et par branche d'activité.

Depuis janvier 1999, la Banque de Grèce a mis en place un nouveau système de collecte des données de balance des paiements. Le nouveau système de collecte, basé sur les concepts de la cinquième édition du *Manuel de la Balance des paiements du FMI,* fournit des informations sur les flux d'investissement direct de et vers l'étranger par type d'investissement. Ces données sont conformes à *la Définition de Référence* de l'OCDE et aux recommendations du *FMI,* telles que le critère de participation à dix pour cent et le principe directionnel. Les ventilations statistiques par secteur géographique et industriel sont également disponibles. De plus, ce nouveau système a été complété par des enquêtes menées auprès des entreprises afin d'obtenir des données sur les encours d'investissements directs à l'étranger et sur les bénéfices réinvestis. Les données de 1999 basées sur le nouveau système sont supposées être disponibles au cours du second semestre 2000.

Source : Ministère de l'Économie nationale Banque de Grèce.

Direct Investment Statistics in Hungary

Direct investment flows

In line with the balance of payments methodology, investment in equity capital over ten per cent is classified as direct investment.

Currently in kind contribution and reinvested earnings are excluded from the balance of payments statistics. Since 1996, direct investment includes not only equity investment but other non-equity capital transactions (intercompany loans) between the parent company and its affiliates. Prior to that period, direct investment included exclusively the equity capital. Intercompany loans were recorded as long-term and short-term capital transactions. Real estate investments by natural persons are classified under this heading (i.e. long-term and short-term cpaital transaciotns).

As opposed to other types of investments recorded in the financial account of the balance of payments, direct investment is primarily recorded on a directional principle as opposed to an asset/liability principle. Direct investment in Hungary and direct investment abroad are the two major subgroups under the main heading.

Cross participation in equity, as such, is not recorded under direct investment. If an affiliated company acquires a claim on equity in its direct investor, the transaction is recorded either under portfolio investment (when it is less than ten per

Statistiques de l'investissement direct en Hongrie

Flux d'investissement direct

Conformément à la méthodologie utilisée pour la balance des paiements, tout investissement représentant plus de dix pour cent du capital d'une société est considéré comme un investissement direct.

Les contributions directes et les bénéfices réinvestis sont actuellement exclus de la balance des paiements. Depuis 1996, l'investissement direct couvre non seulement les prises de participation mais aussi d'autres opérations en capital (prêts inter-sociétés) entre la société mère et ses filiales. Avant 1996, l'investissement direct couvrait exclusivement les prises de participation. Les prêts inter-sociétés étaient considérés comme des opérations en capital à long terme et à court terme. Les investissements immobiliers de personnes physiques sont classés sous la rubrique des "Opérations en capital à court et long terme".

A la différence des autres types d'investissements figurant dans les comptes financiers, les investissements directs sont essentiellement recensés selon le « principe directionnel », et non pas selon le principe « créances/engagements ». De ce fait, les investissements directs en Hongrie et les investissements directs à l'étranger sont les deux principaux sous-groupes de la rubrique principale.

Les participations croisées au capital social ne sont pas en tant que telles recensées comme investissements directs. Si une société affiliée acquiert une créance sur le capital de son investisseur direct, la transaction est recensée soit

cent) or as a separate direct investment transaction (when it is equal to or more than ten per cent). Nevertheless, as far as intercompany loans are concerned, regardless of the direction of equity investment, both the direct investor and the direct investment company may acquire claims on each other.

Direct investment statistics reflect mainly cash contributions. However, data for intercompany loans are recorded in the statistics only after they have been checked and supplemented by the information from direct enterprise reports (the compilation method for intercompany loans is identical to the method used for recording enterprise loans under other investment).

In 1999, the National Bank of Hungary launched jointly with the Hungarian Central Statistical Office a set of four questionnaires. The purpose of the survey is the statistical monitoring of the enterprise sector's direct investment transactions and positions.

The quarterly questionnaires for transactions are mainly used to control the settlement data reported by the banking sector, to obtain more detailed data for transactions (geographic breakdown, economic activity) and to supplement settlement data with non-cash transactions. The annual questionnaires are used to obtain information on reinvested earnings and stock data.

comme investissement de portefeuille (moins de dix pour cent) soit comme investissement direct distinct (plus grand ou égal à dix pour cent). Néanmoins, en ce qui concerne les prêts inter-sociétés – quelle que soit la destination de l'investissement en capital – aussi bien l'investissement direct que la société d'investissement direct peuvent acquérir des créances réciproques.

Les statistiques des investissements directs reflètent essentiellement les opérations en espèces. Néanmoins, les données concernant les prêts inter-sociétés ne figurent dans les statistiques qu'après avoir été vérifiées et complétées par des informations extraites des rapports directs de l'entreprise (la méthode de compilation utilisée pour les prêts inter-sociétés est identique à celle servant à recenser les prêts aux entreprises sous la catégorie des autres investissements).

En 1999, la Banque nationale de Hongrie a lancé avec l'Office statistique central de la Hongrie une série commune de quatre questionnaires. Le but de cette enquête est de suivre les opérations et les positions d'investissements directs du secteur des entreprises.

Les questionnaires trimestriels servent principalement à contrôler les chiffres du solde d'exécution du secteur bancaire, à obtenir des chiffres plus détaillés sur les transactions (ventilation géographique, activité économique) et à compléter les chiffres du solde d'exécution par des données concernant les transactions autres qu'en espèces. Les questionnaires annuels sont utilisés pour obtenir des informations sur les bénéfices réinvestis et le montant des encours.

The quarterly questionnaires enable the National Bank to compile a geographic breakdown of equity capital investments for the period under review. In the future, these tables will be published regularly, on a quarterly basis, with a monthly breakdown. Monthly data were published for the first time in December 1999 for the year 1999.

Subordinated loans of credit institutions, received from their own direct investor, have been classified as intercompany loans since 1999 but are no longer under equity capital.

Direct investment stocks

Until 1998, the Hungarian Central Statistical Office (HCSO) collected statistics on foreign direct investment positions by economic activity and geographical breakdown. The annual corporation-tax declarations were used as the principal data source. In Hungary, according to the act on tax administration, all enterprises with legal entity (and unincorporated enterprises with more than $500 000 yearly turnover) have to submit a detailed corporation-tax declaration. The annual corporation-tax declarations include the value of the stock of issued capital and its distribution by sector of ownership. The stock of foreign direct investment is also recorded.

Tax records do not supply data on the country of origin. Therefore, since 1992 the Hungarian Central Statistical Office (HCSO) organises an annual survey on enterprises involved in foreign direct investment. The sample used for the survey covers 5 000 enterprises which have the largest

Les questionnaires trimestriels permettent à la Banque nationale de compiler une ventilation géographique des prises de participation au capital social au cours de la période sous revue. A l'avenir, ces tableaux seront publiés régulièrement tous les trimestres, et comporteront une ventilation mensuelle. Des données mensuelles ont été publiés pour la première fois en décembre 1999 pour l'année 1999.

Les prêts subordonnés des institutions de crédit, reçus de leur propre investisseur direct, sont classés comme prêts inter-sociétés depuis 1999, mais plus sous comme prises de participation.

Stocks d'investissements directs

Jusqu'en 1998, l'Office statistique central de Hongrie a collecté des statistiques sur les positions d'investissement direct étranger en les classant par activité économique en les ventilant par zone géographique. Les déclarations annuelles pour l'impôt sur les sociétés sont la principale source de données. En Hongrie, conformément à la loi sur l'administration fiscale, toutes les entreprises morales (ainsi que les entreprises non constituées en société dont le chiffre d'affaires annuel est supérieur à 500 000 dollars) doivent soumettre une déclaration détaillée pour l'impôt sur les sociétés. Ces déclarations indiquent la valeur de l'encours du capital émis et sa répartition par secteur. Le stock d'investissements directs étrangers est également indiqué.

Les déclarations fiscales ne fournissent pas de données sur le pays d'origine. En conséquence, depuis 1992, l'Office statistique central de la Hongrie organise une enquête annuelle auprès des entreprises participant à des investissements directs étrangers. L'échantillon utilisé pour l'enquête

foreign direct investment. Enterprises are selected on the basis of the corporation-tax declarations referenced above. Until 1993, it was a voluntary survey with a low response rate. Thereafter, the survey became compulsory, and in 1997, 4 100 enterprises responded, thus covering over 88 per cent of the total stocks of foreign direct investment.

Source for the flows: National Bank of Hungary

Source for the stocks: Hungarian Central Statistical Office

couvre les 5 000 entreprises ayant les montants les plus élevés d'investissements directs étrangers. Ces entreprises sont choisies sur la base des déclarations fiscales susmentionnées. Jusqu'en 1993, cette enquête était volontaire et le taux de réponse était faible. L'enquête est ensuite devenue obligatoire et, en 1997, 4 100 entreprises ont répondu, couvrant ainsi plus de 88 pour cent du stock total d'investissements directs étrangers.

Source pour les flux : Banque nationale de Hongrie

Source pour les stocks : Office statistique central de Hongrie

Direct Investment Statistics in Iceland

The Central Bank of Iceland collects data for the balance of payments statistics and for the compilation of international investment position. The data covers all transactions between Iceland and other countries. The compilation of this data is based largely on guidelines given in the OECD's *benchmark definition* of Foreign Direct Investment including the ten per cent rule of voting rights.

The components of direct investment capital are equity capital, reinvested earnings, long-term and short-term loans between companies and their owners. Direct investment flows are based on market value and direct investment stocks are based on balance sheet values. Private real estates are not included in the figures.

The sectors' breakdown is based on the International Standard of Industrial Classification.

Source: Central Bank of Iceland.

Statistiques de l'investissement direct en Islande

La Banque centrale d'Islande recueille des données pour les statistiques de balance des paiements et pour la compilation des encours d'investissement direct international. Ces données portent sur l'ensemble des transactions entre l'Islande et les autres pays. L'établissement des statistiques s'effectue largement sur la base des principes directeurs énoncés dans la *définition de référence* de l'OCDE de l'Investissement direct étranger et notamment la règle des dix pour cent des droits de vote.

Les éléments entrant dans l'investissement direct en capital sont le capital social, les bénéfices réinvestis et les prêts à court et long terme entre les sociétés et leurs propriétaires. Les flux d'investissement directs sont calculés à partir de la valeur marchande et les stocks sur la base des valeurs comptables. Les biens immobiliers privés ne sont pas pris en compte dans ces chiffres.

La ventilation sectorielle est effectuée à partir de la Classification internationale type par industrie.

Source : Banque centrale d'Islande.

Direct Investment Statistics in Ireland

The Balance of Payments statistical compilation system of Ireland has been revamped since 1997 to strengthen sectoral and enterprise coverage in basic data collection, to adopt best international methodological standards, to conform more closely with international presentation formats, and to provide for geographical analysis of the results. These new results are now available for 1998 and 1999.

The financial account covers transactions in foreign financial assets (i.e. claims on non-residents) and foreign liabilities (i.e. obligations to non-residents). Four categories of functional investment are now distinguished in the Irish financial account: direct investment, portfolio investment, other investment, and reserve assets.

Direct investment refers to international investment based on an equity ownership of at least ten per cent of an enterprise and thus reflects a lasting interest by a resident of one economy (the direct investor) in an enterprise resident in another economy (the direct investment enterprise).

Using this criterion a direct investment relationship can exist between a number of affiliated enterprises whether the linkage involves a single chain or a number of chains. It can extend to a direct investment enterprise's subsidiaries, sub-subsidiaries and associates. Once the direct investment relationship is established, all subsequent financial flows between the related entities are recorded as direct investment

Statistiques de l'investissement direct en Irlande

Le système de compilation des statistiques de la balance des paiements de l'Irlande a été repensé en 1997 pour améliorer la couverture par secteur et par entreprise des données de base collectées, adopter les meilleures normes méthodologiques internationales, respecter plus strictement les formats de présentation internationaux et permettre une analyse géographique des résultats. Les données collectées sur cette nouvelle base sont disponibles pour 1998 et 1999.

Le compte financier couvre les opérations en actifs financiers étrangers (c'est-à-dire les créances sur les non-résidents) et les engagements étrangers (c'est-à-dire les obligations à l'égard des non-résidents). Les investissements fonctionnels sont désormais classés en quatre catégories dans le compte financier de l'Irlande : investissement direct, investissement de portefeuille, autres investissements et avoirs de réserve.

L'investissement direct se réfère aux investissements internationaux correspondant à une participation d'au moins dix pour cent au capital d'une entreprise et reflétant l'intérêt durable d'un résident d'une économie (l'investisseur direct) dans une entreprise résidente d'une autre économie (l'entreprise d'investissement direct).

Sur la base de ce critère, une relation d'investissement direct peut exister entre un certain nombre d'entreprises affiliées, que le lien soit unique ou multiple. La relation d'investissement direct peut couvrir des filiales, des sous-filiales et des associées d'une entreprise d'investissement direct. Une fois la relation d'investissement direct instituée, tous les flux financiers ultérieurs entre les entités concernées sont recensés comme opérations

transactions, regardless of the type of financial instrument used in the financing arrangement (except for financial intermediary affiliates among which direct transactions are limited to those involving equity and permanent debt).

The components of direct investment transactions are equity capital, reinvested earnings, and other capital. Equity capital comprises investments in branches, shares in subsidiaries and associates (except non-participating preferred shares that are treated as debt securities) and other capital contributions. Reinvested earnings consists of the off-setting to the corresponding current account item: it is the direct investor's share of the undistributed earnings of its branches, subsidiaries and associates. Other capital covers all other inter-affiliate financial transactions (borrowing and lending of funds), including debt securities and suppliers' credits (i.e. trade credits).

Following the recommendations of the IMF, ECB, EUROSTAT, and OECD, direct investment flows are recorded on a `directional principle' rather than the more usual assets/liabilities principle. Direct investment abroad covers net investment by parent companies resident in Ireland in their foreign branches, subsidiaries, and associated companies. Direct investment in Ireland covers the net investment by foreign companies in their affiliates located in Ireland.

Source: Forfas (Industrial Development Authority of Ireland); Central Statistics Office, Ireland.

d'investissement direct, quel que soit le type d'instrument financier utilisé dans l'arrangement de financement (sauf pour les sociétés affiliées qui sont des intermédiaires financiers et entre lesquelles les transactions directes se limitent à celles qui concernent le capital social et la dette permanente).

Les composantes des opérations d'investissement direct sont les prises de participation, les bénéfices réinvestis et les autres apports de capital. Les prises de participation couvrent les investissements dans les succursales, les parts dans des filiales et associées (sauf les actions préférentielles sans droits de vote qui sont traitées comme des instruments de la dette) et les autres contributions en capital. Les bénéfices réinvestis correspondent à la compensation du poste correspondant du compte d'opérations courantes : c'est la part revenant à l'investisseur direct des bénéfices non distribués de ses succursales, filiales et associées. Les autres formes de capital couvrent toutes les autres transactions financières entre des sociétés affiliées (prêts et emprunts de fonds), notamment les instruments de la dette et les crédits fournisseurs (c'est-à-dire les crédits commerciaux).

A la suite des recommandations du FMI, de la BCE, d'EUROSTAT et de l'OCDE, les flux d'investissement direct sont recensés sur la base du « principe directionnel » et non pas sur la base du principe plus fréquent créances/engagements. L'investissement direct à l'étranger couvre les investissements nets des sociétés mères résidentes en Irlande dans leurs succursales, filiales et sociétés associées étrangères. Les investissements directs en Irlande couvrent les investissements nets des sociétés étrangères dans leurs sociétés affiliées situées en Irlande.

Source : Forfas ("Industrial Development Authority of Ireland"); "Central Statistics Office", Irlande.

Foreign Direct Investment Statistics in Italy

Foreign direct investment statistics of Italy are compiled by the Ufficio Italiano dei Cambi (UIC).

Foreign direct investment flows data are collected through the Monetary Statistics Communication (Comunicazione Valutaria Statistica - CVS) and the Monetary Matrix (Matrice Valutaria). The CVS includes detailed information on foreign transactions performed by the non-banking sector and is supplied to the UIC by the banking channel or directly by the resident counterpart involved in the transaction (when it is performed via foreign banks).

The distinction between direct and portfolio investment is made according to the percentage of equity capital held after the transaction. If the owned shares cover more than ten per cent of the equity capital, the transaction is classified as "direct investment".

The international transactions performed by the banking sector are collected through Monetary Matrix, a statistical framework that classifies the transactions consistently with the system of codification used in the CVS.

The directional principle is adopted.

Foreign direct investment stocks of the the banking sector are collected directly from the banks using a statistical framework called Matrix

Statistiques de l'investissement direct en Italie

Les statistiques d'investissement direct étranger en Italie sont établies l'Office italien des changes (UIC).

Les données relatives aux flux d'investissements directs étrangers sont collectées par l'intermédiaire du formulaire Communication de Statistiques Monétaires et la Matrice Monétaire. Le formulaire Communication de Statistiques Monétaires contient des informations détaillées sur les transactions avec l'étranger effectuées par le secteur non bancaire et est communiqué à l'UIC par la banque ayant effectué la transaction ou directement par la contrepartie résidente participant à la transaction (lorsque celle-ci est opérée par le biais de banques étrangères).

La distinction entre investissement direct et investissement de portefeuille se fait en fonction du pourcentage de capital détenu après la transaction. Si la participation est supérieure à dix pour cent du capital social, l'investissement est classé comme « investissement direct ».

Les transactions internationales effectuées par le secteur bancaire sont recensées par l'intermédiaire du formulaire Matrice Monétaire, cadre statistique qui classe les transactions de manière compatible avec le système de codification utilisé pour le formulaire Communication de Statistiques Monétaires.

Le principe directionnel est utilisé.

Les données relatives aux stocks d'investissements directs étrangers concernant le secteur bancaire sont obtenues directement des

of the Accounts (Matrice dei Conti). Data for the non-banking sector are calculated cumulating net flows to the stock of the previous period calculated at current market prices.

Starting from 1998, the UIC is conducting an annual survey on inward and outward foreign direct investment stocks and reinvested earnings. Currently, the results of this survey are still under examination and they are not used in the calculation of the stock data. They have been used in a statistical model that estimates the reinvested earnings included in monthly and annual foreign direct investment statistics.

Foreign direct investment flows are published monthly in the *Bollettino Statistico, statistiche analitiche valutarie* issued by the UIC while the foreign direct investment stocks are published semi-annually in the *Bollettino Statistico, statistiche analitiche valutarie*. Actual yearly foreign direct investment flow and stock data are also published in the *Relazione Annuale* of Banca d'Italia.

Source: Ufficio Italiano dei Cambi

banques sur la base d'un formulaire statistique appelé Matrice des Comptes. Les données relatives aux stocks d'investissements directs étrangers du secteur non-bancaire sont calculées en ajoutant les flux nets à l'encours de la période précédente calculé aux prix courants du marché.

Depuis 1998, l'UIC procède à une enquête annuelle sur les stocks d'investissement direct de l'étranger et vers l'étranger et sur les bénéfices réinvestis. A l'heure actuelle, les résultats de cette enquête sont encore en cours d'examen et ne sont pas utilisés pour le calcul des statistiques de stocks. Ils ont été utilisés dans un modèle statistique qui estime les bénéfices réinvestis inclus dans les chiffres mensuels et annuels d'investissements directs.

Les données relatives aux flux d'investissements directs étrangers sont publiées chaque mois dans le *Bollettino Statistico, statistiche analitiche valutarie* diffusé par l'UIC. Les données relatives aux stocks d'investissements directs étrangers sont publiées tous les semestres dans le *Bollettino Statistico, statistiche analitiche valutarie*. Les chiffres annuels effectifs des flux et des stocks d'investissements directs étrangers sont également publiés dans le *Relazione Annuale* de la Banca d'Italia.

Source : Ufficio Italiano dei Cambi

Direct Investment Statistics in Japan

There are two sources of data on direct investment; figures from balance of payments statistics (BPM5) and figures based on notifications collected by the Ministry of Finance.

Flow figures on foreign direct investment are based on notifications. The data cover only newly registered investment and exclude withdrawal of investment and reinvested earnings. They are published on a fiscal year basis (from April to March) in the Annual Report of the International Finance.

Flow figures on direct investment income are from balance of payments statistics (BPM5). They are published on a semi-annual and annual basis by the Ministry of Finance and the Bank of Japan.

Stock figures on foreign direct investment have been taken from balance of payments statistics (BPM5) since 1996. However, stock figures up to 1995 had been compiled by accumulating flow data based on notifications. Therefore, the data are discontinued in these series.

Source: Ministry of Finance, *Annual Report of the International Finance*, Ministry of Finance, Bank of Japan *Balance of Payments Statistics Monthly*.

Statistiques de l'investissement direct au Japon

Il existe deux sources pour les données d'investissement direct : les statistiques de la balance des paiements (MBP5) et celles basées sur les déclarations collectées par le Ministère des Finances.

Les flux d'investissement direct sont basés sur des déclarations. Les données couvrent uniquement les investissements enregistrés récemment et excluent les retraits d'investissement et les bénéfices réinvestis. Les données sont publiées en année fiscale (d'avril à mars) dans le Rapport sur la Finance internationale.

Les flux sur les revenus d'investissement direct proviennent des statistiques de la balance des paiements (MBP5). Ils sont publiés annuellement et semi-annuellement par le Ministère des Finances et la Banque du Japon.

Depuis 1996, les encours d'investissement direct étranger sont tirés des statistiques de la balance des paiements (MBP5). Toutefois jusqu'en 1995 les données d'encours étaient calculées par accumulation de flux (basés sur les déclarations). C'est pourquoi les données de ces séries ne sont pas continues.

Source : Ministère des Finances, *Annual Report of the International Finance*, Ministère des Finances, *Balance of Payments Statistics Monthly* de la Banque du Japon.

Direct Investment Statistics in Korea

Until recently, the Ministry of Finance and Economy had been responsible for collecting data on foreign direct investment (FDI) in Korea. From June 1999, however, the Ministry of Commerce, Industry and Energy is responsible for collecting and publishing foreign direct investment data on a monthly basis.

In Korea, inward foreign direct investment is basically governed by the Foreign Investment Promotion Act. In addition to the initial investment, loans from an overseas parent company with maturities of five years or more are considered to be foreign direct investment according to the Act.

Foreign investment as defined in Article 2.14.1. of the Foreign Investment Promotion Act relates to any of the following:

a) In the case of a foreign national owning ten per cent or more of the total voting shares issued by, or of the total amount of capital contributions of a legal entity of the Republic of Korea (including such entity under the process of establishment) or of an enterprise run by national of the Republic of Korea, and exercises voting rights with respect thereto;

b) In the case of capital contribution by a foreign national is for the purpose of the exercise of substantial influence over the management of a legal entity of the Republic of Korea, or of an enterprise run by a national of the Republic of Korea such as participation in the corporate management, and such purpose is objectively proven by joint-venture contracts or other related documentary evidence.

Statistiques de l'investissement direct en Corée

Avant juin 1999, le Ministère des Finances et de l'Economie était responsable de la collecte des données sur l'investissement direct international en Corée. Depuis juin 1999, le Ministère du Commerce, de l'Industrie et de l'Energie est chargé de collecter et de publier les données d'investissements directs étrangers sur une base mensuelle.

En Corée, l'investissement direct en provenance de l'étranger est principalement géré par la Loi pour la Promotion de l'Investissement Direct International. Selon cette Loi, outre l'investissement initial, les prêts de la maison-mère ayant une maturité de cinq ans ou plus sont considérés comme des investissements directs internationaux.

L'investissement direct tel que défini par l'Article 2.14.1 de la loi sur la Promotion de l'investissement recouvre les cas suivants :

a) Lorsqu'un non-résident détient dix pour cent ou plus du total des actions, avec droit de vote, émises ou du montant total de la contribution au capital d'une entité de la République de Corée ayant la personnalité morale (incluant les entités en cours de constitution); ou d'un société dirigée par un résident de la République de Corée y exerçant ses droits de vote ;

b) Dans le cas ou la participation au capital par un non-résident a pour but l'exercice d'une influence effective sur la gestion d'une entité de la République de Corée ayant la personnalité morale, ou d'une sociétée dirigée par un résident coréen, de telles participations dans la direction de l'entreprise, et un tel objectif est objectivement prouvé par des contrats mixtes ou tout autres preuves écrites.

Inward foreign direct investment flows are registered at the end of each month. Foreign direct investment stock positions are recorded at the end of the year and are derived from the cumulative value of the foreign direct investment flows for the year (on an approval/notification basis).

Industry classification is based on what is stipulated in the foreign investor's application for approval or notification. This application gives notice as to the sector in which the company belongs.

Outward foreign direct investment statistics are collected by the EXIM Bank of Korea on the basis of notifications and published monthly by the Ministry of Finance and Economy. Foreign subsidiaries of Korean enterprises with which Korean residents hold a stake of more than ten per cent are regarded as Korean-invested companies, although there are some minor exceptions.

Data on outward foreign direct investment do not include investments towards foreign branches of Korean enterprises, investments in foreign financial institutions by Korean residents and foreign investment by Korean domestic financial institutions. Other capital transactions relate only to flows of long term loans of more than one year. Positions are calculated from cumulative value of outward foreign direct investment flows.

Source: Ministry of Commerce, Industry and Energy (MOCIE)
Ministry of Finance and Economy (MOFE).

Les flux entrants d'investissements directs sont enregistrés à la fin de chaque mois. Les encours d'investissement direct sont enregistrés en fin d'année et calculés à partir du cumul des flux d'investissements directs étrangers enregistrés au cours de l'année (sur la base des autorisations/notifications).

La classification sectorielle repose sur l'information qui figure sur la demande d'autorisation ou de notification de l'investisseur direct étranger. Cette information fait mention du secteur d'activité auquel l'entreprise appartient.

Les statistiques d'investissements directs étrangers vers l'étranger sont collectées par la Banque de Corée EXIM, sur la base de notifications, et sont publiées tous les mois par le Ministère des Finances et de l'Économie. Les filiales étrangères des entreprises coréennes, détenues à plus de dix pour cent par des résidents coréens, sont considérées comme des entreprises d'investissement direct coréennes, bien qu'il y ait quelques exceptions.

Les données d'investissements directs étrangers vers l'étranger ne tiennent pas compte des investissements vers les succursales étrangères des entreprises coréennes, des investissements dans les institutions financières étrangères par les résidents coréens et de l'investissement étranger par les institutions financières coréennes résidentes. Les autres transactions de capitaux ne comprennent que les flux à long terme (de plus d'un an). Les encours sont calculés sur la base des flux cumulés d'investissements directs étrangers vers l'étranger.

Source : Ministère du Commerce, de l'Industrie et de l'Energie (MOCIE)
Ministère des Finances et de l'Economie (MOFE)

Direct Investment Statistics in Mexico

The Directorate General of Foreign Investment and the Banco de Mexico collect data on direct investment inflows. The definition of foreign direct investment used by Mexico refers to the investments by foreigners aiming to participate on a permanent and effective basis in the management of an enterprise located within the country. The definition includes capital investment, reinvestments and inter-company operations. Such definition complies with the guidelines of the IMF and the OECD. Data on direct investment outflows are not yet available.

Data are published quarterly by the Banco de Mexico in its *Indicatores Economicos* (Economic Indicators) and annually, in conjunction with the Directorate General of Foreign Investment. Likewise, the Directorate General publishes a monthly report on FDI flows which includes a breakdown by country of origin, by sector of economic activity and by type of investment.

* It is important to point out that previous statistics from the Directorate General of Foreign Investment (SECOFI) only included foreign investment registered at the National Registry of Foreign Investment (RNFI) and projects authorised by the National Commission of Foreign Investment (NCFI).

Source: Directorate General of Foreign Investment (SECOFI).

Statistiques de l'investissement direct au Mexique

La Direction Générale de l'Investissement Étranger et la Banque du Mexique collectent des données sur les flux d'entrée d'investissements directs. La définition de l'investissement direct étranger utilisée au Mexique se rapporte aux investissements des étrangers dont l'objectif est de participer sur une base permanente et effective à la gestion d'une entreprise située à l'intérieur du pays. Cette définition comprend l'investissement en capital, les réinvestissements et les opérations inter-sociétés. Cette définition est conforme aux recommandations du FMI et de l'OCDE. Les flux d'investissement direct sortants ne sont pas encore disponibles.

Chaque trimestre, les données sont publiées par la Banque du Mexique dans ses *Indicatores Economicos* (Indicateurs économiques) et une fois l'an elles sont publiées conjointement avec la Direction Générale de l'Investissement Étranger. La Direction Générale publie également un rapport mensuel sur les flux d'investissement directs étrangers répartis par pays d'origine, par secteur d'activité économique et par type d'investissement.

* Il est à noter que les statistiques de la Direction Générale de l'Investissement Étranger (SECOFI) antérieures à cette publication ne comprenaient que les investissements étrangers enregistrés au Registre National de l'Investissement Étranger (RNFI) et les projets approuvés par la Commission Nationale de l'Investissement Étranger (NCFI).

Source: Direction Générale de l'Investissement Étranger (SECOFI).

Direct Investment Statistics in the Netherlands

Flow figures on direct investment are derived from the Dutch balance of payments published in the *Quarterly Bulletin* and in the *Annual Report* of the Nederlandsche Bank. An annual survey on the Netherlands outward and inward direct investment position is also conducted and results are published by the Central Bank in its *Statistical Bulletin* with a time-lag of about one year and a half. Data are collected on the basis of compulsory declarations of all foreign transactions either directly or through affiliates.

The definition of a direct investment enterprise complies with IMF guidelines. However, no minimum threshold is required to be qualified as a direct investment enterprise. The criterion for direct investment applied in the Netherlands is the acquisition of a more or less lasting interest in an enterprise with the aim of having an effective voice in the management. Loans granted by subsidiaries to the parent company are considered being a disinvestment by the direct investor (application of the direction principle). Direct investment via intermediate holding companies located in the Netherlands (Special Financial Institutions) is not included in the direct investment figures.

Retained profits are included in the Dutch balance of payments flow figures on direct investment. As they have to be derived from the annual survey, they come available with the above-mentioned time-lag.

Statistiques de l'investissement direct aux Pays-Bas

Les statistiques sur les flux d'investissement direct sont dérivées de la Balance des paiements des Pays-Bas qui est publiée dans le *Bulletin trimestriel* et le *Rapport annuel de la Nederlandsche Bank*. Une enquête annuelle sur l'encours de l'investissement direct à l'étranger et de l'étranger pour les Pays-Bas est également réalisée et ses résultats sont publiés par la Banque centrale dans son *Bulletin Statistiques* avec un décalage d'un an et demi environ. Les données sont collectées à partir des déclarations obligatoires de toutes les opérations avec l'étranger, réalisées soit directement, soit par l'intermédiaire de sociétés affiliées.

La définition de l'entreprise d'investissement direct est conforme aux recommandations du FMI. Toutefois, aucun seuil minimum n'est fixé pour qu'une entreprise soit traitée comme entreprise d'investissement direct. Le critère appliqué pour l'investissement direct aux Pays-Bas est l'acquisition d'une participation plus ou moins durable dans une entreprise dans l'intention d'avoir un droit de regard effectif dans sa gestion. Les prêts consentis par les filiales à leurs sociétés-mères sont considérés comme un désinvestissement de la part de l'investisseur direct (application du principe directionnel). L'investissement direct par l'intermédiaire d'une société holding établie aux Pays-Bas (institutions financières spécialisées) n'est pas inclus dans les statistiques de l'investissement direct.

Aux Pays-Bas, les bénéfices réinvestis sont inclus dans les flux d'investissement direct de la balance des paiements. Ils proviennent de l'enquête annuelle et sont donc disponibles avec un décalage d'un an et demi environ.

The balance of payments only records transactions ensuing from changes in capital participations and intra-group lending. The changes in positions are more comprehensive. They additionally include changes ensuing from exchange rate differences and other revaluations and adjustments.

Source: De Nederlandsche Bank.

La balance des paiements n'enregistre que les transactions résultant de changements dans les participations au capital et des opérations de prêts internes aux groupes. Les variations des encours offrent une meilleure couverture statistique et tiennent compte, en outre, des variations des taux de change et d'autres opérations de réévaluation et d'ajustements.

Source : De Nederlandsche Bank.

Direct Investment Statistics in New Zealand

Statistics New Zealand collects and publishes data for the balance of payments statistics. Direct investments data are sourced from an annual survey of all business organisations known to have international transactions.

Statistics New Zealand compiles New Zealand's balance of payments statistics in accordance with recommendations contained in the *Fourth Edition* of the *Balance of Payments Manual*, produced by the International Monetary Fund (IMF).

Direct investment refers to investment that is made to acquire a lasting interest in an enterprise; the investor's purpose being to have a significant influence in the management of the enterprise. For New Zealand balance of payments purposes, an investor is considered to have a significant influence if the investor owns 25 percent or more of the enterprise.

Statistics New Zealand annually publishes Direct Investment stock and flow statistics. Also on an annual basis Statistics New Zealand publishes Direct Investment by country statistics (stocks and flows).

Source: Statistics New Zealand.

Statistiques de l'investissement direct en Nouvelle-Zélande

Statistics New Zealand collecte et publie des données pour l'établissement des statistiques de la balance des paiements. Les données d'investissement direct proviennent d'une enquête annuelle menée auprès de toutes les entreprises qui effectuent des transactions internationales.

Statistics New Zealand compile les données de balance des paiements pour la Nouvelle-Zélande conformément aux recommandations de la *quatrième édition* du *Manuel de la balance des paiements* du Fond Monétaire International (FMI).

L'investissement direct fait référence à l'investissement entrepris afin d'acquérir un intérêt durable dans une entreprise; le but de l'investisseur étant d'avoir une influence significative dans la gestion de l'entreprise. En Nouvelle-Zélande, dans le système de la balance des paiements, un investisseur est considéré avoir une influence significative sur la gestion de l'entreprise s'il en détient 25 pour cent ou plus.

Statistics New Zealand publie chaque année des données de flux et d'encours d'investissement direct, ainsi que des statistiques d'investissement direct par pays (encours et flux d'investissement direct).

Source : Statistics New Zealand.

Direct Investment Statistics in Norway

Norges Bank collects information on direct investment flows on a monthly basis as part of foreign exchange and balance of payments statistics. The definition of direct investment complies with the guidelines of the IMF and the OECD. These statistics show the flow of investment, i.e. the increases or decreases in the stock of direct investment. Quarterly data with breakdown by the main countries and groups of countries are published by Norges Bank on a quarterly basis. Flow data are based on the actual transaction value and on direct ownership only.

In addition, Norges Bank has developed statistics on direct investment stock figures based on company surveys. The main purposes are to obtain data which are not incorporated in the monthly statistics, e.g. the level of retained profits, and to elaborate simultaneously stock figures as a supplement to the current statistics. These statistics are published annually in the Economic Bulletin.

In cases where a Norwegian company was organised as a conglomerate, published stock data were previously based on the accounts of the directly owned company only. As from 1991, the data are based on the consolidated accounts for the Norwegian part of the group. This means that Norwegian companies which are indirectly owned by foreigners through the Norwegian ultimate parent company are also included. In addition, both long-term and short-

Statistiques de l'investissement direct en Norvège

La Norges Bank collecte mensuellement des données sur les flux d'investissement direct pour l'établissement des statistiques de change et de balance des paiements. La définition de l'investissement direct est conforme aux directives du FMI et de l'OCDE. Ces statistiques font apparaître les flux d'investissement, c'est-à-dire les augmentations et les diminutions des encours d'investissements directs. La Norges Bank publie les données trimestrielles avec une ventilation selon les principaux pays et groupes de pays. Les données de flux se réfèrent à la valeur de transaction effective et uniquement pour ce qui concerne la propriété directe.

De plus, la Norges Bank a élaboré des statistiques sur les encours d'investissements directs à partir d'enquêtes auprès des établissements. Celles-ci visent principalement à fournir des données qui ne sont pas intégrées aux statistiques mensuelles, par exemple le montant des bénéfices non distribués, et d'obtenir, en complément des statistiques courantes, des données de stock. Ces statistiques sont publiées annuellement dans le bulletin économique de la Banque.

Dans les cas où une société norvégienne était organisée en conglomérat, les données de stock publiées précédemment reposaient uniquement sur les comptes de la société en propriété directe. Depuis 1991, les données s'appuient sur les comptes consolidés de la partie norvégienne du groupe. Cela signifie que les sociétés norvégiennes qui appartiennent indirectement à des étrangers au travers de la société-mère norvégienne sont aussi incluses. De plus, les

term loan transactions between foreign investors and Norwegian companies are included as from 1991, while only long-term transactions were included earlier. From 1991 onwards, loan transactions between companies within the conglomerate without direct ownership are also included.

Concerning Norwegian direct investment abroad, stock figures were previously confined to enterprises in which Norwegian investors were direct owners. As from 1990, stock data from indirectly owned foreign enterprises are also available. Both short-term and long-term loan transactions between the Norwegian investors and their directly and indirectly-owned foreign enterprises are included as from 1994, while only long-term loan transactions were included earlier.

Both inward and outward direct investment stock figures are based on the book values of the enterprises involved. The annual statistics are presented with breakdowns by main countries and sectors following the International Standard of Industrial Classification.

Source: S. Hansen and B. Wamli, Norwegian Outward Direct Investment, *Norges Bank Economic Bulletin*, (1991-3) ; S. Hansen and B. Wamli, Foreign Direct Investment in Norway, *Norges Bank Economic Bulletin* (1992-1).

opérations de crédit à long et court termes entre les investisseurs étrangers et les sociétés norvégiennes ont été incluses en 1991, alors que, auparavant, seules les transactions à long terme étaient prises en compte. Depuis 1991, les prêts entre sociétés d'un même conglomérat sans liens de propriété directe sont aussi inclus.

En ce qui concerne les investissements norvégiens à l'étranger, les données de stock étaient précédemment limitées aux entreprises dont les investisseurs norvégiens étaient directement propriétaires. Depuis 1990, on dispose aussi de données sur les entreprises étrangères indirectement contrôlées par des norvégiens. Les opérations de crédit à court et à long terme entre les investisseurs norvégiens et les entreprises étrangères qu'ils contrôlent, directement ou indirectement, sont prises en compte depuis 1994; tandis qu'auparavant seuls étaient pris en compte les opérations de crédit à long terme.

Les données de stock sur l'investissement direct de et vers l'étranger s'appuient sur les valeurs comptables des entreprises concernées. Les statistiques annuelles sont présentées avec une répartition par principaux pays et secteurs, conformément à la Classification Internationale Type par Industries.

Source: S. Hansen et B. Wamli, "Norwegian Outward Direct Investment", *Norges Bank Economic Bulletin*, (1991-3); S. Hansen et B. Wamli, "Foreign Direct Investment in Norway", *Norges Bank Economic Bulletin*, (1992-1).

Direct Investment Statistics in Poland

The National Bank of Poland collects data for balance of payments statistics and conducts surveys on Poland's foreign direct investment position.

Monthly statistics on flows (recorded on payments basis) are published in the National Bank of Poland's *Monthly Bulletin*. The Balance of Payments data on a transactions basis are compiled once a year and include annual data on foreign direct investment flows: currency flows, reinvested earnings, contributions in kind and trade credit. This information, as well as data on the end-of-year FDI position, is available in September of the following year.

Monthly data are sourced from the flows of international payments reported by commercial banks. Annual data come from surveys of direct investment firms in Poland and Polish direct investors. These surveys cover the entire population and are conducted by the National Bank of Poland. The survey on inward direct investment is conducted since 1990, that on outward direct investment by Polish investors, since 1992.

The definition of direct investment used in Poland complies with the recommendations of the OECD "*Benchmark Definition of Foreign Direct Investment*". End-of-year capital stocks are calculated from the balance sheets of direct

Statistiques de l'investissement direct en Pologne

La Banque nationale de Pologne collecte des données pour l'établissement des statistiques de la balance des paiements et mène des enquêtes sur la position extérieure de la Pologne en matière d'investissement direct étranger.

Les données mensuelles de flux (enregistrées sur la base des paiements) sont publiées dans le *Bulletin Mensuel* de la Banque nationale de Pologne. Les données de Balance des Paiements, sur la base des transactions, sont établies une fois par an et comprennent des flux sur les investissements directs étrangers: les flux en devises, les bénéfices réinvestis, la contribution en nature et les crédits commerciaux. Ces données, ainsi que les données d'encours de fin d'année, sont disponibles en septembre de l'année suivante.

Les données mensuelles proviennent de l'enregistrement des flux de paiements internationaux déclarés par les banques commerciales. Les données annuelles résultent d'enquêtes réalisées auprès des entreprises d'investissement direct en Pologne et des investisseurs directs polonais. Ces enquêtes couvrent l'ensemble de la population et sont menées par la Banque nationale de Pologne. L'enquête sur l'investissement direct en provenance de l'étranger est menée depuis 1990 et celle sur l'investissement direct à l'étranger réalisé par les investisseurs polonais existe depuis 1992.

La définition des investissements directs utilisée en Pologne est conforme aux recommandations de la "*Définition de référence des investissements directs internationaux*" de l'OCDE. Les stocks de capitaux propres en fin d'année sont calculés sur la

investment companies. The current yearly data collection system generates information by industry and by country. The **General Industrial Classification of Economic Activities** within the European Communities (NACE) concerns the investee company. A breakdown of the industries in which the investors employ funds is not available.

The **country classification** of direct investment is based upon the country of residence of the foreign creditor or debtor. It does not necessarily reflect either the country of ultimate beneficial ownership of the investment, the country of immediate source of funds, or the country in which the amounts borrowed will in fact be repaid.

In 1996, account losses have been deducted from the reinvested earnings.

Source: National Bank of Poland.

base des bilans des entreprises d'investissement direct. Le système de collecte des données annuelles permet d'obtenir des informations par secteur d'activité économique et par pays. La **classification par branche d'activité économique** (NACE) se rapporte à l'activité de l'entreprise recevant l'investissement. Une répartition par secteur d'activité économique de l'investisseur n'est pas disponible.

La **classification par pays** des statistiques d'investissement direct repose sur le pays de résidence du créancier ou du débiteur étranger. Elle ne reflète pas nécessairement le pays du propriétaire effectif final du capital investi, ni le pays de la source immédiate des fonds, ni le pays où les montants empruntés seront en fait remboursés.

En 1996, les pertes en capital ont été déduites des bénéfices réinvestis.

Source : Banque Nationale de Pologne.

Direct Investment Statistics in Portugal

The new balance of payments collection system, in force since January 1993, is based on the reporting of data to the Banco de Portugal by the resident banks - whenever a transaction is settled through the resident banking system - and directly by the resident economic agents -whenever a transaction is not settled through a resident bank or when the economic agent involved is a General Direct Reporting Company, responsible for providing statistical information on all external operations. Detailed information on the identification of the direct investor and the direct investment enterprise as well as on the nature of the transaction is also obtained from a direct investment statistical declaration, applicable to transactions above 50 million Escudos (Euro 250 000). Data on direct investment flows (broken down by country, sector of economic activity and type of operation) are published by the Banco de Portugal on a monthly basis in its Statistical Bulletin.

The definition of **direct investment** used in Portugal generally complies with the guidelines of the IMF and the OECD. The minimum qualifying threshold has been changed to ten per cent, with the Decree-Law nr. 321/95, of 28 November and the directional principle is applied. Direct investment flows include also short-term non-bank intra-company loans, reverse participations, and the debt securities issued by direct investors and by affiliated enterprises. From 1996 onwards, reinvested earnings and trade credits between companies with a direct investment relationship are also comprised. This

Statistiques de l'investissement direct au Portugal

Le nouveau système de collecte de la Balance des paiements en vigueur depuis janvier 1993 est basé sur la déclaration des données à la Banque du Portugal par les banques résidentes - lorsqu'une transaction est réglée par l'intermédiaire du système bancaire résident - et directement par les agents économiques résidents - lorsqu'une transaction n'est pas réglée par l'intermédiaire d'une banque résidente ou lorsque l'agent économique concerné est l'Entreprise Déclarant Général Direct, responsable de la déclaration des informations statistiques de toutes les opérations externes. Des informations détaillées sur l'identification de l'investisseur direct et de l'entreprise d'investissement direct, ainsi que sur la nature des transactions, sont également obtenues à partir d'une enquête statistique s'appliquant aux transactions dont le montant est supérieur à 50 millions d'Escudos (250 000 euros). Les flux d'investissement direct (ventilés par pays, secteur d'activité économique et par type d'opération) sont publiés par la Banque du Portugal dans ses bulletins statistiques mensuels.

La définition de **l'investissement direct** utilisée au Portugal est, dans l'ensemble, conforme aux directives du FMI et de l'OCDE. Le plancher retenu a été établi à dix pour cent, en vertu du décret loi N° 321/95 du 28 novembre, entre en vigueur le 4 décembre 1995 et le principe directionnel est appliqué. Les flux d'investissement direct comprennent aussi bien les prêts à court terme non-bancaires internes aux groupes, les participations en sens inverse et les titres de dettes émis par les investisseurs directs et par les entreprises affiliées. Depuis 1996, les bénéfices réinvestis et les crédits commerciaux

information is obtained from the foreign direct investment annual surveys, launched in Portugal for the first time in 1997, for 1995 and 1996 inward data, and in 1998, for 1996 and 1997 outward data. Estimates on reinvested earnings are produced for their inclusion in monthly inflows and outflows. No past figures on reinvested earnings have been made available for the period prior to 1996.	entre sociétés ayant une relation d'investissement direct sont également inclus. Cette information est obtenue grâce aux enquêtes annuelles d'investissements directs étrangers, réalisées pour la première fois au Portugal en 1997 pour les données d'investissement de 1995 et 1996 en provenance de l'étranger, et en 1998 pour les données d'investissement vers l'étranger de 1996 et 1997. Les bénéfices réinvestis sont estimés afin d'être comptabilisés dans les flux mensuels d'investissements directs étrangers en provenance de, et vers l'étranger. Jusqu'à présent, aucune information sur les bénéfices réinvestis n'était disponible pour la période antérieure à 1996.
The **country** classification of statistics on direct investment is based upon the country of residence of the foreign direct investor (inward side) or direct investment enterprise (outward side). An additional breakdown by parent company's home country is also available for annual inward stock data, as a result of the Questionnaire on Foreign Direct Investment in Portugal.	La classification **par pays** des statistiques de l'investissement direct se réfère au pays de résidence du créancier ou débiteur étranger. Une ventilation supplémentaire par pays d'origine des maisons mère est également disponible pour les données annuelles d'encours en provenance de l'étranger; cela est une conséquence du Questionnaire sur l'Investissement Direct Étranger au Portugal.
The **economic activity** classification relates to the activity of the resident enterprise, both for inward and outward investments, and is based on a Portuguese classification scheme (CAE), which was developed upon the harmonised European system of classification of economic activities.	La classification par **activité économique** se rapporte à l'activité de l'entreprise résidente, aussi bien pour les entrées que pour les sorties d'investissement, et est basée sur le Système de Classification Portugais (CAE), élaboré selon le système européen harmonisé de classification des branches d'activité.
Data on **stocks**, both for inward and outward FDI, are available from 1996 onwards. Information on FDI positions is obtained directly from enterprises through surveys every two years and in alternate years (inward data are surveyed in the odd years, while outward data are obtained in the even years). Statistics on FDI stocks are based on book	Les **encours** d'investissements directs étrangers, autant en provenance qu'à destination de l'étranger, sont disponibles depuis 1996. L'information est obtenue directement auprès des entreprises au moyen d'enquêtes réalisées tous les deux ans, de manière alternée (les enquêtes sur les encours en provenance de l'étranger sont envoyées les années impaires, et les encours vers l'étranger

values reported by enterprises. Quarterly estimates on FDI stocks are published in the Statistical Bulletin. Those estimates are based on the available figures both on monthly flows and on annual stocks obtained from the FDI surveys. Until now, no past figures were made available for the period prior to 1996.

Source: Banco de Portugal.

sont obtenus les mêmes années). Les statistiques sur les encours d'investissements directs étrangers sont basées sur les valeurs comptables fournies par les entreprises. Des estimations trimestrielles des encours d'investissements directs étrangers sont publiées dans le Bulletin Statistique. Ces estimations sont basées sur les chiffres disponibles sur les flux mensuels et sur les encours annuels obtenus par les enquêtes. Jusqu'à maintenant, aucune statistique passée n'était disponible pour la période antérieure à 1996.

Source: Banco de Portugal.

*Direct Investment Statistics
in Spain*

The Banco de España collects data for the balance of payments statistics and records direct investment on the basis of registered international transactions. The figures are published in its annual publication *The Spanish Balance of Payments*. Monthly statistics appear in the *Boletín Estadístico*. Data on the geographical distribution of direct investment flows are published in the aforementioned annual publication, albeit with a short breakdown.

With the exception of reinvested earnings, which are not included, the definition of direct investment used by the Banco de España complies with the guidelines of the IMF fifth Manual and the OECD. It includes: shares and other equity, when they represent ten per cent or more of the company´s capital, real estate investment and long and short-term net claims (claims less liabilities) on parents/affiliate companies. Nevertheless, difficulties are encountered in the identification of some transactions as direct investment, mainly listed shares bought by non residents.

The Banco de España does not collect data on the sectorial distribution of the direct investment flows but, as an indicator for such distribution, it uses the data on notifications received by the Ministerio de Economía y Hacienda.

Source: Banco de España

*Statistiques de l'investissement direct
en Espagne*

La Banco de Espana recueille des données pour les statistiques de la balance des paiements et tient une comptabilité de l'investissement direct sur la base des transactions internationales enregistrées. Les chiffres recueillis font l'objet d'une publication annuelle intitulée *La balance des paiements espagnole*. Des statistiques mensuelles sont également publiées dans le *Boletin Estadístico*. Les données relatives à la répartition géographique des flux d'investissement direct qui font l'objet d'une ventilation moins détaillée, figurent dans la publication annuelle mentionnée ci-dessus.

A l'exception des bénéfices réinvestis qui ne sont pas inclus, la définition de l'investissement direct utilisée par la Banco de Espana est conforme aux principes directeurs de l'OCDE et de la cinquième édition du Manuel du FMI. Sont pris en compte : les actions et autres valeurs mobilières, lorsque celles-ci représentent dix pour cent ou plus du capital de la société, les investissements immobiliers, et les créances nettes à long et à court terme (créances moins engagements) sur les sociétés mères/affiliées. Les bénéfices réinvestis ne sont pas pris en compte. Néanmoins, des difficultés sont rencontrées afin d'identifier quelques transactions en tant qu'investissement direct, principalement les transactions portant sur les actions cotées achetées par des non résidents.

La Banco de Espana ne collecte pas de données sur la répartition sectorielle des flux d'investissement direct mais utilise comme indicateur de cette répartition les informations concernant les notifications reçues par le Ministerio de Economia y Hacienda.

Source : Banco de España

Direct Investment Statistics in Sweden

The Swedish balance of payments is published monthly by the Swedish Central Bank, a more detailed presentation is made on a quarterly basis. A yearly survey of the international direct investment position is also conducted and results are published by the Central bank with a lag of 10 to 11 months.

As from October 1997, the foreign direct investment definitions comply with IMF/OECD guidelines. (Data for earlier periods only cover long-term assets and liabilities.)

The direct investment data included in the balance of payments relate to the direct investment flows between residents and non-residents. In the geographical breakdown, reinvestment of earnings is reported "unallocated".

The position of international direct investment (including reinvested earnings and direct investment assets) is collected by the Riksbank in a survey that covers Swedish enterprises with subsidiaries or associate companies abroad and enterprises in Sweden that are wholly or partly owned by non-residents. Since 1986, the information has been obtained from consolidated annual accounts.

Surveys are based on samples obtained in such a way that they can be up-rated to total level.

Source: Sveriges Riksbank.

Statistiques de l'investissement direct en Suède

La balance des paiements de la Suède est publiée chaque mois par la Banque centrale suédoise, il existe une présentation plus détaillée basée sur les trimestres. Une enquête annuelle sur l'encours de l'investissement direct international est également réalisée et ses résultats sont publiés par la Banque centrale avec un décalage de 10 à 11 mois.

A partir d'octobre 1997, la définition de l'investissement direct utilisée est conforme aux recommandations du FMI et de l'OCDE. (Les données pour des périodes antérieures couvrent seulement les avoirs et engagements à long terme).

Les statistiques d'investissement direct qui figurent dans la balance des paiements se rapportent aux flux d'investissement direct entre résidents et non-résidents. Dans la ventilation géographique, les bénéfices réinvestis figurent dans la rubrique "non alloués".

L'encours de l'investissement direct international (bénéfices réinvestis et actifs représentatifs d'investissements directs compris) est établi par la Riksbank dans une enquête qui couvre les entreprises suédoises ayant des filiales et sociétés associées à l'étranger et les entreprises établies en Suède qui sont détenues en partie ou en totalité par des non-résidents. Depuis 1986, les informations ont été obtenues à partir des comptes annuels consolidés des sociétés.

Ces enquêtes reposent sur des échantillons obtenus de manière à permettre une extrapolation du total

Source : Sveriges Riksbank.

Direct Investment Statistics in Switzerland

The Swiss National Bank (SNB) collects data for the balance of payments statistics. Data are published in the *Statistical Monthly Bulletin* and in the annual report *Swiss Balance of Payments*. A report on direct investment is published in the Quaterly Bulletin of the SNB once a year. All publications are available on www.snb.ch.

The definition of direct investment used by the Swiss National Bank complies with the guidelines of the IMF and the OECD. Direct investment data is based on surveys covering the firms which have a direct investment position of more than 10 million Swiss francs.

The **geographical breakdown** of outward direct investment is according to the concept of the ultimate host country, for inward investment the concept of the immediate investing country is applied.

The breakdown by **economic activity** is according to the Swiss classification 'Allgemeine Systematik der Wirtschaftszweige 1985'. Transition to the newer Swiss classification NOGA which is compatible with NACE is planned.

The Federal Statistical Act of October 1992 introducing compulsory balance of payments reporting led to a significant increase in the number of firms reporting direct investment. Therefore, data prior to 1993 and from 1993 onwards is not fully comparable.

Source: Swiss National Bank, *Annual report*, various issues.

Statistiques de l'investissement direct en Suisse

La Banque nationale suisse (BNS) collecte des données pour l'établissement des statistiques de la balance des paiements. Les données sont publiées dans le *Bulletin Statistique Mensuel* et dans le rapport annuel *Balance des Paiements de la Suisse*. Un rapport sur les investissements directs est publié dans le Bulletin Trimestriel de la BNS une fois par an. Toutes les publications sont disponibles sur www.snb.ch.

La définition de l'investissement direct utilisée par la Banque nationale suisse est conforme aux directives du FMI et de l'OCDE. Les données d'investissement direct sont basées sur des enquêtes auprès des sociétés qui ont un encours d'investissement direct de plus de 10 millions de francs suisses.

La **ventilation géographique** des investissements vers l'étranger est établit selon le principe du pays d'accueil ultime, celle des investissements de l'étranger s'effectue sur la base du pays investisseur immédiat.

La ventilation par **secteur économique** correspond à la classification Suisse « Allgemeine Systematik der Wirtschaftszweige 1985 ». Une évolution vers une classification Suisse plus récente NOGA, et compatible avec la NACE est prévue.

La loi Fédérale sur les statistiques d'octobre 1992, qui a rendu obligatoire les déclarations pour l'élaboration de la Balance des Paiements, a conduit à une augmentation importante des entreprises qui déclarent leurs opérations d'investissement direct. En conséquence, les données antérieures à 1993 et celles depuis 1993 ne sont pas entièrements comparables.

Source : Banque Nationale Suisse, *Rapport annuel*, divers numéros

Direct Investment Statistics in Turkey

In Turkey, data on direct investment flows are collected on directional basis, i.e. investments and disinvestments of residents in abroad and non-residents in Turkey, by the Central Bank of the Republic of Turkey on monthly basis as part of the statistics used for compilation of the balance of payments. The main source of data is the records of related flows of international payments declared by domestic banks acting as intermediaries to these transactions. Data on direct investment flows also include reinvested earnings which are provided from General Directorate of Foreign Investment of the Undersecretariat of Treasury. Flows reflect amounts paid to or received from non-residents at the time direct investment transactions are settled. Since 1992, data on direct investment in Turkey are classified according to selected economic activities and regional breakdown. The classification is based on the funds' first country of destination or origin which does not necessarily reflect the ultimate owner's country of residence. Direct investment flows statistics can be found at the following internet addresses; www.tcmb.gov.tr under the heading, 'Periodic Publications/Turkish Balance of Payments Statistics', and www.treasury.gov.tr, under the headings 'Statistics/Foreign Investment'.

All foreign investments in Turkey, such as joint-venture participations, branches and other forms of participation (regardless of the percentage of participation) are subject to prior authorisation.

Statistiques de l'investissement direct en Turquie

En Turquie, les données sur les flux d'investissement direct sont collectées selon le principe directionnel, i.e. les investissements et désinvestissements de résidents à l'étranger et de non-résidents en Turquie, par la Banque Centrale de la République de Turquie sur une base mensuelle en tant que statistiques utilisées pour l'élaboration de la balance des paiements. La source principale de données est le registre des flux relatifs aux paiements internationaux déclarés par les banques domestiques agissant en intermédiaires lors de ces transactions. Les données sur les flux d'investissement direct incluent également les bénéfices réinvestis qui sont fournis par la Direction Générale de l'Investissement Etranger du Sous-Secrétariat du Trésor. Les flux représentent les montants payés à, ou reçus de non-résidents au moment où les transactions ont lieu. Depuis 1992, les données sur l'investissement direct en Turquie sont classées en fonction de zones d'activités spécifiques et selon une ventilation par pays. La classification est basée sur la base du premier pays de destination ou d'origine des fonds ce qui ne correspond pas nécessairement au pays de résidence du propriétaire ultime. Les statistiques de flux d'investissement direct peuvent être consultées à l'adresse internet suivante : www.tcmb.gov.tr sous le titre, "Publications Périodiques/Balance des paiements turques", et www.treasury.gov.tr, sous le titre "Statistiques/Investissements étrangers".

Tous les investissements étrangers en Turquie, tels que participations en co-entreprise, succursales et autres formes de participation (quel que soit le taux de participation) sont sujets à une autorisation préalable.

Minimum capital requirement per real and legal persons resident abroad is US$50.000. Foreign investments of that amount including commercial activities, opening of branch and liaison offices, purchase of shares and participation in partnerships, are authorised by the General Directorate of Foreign Investment of the Undersecretariat of Treasury, provided that such activities are beneficial to the economic development of Turkey, are undertaken in areas open to the Turkish private sector and do not entail monopoly or special privilege (in accordance with Law No. 6224 Art. 1).

The General Directorate of Foreign Investment gathers statistical data by means of issuing permits to foreign investors. While issuing permits, information on the amount of investment, country of origin, sector and area of operation, and location is gathered for statistical purposes and efficient use of information.

Residents may freely transfer up to US$5 million through banks and special finance institutions in order to establish companies or commercial activities, to participate in an enterprise and to open branches of their companies abroad or in the free trade zones in Turkey. They may send capital in kind for these purposes in accordance with the provisions set forth in the customs legislation. The transfer of capital in cash and/or in kind exceeding US$5 million is authorised by the Ministry of State to which the Undersecretariat of Treasury is attached. The Banks, special finance institutions and customs administrations give information to the General Directorate of Banking and Exchange of the Undersecretariat of Treasury within 30 days from the date of each transaction. After classification according to the countries, this

Le capital minimum requis par personne physique et morale résidente à l'étranger est de 50.000 dollars des Etats-Unis. Les Investissements étrangers de ce montant, y compris les activités commerciales, les créations de succursales et d'antennes, les acquisitions d'actions et de participations dans des partenariats, sont autorisés par la Direction Générale de l'Investissement Étranger du Sous-Secrétariat du Trésor à condition que de telles activités soient bénéfiques au développement économique de la Turquie, soient entreprises dans des domaines ouverts au secteur privé turc et n'entraînent ni monopole, ni privilège particulier (en accord avec la Loi No.6224 Art.1).

La Direction Générale de l'Investissement Étranger réunit des données statistiques en émettant des permis aux investisseurs étrangers. A des fins statistiques et une utilisation efficace de l'information, sont réunies des informations portant sur le montant de l'investissement, le pays d'origine, le secteur et domaine d'opération et les sites d'implantation.

Les résidents peuvent transférer librement jusqu'à 5 millions de dollars des États-Unis par l'intermédiaire de banques et d'institutions financières spécialisées afin de créer des sociétés ou activités commerciales, de participer à une entreprise et d'ouvrir des succursales à l'étranger ou dans les zones franches en Turquie. Ils peuvent expédier du capital en nature pour ces utilisations en accord avec les provisions établies dans la législation douanière. Le transfert de capital en espèce et/ou en nature dépassant 5 millions de dollars des États-Unis est autorisé par le Ministère d'État auquel le Sous-Secrétariat du Trésor est rattaché. Les banques, les institutions financières spécialisées et les administrations des douanes fournissent des informations à la Direction Générale des Banques et du Change du Sous-

information is regularly presented in the bulletin of "Main Indicators of the Turkish Financial System" which is published quarterly by the Undersecretariat of Treasury.

Source: Undersecretariat of Treasury and Central Bank of the Republic of Turkey.

Secrétariat du Trésor dans les 30 jours suivant la date de chaque transaction. Ces informations, classifiées d'après les pays, paraissent régulièrement dans le bulletin des "Principaux indicateurs du système financier turc" qui est publié trimestriellement par le Sous-Secrétariat du Trésor.

Source : Sous-Secrétariat du Trésor et Banque centrale de la République de Turquie.

Direct Investment Statistics in the United Kingdom

Surveys of Foreign Direct Investment in the United Kingdom and UK direct investment overseas provide quarterly and annual data. The detailed data are the results of the Office for National Statistics (ONS) annual inquiry which is published with a 12 month lag; i.e. data for 1999 will be published in December 2000. Quarterly summary estimates are the results of the ONS's quarterly inquiry and are published in the March/June/September and December editions of Economic Trends published by the ONS. The estimates of net direct investment by banks are derived from statistical inquiries conducted by the Bank of England. The ONS and Bank of England inquiries are conducted on a wholly statutory basis. Prior to 1989 information was collected on a partly statutory basis and partly voluntary basis.

Statistics on direct investment also provide information on the levels (stock) of net assets and liabilities at end of the calendar year or the nearest accounting year. These data were collected on the basis of a triennial survey until 1987. The inclusion of a question seeking some limited information on balance sheets in the 1990 annual inquiry, made it possible to estimate the figures for the net book value by country for the years 1988 and 1989. However, since 1990, the survey has collected levels data on an annual basis.

Statistiques de l'investissement direct au Royaume-Uni

Les enquêtes sur l'investissement direct étranger au Royaume-Uni et sur l'investissement direct du Royaume-Uni à l'étranger permettent d'obtenir des statistiques trimestrielles et annuelles. Les statistiques détaillées résultent de l'enquête annuelle de l'Office for National Statistics (NSO) qui est publiée avec un décalage de 12 mois ; en d'autres termes, les statistiques détaillées pour 1999 seront publiées en décembre 2000. Les estimations de la synthèse trimestrielle résultent de l'enquête trimestrielle du NSO et sont publiées dans les éditions de mars, juin, septembre et décembre de la revue *Economic Trends* du NSO. Les estimations sur l'investissement direct en termes nets des banques sont établies à partir des enquêtes de la Banque d'Angleterre. Les enquêtes du NSO et de la Banque d'Angleterre ont un caractère entièrement réglementaire. Avant 1989, les renseignements étaient collectés pour partie de façon réglementaire et pour partie sur la base du volontariat.

Les statistiques sur l'investissement direct donnent aussi des informations sur le niveau (l'encours) des actifs et engagements nets à la fin de l'année civile ou de l'exercice le plus proche. Ces données étaient collectées à partir d'une enquête triennale jusqu'en 1987. Le rajout, sur le formulaire annuel de 1990 relatif aux transactions, d'une question visant à obtenir des informations limitées sur le bilan a permis de procéder à des estimations chiffrées de la valeur nette comptable des opérations par pays pour les années 1988 et 1989. Toutefois, depuis 1990, l'enquête a permis de collecter des données annuelles sur l'encours.

The definition of direct investment used by the ONS complies with the guidelines of the IMF and the OECD. The new European System of Accounts (ESA(95)) definitions have been introduced from the 1997 inquiry. The changes were as follows: changing the direct investment qualifying threshold from 20 per cent to ten per cent; excluding the Channel Islands and the Isle of Man from the definition of the economic territory of the UK; replacing interest received or paid by interest accrued in the figures on earnings from direct investment. Earnings were collected and published net of local taxes for direct investment purposes but were published gross of local taxes in the balance of payments. Direct investment refers to investment that adds to, deducts from or acquires a lasting interest in an enterprise operating in an economy other than that of the investor, the investor's purpose being to have an effective voice in the management of the enterprise.

Outward direct net investment comprises investment, net of disinvestment, by the UK companies in their overseas branches, subsidiaries or associated companies. Inward direct net investment comprises investment net of disinvestment by overseas companies in their branches, subsidiaries or associated companies in the UK. Also included as part of inward investment by the overseas parents are any loans and credits received or given by their UK branches and subsidiaries from or to other overseas companies belonging to the same group of companies as the overseas parent.

La définition de l'investissement direct utilisée par le NSO est conforme aux recommandations du FMI et de l'OCDE. Les définitions du nouveau Système Européen des Comptes (SEC 1995) ont été introduites depuis l'enquête de 1997. Les changements sont : modification du seuil au-delà duquel un investissement est inclus dans l'investissement direct étranger de 20 pour cent à dix pour cent ; exclusion des Îles de la Manche et de l'Île de Man du territoire économique du Royaume-Uni ; remplacement des intérêts reçus ou payés par les intérêts accumulés dans les statistiques sur les gains sur l'investissement direct. Les bénéfices sont récoltés et publiés nets des impôts locaux sur l'investissement direct mais prennent en compte les impôts locaux dans la balance des paiements. La notion d'investissement direct fait référence à l'investissement qui permet d'acquérir un intérêt durable ou de modifier l'importance d'un intérêt durable dans une entreprise opérant dans une économie autre que celle de l'investisseur, l'objectif de l'investisseur étant d'exercer un droit de regard réel dans la gestion de l'entreprise.

L'investissement direct à l'étranger comprend les investissements, en termes nets des désinvestissements, des sociétés britanniques dans leurs succursales, filiales ou entreprises associées à l'étranger. L'investissement direct de l'étranger comprend les investissements, en termes nets des désinvestissements, des sociétés étrangères dans leurs succursales, filiales et entreprises associées au Royaume-Uni. Sont aussi compris dans l'investissement direct de l'étranger par des sociétés-mères étrangères tous les prêts et crédits que leurs succursales et filiales au Royaume-Uni ont reçus de sociétés étrangères appartenant au même groupe que la société-mère ou qu'elles leur ont accordés.

Transactions of government departments, and of oil companies, prior to 1984, are excluded. The figures of outward investment cover the transactions of a number of concerns which are or were public corporations.

Direct Investment consists of the parent company's share of the unremitted profits less losses of subsidiary and associated companies, the cash acquisition, net of sales, of share and loan capital of subsidiaries and associated companies, changes in indebtedness on inter-company accounts and changes in branch head office indebtedness. The intercompany account between the parent and its subsidiaries and associates and branch head office account cover amounts due to the parent from, less amounts due from the parent to its related overseas concerns for short-term loans, trade credit and any other indebtedness not covered elsewhere. The unremitted profits of subsidiaries and associates are calculated as the sum of profits less dividends remitted and less losses.

The **country classification** of statistics on foreign direct investment is based upon the country of residence of the foreign creditor or debtor. It does not necessarily reflect either the country of ultimate beneficial ownership of the investment, the country of immediate source of funds, or the country to which amounts borrowed will in fact be repaid. For example, where outward investment to a country was channelled through a holding company which was itself an overseas subsidiary of a UK company, the whole investment may be

Les opérations des ministères et des compagnies pétrolières antérieures à 1984 en sont exclues. Les chiffres de l'investissement à l'étranger couvrent les opérations d'un certain nombre de groupes qui appartiennent ou ont appartenu au secteur public.

L'investissement direct consiste dans les éléments suivants : la part de la société-mère des bénéfices réinvestis diminuée des pertes des filiales et des entreprises associées, l'acquisition ferme, en termes nets des cessions, d'actions et de capitaux empruntés des filiales et entreprises associées, les variations de l'endettement au titre des comptes réciproques et les variations de l'endettement des succursales à l'égard de leur siège social. Les opérations réciproques entre la maison-mère et ses filiales et entreprises associées ainsi que les opérations entre les succursales et leur siège social recouvrent les sommes dues à la société-mère par les entreprises qui lui sont liées à l'étranger, moins les sommes dues par la société-mère aux dites entreprises, au titre d'avances à court terme, de crédits de fournisseur et de toute autre dette non répertoriée par ailleurs. Les bénéfices réinvestis de filiales et d'entreprises associées sont égaux à la somme de leurs bénéfices, diminuée des dividendes distribués et diminuée de leurs pertes.

La **classification par pays** des statistiques d'investissement direct repose sur le pays de résidence du créancier ou du débiteur étranger. Elle ne reflète pas nécessairement le pays de résidence du dernier détenteur réel de l'investissement, le pays d'origine immédiate des fonds ou le pays auquel les sommes empruntées seront en fait remboursées. Par exemple, lorsque l'investissement dans un pays étranger a été pris en charge par une société holding qui était elle-même une filiale à l'étranger d'une société du Royaume-Uni, l'investissement sera attribué en totalité au pays de la filiale intervenant dans

allocated to the country of the intervening subsidiary. Inward investment in a subsidiary may be allocated to the country of an intervening subsidiary rather than the country of the ultimate parent.

The **industry classification** of outward investment relates to the activities of the overseas concerns and that of the inward investment to the business of the UK affiliates.

Source: Office for National Statistics
Most recently published data are available from: ONS Direct, Office for National Statistics, Annual Business Monitor MA4 Overseas Direct Investment 1998
ons.direct@ons.gov.uk
tel: 44 1633 81 2078
fax: 44 1633 81 2762

l'opération. Les investissements de l'étranger dans une filiale britannique seront de la même façon attribués au pays de la filiale intervenant dans l'opération plutôt qu'au pays de la véritable société-mère.

La **classification sectorielle** de l'investissement direct à l'étranger a trait aux opérations des groupes étrangers et celle de l'investissement direct de l'étranger aux activités des sociétés britanniques affiliées.

Source: Office for National Statistics
Les données les plus récemment publiées sont disponibles dans: ONS Direct, Office for National Statistics, Annual Business Monitor MA4 Overseas Direct Investment 1998
ons.direct@ons.gov.uk
tel: 44 1633 81 2078
fax: 44 1633 81 2762

Direct Investment Statistics in the United States

Surveys of Foreign Direct Investment in the United States and US direct investment abroad provide data quarterly and annually; these data include annual estimates of the direct investment position. They are published by the Bureau of Economic Analysis (BEA) in the *Survey of Current Business* and in supplementary publications. The data are collected under the International Investment and Trade in Services Survey Act by means of mandatory surveys of the US affiliates of foreign companies and of US companies investing abroad; they are published in regular articles in the *Survey of Current Business*. Quarterly balance-of-payments data appear in the April, July, October and January issues and detailed annual data are published in the September issue. The data are also available on diskette and on BEA's website at www.bea.doc.gov.

BEA collects three broad sets of data for foreign direct investment in the United States (FDIUS) and two sets for US direct investment abroad (USDIA):

- Balance of payments and the direct investment position data (FDIUS and USDIA);

- Financial and operating data (FDIUS and USDIA);

- Establishment and acquisition data (FDIUS only);

Statistiques de l'investissement direct aux États-Unis

Les enquêtes sur les investissements directs étrangers aux États-Unis et les investissements américains à l'étranger fournissent des données trimestrielles et annuelles ; ces données incluent des estimations annuelles des encours d'investissement direct. Elles sont publiées par le Bureau of Economic Analysis (BEA) dans son enquête de conjoncture (*Survey of Current Business*) et dans d'autres publications. La collecte est effectuée, dans le cadre de la loi relative aux enquêtes sur les investissements internationaux et les échanges de services, par le biais d'enquêtes obligatoires auprès des sociétés américaines affiliées à des sociétés étrangères et des sociétés américaines investissant à l'étranger. Les résultats paraissent régulièrement dans la publication *Survey of Current Business*. Des statistiques de balance des paiements trimestrielles paraissent dans les numéros d'avril, juillet, octobre et janvier, et les données annuelles détaillées figurant dans le numéro de septembre. Les données sont aussi disponibles sur disquette et sur le site internet du BEA www.bea.doc.gov.

Le BEA collecte trois grandes séries de chiffres sur les investissements directs étrangers aux États-Unis (FDIUS) et deux séries sur les investissements directs américains à l'étranger (USDIA) :

- Données sur la balance des paiements et les encours d'investissement direct (FDIUS et USDIA) ;

- Données financières et données d'exploitation (FDIUS et USDIA) ;

- Données sur les établissements et les acquisitions (FDIUS seulement) ;

Each of these data sets focuses on a distinct aspect of FDIUS or USDIA. The balance of payments and direct investment position data track the transactions and positions of both new and existing US (foreign) affiliates with their foreign (US) parents; the financial and operating data provide a picture of the overall activities of the US (foreign) affiliates and US parents. The acquisition and establishment data track new foreign direct investments in the United States, regardless of whether the invested funds were raised in the US or abroad. Each data set is revised periodically as more complete information becomes available. The most substantial revisions occur after "benchmark" surveys. Benchmark surveys, which are usually conducted every five years, collect data for the entire FDIUS or USDIA universe. (The last benchmark surveys for FDIUS and USDIA covered 1997 and 1994, respectively). Between benchmark years, smaller affiliates are exempted from reporting; however, data for these affiliates are statistically estimated so that all estimates -- benchmark and non-benchmark alike -- represent universe totals.

The definition of direct investment (and as a consequence, the scope of portfolio and other investment) implies that a person in one country has a lasting interest in, and a degree of influence over, the management of a business enterprise in another country. The criterion used in the US as set forth in the International Investment and Trade in Services Survey Act, sets ownership or control of ten per cent or more of an enterprise's voting securities as a considered evidence of a lasting

Chacune de ces séries porte sur un aspect distinct des FDIUS et USDIA. Les données sur la balance des paiements et les encours d'investissement direct décrivent les opérations et les encours des sociétés américaines (ou étrangères) nouvelles ou existantes affiliées à une société-mère étrangère (ou américaine). Les données financières et les données d'exploitation dressent un tableau d'ensemble des activités des sociétés affiliées américaines (ou étrangères) et des maisons-mères américaines. Les données sur les établissements et acquisitions indiquent les nouveaux investissements directs étrangers aux États-Unis, que les fonds investis proviennent des États-Unis ou de l'étranger. Chaque série est régulièrement mise à jour, à mesure que l'on dispose d'informations plus complètes. Les révisions les plus importantes interviennent après les enquêtes dites "de référence". Ces enquêtes, qui sont généralement effectuées tous les cinq ans, collectent des données couvrant la totalité des FDIUS et USDIA. (Les dernières enquêtes de référence sur les FDIUS et USDIA concernaient les années 1997 et 1994 respectivement). Entre deux enquêtes de référence, les petites sociétés affiliées sont dispensées de remplir une déclaration; elles font toutefois l'objet d'estimations statistiques de sorte que tous les résultats, de référence ou pas, se réfèrent à la population totale couverte par l'enquête.

La définition de l'investissement direct (et par conséquent le champ des investissements de portefeuille et autres) implique qu'une personne dans un pays a un intérêt durable dans une entreprise d'un autre pays et exerce une certaine influence sur sa gestion. Le critère utilisé aux États-Unis, tel qu'il est exposé dans la loi citée plus haut, situe à dix pour cent ou plus des actions avec droit de vote le degré de propriété ou de contrôle comme preuve d'un intérêt durable dans une

interest in or a degree of influence over management. Any foreign investment that is not direct investment by this definition is considered portfolio investment.

Stock, the direct investment position at year end equals the year end value of the foreign parent groups' (US parents') equity (including retained earnings) in, and net outstanding loans to and from their US (foreign) affiliates. The position estimates are valued on three alternative bases; the first two, current-cost and market-value, reflect prices of the current period; the third, historical-cost, reflects prices at the time of the investment. The current-cost position estimates revalue the portion of the position that represents claims on plant, equipment, and other tangible assets from historical-cost to current prices. The market-value position estimates revalue the equity component of the position to its current stock-market value. Estimates of the position at current cost and market value were made available for the first time in the May and June 1991 issues of the *Survey of Current Business*. The historical-cost position estimates come directly from the book-value data reported in BEA's direct investment surveys. Detailed estimates of the position by country and by industry are only available on the historical-cost basis.

Flows consist of equity and intercompany debt flows between US (foreign) affiliates and their foreign parent groups (US parents) and the foreign (US) parents' share in the reinvested earnings of their US (foreign) affiliates. They represent the

entreprise ou une certaine influence sur sa gestion. Tout investissement étranger qui n'est pas un investissement direct selon cette définition est considéré comme un investissement de portefeuille.

En ce qui concerne les données **d'encours**, la position d'investissement direct en fin d'année est égale à la valeur en fin d'année de la participation, y compris les bénéfices non distribués, des groupes-parents étrangers (ou américains) dans leurs sociétés affiliées américaines (ou étrangères) et de l'encours net des prêts entre les uns et les autres. Les positions sont estimées sur trois bases différentes : les deux premières, au coût de remplacement actuel et au prix du marché, reflètent les prix actuels ; la troisième, au coût d'origine, reflète les prix à l'époque de l'investissement. Les estimations d'encours au coût actuel réévaluent, du coût d'origine au prix courant, la portion de l'encours qui représente des créances sur les installations, équipements et autres actifs corporels. Les estimations d'encours au prix du marché réévaluent la composante d'actions des encours en fonction des cours mobiliers du moment. Des estimations d'encours au coût actuel et au prix du marché ont été publiées pour la première fois dans les numéros de mai et juin 1991 de *Survey of Current Business*. Les estimations d'encours au coût d'origine proviennent directement des données en valeur comptable enregistrées dans les enquêtes du BEA sur l'investissement direct. Des estimations d'encours détaillées par pays et par branche ne sont disponibles que sur cette dernière base.

Les données de **flux** comprennent les flux de participation et de crédit entre les sociétés affiliées américaines (ou étrangères) et leur groupe-parent étranger (ou américain) ainsi que la part des revenus réinvestis de la société affiliée américaine

financing supplied to a US (foreign) affiliate by its foreign parent group (US parent). For FDIUS, capital flows can take place between the US affiliate and the foreign parent, or other member of the parent group. For USDIA, capital flows take place between the US parent, which represents the fully-consolidated US parent group, and its foreign affiliates.

For FDIUS balance-of-payments and direct investment position statistics, the **country** classification is based upon the country of foreign parent rather than the country of the ultimate beneficial owner (although BEA publishes limited supplemental information on the position and direct investment income by country of ultimate beneficial owner). Any direct transactions with other members of the foreign parent group are assigned to the countries of the other members. This classification is consistent with the US balance of payments methodology, which requires that each transaction be assigned to the foreign country with which it occurred. For other types of FDIUS statistics, the country classification is based upon the country of the ultimate beneficial owner. For USDIA statistics, the country classification is based upon the foreign affiliate's country of operations.

The **industry** classification can be by industry of affiliate, by industry of sales, by industry of the ultimate beneficial owner (for FDIUS), or by industry of US parent (for USDIA). The most widely used classification is by industry of affiliate, assigning it to the industry that accounts for the largest percentage of the affiliate's sales.

(ou étrangère) imputable au groupe-parent étranger (ou américain). Elles représentent les financements fournis à la société affiliée américaine (ou étrangère) par son groupe-parent étranger (ou américain). Pour les FDIUS, les flux de capitaux peuvent intervenir entre la société affiliée américaine et la société-mère étrangère, ou un autre membre du groupe-parent. Pour les USDIA, les flux de capitaux interviennent entre la société-mère américaine, qui représente le groupe-parent américain consolidé, et ses sociétés affiliées à l'étranger.

Pour les statistiques FDIUS de la balance des paiements et d'encours d'investissement direct, la classification **par pays** se réfère au pays de la société-mère étrangère et non du bénéficiaire final (bien que le BEA publie des informations supplémentaires limitées sur les encours et les revenus des investissements directs par pays selon le bénéficiaire final de l'investissement). Toute transaction directe avec un autre membre du groupe-parent étranger est imputée au pays de cet autre membre. Cette classification est conforme à la méthodologie de la balance des paiements des États-Unis, qui exige que chaque opération soit imputée au pays étranger avec lequel elle est effectuée. Pour les autres types de statistiques FDIUS, la classification par pays se réfère au pays du bénéficiaire final. Pour les statistiques USDIA, la classification par pays se réfère au pays d'implantation de la société affiliée étrangère.

La classification **par branche d'activité** peut se référer à la branche de la société affiliée, au secteur des ventes, à la branche du bénéficiaire final (pour les FDIUS) ou de la société-mère américaine (pour les USDIA). La classification la plus fréquente se réfère à la branche d'activité de la société affiliée, la branche retenue étant celle qui représente le pourcentage le plus élevé de ses ventes.

In June 1992, highly detailed establishment-level data on FDIUS, comparable to establishment data for all US businesses, became available for the first time as a result of an ongoing project between BEA and the Bureau of the Census. The new data cover the number, employment, payroll, and shipments or sales of the establishments of US affiliates of foreign companies in 1987. The data are disaggregated by industry in much finer detail than the enterprise-level data collected by BEA (more than 800 industries, up from 135), and they more precisely indicate the activities conducted by affiliates in specific industries. The initial link covered 1987 because that was a benchmark, or census, year for both agencies. A series containing expanded information for manufacturing has been initiated for years beginning with 1988.

Source: US Department of Commerce, Bureau of Economic Analysis, *Survey of Current Business*, "A Guide to BEA Statistics on Foreign Direct Investment in the United States" by Alicia M. Quijano, February 1990; US Department of Commerce, Bureau of Economic Analysis, *Survey of Current Business*, "A Guide to BEA Statistics on US Multinational Companies" by Raymond J. Mataloni, Jr., March 1995.

Stephen E. Thomsen, *The Growth of American, British and Japanese Direct Investment in the 1980s*, Royal Institute of International Affairs, Discussion Paper No. 2, London 1988.

En juin 1992, des données FDIUS très détaillées au niveau des établissements, comparables à celles qui existent pour l'ensemble des établissements américains, sont parues pour la première fois, dans le cadre d'un projet associant le BEA et le « Bureau of the Census ». Les nouvelles données couvrent le nombre, les effectifs, la masse salariale et les livraisons ou ventes des établissements des sociétés américaines affiliées à des sociétés étrangères en 1987. Les données sont ventilées par branche à un niveau de détail beaucoup plus fin que les données collectées au niveau des entreprises par le BEA (plus de 800 branches, contre 135) et elles indiquent de façon plus précise les activités menées par ces sociétés dans telle ou telle branche. La première opération conjointe couvre l'année 1987 car il s'agit pour l'un et l'autre organismes d'une année de référence ou de recensement. Une série comprenant des données élargies pour le secteur manufacturier a été mise en place à compter de 1988.

Source: US Department of Commerce, Bureau of Economic Analysis, *Survey of Current Business*, "A guide to BEA Statistics on Foreign Direct Investment in the United States", par Alicia M. Quijano, février 1990. US Department of Commerce, Bureau of Economic Analysis, *Survey of Current Business*, "A Guide to BEA Statistics on US Multinational Companies" par Raymond J. Mataloni, Jr., mars 1995.

Stephen E. Thomsen, *The Growth of American, British and Japanese Direct Investment in the 1980s*, Royal Institute of International Affairs, Discussion Paper N°2, Londres, 1988.

ANNEX I

Sectoral Classification*

PRIMARY
- Agriculture and fishing
- Mining and quarrying
- Extraction of petroleum and gas

MANUFACTURING
- Food products
- Textile and wood activities
- Petroleum, chemical, rubber and plastic products
- Metal and mechanical products
- Office machinery, computers, radio, TV and communication equipment
- Vehicles and other transport equipment

SERVICES
- Electricity, gas and water
- Construction
- Trade and repairs
- Hotels and restaurants
- Transport and communication
    - Land, sea and air transport
    - Telecommunications
- Financial activities
- Monetary institutions
- Other financial institutions
- Insurance and activities auxiliary to insurance
- Other financial institutions and insurance activities
- Real estate and business activities
- Other services

UNALLOCATED

TOTAL

(*) Based on ISIC Rev.3 and NACE Rev.1

ANNEXE I

Classification sectorielle*

PRIMAIRE
- Agriculture et pêche
- Mines et exploitation
- Extraction de pétrole et de gaz

MANUFACTURE
- Produits alimentaires
- Activités du textile et du bois
- Pétrole, produits chimiques, caoutchouc et matières plastiques
- Produits métallurgiques et mécaniques
- Machines de bureau, ordinateurs, radio, téléviseurs et équipement de communication
- Véhicules et autre équipement de transport

SERVICES
- Electricité, gaz et eau
- Construction
- Commerce et réparation
- Hôtels et restaurants
- Transport et communication
    - Transport terrestre, maritime et aérien
    - Télécommunications
- Activités financières
- Institutions monétaires
- Autres institutions financières
- Assurance et activités auxiliaires
- Autres activités d'institutions financières et d'assurance
- Immobilier et activités d'entreprise
- Autres services

NON ATTRIBUÉ

TOTAL

(*) Basée sur ISIC Rev.3 et NACE Rev.1

ANNEX II

Country groups and economic zones

EUROPE 15

Austria
Belgium-Luxembourg
Denmark
Finland
France
Germany
Greece
Ireland
Italy
Netherlands
Portugal
Spain
Sweden
United Kingdom

NAFTA
(North American Free Trade Association)

Canada
Mexico
United States

ASEAN
(Association of South-East Asian Nations)

Brunei Darussalam
Indonesia
Malaysia
Philippines
Singapore
Thailand
Vietnam

ANNEXE II

Groupes de pays et zones économiques

EUROPE 15

Autriche
Belgique-Luxembourg
Danemark
Finlande
France
Allemagne
Grèce
Irlande
Italie
Pays-Bas
Portugal
Espagne
Suède
Royaume-Uni

ALENA
(Association de libre échange nord-américain)

Canada
Mexique
Etats-Unis

ASEAN
(Association de nations du sud-est asiatique)

Brunei Darussalam
Indonésie
Malaisie
Philippines
Singapour
Thailande
Vietnam

ANNEX III - ANNEXE III
YEARLY AVERAGE EXCHANGE RATES - TAUX DE CHANGE MOYENS ANNUELS

	1988	1989	1990	1991	1992	1993	1994	1995	1996	1997	1998	1999	
AUSTRALIA	1.2806	1.2648	1.2818	1.2840	1.3623	1.4730	1.3691	1.3496	1.2769	1.3480	1.5923	1.5497	AUSTRALIE
AUSTRIA	12.345	13.231	11.369	11.670	10.991	11.633	11.419	10.083	10.579	12.197	12.376	12.913	AUTRICHE
BELGIUM-LUXEMBOURG	36.772	39.400	33.422	34.162	32.146	34.549	33.461	29.497	30.976	35.758	36.298	37.856	BELGIQUE-LUXEMBOURG
CANADA	1.2312	1.1841	1.1671	1.1462	1.2089	1.2902	1.3659	1.3725	1.3638	1.3850	1.4835	1.4855	CANADA
CZCEH REPUBLIC				29.47	28.26	29.15	28.79	26.54	27.15	31.70	32.28	34.59	REPUBLIQUE TCHEQUE
DENMARK	6.730	7.310	6.186	6.393	6.038	6.482	6.360	5.604	5.798	6.604	6.696	6.980	DANEMARK
FINLAND	4.186	4.288	3.823	4.043	4.486	5.721	5.223	4.367	4.592	5.187	5.345	5.580	FINLANDE
FRANCE	5.957	6.380	5.446	5.641	5.294	5.662	5.552	4.991	5.116	5.837	5.899	6.156	FRANCE
GERMANY	1.7562	1.8800	1.6159	1.6588	1.5620	1.6533	1.6229	1.4330	1.5047	1.7342	1.7594	1.8354	ALLEMAGNE
GREECE	141.66	162.08	158.23	182.06	190.47	229.07	242.24	231.58	240.66	272.95	295.27	305.69	GRECE
HUNGARY				74.77	78.99	91.91	105.12	125.72	152.61	186.63	214.26	237.06	HONGRIE
ICELAND	43.049	57.110	58.378	59.096	57.619	67.642	69.990	64.766	66.691	70.969	71.174	72.430	ISLANDE
IRELAND	0.6569	0.7057	0.6047	0.6216	0.5877	0.6833	0.6697	0.6245	0.6254	0.6604	0.7030	0.7391	IRLANDE
ITALY	1301.7	1371.7	1198.4	1240.7	1232.0	1571.7	1612.7	1629.0	1543.0	1702.8	1736.4	1817.1	ITALIE
JAPAN	128.13	137.97	144.80	134.50	126.67	111.18	102.23	94.07	108.82	121.00	130.89	113.89	JAPON
KOREA	730.0	669.2	708.0	733.2	780.0	802.4	804.3	771.4	804.4	950.5	1400.5	1186.7	COREE
MEXICO	2.281	2.495	2.841	3.023	3.095	3.115	3.389	6.421	7.601	7.924	9.153	9.553	MEXIQUE
NETHERLANDS	1.977	2.121	1.821	1.870	1.759	1.857	1.820	1.605	1.686	1.951	1.985	2.068	PAYS-BAS
NEW ZEALAND	1.529	1.674	1.678	1.729	1.860	1.851	1.687	1.524	1.454	1.513	1.869	1.892	NOUVELLE-ZELANDE
NORWAY	6.517	6.903	6.258	6.484	6.215	7.094	7.057	6.337	6.457	7.072	7.545	7.797	NORVEGE
POLAND				1.058	1.363	1.814	2.273	2.425	2.696	3.277	3.492	3.964	POLOGNE
PORTUGAL	143.9	157.1	142.3	144.4	134.8	160.7	166.0	149.9	154.2	175.2	180.1	188.1	PORTUGAL
SPAIN	116.5	118.4	101.9	103.9	102.4	127.2	134.0	124.7	126.7	146.4	149.4	156.1	ESPAGNE
SWEDEN	6.129	6.446	5.918	6.046	5.823	7.785	7.716	7.134	6.707	7.635	7.947	8.262	SUEDE
SWITZERLAND	1.463	1.636	1.389	1.434	1.406	1.477	1.367	1.182	1.236	1.450	1.450	1.503	SUISSE
TURKEY	1421	2120	2606	4169	6861	10964	29778	45738	81281	151595	260473	418984	TURQUIE
UNITED KINGDOM	0.5622	0.6114	0.5630	0.5669	0.5697	0.6660	0.6533	0.6336	0.6408	0.6105	0.6036	0.6181	ROYAUME-UNI

Note: Daily averages of spot rates quoted for the US dollar on national markets expressed as national currency units per US dollar - OECD/STD.

Note: Moyennes journalières des taux au comptant du dollar des EU cotés sur les places nationales, exprimées en unités de monnaie nationale par dollar EU - OCDE/STD.

OECD PUBLICATIONS, 2, rue André-Pascal, 75775 PARIS CEDEX 16
PRINTED IN FRANCE
(21 2001 04 3 P) ISBN 92-64-08606-4 – No. 51544 2001